世界現代史 下

王曾才——著

三民書局

國家圖書館出版品預行編目資料

世界現代史 / 王曾才著. －－五版一刷. －－臺北市:
三民, 2019
面; 公分.

ISBN 978-957-14-3987-7 (上冊:平裝)
ISBN 978-957-14-6654-5 (下冊:平裝)

1. 世界史 2. 現代史

712.8　　108007977

© 世界現代史(下)

著作人	王曾才
發行人	劉振強
著作財產權人	三民書局股份有限公司
發行所	三民書局股份有限公司
	地址 臺北市復興北路386號
	電話 (02)25006600
	郵撥帳號 0009998-5
門市部	(復北店) 臺北市復興北路386號
	(重南店) 臺北市重慶南路一段61號
出版日期	初版一刷 1992年3月
	五版一刷 2019年8月
編號	S 710030

行政院新聞局登記證局版臺業字第〇二〇〇號

ISBN 978-957-14-6654-5 (下冊:平裝)

http://www.sanmin.com.tw 三民網路書店

序

我們的世界是一個超速流轉的星體。它的變化之快之大，常出人想像，此尤以現代部分為然。自從 1980 年代以來，筆者興起與社會人士一起來瞭解現代世界的念頭，因為現代世界不僅是吾人安身立命的地方，而且也是我們明白理解過去種種的張本，因為史家有謂所有的歷史皆為現代史者，此指現代世界的個人，乃至其他任何時代的個人都是以自己所處時代的胸襟懷抱和價值觀念來瞭解歷史的。於是，筆者乃決意撰寫《世界現代史》。

1992 年 3 月，拙著《世界現代史》由三民書局推出，1994 年 11 月修訂二版問世，2003 年 6 月進行到四刷，不到一年，而三版又於 2004 年 6 月出版，似乎說明讀者群也頗接受筆者的努力。歲月匆匆，蒼狗白雲，現在又有了四版，謹掇數語，以為弁言，並請讀者諸君及大雅君子有以教之。

王曾才

2012 年 8 月於雲城槐廬

世界現代史（下）

引論：世界現代史的性質與特徵

歷史的發展是連續性的，它是一個不可分割的整體，原無分期的問題。我們習慣上把歷史劃分為「上古」、「中古」、「近代」和「現代」等不同的「斷」代史，係為了研究上的方便。但是，誠如一些歷史學家所指出的，把歷史分期會造成兩種「誤解」：第一是容易使人覺得歷史發展不是連續的，而是有其階段性的；第二是可能會特別（而且有時甚或不太正確地）強調了某些歷史事件的重要性，此因分期必須有起迄點，而起迄點又必須以不同的歷史事件作為標準，這會使這些被選為歷史分期起迄點的歷史事件，有了看似具備有歷史發展中的「里程碑」的重要性，而這種重要性原是它們未必具有的。

不過，歷史分期，也就是「斷」代，仍然是有其必要的。

再者，「現代」史與「非現代」史之間的分野是相對的，而不是絕對的。這個道理，乾嘉時期的學者段玉裁 (1735–1815) 即已講得很明白：「古今者，不定之名也。三代為古，則漢為今；魏晉為古，則唐宋為今。」❶而且，人類歷史是一個永遠持續的歷程，再過若干時間，何時是「現代史」的起點，那就根本不易界定。另外，什麼是「現代史」？這也是一個值得探討的問題。義大利的歷史哲學家（也是美學家）克洛齊 (Benedetto Croce, 1866–1952) 曾經提出「所有的歷史都是現代史」的論點❷。英國歷史學家柯靈烏 (Robin G. Collingwood, 1889–1943) 認為歷史事實「不僅僅是過去的

---

❶ 段玉裁，〈廣雅疏證序〉。

❷ B. Croce, *Storia, cronaca, e false storie* (1912), p. 2, as quoted in *The New Cambridge Modern History*, Vol. I (Cambridge University Press, 1961), p. XIX.

事實，它們不是死的過去，而是活的過去」(They are not mere past facts, they are not a dead past but a living past)，「過去不是死的過去，而是繼續活在現在的過去」(The past is not a dead past but lives on in the present)，「它是現在對過去的知識」(It is knowledge of the past in the present)，「歷史是活的心靈的自我知識」(History is thus the self-knowledge of the living mind)❸。從對歷史的感受和對歷史事實的評價而言，每個時代的人都是以自身所處的立場與懷抱來瞭解過去和判斷過去。這個道理，晉人王羲之也曾經點出過，他說：「後之視今，亦猶今之視昔。」❹從最簡單的道理講，對歷史的理解和判斷是一種感受與反應，任何人都難以避免他所生存的時代的價值體系的影響。心理分析學派大師榮格 (Carl Gustav Jung, 1875–1961) 提出人有個別的和集體的潛意識的說法。他所說的集體的（或種族的）潛意識是指作為某一文化體系的成員所承襲的因素。他用「原型」(archetype) 一詞來說明人格受文化環境的影響，這是指許多人相似的潛意識當中的共同的部分。我們都熟知社會學的研究方法中有「科夥分析法」(cohort analysis)，此大致是指用分析生活在同一時期與環境的人的看法，來作為判斷的依據。以中國的史例來看，西漢的頭五、六十年，朝野在大亂之後，亟思安定，因而想「無為」，洛陽少年賈誼於是懷才不遇，晁錯的遭遇則更為不幸，可以說是忠而見殺❺。再就人所皆知的審美標準而言，漢代以苗條為美，唐代則以豐滿為美，因而有「燕瘦環肥」的說法。我們也都知道，每個社會的人都堅持神像肖人，或者是神（上帝）用祂自己的形象塑造人類。古希臘哲學家和史學家贊諾芬 (Xenophon, 434?–355 B.C.) 指出，衣索比亞人的神祇是黑皮膚和有獅子一樣的鼻子，色雷斯人 (Thracians) 認為他們的神有

❸ R. G. Collingwood, *The Idea of History* (Oxford University Press, 1956), p. 170, 175, 202.

❹ 王羲之，〈蘭亭集序〉。

❺ 《沈剛伯先生文集》，上集（臺北：中央日報社，民 72），頁 83。

藍眼和紅髮。他進一步地說，如牛或馬也有手，也有神的信仰，則牛所畫的神必然像牛，馬所畫的神必然像馬。一個類似的事例，便是黑人所建立的國家海地，所信仰的耶穌是「黑色基督」(猶大是白人)。現在很多信奉天主教的非洲國家，也有相當普遍的「黑色上帝」的情形。很多到過美國紐約哈林區的人都有印象，商店櫥窗中的「洋娃娃」是黑色的。民族學家也指出，美洲的印地安人儘管有不同的族群和語言群，但他們之間有一個共同的傳說：神（上帝）最初創人類的時候，是用麵粉烤製的，第一次因為火候不足，烤出來的是白人；第二次又因為用火過了頭，烤出來的是黑人；第三次經過完美無缺的過程，才烤製出完美無缺的印地安人。這些都是很鮮活的例子。

這一種源自共同的文化與社會環境的價值取向，對具有最開放的胸襟的人，也會有某種程度的影響。舉例言之，十八世紀的歐洲是一個重理性和輕信仰的時代，在這一種時代精神 (Zeitgeist) 的籠罩下，吉朋在他所著的《羅馬帝國衰亡史》(*The Decline and Fall of Roman Empire*) 之中，便把基督教的興起，視為羅馬帝國衰亡的原因。也就是因為這樣，美國歷史學者貝克 (Carl L. Becker, 1873–1945) 倡言「每個人是他自己的歷史學家」(Everyman his own historian)❻。

以上是闡釋為什麼「所有的歷史都是現代史」。

不過，本書所說的現代史，是指二十世紀的歷史。這也就是我們自己的時代的歷史。這個時代與其他時代不同，有它自己的特色。這個時代，被英國歷史學家湯恩比 (Arnold Joseph Toynbee, 1889–1975) 稱之為「殷憂時代」(Age of Anxiety)，其他學者也分別稱之為「動力時代」(Dynamic Age)、「全球時代」(Global Age)、「全球政治過程時代」(Era of Global Political Process)，以及「變遷與危機的時代」(Period of Revolutionary

❻ Carl L. Becker, "Everyman His Own Historian," *American Historical Review*, Vol. 37 (1932), pp. 221–36.

Change and Crisis)。有人從不同的角度看，認為二十世紀可以說是「死亡的時代」(Age of Death)，也可以說是「生命的時代」(Age of Life)。說它是「死亡的時代」，是從本世紀曾有兩次殺人盈野的世界大戰，也有納粹和共產主義的迫害（一個要滅絕整個的種族，一個要毀掉整個的階級），復有核子武器與洲際飛彈的陰影。說它是「生命的時代」，是指本世紀人口之多，以及平均壽命之長等等❼。這些說法仍不足概其餘，1989 年各國學者六十人集會於美國波士頓，其中包括英國劍橋大學教授格勒納 (Ernest Gellner, 1925–95) 和法國歷史學家雷杜瑞 (Emmanuel Le Roy Ladurie, 1929–) 等，此即第三屆「文化與社會對話」(Conversation on Culture and Society) 年會，他們的任務便是為我們的時代找出一個適當的喻名 (metaphor for our times)，會中提出「脫序的時代」(Age of Disorder)、「後現代時期」(Post-Modern Age)，或「區域組合的時期」(Age of Regionalism)，但是並無定論，於是乃認為這是一個「自己為自己嘗試定名的時代」(Age that tried to name itself)❽。

我們的現代史，也就是二十世紀及其以後的歷史，具備幾個不同於其他時期歷史的性質。第一、它是世界史，塑造現代史的力量是世界性的，由於地球在地理距離和思想精神方面一直在高度的縮小，各個不同的人群社會之間彼此交互影響的頻繁，使現代的歷史不再是一邦一國的歷史，如果不能用全球性的觀點來透視它，則不僅看不到真相，甚至看不到全貌。第二、現代史包括了很多尚在發展中而尚未「塵埃落定」的部分。很多事件正在發展之中，其結局常難逆料。以第二次世界大戰以後的德國分裂而言，其分裂似已「定型」，但在 1990 年卻走向統一。東歐掙脫俄國與共黨

---

❼ Roland N. Stromberg, *Europe in the Twentieth Century* (Englewood Cliffs, New Jersey: Prentice-Hall, Inc., 1980), pp. 461–62. 本書中譯本為王曾才譯，《西洋現代史》(臺北：正中書局，民 72 及民 75)，頁 443–44。

❽ Boston, Sept. 21, 1990 (AP), *China Post*, Sept. 22, 1990, p. 3.

制，也是非常出人意表。同時，即使是最有洞察力的史家，也很難看出蘇聯會在 1991 年崩潰，乃至「灰飛煙滅」。另外，各國的政府檔案，即使是在最開放的國家，如美國、英國和法國等，也要三十年以後才開放，因此現代史的研究常祇能做臨時的剖析或暫且的判斷，這使現代史常需不斷的改寫。第三、現代史的研究，常較其他時期歷史的研究，更需要輔助科學的幫助。這是因為現代人的生活內容較過去繁複，層面亦較過去為多，需要做科際整合研究的地方，自然要比其他的階段的歷史要多得多，固然其他階段的歷史也同樣地不能自囿於「文史」的範圍。

世界現代史，又有下邊的幾大特徵。

第一是歐洲的衰落：歐洲是各大洲中的次小者，僅大於大洋（澳）洲，約佔地球陸地面積的十五分之一。從地緣結構的觀點看，它祇是歐亞大陸的一個自亞洲西北部延伸出來的半島。但是，自從十六世紀以來，歐洲便居於世界的主導地位，世界近代史的基調可以說是歐洲的擴大與世界的歐化 (Expansion of Europe and Europeanization of the world)。試看：歐洲歐化了美洲，瓜分了非洲，震撼了亞洲，也佔領了大洋洲。直迄第一次世界大戰爆發 (1914) 以前，歐洲是世界文化與權力的中心，世界上沒有任何其他地區，在政治、經濟、軍事、文化各方面的影響力而言，可以與歐洲一爭短長。而兩次後來演變為世界大戰的戰爭，亦主要地淵源於歐洲。相對於歐洲的領土大小與其在世界舞臺上所曾發生過的重大影響力的不成比例，法國詩人華萊里 (Paul Valéry, 1871–1945) 曾以「亞洲大陸上的小海岬」來形容它❾。但是，十九世紀中葉以後，歐洲是不是可以永遠保持優勢，成為敏銳的觀察家關注的課題。法國的托克維爾 (Alexis de Tocqueville, 1805–59) 便是其一❿。1898 年的美西戰爭 (Spanish-American War) 和 1904 至

❾ 轉引自 H. Stuart Hughes, *Contemporary Europe: A History*, 5th ed. (Englewood Cliffs, New Jersey: Prentice-Hall, Inc., 1981), p. 2.

❿ Alexis de Tocqueville 為十九世紀法國政治思想家，他於考察美國後寫成《美國民

1905 年的日俄戰爭，其結果與影響均具有世界史的意義。不過，直迄 1914 年，歐洲仍控有三分之一的世界，仍然是國際權力政治的重心。

無庸置疑地，經過第一次世界大戰之後，歐洲走向衰途，第二次世界大戰更加速了此一發展。當然，歐洲各國的力量和財富，就其自身來比較，仍然是與時俱增，但就相對意義而言，其在國際社會的發言力量，歐洲則已衰落。

衰落以後的歐洲，在殖民勢力方面的退潮，對內部事務的關注，以及統合運動的展開，對於世局均有重大的影響。

第二是戰爭性質的改變：自古以來，人類即懍於「兵凶戰危」。孫子更說：「兵者，國之大事；死生之地，存亡之道，不可不察也。」[11]但是，直迄二十世紀以前，戰爭對勝國而言，仍是有利可圖的「買賣」，因為隨著戰敗而來的割地和賠款，有其吸引力。但是，自從第一次世界大戰開始，戰爭的基本性質有了很大的改變。克勞賽維茨 (Karl von Clausewitz, 1780–1831) 在其《戰爭論》所提出來的「絕對」戰爭原是一種戰爭哲學的概念，自此成為一種「現實」。第一次世界大戰的發展，顯示戰爭已成為「絕對」(absolute)，也就是「全面」(total)。這也就是說，從事戰爭的國家必須毫無保留的，把全部的人力、物力、士氣和情感（所謂「物資戰力和精神戰力」）都要投入，始可勉強維持「不敗」。決定戰爭勝敗的因素，則以科學技術和戰爭宣傳為主，其他則屬次要。

尤其是在核子時代來臨以後，戰爭及戰略思想更是發生了根本的變化。全面性的核子戰爭的爆發，其結果是作戰雙方「相互保證的毀滅」(MAD: Mutual Assured Destruction)，是絕對不可嘗試的。於是，「嚇阻」(deterrence) 乃成為最主要的戰略原則。此一戰略原則是建立在核子武器具

主》(*La Démocratie en Amérique*, or *Democracy in America*) 一書，於 1835–40 年間出版，認為美、俄將成為世界霸權，歐洲會衰落。

[11] 《孫子・始計篇》。

有毀滅性的力量，以及對手仍擁有「第二擊」(second strike) 的能力上。這使有關戰爭的一些基本理念起了變化，克勞賽維茨說戰爭是政治的「延長」，是「執行國家政策的工具」。但是，無限的核子戰爭的結局是整個國家，乃至全人類的毀滅。試問那一個國家的政府會認為這是他們的「政策」？再加上超級強國都擁有摧毀對方若干次的核武攻擊力量，於是造成了「恐怖平衡」(balance of terror) 或「核子僵局」(nuclear stalemate)⓬的局面。這便是冷戰時期最高潮的景象。如今俄國的蘇聯雖已崩解，但核子擴散的陰影仍未消失。

局部性的戰爭雖然在二十世紀不斷地爆發過，而且所投入的軍力和武器亦甚可觀，但不足以解決問題。

另一現象是軍事費用的龐大開支，在世界各國均是非常沉重的包袱，其數字之高，叫人咋舌。1990 年因為世局趨於和緩，軍費支出已大約減少了 5%，但據斯德哥爾摩國際和平研究所 (Stockholm International Peace Research Institute) 估算，仍有九千五百億美元之多⓭。美國經濟學家蓋博瑞茨 (John Kenneth Galbraith, 1908–2006) 曾用「軍事的凱恩斯學說」(military Keynesianism) 以說明之。

第三是國際關係的新變局：近代意義的國際社會 (family of nations)，係出現在結束歐洲三十年戰爭的《西發利亞和約》(*Peace of Westphalia*, 1648) 之後，其構成分子為民族國家，它們在主權平等的基礎上，以均勢（權力的均衡狀態，balance of power）為原則，以追逐各國自身的利益和執行自身的外交政策。這裡所說的「均勢」，係指歐洲各國之間，以及歐洲各國在歐洲以外地區的發展而言，故有時稱為「歐洲均勢」(European balance of power)，此為支配國際關係的重要標準。十九及二十世紀之交，由於歐洲以外的美國和日本漸成氣候，乃由歐洲均勢進入多元的世界政治

⓬ Albert Wohlsetter, "The Delicate Balance of Terror," *Foreign Affairs* (January 1959).

⓭ Stockholm, May 24 (Reuter), *China Post*, May 25, 1991, p. 2.

時期。第二次世界大戰以前，由於歐洲和日本暫衰，美國和蘇聯成為兩個互相敵對的超級強國，世局乃走向「兩極化」的情況。兩個超強之間的關係，頗似所謂的「囚徒困境遊戲」(prisoners' dilemma game)。它們在敵對之中，有三個選擇：一是屈服對方，並使其接受自己的制度和生活方式；二是屈服於對方，為其所控制；三是相互對抗。兩國在第二次世界大戰之後的關係，一直是不可能達成屈服對方，也不會屈服於對方，因此最好能有第三個可能，即降低雙方的敵對態勢，並進一步地尋求彼此合作。但是，第三個選擇亦因彼此缺乏互信的基礎而不易達成。1950 年代末期以後，情況開始發生變化：1955 年的萬隆會議，顯示第三世界正要逐漸浮現；1956 年的蘇伊士運河危機和匈牙利抗暴事件，意味著西方與東方集團的內部發生問題；1957 年《羅馬條約》的簽訂（歐洲共同市場成立）和中、俄共之間的對抗關係尖銳化，代表著西歐與中國大陸要自立門戶。到 1960 年代以後，五個權力中心逐漸明顯，似乎是世界又回到了多元的權力政治的狀況。1960 年代末期以來的世局變化，主要係因美國權謀家季辛吉 (Henry A. Kissinger, 1923–) 企圖以美國為中心來操縱其他四個權力中心。

1985 年以後，在蘇聯戈巴契夫 (Mikhail Gorbachev, 1931–) 當道，他刻意追求和緩的國際關係，而 1989 年以後，蘇聯和東歐的改革浪潮到了波瀾壯闊的程度，美國與蘇聯看來不再有那麼嚴重的對抗關係。1990 年以後，一種新的國際秩序在形成之中。同時 1989 年以後俄國雖仍為軍事超強，但內外交困。1991 年「波斯灣戰爭」和蘇聯的消逝後的美國頗為顧盼自雄，乃致有「一極」(unipolar) 之說，然而美國本身是否已經趨於衰落，也引起世人的關注。

國際政治的另一傾向，是區域性的組織的興起。其中較著名的有歐洲經濟社會（EEC: European Economic Community，歐洲經濟共同體）、美洲國家組織 (OAS: Organization of American States)、非洲團結組織 (OAU: Organization of African Unity) 和東南亞國家協會 (ASEAN: Association of

Southeast Asian Nations) 等等。

另外，國際政治一直係以東西衝突的型態在開展，從古代的波（斯）希（臘）戰爭、中世紀的基督教和回教勢力的對抗，乃至 1917 年以後西方國家與共產勢力的對峙，均可做如是觀。目前，東西衝突仍是國際政治中不可忽視的因素，但是隨著俄國與東歐國家的改革，以及蘇聯的解體，東西衝突已經緩和很多。但是，在另一方面，南北對抗的國際關係和它所發生的影響，卻值得重視。就某種意義而言，東西衝突所涉及的，是國際政治秩序問題，南北對抗牽涉到的，是國際經濟秩序問題。

此種國際經濟秩序之所以被稱為南北對抗，係因進步而富有的已開發國家多集中於北半球，落後而貧窮的開發中國家多位於南半球，而北半球的富國又有很多在天然資源條件上不如南半球的窮國。在此情形下，南北對抗乃演為已開發國家與開發中國家之間的對抗，亦為工業國家與資源國家之間的對抗。簡而言之，則為富國與窮國之間的對抗。國家有貧富之別，原係自古有之，但至現代，則造成貧富的因素不同於往昔，其所造成的影響亦大不相同。此種對抗使國際關係緊張不安，而解決之道又極為困難。此種情況，固然在工業革命肇端後，即漸形成，然至二十世紀以後，才變得非常嚴重。

第四是第三世界的出現：由於歐洲的衰落、民族主義的興起、國際政治的發展，以及科技與武器的擴散等等因素，造成了殖民帝國的解體，而新的獨立國紛紛誕生。這些新獨立的國家多在亞洲和非洲，它們與在上一個世紀即已獲獨立的拉丁美洲國家，在政治、經濟、社會各方面有同樣或類似的難題，又都具有落後和貧窮的特性，於是乃共同被稱為「第三世界」(Third World)。又由於國家與國家之間雖有量的不同（如領土大小、人口多寡等），也有質的分野（如富強貧弱、工業化深淺等），但國際政治賴以運作的基本條件則為主權平等，這些國家容或落後貧窮，乃至多屬蕞爾小邦，但卻在國際組織與國際會議中有與大國、強國同等的代表權，它仍在數量上佔極大的優勢，又能在某些方面有一致的立場（如反西方、反殖民主義等），因而常能發生甚大的影響力，其重要性是不容忽視的。

第五是世界空間距離的縮小和資訊的發達而形成地球村：在過去，因為交通運輸及資訊傳播均甚為緩慢，世界顯得遼闊無邊，乃至許多地區之間可以「老死不相往來」。十五世紀末年以後，由於新航路和新大陸的發現而海洋時代肇端，乃有「天下一家」(one world) 的大勢。十六世紀時，羅馬到巴黎的行程需要十二天，威尼斯到倫敦（海程）則需二十天至三十天不等。1504 年，西班牙女王伊莎白拉一世 (Isabella I, 1451–1504) 死的時候，要三十天之久羅馬才自馬德里知道消息。十九世紀時的中國，廣州常居對外交涉的第一線，但是廣州發生的事，在北京的皇帝懵然無知，此因廣州到北京的單程交通恆需半個月左右。

時至今日，情形已大不相同。任何一個重大的消息，可以在三十分鐘以內傳遍全球，交通、運輸、武器投遞、經貿資訊和意識型態的轉移與傳送，均不再受國界的限制，具有高度毀滅性的武器可以在極短的時間內發射到世界的任何角落，比都市中的警察在接到報案電話後抵達出事現場還要迅速。偵察衛星可以從五百公里高空拍下柚子般大小的物體的清晰照片，訊號衛星也可以「攔截」到所有的電話與無線電通訊。至於電視廣播衛星 (DBS: Direct Broadcasting Satellite)，更已進入普通住家的電視。這種情形，真可以說是「天涯若比鄰」。

加拿大傳播學者馬克魯罕 (Marshall McLuhan, 1911–80) 用「地球村」(global village) 一詞來形容日益縮小的空間距離和愈來愈快速的資訊傳播。現在的世界真已變成一個小小的「村莊」：雞鳴狗吠，聲聲入耳；張長李短，事事煩心。舉例言之，1990 年 8 月 2 日伊拉克攻佔科威特，造成全球石油價格高漲和世界各地股票大跌。這些情況說明世界各地息息相關的程度。

第六是共產主義和共產運動的興起與衰落：自從 1848 年《共產主義宣言》(*Communist Manifesto*) 發表以後，「共產主義」的陰影便縈繞人心。

1917 年在俄國發生共產革命，並建立了蘇聯。以「解放」為號召的意識型態和由指令型的「計畫經濟」體制在短時期內可以「強兵」的效果，非常具有吸引力，共產運動因而有很大的發展。1960 年代初期，共產陣營的領導中心成為「多元中心」(polycentrism)，但其聲勢與動力則未稍減，國際政治與國際關係的「低盪」(détente) 並未使其放慢擴張的步伐。共產國家所表現出的軍事強大、對外「革命」和對內鎮制的特色，也令世人迷惑。馴至 1980 年代初期，共產國家已有二十五個（俄國作家蘇忍尼辛一直主張蘇聯是十五個國家，如採此算法則有四十個），控有 40% 左右的全球人口。但是，在另一方面，完全標榜馬克斯主義的政黨，除在極例外的情況下，很難經過全民選舉的方式來執政。舉例言之，德國的社會民主黨 (SPD) 是西方第一個馬克斯主義的社會黨（1879 年建黨），直迄 1933 年也是西方最大的馬克斯主義的社會黨。但該黨於 1959 年在拜德・古德斯堡（Bad Godesberg，亦稱古德斯堡，Godesberg）揚棄馬克斯主義，宣稱該黨不僅是勞動階級的黨，而是全民的黨；他們通過《拜德・古德斯堡黨綱》(*Bad Godesberg Program*)，把社會民主主義界定為根源於「基督教倫理、人文主義、古典哲學」(Christian ethics, humanism, and classic philosophy) 的價值體系，並宣稱其目標在「建立生活方式」(to establish way of life)，而非執行革命；在經濟體制方面，他們既反對經濟力量集中於私人之手，也不贊成其由政府控制，他們少談國有化，而多談共同負擔的分權決策，而以「盡量有競爭，必要時有計畫」(as much competition as possible, as much planning as necessary)[14]。該黨的脫胎換骨才有以後的發展。

1980 年代末期，共黨國家的本身，包括共產運動策源地的俄國，發生厭共和謀求基本體制改革的情況。美國思想家和經濟學家海耶克 (Frederick A. Hayek, 1899–1992) 曾經指出：共產主義在它已經實行，而且曾經容忍對它烏托邦式的信仰幻滅的地方發生，它祇在對它未曾有過親身經歷的西方

[14] Afred Grosser, *Germany in Our Time* (New York, 1971), p. 151.

知識分子和第三世界中的窮苦人民的心目中存活，而且第三世界的人民會將「解放神學」(liberation theology) 與民族主義混合在一起而產生強而有力的「新宗教」，對於在經濟困境中的人民常有災難性的後果⑮。1989–91 年期間，東歐國家紛紛脫離共黨統治，俄國也因蘇聯解體而陷入分崩離析的狀態，西歐各國的共黨更是消聲匿跡。1991 年 9 月 6 日，蘇聯總統戈巴契夫 (Mikhail Gorbachev, 1931–) 和俄羅斯總統葉爾欽 (Boris Yeltsin, 1931–2007) 公開宣稱共產主義已經失敗⑯。蘇聯在 1991 年底「死亡」。第三世界的一些共產國家也紛紛改變方向，如比寧（1989 年 12 月宣布放棄馬列主義）、衣索比亞（1991 年 5 月共黨政權崩潰）、剛果（1990 年 10 月引進多黨政治）、安哥拉（1990 年 7 月放棄一黨專政）、莫三鼻給（1990 年 11 月引進多黨政治）。現在堅持共產主義的地方僅餘中國大陸、越南、北韓和古巴，而其情況也與前不同了。

筆者久欲撰寫此書，但因瑣務纏身，迄未如願，一年前擺脫行政職位後，乃埋頭著述。部分稿件因小兒王光宇的協助並擔任校對工作，得以順利進行。茲承三民書局董事長劉振強先生的盛意，得在三民出版問世。本書疏漏之處，在所難免，還望博雅君子有以教之。

1991 年 8 月王曾才記於臺北玉衡樓

（1991 年 12 月修訂）

---

⑮ Frederick A. Hayek, *The Fatal Conceit: The Errors of Socialism* (Chicago, 1989), pp. 137–38.

⑯ Moscow (AP, Sept. 6), *China Post*, Sept. 7, 1991, p. 1.

第七章
第二次世界大戰

1930年代，國際安全制度逐步崩潰，到1939年，世界又見全面性的大戰。

第二次世界大戰與第一次世界大戰相比較，有其不同處：第一次世界大戰是突如其來，有如晴天霹靂，而第二次世界大戰則是可以預期其不免的，衹要檢視一下1919年的條約，不需要多麼敏銳的觀察力，就可以知道戰爭終將再臨。就此意義而言，有謂1914年至1945年的戰爭是二十世紀的三十年戰爭，而1919至1939年僅為其「長時期的休戰」(long armistice)。事實上，在希特勒控制德國的局面以後，其對和平的威脅似已不可避免，在此情形下，世人對於第二次世界大戰的原因，爭議遠較第一次世界大戰為少，蓋其為希特勒的擴張野心所造成，則屬殆無疑義。

另外，第二次世界大戰，就某一意義而言，是三個互相交織而各不相同的戰爭。在亞洲，日本欲建立東亞大帝國，搞「共榮圈」(co-prosperity sphere)，與中國及在遠東有利益關係的西方國家發生衝突；德國意圖主宰歐陸，義大利欲使地中海成為其內湖，乃與英、法等國發生戰爭；德國進攻俄國，日本襲擊珍珠港，造成美、俄、英聯盟❶。

第二次世界大戰不僅在規模上是空前的，它是真正的世界大戰，其所發生的影響和所造成的「後遺症」也是空前的。

---

❶ Roland N. Stromberg, *Europe in the Twentieth Century*, 2nd ed. (New Jersey: Prentice-Hall, 1988), pp. 250–51.

第一節　第二次世界大戰的背景：國際集體安全體制的崩潰

抽象的和平，亦即單純的沒有戰爭的狀態，在國際關係上殊不存在。和平是有其條件的，在 1930 年代，這些條件在基本上便是巴黎和會所決定的。德國、義大利、日本、蘇聯等國對於這種條件甚不滿意，這些國家屬於所謂「修正主義」的或不滿意的國家，尤其是德國、義大利和日本甚至不惜用戰爭的手段來促成改變。比較言之，英國、法國和美國屬於主張維持原況的國家，認為如果發生變化對它們並無裨益可言，可是它們對這些和平的條件亦喪失信心，因而不願意冒戰爭的危險來維持這些條件（巴黎和會所規定的狀況）。於是從 1931 年的九一八事變到 1939 年的大戰爆發，均是由企圖破壞國際秩序的國家使用武力，而非由願意維持秩序的國家使用武力❷。事實上，在第二次大戰之前，西方民主國家內和平主義的氣氛甚濃，尤其在英國和美國，許多人相信第一次大戰為一項錯誤且並無任何收穫可言，他們認為受了戰時宣傳的欺哄，覺得戰爭實為軍火商人所需要，德國並非真正地發動戰爭者，而且《凡爾賽條約》(*Versailles Treaty*) 的內容過於嚴苛，他們也承認德國人與義大利人需要擴展空間，民主制度亦並非適用於各個國家，以及任何衝突不能獨責一方。

法國因為所受一次大戰的損失過於慘重，其戰略純為防衛性，而且在法國內部社會衝突甚劇，右派人士對於共和政府並不同情，憎惡「人民陣線」之類的運動，反而對莫索里尼和希特勒有某種程度的艷羨，放棄了激烈的民族主義的立場；另一方面，左派分子則對蘇聯抱有同情態度。總之，1930 年代的法國在思想上過分分裂以致不能有堅定的對外政策。在英國，

---

❷ R. R. Palmer & Joel Colton, *A History of the Modern World*, 6th ed. (New York: Knopf, 1984), p. 795.

對戰爭的創痛記憶猶新，1933 年牛津大學學生決議在任何情況下不再拿起武器從事戰爭。1930 年代的英國同樣有左、右之爭，上層社會分子不乏同情法西斯及納粹者，同時因任何國際行動不利於蘇聯即有利於法西斯國家，政府乃盡量不表明態度，不過英國政府逐漸相信如滿足法西斯國家較為「合乎法理的」要求或可平息爭端，此為 1937 年後張伯倫政府的態度。在美國，儘管羅斯福政府譴責侵略，實則採取孤立主義的政策，1935 至 1937 年間的《中立法規》尤可證明此點❸。同時，美國國內和平主義運動甚為有力❹。

在第二次世界大戰以前，西方國家對軸心國家，尤其是德國，不願採取行動以制裁其侵略的情況，通稱「姑息」(appeasement)。「姑息」是指接受侵略者的擴張，而期盼其於滿足要求以後，會成為國際社會中的合作的成員。他們認為，德國終將返回國際社會，而且應該讓它獲得應有的權利，如果拒絕德國平等的權利，會迫使德國人民支持希特勒。他們認為，這在左翼和右翼都有，第一次世界大戰以後，對德國的處置並不公平，對於《凡爾賽條約》，他們懷有罪惡感。他們對第一次大戰的起因，傾向於「修正主義」(revisionism)，即不應由德國和奧國獨負發動戰爭的責任。他們可以解釋說，自 1935 年至 1939 年間，1935 年德國所要求的，是軍備平等；1936 年，他們不過是派軍駐防自己的領土（萊茵地區）。1938 年合併奧國與捷克治理下的蘇臺德區 (the Sudetenland)，也可以解釋為日爾曼人的統合行動。英國的亞瑟・聶維爾・張伯倫 (Arthur Neville Chamberlain, 1869–1940) 直迄 1939 年 3 月仍然諒解希特勒在萊茵地區、奧地利和蘇臺德區的行為，「儘管我們可以不同意他所使用的方法」(however much we can take exception to the methods)。

---

❸ Ibid., pp. 796–97.

❹ Charles Chatfield, *For Peace and Justice: Pacifism in America, 1914–1941* (Knoxville: University of Tennessee Press, 1971).

在此情況下，和平主義 (pacifism) 便構成了姑息政策的主要因素，許多西方國家，尤其是美國與英國，有些人覺得參加第一次世界大戰甚不值得。在英國，厭戰氣氛瀰漫，剛剛慶祝過英王喬治五世加冕二十五週年紀念，而保守黨的鮑爾德溫 (Stanley Baldwin, 1867–1947) 再度贏得大選 (1935)，後來發現保守黨恐怕引起人民驚懼而喪失選票，竟然隱藏德國重整軍備的真相。這是一個人民希望的「和平投票」(peace ballot)。

美國在第一次世界大戰以後，退回到孤立主義，關注內政，1930 年代更通過一連串的《中立法規》來避免捲入國際衝突。法國在第一次大戰中損失慘重，且在工業化與人口（戰前法國人口靜止在四千萬人，德國則為六千五百萬人）居於劣勢，其戰略純屬防衛性❺。

再一個造成「姑息」的因素，是各國內政因素和意識型態上的衝突。1930 年代左右之爭激烈，德國、義大利和日本等法西斯國家反共，而蘇聯又為共產主義擴張的策源地。任何國際上的行動，常常不利於蘇聯的，就有利於法西斯國家，反之亦然。面對國內的左右爭論，西方政府乃盡量不表示態度。左翼勢力在原則上是反對法西斯主義的，但其倡言和平主義，而使此一立場並無用處；右翼勢力則認為法西斯主義也勝過共產主義，據說法國右翼的口號便是「寧可希特勒，不要史達林！」(Better Hitler than Stalin!) 西方國家很多人士認為希特勒固不可取，但作為抗共反俄的急先鋒，亦不無其作用。

張伯倫的兩個主要幫手，即哈里法克斯勛爵 (Lord Halifax, 1881–1959) 和威爾遜 (Sir Horace Wilson, 1882–1972) 在 1938 年當面奉承希特勒在捍衛歐洲文明對抗共黨威脅方面所作的「貢獻」(great services)。當時最具影響力的倫敦《泰晤士報》(*The London Times*) 的主編道生 (Geoffrey Dawson, 1874–1944) 亦認為納粹德國是防止共產主義散播的屏障。張伯倫之前的首相鮑爾德溫更說，「如果希特勒向東行動，我將不會傷心。」(If

❺ Stromberg, op. cit., pp. 252–53.

Hitler moves east, I shall not break my heart.) 我們要瞭解的是，當時西方政治人物面臨對希特勒作戰、與史達林聯盟、與希特勒妥協等幾個不愉快的選項，他們最後選擇了最末的選項。這些「姑息」政策的制訂者，後人認為他一如愚人，並且予以嚴厲的譴責。但事實上，他們也有為難之處，當時人民激烈的反戰，民眾所表示的「永遠不要再有戰爭！」(no more war!) 是最大的癥結之所在❻。

於是，國際集體安全體制乃一步一步地遭到破壞，最後完全崩潰。

一、九一八事變

國際聯盟集體安全制度走向崩解的第一步為 1931 年日本佔領中國東北，此即「九一八事變」。這是國聯會員國公然侵略另一國聯會員國之事，中國政府乃根據《國聯約章》第十一條向國聯申訴，該條規定在發生戰爭或有戰爭威脅時國聯可採取明智而有效的措施以確保國際間的和平。同時，基於《凱洛格－白理安公約》(*Kellogg-Briand Pact*) 亦向美國呼籲。國聯理事會依據《約章》第十、十一條和第十五條必須要調查、報告和提出解決爭端的建議，國聯理事會要求中、日雙方撤軍至原來的據點以待和平解決。美國國務卿史汀生亦提醒雙方應和平解決爭端並訓令美國駐日內瓦領事列席國聯理事會會議，但卻並無進一步的行動，至 1932 年 1 月發表不承認的主張。日本知道西方國家不會有任何具體行動，乃繼續進兵佔領整個東北，並於 1932 年 3 月成立偽滿洲國且與之訂盟。同時，日本亦發動淞滬戰爭（1932 年 1 月至 5 月）。國聯並於 1931 年 11 月派出一個以英人李頓勛爵 (Lord Lytton, 1876–1947) 為首而由英、法、義、德、美各國人士組成之調查團前往中國實地調查，至翌年 10 月國聯始公布〈李頓調查團報告書〉。該報告書雖承認日本在東北有特殊利益，亦指出東北屬中國主權之下，並

---

❻ Robert O. Paxton, *Europe in the Twentieth Century* (New York: Harcourt, 1975), p. 418; Stromberg, op. cit., pp. 250–53.

將滿洲國視為傀儡政權。1933 年 3 月國聯採取了此報告書，但日本不僅不理會國聯行動且繼續南侵熱河、河北、察哈爾等省，北平岌岌可危，中、日乃有《塘沽協定》（1933 年 5 月 31 日）之簽訂。日本更悍然於 1933 年退出國聯，此對國際集體安全制度不啻為當頭棒喝，更鼓勵了其他國家的侵略行為❼。

二、德國重整軍備及駐軍萊茵地區

第二次世界大戰的發展，主要地仍在歐洲。希特勒在其《我的奮鬥》(*Mein Kampf*) 中，勾繪出他的對外政策：德國要保持強大並恢復原有的地位，撕毀《凡爾賽條約》、在歐洲拓展土地、法國是永久敵人、堅決反共和避免兩面作戰。不過，希特勒在控制德國政權的頭兩年，大致上仍採取審慎的對外政策，以免刺激英國與法國。到他抓緊對德國的控制，以及秘密整軍有成以後，態度便逐漸改變。1933 年他雖退出國際聯盟與世界裁軍會議，在很多場合煽動反對「凡爾賽城下之盟」(Versailles Diktat)，但仍無過於激烈的行動。1934 年他與波蘭簽訂《互不侵犯條約》，固然其用心在孤立法國，但仍可表示他對和平解決爭端的意思。

希特勒第一次公然片面地違反《凡爾賽條約》的規定，是在 1935 年 3 月 9 日，他宣布德國建立空軍。一週以後，又宣布德國恢復徵兵，並且要

❼ 關於「九一八事變」，可參看梁敬錞，《九一八事變史述》（臺北：世界書局，民 57）；C. T. Liang, *The Sinister Face of the Mukden Incident* (New York: St. John's University Press, 1969); Chinese Delegation to the League of Nations, *Japanese Aggression and the Nine Power Conference* (Geneva, 1937); League of Nations, *Manchuria* (Washington, 1932); Tahehiro Yoshihashi, *Conspiracy at Mukden* (New Haven, 1963)；顧維鈞，《參與國際聯合會調查委員會中國代表處說帖》(*Memorandum Submitted by the Chinese Assessor to the Commission of Enquiry of the League of Nations*, 1932)；中華民國外交問題研究會，《九一八事變》，《中日外交史料叢編》第 2 冊（臺北，民 54）。

建軍三十六個師（約五十萬人）。西方國家當時並無反應，同時他們自己也未遵守《凡爾賽條約》限制軍備的規定。此年 4 月，英國首相與法國總理與義大利的莫索里尼相會於義大利湖畔的斯特里莎 (Stresa)，他們達成了在必要時以武力來維持歐洲現況的協議，看來在國際上一個以反對希特勒為主要目標的「斯特里莎陣線」(Stresa Front) 已經呼之欲出。但是，在同年 6 月，莫索里尼決意要在久已垂涎的衣索比亞 (Ethiopia) 建立其非洲帝國，而英國亦與德國簽訂了一個《海軍協定》，德國可以興建約當於英國海軍實力三分之一的海軍。另一方面，德國早在希特勒當政以前，即已秘密建軍，賽克特 (General Hans von Seeckt, 1866–1936) 規避了《凡爾賽條約》的限制，把限額在十萬人的陸軍精練為「軍官團」(army of captains)。1927 年國際監察小組 (allied inspection team) 的撤退，以及 1930 年西方駐軍退出萊茵地區均使監察工作不易進行。德軍擴充很快，1939 年已有八十萬人和一百多萬的後備軍，在第二次世界大戰時期更動員了一千萬人。

希特勒的下一步，是駐軍中立化的萊茵地區。1937 年 3 月 7 日，他派遣一萬軍隊（一師）到萊茵河，並且在河的另一邊（西）的三個要地，即杜塞道夫 (Düsseldorf)、科隆 (Cologne) 和梅因茲 (Mainz) 各駐紮一營德軍

德軍步兵渡過科隆霍亨佐倫橋（1936 年 3 月 7 日）

（約一千人）。《凡爾賽條約》規定德軍不得駐防萊茵河以西的地區，以及此河以東五十公里（三十哩）範圍內亦須處於非武裝狀態，希特勒的駐軍行為對條約造成極大的破壞。條約此一規定原有兩個目的，即可以使德軍在法國的軍事布署及早被察覺，以及當德國攻擊法國在東歐的盟友時，法國可以盡速攻擊德國。德國此舉既違反《凡爾賽條約》第四十四條，亦違反《羅迦諾公約》(*Treaty of Locarno*)。西方盟國當時有兩個抉擇：他們可以承認德國有權在自己領土內調派軍隊，放棄安全措施；另外就是予以制止。但是，英、法兩國卻未能及時有所行動。本來，法國是有理由採取行動的，在巴黎和會時法國原有在萊茵地區建立緩衝國之議，未果。後來，英、美與法國簽訂協防條約之說，又告落空。但是，法國能干預嗎？而且在 1936 年 3 月法國正值大選前夕，另外經濟大恐慌的影響猶在，預算困難。法國進退兩難，最後祇有向國際聯盟遞交抗議書了事❽。

希特勒的動機至此已甚明顯。如何阻止他主宰歐洲？這是法國所最關切的。這個時候，戴高樂 (Charles de Gaulle, 1890–1970) 還是一個上校，他估算出在兵源方面，德國是法國的兩倍（每有一個二十歲到三十歲的法國男子就有兩個同齡的德國男子），而德國的產鋼量是法國的兩倍。他非常愛國，但認為法國不是德國的敵手，法國將領們對於法國軍事實力亦甚悲觀，魏剛 (General Maxime Weygand, 1867–1965) 在 1934 年時就慨嘆，法國軍力已經「降到法國安全所能允許的最低層」。法國該怎麼辦？祇有尋求盟友。英國雖不可靠，仍有聯盟的基礎。法國和英國如果仍要再尋求盟友，祇有義大利與蘇聯。蘇聯的問題，以後再談，現在且看義大利。義大利本可以與英、法聯手的。事實上，法西斯義大利直迄 1935 年仍然處於反希特勒的立場。此與莫索里尼欲利用戰後奧匈帝國崩潰而企圖在多瑙河盆地 (Danube Basin) 以及亞得里亞海地區發展有關。莫索里尼支持法國在 1923 年佔領魯爾，他也是 1925 年《羅迦諾公約》的保證者之一，1934 年當希

❽ Paxton, op. cit., pp. 405–07.

特勒欲乘奧地利社會黨人發動大罷工及奧總理道爾法斯 (Engelbert Dollfuss, 1892–1934) 被暗殺時併吞奧國，莫索里尼派兵十萬至布列納隘道 (Brenner Pass)，迫使希特勒中止對奧地利納粹黨的支持❾。

但是，莫索里尼因為有野心於非洲，終使與英、法的關係不能維持。

三、衣索比亞危機

衣索比亞危機 (Ethiopian Crisis) 頗具關鍵性。義大利欲在非洲發展，是一個歷史上的老問題，即使是莫索里尼也早有此「志向」。1933 年末及 1934 年初，莫索里尼規劃征服衣索比亞，而 1934 年 12 月義大利軍隊與衣索比亞軍隊在沙漠水源地瓦勒華爾 (Walwal) 綠洲發生衝突，便成為莫索里尼的藉口。緣因義、衣兩國對該綠洲的主權發生爭執，義大利雖奪得該地，其殖民軍在衝突中有三十人陣亡。義大利乃向衣索比亞要求道歉、賠款和懲處負責官員。衣索比亞拒絕，建議根據 1928 年兩國所訂之《友好條約》用仲裁的方式解決，義大利拒不接受。衣索比亞有鑑於情勢嚴重，乃於 1933 年 1 月 3 日向國聯申訴。國聯尚未作出決定前有一新的發展，即法、義達成了殖民協定。義大利與英國已有殖民協定，但與法國在這方面則迄待解決。1919 年時法國在突尼西亞 (Tunisia) 東南割一小片土地予義大利，但義大利認為此不足為補法國獲得德國殖民地之補償，同時義大利對於義人在突尼西亞所受的待遇亦甚不滿。另一方面，法國對於義大利在 1934 年 7 月德國欲併奧國的反應甚為滿意，乃欲爭取義大利與法國共同合作對付德國。於是法國外交部長賴伐爾 (Pierre Laval, 1883–1945) 於 1935 年 1 月 7 日在羅馬與義大利簽訂協定，法國割讓利比亞以南大約四萬四千五百方哩的沙漠地帶和法屬索馬利蘭與伊立特里亞交界處三百零九方哩左右的土地予義大利，並在法國擁有的自朱布逖 (Jibuti) 至阿迪斯・阿貝巴 (Addis Ababa) 的鐵路中予義大利二千五百股。義大利則承認第一次大戰所訂《倫

❾ Stromberg, op. cit., p. 260.

敦密約》(*Secret Treaty of London*) 各懸案已告解決。兩國對於義大利人在突尼西亞的國籍問題亦取得協議，雙方同意凡在 1945 年前出生的義大利嬰兒屬義大利籍，出生在 1945 至 1965 年之間者得自由選擇國籍，1965 年以後出生者則屬法國公民。義大利人所辦的學校，則可維持原況至 1955 年為止。對於奧（地利）國問題，兩國同意一旦在其獨立受到威脅時則互相磋商並與奧國磋商。兩國亦譴責片面修改條約所規定的軍備限制，並同意一旦有此種情況發生時則採協調行動。兩國亦同意，今後如有歧見則經由外交談判或透過國聯解決。賴伐爾後堅持此協定對於衣索比亞的主權獨立與領土完整並無影響，就此協定的內容而言亦可如此解釋，義大利則解釋為此一協定給予其在非洲自由行動的權利。

1935 年 1 月，國聯理事會雖使義、衣兩國同意仲裁解決其衝突，義大利則遲遲延延，並不斷地運送軍隊及補給至其東非屬地，6 月至 9 月仲裁會議一再中斷，最後則僅謂雙方均無侵略證據，對於綠洲的主權則未提及。此時因希特勒氣燄已盛，此年 3 月已公開撕毀《凡爾賽條約》限制德國軍備的規定，英、法等國對義大利不無顧忌。義大利則早已決定一俟衣索比亞雨季過後即行出兵，10 月 3 日義大利未經宣戰即自伊立特里亞與索馬利蘭兩路出兵進攻衣索比亞。國聯立即迅速行動，國聯理事會於 10 月 7 日宣布義大利為侵略者，10 月 11 日國聯大會決議對義大利實施經濟制裁（自 11 月 18 日開始）。不過這個制裁並無真正的力量，尤其是不包括煤與石油在內，而且有一些國家施行不力。英國態度較為堅決，且曾派艦隊赴地中海，不過一直未放棄妥協解決的想法。1935 年 12 月，英國外相霍爾 (Sir Samuel Hoare, 1880–1959) 在巴黎與法國總理賴伐爾達成所謂《霍爾一賴伐爾協定》(*Hoare-Laval Agreement*)。這個協定的主旨在和平解決衣索比亞爭端，其辦法為衣索比亞沿義屬索馬利蘭與伊立特里亞邊界割讓六萬方哩的土地予義大利以交換連接衣索比亞與伊立特里亞港口阿薩比 (Assab) 的走廊地帶，此一地帶約為三千方哩，另外再由衣索比亞在南部割出十六萬方哩的地帶專供義大利經濟開發之用。此一計畫之內容並正式知會義、衣兩國政府及國聯，但旋消息外洩，使英、法兩國輿論大譁，咸指責此一使衣索比亞喪失三分之二領土的安排。在此情形下，霍爾去職（12 月 22 日）而代之以素來主張集體安全的艾登。但國聯實無力制止義大利，1936 年 5 月義大利軍隊攻入衣索比亞首都阿迪斯・阿貝巴，衣皇赫勒・塞拉西 (Haile Selassie, 1892–1975) 逃走，義大利國王宣布為衣索比亞皇帝。義大利將衣索比亞、伊立特里亞與索馬利蘭合組為義屬東非。國際聯盟於 7 月解除對義大利的經濟制裁，再度暴露其無力制止侵略的弱點。

但是，國聯制裁義大利，使莫索里尼大為憤怒，他認為英、法是主要的指使者，而兩國皆為不折不扣的帝國主義國家，卻不准義大利稍有逾越。另一方面，希特勒則在衣索比亞危機中保持中立，並且表示願意以鐵、煤、鋼和其他物資供應義大利，此使莫索里尼心存感謝。現在《羅迦諾公約》的保證國之間互相猜忌，義大利又有意傾向德國，情況發生變化。希特勒乃決心一試反德國陣營的力量，1936 年 2 月法國代議院批准《法俄公約》(*Franco-Soviet Pact*)，法國雖先自義大利與英國得到此約不違反《羅迦諾公約》的諒解，希特勒卻警告說法、俄同盟違反《羅迦諾公約》和德國安全[10]。

四、西班牙內戰

西班牙內戰 (the Spanish Civil War, 1936–39) 使國際政治更進一步的惡質化，也使德國和義大利兩個法西斯國家的關係更形密切，而且不久即結為軸心盟國。

截至第一次大戰前後，西班牙仍是歐洲缺乏改革的國家。在西班牙，

[10] Paxton, op. cit., pp. 408–11; Stromberg, op. cit., pp. 260–61; William R. Keylor, *The Twentieth-Century World: An International History* (New York: Oxford University Press, 1984), p. 159.

不僅是因工業化所造成的若干問題亟待解決，究應由教會還是政府主管有關教育、婚姻等事亦尚未澄清，農業改革的問題更是遲至1931年尚未觸及。在政治方面，仍由貴族、教士、大商人、軍人及部分上層中產人士所控制，這些人據估計連同婦孺在內不過五十萬人左右，僅約為全人口的2%。第一次大戰時，西班牙遵守中立，其礦業及工業曾因戰爭需要而一度進展甚速，同時也增長了工人運動的力量。第一次大戰結束後西班牙的繁榮退潮，而西屬摩洛哥土人叛變迄未能平定且變本加厲。軍人里維拉(General Primo de Rivera, 1870–1930)起而奪權，西班牙國王亞方肅十三世（Alfonso XIII，1886–1941，在位時期1902–31）授權他建立獨裁政府、解散國會(the Cortes)、停止陪審制度和進行出版檢查。這個獨裁政權至1930年因財政失敗和軍人不再支持以及遭受反對而倒臺，里維拉亦旋客死法國。嗣因經濟恐慌加重，罷工頻仍，失業嚴重，共和派領袖公然要求廢除君主政體，軍人亦有叛亂情事。1931年2月國王宣布恢復《憲法》並決定舉行國會選舉。但此年4月12日的市政選舉，共和派獲壓倒勝利，共和派領袖芝莫拉(Niceto Alcala Zomora, 1877–1949)要求國王遜位。兩日後，西班牙國王出走巴黎，他並未宣布退位而是欲視大選結果再定行止，不過他一去未返且於1941年死於國外。

國王出走後，芝莫拉組織臨時政府並以自己為總統。同年6月的國會選舉中，共和派與社會主義派的聯盟獲得多數，12月頒布新憲法。新憲規定共和國體、一院制國會、責任內閣、政教分離等等。芝莫拉當選總統，但此一共和自始即陷於激烈的左、右勢力鬥爭之中，且各地離心運動迭起。1936年2月的國會選舉中，左派各政黨（共和派、社會主義派、工團主義派、共產黨）組成「人民陣線」，右派各政黨（保守共和派、教士派和君主主義派）則組成「民族陣線」(National Front)。選舉結果，左派獲得勝利。但是，軍方在佛朗哥(Francisco Franco, 1892–1975)和莫拉(Emilio Mola, 1887–1937)自摩洛哥（Morocco，西屬摩洛哥）入侵西班牙，以民族主義號召，欲推翻共和政府。

於是 1936 年 7 月 18 日，西班牙內戰開始。內戰係由西屬摩洛哥的軍事將領所發動，但因政府仍控馬德里、巴塞隆納諸城而左派政黨又團結一致，故並未立即崩解。但卡地茲 (Cadiz)、薩拉哥沙 (Saragossa)、賽維爾 (Serville) 和布哥斯 (Burgos) 皆為反對共和的軍人（以下稱「民族主義派」，the Nationalists）。佛朗哥在 10 月宣布為長槍黨 (the Falange Party) 的首領和「西班牙元首」(Chief or Caudillo of the Spanish State)。至於支持共和的人，則稱為擁護共和派 (the Loyalists)。民族派受到義大利與德國的支持，擁護共和派則為蘇聯和西方知識分子所喜愛。西班牙旋即成為思想鬥爭和國際敵對勢力的戰場，各國的法西斯主義者與社會主義者，均不同程度地介入了這場歷時兩年半的內戰。

1936 年 10 月，佛朗哥在布哥斯宣誓就元首職

卡巴 (Robert Capa) 所作西班牙內戰中士兵面對死亡情形

葡萄牙、義大利與德國皆

支持佛朗哥，羅馬教廷亦同情之；蘇聯則幫助共和政府，另外，西方知識分子視西班牙內戰為一個象徵，他們為共和作戰，有大約四萬人參加，組成「國際兵旅」(International Brigade)，許多人來自法國、英國、美國，以及德國的反納粹分子，其中林肯營 (the Abraham Lincoln Battalion) 便是由美國人組成。在參與西班牙內戰的英國作家中，有奧登 (Wystan Hugh Auden, 1907–74)、喬治・歐威爾 (George Orwell, 1903–50)，法國作家有馬洛（André Malraux，1901–76，著有《人的希望》（*L'Espoir*，1938 年出版，即以此內戰為背景）），美國作家中有海明威（Ernest Hemingway，1899–1961，著有《戰地鐘聲》（*For Whom the Bell Tolls*，1940 年出版，即以此內戰為背景））等等⓫。

內戰進行得空前慘烈。內戰期間雙方對平民均有屠殺與報復的情事，整個內戰有五十萬人以上（一說一百萬人）喪生，而當時西班牙人口不過二千五百萬。義大利與德國均幫助民族派作戰。在英國、法國與美國則意見分裂，莫衷一是。法國（布魯穆「人民陣線」內閣）建議不干預西班牙內戰，英、俄、義、德諸國均表示同意，且有二十七國組「不干涉委員會」(Non-Intervention Committee) 於倫敦。國際聯盟亦於 1936 年 12 月特別會期中決議各國互不干涉內政。但英國與法國遵守諾言，義大利與德國則不然，兩國聲稱其在西班牙境內軍隊為「志願軍」，義大利尤為偏袒佛朗哥派。蘇聯亦仍繼續干預，惟僅限於供應品與技術援助。美國則擴大其《中立法規》，由參、眾兩院以壓倒多數（參院八十一票對零票，眾院四百零六票對一票）通過適用於西班牙內戰的雙方。

義大利一直保持數萬人的兵力干預西班牙內戰，德國雖沒如此之多（數千人），但有數百架飛機參戰，並提供大量軍用物資。1937 年 6 月比爾保 (Bilbao) 之役，甚具關鍵性，義大利軍隊（平時作戰不力）扮演相當重要的角色。在此役中，德國空軍轟炸比爾保東北的一個毫無防衛能力的小城

⓫ Stromberg, op. cit., p. 248.

畢加索的《格尼卡》

格尼卡 (Guernica)，並造成極大的傷亡，使出生於西班牙的法國畫家畢加索 (Pablo Picasso, 1881–1973) 憤而作《格尼卡》一畫，為時代的暴虐作證。1938 年夏天以後，佛朗哥派連獲勝利，擁護共和派內部亦有傾軋而有內戰中的內戰。義大利與德國更早在 1936 年 11 月 18 日即承認佛朗哥政權為西班牙合法政府，英、法至 1939 年 2 月 27 日亦承認佛朗哥政府。內戰至 1939 年 3 月 28 日因馬德里的投降而告結束。成千成萬的難民越界逃入法國，義、德則迅速撤軍。內戰以後，共和政府的立法多被取消，卡特蘭人 (the Catalans) 和巴斯克人 (the Basques) 喪失自治權，土地歸還大地主，工會採義大利式辛迪卡 (Syndicates) 組織，天主教恢復原有地位（國教、政府支付教士薪酬、歸還被沒收的教產、教會掌理婚姻與教育）。

內戰的結果代表義大利與德國的勝利，義大利曾為西班牙內戰支付七十五億里拉（1939 年時約合八千萬英鎊）的戰爭物資和有六千義大利人死亡，德國亦支付了五億馬克（約合四千三百萬英鎊）的軍用品和有三百人死亡（德國介入人數約為一萬名）。至於葡萄牙所付代價則甚不易估定，但亦派「志願軍」二萬左右和有八千人死亡。1939 年 4 月，西班牙參加《德義日防共協定》，5 月亦知照國聯退出該國際組織。不過佛朗哥政府頗銳意於西班牙的建設，並在第二次大戰爆發後不計德、義壓力而守中立。

西班牙內戰使本來自衣索比亞危機即告友好的德、義關係更形密切。1936 年 10 月，莫索里尼派外長齊亞諾 (Conte Galeazzo Ciano, 1903–44) 訪問柏林，11 月 1 日兩國形成「羅馬－柏林軸心」。莫索里尼雖告訴希特勒義大利在 1943 年以前不能在歐洲作戰，但 1939 年 5 月他即與德國簽訂號

西班牙難民越過比利牛斯山逃往法國 (1938)

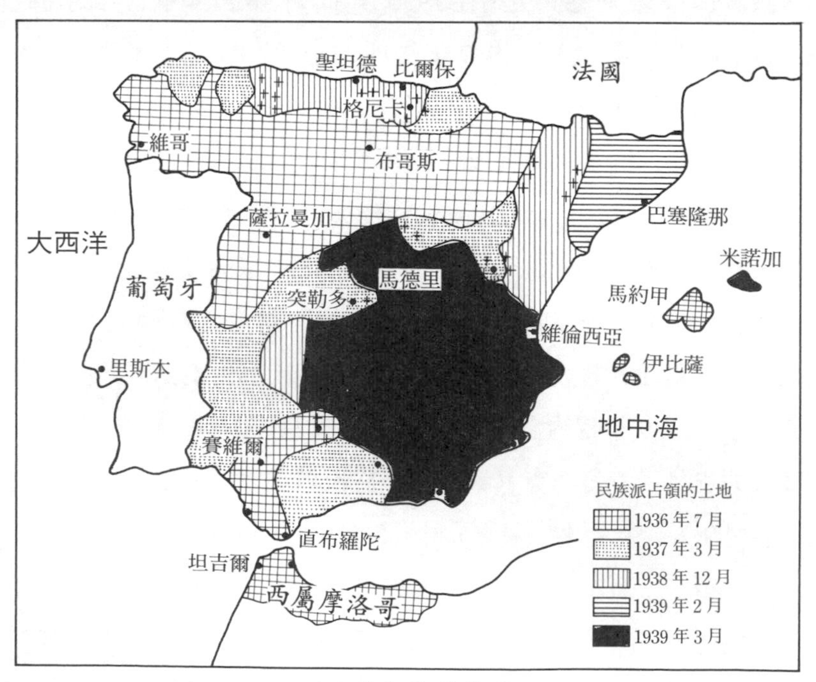

西班牙內戰形勢圖

稱《鋼約》(*Pact of Steel*) 的軍事盟約。

五、七七事變與中日戰爭

1937 年的「七七事變」和中國的全面抗日戰爭的爆發，為國際秩序崩潰的第四步。關於抗日戰爭發生後，中國軍民在政府領導下的許多可歌可泣事跡，已詳見中國各種史書，此處不贅。現僅約略討論一下當時國際的反應。中國在七七事變發生後立即向國際聯盟申訴，此時國聯的聲望已陷低潮，各大國均不願擔負責任。國聯乃將中國的申訴交付遠東問題十九國諮詢委員會 (Far Eastern Advisory Committee of Nineteen)⓬處理，該委員會認為日本侵略行動有違 1928 年的《巴黎非戰公約》和 1922 年的《九國公約》，並建議諮詢《九國公約》簽字國。該委員會的報告在 1937 年 10 月 7 日為國聯大會所通過，大會並通過決議呼籲各會員國勿採任何削弱中國抵抗力之行動。先一日，美國羅斯福總統在芝加哥演說提及有必要「孤立」或「免疫隔離」某些國家 (the necessity of quarantining certain powers) 以遏阻「世局的混亂」(world lawlessness)，此一演說並未事先與國務院聯繫。一週後，羅斯福又修改其立場，改促中、日合作以謀解決衝突。

1937 年 11 月 3 日，《九國公約》的簽字國以及後來簽署該約的國家的代表集會於布魯塞爾，德國及蘇聯亦受邀參加。出席的國家共有十九國。日本既未出席，義大利遂成為日本的代言人。義大利力主促中、日雙方和平解決，美國、英國、法國等亦均主用調停的辦法作出使雙方均能接受的方案。會議所作的報告為重申《九國公約》的原則，任何違反此種原則所造成的改變應不獲承認，亦聲言中、日衝突涉及整個世界的和平與安全，

⓬ 此委員會為因日本侵擾上海，應中國申訴而於 1932 年成立者，自 1933 年 5 月未再集會。關於淞滬事件，可參看中華民國外交問題研究會出版，《日軍侵犯上海與進攻華北》，《中日外交史料叢編》第 3 冊（臺北，民 54），及《蘆溝橋事變前後的中日外交關係》，《中日外交史料叢編》第 4 冊（臺北，民 55）。

而非僅限於中、日兩國而已。布魯塞爾會議休會後，國聯仍一籌莫展，僅隨著中、日戰局的轉變通過一些支持中國的決議案而已。1938 年 9 月中國再向國聯求援，國聯要求日本暫行恢復會籍並合作解決爭端。日本予以拒絕，國聯理事會乃要求各會員國對日本執行個別制裁，1939 年 5 月再作此請，仍無任何效果。

國聯此時已甚廢弱，美國、德國、日本和 1937 年 12 月以後的義大利均非會員國，在遠東更因各大國之間的利害不一而難有所行動。英、法兩國誠願維持和平與原況，但在基本上並不反對日本在華北的擴張。德國與義大利已傾向日本，俄國則在此時因本身利益而支持中國。德國與義大利的軍事顧問與教練不斷撤出中國，希特勒於 1938 年 2 月承認滿洲國，而義大利與日本和滿洲國在 7 月簽《三邊貿易協約》。1937 年 12 月有兩艘英艦在長江為日本轟炸機所炸傷，數日後美艦「班乃島」號 (Panay) 被炸沉，日本政府宣布出自誤會，並道歉且同意付出二百二十一萬四千零七點三六美元作死傷恤醫及財產損失之賠償。英、美乃加強軍備，英國完成了新加坡海軍基地並加強了香港的防禦設施。

1938 年 11 月 3 日，日本宣布其軍事行動之目的為建立「亞洲新秩序」，此一新秩序之基礎為日、滿、中合作。此一說法固為中國政府所拒絕，亦為美國所擯斥。中日戰爭並未停止，而且後來成為第二次大戰的主要戰場之一，至 1945 年 8 月始停止。

六、德國併吞奧國

就某一意義言，「九一八事變」便表示國際安全秩序已遭破壞，「七七事變」更是全面戰爭的開始。不過，第二次世界大戰仍是希特勒所發動的。希特勒知道他擴張的結果會導致戰爭，而他也有所決心與準備。

1937 年 11 月 5 日，希特勒在德國高級將領面前宣布其宏圖。當時有一個德軍上校哈斯巴克 (Friedrich Hossbach, 1894–1980) 記下希特勒談話的要點，此即《哈斯巴克紀錄》(*the Hossbach Minutes*，或 *the Hossbach Memorandum*)，此為第二次世界大戰以後所發現，使世人對於導致第二次世界大戰爆發的各個事件有了比較清楚的瞭解。希特勒首先闡釋其在《我的奮鬥》的理念。他指出，八千五百萬日爾曼人需要更多的生存空間，否則就面臨滅絕；此一空間在歐洲，而非在海外。他承認，空間必須用武力才能獲取，戰爭是不可避免的，問題在於何時和在何種情況下爆發戰爭。德國會在 1943 年至 1945 年頃，達到其軍事力量的頂點，此為發動戰爭的最後期限，但戰爭可能在更早的時間爆發。在任何情況下，摧毀奧地利與捷克是必要的，因為這樣才能保衛德國的側翼，免於西方國家的攻擊。這些談話，充分地暴露了希特勒不惜冒戰爭的危險，以求達到控制歐洲的野心的目的。不過，希特勒先是以「民族自決」(national self-determination) 作為偽裝，他表示要把違反自身志願而身陷異國的日爾曼人納入德國。談話不過兩週，希特勒邀請英國外相哈里法克斯（姑息主義者）訪德，使其瞭解德國與其東鄰國家的關係，哈里法克斯則表示英國對於這些地區的原況並無義務維持，因而不反對任何「和平方式」的解決辦法。1938 年 2 月，在發動奧地利與捷克事件的前夕，希特勒已完成對軍方的控制，成立最高指揮部 (High Command of the Armed Forces) 來取代國防部⓭。

同時，早在 1936 年秋天，希特勒已取得有利的國際形勢。比利時中立和萊茵地區的再武裝使德國西邊的安全獲得保障，魯爾工業區不再受法國威脅；在東邊，由於波蘭日益「合作」(1934 年即與德國簽訂《互不侵犯條約》)，可以屏擋蘇聯；在南邊，「小協約國」(捷克、南斯拉夫、羅馬尼亞）亦爭取與德國改善關係。義大利早在 1936 年後即已與德國成為盟國。對於日本，德國亦爭取甚力。德國原與北伐後的中國有密切的軍事合作關係，此因德國軍人在擔任中國軍事顧問時安於本身的工作，而德國在外匯缺乏下又需要中國的物資。德國所派第一任軍事顧問為鮑爾 (Colonel Max

⓭ Richard Pipes, *Modern Europe* (Homewood, Illinois: Dorsey Press, 1981), pp. 242–43.

Bauer, 1869–1929)，於 1928 年 11 月來華，但翌年 5 月即在上海死於天花。繼之，中國欲聘魯道夫為顧問，但德國政府恐其名聲太大，會引起困擾。於是，魏澤 (Georg Wetzell, 1869–1947) 為第二任軍事顧問，魏澤曾任德國陸軍參謀長，於 1930 年 5 月曾參與中國中原大戰，提出迂迴戰術構想，且參戰的中央軍二十多個師中，有兩個教導師即德國所訓練及裝備，他也建議中國成立各種兵科學校，為砲兵、工兵、號兵、通訊兵等，他也參與過國共戰爭及 1932 年的淞滬戰爭。第三任顧問便是賽克特 (Hans von Seeckt, 1866–1936)，他在職期間為 1932 年至 1935 年。第四任德國軍事顧問亦係名將，即法根浩森（Alexander von Falkenhaussen，1878–1966，此人曾在日本擔任武官，通日語)，亦頗盡職。到 1937 年時，德國已替中國訓練了三十萬軍隊，德式裝備，其中有八萬人，可謂一流軍隊。但是，德國基於與日本關係以及對歐洲局勢的考量，而無法與中國維持關係。1936 年德、日簽訂《防共協定》，但希特勒仍不想放棄與中國的經濟關係（因而維持軍事關係)，但至 1938 年 5 月終決定撤回軍事顧問團，並承認滿洲國[14]。

另外，希特勒在發動第二次世界大戰方面，亦有其意識型態的和經濟因素的考量。前面我們已經討論到，希特勒在《我的奮鬥》表露了很強烈的種族思想。他與斯特萊斯曼和布魯寧不同的，就是絕不以恢復德國在 1914 年時的東界為滿足。他所要的，是要全部所有的日爾曼「人民」(volk) 併入一國之中，這包括他自己的祖國奧地利，以及從前哈布斯堡帝國內的日爾曼人居住的各部分。不僅此也，他還要為日爾曼「人民」尋求足夠的「生存空間」(lebensraum or living space)，而這種「生存空間」要從「劣等」民族所居住的東方取得，他揚棄第二帝國在西歐和殖民帝國的利益，以與「日爾曼」英國保持良好關係，繼續孤立法國，他的目標是向波蘭和烏克蘭發展。不過，希特勒在其《我的奮鬥》中的計畫，並未能夠貫徹。他未能與英國達成協議，而且在西歐和殖民征服方面亦未忘情。但是，

[14] Keylor, op. cit., pp. 162, 168.

他從來沒有放棄他的理念，這可以從 1941 年他進攻俄國，而不去推進可能較為有利的地中海區域的戰爭看出。在經濟因素方面，希特勒在 1938–39 年間的行動，也有關連。德國在 1935 年左右經濟建設便已相當成功，德國藉著增加公共開支而達成充分就業，並且避免馬克捲入國際貨幣市場的動盪，同時也憑政治威權壓低工資。但到 1930 年代中葉以後，德國要考慮的，是何以為繼，下一步要怎麼走。如果再有通貨膨脹或內部騷亂，會使政權淪亡，而且一直墨守舊規，不一定會繼續成功。夏克特 (Hjalmar Schacht, 1877–1970) 是自 1933 年就負責德國經濟建設的財政部長，他認為德國經濟無法長久孤立，克服德國缺乏原料的唯一途徑便是加強德國的對外貿易，德國經濟在 1936 年的情況，已使對外貿易大有可為。但是，戈林 (Hermann Goering, 1893–1946) 則主張自給自足 (autarky)，戈林在 1936 年 9 月以後負責四年經建計畫，他力主自給，發展低品質的鐵礦和可以代替石油與橡膠的合成品。在此情形下，祇有靠對外擴張才能維持經濟繁榮與社會穩定，要從東歐取得石油與小麥。這也是希特勒要發動侵略擴張的原因[15]。

併奧 (Anschluss) 完成於 1938 年 3 月，此為希特勒走上不歸路的開端。本來，在哈布斯堡帝國解體後，大多數的奧地利人想與德國合併，但是第一次世界大戰的勝利國不准他們這麼做，1931 年國際法庭更判決不可。希特勒是一個在奧地利出生的日爾曼人，他在《我的奮鬥》中的第一頁便力主德、奧合併。尤其是在他與義大利的莫索里尼建立良好關係後，更認為可行。1938 年 2 月 12 日，希特勒把奧地利總理舒契尼格 (Kurt von Schuschnigg, 1897–1977)「召」到其在巴伐利亞山區伯特斯加登 (Berchtesgaden) 的別館「鷹巢」(Eagle's Nest)，迫使其同意任命奧地利納粹為內政部長，並將納粹黨合法化和解放政治犯。舒契尼格回到維也納以後，恢復勇氣，欲維持奧地利獨立，蓋此時大多數奧地利人已因如與德國

[15] Paxton, op. cit., pp. 412–13.

合併便是接受納粹主義，而改變了立場。奧地利納粹黨乃製造混亂，舒契尼格眼看奧國陷於內戰邊緣，乃於 3 月 9 日宣布舉行公民投票以尋求人民支持其維護獨立的政策，公民投票並定於 3 月 13 日（星期日）舉行。3 月 10 日，希特勒下令準備進兵奧地利，3 月 11 日他下令進發，舒契尼格被迫宣布取消公民投票。但是，戈林卻策動新任奧國內政部長（納粹）塞西・英奎 (Arthur Seyss-Inquart, 1892–1946) 要求「維持秩序」，而莫索里尼亦於此時表示他不反對德國併奧。這可以從希特勒與德國駐義大利大使赫斯親王菲力普 (Prince Philipp of Hesse) 的電話談話中看出：

菲力普：我剛從威尼西亞宮 (Palazzo Venezia) 回來。莫索里尼以非常友善的態度接受此事件。他向您問好……

希特勒：那麼，請告訴莫索里尼我會永不忘記他的盛情。

菲力普：是的。

希特勒：永不，永不，永不，無論發生什麼事……在奧地利事件結束後，我會與他同甘共苦，無論發生什麼事都一樣。

菲力普：是的，統領。

希特勒：聽著，我會達成協議——我不再害怕萬一陷於軍事衝突時的處境。你告訴他我非常感謝他；而且我永遠不會，永遠不會忘懷。

菲力普：是的，統領⑯。

德國軍隊進入奧地利，希特勒宣布德國併有了奧地利，而且不是聯邦式的加入。弗洛伊德的逃往倫敦，象徵奧地利自由在 3 月 11 日至 13 日結束。希特勒在併奧之後，也安排了他自己的公民投票，此在 4 月舉行，納粹宣布有 99.75% 的投票者贊成德、奧合併。不過，這並無意義，而是納

⑯ Alan Bullock, *Hitler: A Study in Tyranny*, 2nd ed. (New York, 1962), as quoted in Paxton, op. cit., p. 415.

粹威脅的結果⓱。

七、捷克危機

希特勒的下一個目標是捷克。

我們從第二次世界大戰以前的地圖來看，捷克宛如一個頭在獅爪中的人，奧國一失，更是安全堪虞。更麻煩的，是捷克有很嚴重的少數民族問題。捷克簡直就是一個具體而微的哈布斯堡帝國，它除了有七百二十五萬捷克人和五百萬斯洛伐克人以外，還有七十五萬馬札兒人、五十萬魯特尼亞人、九萬波蘭人，而更大的問題，是它有三百二十五萬左右的日爾曼人住在蘇臺德區。蘇臺德區是波希米亞與莫洛維亞 (Moravia) 附近的山區，

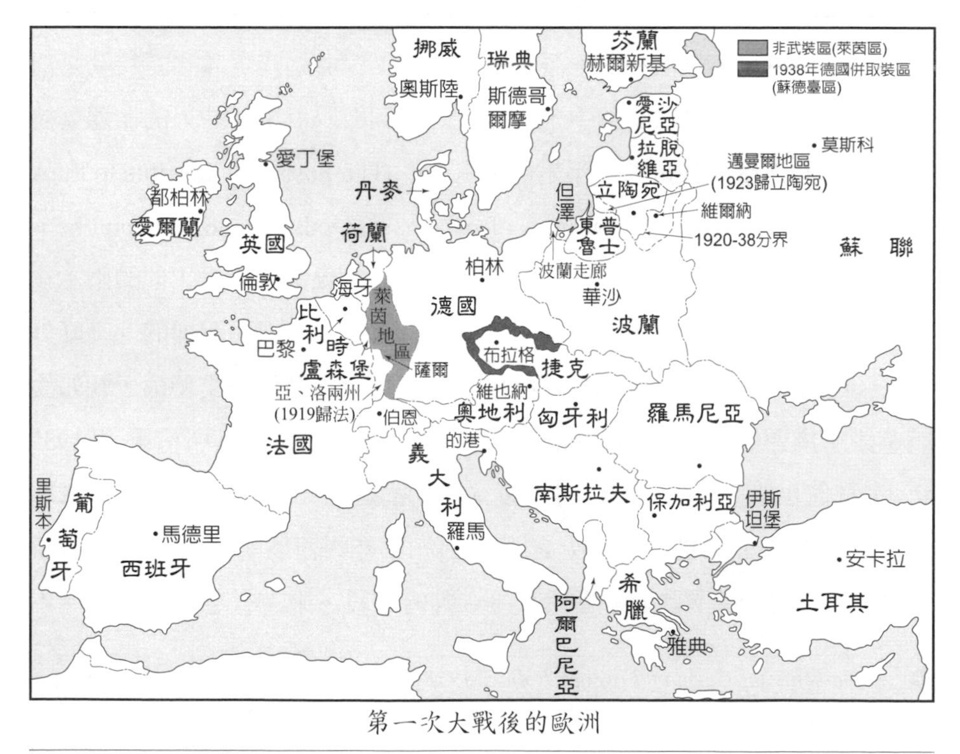

第一次大戰後的歐洲

⓱ H. Stuart Hughes, *Contemporary Europe: A History*, 5th ed. (New Jersey: Prentice–Hall, 1981), pp. 311–12; Paxton, op. cit., pp. 313–15; Stromberg, op. cit., pp. 249–50.

當時捷克為了要構成完整的防衛體系，而勸服巴黎和會分配給捷克者。在起初，蘇臺德區的日爾曼人也沒有製造什麼大的麻煩，他們所受到的待遇也比其他中歐和東歐國家中的少數民族為好；而且在 1920 年捷克通過一個法律，允許在少數民族超過 20% 的地區，在學校中使用該少數民族的語言。但是，除了語言以外，少數民族常有其他的不滿。更糟的是，經濟大恐慌對德語區造成的衝擊較大，失業率高達 25%，日爾曼人總是認為捷克人受到較好的照顧。蘇臺德區日爾曼人的民族運動領袖韓林（Konrad Henlein，1898–1945，原為蘇臺德區一高級中學之體育教師）便受到希特勒的鼓動。根據德方檔案，在併奧不久，希特勒在伯特斯加登接見韓林，告以「我們必一直提出很高的要求，以致永遠無法滿足」⓲。

在英國，聶維爾・張伯倫在 1937 年 5 月繼鮑爾德溫為首相。他在保守黨內，屬於重視社會福利的一派。他內心中，對於納粹主義和希特勒是憎惡的，在他寫給他妹妹的信中，曾提及「想到數以百萬計的人的命運繫諸一人，而此人為半個瘋子，不是可怕嗎！」(Is it positively horrible to think that the fate of hundreds of millions of persons depends on one man, and he is half mad.⓳) 另外，在外交事務上，他雖成為姑息政策的化身，他的雨傘也變成了姑息的象徵，但他並非不積極。他喜歡採取面對面溝通的「高峰外交」(summit diplomacy)，他也喜歡用非外交人士來擔任外交使命，譬如說航業鉅子盧西曼勛爵 (Lord Runciman, 1870–1949) 便常為其所借重。1937 年 11 月他也派哈里法克斯勛爵，與戈林「獵狐」，告以因《凡爾賽條約》所造成的但澤、奧地利和捷克諸問題，如不能明智地處理，即會導致事端⓴。易言之，英國政府願意用和平談判的手段，來調整德國的東界。不

⓲ *Documents on German Foreign Policy, 1933–1945*, Series 3, Vol. 2, No. 107, pp. 197–98.

⓳ Keith Feiling, *The Life of Neville Chamberlain* (London, 1946), p. 357.

⓴ A. L. Rowse, *Appeasement* (London, 1961), p. 65.

過，法國與捷克訂有《共同防衛條約》(1924)，在 1938 年 3 月法國總理布魯穆建議，英、法兩國發表共同聲明，來保障捷克的邊界。但是此時英國對於萊茵河以東的事務仍然不願作承諾，外相哈里法克斯以時機不宜和英國的攻防計畫均未完成來婉拒㉑。

1938 年 4 月，蘇臺德區日爾曼人民族運動領袖韓林提出一連串的要求，此即所謂《卡斯巴綱目》(*the Karlsbad Program*)，其中包括德語地區內政自治，賠償日爾曼人自 1918 年以來所受的損害，以及日爾曼有充分自由來表達「日爾曼意識型態」。捷克政府提出願意適度修改 1920 年《民族法規》(*Nationalities Statute*) 的對案。5 月 20 日至 21 日的週末，一度戰雲密布，歐洲各主要國家均有被拖下水的危機。捷克政府聲稱德國在邊境集結軍隊而下令動員軍隊，法國與俄國政府亦公開宣布他們對捷克的條約承諾，英國外相哈里法克斯亦警告如果德國介入捷克，則不能期盼英國會置身事外。希特勒被迫公開否認德國對捷克有侵略的意圖。

捷克之所以不肯屈服，在於其與奧地利不同，它不是日爾曼人的國家，而其人口幾乎是奧地利的兩倍，其工業化亦甚於奧地利，而且一直維持了民主體制，對外又有法國與俄國為盟國。但是，自從 1938 年 5 月危機以後，希特勒決定要強壓捷克，張伯倫雖強硬，但英國駐德大使韓德遜 (Sir Nevile Henderson, 1882–1942) 則同情蘇臺德區日爾曼人的立場。

1938 年 9 月，情勢再度緊張。9 月 12 日，希特勒在紐倫堡的納粹黨的大集會發表了煽動性的演說，在蘇臺德區便發生了騷亂，而捷克政府宣布戒嚴。韓林逃往德國，並組織了自由軍團 (Freikorps) 準備越界攻擊捷克，德國軍隊也有介入的動向，9 月底英國與法國也在動員軍隊。張伯倫乃建議與希特勒當面交涉。此時張伯倫已六十九歲，尚未搭乘過飛機，但 1938 年 9 月他曾三度飛往德國與希特勒面商，一次是 9 月 15 日前往伯特斯加登，再次是 9 月 22 日到萊茵河畔的古德斯堡 (Godesberg)，第三次是 9 月

㉑ *Documents on British Foreign Policy, 1919–1939*, Series 3, Vol. 1, No. 107, p. 87.

29 日前往慕尼黑。在伯特斯加登之會，張伯倫即已相信捷克須調整邊界，並接受了把蘇臺德區自捷克分出的原則。這種承諾，實在超過了韓林所做的自治要求，也超過了當時希特勒公開要求的程度。

於是，張伯倫與法國總理達拉第 (Edouard Daladier, 1884–1970) 便強迫捷克總統貝尼斯 (Eduard Beneš, 1884–1948) 讓步，他們以英、法將放棄捷克來要脅，使貝尼斯在 9 月 21 日下午 5 時屈服。張伯倫乃飛往古德斯堡，去告訴希特勒「好消息」時，不料希特勒竟表示：「這些條件不行了」(Das geht nicht mehr, or they won't do anymore)。蘇臺德區必須在三日內割讓，而德軍要立即進入割讓的地區。看來局勢又告緊張，英、法已做決裂的打算。莫索里尼乃建議召開四國會議，即英、法、德、義會商。於是慕尼黑會議乃告登場，9 月 29 日的《慕尼黑協定》使希特勒終於取得他所要的：蘇臺德區交付給德國（它從來不曾屬於德國）。在此區內，所有日爾曼人超過 50% 的地區立即轉交德國，在其他日爾曼人未佔多數的地區則舉行公民投票（事實上並未舉行），因此也有大約八十萬捷克人被迫併入這個號稱「民族自決」的行動。希特勒同意尊重捷克獨立。捷克政府在 9 月 30 日在宣布「對全世界抗議」(under protest to the world) 下，被迫接受。張伯倫和達拉

慕尼黑會議一角：（自左至右）莫索里尼、希特勒、譯員、張伯倫

張伯倫返抵倫敦時透過 BBC 發表談話

第在回國後均受到人民的歡迎。張伯倫更在 9 月 30 日回到倫敦時宣稱：「我從德國帶著和平與榮譽歸來。」(I return from Germany bringing peace and honour.) 又說：「在我們這個時代不會有戰爭」(peace in our time)。倫敦《泰晤士報》及英國國會均表示欣慰。祇有邱吉爾 (Winston Churchill, 1874–1965) 指出，《慕尼黑協定》使國家蒙羞，他說：「你們在戰爭與羞辱兩者之中作抉擇。你們選擇了羞辱，最後卻會得到戰爭。」(You were given the choice between war and dishonour, you chose dishonour and will have war.) 不過，在另一方面，英國的軍備尚未完足，到 1940 年才發展成功噴火式戰鬥機 (Spitfire fighters) 和雷達 (radar)，姑息也是購買時間的手段。

不過，《慕尼黑協定》並未能保護捷克的獨立，除了匈牙利（取得斯洛伐克亞南端邊緣地區）和波蘭（取得德臣）趁火打劫取得部分他們國民居住的捷克土地以外，希特勒利用斯洛伐克人欲與捷克人分裂的情緒，於 1939 年 3 月 15 日公然進兵布拉格，把捷克人居住的地區建為「波希米亞—莫洛維亞保護國」(Protectorate of Bohemia-Moravia)，斯洛伐克亞則另成為「獨立的」國家。捷克於是淪亡。此為第二次捷克危機，它之不同於第一

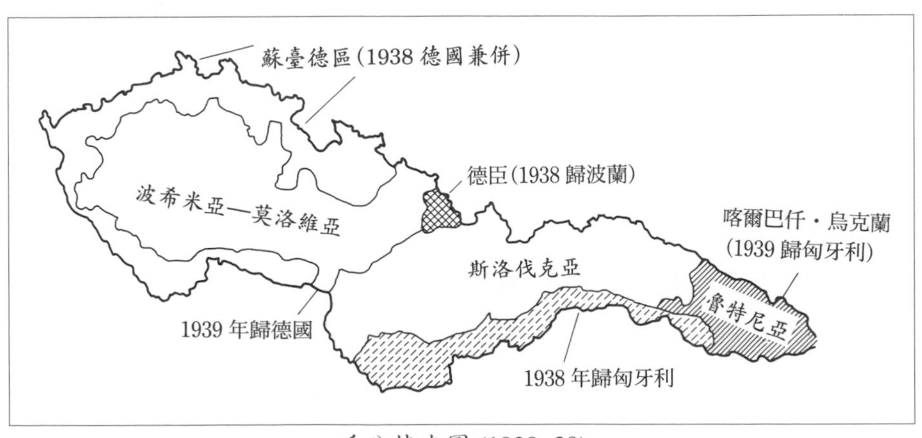

瓜分捷克圖 (1938–39)

德軍侵入布拉格，民眾冷眼以待

次捷克危機者有兩點：第一是納粹擴張領土擴及了非日爾曼民族的地區，這顯示德國的野心不僅是併取日爾曼人居住的土地而已；第二，希特勒在《慕尼黑協定》不過六個月就又食言而肥，情況嚴重㉒。

在《慕尼黑協定》以後，德國也加強了對東歐的經濟控制。1938 年 12 月 10 日與羅馬尼亞簽訂《經濟合作協定》，得到羅馬尼亞的石油和小麥的供應；南斯拉夫因為恐懼匈牙利要求修正邊界而喪失土地，又害怕義大利在亞得里亞海區的企圖，乃加強與德國的關係；匈牙利原對德國保持距離，現在亦加入《防共協定》並退出國聯，德國同意其併取捷克最東的一省，即含匈牙利人最多的喀爾巴阡・烏克蘭 (Carpatho-Ukraine) 為報㉓。

八、波蘭危機與大戰爆發

希特勒進兵布拉格，把捷克的真正捷克人部分波希米亞—莫洛維亞變為德國之保護國以後，使安撫政策的幻夢為之破滅。1939 年 3 月 23 日，

㉒ Paxton, op. cit., pp. 417–23; Hughes, op. cit., pp. 313–16; Stromberg, op. cit., pp. 350–53.

㉓ Keylor, op. cit., p. 176.

希特勒迫使立陶宛割讓邁曼爾 (Memel) 港；同年 4 月 7 日，莫索里尼征服阿爾巴尼亞。

希特勒的下一個目標是波蘭。德國最不能容忍的，是波蘭的邊界的劃定。波蘭走廊 (Polish Corridor) 切斷了東普魯士與德國本土的聯繫；但澤 (Danzig) 自由市的居民主要是德國人；波蘭所控有西里西亞亦為富有的地區，其中亦有相當數量的日爾曼人。不過，希特勒在 1934 年曾與波蘭簽訂《互不侵犯條約》，1938 年捷克危機時波蘭亦未開罪德國。此後東歐各國親德，波蘭則不願步其後塵。波蘭或許可以作為德、俄緩衝國，但卻不願加入《防共協定》，波蘭固然反共反俄，但也想預留德、俄之間運用的空間。波蘭的不合作態度，使希特勒覺得新仇舊恨一齊衝上心頭[24]。

1939 年春天，德國外長李賓特洛普 (Joachim von Ribbentrop, 1893–1946) 要求波蘭歸還但澤和准許德國在波蘭走廊興建一條鐵路以使德國與東普魯士相連，德國則願與波蘭簽訂《防衛條約》以對付蘇聯。此時希特勒也許還不想要發動戰爭來調整德國與波蘭的邊界。但是，英國與法國決定不再姑息。3 月 31 日，張伯倫在英國下議院宣布英國與法國將在波蘭的獨立受到「明顯地威脅」(clearly threatened) 時，「予以全力的支持」(all the support in their power)。這是英國自從 1919 年以來不願承諾對歐洲責任的轉變，張伯倫本人至此放棄了姑息政策。希特勒此時享有極高的聲望，在德國更得到民意的支持，4 月 20 日是他五十歲的生日，人民慶祝的普遍，充分地說明此一點。所以存在主義的哲學家耶斯培 (Karl Jaspers, 1883–1969) 即認為，人應為其所為或不為負責，德國人縱容納粹主義即有道義的責任，更遑論與之合作了。希特勒並未把英、法聯合保證維護波蘭的獨立當作一回事，蓋英國軍備不足，法國人不願「為但澤而死」，而英、法又如何能以軍力助防波蘭？

另一方面，德國的擴張似無止境。早在 1939 年 3 月 18 日，也就是德

---

[24] Ibid., pp. 177–78.

軍佔領布拉格的後三天，英、法外交部便向蘇聯、波蘭、羅馬尼亞、南斯拉夫、希臘和土耳其試探共組聯盟的可能性。蘇聯此時尤其居於關鍵地位，英、法如無蘇聯協助則無法協防波蘭。德國的侵略擴張也使史達林頗不自安。史達林先是不明瞭希特勒，從而低估了他的侵略野心。史達林在 1932 年至 1933 年間，訓令德國共產黨對德國社會民主黨攻擊不遺餘力，有助於納粹的勝利。1934 年以後，史達林似乎發現錯誤，而 1936 年以後法西斯國家的反共態勢，尤使他警覺。1934 年起，史達林採取一連串的措施。1934 年 9 月，蘇聯加入國際聯盟，並鼓吹裁軍與集體安全。1935 年 5 月，蘇聯與法國和捷克簽訂《互相防衛條約》(與捷克所訂之條約規定在法國援助捷克後始生效，但法國在慕尼黑「出賣」捷克，而蘇聯與捷克並無共同邊界，遂無義務)。

同時，史達林對於英、法等西方國家懷著猜忌。他認為，西方國家心懷叵測，而慕尼黑會議時蘇聯未獲邀請，使其心結難釋。1939 年春夏之際，英、法試圖與蘇聯結盟，史達林亦於 4 月 17 日向英、法建議聯合抵抗納粹德國，但他也同時向德國試探。另一方面，蘇聯軍力自大整肅以來，尚未完全恢復，而與希特勒結合亦可使歐洲各國互相火拼。史達林與希特勒均為意識型態的熱衷者，但亦均為冷冰的現實主義者。5 月 3 日，史達林免除親西方的蘇聯外長李維諾夫 (Maxim Litvinov, 1876–1951) 而代之以莫洛托夫 (Vyacheslav Molotov, 1890–1986)，此為一大訊號。史達林有鑑於德國將攻擊波蘭，與英、法結盟則將必會為波蘭而戰，而與德國合作，德國同意蘇聯可以取得波蘭東部，以及波羅的海各邦、芬蘭和比薩拉比亞為「勢力範圍」。情況很明顯：與英、法聯盟將會是「有戰爭而無收穫」(war without gain)，與德國合作將會是「無戰爭而有收穫」(gain without war)。於是，8 月 23 日蘇聯與德國簽訂《互不侵犯條約》(*the Nazi-Soviet Pact*)，此約規定締約之一方在捲入戰爭時，另一方遵守中立。但是另有秘密條款，規定「一旦有領土與政治重新劃分時」，蘇聯取得芬蘭、波羅的海的愛沙尼亞和拉脫維亞、波蘭東部，以及比薩拉比亞（多瑙河口以東土地，1918 年割予羅馬尼亞者），德國則取得波蘭西部與立陶宛㉕。

希特勒至此避免了兩面作戰的危險，乃決意進攻波蘭。他原希望莫索里尼可以參與作戰，但莫索里尼恐此時對外作戰會危及其政權，乃表示不想捲入。另一方面，張伯倫在 8 月 25 日英國與波蘭簽訂《互助協定》，並再度宣布波蘭獨立受到威脅時，英國將向德國宣戰。希特勒雖猶豫數日，終決定動手。8 月底，他以德軍穿著波蘭軍隊制服在邊界滋事為藉口，9 月 1 日黎明（早晨 5 時 45 分），他下令六十三師德軍（有六個裝甲師）進攻波蘭，時波蘭共有四十師軍力。9 月 3 日，英國與法國向德國宣戰。第二次世界大戰乃告爆發。

德軍在發動攻勢後，自波蘭的北邊、西邊和南邊攻入，第六天即抵達華沙郊外。波蘭軍隊向東撤退，希望在叢林沼澤地區穩住陣線。但是，9 月 17 日，蘇聯軍隊攻入波蘭，波蘭軍隊乃被解除武裝。史達林的秘密警察（NKVD，即 KGB 前身）囚禁了一萬五千名左右的波蘭軍官，此為波蘭軍隊大部分的精英，後來這些軍人在 1940 年 3 月至 5 月之間，被集體處決。到 1943 年德國軍隊在白俄羅斯 (Belorussia) 境內的卡廷森林區 (Katyn Forest) 發現四千五百名左右的波蘭軍人遺骸，蘇聯官方乃誣稱此為納粹罪行。1990 年 4 月，波蘭總統賈魯塞斯基 (Wojciech Jaruzelski, 1923–2014) 訪問蘇聯，與蘇聯總統戈巴契夫在克里姆林宮會談，並前往卡廷致祭，俄國

㉕ Paxton, op. cit., pp. 424–29; Stromberg, op. cit., pp. 254–55; Keylor, op. cit., pp. 180–82; Hughes, op. cit., pp. 318–20. 另外可參看 Jan Karski, *The Great Powers and Poland, 1919–1945: From Versailles to Yalta* (New York: University of America Press, 1985); John A. Lukacs, *The Great Powers and Eastern Europe* (New York: American Book Co., 1953); R. F. Leslie, ed., *The History of Poland Since 1863* (New York: Cambridge University Press, 1980); Gustav Hilger and Alfred G. Meyer, *The Incompatible Allies* (New York, 1971); E. H. Carr, *German-Soviet Relations Between the Two World Wars 1919–1939* (New York, 1966).

德軍長驅攻入波蘭

波蘭騎兵準備迎戰德國裝甲師

政府終於承認此為「史達林主義的最大罪行之一」，並表示「道歉」。

史達林在進攻波蘭後，所獲土地較與納粹德國協議者為多。9 月底，德國外長李賓特洛普再訪莫斯科研商領土劃分的細節。德國原擬在華沙附近建立一個緩衝國，但為史達林所拒。於是，德國與俄國再度有了共同的邊界，一如 1815 年至 1914 年的情況。史達林也趁機擴張，他分別與拉脫維亞、愛沙尼亞和立陶宛簽訂《互防條約》，俄國有權在立陶宛駐軍（立陶宛趁機奪回 1920 年時為波蘭所佔領的維爾納，Vilna）。史達林繼之要求芬

1939 年 9 月希特勒視察德軍佔領後的華沙，德國官方宣傳說是在波蘭的日爾曼人「喜極而泣」

蘭割讓維堡地區 (the Vyborg area)，此地區在芬蘭灣 (Gulf of Finland) 口，距列寧格勒僅有二十哩。芬蘭拒絕，蘇聯政府乃宣布其在 1932 年與芬蘭所訂的《互不侵犯條約》無效，並不經宣戰而於 1939 年 11 月 30 日攻擊芬蘭。此即所謂「冬季戰爭」(Winter War)。芬蘭人奮起抵抗，全世界也不恥俄國所為，國際聯盟且開除蘇聯會籍。但至 1940 年 3 月 12 日，維堡終告不守。史達林在 1940 年夏天，乘希特勒在西歐作戰時，於 6 月間佔領了波羅的海三國，即拉脫維亞、愛沙尼亞和立陶宛，並於 8 月使之成為三個蘇聯的加盟共和國。6 月 26 日，史達林要求羅馬尼亞割讓比薩拉比亞（此地區在第一次世界大戰前原為俄國所有），以及布科維那 (Bukovina)，先後與烏克蘭部分土地，組成摩達維亞蘇維埃社會主義共和國 (Moldavian Soviet Socialist Republic)，為蘇聯的加盟共和國。至此，俄國在多瑙河口所得已超過 1917 年之所失，也收回了帝俄時期波蘭的大部，在芬蘭也較帝俄時期更為推進㉖。

我們在此要對第二次世界大戰的責任問題，作一探討。戰後對於第二次大戰的原因與責任，曾有長期的爭論，而且隨著國際時勢的轉移，有不同的解說。這種爭論集中在兩點上，即戰爭的爆發究因「預謀」抑或「誤失」㉗？

㉖ Paxton, op. cit., pp. 437–38.

1946年時，東西冷戰已告肇始，史達林於該年2月9日在莫斯科電臺演說指大戰係因以壟斷的資本主義制度為基礎的世界經濟與政治力量發展下的「必然結果」。英國邱吉爾於3月5日在美國密蘇里州的富爾頓城（美國總統杜魯門在場）予以反擊，邱吉爾對於大戰的原因向來譴責納粹德國，此次則改變論調認為1930年代德國鄰邦（尤其俄國）對德國的綏靖安撫實應負較大的責任。他不承認資本主義制度或其他制度是導致戰爭爆發的必然因素，而認為軟弱招惹侵略，間接表示對俄國強硬就可以避免第三次世界大戰，一如當年如對德國強硬則第二次大戰即不會發生。這是兩個揭開冷戰序幕的演說。

大戰的原因與責任確不易定論，在戰時各國人民多接受其國家領袖的意見，這些意見多係為鼓舞鬥志而發，而且各國的論調各不相同，不過有一共同點，即譴責敵國的領袖。美國歷史學者李氏 (Dwight E. Lee) 在1942年出版的《十年：世界走向戰爭之路，1930–1940》(*Ten Years: The World on the Way to War, 1930–1940*) 算是此種著作中的持平之論，認為戰爭的爆發既有預謀亦有誤失的成分，而且指出納粹德國責任固大，西方與蘇俄的綏靖政策亦不無責任。

戰後1945至1946年間，納粹戰犯在紐倫堡受審，當時處於大戰甫告結束之時而冷戰形勢亦尚未十分尖銳，俄國與西方國家仍可勉強維持貌合，因而四國法庭仍能有一致的立場，因此1946年10月1日的判決是納粹蓄意製造戰爭且應負全責，結果有十二名納粹領袖判處死刑和多人被監禁[28]。

---

[27] 初步討論見 John L. Snell, ed., *The Outbreak of the Second World War: Design or Blunder?* (Boston: Heath, 1962); Esmonde M. Robertson, ed., *The Origins of the Second World War: Historical Interpretations* (London: Macmillan, 1971); Richard Brown & Christopher, eds., *Documents and Debates: Twentieth Century Europe* (London: Macmillan Education, 1983), pp. 93–106.

[28] *Nazi Conspiracy and Aggression: Opinion and Judgment*, published by the Office of

1947 年以後，冷戰已趨激烈，情況又變。1948 年美國國務院公布了在戰後擄獲的德國檔案，這些檔案在紐倫堡大審時並未公開，現在則出版為《納粹一蘇維埃關係，1939–1941》(*Nazi-Soviet Relations, 1939–1941*)。這些檔案顯示出《德蘇協定》(1939 年 8 月 23 日）與希特勒侵入波蘭的關係，也就是說此一協定成為德國發動戰爭的「放行燈號」(green light)，此與 1914 年德國對奧匈所開出的「空白支票」(blank cheque) 可以相提並論。許多史家利用過這些檔案，其中主要者則為美國史家蘭格 (William L. Langer, 1896–1977) 與格理遜 (S. Everett Gleason, 1905–74) 在紐約外交協會 (Council on Foreign Relations) 的資助下利用這批檔案所寫成的《對孤立的挑戰，1937–1940》(*Challenge to Isolation, 1937–1940*)，於 1952 年出版。此書對 1939 年的英、法、俄交涉與德、俄交涉有詳盡的討論，前者如成功則可能防止戰爭，後者如成功則帶來戰爭，結論則指出《德蘇協定》與戰爭的關係密切，希特勒視此協定為進軍波蘭的「空白支票」，而且為此他不惜放棄了自己的反共立場。

不過俄國也在戰後搶得了許多德國檔案，這些檔案在當時亦未在紐倫堡大審時公開。至是俄國外交部乃將之出版為《有關第二次世界大戰前夕的檔案和史料》(*Documents and Materials Relating to the Eve of the Second World War*)。美國國務院在公布檔案時讓讀者自行判斷，俄國則決定先制訂結論，蘇維埃新聞局 (Soviet Information Bureau) 在事先出版一書名曰《歷史的偽造者》(*Falsificators of History*, 1948)。在此書及檔案內，皆指英、法領袖在 1930 年代，預謀而非誤失，以求安撫希特勒的侵略野心；而俄國則在與納粹簽訂協定以前，曾一再地希望達成遏止希特勒侵略的集體安全辦法。俄國企圖用這些出版品證明希特勒之所以膽敢發動侵略，是因為他相信西方國家不僅不會制止他，而且會鼓勵他向東發展以與俄國衝突。俄

United States Chief of Counsel for Prosecution (Washington, D.C., 1947), pp. 12–13, 16–21, 27–34.

國指控說英、法的妥協綏靖係因受美國的鼓勵（此因戰後美國成為西方國家的領袖），因此給與希特勒「放行燈號」或「空白支票」者實為張伯倫、達拉第與羅斯福。這種論調在西方並未被普遍地接受，富萊明 (D. F. Fleming, 1893–1980) 的《冷戰及其淵源，1917–1960》(*The Cold War and Its Origins, 1917–1960*) 則頗採此說。至於在俄國，1948 年以後中學教科書均彈此調。

美國史家中，亦有就美國對第二次世界大戰之爆發有相當責任為言者。例如保守派的學者譚塞勒 (Charles C. Tansill, 1890–1964) 於 1952 年出版《通往戰爭的後門：1933 至 1941 年間的羅斯福政策》(*Backdoor to War: The Roosevelt Policy, 1933–1941*)，認為羅斯福在 1939 年鼓勵波蘭、英國與法國拒絕希特勒的要求，此與歐戰爆發不無關連，又羅斯福決心使美國加入戰局而利用太平洋發生的事件（所謂「後門」）來參戰。此種論調與俄國說法不同，但皆為譴責第二次大戰前的美國外交政策。此種說法是否公允，固有待討論。一般說法，如果美國對第二次大戰之爆發應負部分責任的話，那應該是美國因受孤立主義政策之限，使羅斯福政府無法大力支援英、法以抗德國擴張。另外，德國駐美大使在 1937 年後曾不斷向柏林提出警告，謂一旦戰爭爆發則美國將與英國共同作戰，此種諍言並未為希特勒所理會。因此，即使羅斯福政府能公開警告德國是否能有何作用，亦屬未知之數。

波蘭在戰前國際關係中的地位亦重被檢討，紐倫堡大審時無論控方與被告均無波蘭代表出席。不過第二次大戰既因德、波戰爭而起，則波蘭的因素當甚重要。希特勒舉兵進攻波蘭時一方面說波蘭虐待境內日爾曼人，一方面又說是波蘭人首先動手進攻德國。此說在戰時即已為西方所否認，同時一般相信希特勒在 1939 年所提要求僅為其發動戰爭的藉口。即是德國歷史學者丹奈 (Ludwig Denne) 亦指出但澤及波蘭境內的德（日爾曼）人問題並非希特勒發動戰爭的真正原因，這些充其量僅為宣傳題材，他的真正動機是在東邊爭取「生存空間」[29]。如果說戰爭出自波蘭的預謀為無稽之論，然則波蘭方面究有無「誤失」？這牽扯到波蘭的外交政策問題，1932 直迄 1939 年期間波蘭的外交部長為貝克 (Colonel Jósef Beck, 1894–1944)，對他最大的指責是他破壞與俄國共同組成抗德陣線，但是如果波蘭與俄國訂盟是否仍能保持其獨立與完整？又，即使波蘭付出如此重大犧牲是否能防止戰爭？這些均是問題。美國中、東歐問題專家羅勃時 (Henry L. Roberts, 1916–1972) 認為波蘭應負部分責任㉚。

再一問題是義大利究有無責任？1948 年的大辯論中並未強調義大利應負的責任。1943 年義大利拋棄德國並對德宣戰使其逃避了最可悲的命運，而 1948 年時東、西方均不想開罪義大利，早在 1945 至 1946 年頃紐倫堡大審即無義大利人為被告者。事實上，義大利莫索里尼政權既與柏林結成「軸心」，又和希特勒締訂《鋼約》，其有無責任不言可喻㉛。

至 1956 年頃，除《紐倫堡紀錄》㉜外，各國有關戰爭爆發的外交檔案㉝（除俄、法兩國外）多已開放，許多國家的史家如美國的宋達格

㉙ Ludwig Denne, *Das Danzig-Problem in der deutschen Aussenpolitik 1934–1939*.

㉚ Henry L. Roberts, "The Diplomacy of Colonel Beck," in Gordon A. Graig & Felix Gilbert (eds.), *The Diplomats 1919–1939* (Princeton, 1953), pp. 579, 601–11.

㉛ L. B. Namier, *Europe in Decay* (London, 1950), pp. 129–44.

㉜ 《紐倫堡紀錄》主要有 *The Trial of the Major War Criminals before the International Military Tribunal, Proceedings and Documents*, 42 vols. (Nuremberg, 1947–49); *The Trial of German Major War Criminals*, 22 vols. (Washington, 1946–50); *Nazi Conspiracy and Aggression*, 10 vols. (Washington, 1946–48).

㉝ 各國所公布的外交檔案有：*Documents on German Foreign Policy, 1918–1945* (Washington, 1948–); *Documents on British Foreign Policy 1919–1939*; Mario Toscano, ed., *I documenti diplomatici italiani* (Rome, 1952); *Foreign Relations of the United States: Diplomatic Papers, 1939* 等等。尚在戰時，就有一些國家發表了一些文件以支持自己的立場，如 German Foreign Office, *Documents on the Events Preceding the Outbreak of War: The Second German White Book* (New York, 1940);

(Raymond J. Sontag, 1897–1972)、法國的鮑蒙 (Maurice Baumont, 1892–1981)、德國的茅氏 (Hermann Mau, 1913–52) 與克勞斯尼 (Helmut Krausnick, 1905–90)㉞等均肯定希特勒的責任最大，戰爭之爆發實因希特勒的預謀與誤失。美國人席瑞爾 (William L. Shirer, 1904–93) 以此角度在 1960 年寫成暢銷書《第三帝國興亡史》(*The Rise and Fall of the Third Reich*)。

1961 年忽而異軍突起，英國歷史學者泰勒 (A. J. P. Taylor, 1906–90) 出版《第二次世界大戰之淵源》(*The Origins of the Second World War*) 一書，申言希特勒不應負第二次世界大戰的責任，他並且指出《哈斯巴克紀錄》並無重大的價值，並且提出文獻或檔案並不能說明一切的所謂「泰勒律」(Taylor's Law)。同年稍晚，美國歷史工作者霍干 (David L. Hoggan, 1923–

German Foreign Office, *Polnische Dokumente zur Vorgeschichte des Krieges*, l. Folge (Berlin, 1940); the "Polish White Book", *Official Documents Concerning Polish-German and Polish-Soviet Relations 1933–39* (London, 1939); the "British Blue Book", *Documents Concerning German-Polish Relations and the Outbreak of Hostilities between Great Britain and Germany* (London, 1939); *The French Yellow Book: Diplomatic Documents 1938–39* (New York, 1940). 冷戰開始以後，美國公布 1945 年所獲德國檔案 *Nazi-Soviet Relations 1939–1941: Documents from the Archives of the German Foreign Office* (Washington, 1984)，蘇聯公布 *Documents and Materials Relating to the Eve of the Second World War*, 2 vols. (Moscow, 1948)，後又公布 *New Documents on the History of Munich* (London, 1958)。另外，有關蘇聯外交的非官方公布文件有 Jane Degras, ed., *Soviet Documents on Foreign Policy*, 3 vols. (London, 1951–53)，再者，Royal Institute of International Affairs, *Documents on International Affairs, 1939–1946* 含有許多國家的非官方資料。

㉞ Raymond Sontag, "The Last Months of Peace, 1939," *Foreign Affairs*, xxxv (Apr. 1957); Maurice Baumont, *La faillite de la Paix 1918–1939*, 2 vols., 3rd ed. (Paris, 1951); Hermann Mau & Helmut Krausnick, *German History, 1933–45: Assessment by German Historians*, trans. by Andrew & Eva Wilson (London, 1961).

88) 以德文在德國出版《強迫下的戰爭：第二次世界大戰的原因與發動者》(*Der erzwungene Krieg: Die Ursachen und Urheber des 2. Weltkrieges*)，更謂英國在 1918 至 1939 年間的對外政策為蓄意陷德國於另一次新的世界大戰之中，用心在毀滅德國而以波蘭作為工具，並謂哈理法克斯勛爵的逼戰政策得到羅斯福與史達林的支持而使希特勒別無選擇。霍干並非史學大家，但泰勒是具有國際聲望的學者，以治中歐與東歐歷史著名，不過他也好立異鳴高。令人驚詫者是泰勒一向對德國有其偏見，且在張伯倫時甚反對安撫政策，此時竟作此論。於是另一英國史家德拉汝・魯培 (Hugh R. Trevor-Roper, 1914–2003) 立即有了激烈的反應。德拉汝・魯培為近代史大家，著述甚多，其在 1947 年出版的《希特勒的末日》(*The Last Days of Hitler*) 描述希特勒為心理失常者並挑動戰爭。至此他抨擊泰勒的著作[35]，認為泰勒的史觀欠正確和方法有問題以及完全不顧學術的常規。另一位英國研究近代史和德國問題的大師殷士萊（F. H. Hinsley，1918–98，後來被封殷士萊爵士，Sir Harry Hinsley），亦批評泰勒的錯誤，在於把計畫與政策混淆，以及把事件與原因未弄清楚所致[36]。

總而言之，希特勒應負第二次世界大戰之責，應無疑義。

第二節　戰局的檢討

自 1939 以迄 1945 年的第二次世界大戰，可分三期：第一期始自德國閃電攻擊波蘭，並於 1939 至 1940 年之冬在東界看似建立了一個穩定的邊界；第二期是德國在西界發動攻擊，經過荷蘭和比利時而迅速擊潰法國，

[35] Hugh Trevor-Roper, "A. J. P. Taylor, Hitler and War," *Encounter*, XVII (July 1961), pp. 88–96.

[36] F. H. Hinsley, *Power and the Pursuit of Peace* (Cambridge University Press, 1963), pp. 323–34.

以及英國退出歐洲大陸；第三期是俄國和美國先後因受到德國和日本的攻擊而捲入戰爭，而使戰爭擴及到全世界，最後則導致德國、義大利和日本的崩潰[37]。

如果我們把第一次世界大戰和第二次世界大戰作一個一般性的比較，我們便會發現有很多不同。在 1914 年時，德國在俄國、法國與英國的有力包圍下，面臨的是兩面作戰的局勢；1939 年時，德國則使其敵人分裂——或者是他們自己分裂了——俄國被中立化了，而且傾向於德國；1914 年時，德國首先攻擊法國，在第二次世界大戰時，德國仍舊進攻法國，但係在戰爭爆發後的八個月以後，戰爭的爆發是導因於德國攻擊一個在 1914 年並不存在的國家，即波蘭。另外，德國在兩次世界大戰中均對英國判斷錯誤，認為英國會遵守中立，但在兩次世界大戰中，英國都是在略經猶疑之後，在均勢政策的考慮下介入了戰爭，不過在第二次世界大戰中，意識型態方面的因素更大一些。德國的納粹主義以及其主導人物成為英國人痛恨的對象，較普魯士軍國主義與德皇在第一次大戰時為甚。1939 年時，德國是一個明顯的侵略者，此與一次世界大戰的情況不同，儘管希特勒並無意發動全面性的戰爭，因為德國尚未完全準備充分。當然，第二次世界大戰持續的時間更久一些，破壞性更大一些，更是一個真正擴及全球的「世界大戰」。兩次大戰均以德國的毀滅為結局，但毀滅的過程不同。兩次大戰也都導致美國的干預，但原因不同，為時也略嫌過晚。與第一次世界大戰不同的，是德國在法國獲得了大勝，但也包括了一個德國的主導人物在一次世界大戰時所拒絕的行動，那就是入侵俄國[38]。另外還有一點值得我們注意的，是第二次世界大戰時，不再見群眾的熱情和歡呼，各國人民對於戰

[37] William R. Keylor, *The Twentieth-Century World* (New York: Oxford University Press, 1984), p. 185.

[38] Roland N. Stromberg, *Europe in the Twentieth Century*, 2nd ed. (New Jersey: Prentice-Hall, 1988), p. 258.

爭的爆發，抱著沉重而對未來不可知的心情。

戰爭爆發的真正原因，是「軸心國家」對巴黎和會所決定的和平條件不滿，納粹德國欲建立歐洲「新秩序」(new order)，法西斯義大利醉心光榮，以及日本企圖在東亞建造「共榮圈」。

在戰略和戰術的構想與運用上，第二次世界大戰與第一次世界大戰也有許多不同。第二次世界大戰更重視動力，德國軍方對於第一次世界大戰曾經做過徹底的檢討，對於兩次世界大戰之間的所謂「二十年休戰」亦曾充分利用。他們認為德國在第一次大戰中之所以失敗，係因戰局的僵持使對方得以動員其人力和物力所導致。德國軍方決定在下次大戰中不容再有僵局出現，乃在戰略設計和戰術運用上，特別加重動力與速度。他們除了建立強大的陸軍 (Wehrmacht) 以外，更重視坦克部隊 (Panzers)，再配合上強大的空軍 (Luftwaffe)。這種戰術叫做「閃電戰」(Blitzkrieg, or Lightening War)。通常在閃電戰中，以裝甲部隊和機械化的軍隊為核心，再以俯衝轟炸機 (Stuka Pive Bombers) 作為空中支援，以雷霆萬鈞之勢突破敵人防線，擴大打擊面而形成「鉗形攻勢」以孤立並殲滅敵人。在此種戰術中，裝甲師常扮演非常重要的角色，一個裝甲師是一個自成體系的攻擊力量，經常以三百輛左右的坦克為前導，伴同支援和運送補給的部隊能夠以同樣速度並進。在空中則以戰鬥機和俯衝轟炸機在坦克部隊前掠陣，在攻堅突破以後，一般性的、傳統性的部隊再負責接管。另外，在第二次世界大戰中，空軍也成為主要的作戰力量，不論在空戰和轟炸方面均甚可觀，此為第一次世界大戰時所沒有的。譬如說，1940 年春天的北歐戰役，德國即是動員空軍佔領了挪威和丹麥；1940 年的「不列顛之役」(Battle of Britain，8 月 8 日至 10 月 30 日)，雙方均是以空軍進行；1941 年 5 月的克里特島之役，德國更是以空權（空軍及傘兵）壓倒了英國的海權而佔領了克里特島；1942 年起，盟軍便已對德國展開空中攻擊，對日本亦然，戰爭末期即 1944 至 1945 年間，盟軍更對德國展開每天二十四小時之轟炸，使德國許多大城成為廢墟，日本更是吃了原子彈。

一、戰局的發展

德國與其盟國通稱為「軸心國家」：德國和義大利在 1936 年首先結成「羅馬一柏林軸心」(Rome-Berlin Axis)，日本於 1936 年與德國結成「東京一柏林軸心」(Tokyo-Berlin Axis)，1939 年德國和義大利經由《鋼約》而變為同盟，1940 年 9 月德國、義大利和日本更簽訂《三國同盟條約》(*Tripartite Pact*)，此即「三國同盟」，後來匈牙利、羅馬尼亞、保加利亞、斯洛伐克亞和克羅埃西亞加入。另外在《防共協定》的旗號下又結合了一些國家，除掉「三國同盟」的成員以外，再加上西班牙、丹麥、芬蘭、以及「滿洲國」和汪兆銘政府。

軸心國家看來聲勢浩大，實則協調不良。盟國祇要能夠挺住第一波的閃電攻勢，然後藉封鎖和周邊包圍來窒息德國的經濟，便可以打敗軸心陣營中的首強——德國。

第二次世界大戰固然是因為德國在 1939 年 9 月 1 日進攻波蘭而引起，但德國的目標並不在波蘭，而在迅速解決波蘭後另有行動。不過，到 1940 年春天，唯一主要的戰鬥是發生在斯堪地那維亞半島的北歐戰役。挪威有很多灣澳可以成為德國海軍和潛艇活動的基地，德國自然希望能夠掌握，英國也亟欲防止。在此點上，挪威和丹麥情況不同。在挪威，德國透過挪威的法西斯領袖奇士林 (Vidkun Quisling, 1887–1945) 建立傀儡政權而統治挪威。在丹麥，由於國王和丹麥政府未及逃出，而祇有留下，民主政府仍照常運作。瑞典卻得以倖免，此為整個第二次世界大戰中唯一能夠保持中立的北歐國家。

西歐是主要的決戰場，而希特勒也決心要擊潰法國。德國參謀本部所擬訂而為希特勒所接受的戰爭計畫，在兵力布署上與第一次世界大戰的「希利芬計畫」(Schlieffen Plan) 完全相反，右翼的軍力也就是攻入比利時、荷蘭等國的軍力比較弱小，一旦盟軍主力進入比利時來攔截德軍時，德軍強大的主力便會向西進擊而包抄盟軍。此時法國已築成堪稱鐵壁銅牆的「馬奇諾防線」(Maginot Line)。該一防線在 1930 年代完成，耗資兩億美元（當時工人的每日工資不過三元）。防線寬十呎，地面上有堡壘，配合上反坦克巨砲和機關槍，並密布有刺的鐵絲網，地下更有坑道和隧道，以及運兵通道、醫院、倉庫、車庫，其駐軍的地下設施更有時達於地下一百五十呎，以致士兵常因陽光不足，而必須在醫官監督下脫衣進行日光燈照射，以補陽光之不足。不過，此一防線之構築，以法國與德國邊界為主，在亞爾丁森林（the Ardennes Forest，按係跨法國、比利時、盧森堡一帶的叢林地區）被認為是不能通過的地區，未將此防線延至北海以包括此一地區，故法國與比利時邊區雖亦構築防線，但其堅強程度無法與馬奇諾防線相比，故稱「小馬奇諾防線」(Little Maginot Line)。但是，後來德軍便是在亞爾丁地區表現了其卓越的攻擊力。

緣德國原計畫以重兵進攻荷、比等國，而不以亞爾丁地區為主戰場。但德將曼斯坦因 (General Erich von Manstein, 1887–1973) 認為如此可能在法國北邊導致僵持的戰局，重蹈第一次世界大戰的覆轍，乃力主以重裝甲

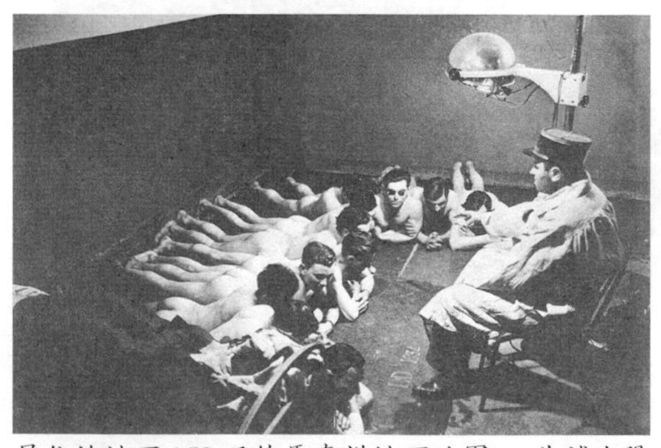
居住於地下 150 呎的馬奇諾地下法軍，為補充陽光不足，在醫官監督下進行日光燈照射

馬奇諾防線的隧道

兵力強攻亞爾丁地區，然後打通海峽之路，則英、法等國軍隊會被包圍和切斷，整個法國亦將洞開，但其條陳未達希特勒處，後偶然在一餐會中他把意見告訴希特勒，希特勒大為欣賞而採用。於是，1940 年 5 月 10 日的黎明，德軍以三十個師攻入荷、比，但以更強大的四十五個師的兵力進襲亞爾丁林地。荷蘭軍隊作戰甚力，但終不敵，敗後仍擬堅守鹿特丹 (Rotterdam)，但德軍強力進攻，出動空軍機群轟炸，將之夷為平地。英、法軍隊無意全力幫助荷蘭而湧入比利時，此為德國所樂見。另一方面，德軍在色當 (Sedan) 附近突破了亞爾丁林地，因而在馬奇諾防線的北邊，從防線的後方攻破而佔領了防線，德將古德里安 (Heinz Guderian, 1886–1954) 所指揮下的軍隊在 5 月 16 日左右即已把防線挖開了六十哩的大洞，並向西挺進，5 月 20 日左右攻下亞眠 (Amiens)，同時抵達海峽沿岸，近阿比維爾 (Abbeville)，英、法軍隊措手不及，法國仍想在法國北部找一條河流，據河而守，英國則決定撤退，此時，英國軍隊集中在法國北部，位於多佛海峽 (Strait of Dover) 的敦克爾克 (Dunkerque, or Dunkirk)。此時英軍和

英軍在敦克爾克海灘等候撤退情形

法軍有三十餘萬眾集合在敦克爾克。英國海軍動員了一切可以載運人民的船隻，包括遊艇、漁船、滅火船等等接近一千艘的船隻，於5月27日至6月4日間(1940)撤出大約二十萬英軍和十三萬法軍。

法國此時仍有六十個師，企圖沿索穆河(the Somme)建立新防線，但因已喪失四十個師又加上英軍撤退，實不堪再戰。6月7日，法國統帥魏剛通知法國政府不能再戰。法國政府遷往圖爾(Tours)再遷波多(Bordeaux)。法國人心惶惶，巴黎人民扶老攜幼用各種車輛，包括腳踏車和娃娃車向南逃亡者近兩百萬人（約當巴黎人口的65%）。德軍於6月14日進入巴黎，法國由年已八十四歲的貝當元帥(Marshall Henri Philippe Pétain, 1856–1951)出面收拾殘局，向德國求和。6月22日，德國已佔領法國領土一半以上，希特勒起出原來在康庇涅(Compiègne)福煦(Foch, 1851–1929)元帥在1918年11月接受德國投降的同一火車車廂中接受法國的投降。此後法國被分為兩部，北部大約五分之三的土地在德國的直接控制之下，南部則在德國的卵翼之下，由貝當在維琪(Vichy)建立一個衛星國家。

荷蘭、比利時和法國在六週內潰敗，造成極大的震撼。不過，就人道的觀點來看，閃電戰的代價雖然高昂，卻並不慘重。全部陣亡的人數，德

巴黎人民逃亡情形

德軍進入巴黎

國方面為三萬人，英、法、比、荷等國是十萬人，當時雙方的軍力是相當的：德軍有一百三十四個師，但法軍有九十四個師，英軍有十個師，比利時有二十二個師，荷蘭有八個師；德國空軍則佔極大優勢，為三與一之比。其他在坦克的數量方面，英、法為三千二百輛，德國為二千五百輛，但數字並不能表示一切，德國的訓練與裝備，其機械化步兵的素質均優於英、法。至於坦克的配屬方面，英、法習慣於把它們分配到各部隊（各步兵師）以為支援，而德國則集中成為裝甲師以為攻擊主力。尤具諷刺性的，是這種戰術原來是英國戰略學家李德・哈特 (Basil Henry Liddell-Hart, 1895–1970) 和法國戰略家戴高樂所鼓吹，但卻為德國將領曼斯坦因和古德里安所用[39]。

英國現在要單獨地面對軸心國家的挑戰。如果英國與德國締和，則整個歐洲均在希特勒的腳下。但是英國卻拒絕與德國妥協，此為希特勒所不解，希特勒對盎格魯・撒克遜民族並無惡感，對於海上霸權亦無興趣，他甚至患有暈船症，他也沒有意思摧毀英國的殖民帝國，凡此種種，希特勒均希望英國不要再堅持。但此屬於大陸性的思考，不瞭解英國的政策，也不知道英國必然會為了保持自由與均勢而奮戰到底。英國所憑藉的武力，除了從敦克爾克撤退來的殘軍以外，便是一支倉促成軍的自衛軍力，另外還有海軍和空軍。德國則在英法海峽沿岸布署了八十個師，以及許多潛艇。此時英國的領導人物則由張伯倫易為邱吉爾（邱吉爾在 5 月 10 日就任首相），他所領導下的政府是工黨也參與的聯合政府，工黨黨魁艾德禮 (Clement Richard Attlee, 1883–1967) 擔任副首相。邱吉爾是二十世紀的英國奇才，他是作家、軍人、政治家、史學家，他也會繪畫。他辯才無礙，而又精力旺盛，一夜僅睡眠數小時，到處走動，並用印戳提醒自己和他人：「今日就行動」(action this day)。他宣稱：英國會繼續戰鬥，「如果必須單獨戰鬥就單獨戰鬥，如果必須持久戰鬥就持久戰鬥」(if necessary alone, if

[39] Stromberg, op. cit., p. 263.

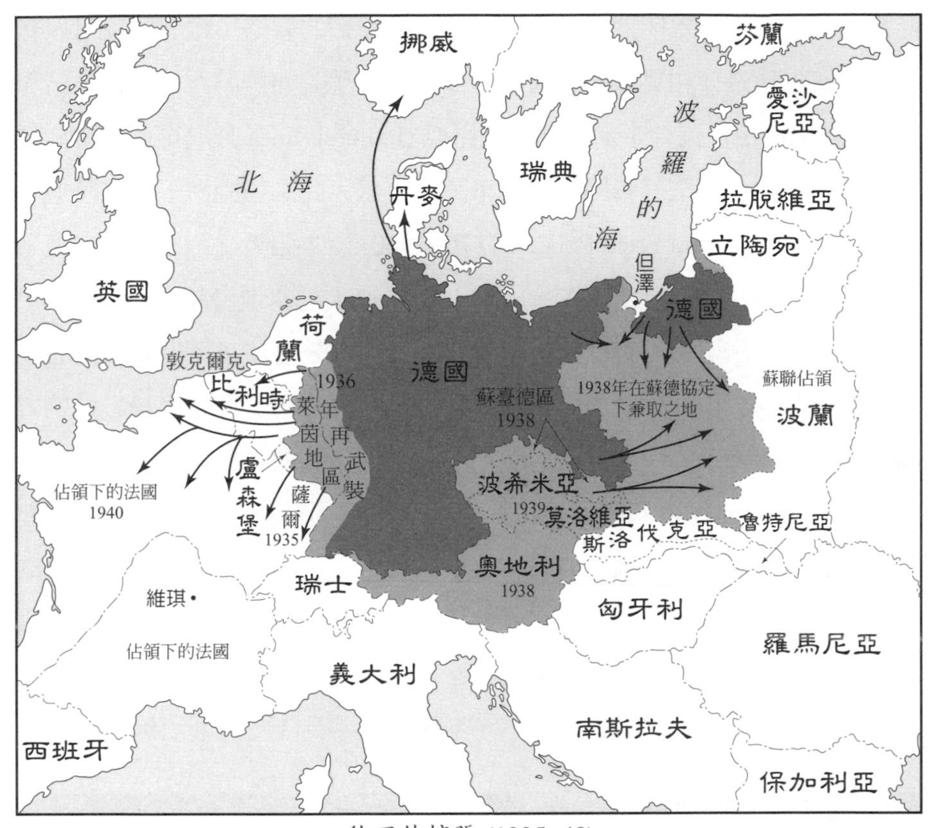

德國的擴張 (1935–40)

necessary for years)，如此大英帝國會屹立千載，而人會說此為「最好的時刻」(the finest hour)，英國要追求「勝利，不惜一切地追求勝利，無論是勝利的道路多麼漫長和艱辛」 (victory—victory at all costs...victory, however long and hard the road may be)㊵。在戰時，特別是 1940 年「不列顛之役」和 1944 年德國以火箭攻擊倫敦時，他尚在距離唐寧街十號（首相官邸）約三百碼的一個地下碉堡中辦公。

英國不屈服，使希特勒面臨幾項選擇。第一是向英國發動正面的攻擊，

㊵ Robert O. Paxton, *Europe in the Twentieth Century* (New York: Harcourt, 1975), pp. 441–42.

此為德國陸軍及空軍所期盼者；第二是包圍迂迴的戰略，軸心國家可以藉由佛朗哥的西班牙和貝當的法國合作，經直布羅陀而控制西地中海地區和北非，或者經由巴爾幹半島或義屬利比亞 (Italian Lybia) 來取得東地中海地區，如此英國會喪失其帝國、石油和民心士氣，此為德國海軍及當時海軍總司令雷德 (Admiral Erich Raeder, 1876–1960) 所主張者；第三便是向東爭取「生存空間」，不過除了希特勒本人以外，無人認真地考慮此一行動，因為向東發展，固可取得東歐的糧食與石油，但在未解決英國問題以前去與俄國作戰是處於兩面作戰的劣勢。事後討論，也許第二個方案是最好的方案。同時，希特勒的快速征服西歐，超出了他自己的預期，他對於下一步一時甚難決定。1940 年的夏天和秋季，他似乎是三案都在考慮之中。起初，他傾向於選取第一案。但是，攻擊英國，在英國握有優勢的制海權的情況下，至少要取得制空權。空軍總司令戈林力主從空中攻擊英國，德國海軍也在海峽沿岸集結了登陸艦艇[41]。

在此情形下，「不列顛之役」乃告不免。英國自從《慕尼黑協定》以

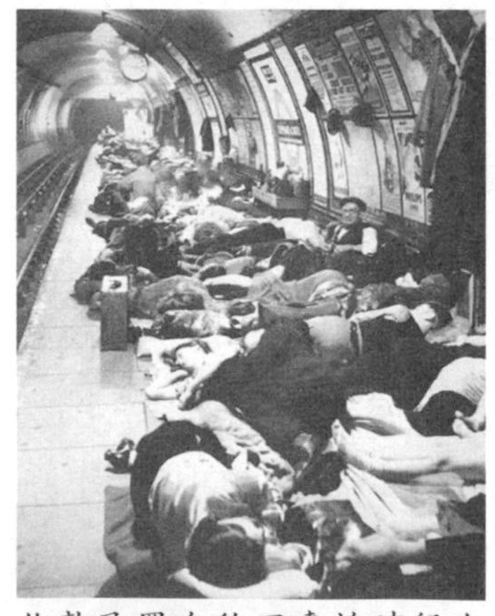

倫敦民眾在德國轟炸時躲在地下火車站中過夜

空襲期間，英國人民生活正常，排隊購物，小販且有同仇敵愾的標告

---

[41] Ibid., pp. 443–44.

來，已加強軍備。以空軍而言，每月生產飛機約六百架，與德國生產量相彷彿。英製戰鬥機，如噴火式和颶風式 (the Hurricanes) 因發展較晚，在性能上較德國的密賽斯密特式 (Messerschmitt) 為優。此外，英國此時也發展成功了雷達，而能有效預警。德國可用輕型轟炸機攻擊英格蘭東南部，亦可自法國機場以戰鬥機進攻英國。而且，德國空軍在數量上享有幾乎是二比一的優勢。如果德國能夠集中攻擊英國的軍用機場和戰鬥機群，也許可能擊潰英國空軍。但在 9 月 7 日，卻發展成轟炸倫敦。此因 8 月 24 日有一德國飛行員違反命令轟炸倫敦，翌日英國空軍開始在夜間轟炸德國城市，希特勒和戈林為了報復而放棄了較為正確的戰術。9 月 7 日至 11 月 2 日，德國每夜均轟炸倫敦，9 月 15 日更曾出動一千架飛機轟炸倫敦。儘管在這些轟炸中，倫敦有一萬五千人左右被炸死，許多建築物，包括英國國會下議院，遭受到破壞，倫敦人民在地下火車站和地下掩體中避難，表現了高度的勇敢和堅毅。同時，氣候也對英國大有幫助，8 月中旬到 9 月下旬具有決定性的六個星期中，有超出尋常的霧和雨。德國空軍一直未能得到連續兩個星期的晴朗天氣，來發揮戰力。另一方面，飛機的折損愈來愈多，9 月下旬以後，情勢已甚明顯，轟炸並不能屈服英國。9 月 17 日，希特勒下令延期執行擬於冬季攻擊英國本土的「海獅行動」(Sea Lion Operation)，事實上此一計畫永遠不曾執行。但是，英國人並不知道危險已經過去，因為轟炸持續到 1941 年仍未停止。不過，希特勒已經改變了心意。整個「不列顛之役」，英國人民死亡有五萬一千多平民，建築物有很多遭受破壞。但英國空軍 (RAF) 數千飛行員救了他們的國家，所

邱吉爾視察空襲後的災情

以邱吉爾說，「在人類歷史上，從來沒有這麼多的人要感念這麼少的人。」(Never in human history have so many owed so much to so few.) 「不列顛之役」，英國終能獲勝，有三個因素：一是英國空軍在質上優於德國空軍；二是英國在 1939 年春天完成了雷達網的布署；三是英國情報部門發展出可以破解德國密碼的電子設備[42]。

1940 年 10 月和 11 月間，希特勒考慮進行迂迴包抄的第二作戰方案。但這需要三個拉丁國家，即義大利、法國與西班牙的合作。這三個拉丁國家均在希特勒的勢力範圍之內，如果他能夠把它們結為一個軍事集團，然後他就可以在英國本土之外進攻英國，譬如可以在直布羅陀和馬爾他 (Malta)，或者在埃及（名義上獨立，但當時在英國軍隊佔領之下），掌握了近東到印度的鎖鑰。但是這三個國家的獨裁者都是強烈的民族主義分子，它們都不願讓自己的國家來配合希特勒的軍事需要。在義大利，莫索里尼對於他自己在戰爭中的角色感到憤怒和羞辱，他對法國的作戰不能令人滿意，而他的海軍和空軍在地中海地區也受挫於英國，而無法從利比亞進入埃及。希特勒無法對莫索里尼有更多的期望，衹允許他保有他在 6 月間所佔領的法國東南部的小片土地，而沒有讓莫索里尼得到他垂涎已久的尼斯 (Nice)、科西加 (Corsica) 和突尼西亞。

在法國，貝當和他的副手賴伐爾（Pierre Laval，1883–1945，在 1940 年 7 月至 12 月擔任維琪政府的副總理，1942 年 4 月以後擔任總理），他們所治理下的維琪法國衹是法國的中部和東南部，是一個具有濃厚的法西斯色彩的「法蘭西國家」(French State)。維琪法國雖為傀儡政權，但仍有若干資源：海軍仍甚完整；在非洲的殖民帝國無恙。這些條件使貝當和賴伐爾一直向希特勒要求較為平等的地位，事實上維琪法國比義大利的條件還要好一些。希特勒在 10 月 24 日與貝當相會於蒙特瓦 (Montoire)，由於貝當要求兩國之間要有比較公平的和約，而希特勒又不願讓步，故無具體結

[42] Ibid.; 另可參考 Keylor, op. cit., p. 190.

果。希特勒也與西班牙的佛朗哥在 10 月 23 日在法西交界的法國邊城昂迪 (Hendaye) 會面，佛朗哥不願介入大戰，他禮貌地回絕希特勒的要求，他靜聽希特勒的說詞有九小時之久，但是卻不肯與德國聯合攻擊直布羅陀。他舉了很多理由：西班牙經濟因受內戰影響而凋蔽；西班牙的天主教人民不希望德國與蘇聯訂約；他個人也無意與外國軍隊合作。

德國在中東亦有若干活動，如遣送武器支援伊拉克來支援阿拉伯民族主義分子以困擾英國。另外，由於義大利於 1940 年 9 月中旬自利比亞進攻埃及，英國為了保護蘇伊士運河與中東油源，前往增援而深入利比亞，希特勒為了支援義大利，於 1941 年 2 月派遣隆美爾 (Erwin Rommel, 1891–1944) 的非洲軍團 (Afrika Korps) 前往援助。當時義大利第十軍團被英軍打得潰不成軍，隆美爾善於出奇制勝，有「沙漠之狐」的稱號，兩個月內把英軍逐至埃及邊界，希特勒如果能夠繼續在東地中海區作戰，大英帝國有可能在蘇伊士運河附近被切割為二，但他未有此圖，致未成功。

二、希特勒征俄的失策

1939 年 8 月，德、俄兩國所簽訂的《互不侵犯協定》，使兩國成為事實上的同盟。兩國共同攻擊波蘭，俄國取得波蘭東部、波羅的海三國、以及芬蘭的一部。1940 年夏天，雙方關係趨於惡化。1940 年 9 月，德國與義大利和日本簽訂《三國同盟條約》，劃分在亞洲和非洲的勢力範圍；義大利取得地中海地區，日本控制東南亞，而德國則將擁有中部非洲。希特勒繼之向俄國試探，願意在中東，亦即伊朗、阿富汗和印度一帶許以勢力範圍。希特勒在「三國同盟」已經簽訂以後，再邀請俄國，使史達林感覺到被視為二等盟友，而且對希特勒的動機有所懷疑，他疑心希特勒欺騙他，一如他在 1939 年欺騙英國和法國，也就是說希特勒尋同俄國的盟誼，而在背後卻安排反俄的同盟。史達林特別對德國和義大利在東南歐洲的行動感到不滿，因為他把東南歐洲看作自己的勢力範圍。1940 年 10 月，義大利攻擊希臘，11 月德國唆使匈牙利、羅馬尼亞、以及斯洛伐克亞加入「三國同盟」。在此情形下，軸心國家取得在巴爾幹半島的霸權，而且對俄國的西南側構成威脅，1940 年 10 月到 11 月，德、俄兩國展開秘密交涉，俄國表示願意參加「三國協定」，但堅持要在巴爾幹半島取得若干權利。希特勒感到不耐，當 11 月底史達林正式要求要取得保加利亞和土耳其兩個海峽作為參加「三國同盟」的代價時，希特勒甚至不予答覆。1940 年 12 月 18 日他下令進行進攻俄國的「巴巴路沙行動」(Operation Barbarossa)，要在 1941 年 5 月對俄國進行軍事攤牌[43]。

希特勒相信他可以很快地擊潰俄國紅軍，他不鼓勵日本參與對俄作戰，乃誘使他們去進攻英國在東南亞的屬地。1941 年 4 月，日本與俄國簽訂《互不侵犯條約》。但在征俄以前發生了巴爾幹之役，緣因 1940 年 10 月 28 日義大利自阿爾巴尼亞進攻希臘，莫索里尼祇有在最後一刻才通知希特勒，以報復希特勒在過去對他的一貫作風。莫索里尼攻擊希臘實為愚行，希臘不僅擊潰義大利軍隊，而且也導致了英國勢力的介入（1941 年 3 月）。希特勒被迫進兵支援義大利，以免德軍在攻擊俄國時會遭受到盟國在巴爾幹側翼的威脅。德軍於 1941 年 4 月攻佔南斯拉夫與希臘，並於 5 月 20 日以空權壓倒英國的海權，以傘兵佔領克里特島。但是，巴爾幹的戰鬥拖延了德國進攻俄國的時間，使原本計畫在 1941 年 5 月 15 日的進兵未能如期執行。此一拖延，發生極大的影響。

1941 年 6 月 22 日凌晨，希特勒集結了一百七十五個師攻入俄國。史達林眼看著德軍進入南斯拉夫、保加利亞、羅馬尼亞，甚至芬蘭，還有英、美領袖也提出過警告，但他卻一直不相信希特勒會進攻俄國，所以他在 6 月 22 日俄國受攻擊時完全措手不及。希特勒在進兵俄國時，否決了德國將領們所建議的集結兵力作一路進兵的主張，而採取兵分三路，亦即北路進

---

[43] Richard Pipes, *Modern Europe* (Homewood, Illinois: The Dorsey Press, 1981), pp. 255–56.

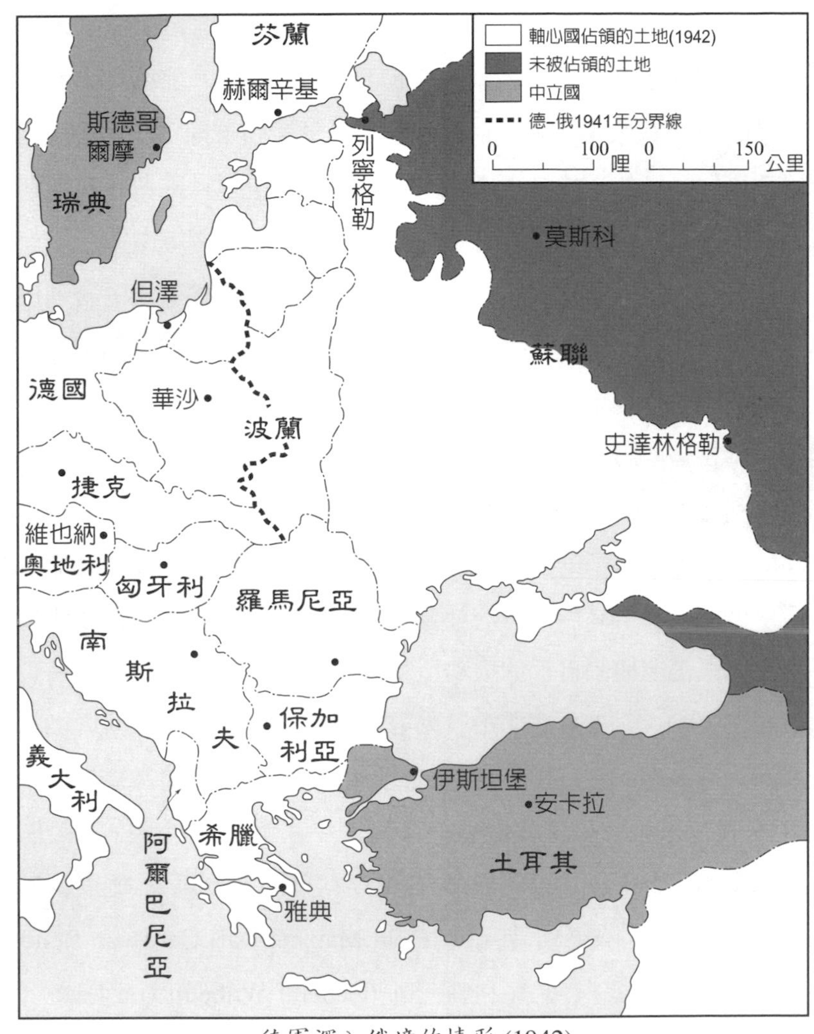

德軍深入俄境的情形 (1942)

兵列寧格勒，中路朝向莫斯科和南路以烏克蘭為目標。此種兵分三路的作戰方式，使陣面擴及兩千哩。但是，進兵之初，德軍勢如破竹，而且在若干地區，像烏克蘭，人民視德軍如解放者而歡迎之。1941 年 11 月左右，希特勒比當年的拿破崙更能深入俄國：在北邊，抵達了列寧格勒的郊外；在中路，逼近莫斯科；在南路，到達了頓河 (the Don River) 流域。後來，俄國官方宣傳俄軍的撤退，是執行「以空間換取時間」的戰略。不過，無論如何，俄國面臨非常艱難的景況。但是 10 月下旬，德軍為大雨所阻，11 月地面結凍，再恢復攻擊。他們挺進到了莫斯科市郊，城內發生暴動，蘇維埃政權岌岌可危，許多政府部門向東撤退，史達林則留在莫斯科以示作戰到底的決心。12 月 2 日，最為危疑震撼，此後漸趨穩定。

希特勒在俄國未能達成閃電戰略。閃電戰必須速戰速決，否則以面積較小而供應不足的德國，如果陷入長時期的消耗戰，則將甚為不利。1941 年 11 月間，德軍深入俄境，但卻缺乏冬季作戰的裝備，士兵甚至沒有冬季的制服，確實是伸展過甚。時間、空間、氣候皆對德國不利，也就相對的對俄國有利。遼闊的距離，補給與交通的困難，路面太少，氣候濕冷，德軍愈向前進便遭遇愈多的困難。有人說，閃電戰會毀滅一個高度進步的社會，但是俄國卻不是高度進步的社會，也許俄國是被他們的落後所拯救，或者說，德國是被他們自己的成功所擊敗，這是一種詭論[44]。

俄國在 1941 年 11 月底開始發動第一次反攻，收復了頓河岸上的洛斯托夫 (Rostov-on-Don)。這是一個在心理戰上的勝利，因為這是德軍自從 1939 年 9 月以來第一次遭受敗績。接著，在 12 月，俄國將領朱可夫 (General Georgi Zhukov, 1896–1976) 在莫斯科前展開反擊，飽受凍餒之苦的德軍處境艱難。隆德斯特元帥 (Field Marshal Karl Gerd von Rundstedt, 1875–1953) 為南路總指揮，利勃元帥 (General Wilhelm von Leeb, 1876–1956) 為北路總指揮，均建議將德軍撤至波蘭邊境，但希特勒僅接受有限度的撤退。俄國挺過了德國攻擊後的第一個冬天，相當於西線的不列顛之役，希特勒的閃電戰略即注定在俄國失敗，但是，德國的威脅並未消失，德軍在 1942 年夏天仍能向前推進，特別是在南線，其深入的程度較 1941 年為甚。德軍到達了伏爾加河（窩瓦河，the Volga River）流域的史達林格勒 (Stalingrad)[45]，這裡也就是高加索山脈的山腳，所佔有的土地較任何入

[44] Stromberg, op. cit., p. 269.

莫斯科婦女在城外挖鑿反坦克戰壕（1941 年夏）

侵俄國的外國為多。同時，他們的傷亡原較俄軍為少（他們的傷亡不及一百萬，而紅軍的傷亡則有四百五十萬），他們逼進了俄國兩個主要的城市：莫斯科和列寧格勒。另一方面，俄國在烏拉山脈以東所進行的工業化建設，在喪失西部（歐俄）後有很大的幫助。1941 年 4 月 13 日與日本所訂的《互不侵犯條約》，亦有助於俄國免於兩面作戰的困境，軍隊可以向西調動。此外，美國的租借物資（根據 1941 年 3 月美國在國會中通過的《租借法規》(*Lend-Lease Act*) 所調撥的物資）又源源而至。凡此種種，均對俄國有利。

德國在征俄的政略上希特勒也犯有錯誤。征俄不僅是一個征服戰，而且也是一個滅絕戰，要把東歐的「低劣種族」清理出來以供日爾曼人定居。希特勒對征俄德軍所發出的訓令，不僅要他們摧毀敵人的武裝部隊，而且也要殺死所有到手的「知識分子」和「共產黨人」。納粹一向視日爾曼人為「主宰種族」，而輕視其他人種，特別是把猶太人、斯拉夫人和地中海各民族視為「劣種」。他們對波蘭人的待遇，可以看出這種心態和做法。進攻波蘭以後，希特勒於 1939 年 10 月 26 日下令，要所有十八歲至六十歲的波蘭男女作強迫勞工。到 1942 年，有一百萬以上的波蘭人被送到德國，在農莊、礦田和各種構築作苦工，他們僅能維持最低生計，而且被迫穿上有紅

[45] 史達林格勒原名沙里津 (Tsaritsin)，1919 年時曾在此有戰功，改名為史達林格勒。在 1961 年後改名為伏爾加格勒 (Volgograd)。

色 P 標記的衣服，並不准與德國人有社交接觸，波蘭男子如與德國女子有性關係即被處死。至於他們原來居住的土地則由德國人移居。征俄以後，俄國的戰俘便成為德國勞動力的主要來源。在五百萬俄俘中，到戰後存活的不過祇有一百萬人左右㊻。此種高死亡率使德國不得不從其他被佔領的西方地區引進勞力，主要是荷蘭、比利時和法國。戰爭後期最大的外籍勞工群是法國人。

此種對待被征服者的政策頗為不智。烏克蘭人原來把德軍看作解放者，其他俄人亦不滿共黨的高壓統治，但是納粹的屠宰迫害卻激起了俄國的民族情緒。史達林和俄共在宣傳中不再高唱共產主義的老套，而公開呼籲全民為保衛「神聖的俄羅斯」(Holy Russia) 而戰。俄軍在自己的國內作戰，其補給線亦短，其士兵除了需要食物、服裝和作戰物資以外甚少其他要求。俄軍的作戰目標非常簡單：把侵略者逐出國境。新的軍事將領亦人才輩出，前面所說的朱可夫，先後主持莫斯科的防衛和史達林格勒與列寧格勒的解圍，三年之內 (1941–43) 由上校晉升為元帥。在此情形下，又有民族情緒的指引，史達林以蘇維埃愛國主義為號召，1941 年 11 月俄國革命紀念日時，德軍在莫斯科城外，史達林以「我們偉大的祖先」來鼓舞俄國人民。帝俄時期，對拿破崙作戰的俄國將軍，如蘇瓦洛夫 (Alexander Suvorov, 1730–1800) 和庫圖佐夫 (Mikhail Kutuzov, 1745–1813) 的肖像懸掛在史達林的辦公室中。這些因素終使俄國反敗為勝㊼。

三、大同盟的組成

在德國進攻俄國以後，英國的邱吉爾立刻給予俄國友誼和幫助。美國此時雖然仍為中立國家，對於與軸心國家作戰的國家亦不諱言同情，此因

㊻ Edward L. Homze, *Foreign Labor in Nazi Germany* (Princeton, N. J.: Princeton University Press, 1967), p. 83.

㊼ Paxton, op. cit., pp. 450–51; Pipes, op. cit., pp. 259–60.

美國察覺到軸心國家對美國安全的威脅所致。1941 年夏天，美國國會同意把《租借法規》（1941 年 3 月制定者）項目下的物資給予俄國。1941 年 8 月，美國總統羅斯福與英國首相邱吉爾在紐芬蘭外海的巡洋艦奧古斯達號 (Augusta) 發表《大西洋憲章》(*Atlantic Charter*)，表示英、美兩國不尋求擴張，但要創造一個可使各國人民自行決定其政府型態和自由生活的世界。世界各地的共產黨亦馬上改變宣傳的口徑，鼓吹愛好自由的民族為自己的命運奮戰。至此，反軸心的同盟亦呼之欲出。

1941 年 12 月 7 日，日本襲擊珍珠港，導致美國參戰，而大同盟終於締結成功。第一次世界大戰後，美、日兩國經濟關係頗為密切，日本對美國的戰略物資如石油、鐵、鉛、鋼及工業機械等需求甚殷，但美國對日本的侵略中國和威脅東亞和東南亞頗為不滿。1939 年 7 月 26 日，美國通知日本六個月後將廢止《美日通商條約》，但未及廢止而第二次世界大戰爆發，予日本可乘之機。英、法、荷在亞洲殖民地防務虛弱，而法、荷更在 1940 年相繼崩潰，荷蘭於 1940 年 6 月被迫取消荷屬東印度（印尼），石油輸日是禁令，而維琪法國亦被迫於同月關閉滇越公路。日本亟思南進，但南進恐引起美國干預，於是在 1940 年 9 月與德、義簽訂「三國同盟」，目的即在遏阻美國。試看《三國同盟條約》的第三條明白規定，締約國的一方在遭受到尚未捲入歐戰或中、日衝突的一國攻擊時，應互相支援。此即係指美國，因為另一條排除了俄國的適用性㊽。美國在 1940 年 7 月即禁止航空用油及高品質的鐵和廢鋼輸日，當日本佔領越南北部及簽訂《三國同盟條約》時，又擴及禁止所有的廢鋼輸日。但日本為了戰略物資，如馬來半島和印尼所出產的石油、橡膠、錫、鎳，以及建立「大東亞共榮圈」而欲南進。

1941 年 7 月日軍佔領印支半島南部，並控制印支半島沿岸海空基地，

㊽ Julius W. Pratt, *A History of United States Foreign Policy*, 3rd ed. (New Jersey: Prentice-Hall, 1972), pp. 378–79.

美國乃凍結日本在美國的資產，並禁止汽油輸往日本。這使美國與日本的關係漸告緊張，而美國人同情中國的抗戰，賽珍珠 (Pearl Buck, 1892–1973) 在 1931 年所出版的《大地》(*The Good Earth*) 是暢銷書又拍成電影，產生相當的影響。1940 年春天，美國給予中國兩千萬美元的貸款，同年 11 月又給予中國一億美元的貸款，1941 年 4 月美國總統羅斯福簽署行政命令，使自 1937 年陳納德 (Claire Lee Chennault, 1890–1958) 所成立的飛虎隊合法化，同年 10 月，美國派軍事顧問團至重慶。美國希望日本退出印度支那及中國大陸。

自從 1941 年 2 月，美國和日本開始談判。雙方立場的差距很大，美國要求日本退出自 1931 年以來所佔領的土地，但日本不願退出「滿洲國」。1941 年 10 月 16 日強硬派的東條英機 (General Hideki Tojo, 1884–1948) 出任首相，決定對美國談判的最後期限，促使美國解除禁運，兩次延期至 1941 年 11 月 30 日仍未達成協議。日本乃派出特遣艦隊（包括六艘航空母艦和兩艘主力艦）向東朝向美國太平洋艦隊駐紮地夏威夷航行，在 1941 年 12 月 7 日（星期日）早晨 8 時對珍珠港進行突擊，在兩小時內，美國太平洋艦隊有八艘主力艦被損壞，使美國太平洋艦隊遭受很大的創傷。另外，在惠勒機場 (Wheeler Field) 有一百八十八架飛機遭摧毀，美方死傷兩千餘人，日

日本偷襲珍珠港後，美艦受創情形

方損失輕微。本來自從 1940 年 8 月，美國可以破解日本密碼，但日本對襲擊珍珠港之事非常保密，同時亦無人認為日本會襲擊珍珠港，以致美國獲得情報甚晚而且不夠明確，美國聯合會議主席馬歇爾 (George Marshall, 1880–1959) 拍發警告電報至夏威夷時（12 月 7 日），因政府電報局負荷過重，乃經由西方聯合公司 (Western Union) 讓送電報的小童騎腳踏車至指揮部時，日機已展開攻擊㊾。

日本的「南進」計畫是聯合艦隊司令長官山本五十六大將所策動的，目的在侵略菲律賓、馬來亞、荷屬東印度（印尼）和南洋的資源。自襲擊珍珠港到 1942 年春天，日本很快的佔領了菲律賓、馬來亞、新加坡、印尼大部和緬甸，泰國則淪為名義上獨立的附庸。日本固然獲得初步的勝利，但也顯示出軸心國家缺乏協調。德國和義大利之間溝通不夠，如莫索里尼在北非和巴爾幹進行單獨的戰爭；希特勒的進攻俄國，義大利和日本未能配合，日本從未對俄國宣戰，而日本所發動的太平洋戰爭與歐洲戰場亦不相為謀。可是美國在珍珠港事變後立即向日本宣戰，而德國和義大利又不智地向美國宣戰，終於導致美國、英國和俄國「大同盟」(Great Coalition or Grand Alliance) 的組成。

美國的參戰雖然是日本襲擊珍珠港所引起，但卻發展出「歐洲第一」的戰略 ("Europe first" strategy)。美國參戰以後，本應以日本為作戰對象，但是英國首相邱吉爾卻說服美國總統羅斯福：德國是軸心國家中的最強者，應先予以擊潰。此後英美兩國的高級軍事人員共同組成參謀首長聯合委員會 (Combined Chiefs of Staff Committee)，以運籌帷幄，全力擊敗德國後再對付日本，除了「歐洲第一」的戰略以外，另一個決定便是要軸心國家，特別是德國或日本，必須要「無條件投降」(unconditional surrender)。此一原則在 1942 年元旦由美國和英國發表而後又有多國參與的《聯合國宣言》(*United Nations Declaration*) 便已提及，1943 年 1 月羅斯福與邱吉爾在卡薩

㊾ Keylor, op. cit., p. 252.

戰爭期間美國婦女的勞動力增加一倍以上，此為女工在飛機工廠工作情形

布蘭加會議中加以確定，後來史達林也予以同意。此一決定引起很多爭議，因為這會使軸心國家作困獸之鬥而使戰爭無法及早結束，但其用意在防止盟國與軸心國家單獨議和㊿。

美國與英國在 1942 年 1 月 1 日發表《聯合國宣言》，此後中國和俄國等二十四個國家跟著加入，此後「大同盟」亦稱為「聯合國」。其中以美國最具有龐大的潛力。在 1940 年時，美國的軍隊數字低於比利時，但以其有龐大的經濟潛力和人口資源，後來卻成了民主國家中的最強者。美國在大戰爆發後生產力一直在持續增加，而反軸心各國在美國的採購又使美國成為黃金、外匯和海外投資的集中地。即使是在美國未參戰之前，羅斯福總統已在設法援助反軸心國家，此即 1941 年 3 月所通過的《租借法規》，授權美國總統以貸款和租借的方式來供應友好國家作戰物資，在此一法規下美國最後撥款達五百億美元之鉅，誠然美國不失為「民主國家的兵工廠」(the arsenal of democracy)。

四、第二戰場的問題

1941 年 6 月以後，俄國承受歐洲戰場上的主要戰鬥任務，其所擔任的角色，有類法國在第一次世界大戰中所擔任者。事實上，自 1941 年 6 月 22 日至 1944 年 6 月 6 日，俄國對德國作殊死戰，而西方盟國僅能間接支援，或以戰略物資（軍火和物資），或以空中轟炸來攻擊德國本土，但是就

㊿ Julius W. Pratt, op. cit., pp. 401–02.

俄國的觀點看，這種支援是不足的。

希特勒發動征俄以後，歷史上最大規模的戰爭便告進行。舉例言之，俄國為了保衛莫斯科，在 1941 年末，就動員了三百萬人；1943 年 7 月，他們出動了六千輛坦克，在庫斯克・鄂爾 (Kursk-Orel) 與德軍決戰。他們也做出了最大的犧牲（至少超過一千二百萬人戰死）。俄國戰場上戰況空前的激烈，1942 年 8 月 22 日，史達林格勒之戰開始，一直進行到 1943 年 2 月，該城為伏爾加（窩瓦）河下游主要城市，而且是盛產石油的高加索地區的門戶，其本身亦為工業中心，因此為戰略要地，為雙方所必爭。此外，

史達林格勒之戰，俄軍逐屋作戰情形（1942 年 11 月）

列寧格勒圍城內情形 (1942)，一對夫婦用雪橇拖運孩子的屍體

此城亦涉及民心士氣的因素。9 月中旬，德軍已攻入城中，但俄軍寸土必守，於是發展成逐街、逐屋作戰，同時史達林亦命俄軍進行鉗形攻勢，欲陷德軍於甕中。接著，冬天將臨，希特勒不准包圍史達林格勒的德軍作絲毫戰略性的撤退，結果整個的德軍第六軍團（二十二個師，五十萬軍隊，最後祇剩下八萬人） 被俘 ，鮑洛士元帥 (Field Marshal Friedrich Paulus, 1890–1957) 於 1943 年 2 月 2 日投降 ，此為德國有史以來第一次元帥級的將領在戰場上被俘。同時數週間，在北線戰場的東端，波羅的海地區，俄軍在致力打通列寧格勒的補給路線，列寧格勒是德軍北路作戰的目標，是另一場慘烈戰爭的殺戮地，此時已被德軍團團圍住，達五百零六日之多，列寧格勒之圍城有九百日之多，堪稱現代史上最長的圍城之戰。在這大約超過兩年半的圍城中，列寧格勒的人口由四百萬人減少了兩百五十萬人[51]。

俄國在受到德國攻擊以後，曾遭受極大的損傷。1941 年 12 月時，俄國喪失了最富有的土地和超過一半的工業資源：德軍所佔領的土地包括了佔五分之二的人口、糧食生產和鐵路線，再加上三分之二的煤和鐵。但史達林在冬季進行反攻，自 1941 年 12 月到 1942 年 5 月，紅軍向前推進，保住了莫斯科，也使德軍在烏克蘭的前進據點受挫。1941 年到 1942 年的冬天，隨著俄軍的進展，俄國的聲望也隨之水漲船高。德軍在 1943 年的春天又在多處反攻，但俄軍在 1943 年 7 月贏得了庫斯克・鄂爾的坦克大決戰，俄國已經熬過最苦的時期，展開了夏季攻勢，年底亦收復了烏克蘭的大半。此後俄軍一路奮進，1944 年 2 月他們已經到達了波蘭邊界，自此處進入中歐，而西方盟國已正在進行在法國的登陸。俄軍沿著一個八百哩的鋒面和大約兩百萬德軍向前挺進，西方盟國所面對的，是一百萬德軍。俄軍一直向前進兵，終於控制了中歐和巴爾幹半島。

俄國在對德國作戰期間也獲得了很多西方盟國的援助，特別是美國的

[51] Harrison Salisbury, *The 900 Days: The Siege of Leningrad* (New York, 1969), pp. 550, 567.

租借物資，包括飛機、坦克、貨車、吉普車、軍火和食品，合計總值至少有一百億美元，總重量超過一千六百五十萬噸，在超過價值五百億的租借物資中，俄國所得大約為一百一十二億美元，或 22%（英國及其帝國，包括澳洲、紐西蘭、印度、南非，為三百一十二億美元，或 61% 以上）[52]。

從一般人的觀點來看，俄國似乎是獨負戰爭責任而美國和英國有類袖手旁觀。有接近三年的時間東線戰爭非常激烈，俄國軍民死亡的人數有兩千萬左右，數以百萬計的人死於戰鬥，也有數以百萬計的人口死於凍餒（溫度有時低到華氏零下六十度），德軍屠殺的人數也很難計算。可是另一方面，美、英等國在從事多項戰鬥，而不祇一項。在亞洲和太平洋地區，他們是在對日本作戰，而且在 1942 年之初，他們迭遭敗績，但卻沒有得到俄國的支援，俄國極力維持與日本的中立關係。英國在地中海地區進行戰鬥，1940 年 6 月中旬，德將隆美爾快要抵達尼羅河，到 1942 年底，德軍有將盟軍逐出地中海地區之勢，英將蒙哥馬利（Sir Bernard Montgomery，1887–1976，後封勛爵）正與隆美爾纏戰不休。另外，美、英亦展開對德國的空中攻擊，至 1941 年年底，英國擴大對德國的轟炸，1943 年年初以後，美國的轟炸機 (B–17's, or Flying Fortresses) 亦加入轟炸。而且，英國和美國還要從事海上的戰爭，德國為第四海軍國（在美、英、日之後），其兩艘大主力艦，「俾斯麥」號 (the Bismarck) 和「替爾匹茲」號 (the Tirpitz) 具有很大的戰鬥力，再加上德國有龐大的潛艇隊，1942 年底，德國尚擁有四百艘潛艇，構成極大的威脅。

不過，俄國一直要求開闢第二戰場，以減輕所受的壓力。美、英兩國早有開闢第二戰場的計畫，但涉及因素太多，以致時間和地點遲遲未能定

[52] 中國所得美國租借物資的總值，據 Arthur N. Young, *China and the Helping Hands, 1937–1945* (1963), p. 350，為 1941–46 年間共十五億五千四百六十萬美元，約佔 3%；據 *The Cambridge History of China* (1986), Chapter 11，謂在 1937–45 年期間，1941–42 年為 1.5%，1943–44 年間為 0.5%，1945 年為 4%，總共平均為 2%。

案。此一問題成為美、英兩國籌議數年的題目，兩國在基本上對開闢第二戰場以結束歐洲戰爭並無歧見，但兩國的觀點卻不相同。邱吉爾傾向於在希特勒防禦不夠堅固的地區，即所謂歐洲的下腹部動手，其長時期的帝國經驗使他意識到英國在地中海地區有重大的利益，再加上在第一次大戰和 1940 年時英國曾在歐陸受創，均使邱吉爾主張在地中海地區登陸，在埃及、蘇伊士運河所受的威脅因登陸北非減少後，再謀由南歐攻擊德國掌握的地區。有人認為，邱吉爾基於歐洲權力政治的觀點，企圖藉美、英發動的戰場來阻止德國控制東歐。但在事實上，直迄 1944 年，邱吉爾所擔心的是俄國戰敗，或者俄國單獨與德國締和，而非俄國征服歐洲。當然，邱吉爾對於第二戰場所可能發生的政治的影響，不會掉以輕心。至於美國，則是從戰爭本身的觀點著眼，如何能克敵制勝，「現實主義」的批評家，如肯楠 (George Kennan, 1904–2005) 等人，認為美國的決策者天真地拒絕承認戰略會有政治影響，美國應超出歐洲權力政治的考慮，來自「純粹的」軍事決定，他們懷疑邱吉爾所主張的在地中海地區和南歐登陸有帝國動機，乃主張集結龐大軍隊，在英法海峽作正面攻擊，而把後來的事情交由聯合國處理[53]。

於是，邱吉爾在 1942 年 8 月訪問莫斯科，向史達林解釋第二戰場不能馬上開闢，至少要在 1943 年以後。目前，英、美將在法屬北非 (French North Africa) 登陸，史達林祇好勉強同意。兩國領袖在克里姆林宮共進晚餐時，邱吉爾企圖說服史達林在周邊攻擊德國的可行性。邱吉爾在桌布上畫了一隻鱷魚，指出鱷魚的「軟肚皮」(soft belly)[54]，來表示他的意思。

同時，在 1942 年下半年後局勢有了發展，它成為第二次世界大戰的分水嶺。在此之前，軸心國家氣燄不可一世，此後則盟國佔了優勢。自 1942

---

[53] Paxton, op. cit., pp. 469–70.

[54] Winston Churchill, *The Hinge of Fate* (New York, 1950), pp. 430–34, quoted in Paxton, op. cit., p. 473.

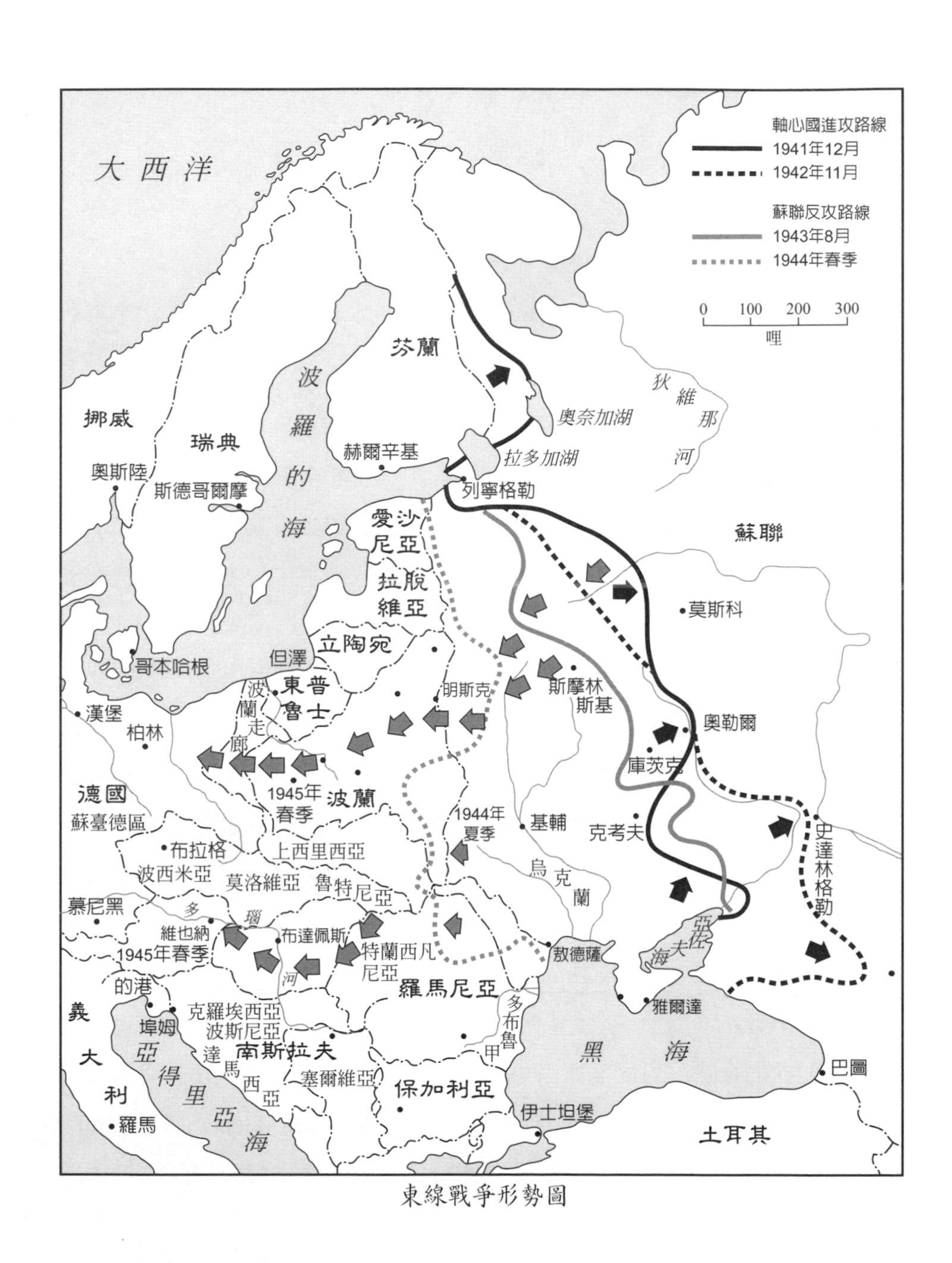

軸心國進攻路線
1941年12月
1942年11月
蘇聯反攻路線
1943年8月
1944年春季
0 100 200 300
哩
大西洋
芬蘭
波羅的海
挪威
瑞典
奧斯陸
斯德哥爾摩
赫爾辛基
奧奈加湖
拉多加湖
狄維那河
列寧格勒
蘇聯
愛沙尼亞
拉脫維亞
立陶宛
莫斯科
哥本哈根
但澤
東普魯士
波蘭走廊
明斯克
斯摩林斯基
奧勒爾
庫茨克
漢堡
柏林
德國
蘇臺德區
1945年春季
波蘭
1944年夏季
基輔
克考夫
史達林格勒
布拉格
上西里西亞
波西米亞
莫洛維亞
魯特尼亞
烏克蘭
慕尼黑
多瑙河
維也納
布達佩斯
特蘭西凡尼亞
1945年春季
敖德薩
亞佐夫海
的港
羅馬尼亞
雅爾達
多布魯甲
克羅埃西亞
波斯尼亞
埠姆
義大利
亞得里亞海
南斯拉夫
達馬西亞
塞爾維亞
保加利亞
黑海
巴圖
伊士坦堡
羅馬
土耳其

東線戰爭形勢圖

邱吉爾（中）偕同蒙哥馬利（右）和亞歷山大巡視非洲戰場

年的6月到1943年的1月，美國、英國和俄國均有重大的勝利成果。依照時間順序，有三個突破性的戰役，分別是：中途島 (Midway)、艾・阿拉曼 (El Alamein)，和史達林格勒。中途島之役發生在1942年6月3日至6日，該島位於太平洋中央，為美國海軍基地，在此戰役中，日本有三艘航空母艦被毀，日本海軍陷於癱瘓；艾・阿拉曼在亞歷山卓 (Alexandria) 附近，1942年8月至11月英將蒙哥馬利擊敗隆美爾，使其退出埃及，在埃及和利比亞沿岸流竄，翌年1月蒙哥馬利攻下底黎波里 (Tripoli)，使突尼西亞的門戶洞開；在史達林格勒，1942年9月以後亦轉為對俄國有利，翌年2月圍城的德軍投降。凡此種種，均說明閃電戰的日子已經過去，軸心國家走下坡了。邱吉爾在1942年11月審慎地說：「不是結束，甚至不是結束的開始，但可能是開始的結束」(not the end, not even the beginning of the end, but possibly the end of the beginning)。

1942年11月，美、英以「火炬行動」(Operation Torch) 為代號，展開對法屬北非的登陸，目標為摩洛哥和阿爾及利亞，動用八百五十艘艦艇。這個登陸戰主要是美國的主意，作戰的統帥為艾森豪 (General Dwight D. Eisenhower, 1890–1969)。由於羅斯福的堅持，戴高樂和自由法蘭西未獲通知，以致未能參與其事，美國人相信即使是沒有戴高樂的幫助，他們也會成功。德國軍隊自西西里飛入北非，介入作戰。盟軍不僅取得了摩洛哥和

莫索里尼被德國突擊隊救出，在義大利北部建立傀儡政權

阿爾及利亞，亦取得了突尼西亞。艾森豪自西攻擊，蒙哥馬利從東進軍，1943 年 5 月 12 日，軸心國家放棄抵抗，有為數十六萬之眾的德國軍隊和義大利軍隊被俘。

1943 年 7 月，盟軍（美、英和後來加入的自由法蘭西）進向西西里和義大利，這又是攻擊軸心國家的下腹部。此一進軍導致了莫索里尼政權的垮臺（1944 年 7 月），和義大利投降（1944 年 9 月）。莫索里尼仍在德軍扶持下，在義大利北部建立了一個法西斯共和國的傀儡政權。1945 年 4 月，德國在義大利的軍隊投降，莫索里尼逃往瑞士，為游擊隊所俘，未經審判即被處死。不過，義大利並非主要戰場，不再討論。

真正的第二戰場是諾曼第 (Normandy) 登陸戰 。登陸日 (D-Day, or Debarkation Day)——1944 年 6 月 6 日。這個登陸戰的代號叫「霸王行動」(Operation Overlord)，其準備工作超過一年。盟國用英格蘭為基地，聚集了三百萬人，五千艘艦艇和一萬一千架飛機。集結的人員和物資之多，看來有使英格蘭不勝負荷之勢。盟國在發動登陸戰之前，利用反間諜作戰的手法，包括在士兵的屍體中放置假文件，誤導德軍使他們相信盟軍會在法國北部較寬廣的平原或加萊 (Calais) 登陸，盟軍也建造了三個人工港，即代號「桑椹」(Mulberries) 的東西。盟軍統帥為艾森豪，該人在 1941 年 3 月還是上校，1943 年 2 月即為上將，到 1944 年 12 月即升為五星上將。德國亦預期盟軍會在法國登陸而從俄國調來軍隊，其中不乏精銳，在大西洋

諾曼第登陸日的情景

沿岸集結了六十師德軍，其中十一個是裝甲師。

此時，德軍的總指揮官為號稱沙漠之狐的隆美爾。他相信諾曼第登陸祇是偽裝，而主要的入侵會在加萊地區，該地為英法海峽最窄處，以至喪失戎機。盟軍發動登陸之後，第一日就有大約十五萬六千人登陸，有的來自海上，有的來自空中。盟軍很快的就在灘頭陣地上建立了代號「桑椹」的人工港，而大量的裝備和人員便蜂湧而過。同時，盟軍也掌握了完全的制空權。在「登陸日」的第一個一百天以後，有兩百二十萬軍隊、四十五萬輛車輛和四百萬噸的供應，從人工港和在 6 月 27 日即奪得的契堡 (Cherbourg) 源源上岸。7 月初，盟軍亦從諾曼第打進了法國北部開放的平原。8 月 15 日，盟軍在法國南部又有一個登陸。本來，邱吉爾主張在義大利的盟軍應經由阿爾卑斯山東端南斯拉夫的魯布札那山坳 (Ljubljana Gap) 進入中歐，以支援狄托 (Josip Broz Tito, 1892–1980) 領導下的南斯拉夫游擊隊。但美國卻堅持要把在義大利的南軍在法國南部登陸，以支援諾曼第登陸後的戰鬥。此一登陸一拖再拖，也反映出美、英兩國意見的不同。

另一方面，戴高樂自 1941 年 9 月便在倫敦建立了法蘭西國家委員會 (French National Committee)，至 1944 年 6 月，法蘭西國家委員會改稱「法國臨時政府」(Provisional Government of France)。但是，美國總統羅斯福

1944 年 8 月 26 日，戴高樂在巴黎接受歡呼的情形

一直輕視戴高樂，他在諾曼第登陸前不通知戴高樂，亦不准自由法蘭西軍隊加入，在盟軍攻陷諾曼第後仍然與維琪法國保持外交關係，均使戴高樂不滿。不過，戴高樂在 1944 年夏天以後在法國建立起權威，此年 7 月羅斯福始不得不承認戴高樂。這些事情與後來的法國和美國的嫌隙有很大的關係[55]。8 月 26 日，巴黎解放，戴高樂此時被公認為法國的解放者和領袖。他在該日進入巴黎時，受到萬人空巷的歡迎，他從香榭麗舍大道 (Champs Elysées) 到協和廣場 (Place de la Concorde)，再轉至聖母院 (Notre Dame)，真是好不威風。

9 月，比利時和荷蘭解放。

五、歐洲戰場的最後階段

法國光復和比、荷解放以後，接著便是要進攻德國本土。本來，自從 1942 年，美國加入英國的對德空中攻擊以後，便對德國展開「戰略轟炸」(strategic bombing)，其目的在癱瘓德國的交通運輸和摧毀其重要工業。戰爭後期，較佳的導航設備和長距離的飛機發展成功，而重量級的炸彈（有時重達十噸）也告問世。1944 到 1945 年間，每天二十四小時的轟炸，平均每月的投彈量為六萬噸到六萬五千噸，使很多德國的城市變成廢墟，而

[55] Keylor, op. cit., p. 198.

表現出有類「月亮中的風景畫」(landscapes of the moon, or moonscapes) 的情況。柏林、漢堡、德萊斯登、慕尼黑、法蘭克福均未能倖免。至於這些轟炸所造成的傷亡數字，很難有精確的統計，超過一百七十萬噸的炸彈大約造成三十萬德國人的死亡，及七十五萬德國人受重傷。盟軍方面當然也有很多損傷，英國大約有二萬二千架飛機和美國有一萬八千架飛機折損[56]。

不過，空戰或空中攻擊扮演很重要的角色，而且，制空權的掌握為陸軍進攻所必須。總指揮艾森豪把進攻德國本土的軍隊分成三大集團：西北路是蒙哥馬利指揮下的英軍和加拿大軍；中路是布萊德雷 (Omar Nelson Bradley, 1893–1981) 指揮下的三個美國軍團；在南和東路，是美國將領巴契 (Alexander McCarrell Patch, 1889–1945) 指揮下的美國軍隊（從地中海戰區調來）以及部分法軍。自從諾曼第登陸以後，美軍源源而至，在進攻德國本土時，盟軍的七十多個師當中，大約一半是美軍，四分之一是英軍，其他四分之一的大部分是裝備不良但鬥志高昂的法軍。

1944 年 12 月中旬，德軍在隆德斯特元帥的指揮下一度展開最後的反擊，他企圖在盟軍部署最弱的一點進攻，並且想攻取盟軍的補給基地安特衛普 (Antwerp)，以打擊盟軍並擾亂其後方。他所選擇的地點便是德軍在四年半以前突破法國防衛的亞爾丁地區。他的計畫幾乎成功，德軍一度深入比利時北部與東部的盟軍陣地，造成一片「凸出」(the Bulge) 的態勢，使盟軍感到壓力。而同時德國在荷蘭基地所發射的 V–2 火箭也對倫敦造成威脅。但至 1945 年 1 月中旬，盟軍終能掌握情況，擊敗德軍。另一方面，俄國的紅軍也在冬季攻勢中大有斬獲，1945 年 1 月中旬，俄軍攻下華沙。然後，三百哩的陣面深入德國本土，最後到達了奧得河 (the Oder River)，距離柏林僅四十哩。

這是雅爾達 (Yalta) 會議前的情況。

1945 年 3 月初，艾森豪指揮下的盟軍，全面向萊茵河進發。當中陸軍

---

[56] Stromberg, op. cit., pp. 275–76.

的先遣部隊到達河畔時，他們驚異地發現德軍在撤退時竟然沒有把波昂(Bonn) 以南的雷瑪根鐵路大橋炸毀，此使盟軍獲得了極大的便利。接著，英軍從北邊和法軍從南邊湧至。1945 年 4 月 11 日，盟軍到達了易北河(the Elbe River)，距離柏林僅六十哩。

在東線，俄軍再度轉而向南行動。1945 年春天，馬林諾夫斯基(Marshal Rodion Malinovsky, 1898–1967) 不僅攻下了布達佩斯，更於 4 月 13 日佔領了維也納。此時，俄國在控制中歐方面已佔優越地位。至於在朱可夫指揮下的俄軍在柏林之前已停頓了兩個月之久，正準備作最後的攻擊。美軍已越過萊茵，抵達易北河，逼近柏林，而俄軍則在奧得河上，兩河之間便是殘破不堪的柏林。柏林的西邊防務至為虛弱，東邊則加強部署以防俄國攻擊。柏林已是艾森豪的囊中之物，但他卻遲遲未動手去取。

此事後來引起很多爭論。艾森豪的考慮包括了戰略的和外交的層面，當時言之成理，事後卻被質疑。從戰略的觀點來看，艾森豪擔心他的補給線過長；他也覺得與俄軍之間需要一個分界線，而易北河甚為適當；他也收到若干報告，納粹正準備在德國南部和奧地利阿爾卑斯山地帶建立最後

扼守萊茵河的德城魏玆爾 (Wesel) 被空中轟炸所毀，以便盟軍渡河 (1945)

德國的 V–2 火箭

的根據地，他要在他們站穩新的據點之前，予以痛擊。因之他命令布萊德雷停止在易北河而向南推進。事實上，有關納粹建立最後據點之說，並無根據。4月中旬之後，德國軍隊已潰不成軍。至於在政治層面，攻取柏林會有若何影響，艾森豪則並不瞭解。作為一個軍人，他認為攻城掠地遠不如摧毀敵人部隊重要。邱吉爾則不同，他充分的瞭解攻取柏林的象徵意義，他一再的主張佔領柏林和布拉格以加強談判的籌碼，但美方則予拒絕，一如1943年在德黑蘭會議時拒絕在巴爾幹半島或亞得里亞海登陸，理由為在軍事上不明智。實際上美國欲利用俄國打擊日本，再加上羅斯福認為在歐洲戰場結束之後，美國人民必不再容忍美國軍隊仍然駐紮歐洲，希圖利用俄國來制衡德國之復起。這些都是艾森豪受命不越過易北河的原因[57]。

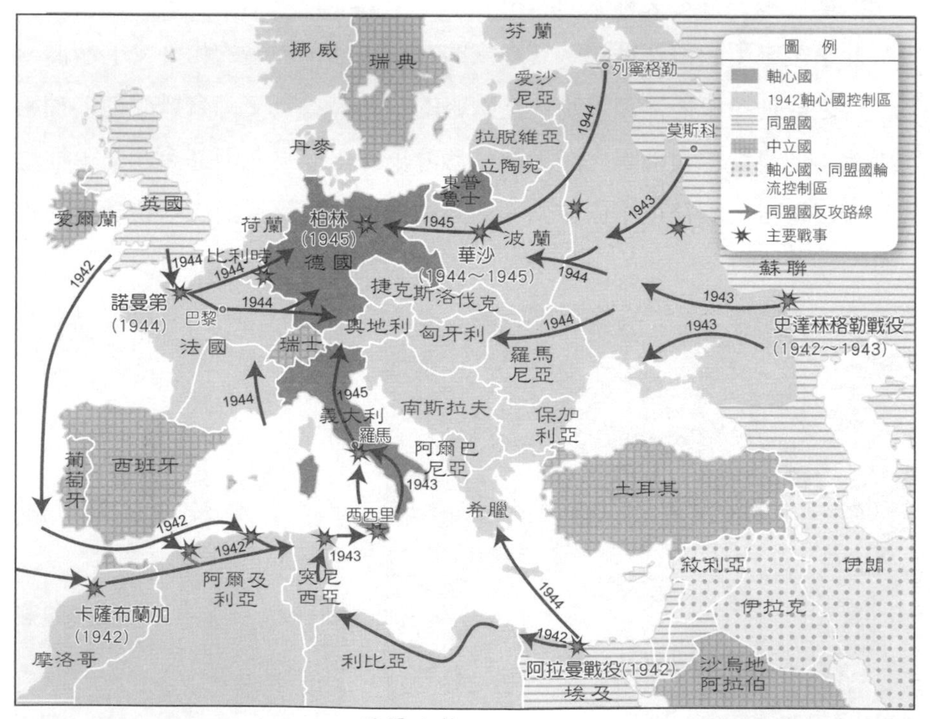

盟軍攻勢 (1942–45)

[57] Keylor, op. cit., pp. 199–201.

1945年4月25日，美國和俄國的軍隊在易北河上的圖岡（Torgau，在萊比錫東北）會師。5月1日，美、俄雙方協議暫時劃定易北河為佔領的界線。此一界線的劃定，使俄國控制了東歐全部，並包括了德國和奧地利的東半。俄軍於5月2日攻陷柏林，美軍向南轉移以後，本可攻佔捷克首都布拉格，該地在5月5日發生反抗德軍的行動，並盼望巴頓 (George Smith Patton, 1885–1945) 指揮下的美軍入城。艾森豪徵詢俄方的意見，俄國極力反對。美國為了保持與俄國的友好關係而放棄佔領布拉格，結果俄軍在5月9日才佔領布拉格。

另一方面，4月30日希特勒在其柏林空襲掩護所「元首堡」(the Fuehrerbunker) 自殺，遺囑以鄧尼茲（Karl Doenitz, 1891–1980，潛艇艦隊的創立者，戰爭末期為希特勒所信任）為繼任人。鄧尼茲號召繼續戰鬥，並向英軍總司令蒙哥馬利建議德軍在西線投降但在東線繼續對俄作戰，被拒。同時，俄軍已於5月2日攻下柏林（依雅爾達決定）。德國乃同意無條件投降，5月7日由參謀總長約德勒 (Alfred Jodl, 1892?–1946) 在艾森豪總部所在地的理穆斯 (Rheims) 簽署降書，是為「歐洲勝利日」(V-E Day，Victory in Europe Day，5月9日在柏林在俄人在場下，又舉行第二次投降典禮)。德國領土（以1937年12月31日為準）分由四國（美、俄、英、法）佔領。

六、亞太戰場的結束

亞洲及太平洋地區計分為：(1)西南太平洋戰區，由美國麥克阿瑟 (Douglas MacArthur, 1880–1964) 出任盟軍統帥，包括菲律賓、荷屬東印度、新幾內亞、澳洲；(2)太平洋地區 (Pacific Ocean Areas)，由美國尼米茲 (Admiral Chester W. Nimitz, 1885–1966) 出任盟軍統帥，包括南至紐西蘭及所羅門群島，北至阿留申群島之地；(3)中、緬、印戰區，由史迪威 (Joseph Stilwell, 1883–1946) 以中國戰區最高統帥蔣中正的參謀長身分為美軍統

一個澳洲飛行員在新幾內亞墜機被俘，日本人將其斬首，1945 年 5 月此照片流傳到盟國，成為有力的仇日宣傳品

帥。在華盛頓另設太平洋戰事諮議會 (Pacific War Council)，由中、英、美、澳、荷、加、紐、菲代表組成。此外，東南亞戰區則由英國蒙巴頓 (Louis Mountbatten, 1900–79) 擔任盟軍統帥。

日本自從襲擊珍珠港以後，大有不可一世之概。本來，在 1939 年時就已控制了非常可觀的土地。到 1942 年春天時，日本更控有了一個龐大的「帝國」，其半徑有五千哩，人口有四億五千萬，並且有一個自足的經濟體系。他們以「大亞洲共榮圈」(Greater Asian Co-prosperity Sphere) 為標榜，以「亞洲人的亞洲」(Asia for the Asians) 為口號來激發反對西方的民族情緒。他們在原屬西方國家的殖民地取消了原來的殖民政府，而代之以由當地人所組成的傀儡政權，這些傀儡政權與他們合作。但是，1942 年以後，情況發生變化。1942 年 5 月珊瑚海之役 (Battle of the Coral Sea)，美軍以優勢的海、空力量挫敗日本，解除了澳洲所受的威脅。此年 6 月的中途島之役，尤具有決定性。此後日本喪失了在太平洋海上的有利地位，其制空權已不保。同年 8 月，美軍攻擊並佔領了西太平洋地區的瓜達康納爾 (Guadalcanal) 島（為英屬所羅門群島之一島)。從此島開始，在麥克阿瑟和海軍上將尼米茲的指揮下，美軍採取「跳島戰術」(island hopping) 進攻日本，日本此後退居守勢。1944 年 7 月美軍奪得塞班島 (Saipan)，11 月更建造為 B–29 型轟炸機（超級空中堡壘）的基地，對日本本土可做有系統的轟炸。但為了更接近日本本土，1945 年 2 月美軍佔領硫磺島（Iwo Jima，距日本七百五十哩），4 月美軍再奪琉球（Okinawa，距日本僅三百二十五哩），日本門戶已告洞開，已不需要西伯

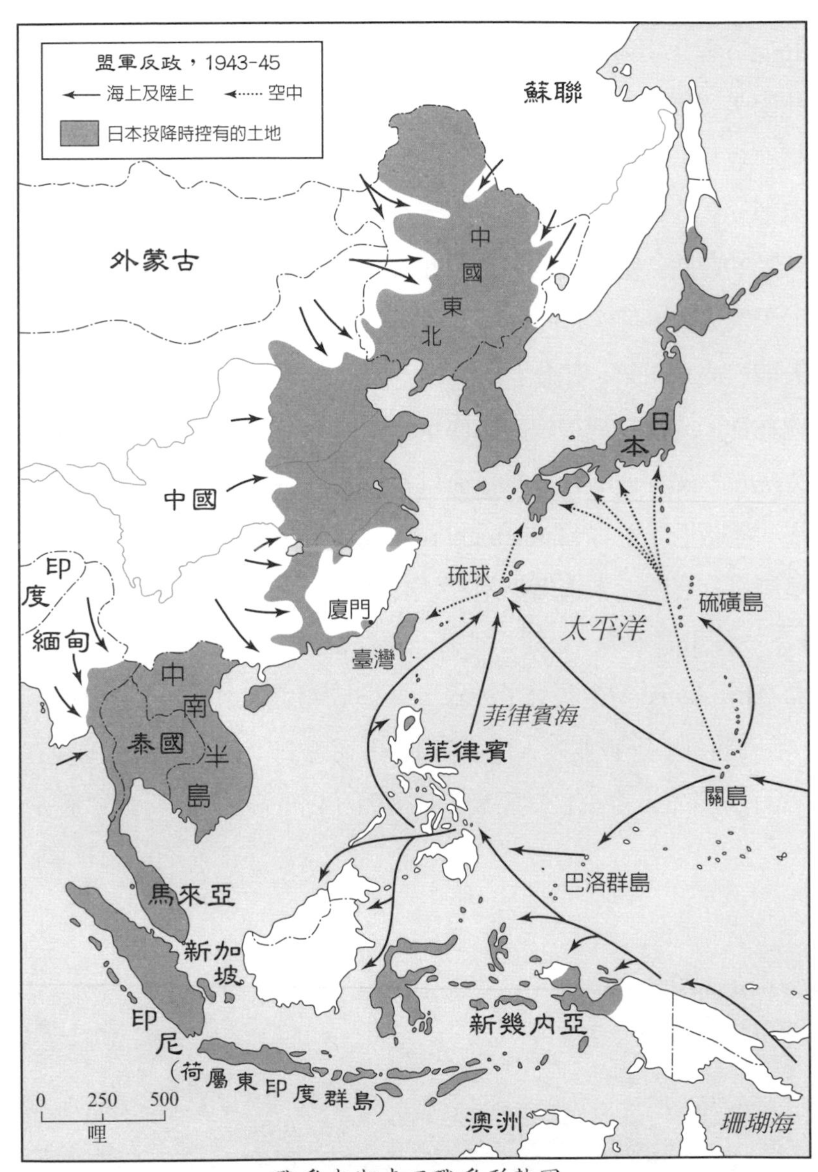

戰爭末期東亞戰爭形勢圖

利亞東部的基地即可以空襲重創日本。同時，美國軍方亦計畫以三千艘艦艇和一百萬大軍進攻日本本土，此即所謂「奧林匹克」行動 (Operation "Olympic") 與「小冠冕」行動 (Operation "Coronet")，但是從未執行。

此因美國軍方估計必須動員一百萬軍隊進行另一個兩棲作戰的「登陸日」來進攻日本本島，他們計算軍隊的調遣轉移與部署需四至六個月，然後還需要一年的時間才能打敗日本。也就是說，他們認為對日本的戰爭還要一年半的時間。這是有鑑於日軍在太平洋各島均戰至最後一人，當時日本有七千萬人口，可能有同樣的決心來保衛本土。事實上日本政府在 1945 年春天即已謀求和談。管道之一是透過俄國（此時仍與日本維持和平），但是史達林卻始終沒有把這個訊息傳達給華府。1945 年 7 月 26 日《波茨坦宣言》(*the Potsdam Declaration*) 命日本投降，否則即面臨全面毀滅。此時美國在「曼哈坦計畫」(Manhattan Project) 發展出了原子彈。但是日本政府因天皇制度存廢問題未決而拒絕，美國總統杜魯門 (Harry S. Truman, 1884–1972) 下令使用原子彈。8 月 6 日第一顆原子彈由 B–29 超級堡壘轟炸機投到廣島 (Hiroshima)，全城大半被毀，並造成超過七萬八千人的死亡。8 月 8 日，俄國對日本宣戰並侵入中國東北。8 月 9 日，第二顆原子彈投在長崎 (Nagasaki)。日本天皇裕仁（昭和）於 8 月 14 日下令投降。美軍於 8 月 26

廣島被原子彈轟炸情形

日登陸日本。9 月 2 日，日本代表在停泊東京灣的美艦「密蘇里」號 (U. S. S. Missouri) 正式簽署投降文件。第二次世界大戰至此完全結束。

七、戰時外交

1942 年下半年後，戰局的推展對盟國有利，戰爭也就逐漸地有了政治性質。在第二次世界大戰的早年，是如何救亡圖存的問題，美國也沒有考慮到戰後的權力政治的運用，美國總統羅斯福和國務卿霍爾（Cordell Hull，1871–1955，任期為 1933–44）均不願觸及政治問題，美國只插手「軍事」的問題。在觸及政治層面時，美國的立場是限於 1941 年 8 月所發表的《大西洋憲章》所揭櫫的原則，而把一切問題留待日後的聯合國來處理。

「大同盟」建立以後，俄國外長莫洛托夫企圖讓美、英兩國承認俄國在 1941 年時的邊界（即包括 1939 和 1940 年所得的土地），但在 1942 年 5 月，被迫接受純軍事的聯盟。盟國領袖第一次重要的戰時集會是 1943 年 1 月在摩洛哥的卡薩布蘭加舉行的（史達林受邀而未參加），所談的也是限於軍事決策，但是卻決定了軸心國無條件投降的原則。1943 年夏天以後俄國軍隊大舉西進，而 1943 到 1944 年的冬天，他們已經奪回了 1939 年時絕大部分的領土。1945 年 1 月，俄軍更已深入波蘭。

隨著軸心國家的挫敗，戰爭的政治色彩逐漸濃厚。1943 年夏天，俄軍固然是大舉西進，軸心國家之義大利退出戰局，不過義大利不是無條件投降，而是與美、英兩國密商的結果，俄國則未有參與。另外，德國盟國羅馬尼亞也向西方試探締和。史達林非常猜忌，他對於第二戰場遲遲未能開闢，西方國家中斷對莫曼斯克 (Murmansk) 的護航，以及對於流亡的波蘭反共政府在倫敦的活動不滿。這些都使有召開會議的必要。於是，美國、英國和俄國的外交部長在 1943 年 10 月相會於莫斯科，中國駐俄大使傅秉常亦曾與會。除了討論到聯合國問題外，亦討論到德國無條件投降和佔領德

國的問題 。 此次外長會議亦決定建立一個經常性的歐洲諮詢委員會 (the European Advisory Commission) 以討論戰後的問題。

1943 年 11 月 22 日至 26 日，中國國民政府主席蔣中正、美國總統羅斯福以及英國首相邱吉爾在開羅舉行會議，他們決定了戰後亞洲的大計，日本必須將東北、臺灣、澎湖歸還中國，以及韓國獨立。接著便是 11 月底的德黑蘭會議 (Tehran Conference)，與會者為羅斯福、邱吉爾和史達林。他們在此次會議中討論到懲治納粹戰犯的問題和分區佔領德國的問題。波蘭問題非常敏感，羅斯福甚至不想討論，他告訴史達林在 1944 年即將舉行的美國總統選舉中，將有六百萬或七百萬波裔美國人投票。邱吉爾則不反對波蘭在失土於俄國而能在西邊取償於德國的情況下獨立，他用三根火柴在餐桌上移動來說明他的意思。最後，對波蘭問題沒有具體的決議[58]。

隨著戰局的推展，1944 年 10 月初德國退出希臘，英國自埃及進入希臘，南斯拉夫的狄托所指揮下的游擊隊也逐漸可以控制局面，俄軍在波蘭和匈牙利也進兵順利。邱吉爾在 10 月初訪問莫斯科，在 10 月 9 日與史達林就巴爾幹的勢力範圍問題達成協議：在羅馬尼亞，俄國是 90%，其他國家是 10%；在希臘，英國（連同美國）是 90%，俄國是 10%；在南斯拉夫和匈牙利均各為 50%；在保加利亞，俄國是 75%，其他國家是 25%。接著，邱吉爾把清單交給史達林，這時史達林剛自翻譯處瞭解內容，在稍加停頓後，史達林用藍鉛筆在清單上做了個記錄，便告定案[59]。史達林獲得了他原來無法在希特勒處獲得的東西。

1945 年 2 月 4 日至 12 日，羅斯福、邱吉爾和史達林又召開雅爾達會議 (Yalta Conference)， 地點是原俄皇尼古拉二世的里伐底亞宮 (Livadia

[58] Paxton, op. cit., pp. 483–85.

[59] W. Churchill, *The Second World War*, Vol. VI: *Triumph and Tragedy* (Boston: Houghton Mifflin Company, 1953), p. 227; H. Stuart Hughes, *Contemporary Europe: A History*, 5th ed. (New Jersey: Prentice-Hall, 1981), pp. 370–71.

雅爾達三巨頭：（自左而右）邱吉爾、羅斯福、史達林

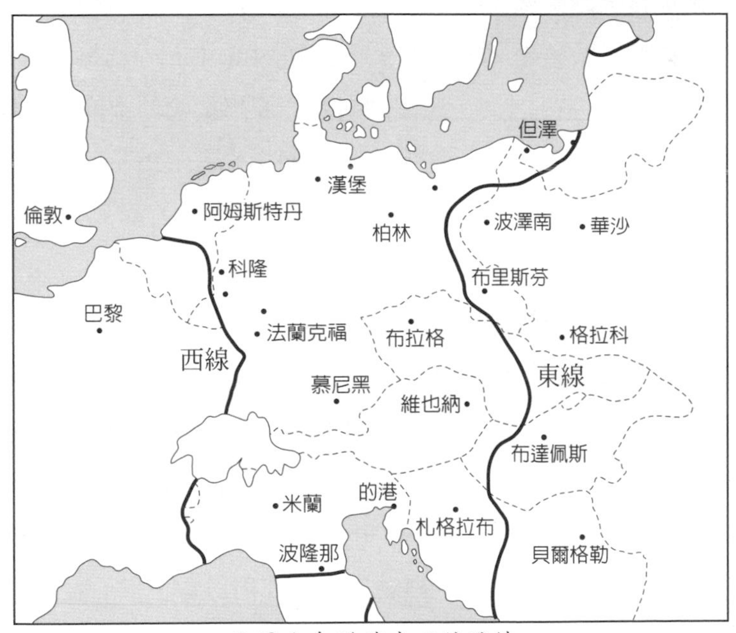

雅爾達會議時東西線戰情

Palace)。這個會議後來引起的爭議甚多。會議舉行之時，美、英軍隊仍在萊茵河之西，而俄軍已挺進至距柏林一百哩以內。此時美、英對俄國要求甚多，美國軍方尤希望俄國能夠在「最早時期」(at the earliest possible date) 向日本宣戰[60]。會議中對於歐洲（尤其是德國與波蘭問題）和聯合國

[60] U. S., Department of State, *Foreign Relations of the United States, The Conferences at*

問題有許多討論，又因俄國對日本宣戰的問題也涉及到亞洲的問題。

波蘭問題，非常令人遺憾。大戰爆發後，波蘭政府流亡到倫敦，它是1939年時波蘭的合法政府，英、法等國也是為了波蘭而向納粹德國宣戰的。但是，在另一方面，俄國在1944年7月以後，在波蘭魯布林(Lublin)扶植了一個親蘇維埃的波蘭民族解放委員會(Polish Committee of National Liberation)，1945年1月俄國控制波蘭全境後，更在華沙建立一個親俄政權。羅斯福和邱吉爾所能爭取到的，祇是俄國所扶植的波蘭政府必須包括若干「民主領袖」(democratic leaders)，後來此點成為空話。另外，西方要求狄托的南斯拉夫政府擴大參與性一事，也是空話。在波蘭的疆界方面，西方事實上同意了大致是原來所謂「寇松線」(the Curzon Line)，而使俄國保有了1939年時所佔的土地，波蘭則向西在原屬德國的土地上取得補償，此後波蘭的西界到達了奧得－奈斯河(the Oder-Niesse Rivers)。《雅爾達協定》除了讓俄國在波蘭建立傀儡政權外，亦聽任俄國在羅馬尼亞、保加利亞、捷克和匈牙利如法炮製，不曾遭到西方的反對[61]。

關於德國，羅斯福與邱吉爾在1944年10月的魁北克(Quebec)會議時，曾同意毀滅德國的工業能力，使其成為一個農牧國家，此時又改變主張，認為德國如果徹底衰落，將使俄國獨霸。雅爾達會議中，決定重申德國必須無條件投降、解除武裝，以及消除納粹餘毒。德國亦被分區佔領，邱吉爾除堅持法國亦應佔領一區外，也主張美國要佔領一區，蓋恐美國退出後，英國將獨力面對俄國[62]。俄國佔領易北河以東，西方三國則佔領德

Malta and Yalta (Washington, D.C., 1955), pp. 388 ff. 不過，後來在冷戰高潮時，麥克阿瑟否認他曾要求俄國參戰。

[61] 匈牙利總理凱雷(Nicholas Kallay)曾試圖安排向西方投降，但被拒絕。西方也曾把成千上萬的難民，在違反他們意志的情形下，交付給俄國，而使他們被處死或入獄。

[62] Keylor, op. cit., pp. 203–04.

國西部土地；對於德國賠款問題，並無具體決議。

關於聯合國的問題，決定在安全理事會中，凡屬實質問題，五強均有否決權。史達林在波蘭問題解決，以及烏克蘭和白俄羅斯均成為會員國後便不再有異議。邱吉爾在獲得託管條款將不會適用到「不列顛的任何一片領土」(not one scrap of British territory) 後，亦同意。

美國一直希望俄國參加對日作戰，因此在亞洲問題上付出很高的代價。三巨頭在 2 月 11 日所簽訂的 《蘇聯參加對日作戰協定》 (*Agreement Regarding Entry of the Soviet Union into the War against Japan*) 中，俄國獲得了庫頁島 (Sakhalin) 南部、千島群島 (the Kuriles) 再加上嚴重犧牲中國利益的部分（外蒙古獨立、大連國際化、俄國海軍使用旅順基地、東清鐵路和南滿鐵路由中俄合辦公司以共同經營）。1945 年 8 月 14 日，中國外長王世杰和俄國外長莫洛托夫在莫斯科簽訂《中蘇友好同盟互助條約》以遂行這些約定。

美、英、俄最後一次會議是波茨坦會議 (Potsdam Conference)，時間是 1945 年 7 月 17 日至 8 月 2 日。此刻與雅爾達會議時相比，已有世事滄桑之感；羅斯福已於 4 月 12 日死去，缺乏外交事務經驗的副總統杜魯門繼任總統；邱吉爾則在會議期間在英國大選中失敗（7 月 26 日）而為工黨的艾德禮所取代。另外要指出的，三顆試驗中的原子彈的第一顆在會議前一天，在美國新墨西哥州的阿拉馬古杜 (Alamagordo) 試爆成功。此一發展使美國降低了對俄國參戰的倚賴 ， 但是不是像美國新左派史家阿派洛維茨 (Gar Alperovitz, 1936–) 在其《原子外交》(*Atomic Diplomacy*, 1965) 所說的，它使杜魯門的態度趨於強硬則仍有可待商榷之處。波茨坦會議的協議大致上是重申從前已達成的諒解：德國必須解除武裝、消除納粹餘毒，以及由國際戰罪法庭 (International War Crimes Tribunal) 審詢納粹戰犯。同時，亦要求日本無條件投降。值得注意的是，此時東西方的關係已在惡化。

第三節　第二次世界大戰的影響

第二次世界大戰是真正的全球性的世界大戰。戰爭對歷史的發展的影響，常有意想不到的後果。第二次世界大戰雖然是因為法西斯主義或納粹主義的侵略所引起，戰爭的結果也摧毀了法西斯和納粹主義，但也造成了俄國征服東歐並曾加以控制四十餘年，同時也使美、俄兩超級巨強各領風騷。第二次世界大戰所發生的影響，有三點可以提出來討論：

第一是戰爭所造成的鉅大損害：第二次世界大戰所造成的生命與財產上的損失很難有精確而完整的統計。在生命損失方面，在戰爭、轟炸，以及集中營中死亡的人數可能有五千萬人之多。在盟國方面，比利時的死亡人數是二十萬人（其中平民九萬人，軍人十一萬人）；荷蘭是二十六萬六千人（其中平民二十萬人，軍人為六萬六千人）；美國約為四十萬零八千人（其中平民幾無死亡）；英國是四十五萬人（其中平民約為十萬人，軍人三十五萬人）；法國是六十五萬人（平民約為四十五萬人，軍人約為二十萬人）；南斯拉夫死亡的人數是一百四十萬人（其中平民約為一百萬人，軍人約為四十萬人）；波蘭為六百六十萬人（其中平民約為六百萬人，軍人約為六十萬人）；俄國死亡人數在一千五百萬人至二千萬人之間（其中平民與軍人數字相當）；中國的死亡數字則頗難統計，約為二百二十萬人（其中平民約為八十五萬人，軍人約為一百三十五萬人）。在軸心國方面，義大利約為二十二萬人（其中平民約為七萬人，軍人約為十五萬人）；日本約為二百萬人（其中平民五十萬人，軍人約為一百五十萬人）；德國約為六百二十萬人（其中平民約為一百四十七萬人，軍人約為四百七十五萬人）。此外還有軸心國家所控制的捷克約有二十八萬人死亡（其中平民二十五萬人，軍人約為三萬人）；奧地利死亡人數約為四十萬五千人（其中平民約為十二萬五千人，軍人約為二十八萬人）；羅馬尼亞死亡人數約為六十四萬人（其中平民約為三十萬人，軍人約為三十四萬人）；匈牙利死亡人數約為八十五萬人（其中平民約為四十五萬人，軍人約為四十萬人）[63]。至於受傷的人數，則多到難以計算的程度。以如此重大的生命損失，第二次世界大戰堪稱「最殘酷的戰爭」。

至於財產的損失，各交戰國政府支付的戰爭費用超過了一兆三千八百四十九億美元，此一數字可以支付下列全部費用：⑴為美、英、比、葡諸國每一家庭建築一價值二萬美元的房屋；⑵為美、英、俄每一人口超過二十萬的城市，建築一個一千萬美元的圖書館；⑶為上述每一城市建築一個五千萬美元的大學；⑷為美國每一家庭購置價值三千美元的汽車；⑸可以支付五萬名教師與五萬名護士薪水一百年，每年以六千美元計算；⑹可供應全美中學畢業生完成大學或專業教育（每名以九千美元計算）[64]。平民的財產損失則無法估計（有人認為中國政府損失約兩百億美元，人民損失約三百億美元，合共五百億美元）。以如此鉅額的金錢支出，則第二次世界大戰堪稱「最浪費的戰爭」。

第二是歐洲的衰落與美、俄的興起：第二次大戰完全摧毀了歐洲的均勢。不過，這不是純為第二次大戰的結果。第一次大戰之後，由於美國返回孤立而俄國又因革命與內戰，使英、法有主宰歐局之勢，其實這祇是一種幻象。到 1930 年代，德、義崛起，俄國亦趨強大，情勢已變。第二次大戰爆發後，法國迅速崩潰，英國亦被逐出歐陸，1941 年後因俄、美先後加入戰團使軸心國家走上失敗之路。英國在戰時的政策，首先之圖為保全英國及其帝國，其次始為謀求恢復歐洲均勢。第一個目的雖成功，第二個企圖則失敗，此因戰爭使歐洲衰竭而不復有力量恢復均勢，德、義固已倒下，

---

[63] 以上數據見 *World Military and Social Expenditures 1987–88*, quoted in *U. S. News and World Report* (August 28, 1989).

[64] Edward M. Burns & Philip Lee Ralph, *World Civilizations*, Vol. II, 3rd ed. (1967), p. 670.

法國雖因英國堅持而被列為勝利的大國之一，其實際情況在經過兩次(1940、1944)在其本土的大決戰之後並不比德、義為好。

多少世紀以來，歐洲第一次不能掌握自己的命運，歐洲均勢乃為兩個超級強國（美、俄）所控制，如果俄軍西進英法海峽則衹有美國可以阻擋，再如（純理論上）美軍東向烏拉山脈也衹有俄軍可以抵抗。另一方面，美、俄力量的擴張亦為戰前即有迅速發展者，戰爭時仍續有進步，美國在1933年經濟大恐慌時其全國總生產額(GNP)為五百六十億美元，至1944年戰爭高峰時躍為二千一百四十億元，1965年更躍為六千七百五十億元；俄國在戰爭初期因喪失俄國西部最工業化的地區而被迫發展東部與西伯利亞，此遠較預計為快，舉一例而言，俄國鋼產量在1951年恢復到戰前產量三千一百萬公噸，至1957年則為五千萬噸，此雖為美國之半，卻超過西歐產量之總和。西歐各國雖在1952年左右恢復了戰前的水準而且續有新發展，各國的財富、國力，以及人民生活水準的提高，可能超過十九世紀時甚多，但是別的國家，特別是超級強國，卻在國民生產總額和國力方面發展更快更大，歐洲各國乃呈現出了相對的衰落。

第三為西方殖民勢力的衰竭：此為歐洲衰落的最顯著之處。殖民帝國須用武力維持，第二次大戰時日本在亞洲曾重創英、法、荷諸國，致使其不能重振聲威，在其他地區亦因力量大減而不復可以身使臂指。另外，民族主義與民主政治自第一次大戰以來即已普遍，亦有助於此。當然，殖民勢力的衰退尚有一些其他原因，將來再於他處論及。在殖民帝國崩解過程中，英國比較傾向於使之轉變為獨立國家的國協，1949年復因印度之請而去掉「英國協」名稱中的「英」字。法、荷殖民帝國的解體，則經過武力衝突，不過終無法阻擋此種浪潮[65]。這種發展，造成了「第三世界」的興起，並對國際政治發生重大的影響。

---

[65] Ibid., pp. 529–39.

第八章
1945 年以後的北美與歐洲

自從 1945 年第二次世界大戰結束以後，四十多年來，世界經歷了極大的變化。

北美洲的美國和加拿大繼續成長。美國負擔起「環球責任」，但其在經濟和軍事力量方面，卻未能永久地保持最優越的地位；加拿大日益興盛，但卻陷於國家認同的危機之中；兩國間的互動關係，以及在貿易方面的統合，在在均為世人所關注。

歐洲的變化也很大，西歐各民主國家有新的發展。德國接著在第二次世界大戰以後，分裂似乎已經定型，誰也料想不到在 1990 年竟然又告統一。另一方面，歐洲各國感於它們在權力政治中日益萎縮，以及作為世界強權除了需要「質」的條件以外，還需要「量」的條件，因而有統合運動。不過，變化最大的，應該是俄國和東歐。應該本是共產世界的大本營，東歐各國似乎永遠不能脫離共產主義的羈絆。但是，曾幾何時，在 1989 年至 1990 年頃，共產世界發生了天翻地覆的變動，共產主義走向沒落。蘇聯在 1985 年以後，發生了根本性的改變，最後在 1991 年竟告「灰飛煙滅」。現在世界上雖仍有少數共產主義國家負隅抵抗，其內部亦在變化之中，時代潮流有如長江大河，沛然莫之能禦。

第一節　和約締訂的問題

第一次世界大戰之後，和約就緊接著簽訂。但是巴黎和會 (1919) 並未能給世界帶來持久的和平，而為人所詬病。第二次大戰後，因為俄國與西方國家的政策紛歧，以致對軸心國的和約未能迅速締結。1947 年時雖簽訂了對義大利、保加利亞、羅馬尼亞、匈牙利和芬蘭的和約，對德國與日本的和約問題迄未完全解決。

英、美與俄國所締結的同盟在雅爾達會議時已初露裂痕。此時俄國在東歐已獲取極大的政治利益，希臘以北的地區已在其掌握之中。1944–45 年秋冬之際，俄國在所訂的羅馬尼亞、芬蘭、保加利亞、匈牙利的《停戰協定》中已獲取重大的政治與經濟的收穫。同時，俄國亦採取步驟來加強對東歐其他國如捷克、波蘭、南斯拉夫、希臘、阿爾巴尼亞的影響，支持當地的共產游擊隊。在雅爾達會議時，三巨頭亦同意俄國可以取得大體上寇松線以東的波蘭領土，波蘭則取償於東德。

波茨坦會議（1945 年 7 月至 8 月），美總統杜魯門、英首相邱吉爾❶和俄總理史達林討論及對德、義和東歐的和約問題。至於波蘭的西界，則決定在締訂對德最後和約之前，德國在奧得和奈斯河 (the Oder and Neisse Rivers) 的土地、但澤和東普魯士南部，交由波蘭治理。此本為暫時權宜措施，俄國與波蘭則視為永久性的割讓。於是在波茨坦會議後，俄、波於 1945 年 8 月 16 日訂約，波蘭將東波蘭各省割讓予俄國。

波茨坦會議決定今後不再舉行三巨頭會議，而另行設立外長會議 (Council of Foreign Ministers) 以草擬對義大利、羅馬尼亞、保加利亞、匈牙利、芬蘭的和約。第一次外長會議舉行於倫敦（1945 年 9 月 11 日至 10 月 3 日），但卻未能達成協議。先是美、英堅持應包含中國及法國外長，後因中、法外長採取與美、英同樣的立場，俄國外長莫洛托夫收回同意。繼之，爭執頻起，甚至未能發表聯合公報。後來，外長會議又分別在莫斯科（1945 年 12 月 16 日至 26 日）、倫敦（1946 年 4 月 25 日至 5 月 16 日）、巴黎（1946 年 6 月 15 日至 7 月 12 日）召開。不過，最後總算就締訂五國

❶ 會議期間，英國大選揭曉，工黨勝利，乃由艾德禮取代了邱吉爾。

（義大利、保加利亞、羅馬尼亞、匈牙利、芬蘭）和約的事達成了協議。

於是，1946 年 7 月 29 日，二十一個曾對軸心國進行過實質作戰的國家❷相會於巴黎的盧森堡宮，此即 1946 年的巴黎和會。此次和會雖採公開的形式，也准許戰敗國出席為自己辯護，實際上則三巨頭（美、英、俄）控制一切。至於東歐小國，如波蘭、捷克、南斯拉夫與蘇俄、烏克蘭和白俄羅斯構成所謂「蘇維埃集團」，一切聽命於蘇聯。這個和會因東、西之間的衝突，再加上戰勝國與戰敗國之間所自然產生的緊張關係，乃有兩個半月的辯爭。

此次巴黎和會上有關領土的問題遠不如 1919 年巴黎和會那麼激烈。此因許多有關領土的爭論，已用武力和強迫遷徙及交換少數民族的方式先已獲得解決。此和會主要的領土方面的變易當為俄國與波蘭的西界、德國的東界和義大利與南斯拉夫的疆界。至於德國與波蘭的邊界，因為本次和會主要為處理德國的衛星國的問題，未予討論。俄國則決意保留其取自芬蘭、波蘭、羅馬尼亞、波羅的海諸邦的土地，這些土地原係 1939–40 年間俄國與納粹德國合作取得。後來因德國進攻而喪失，1944–45 年間又為俄國所奪回者。西方國家對於俄國的此項要求先是在德黑蘭會議時原則上予以同意，繼之在雅爾達會議時明白表示接受。巴黎和會祇是正式肯定有關芬蘭和羅馬尼亞的領土損失，因為此兩國係屬於「戰敗」國。波蘭則屬「戰勝」國，割其東疆土地予俄國，在理論上係屬於「自願」，波、俄於 1945 年 4 月 22 日訂約解決。捷克亦屬「勝利」國，把其最東行省魯特尼亞 (Ruthenia) 割予俄國，亦出「自願」。俄國亦在波茨坦會議取得西方國家認可，而佔了一片東普魯士的土地。這片土地包括東普魯士首府柯林斯堡

---

❷ 參加和會的二十一國為：澳洲、比利時、白俄羅斯、巴西、加拿大、中國、捷克、衣索比亞、法國、英國、希臘、印度、荷蘭、紐西蘭、挪威、波蘭、南非聯邦、蘇聯、烏克蘭、美國、南斯拉夫。另有三十國左右僅為對軸心國紙面宣戰，未受邀請。

(Konigsberg)，現更名為卡林寧格勒 (Kaliningrad)。俄國併取這些地區固可以這些地區在 1914 年前多屬俄帝國，其居民亦多為俄人或烏克蘭人為藉口，然而並未使這些居民自由投票。俄國取得這些地區主要的動機出自戰略上與政治上的考慮，俄國取得了大約二十萬方哩的土地和大約二千二百萬人口，其疆界因而向西擴展了三百哩。此舉大大地加強了俄國防衛位置，尤其是魯特尼亞位於喀爾巴阡山脈南坡，為兩次大戰期間俄軍均甚難攻下之處。俄國取得此一區域後，與匈牙利有了共同的邊界，也加強了其在多瑙河平原的地位。

有關義大利與南斯拉夫邊界的調整，在 1946 年的巴黎和會，一如在 1919 年的巴黎和會，曾引起爭執。不過此次則南斯拉夫佔了優勢。在第二次大戰的末期，南斯拉夫游擊隊佔領了自第一次大戰以來義、南爭執的地區，包括薩拉 (Zara) 和埠姆 (Fiume) 港口、伊斯特里亞、葛里芝亞 (Gorizia)、威尼芝亞・吉阿里亞 (Venezia Giulia) 和亞得里亞海諸島。他們亦曾一度佔領的港（的里亞斯特港），後來始為美、英軍隊所接防。在巴黎和會上，南斯拉夫拒絕與義大利就這些領土進行交涉（這些地區的居民亦以南斯拉夫人為主），而且在蘇俄支持下堅持取得的港。義大利則根據 1919 年的義、南邊界而力爭。最後，南斯拉夫保有了所有為其所佔領的土地。至於的港則在聯合國安全理事會管制下於 1947 年建為自由區 (Free Territory of Trieste)，由聯合國治理。為了治理上的方便，分為兩區：北部為 A 區 (Zone A)，包括的港城，約九十一方哩，由英、美兩國負責；B 區 (Zone B) 在南部，約一百九十九方哩，由南斯拉夫負責。此種安排，對於中歐腹地（奧地利、匈牙利、捷克）甚有助益，但卻不是好的解決辦法，成為亞得里亞海地區衝突的根源（1954 年後，A 區因義大利居民佔絕大多數而併入義大利，B 區因南斯拉夫人較多而併入南斯拉夫）。

義大利除割地予南斯拉夫之外，復割愛琴海中的多德卡尼斯群島 (Dodecanese Islands) 予希臘。這個問題也是第一次大戰所遺留下來的老問題之一。義大利亦割讓若干阿爾卑斯山附近的邊地予法國。此外，義大利亦放棄了其海外殖民帝國。不過由於三巨頭無法達成對義大利殖民地如何處置的協議（俄國對利比亞提出權利要求），於是決定將它們（利比亞、伊立特里亞、索馬利蘭）交付聯合國託管理事會管理，在未轉交之前暫由佔領這些地區的英國軍隊治理❸。此一決定不適用於衣索比亞，因衣索比亞在 1941 年為英軍所攻下後即恢復獨立。

大致言之，有關多瑙河地區的領土情形，除義大利與南斯拉夫邊界外，回復了第一次世界大戰後《凡爾賽條約》的規定。匈牙利原盼和會能訂正其《特亞農條約》(*Treaty of Trianon, 1920*) 所規定的疆界。西方國家因忙於對俄談判未予支援，俄國過去雖攻擊 1919–20 年各條約之不平等，現則因東歐各國多為其附庸而不願多事。所以，匈牙利實無收穫，而且尚割多瑙河右岸的一小片橋頭地帶予捷克。另一領土變更，為允許保加利亞保有多布魯甲南部 (S. Dobruja)，此為保加利亞於 1913 年喪失於羅馬尼亞而於 1940 年在德國支援下再奪得者。不過，由於邊界的重訂和第二次大戰後的強制遷徙，東歐的民族分布與政治地圖變得較為接近。另有一點要提出的，是在 1919 年《凡爾賽條約》簽訂時，勝利國無視民族分布

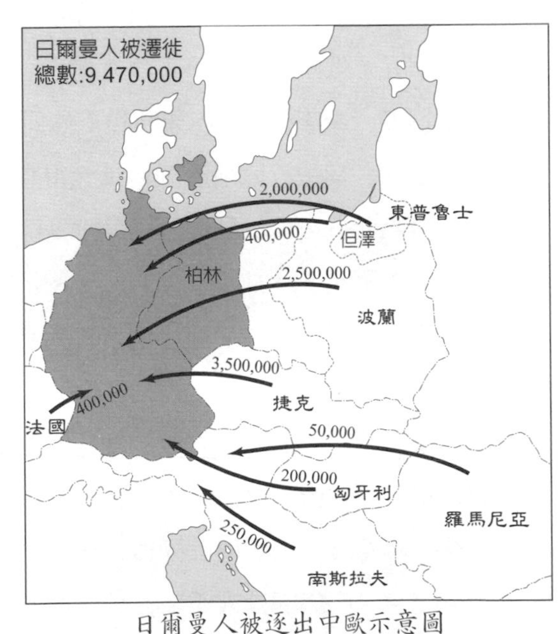

日爾曼人被逐出中歐示意圖

❸ 1950 年英國將索馬利蘭之行政權交還義大利。1960 年索馬利蘭獨立，利比亞更早在 1951 年即告獨立，伊立特里亞則於 1952 年加入衣索比亞。

的狀況來分配土地，但第二次世界大戰以後，改以遷徙民族以配合邊界的劃分，於是幾乎有兩千萬人被迫移動。其中有一千三百萬日爾曼人，從他們世代居住的蘇臺德區 (Sudetenland)、西里西亞 (Silesia)，以及奧得一奈斯河以東被移出，另外有六百五十萬人以上被移入來填補俄國及其西鄰波蘭和德國之間的新邊界。此種情況，像英國歷史學家湯恩比所指出的：上述活動抹煞了一千多年來日爾曼人、波蘭人和立陶宛人不斷地征服與遷徙的結果，而使種族分配的地圖重新再度回到 1200 年的狀態❹。這些人被稱為「流離失所者」(DP's, or Displaced Persons) 的處境，頗堪同情。

在經濟賠償方面，俄國在和會之前已與芬蘭、羅馬尼亞和匈牙利訂立《停戰協定》並勒取賠償。俄國不僅聲言取得德國在前軸心附庸國內的資財，而且亦奪取德國在同盟國陣營中東歐各國的資財。巴黎和會中，俄國更決意從義大利取得若干資財。這些從前的軸心附庸國共應付出賠款十三億三千萬美元。俄國取得最多，為九億元（其中三億元取自芬蘭，三億元取自羅馬尼亞，二億元取自匈牙利和一億元取自義大利）。南斯拉夫所得次多，為二億元（其中一億兩千五百萬元得自義大利，五千萬元得自匈牙利和二千五百萬元得自保加利亞）。希臘獲賠款一億五千萬元（其中得自義大利一億零五百萬元，保加利亞四千五百萬元）。此外，捷克自匈牙利獲五千萬元，衣索比亞與阿爾巴尼亞分別自義大利獲兩千五百萬元及五百萬元。這些賠款係用以貨代款的方式付出。

《巴黎和約》對於限制戰敗的軸心附庸國家的軍備亦限制頗嚴。第一次大戰之後已證明此類限制為不切實際之事，第二次大戰後旋因東、西分裂而變得毫無意義。俄國與美國後來均不僅允許，而且事實上幫助這些戰敗國（分屬東、西集團）來重新武裝。此外，和約亦規定各國要解散法西

❹ Joseph R. Schechtman, *Postwar Population Transfers in Europe 1945–55* (Philadelphia, 1962), p. 363; Hans Gatzke, *The Present in Perspective*, 3rd ed. (New York, 1965), p. 16.

斯組織和引渡戰犯，同意亦保證給予其公民「人權與基本自由」。

和會在 1946 年 10 月 15 日結束。和平草約交由外長會議在倫敦集會（1946 年 11 月 25 日至 12 月 15 日）裁決。1947 年 2 月 10 日在巴黎法國外交部的鐘室 (Clock Room)，對義大利、羅馬尼亞、匈牙利、保加利亞與芬蘭五國的和約終告簽署❺。

下一步驟為處置奧地利的問題。1943 年 10 月，美、俄、英在莫斯科會議時決定恢復其獨立，並且同意不以戰敗國對待之。奧地利在第一次大戰後已變為一個小的共和國，第二次大戰後由美、英、法、俄四國分區佔領（維也納亦為四國所佔領），因而被形容為「四條大象在一隻獨木舟中」(four elephants in a canoe)。與德國不同的是四國允許奧地利建立一臨時中央政府於維也納，此政府雖為俄國發動組成的，但共產黨並非主要支配者，而係由人民黨（People's Party，原基督教社會黨）與社會黨（原社會民主黨）為主。由於奧國具有戰略地位，南斯拉夫又欲併取其喀倫提亞 (Carinthia) 和斯提里亞 (Styria) 之一部，各種錯綜複雜的原因而使和約未能提早簽訂。1948 年南斯拉夫與俄國決裂，俄國不再支持南斯拉夫的領土要求，但仍堅持接收德國在奧財產。1955 年 5 月 15 日，美、英、俄、法等國終與奧國簽訂了《奧地利國家條約》(*Austrian State Treaty*)，規定奧國恢復獨立和 1939 年前的領土，奧國向俄國交出價值一億五千萬美元的貨物（為期六年內），為多瑙河輪船公司 (the Danube Steam Ship Company) 付出二百萬美元現金和在十年內年交納原油一百萬噸。同時亦規定奧國為中立國。

對於德國的處置，較為複雜，此因德國的人力物力，以及其處於歐洲心臟地帶所致。先是審訊德國戰犯的問題，美、英、法、俄四國決定在紐倫堡設立國際軍事法庭 (International Military Tribunal)。四國之所以選定紐

---

❺ Geoffrey Bruun & Victor S. Mamatey, *The World in the Twentieth Century* (Lexington, Mass.: Heath, 1967), pp. 547–53.

倫堡，係因此城在 1933 年以後為納粹重要集會及政治活動之中心，1935 年納粹控制了國會，在此通過《紐倫堡法規》。四國法官及檢察官在 1945 年 11 月在此組成法庭。經過數月的籌劃和準備，大審在 1946 年初開始進行，持續了二百一十六日，印刷了一千萬字，並有數以噸計的文獻作為參考和依據。紐倫堡大審可以說是世界司法史上的里程碑，每一被起訴的德國人均可獲准延聘一位律師，為被告辯護的律師即超過兩千五百名。至於被審訊的戰犯，希特勒、希姆萊和戈培爾等人在德國投降前已自殺身亡，但尚有二十一名主要的納粹領導人物，包括戈林、羅森堡 (Alfred Rosenberg, 1893–1946) 和李賓特洛普等人，此外還有重要的將領和工業界的人士，再加上參謀本部的人員和納粹精衛隊 (SS) 以及蓋世太保人員被整批起訴。審訊的過程並不公允，被告律師不能去閱讀檔案文獻，也不准他們提出有關盟國罪行的問題，這些問題包括了史達林的集體屠殺，美、英濫炸，以及佔領國在德國的搶掠等等。因此，紐倫堡大審變成一個「勝利者的審判」(victor's justice)。邱吉爾就說，如果德國贏得戰爭，也會有類似的審判，羅斯福和他也會被問弔❻。1946 年 10 月 1 日宣判，有十二人

紐倫堡大審：(自左而右) 戈林、赫斯、李賓特洛普、凱泰爾

❻ Roland N. Stromberg, *Europe in the Twentieth Century*, 2nd ed. (New Jersey: Prentice-Hall, 1988), pp. 300–01.

被處死刑，包括戈林（在獄中自殺）、李賓特洛普等人。1946 至 1949 年間，在美國佔領區中的紐倫堡又有過十次審訊。

盟國中的政治人物，有人對德國極為痛惡。美國財政部長摩根索（Henry Morgenthau, Jr.，1891–1967，任期為 1934–45）就建議要把德國分裂成半打左右的小國，以農業經濟為主；邱吉爾曾建議把普魯士從德國分裂出來，並且以維也納為中心建立一個天主教為主的南德。後來均改變了立場。雅爾達會議決定由美、英、法、俄四國佔領德國，柏林亦由四國分區佔領。四國並組成「盟國管制委員會」(Allied Control Council)，以為協調。1945 年 6 月，四國發表《處置德國辦法》(*Arrangements for Control of Germany*)，宣布德國為四國佔領，以及柏林由四國共管，有關德國的事務由四國總司令所組成的「盟國管制委員會」來司理其事。稍後舉行的波茨坦會議，對德國政治與經濟的重大問題，作出原則性的決定：解除德國武裝、賠償盟國作戰損失、審訊德國戰犯以及剷除納粹主義和使德國民主化。

在分區佔領方面，俄國佔領了德國東部，並且併取東普魯士之北部，美國佔領德國西南部，英國佔領西北部，法國在西南部靠近法國處（萊茵地區及薩爾盆地）佔領較小的區域；柏林亦被四國佔領，西方三國所控制的區域（即西柏林）完全為俄國的佔領區所包圍。俄國在其佔領區中大肆掠奪，波茨坦會議時又允許俄國在工業化較高的西方三國佔領區來拿取機械設施及工業產品。各國佔領軍也把德國人看作洪水猛獸，不准他們公開集會，認為兒童都是邪惡的，少女的微笑也是陰謀，不准德國人離家，名作曲家韋布恩 (Anton von Webern, 1883–1945) 便是因為出門買一瓶酒被美國哨兵所射殺。法國亦曾在其德國西南部的佔領區內，大肆剝削壓榨。但是，不久情況改變，美國大兵與德國女郎發生很多愛情故事，1946 年中期，西方國家開始救濟德國。

但是，對德國的和約始終不能簽訂，1949 年後西方三國佔領下的地區，變成了「德意志聯邦共和國」(Federal Republic of Germany，即西德)，蘇聯佔領區則成立「德意志民主共和國」(German Democratic Republic，即東德)。東德固然在俄國的卵翼之下，西德在 1951 年與英國（7 月 9 日）、法國（7 月 15 日）和美國（10 月 19 日）簽署協定，結束戰爭狀態，恢復了自主外交的地位。1955 年與俄國建立外交關係，數十年來，由於主客觀形勢的推移，兩德展開了互動關係。1990 年的發展，世人料想不到的德國統一，竟然要成為不可避免的事實。1990 年 9 月 12 日，美國、英國、法國、俄國與東德、西德在柏林（當時仍是西柏林）簽訂《二加四條約》(*Two plus Four Treaty*)，剷除了德國統一的障礙，柏林主權璧還德國。這算是與德國正式結束了第二次世界大戰，但仍然不是全面的和約。

至於對於日本的和約，也是曠日持久，迄今未能完全解決。緣自第二次世界大戰結束後，在美京華盛頓設立「遠東委員會」(Far Eastern Commission)，由對日本作戰的十一個國家（中國、美國、英國、俄國、法國、荷蘭、加拿大、澳洲、紐西蘭、印度和菲律賓）組成，負責日本的佔領及管制政策，唯美國有否決權。另外在東京設立「盟國委員會」(Allied Council for Japan)，由中國、美國、英國、俄國四國組成，在此一委員會是盟軍最高統帥 (SCAP: Supreme Commander of the Allied Powers) 麥克阿瑟 (Douglas MacArthur, 1880–1964) 的諮詢機構。

自 1945 年 9 月 3 日日本投降，至 1952 年 4 月 28 日《舊金山和約》生效，有六年多的期間日本是處於被佔領的狀態。俄國原來主張將日本分區佔領，美國佔領本州及四國，中國佔領九州，俄國佔領北海道，未成。日本是由美國單獨佔領。對日本的和約，雖然自從 1947 年 7 月美國即建議由遠東委員會草擬，但俄國則主張應由中、美、英、俄四國外長會商，意見不能一致，無法進行。此後中亞地區發生很多變化，尤其是 1950 年 6 月韓戰爆發，對日和約尤為迫切。美國力主對日締和，後來擔任國務卿的杜勒斯（John Foster Dulles，1888–1959，任期為 1953–59）尤然。同時，日本內部亦對「全面講和」（亦包括俄國在內）和「多數講和」（即與美國領導下的非共國家締和）爭論不休。

1951 年美國在菲律賓締訂《共同防衛條約》及《美澳紐協防條約》(*ANZUS Treaty*)，後自 9 月 4 日起在美國舊金山舉行和會，參加的國家有五十二國（包括日本在內），俄國與波蘭、捷克建議邀請中國大陸方面出席，並提出修正條約等議案，但未被接受。9 月 8 日，日本代表吉田茂與四十八個國家（俄、捷、波拒絕簽署）簽訂和約。這就是《舊金山和約》，其主要內容為：(1)日本恢復主權、承認朝鮮獨立，但放棄對臺灣、澎湖、千島群島、庫頁島南部的主權，以及南太平洋諸島的委任統治權；(2)賠款原則上以勞務賠償的方式支付；(3)日本同意將琉球群島、小笠原群島交由美國託管治理；(4)佔領軍於和約生效後九十日撤退。此約於 1952 年 4 月 28 日生效❼。至於對日本作戰，犧牲最慘烈的中國卻未能參加舊金山和會，1952 年 4 月 28 日，在臺北由中華民國與日本簽訂《中日雙邊和約》。1972 年 9 月 29 日，日本首相田中角榮在北平與周恩來發表《聯合聲明》，與中國大陸建立外交關係，同日日本外相大平正芳宣布 1952 年所簽訂的《中日雙邊和約》失效。1978 年日本的福田赳夫內閣在北平與中國大陸簽訂《和平友好條約》。

1956 年 10 月，日本與俄國簽訂恢復邦交的《共同宣言》，結束戰爭狀態但迄未訂立和約。此因日本與俄國有所謂「北方領土」（即俄國佔領國後、擇捉、色丹和齒舞四島）問題，在此問題未解決前，雙方尚難簽訂和約。

第二節　北美與西歐

北美與西歐是民主政治和開放的社會的核心地區，也是北大西洋區域的內圈。

北美習慣上是指美國和加拿大合在一起的地區，雖然墨西哥在地理結

❼ 林明德，《日本史》(臺北：三民書局，民 88，再版)，頁 405–06。

構上是北美的一部分，不過由於語言和歷史傳統的關係，不把它列入北美的範圍。美國和加拿大在第二次世界大戰以後，各有新的發展，也都面臨新的問題。

西歐自從新航路和地理大發現以來，便是世界的重心之所在。第二次世界大戰使在第一次世界大戰便趨於衰落的西歐更形加速加劇。西歐各國在戰後面臨的重建工作，非常艱鉅。戰後當務之急是「鋤奸」工作，本來西方國家一向不太講求「成仁」和「取義」的觀念，但是第二次世界大戰是對法西斯集權國家所戰，是生活方式的鬥爭，涉及大是大非，故不可忽視。法國在解放以後，曾經審訊了接近十二萬五千件通敵的案件，其中有七百六十七人執行死刑，更有數以千計的人被判徒刑（貝當在 1945 年亦曾被判死刑，而被戴高樂特赦為無期徒刑）。即使是在荷蘭、丹麥和挪威等早已廢除死刑的國家，也為了「鋤奸」而特地恢復死刑，荷蘭的穆沙特 (Anton Mussert, 1894–1946) 和挪威的奇士林 (Vidkun Quisling, 1887–1945) 皆被處死，有些西歐國家，為「鋤奸」所囚禁的人數，在人口比例上佔得甚高：在挪威，每十萬人口中有六百三十三人；在比利時，是五百九十六人；在荷蘭，是四百一十九人；法國僅九十四人。由於很多政治人物因通敵而為人所不齒，故新人輩出，如法國的戴高樂和南斯拉夫的狄托等等。

戰後西歐政治中的另一個現象，是進步的天主教黨派的興起，這些黨派習慣上被稱作基督教民主黨。它們在西歐很多國家都扮演很重要的角色，德國（西德）的基督教民主黨自 1949 年到 1969 年連續執政；義大利的基督教民主黨在戰後的歷屆義大利政府均居於主導的地位。在法國，天主教左派「民眾共和運動」(MRP: Mouvement Républicain Populaire) 在 1946 年曾一度是第一大黨，直迄 1950 年代初期仍有相當的影響力。另外，社會黨與共產黨亦大起，這並不限於俄國與東歐，義大利共產黨成為西方最大的共產黨，它的黨員人數從 1943 年的十萬人到 1944 年的四十萬人，到 1947 年的兩百萬人。法國的共產黨在 1945 年一度成為第一大黨，直迄 1958 年他們所獲得的選民票數從未低於 25%。在政治上，西歐各國更走向民主；在經濟上，它們也採取了社會主義的或混合體制的經濟型態❽。

在西歐國家中，我們舉英國與法國作為代表。

一、美　國

美國面積為三百七十九萬平方哩（九百八十三萬平方公里），戰後美國的富強曾為世界之冠，1945 年時美國以一億四千萬人口（佔當時全球 6%）卻享有全球 40% 的收入和控制全球 50% 的工業機械。美國繁榮為舉世所艷羨，1900 至 1967 年其人口由七千五百萬增至二億，增幅為 166%。在生產方面，1940 至 1965 年的二十五年期間，國民生產毛額（GNP，指生產貨品與勞務的總值）由一千億美元增為六千七百五十億美元（一說六千八百一十億），足可當「富裕社會」(the affluent society)❾之名而無愧。現有人口約三億一千萬（其中有一千一百二十萬為非法移民）。

㈠政　況

內政發展方面，美國仍然是兩黨制，不過自從經濟大恐慌以來，共和黨不再是多數黨，但在總統選舉上仍然可以與民主黨旗鼓相當，故仍有執政的機會，但常不能控制國會的多數。民主黨自 1932 年獲勝以後，有十四年之久該黨控制了政府與國會。小羅斯福在 1932、1936、1940 和 1944 年四次贏得大選。不過第四屆任期未滿，在 1945 年 4 月死於任上，而由副總統杜魯門（Harry S. Truman，1884–1972，任期 1945–53）繼任。羅斯福以「新政」相號召，杜魯門以「公政」(Fair Deal) 為標榜。至 1952 年的大選，共和黨推出艾森豪（Dwight D. Eisenhower，1890–1969，任期 1953–61）而獲勝，艾氏的口號則為「新共和主義」(New Republicanism)。1960 年的總統選舉，民主黨人信仰天主教的甘迺迪（John Fitzgerald Kennedy，

---

❽ Robert Paxton, *Europe in the Twentieth Century* (New York, 1975), pp. 509–12.

❾ 此為經濟學家 John K. Galbraith 在 1958 年出版的書名。

1917–63，任期 1961–63）獲勝，而其口號則為「新境界」(New Frontier)。他遇刺身亡後，副總統詹森（Lyndon B. Johnson，1908–73，任期 1963–69）繼之，他的口號是「大社會」(Great Society)。1968 年大選，共和黨的尼克森（Richard Nixon，1913–94，任期 1969–74）得勝，所標榜的則為「新聯邦主義」(New Federalism)。1974 年他辭職，由副總統福特 (Gerald R. Ford, 1913–2006) 繼任。1976 年 11 月的大選，民主黨提名的候選人卡特 (Jimmy Carter, 1924–) 擊敗共和黨提名的候選人福特而當選。卡特（出生於喬治亞州平原鎮，在海軍服役後從事花生種植，1970 年當選州長）的獲勝，代表著自內戰爆發前即未再任總統的南方人入主白宮。他的成功，固可用美國人民不願再見聯邦行政與立法的分歧（民主黨佔多數的國會與共和黨控制下的政府相抗爭），但尚有其他重要的原因，諸如勞工與黑人的選票，以及《憲法》第二十六條修正條款所賦予的青年選票，均有以致之。卡特標榜人權和社會福利，但卻成為「一任總統」(one-term president)。1980 年的大選，他敗給共和黨的雷根 (Ronald Reagan, 1911–2004)，在「新保守主義」的浪潮下，雷根連續贏得 1980 年與 1984 年的總統大選，以及同為共和黨的喬治・布希 (George Bush, 1924–2018) 在 1988 年的大選中獲勝。1992 年，民主黨的克林頓 (Bill Clinton, 1946–) 贏得大選，第一個任期屆滿後又連任一次，在職八年 (1993–2001)，2000 年大選，喬治・布希之子小布希 (George W. Bush, 1946–) 勝出，前後在職八年 (2001–2009)。此後風水又轉，2008 年大選，第一個非裔美人民主黨的奧巴馬 (Barack Obama, 1961–) 成為美國歷史上的第一個黑人總統。

喬治・布希

小布希任內，爆發 911 事件。2001 年 9 月 11 日，賓拉登 (Osma bin Laden, 1957?–2011) 領導下的基地 (Al-Qaeda) 恐怖組織因

反對美國支持以色列、駐軍沙烏地阿拉伯，以及出兵伊拉克等，劫持四架客機以自殺攻擊方式，攻擊紐約及華府地區，結果摧毀紐約世貿中心 (New York Trade Center) 的雙子星大樓 (Twin Towers)，其攻擊五角大廈 (Pentagon) 則未逞。結果造成極大破壞，三千人死亡。紐約及世界經濟大受影響，同時美國的國家安全觀念起了極大震撼（從美國本土攻擊美國為前所未有），從此「反恐」成為美國對內、對外的最高政策。小布希政府發動全球性的對抗恐怖行動，進攻阿富汗神學士政府 (Taliban Government)，而對方則以游擊戰對付美國。2003 年小布希政府又主導進攻伊拉克，推翻海珊 (Saddam Hussein, 1937–2006)。2011 年 5 月，奧巴馬出動特種部隊自空中攻擊，進入其在阿富汗住所，擊斃賓拉登，但反恐迄今未奏膚功。

在政治制度方面，第二次世界大戰以後的美國也有若干興革。1951 年國會通過第二十二條《憲法》修正條款，規定美國總統之連任以一次為限。1970 年，通過法律降低公民投票年齡為十八歲（《憲法》第二十六條修正條款），而產生了為政壇所注意而不易掌握的「青年票」(youth vote)。1972 年的總統選舉，為首次十八歲以上青年人參加投票者。另一件大事雖非樹立新制度，卻有重新肯定美國基本體制的作用，即為水門事件 (Watergate Affair)。此為 1972 年大選時，在職總統尼克森在競選時涉嫌運用行政特權並以情治機構的人力物力以竊偵民主黨競選秘密，事發後又企圖以總統特權掩蓋。最後全國沸騰，終迫尼克森於 1974 年 8 月辭職，為美國史上第一位辭職的總統[10]。另外，在 1973 年，國會利用尼克森因水門事件而聲望下降的時候，通過了限制總統作戰權的《戰爭權力法》(*War Powers Act*)，規定總統在派作戰部隊至海外後必須在四十八小時以內通知國會；國會經兩院通過後可命令部隊返國，總統不得反對（「否決」）；如國會不同意對外作

---

[10] Frank Mankiewicz, *U.S. v. Richard Nixon: The Final Crisis* (New York: Quadrangle, 1975); Robert Kelley, *The Shaping of the American Past*, 2nd ed. (New Jersey: Prentice-Hall, 1978), pp. 819–22.

戰，總統必須於六十日內召回軍隊。還有，最高法院於 1983 年 6 月 23 日以七比二決議美國國會的立法否決為無效。所謂「立法否決」(legislative veto) 是指國會中的一院或兩院有權在未通過新法律並送請總統簽署前阻撓或推翻政府行動，此種立法否決會影響總統的立法行動。最高法院裁決，國會如要阻撓行政權，必須通過立法並送請總統簽署，國會可依兩院均三分之二的票數來推翻總統的反對。這也就是說，立法部門必須根據美國《憲法》的標準程序來反制行政功能：一個法案必須在兩院通過後送請總統簽署；或者，如果總統「否決」該一法案，國會必須依兩院各三分之二的票數推翻總統的反對。

㈡社　會

一般人認為，美國社會是白人 (W)、盎格魯・撒克遜人 (AS) 和新教徒 (P) 佔優勢的「大黃蜂」(WASP) 社會。不過，一般人也相信，美國是民族熔爐和機會均等的社會，尤其是美國是一個自由開放的社會。但是，在 1950 年代初期，在「麥卡錫主義」(McCarthyism) 的陰影下，曾經一度緊張萬分。緣麥卡錫 (Joseph Raymond McCarthy, 1908–57) 是來自威斯康辛州共和黨籍的參議員，1950 年 2 月，他指控他握有滲透進美國國務院的共產黨人的名單，其事雖為杜魯門總統和艾奇遜國務卿所否認，但他堅持有共產黨「叛國者」(traitors) 滲透在政府內部。麥卡錫的「紅色驚恐」(red scare) 使人不安，但因在冷戰高峰有很多人支持他的觀點，使參議院兩黨同僚不敢開罪他。即使是在共和黨人艾森豪當選總統以後，他仍然不肯放鬆。1953 年共和黨控制了國會，1952 年再度當選的麥卡錫成為參議院常設調查小組，或政府行動委員會 (Senate Permanent Investigations Subcommittee, or Government Operations Committee) 的主席，他利用大眾恐共的心理，舉行多種聽證會，來揭發共黨及其同路人，這些經全國電視轉播的聽證會曾引起震撼，而「麥卡錫主義」也就變成可以沒有證據而指控他人犯罪的代名詞。他後來擴大攻擊目標，指控軍方「豢養共產黨人」

(codding Communists)，軍方反控其幕僚人員行為不當。麥卡錫也攻擊其他社會團體，包括同性戀者，使美國社會危疑震撼。1954 年 12 月，參議院通過決議譴責他，使其聲勢消減，再加上民主黨在 1954 年的選舉後再度控制國會，麥卡錫消聲匿跡。

戰後美國內部有許多社會問題，其中最難解決者則為種族歧視的問題。黑人（尼格魯人）約佔全人口的十分之一，他們之中固不乏在各方面有表現的傑出之士。但在政治與經濟方面，黑人自不甘居「二等公民」的地位。為了促進黑人地位，美國黑人及其同情者在 1910 年創辦「有色人種地位促進會」(NAACP: National Association for the Advancement of Colored People) 之組織。韓戰時 (1950–53)，美軍黑、白士兵混合編組，不再分開服役。1954 年，美國最高法院一致決定義務教育（中小學）中的黑、白分校（種族隔離）為違憲，在一些州一度因黑人子弟就讀白人學校發生騷亂，有些南方州甚至寧可暫時關閉學校而不願接受黑人學童。此一問題在 1957 年後解決。

黑人運動也有另外的型態。1919 年黑人領袖葛維 (Marcus Garvey, 1887–1940) 在紐約哈林區 (Harlem) 建立大本營，他強調美國黑人的非洲淵源，他們自稱為「黑人」而非「尼格魯人」，他也鼓勵美國黑人移往非洲，他也倡導黑人文學運動，乃有「哈林文藝復興」(Harlem Renaissance) 之稱。葛維的思想間接地影響到黑人回教運動 (Black Muslim Movement)，倡導此說最力者是麻孔・艾克斯 (Malcolm X, 1925–65)。他的徒眾多是來自南部而居住在北部城市的黑人貧民窟中的黑人，他用回教來代替白人信仰的基督教。他們認為，回教是非洲人的真正信仰，他們也鼓勵黑人振興企業，也教導徒眾避免暴力，在受到攻擊時始可還擊。麻孔・艾克斯本人則在 1965 年在紐約對群眾演說時被暗殺。

另一個黑人的民權組織，是種族平等大會 (CORE: Congress of Racial Equality)。這個組織的創辦人是法穆 (James Farme, 1920–99)，創立於 1942

美國黑人抗議黑、白分校

年。他聲稱他的宗旨是要用「上帝和人的愛」(love of God and man) 來對抗不義。1960 年左右種族平等大會常聯合其他的政治組織來倡導民權以反對加諸黑人身上的差別待遇。1955 年以後，法穆常常與黑人浸信會牧師馬丁・路德・金恩 (Martin Luther King, Jr., 1929–68) 合作。金恩服膺甘地的非暴力哲學，倡導民權運動，在 1950 年代和 1960 年代發生很大的影響，譬如說 1963 年他所發動的「華府大遊行」有二十五萬人參加。他的行動與 1965 年的《民權法》(*Civil Rights Act*) 和《投票權利法》(*Voting Rights Act*) 的通過不無關係。黑人激烈分子並不滿意他的做法，他自 1966 年後伸展其運動到美國北方城市的貧民窟，並於 1968 年推展窮人運動 (Poor People's Campaign)，不過因受越戰影響，人民的注意力不再集中於民權和城市問題，而沒有很大的成功。他在 1968 年在田納西州的孟斐斯被暗殺。

此後黑人運動分子是以「黑豹黨」(Black Panthers) 為主。他們原在阿拉巴馬州和密西西比州活動，後來向北移動，1968 年左右在加州的奧克蘭 (Oakland) 建立大本營。其領導分子為牛頓 (Huey Newton, 1942–89)、席樂 (Bobby Seale, 1936–) 和克萊弗 (Eldridge Cleaver, 1935–98)。他們取黑豹為名，是因為豹子很少也很慢主動進攻，但卻在受到攻擊時做有力報復。他們與其他的黑人運動分子有些不同的地方：第一，他們是革命性的和主張暴力，他們相信奪得權力才可以矯治社會對黑人的不義；第二，他們並不主張回到非洲，而主張剷除在美國的種族主義。

1960 年代以後，自詹森政府以來曾通過一連串的民權法規，改善黑人的處境。在投票權方面，幾乎與白人平等，在受教育方面也有改進。但在社交、居住和工作機會方面仍有若干不利的地方。黑人運動自 1970 年代以後漸告和緩，即使是黑豹黨也表示願意在既存的體制中尋求改革的意願⓫。

民權運動觸發了其他運動，如同性戀權利運動 (the gay rights movement)，此因 1969 年警方掃蕩紐約的格林威治村 (Greenwich Village)，導致在石牆酒吧 (Stonewall Bar) 的男人發動激烈的抗議。此後，此種活動日漸出現，尤其在加州地區。

女性解放運動或婦女運動 (women's liberation movement, or feminist movement) 在 1960 年代的美國曾經風起雲湧。本來，在第一次世界大戰以前，已有婦女運動。1949 年，沙特的紅粉知己法國女作家波娃 (Simone de Beauvoir, 1908–86) 出版《第二性》(*Le Deuxième Sexe*，1953 年英譯本 *The Second Sex* 問世)，指出解放女性也是解放男性。1963 年美國婦運人物傅理丹 (Betty Friedan, 1921–2006) 出版《女性神秘》(*The Femine Mystique*) 一書，指陳女性為男性控制，以及以擔任主婦和養育子女和主持家事等工作為不合理。1966 年，她與其他婦運人士組成「全國婦女會」(NOW: National Organization for Women)，發動婦女運動。其主要所求，為修訂《憲法》，加上「男女平等條款」(ERA)，作為美國《憲法》的第二十七條修正條款。這個草擬的修正條款僅有二十四個英文字，其重點在不得有性別歧視⓬。其實，此一運動在 1923 年時即已展開，1960 年代及 1970 年代

⓫ Edward M. Burns & others, *World Civilizations*, 6th ed. Vol. 2 (New York: Norton, 1982), pp. 1361–63.

⓬ 此二十四個字為："Equality of rights under the law shall not be denied or abridged by the United States or by any state on account of sex."

1970 年代婦女的一場募款會，講話者為前總統福特的夫人，左邊是傅理丹

初期，更成為全國性的運動。1972 年時美國國會雖通過，但修憲尚需四分之三的州議會同意，後一條件未能滿足，故尚未成為第二十七條修正條款。不過，1972 年通過了《雇用機會均等條例》(*Equal Employment Opportunity Act*)，此固不限於性別問題，亦屬婦運成就。另外，聯合國婦女地位委員會 (UN Commission on the Status of Women)，大部分由於美籍委員的敦促，宣布 1975 年為「國際婦女年」(International Women's Year)。

反越戰運動及學生運動在 1960 年代和 1970 年代初期，也曾大規模的展開。緣因美國自 1961 年起介入越南戰爭，此一戰爭是一個「不能勝利」(no-win) 的戰爭，美國地面部隊在南越戰場曾多達五十四萬人，至 1973 年結束戰爭時，陣亡將士有五萬七千九百三十九人，支出軍費更高達一千五百億美元，但 1975 年印支半島仍不免完全陷落。此一戰爭是美國有史以來最不光榮的戰爭，對於民心士氣打擊極大。學生運動在 1962 年後大幅度展開，此年 6 月一群大學生（約六十人）發起組織「學生民主社會促進會」(Students for a Democratic Society)，集會於密西根的休倫港 (Port Huron)，發表《休倫港聲明》(*Port Huron Statement*) 主張「參與的民主」(participatory democracy)，認為人有權參與影響其生命的決策。他們支援窮人，更反對越戰。1960 年代晚期，他們發生分裂，較激烈的一派叫「天候人」(the Weathermen)，但《休倫港聲明》卻留下不可磨滅的痕跡。美國的反越戰運動，除了學生以外，還包括新左派 (new left) 的人士，以及退役軍人等等，再加上越戰期間雙方都有很多暴行和傷亡，譬如 1968 年 2 月，在西貢（胡志明市）街頭，一個被俘虜的越共被西貢警察局長當眾以手槍擊斃的照片，激起很大的反響。反越戰運動也由於種種因素，蔚為風潮，造成社會的裂痕。

1971 年美國退役軍人在國會山莊遊行反對越戰

西貢警長當街擊斃被俘越共

一般人認為，美國的財富分配和社會結構是貧富不太懸殊而以中產階級為主的，但是，1980 年代初期以來，財富分配有惡化的趨勢。1984 年國會的聯合經濟委員會 (Joint Economic Committee) 的報告指出：全國的家計所得中，40% 的高所得家庭，全所得佔全國總所得的 67.3%；而 40% 的低所得家庭佔總所得的 15.7%，這是自 1947 年以來最低的；而 20% 的中等收入家庭的所得也下降為祇佔全國總所得的 17%。有些經濟學者甚至預測這群代表美國與目標的中產階級將會消失，而像許多第三世界的國家一樣，社會是由少數極富有的人與多數貧窮的人所組成，中產階級變得微乎其微，不再具穩定與領導社會的功能。

到目前為止，若從所得分配曲線上來看，中產階級仍是一個統計上存在的實體，因為至少所得分配圖仍是呈現一鐘形曲線 (bell-shaped curve)；假使中產階級消失了，則圖形應該會變成一雙峰曲線，而不會是一平滑單峰的曲線。衹是，近十年來，這條所得分配曲線也有所改變了——峰度較扁平，且向低所得處延伸。這種變化雖然非常緩慢但卻值得注意。對持樂觀看法的學者而言，這種所得變動的情形是由於「嬰兒潮」(baby boomers，1946–64 年間出生者) 所造成的。他們認為當 1960 年代及 1970 年代，七千八百萬的新生代湧入勞工市場，由於初入就業市場，工資往往是最低[13]，因此在統計上看出高低收入的懸殊。另外，1986 年 7 月，美國國會中的民主黨人發表一份調查報告，指出僅佔美國總人口 0.5% 的「超級富豪」(super rich，大約四十二萬戶家庭) 控制了美國財富的 35% 以上。在經濟不景氣時，如 1991 年下半年，中產階級所受傷害常最大[14]。

對整個的美國社會而言，其最大問題在於最近十多年來，由於亞裔人口、拉丁美洲人口和印地安人口的增加，特別是在西南部和西部地帶為甚。根據美國人口調查局 (Census Bureau) 所發表的 1990 年的人口統計數字，顯示與 1980 年相較，白種人口增加了一千一百萬人，成為一億九千九百七十萬人，在全人口所佔的比例由 83% 降為 80%。另一方面，拉丁裔美人 (Hispanic Americans) 增加了 53%，成為兩千兩百四十萬人，亞裔人口增加了 107.8%，成為七百三十萬人，美國印地安人 (American Indians) 增加了 37.9%，成為兩百萬人。至於黑人，則增加了 13.2%，成為三千萬人。以加州而論，在 1980 年時，65.6% 的居民，是歐裔的白人，到 1990 年，則降為 57%。據估計，到 2056 年時，白人在美國將成為少數族群。美國本來

[13] Barbara Ehrenreich, "Is the Middle Class Doomed?", *The New York Times Magazine* (Sept. 7, 1986), pp. 54–64.

[14] Washington (July 25, UPI), *China Post & China News*, July 26, 1986, p. 3 & p. 8, *Newsweek* (Nov. 4, 1991).

芝加哥市的拉丁裔美人

是白人建立的國家，簽訂美國《獨立宣言》的五十六名人士皆為白種男人，美國文化也是一種「歐洲中心的文化」。如今則各民族紛紛伸張他們自己的文化，使美國在多種族之外，又呈現了多文化 (multiculturalism) 的狀態。從上邊數字來看，人口增加最多的是拉丁裔美人。拉丁裔美人與黑人這兩個族群為了爭取平等而經常聯合在一起，構成拉丁・黑人聯盟 (Lation-Black alliance)，如今卻常常因為利益衝突而發生裂痕。舉例言之，1983 年由於雙方的聯合，選出芝加哥有史以來的第一個黑人市長華盛頓 (Harold Washington, 1922–87)，當時，有接近十分之七的拉丁裔美人投票支持華盛頓，1989 年的該市市長選舉，75% 的拉裔美國人不再支持黑人候選人伊凡斯 (Timothy Evans, 1943–)，而使其落選。現在美國多元民族與多元文化紛歧的情形，已令人有「美國是什麼人的美國？」(Whose America?) 之嘆⓯。

㈢經　濟

美國經濟為最大的資本主義混合經濟 (capitalist mixed economy)。經濟

⓯ *Time* (Apr. 9, 1990), Washington (March 13, UPI), *China Post*, March 14, 1991, p. 3, *Time* (July 29, 1991) 以 “Browns vs. Blacks” 為題報導二族群情形；及 July 8, 1991 以 “Whose America?” 為封面故事。

力量就是國力。截至現在為止，以國民生產毛額而言，美國仍佔世界第一位。不過，美國因為環球責任負擔過重，在第二次大戰之前十五年美國所用國防費用為一百億美元，第二次大戰後的十五年則高達五千億以上，故1960年後漸有不支，尤其是自1961年直接以軍事力量支援南越而投入越南戰爭，直迄1973年退出戰局和1975年南越覆亡，美國耗費了一千五百億左右的美元。美國因為軍事負擔、海外駐軍、貿易逆差而使其在1960年後發生大量美元外流之事，其黃金儲備因而亦大量減少。於是1944年以黃金與美元關係（每三十五元一盎斯）為基礎所建立的金匯兌本位制 (gold exchange standard) 乃告不能維持，黃金售價高漲對美元構成壓力。1968年的黃金雙價制度未能解決問題，1971年美國宣布廢除黃金與美元的關係，此年12月美元在第二次大戰後第一次貶值，幅度為7.89%。繼之，1973年2月，美元第二度貶值，幅度為10%。

1970年代以後，美國遭受到鉅額的貿易逆差，祇有1973年及1975年有小額出超，1987年時貿易逆差到達了一千七百一十億美元，再加上美國政府（特別自雷根政府以後），政府的預算赤字日益擴大（美國聯邦政府的財政赤字，以絕對數值計，從1979年的四百零二億美元增至1990年的二千二百零四億美元），造成極為嚴重的「雙赤字問題」；另外，外國在美國的直接投資日益增加，這些因素加起來，使美國自1985年後在「國際投資的淨負地位」上，七十一年來成為一個淨負債國家，這於第一次世界大戰結束時，美國是世界最大的債權國的情況來比，何啻天壤之別。此後，情況雖年有不同，譬如1989年時，其外債淨額有六千二百六十億之多，約佔該年國民生產毛額的12%。根據美國商務部的統計，1990年美國的負債是四千一百二十億美元。總而言之，美國早已變成世界最大的負債國。

不過，問題雖然嚴重，美國人還沒有到憂心如焚的程度。他們認為，美國的負債與第三世界國家的鉅額負債不同，第一，在數額上，美國的債額雖大，但僅佔1990年「國民生產毛額」（五兆四千六百五十億美元）的

7.5%，與阿根廷相比，該國在 1989 年的外債是六百五十億，但此為該國國民生產毛額的 120%；第二，美國負債情況與他國不同的，是美國所欠的外債是以美元（也就是美國的貨幣）計價的，這與發展中的國家必須賺取美元來償債的情形不同，美國固不宜用貶值美元的方式來削減外債，但至少不會完全受制於債權國；第三，美國的負債，並非家產抵押性質的債務，而是在 1990 年美國人（包括公司與個人）在海外擁有的各種財產（工廠、債券、證券、房地產等）為一兆七千六百四十億美元，外國人在美國所擁有的各種資財是二兆一千七百六十億美元，此即負債四千一百二十億美元的原因，但這並不是一定要還的借款⓰。

但是，這種在國際收支上的逆差，仍然是很嚴重的問題，而外國人（日本人和歐洲人）在美國購買美國企業、房地產，以及直接投資的數額如此之鉅大，自然對美國經濟產生重大的衝擊。從另外的數據看，美國在第二次世界大戰結束後曾佔全球主要經濟活動（世界生產毛額）的 50%（固然拜戰爭之賜），但在 1970 年至 1987 年間，僅能佔 22% 至 25% 左右。

另外，在涉外經濟關係上也可以看出新的發展，那就是美國與亞太地區的經濟關係日益密切。1968 至 1988 年間，美國與太平洋對岸的貿易增加了 1,400%，與歐洲貿易僅增加了 743%。美國對馬來西亞的貿易量超過俄國，對新加坡的貿易量超過義大利。美國也有意把北美結合為一個自由貿易地區，1989 年與加拿大所簽《自由貿易協定》生效，並與墨西哥進行談判。1994 年，美、加、墨三國構成的《北美自由貿易協定》生效。

美國現在雖非復當年，據國際貨幣基金會 (IMF: International Monetary Fund) 的估算，其 2011 年的國民生產毛額為十五萬一千萬億美元，佔全球生產毛額的 22%， 就其購買力平價個人所得 (PPP Per Capita: purchasing

⓰ 黃其昌，〈美國成為全球大債務國問題之探討〉，《美國月刊》，5 卷 5 期（民 79，9），頁 72–79；Robert J. Samuelson, "The Greatest Debtor," *Newsweek* (July 22, 1991), p. 4.

power parity per capita) 而言，亦佔全球 19%，迄今美元仍為主要儲備貨幣。在國際貿易方面，美國是世界最大的進口國和第三大出口國，進出口逆差很大，2010 年為六千三百五十億美元，主要貿易夥伴為加拿大、中國、墨西哥、日本和德國。此以，美國軍事開支為龐大的天文數字，2010 年軍事開支幾近七千億美元，為全球軍費的 43%。凡此等等，公債山積，2012 年為一萬五千六百二十億美元，中國為其最大債主。但美元為國際交易貨幣，美國在財政困窘時常採數量寬鬆辦法 (Q.E)，即大量加印美鈔，此舉固可救急，但有加速美元貶值等等弊端。

㈣美國是否衰落

第二次世界大戰以後，美國所享有的優越地位以及所發生的影響力之大，有「美國和平」(Pax Americana) 之稱。自從 1950 年以來，美國曾對一百一十三個國家給予軍事援助，金額高達一千兩百億美元，其中約有一半係屬贈與的方式。美國也曾經對大約一百個國家提供經濟援助，以期提昇這些國家人民的經濟發展及生活水準。美國也與四十多個國家簽訂共同防衛條約，成為世界集體安全的主要支柱，美國也曾在七十個國家建有軍事基地。國際間所有重要的政治、經濟、文化與社會等組織，美國都是最主要的成員之一。即使是在 1970 年代初期，美國仍有一百萬左右的軍隊，分駐於三十個國家；1986 年時，仍有超過五十萬的美軍屯紮於北大西洋公約組織國家（超過三十二萬人），以及日本、南韓和菲律賓等地。

有的學者指出，美國在第二次世界大戰以後，由於機遇而非預謀，成為世界上最強大的國家，也因為需要而非選擇的負起了環球責任[17]。但是，自從越戰以來，美國對外一直遭受挫折，而經濟力量的萎縮也使美國人的信心大打折扣。以海外基地而言，美國在 1988 年時僅在二十一個國家建有基地，其數量少於越戰時期的四分之一。於是，不斷有人提出美國已經衰

---

[17] Hans J. Morgenthaus, *Politics among Nations: The Struggle for War and Peace* (New York: Knopf, 1956).

落的說法。近年受到廣泛注意的論調，是耶魯大學教授保羅‧甘迺迪 (Paul Kennedy, 1945–) 在其 1987 年出版的著作《強權之興衰：1500 年至 2000 年期間的經濟變遷與軍事衝突》(*The Rise and Fall of Great Powers: Economic Change and Military Conflict from 1500 to 2000*) 所提出來的。他認為：美國經濟實力不斷地衰退，而此為國力的主要根源，因此會影響到國力的表現。他相信，美國經濟實力的衰退，是因為國際和軍事承諾支出數量過於龐大，終於造成「帝國的過度伸張」(imperial overstretch)，有以致之。他指出，從近代幾個霸權的興衰來看，雖然睿智的政治家可能延緩衰落的過程，但是必須負擔已超過其本身能力的承諾，則必不能永遠保持其主導地位，美國如不改弦更張，終將被日本及歐洲所超越⓲。

但是，也有人提出不同的論點。哈佛大學教授杭廷頓 (Samuel P. Huntington, 1927–2008) 以〈美國——衰落抑或復興？〉(The U. S.—Decline or Renewal?) 為題發表專文⓳，他認為成功的社會結構，在於具有競爭性、社會流動、多元化與開放性，美國在這些方面均較其他國家為優。他也指出，不能僅就經濟層面來論斷國力，像蘇聯、沙烏地阿拉伯、日本均為單一層面的強國：蘇聯的基礎在於強大的軍力，沙烏地阿拉伯則倚賴其石油儲存量，日本則先後以製造力及財政資源來發揮影響力，這種單一層面的國力常具有高度的危險性；美國的國力則有多層面的基礎，如人口和教育水準、自然資源、經濟發展、社會凝聚力、政治穩定、軍事性力量、盟國、科技成就的方面。最後他相信除了統一歐洲共同體出現之外，將不可能有任何一個強權可以取代美國的國際地位。

另一哈佛教授聶宜 (Joseph S. Nye, Jr., 1937–) 在其 1990 年出版的《必

⓲ Paul Kennedy, Jr., *The Rise and Fall of Great Powers: Economic Change and Military Conflict from 1500 to 2000* (New York: Random House, 1987; London: Unwin Hyman, 1988).

⓳ *Foreign Affairs* (Winter, 1988–89), pp. 76–96.

然要領導：變遷中的美國強權性質》(*Bound to Lead: The Changing Nature of American Power*) 亦持類似的論調。他注重無形的因素 (intangible factors)，指出美國在軍事力量、科技實力和人民群眾方面，均屬超強，而日本軍事力量不夠且資源不足，中國科技落後，歐洲僅有中度的軍力。不過，他也舉英國忽視高等教育和未能提高生產以致衰落的情形，發為警惕的評言。

美國在越戰挫敗之後，也曾經有限度的介入國外的軍事衝突。1983年，加勒比海地區東部的格瑞納達 (Grenada) 發生暴亂，總理畢紹普 (Maurice Bishop, 1944–83) 被殺，此年 10 月，美軍侵入該國恢復了秩序。再就是，巴拿馬的獨裁者諾瑞加 (Manuel Noriega, 1934–2017) 因反美並販毒，美國法院下令逮捕。1989 年底，美國派兵入侵巴拿馬，於翌年 1 月擄獲諾瑞加到美國接受審判。不過，美國最露臉的海外軍事行動，是在 1990 年 8 月伊拉克佔領科威特後，美國為了石油資源與西方利益與盟國在「沙漠盾牌」(Desert Shield) 的代號下，結合英、法等二十七國部隊組成聯軍，以保衛沙烏地阿拉伯等國。後來在聯合國授權和美國國會通過作戰後，將「沙漠盾牌」改為「沙漠風暴」(Desert Storm)，於 1991 年 1 月 17 日開始對伊拉克作戰，以空中奇襲揭開戰爭的序幕，把巴格達炸得「像一棵點了燈的聖誕樹」，戰爭期間各種科技精靈武器紛紛亮相，伊拉克終告不支。2 月 28 日，在達成解放科威特的任務後停火。這個戰爭的主要決戰時間，是 2 月 24 日到 28 日間的一百小時，故有「一百小時戰爭」(The 100–Hour War) 之稱。

美國此一漂亮的軍事行動，一舉走出了越戰的陰霾，美國人再度昂首闊步，連肥碩的最高指揮官史瓦茲柯夫 (Norman Schwarzkopf, 1934–2012) 也顯得虎臂熊腰。但是，美國雖維持了「超強」的形象，與以前已有所不同。1991 年 11 月美國把克拉克空軍基地交還給菲律賓，也在透露一種訊息。

二、加拿大

加拿大是一個年輕的國家。1867 年，因為英國國會通過《英屬北美條例》(*British North America Act*) 使上加拿大變成安大略省，下加拿大成為魁北克省，而成為自治領。1931 年更因英國國會通過《威斯敏特法規》(*Statute of Westminster*) 而成為「大英國協」(British Commonwealth of Nations) 的一員，通常認為此為加拿大獨立的開始，但是，直迄 1949 年，加拿大的最高法院才是一些上訴案件的最後審結者，而不必送到倫敦的「樞密院」(Privy Council) 來處理。加拿大也是在 1949 年贏得修正自己的《憲法》的權利。此外，紐芬蘭也是在 1949 年變成了加拿大的第十個省。加拿大乃成為由紐芬蘭、諾瓦・斯古夏、紐布倫斯威克、愛德華親王島、魁北克、安大略、曼尼托巴、薩克其萬、亞伯達和英屬哥倫比亞等十省所組成的聯邦。另外，加拿大還有兩個行政區，即為育空行政區 (Yukon Territory) 和西北行政區 (Northwest Territory)。

同時由於加拿大在政體上係君主立憲國家，以英王為其元首，由英王指派總督為其代表，總督任期五年。1952 年，梅賽 (Vincent Massey, 1887–1967) 成為第一任的加拿大籍的總督。1959 年，梵尼埃 (Georges Philias Vanier, 1888–1967) 是第一任法裔加拿大人總督。因此，嚴格地說，加拿大是在第二次世界大戰以後才成為完全真正的獨立國家的。這當然是加拿大在第二次大戰中的貢獻，以及各種主客觀因素使然。加拿大於 1939 年 9 月 10 日對德國宣戰，係採獨立宣戰的方式，1941 年 12 月 8 日，在珍珠港事件後一日，亦向日本宣戰。初期戰備不足，後來也參與西線與東線的重要的戰役。第二次世界大戰後，有了更大的發展。

㈠政　況

在國體方面，加拿大是君主立憲國家。在政治制度上，它是內閣制度的聯邦政府，其聯邦制度上類似美國，其內閣運作師法英國。設在渥太華的聯邦中央政府處理全國性的事業，各省均自有其政府，兩個行政區的自治政府，也有某種程度的自主權。內閣制的政府把立法與行政結合起來，總理及其內閣閣員均須為眾議院 (House of Commons) 的議員，參議院 (Senate) 的議員亦可間或入閣，但內閣向眾議院負責。如果在眾議院中政府提出的重要法案未能通過，或者通過對內閣的不信任案，內閣總理就必須辭職，或舉行大選。

國會係由兩院所組成。上院是參議院，有一百零五名參議員，其產生方式係總理根據各省名額（兩行政區亦各有一名）推薦總督任命的，可擔任至七十五歲。至於眾議院，則是由人民選舉（大致上採單額選區制）出來的，有三百零八名。在正常情況下，眾議院每五年改選一次，它是真正的國會。

司法另成體系，最高法院 (Supreme Court) 由九名法官（包括院長及其他八名法官）組成，為民、刑訴訟的最後審判機關。另有聯邦法院 (Federal Court)，它包括審訊及上訴兩部分，審訊部分處理涉及加拿大政府的一切案件，上訴部分則主要聽取審訊部分所作的決定。此外，各省法院 (Provincial Courts) 負責司理聯邦和各省的法律，由加拿大政府任命法官，上訴案件由最高法院決審。

加拿大政黨型態為多黨制。以 2011 年大選為例，有五個政黨在眾議院有席次。它們分別是：加拿大保守黨或加拿大進步保守黨 (the Conservative Party of Canada, or the Progressive Conservative Party of Canada)（執政黨）；新民主黨 (New Democratic Party)（官方或正式反對黨）；加拿大自由黨 (the Liberal Party of Canada)；加拿大綠黨 (the Green Party of Canada)；魁北克黨團 (Bloc Quebecois)。

㈡社　會

加拿大人口，依 2011 年普查，為三千三百四十七萬六百餘人，較 2006 年增加 5.9%，人口增加的主要來源為移民移入，其次為自然增加。

人口中約有五分之四居住在接壤美國的 150 公里（93 哩）地區。約有 80% 的加拿大人口集中在三個地區，它們是：魁北克城至溫莎走廊 (Quebec City-Windsor Corridor)、卑詩低地大陸 (BC Lower Mainland)，以及亞伯達省 (Alberta) 卞加利至愛民頓走廊 (Calgary-Edmonton Corridor)。加拿大為一走向老齡化的社會，退休者多於工作者，平均年齡在 2006 年為 39.5 歲，2011 年增為 39.9 歲。加拿大亦為一多族群的國家，根據 2006 年人口普查，有 32% 的人自報為加拿大人，21% 的人自報為英國人，15.8% 的人自報為法國人，15% 的人自報為蘇格蘭人，13.9% 的人自報為愛爾蘭人，10.2% 的人自報為德國人（日爾曼人），4.6% 的人自報為義大利人，4.3% 的人自報為中國人，4.0% 的自報為原住民，3.9% 的人自報為烏克蘭人，3.3% 的人自報為荷蘭人。

第二次世界大戰以後，自由黨當政期間，加拿大即走上福利國家的途徑。自由黨政府於 1945 年春天揭櫫三大目標：第一是以國家力量達到國民的高水準所得及就業率；第二是增加全國性的公共衛生和福利設施；第三是補助各省以確使全國人民在同一的生活水準之上。加拿大政府決定採取英國經濟學家凱恩斯的理論，以提高個人、公司的所得稅，並課徵遺產稅，作為國家建設基金。同時也負責失業保險、養老金、健康保險及公用設施，並提供各省開發天然資源所需之經費。

加拿大人民是由英裔人口和法裔人口兩大族群所組成，而兩大族群各有其歷史與傳統，因而民族融合的情況並不理想（大致言之，在全加拿大，英裔人口佔 40% 略多，法裔人口佔 26% 略多，德裔人口佔 4% 略多，其他佔 28% 以上）。1963 年，政府組成雙語和雙文化委員會 (Royal Commission on Bilingualism and Biculturalism)，以研究兩種語言和兩種文化的問題，並期盡量滿足法裔人口的願望。1969 年，《官方語言法》(*Official Language Act*) 通過，使英語和法語均為加拿大的官方語文，但問題並未能解決。

在宗教信仰方面，70% 以上的加拿大人分屬三個主要的教會：天主教徒有一千萬人以上，其中一半以上集中在魁北克，在安大略也有相當人數；最大的新教團體是加拿大統一教會 (United Church of Canada)，也有四百萬人左右；加拿大聖公會 (Anglican Church of Canada) 也有近三百萬人。此外，還有長老會、路德會、浸信會和猶太教等等。

㈢經　濟

加拿大的經濟非常發達。根據加拿大統計局 (Statistics Canada) 之資料，國內生產毛額由 1965 年到 1988 年，每年之成長率平均為 4.3%。另根據經濟合作暨發展組織 (OECD) 的資料，加國國內實質生產毛額成長率從 1980 年到 1988 年是 3.3%，在世界七大工業國中，僅次於日本之 4%，而遠超過西德之 1.7%。加拿大就業人數由 1965 年到 1989 年，平均就業年成長率為 2.5%[20]。

加拿大的經濟有賴於其自然資源及農業之處甚多。加拿大有廣大的農業草原和森林，加拿大為世界第二大小麥出口國，亦輸出大量木材。礦產方面亦得天獨厚（它是世界最大的石綿、鋅、銀、鎳的出產國；世界第二大碳酸鉀、石膏、鉬、硫磺出產國；它亦出產鈾、鐵、鋁、鈷、金、鉛、銅、鐵和石油）。近來，尤其是自第二次世界大戰以後，製造業、服務業、化工業、汽車工業、漁業、食品加工業亦迅速發展，成為主要的工業國之一。

㈣憲政及認同危機

加拿大的《憲法》，本來包括不成文的（如英國的《憲法》），以及成文的（如美國的《憲法》）。不成文的部分，包括慣例、一般法律和司法判決；成文的部分該是 1867 年英國國會所制訂的《英屬北美條例》。1949 年後，加拿大取得自己修憲的權利，但直迄 1982 年，自由黨的杜魯道 (Pierre Elliott Trudeau, 1919–2000) 政府始完成加拿大本土性的《憲法》，此一《憲法》亦獲得英國國會同意。1982 年的加拿大《憲法》保留了《英屬北美條

[20] 勞長春，〈加拿大之經貿現況〉，《美國月刊》，6 卷 3 期（民 80，3），頁 19–27。

例》的基本架構，維持了聯邦制和內閣制。

但是，加拿大人的國家認同並不強烈，省籍的觀念很濃，加拿大政府尚須通過《加拿大公民條例》（*Canadian Citizenship Act*，1947 年生效）來強化國家認同的觀念。國家認同危機最大的，是魁北克地區的法裔加拿大人在 1960 年代以後所發展出來的分離主義運動。自 1970 年他們所組成的地下恐怖團體「魁北克解放陣線」(FLQ: Front de Libération du Québec)，發動綁架等恐怖行動，而 1976 年 11 月，分離主義的魁北克黨 (Parti Québécois) 竟然贏得選舉而控制了魁北克的省政府。發展到 1980 年，在魁北克舉行公民投票的結果，有 60% 的人民不贊成獨立，但魁北克卻拒絕接受 1982 年的《憲法》。1985 年底，由於自由黨擊敗魁北克黨而在魁北克執政，情況開始有轉機。1987 年 6 月，加拿大政府與魁北克及其他各省簽訂《密契湖協定》(*Meech Lake Accords*)，其主要內容為：承認魁北克省為「獨特社會」(distinct society)；有權保存和發揚其獨特文化；魁北克得推薦九名最高法院法官中的三名；在移民政策上，各省得訂定自己的政策。但此一協定為《憲法》修正案，須於三年內（即 1990 年 6 月 23 日午夜前）為國會及十省議會所同意，但因紐芬蘭及曼尼托巴兩省堅決反對而未能通過。此一危機一直尚未解決[21]。

㈤與美國的關係

加拿大與美國有長達三千哩的共同邊界，兩國關係素極密切。美國文化對加拿大的影響之大，使加拿大的知識分子憎恨自己的文化被「美國化」的情形。

兩國關係最密切的是經濟關係。兩國雙邊貿易的金額極為龐大，固然其中 75% 的貿易已經不徵收關稅，但面對世局的主客觀情勢，自有加強統合的必要。本來，在 1911 年和 1948 年，兩國均曾談判《自由貿易協定》，但都沒有成功。1983 年，加拿大面臨第二次世界大戰以來最嚴重的經濟衰

[21] 林岩哲，〈加拿大的憲政隱憂〉，《美國月刊》，6 卷 3 期（民 80，3），頁 4–18。

退，主動地與美國談判。雙方自 1986 年 5 月展開談判，1987 年 10 月達成協議，所簽協定自 1989 年元旦生效，決定在十年內消除所有的關稅㉒。

三、英　國

近代英國的歷史，是一個不斷衰落的歷史㉓。尤其是在歷經兩次世界大戰後為甚。英國在第一次大戰中陣亡幾近百萬，其公債增加了十倍。但在第二次大戰（更長久和更慘烈）中，則戰死者為五十四萬五千人左右，公債僅增加三倍。這顯示出滄桑之變。不過英國在第二次大戰結束後其負債達二百二十億鎊，約合九百億美元，平均每一英國人負擔二千美元，此較美國的負債三千億元和平均每一公民負擔兩千零五十美元為輕。不過，英人平均收入較美國少，而其國家資源又遠不能與美國相比，故其負擔實較美國為重。也就是說，英國為戰爭所做的經濟動員，甚為徹底和有效。它是一種建立在「公平分擔」(fair shares) 原則之上的「半包圍經濟」(semisiege economy)，貧富一樣分擔，黑市幾無存在。為了把全國資源有效使用，乃實施配給制度，至 1954 年方始停止㉔。

第二次世界大戰以後的英國，歷經兩位君主，即喬治六世（George VI，1895–1952，在位時期 1936–52），及其女伊莉莎白二世（Elizabeth II，1926–　，在位期間 1952–　）。

㉒ 蔡正揚，〈美加自由貿易協定對加拿大產業之影響〉，《美國月刊》，6 卷 3 期（民 80，3），頁 28–37；丁永康，〈從相互依存理論看美加自由貿易區〉，同上，頁 38–46。

㉓ Keith Robbins, *The Eclipse of a Great Power: Modern Britain 1870–1975* (New York: 1983).

㉔ H. Stuart Hughes, *Contemporary Europe: A History*, 5th ed. (New Jersey: Prentice-Hall, 1981), p. 420; Paxton, op. cit., p. 572.

㈠政　況

在政治運作上，英國仍保持兩黨制度，保守黨和工黨輪替執政。兩黨亦各有所蛻變，保守黨在 1945 年到 1951 年的挫敗中，發展出新的組織與新的形象，接受了操作經濟 (managed economy) 和福利國家，呈現較多的彈性，而成為一個較為現代的、有效率的和可以代表民意的政黨；工黨在 1951 年到 1963 年亦曾長期在野，為了適應需要，不再堅持教條性的社會主義，尋求中產階級的支持，也不再強調不孚眾望的國有化政策。工黨在「大老」 比萬 (Aneurin Bevan, 1897–1960) 死後 ， 以及蓋茨克爾 (Hugh Gaitskell, 1906–63) 繼艾德禮為黨魁後，其在經濟政策和福利國家方面的主張，與保守黨政府的財相巴特勒（Richard A. Butler，1902–82，後封男爵，任期 1951–55）的做法，甚少不同，以致英國人戲稱兩黨的政綱為「巴特克爾主義」(Butskellism)。蓋茨克爾不幸早死，繼任的工黨領袖是出身牛津大學經濟學教授的威爾遜（Harold Wilson，1916–95，1983 年封男爵），他領導工黨贏得 1964 年的大選而執政，時已在保守黨執政十三年之後㉕。

兩黨制並不是說祇有兩黨，實際上在英國還有若干其他政黨，祇是自由黨已經衰落到祇能保持十多個議席（甚至有時還不到），其他各黨亦不成氣候，因此英國政壇完全是保守黨與工黨角逐的場所。兩黨旗鼓相當，有時候在大選中得票非常接近，因而難以產生可以控制國會多數的政府。例如 1974 年春天的大選，在野的工黨在威爾遜的領導下和在奚斯 （Edward Heath，1916–2005，1970 至 1974 年擔任首相） 指揮下的保守黨對壘，結果竟是一場無人得勝的大選。在六百三十五個選區中，保守黨獲二百九十六席，工黨三百零一席，自由黨十四席，其他各黨共二十四席。由工黨的威爾遜組成少數政府 (minority government)。

1976 年 3 月 16 日，威爾遜倦勤而宣布辭職，但繼續留任至 4 月 5 日

㉕ Paxton, op. cit., p. 585; Alan R. Ball, *British Political Parties* (London: Macmillan, 1981), pp. 133–80.

俟工黨選出賈拉漢 (James Callaghan, 1912–2005) 擔任黨魁及首相，始行去職。工黨政府的基礎因未能控國會多數席次，始終不穩。1979 年的大選，保守黨在號稱「鐵娘子」(Iron Lady) 的瑪格麗特・柴契爾 (Margaret Thatcher, 1925–2013) 的領導下贏得大選而執政。此後在 1982 年和 1987 年，第二度和第三度贏得大選，連續三任首相。1990 年 11 月，她在黨內的領導權受到時任國防大臣赫塞亭 (Michael Heseltine, 1933–) 的挑戰，經保守黨籍的國會議員投票決定，柴契爾雖獲多數（在三百七十二票中獲二百零四票，赫塞亭獲一百五十二票，十六票棄權），並非壓倒性的勝利，乃宣布辭職，但她已擔任首相十一年有半。她連破英國政治的兩大記錄：英國的第一位女首相，以及二十世紀在職最久的英國首相。她去職後，由原任財相的梅傑 (John Major, 1943–) 繼任黨魁及首相。梅傑出身寒微，且無大學教育，為歷來首相最富「普通人」身分者。英國維持著保守黨和工黨輪替執政的情況。

在英國，亦有人士欲另組不同路線和有影響力的政黨。1981 年，有四位溫和派的前工黨要員，即任金斯 (Roy Jenkins, 1920–2003)、歐文 (David Owen, 1930–)、羅傑士 (William Rodgers, 1928–) 和西萊・威廉斯 (Shirley

柴契爾夫人 (1984)

梅　傑

Williams, 1930–) 脫離工黨，而組成社會民主黨 (Social Democratic Party)，他們並在選舉中與自由黨結為聯盟，1988 年且與自由黨合併為社會及自由民主黨 (Social and Liberal Democratic Party)，惟影響尚屬有限。

第二次世界大戰以後，英國在憲政方面亦有若干變革。1949 年 12 月，工黨政府惟恐上議院阻延其國有化立法，乃修改 1911 年的《議會條例》，將上議院的延擱權由二年改為一年。1958 年時，保守黨政府為加強上議院的陣容，乃通過法規，可由政府提請英王晉封及身貴族 (life peers and peeresses)。於是首次女性因取得及身貴族身分可入上議院，祇是世襲的女貴族尚未能取得此項資格。1963 年，保守黨內閣再提出並由國會通過《貴族法規》(*Peerage Act of 1963*)，除在這方面有所補救外，亦規定全部蘇格蘭貴族可以出席上議院。本來蘇格蘭及愛爾蘭貴族係推選入上院，最後一個愛爾蘭貴族代表死於 1961 年，此表示上院不再有選舉出的貴族。此一《貴族法規》亦允許世襲貴族可以及身放棄其貴族地位（不影響後代繼承），以便可競選入下院，蓋英格蘭及蘇格蘭貴族迄無此權利。

㈡社　會

工黨在 1945 年 7 月贏得大選後執政，著手推行社會安全制度，使英國走上福利國家的途徑。本來，早在 1942 年，經濟學家及社會規劃家比佛理治（Sir William Beveridge，1879–1963，1946 年封男爵）就提出報告書，主張建立「完全的社會安全制度」(full social security system)，要使每個英國人「從搖籃到墳墓」得到穩定的保障。英國的社會福利制度包括許多項目，除了醫藥保險以外，還有其他的福利。這個制度建立在兩個基本的觀念：第一是政府能夠讓每一個國民有權利要求補助以支付家庭中的特殊消費，或度過生活中困難的時期——譬如衰老、失業、傷殘、無工作能力和死亡；第二是政府必須保證每一個英國家庭或個人的生活水準不至於落到某一種最低限度的水準，換言之，政府不得讓人民過著「貧窮線」以下的生活。

在財富分配方面，1902 年時，有 10% 的人佔了全國收入的 50% 以上，到 1930 年代，降為 38%，1970 年代再降為 23.6%。

女性地位也有所提昇。在 1947 年時，僅有 18% 的女人從事有薪水的工作，1948 年時，僅有 1% 的女人受高等教育。在 1948 年時，墮胎仍為非法，而離婚甚難（有通姦證據是唯一離婚理由）。擔任同樣工作的女性，其待遇較男性為少。1967 年，國會通過法律使墮胎較易合法進行，1969 年的《離婚法》也使離婚容易辦到，1970 年的《同工同酬法》(*Equal Pay Act*) 使女人可以得到與男人同樣的工作報酬。1978 年時，年齡在二十歲至四十五歲之間的女人有一半以上有工作崗位，幾乎全部女性都在十五歲後仍繼續受教育。社會也趨於人道，1969 年國會廢除死刑，同時也盡量寬待在監的犯人。

㈢經　濟

1945 年至 1951 年，工黨執政時實行「議會式的社會主義」(Parliamentary Socialism)，工黨政府把若干重要企業國有化，其中有英格蘭銀行 (1946)、海外電報 (1946)、民用航空 (1946)、煤礦 (1947)、鐵路運河船塢 (1947)、電力及煤氣 (1948)。這些公用事業的國有化經過程序各不相同，不過皆非沒收企業而為對原業者以補償的方式下達成的。工黨於 1950 年大選後復於翌年將鋼鐵工業國有化（但同年保守黨執政，予以取消，1964 年工黨再當權後又恢復國有化，於 1967 年完成）。

但是，自從 1958 年起，民間製造業的生產指數開始超過國營企業，差距愈拉愈大，於是乃有回歸私有化的呼聲。但由於兩黨更迭執政，再加上其他因素的影響，一直未能執行。1979 年起，保守黨的柴契爾政府大力推行公營事業私有化，包括航空、電信、石油、汽車製造、運輸等㉖。

英國經濟因為遭受第二次世界大戰的破壞，再加上戰時喪失了海外投

㉖ 〈英國推行公營事業私有化的經驗〉，《國際經濟情勢週報》，第 765 期（民 77 年 12 月 29 日）。

資及各種資產，其商船隊亦大部損失，使英國減少了很多「看不見的輸出」(invisible exports)。由於國際收支逆差擴大，1949 年英國政府貶值英鎊，其對美元平價由四點〇三美元降為二點八美元，貶幅超過 34%。不久情況再度惡化，1967 年英鎊再度貶值，其對美元平價由二元八角美元降為二元四角，貶幅為 14%。英國經濟的不振，乃有所稱「英國病」(British disease) 之說，此指深度衰退、持續的通貨膨脹、生活水準的下降和公共信心的跌落等等。英國既然國際收支不能平衡，但其向外國輸出的是男性長髮（「披頭」式的）和女性迷你裙，這些都不能賺取外匯。英國乃裁減國防費用，工黨政府宣布在 1971 年以前撤退英國「蘇伊士以東」的駐外軍隊（除香港外）。1969 年後，英國在北海發現石油，1970 年代後大力開發，對英國賺取外匯有所助益。1979 年以後的保守黨柴契爾政府，除推行企業自有化外，亦大力對付工會，提振英國經濟，也曾收效一時，終難解決問題。

㈣北愛、國協及其他

北愛爾蘭問題為英國最難解決的問題。緣自第一次大戰後南愛爾蘭成為愛爾蘭自由邦，後改為愛爾蘭共和國並自 1949 年與英國（聯合王國）斷絕關連，北愛爾蘭（額斯特）則迄為聯合王國的一部。此因北愛不同於南愛，新教徒佔大多數而天主教徒佔少數之故。但在北愛，新教徒在政治與經濟方面均佔優越地位，自 1921 年以來北愛內閣從無天主教徒入閣，到 1971 年始告打破。於是在北愛天主教徒的不滿下，愛爾蘭共和國（南愛）內天主教徒（佔全人口 95%）同情北愛同教下，愛爾蘭共和軍（IRA，地下組織）乃採取恐怖暴力手段以求達成北愛和愛爾蘭共和國合一。北愛局勢騷亂有增無已，至 1969 年英國被迫直接派軍隊介入北愛糾紛漩渦。

戰後英國的帝國與國協亦生變化，英國與大英國協會員國之關係，自 1947 年 8 月英王喬治六世放棄「印度皇帝」頭銜而印度聯邦與巴基斯坦兩自治領建立之後，即有甚大變化。印度欲建共和體制的《憲法》和選舉產生的元首，此使大英國協慣例需作改變，蓋本來以英王為各自治領君主。1948 年 10 月及翌年 4 月，在倫敦經英國、加拿大、澳洲、紐西蘭、南非、印、巴、錫蘭代表會商結果，決定自「大英國協」名稱中去掉「大英」字樣。此後英王僅為國協的象徵，而被稱為「國協首長」(head of the commonwealth)。

直布羅陀問題，涉及英國和西班牙的關係。直布羅陀位於伊比利亞半島南端，面積僅有二點五平方哩，人口不到三萬，1713 年西班牙割讓給英國後便成為英國的殖民地。西班牙亟欲收回，但 1967 年直布羅陀舉行公民投票，絕大多數的當地人口反對西班牙統治。此一問題一直無法完全解決。

另外值得一提的，是英、法兩國同意實現多少年來打通英法海峽的夢想。1987 年起，英法歐洲隧道財團 (Anglo-French Eurotunnel Consortium) 動工開挖，要挖通三條隧道，每條長五十公里，於 1994 年正式通車營運。

四、法　國

第二次世界大戰後的法國，歷經第四共和 (1944–58) 和第五共和 (1958–) 的階段。

㈠政　況

第二次世界大戰結束之初，戴高樂 (General Charles de Gaulle, 1890–1970) 為主導人物。他是一位嚴峻、傲岸、多才而醉心追求法國宏偉 (French grandeur) 的人。1944 年 6 月至 1946 年 1 月，他是法蘭西共和臨時政府的首長。1946 年 10 月，在戰後舉行的第一次大選中，社會黨、共產黨，以及法國式的基督教民主黨（MRP，即「民眾共和運動」黨）在制憲會議中佔優勢。制憲會議於同年 11 月 16 日一致選舉戴高樂為臨時政府總統，11 月 21 日組成全國聯合內閣。一次特別公民投票中，有 96.4% 的人主張另訂新《憲法》，戴高樂鑑於多黨政治再現，乃於 1946 年 1 月下野。

新《憲法》便是 1946 年 10 月經由公民投票所採行者，實為少數人所

戴高樂（左）在 1944 年 8 月 26 日（德軍投降後一日）自凱旋門步行至聖母院途中

贊同的，因為在全部選民中，有七百九十多萬人，即 31%，投票反對，又有七百九十多萬人，也是 31% 的人棄權，贊成的九百一十二萬餘人實屬少數。根據此一《憲法》建立的體制，便是第四共和。

第四共和實為社會黨、共產黨和民眾共和運動黨所締造。《第四共和憲法》除正式賦予婦女投票（參政）權外，規定總統由國會選出，為不具實權之元首，任期七年；國會由兩院所組成，國民會議 (National Assembly) 有六百二十七席，由人民選出，另有諮議院 (Council of the Republic)，有三百二十席，由各省選舉人團選出；總理及內閣須向國會（主要為國民會議）負責。

1946 年 11 月大選的結果，國民會議中，共產黨獲一百八十六席，民眾共和運動黨獲一百六十六席，社會黨獲一百零三席，又因共產黨與民眾共和運動黨互不能容，最後由社會黨老將布魯穆（Léon Blum, 1872–1950）組成一個僅維持一個月（1946 年 12 月 16 日至翌年 1 月 16 日），而且係全部由社會黨人組成的內閣。1951 年 6 月的選舉，國民會議為六個政黨所分裂。1947年春天後，戴高樂發動「超黨派」的「法蘭西人民大結合」(Rassemblement du Peuple Français, or Rally of the French People)，以團結非共力量。

第四共和時期政潮迭起，在其自1946年10月至1958年9月的不足十二年中，有過二十次內閣。

1958年5月，因為阿爾及利亞戰局不利，法軍（超過四十萬人）叛亂，造成危疑震撼。6月1日，戴高樂出任總理，國民會議給予為期六個月的緊急權力和逕付公民投票（不必經國會同意）的《憲法》改革權力。他提出新的《憲法》草案，並於9月28日，經公民投票，以四比一的壓倒性的多數通過。此即《第五共和憲法》。

《第五共和憲法》於1958年10月5日公布實施。其主要內容為：採行總統制色彩甚濃的體制，總統為握有實權的元首，任期七年，選舉辦法先是由選舉人團（由國會議員和各省及海外地區代表所構成）選出，1962年修改《憲法》改為由人民直接選出，總統有廣泛的任命權（特別有內閣總理的提名權），亦有提請國會覆議權，亦有權在諮詢總理及兩院議長後解散國會，另外亦有交付公民投票權（即藉公民複決來制衡國會），他也有緊急處分權。國會由兩院所組成，國民會議由人民選舉產生，議員四百九十一人，議員任期五年，1985年又通過自1986年選舉時採取「大選區之比例代表制」；另一為參議院，係採間接選舉，由國民會議議員、各省省長及各地方議會之議員代表選出，人數三百二十二人，任期九年。司法權屬各級法院，司法獨立㉗。

戴高樂是第五共和的第一任總統，自1959年任職，並贏得1965年的選舉，至1969年辭職退隱。戴高樂派的龐畢度 (Georges Pompidou, 1911–74) 在1969年繼任，至1974年病逝。1974年的總統選舉，季斯卡・狄斯唐 (Valery Giscard d'Estaing, 1926–) 當選，他不是戴高樂派，而屬法蘭西

㉗ 張台麟，《法國政府與政治》(臺北：漢威出版社，民79)。

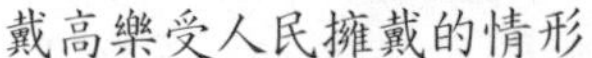
戴高樂受人民擁戴的情形

密特朗

民主聯盟 (Union pour la Démocratie Française, or UDF)，但獲得戴高樂派的支持。1981 年的總統選舉，社會黨與共產黨的聯盟使社會黨魁密特朗 (François Mitterrand, 1916–96) 當選，1988 年密特朗二度當選。

法國一直是多黨制的國家。第五共和主要的政黨，右翼的有戴高樂派的共和聯盟黨 (RPR: Rassemblement pour la République, or Rally for the Republic)，中間立場的有法蘭西民主聯盟 (UDF) 和中間聯盟 (UDC: Union du Centre)，左翼的有社會黨及共產黨。另外，尚有極右且有種族主義色彩的民族陣線 (Front National)。以政黨數目而言，第五共和較諸第四共和的小黨林立情況，已大有改變。此因原有的一些小黨趨於與這些政黨結盟所致。

第五共和政況遠較第四共和穩定。1986 年國會大選，戴高樂派的共和聯盟黨及與其合作的民主聯盟等右派政黨贏得國民會議過半數席次，而社會黨籍的密特朗總統尚在任期內（至 1988 年 5 月任滿），蓋此因《憲法》規定總統七年選舉一次和國會五年改選一次的情形所致。第五共和雖屬總統制色彩甚濃的體制，但內閣總理的提名仍需國會的同意，且向國會負責。密特朗衹有任命共和聯盟的黨魁，時任巴黎市長的席哈克 (Jacques Chirac, 1932–) 為總理。這種「左右共治」(cohabitation) 的尷尬情況，曾引起可能導致憲政危機或政潮或須重新改選的疑慮，但密特朗卻鎮靜處之，集中心力於外交事務並等待時機。1988 年他擊敗席哈克再度贏得總統選舉，才結束了「共治」。法國政治常以左（法蘭西社會黨，French Socialist Party 為主）和右（先以共和聯盟黨，後以其繼承者人民運動聯盟黨，UMP: Union for a Popular Movement 為主）相對立，行政權多在右派手中，但 2012 年大選，社會黨得勝而改變了情況。

㈡經濟與社會

法國經濟在第二次大戰以後有重大的發展。經濟建設的指導原則，係採取政府控導的方式，在基本上為一種混合體制，有些企業也被國有化（包括法蘭西銀行、鐵路、雷諾汽車公司、航空公司、礦冶、瓦斯和電力等），1986 年後席哈克內閣亦曾推動私營。但自由企業與市場機能仍受尊重。即使是在 1981 年以後，由於社會黨與共產黨的合作，使密特朗當選總統，雙方的「共同行動綱領」(common program) 本承諾「與資本制度分手」(break with capitalism)，但密特朗並未認真執行。

法國在第二次世界大戰以前，其經濟原以農業和奢侈工業為主，而以舊式小型的農場和中小企業為基礎。戰後法國檢討失敗的原因，認為缺乏工業力量為主要因素，於是在莫奈 (Jean Monnet, 1888–1979) 的主持下，展開工業升級的措施。1947 年，他提出振興法國工業的「莫奈計畫」。石化業、製造業、電子工業、電腦資訊、汽車工業、航空及太空工業，以及雷射（光纖）工業等進展神速，至 1980 年代時法國的工業生產已是 1939 年時的四倍。在農業方面，法國也改弦更張，採用現代化的生產設施及辦法，並且用農地重劃的方式，把各小型的農場改為大型的農場，固然法國的農場（平均為三十七點五英畝），較諸美國（平均為三百八十五英畝）還是小巫見大巫，但已改進很多。法國的農業利益仍大，而共同市場的農業政策也使法國受惠最多。法國經濟在 1947 年至 1950 年即已恢復戰前水準，其國民生產毛額在 1950 年代增加一倍，1960 年代幾乎增加三倍，1967 年時生產及平均所得超出英國，1983 年時國民平均所得超過英國達 18%，僅落後西德 1%。

法國社會自來有其自己的風格。法國人口在歐洲各國的比例一直下降（1801 年時為歐洲人口最多的國家，佔全歐人口的六分之一，至 1936 年降為第五位，僅佔歐洲人口的十三分之一。此因 1930 年代法國人口減少，1935 年的出生率與死亡率之比甚至是七比八）。法國認為人口減少亦為其戰敗的原因之一，1945 年後採取各種方法鼓勵生育，此後人口增加率大約為每年 1%，現有五千四百多萬人口。法國人口在性別分配上是女多於男，此因戰爭死亡與女性平均壽命較長。在人口移動方面，法國人口外移不多，但常吸收外來移民，特別從南歐及北非引進勞工。法國人口居住在城市的情況一直在增加，在 1910 年時有 29% 的人口居住在一萬人以上的城市，到 1982 年增加為 50%。巴黎都會區的成長尤其顯著，它吸納了大約全國六分之一的人口，使巴黎的人民與法國其他地區的人民有相當顯著的差別。

法國人崇尚平等，並以身為法國人為榮，雖然沒有固定的社會階級，但收入情況和生活方式仍然顯示出階級的不同。出身工人家庭的大學生僅有 9% 左右，遠少於德國或英國。婦女地位傳統上較男性為低，第四共和以後婦女始有投票權，1964 年婦女在銀行開戶、經商或申請護照始不再需要丈夫的許可，1975 至 1979 年之間，婦女在離婚及財產權利方面上始取得與男人同等的地位。1991 年以後，法國甚至於有第一位女總理柯萊森 (Edith Cresson)。

在宗教方面，法國是天主教國家，也有 90% 的人是天主教徒，至少是形式上的天主教徒。時至今日，天主教徒儘管仍會選擇教會為他們舉行婚禮與喪禮，但參加彌撒的出席率已非常低，低到不足 15%。另外，法國也有約佔人口 2% 的新教徒，此外還有猶太教、回教、印度教、佛教等。

還要一提的，是青年人在法國社會扮演很重要的角色。由於第二次大戰以後人口的增加，教育的發達以及就業機會的增加，均使青年顯露頭角。1968 年的學運和青年騷動說明了此種情況。青年人是個很大的變數，尤其是在經濟不景氣的時候，1983 年法國兩百萬的失業人口中有一半是青年。

㈢涉外關係

法國曾經是僅次於英國的殖民帝國。為了保持海外屬地，法國第四共和在《憲法》中規定成立法蘭西聯邦 (Union Française)，把從前的殖民地改為法國的海外省和海外地域，使其在內政方面予以有限度的自主權，但是 1954 年的奠邊府之役和日內瓦會議，法國喪失了印度支那半島。1954 年以後，阿爾及利亞發生民族獨立運動，法國傾全力討伐，1958 年在阿爾及利亞的四十萬法軍叛變，使第四共和崩潰。這時年已六十有七的戴高樂成為全民唯一的希望，他復出締造第五共和。1958 年的《第五共和憲法》建立法蘭西國協 (La Communauté, or French Community)，使各成員國在內政上完全自主，但在國防、外交、貨幣方面仍受法國主導，這個國協主要由法國前非洲屬地（十二個）所組成，但在民族主義的影響下，獨立意識日增。1962 年阿爾及利亞獨立並退出國協，各國繼之。國協的作用趨於式微。不過這些國家仍屬法郎集團，在經濟事務等方面仍有協調。

法國在戴高樂時期追求獨立外交。戴高樂不喜盎格魯・撒克遜國家的文化和政治影響，欲使歐洲成為獨立的政治力量。法國在 1960 年在撒哈拉

巴黎風光（中央處為複製的「自由女神」像）

成功地引爆原子彈，1968 年又在法屬太平洋各島試爆成功核子彈。在對外關係上，戴高樂不願唯美國馬首是瞻，他不再持兩極化的冷戰觀點，而把戰後的國際關係看作傳統的列強鬥爭，而非意識型態的衝突。他對北大西洋公約組織亦不合作，早在 1963 年 7 月他使法國海軍脫離北約的指揮系統，發展至 1966 年 7 月他停止了法國在北約軍事指揮部的參與，並命北約軍事設施在 1967 年 4 月 1 日前撤出法國，並自 1967 年 1 月停止再支付法國所佔 12% 的軍事費用。不過法國並未完全退出北約，仍保留政治關係。

1963 年和 1967 年，戴高樂兩度否決英國申請加入歐洲市場案（1972 年龐畢度始以公民投票方式同意英國加入歐市）。1967 年，戴高樂以法國總統身分訪問加拿大竟鼓吹魁北克脫離加拿大，他在一篇在蒙特利爾 (Montreal) 的演詞中為法裔分離分子打氣，在結束演講時竟用他們的口號：「自由魁北克萬歲！」(Vive le Québec libre!)

1981 年密特朗當選總統後，且使四位共黨成員入閣，使西方國家頗感疑慮。不過，在涉外關係上，卻尚稱穩健。1986 年他出版《法國外交政策的構想》(*Reflexions sur la politique exteriéure de la France*)，揭示法國外交的基本原則：國家獨立自主、世界軍力平衡、歐洲統合、民族自決及援助第三世界國家。1980 年代初期，在歐洲飛彈 (Euromissile) 上，他支持美國，並於 1983 年親赴西德國會演說，呼籲支持美國在西德布署中程核武㉘。

第三節　德國的分裂與統一

近世以來，德國由分裂而統一，再由統一而分裂，然後又由分裂而統一，均對世局發生重大的影響。1871 年，德國由分裂而統一建國，對第一

㉘ 張台麟，〈第五共和下的法美關係〉，《美國月刊》，2 卷 11 期（民 77，3），頁 17–28。

次世界大戰和第二次世界大戰的爆發，都有相當的關係。第二次世界大戰以後，德國被美、俄、英、法分區佔領，後來演變為東德和西德的對峙，又由於德國的潛力龐大和戰略地位重要，再加上國際政治的因素，乃至分裂似乎成為定型。但是，1990 年在分裂四十五年後，德國還是統一了。

德國的發展原可併入前節討論，但一因德國在地理上不純屬「西歐」，另一方面其分裂與統一亦具有特別的重要性，故在此專節討論。

一、西德與東德

1945 年大戰結束後德國被分區佔領，大致上，俄國佔領了德國的東部，美國佔領了德國的南部，英國佔領了德國的西北部，法國佔領了西南部。柏林也被四國分區佔領，俄國控制東柏林，西方三國控制了西柏林。1947 年因冷戰加劇，西方國家有鑑於無法就德國問題與俄國達成協議，乃著手另創新局，此年美、英合併兩國的佔領區，翌年法國佔領區亦併入。1948 年 9 月，根據倫敦會議㉙的規定，召集由西德各邦議會（時各邦已完成自治）的代表集會於波昂 (Bonn)，是為制憲會議 (constitutional convention)，翌年 5 月完成《德意志聯邦共和國基本法》(*Basic Law for the Federal Republic of Germany*)。此一基本法至 1949 年 5 月 24 日因已由西德三分之二的邦議會批准而生效。這就是一般所稱的《波昂憲法》。此一《憲法》對於各邦權利有相當的保障，但仍可據以建立強大的中央聯邦政府，因為聯邦法律高於各邦法律。《憲法》制訂總統為名義上的元首，任期五年，選舉方式為由聯邦眾議院 (Bundestag) 連同各邦議會代表（數額與全部下議員同）選出。實際上的行政權由總理 (chancellor) 及內閣行使，為求使政況安定，下議院無權在立即可以選出繼任總理的情況下解除現任總理職務，如果總理要求信任投票而告失敗則可請求解散國會。聯邦上議院

㉙ 倫敦會議 (Conference of London) 召開於 1948 年 3 月至 6 月，參加國家除美、英、法外，尚有比、荷、盧。六國決定在西德建立政府。

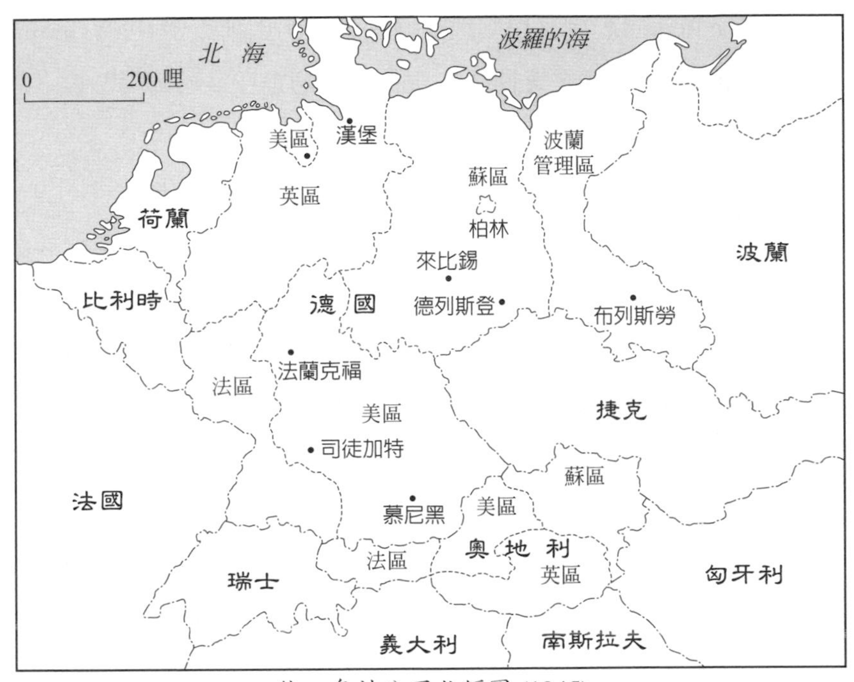

德、奧被分區佔領圖 (1945)

(Bundesrat)，共有四十一席，代表各邦政府，每一邦因人口不同而各有三票至五票，惟各邦代表團之投票蓋作一個單位計算。《憲法》修訂以及《憲法》所特別列舉的立法，須經上議院的同意，該院對普通法案亦有延擱權。眾議院議員任期四年，由選舉產生。另有憲法法庭 (constitutional court)，以保障《憲法》和裁決有關各邦政府與聯邦政府的爭議。根據此一體制所建立的國家，叫做德意志聯邦共和國 (Federal Republic of Germany, or Bundesrepublik Deutschland)，在 1949 年 9 月成立，又以其地在德國西部，而稱西德 (West Germany, or Westdeutschland)，首都在波昂 (Bonn)。

至於俄國佔領下的德國東部，俄國是於 1946 年 4 月，有鑑於共產主義對人民無吸引力而迫使境內的社會民主黨與德國共產黨 (KPD) 合併組成社會主義統一黨 (Socialist Unity Party)，繼之於 1949 年 10 月俄國在東德建立德意志民主共和國 (German Democratic Republic, or Deutsche

Demokratische Republik)，又以其地在德國東部，因稱東德 (East Germany, or Ostdeutschland)，首都在東柏林。東德的政體是在俄國高度影響下的共產政權。

西方三國在 1951 年次第與西德正式結束戰爭狀態（英國在 7 月 9 日，法國在 7 月 15 日，美國在 10 月 19 日）。1952 年，美、英、法三國與西德簽訂《波昂協約》(*Bonn Convention*)，此為實質上的和約，使西德得享若干主權，1954 年的《巴黎協定》(*Paris Agreements*) 於 1954 年生效，予西德完全主權，惟各佔領國保持就柏林及德國整體事件與俄國談判的權利，西德成為獨立主權國家並參加北大西洋公約，為完全會員國，俄國亦與之建立外交關係。

西德人口超過六千萬人，以 1980 年代初期而言，人口已有輕微的負成長，信仰新教與天主教的人數也大致相當（新教徒佔 46.7%，天主教徒佔 43.8%）。天主教徒主要集中在萊茵地區、上巴伐利亞 (Upper Bavaria)，萊茵・馬恩河盆地 (the Rhine-Main Basin) 和西南部為混居狀態，北部則以新教徒為主。三分之二的人口居住在城市。

在政治運作上，德國是多黨制的國家。西德第一次眾議院的選舉在 1949 年 8 月舉選行，有十六個政黨投入，其中有四個政黨無一人當選。不過，主要的政黨有二，即基督教民主聯盟 (CDU: Christlich-Demokratische Union, or Christian Democratic Union)，以及社會民主黨 (SPD: Sozialdemokratische Partei, or Social Democratic Party)。基督教民主黨可以追溯到十九世紀的中央黨，其目的在把天主教的社會正義與民主理念相結合，第二次世界大戰後，各基督教民主黨在德國各佔領區內贏得選舉，後來在 1950 年左右結合成全國性的政黨，此即基督教民主聯盟 (CDU)。他們又與以巴伐利亞為根據地的基督教社會聯盟 (CSU: Christlich-Soziale Union, or Christian Social Union) 結為同盟。此一基督教民主聯盟與基督教社會聯盟結合 (CDU–CSU Coalition) 贏得 1949 年 8 月的西德第一次大選，

艾德諾（左）與戴高樂 (1966)

而基督教民主聯盟的黨魁艾德諾 (Konrad Adenauer, 1876–1967) 成為第一任的西德總理。至於社會民主黨亦是源於十九世紀的政黨，先是在 1875 年原為拉撒爾 (Ferdinand Lassalle, 1825–64) 的德意志工人總聯 (General German Workers' Union) 與馬克斯主義者貝必爾 (August Bebel, 1840–1913) 在 1875 年的社會民主勞工黨 (Social Democratic Workers' Party)，在古塔 (Gotha) 合組為社會主義勞工黨 (Socialist Workers' Party)，1890 年改名為德意志社會民主黨。該黨在 1933 年被納粹政權所禁止，二次大戰後復起，在東德的社會民主黨被併入共產黨，亦組成社會主義統一黨。在西德的社會民主黨的持續發展，蔚為大黨，其得票率由 1953 年的 28.8%，躍昇至 1972 年的 45.9%。1959 年至 1960 年頃，社會民主黨揚棄馬克斯主義，並不再以工人的黨，而以全民的黨為號召。

自 1949 年至 1969 年基督教民主聯盟主導執政，基督教社會聯盟與之配合，再加上以中產階級和專業人士為主幹的自由民主黨 (FDP: Freie Demokratische Partei, or Free Democratic Party) 的合作，組成很穩定的政府。艾德諾連續擔任總理十四年 (1949–63)，他出任總理時亦年高七十有三，離職時已是八十七高齡了，號稱「老人」(Der Alte) 而不名。他去職以後，由原任經濟部長的歐哈德 (Ludwig Erhard, 1897–1977) 繼任總理，至 1966 年去職。1966 年 10 月，自由民主黨因反對增稅而退出聯合內閣。1966 年至 1969 年，基督教民主聯盟與社會民主黨結成短期的聯合，由基督教民主聯盟的凱辛格 (Kurt Georg Kiesinger, 1904–88) 出掌總理，而由社會民主黨領袖布蘭德 (Willy Brandt, 1913–92) 擔任副總理兼外長，共組聯合政府。1969 年 9 月的選舉，基督教民主黨與基督教社會聯盟雖得票較社會民主黨稍多，但自由民主黨卻與社會民主黨結成同盟而掌握國會半數以上，社會民主黨領袖布德蘭出任總理，自由民主黨領袖席爾 (Walter Scheel, 1919–2016) 擔任外長，組成聯合內閣。1974 年 8 月布德蘭因其親信為共諜而引咎辭職，由同黨的史密特 (Helmut Schmidt, 1918–2015) 繼任。1982 年以後由於自由民主黨又轉而支持基督教民主黨，使在野十三年的基督教民主黨再度執政，柯爾 (Helmut Kohl, 1930–2017) 擔任總理，自由民主黨的領袖根舍 (Hans-Dietrich Genscher, 1927–2016) 為外長。

除民主政治外，西德最大的成就在經濟方面，以致有「德國奇蹟」(German miracle) 之稱。西德在戰後百廢待舉，又接納了一千二百萬個難民，以致經濟狀況非常困難。不過，在度過 1945–47 年的難關以後，情況逐漸好轉，1950 年左右工業生產量已是 1938 年時德國的兩倍。1961 年時德國不僅國內無嚴重的失業問題，而且開始輸入外籍勞工，1969 年時有一百五十萬左右的「客工」(guest workers) 在西德工作，其中以義大利人、希

位於柏林西區的威廉紀念教堂，在第二次世界大戰炸燬後，德人略事修補，保持破殘情況，以惕來茲。旁邊高樓為繁華的歐羅巴中心，另側較矮的建築物為新建的威廉紀念教堂

臘人和土耳其人為主。西德成為經濟巨人，其生活水準與美國相頡頏。德國經濟的基本體制是歐哈德所說的「社會市場經濟」(soziale marktwirtschaft, or social market economy)，也就是葛魯塞 (Alfred Grosser, 1925–) 所說的「有社會良心的自由企業」(a free enterprise with a social conscience)㉚。

與西德成為強烈對比的，是東德的不自由和經濟落後。東德的面積約為西德的二分之一，人口約為三分之一。為了防範東德人民逃往西德，俄人在東西德之間建立了一條長八百三十哩，寬三哩半而貫穿德國心臟的邊界，此一「鐵幕」包括瞭望塔、死亡地帶等等，簡直是鐵壁銅牆。另外，柏林雖在東德境內，其地曾由四國（美、俄、英、法）分區佔領，後來隨德國的分裂而又有東、西柏林。西柏林孤懸西德境外，其與西德主要交通賴三條「空中走廊」（即美、英、法民航線），至於鐵路、公路及內河航運則為東德所控制。1961 年 8 月，東德人民議院 (Volkskammer, or People's Chamber) 通過在東、西柏林之間建立圍牆，以阻止德人逃往西柏林。此即惡名昭彰的「柏林圍牆」(Berliner Mauer, or Berlin Wall)。該牆後來屢次加固加長，成為一個由混凝土、鋼鐵構築，而又有瞭望臺、碉堡、通電鐵絲網、探照燈，並有軍警經常巡邏的死亡地帶，它有十二個通行檢查站，其中「查理」檢查站 (Checkpoint Charlie) 最為世人所熟知。

西德與東德的對立和互相攻擊，曾甚激烈。西德外長霍勒斯坦 (Walter Hallstein, 1901–82) 於該年宣示霍勒斯坦主義 (Hallestein Doctrine)，拒絕承認東德並與任何承認東德的國家（除俄國外）斷絕外交關係（西德政府並曾為此於 1959 年對南斯拉夫和 1967 年對古巴斷交）。不過西德並不反對東德與他國建立商業乃至領事關係，東、西之間也有若干「基於事實上的」(on a de facto basis) 的協定。西德對以色列採友善政策（為償納粹良心債並予經、軍援助），1965 年西德與以色列建交，有十三個阿拉伯國家與波昂

㉚ Alfred Grosser, *Germany in Our Time* (New York, 1971), p. 177.

斷絕邦交，社會民主黨領袖布蘭德乃有西德為「經濟巨人、政治侏儒」之嘆。1966年後布蘭德擔任外長，希望加強對東歐關係，於是霍勒斯坦主義乃漸被放棄。1967年1月西德與羅馬尼亞（承認東德者）建交，一年後又與南斯拉夫復交，西德與東德貿易大增。此年與俄國交換大使，1968年俄國佔領捷克，一度又使關係緊張，但整個趨勢是逐漸走向和緩的。

二、德國的統一

就在德國的分裂，看來似將定型之際，統一的契機卻隨之出現。尤其是1980年代末期以後，各種主觀因素的交互影響，以及時與勢的推移，造成了德國在1990年的統一。

1969年，社會民主黨執政，布蘭德採取「東進政策」(Ostpolitik)。西德於1970年8月與俄國簽訂《莫斯科條約》(*Moscow Treaty*)，規定兩國在現有邊界下尊重領土完整，西德接受奧得－奈斯河為波蘭西界，兩國均宣布此約不影響美、俄、英、法四國有關整個德國及柏林的權利，因而最後《對德和約》仍為四國的責任。布蘭德亦急於與波蘭修好，此年12月在華沙與波蘭簽訂條約，西德雖不與波蘭接壤，此約主要內容為承認奧得－奈斯河為波蘭之西界。此條約並附兩補充信函，一為西德政府致美、俄、英、法四國，說明此約不影響四國對整個德國與柏林的權利與責任；另一為波蘭政府致西德，答允在波蘭境內的德人可以移往西德或東德。後來的發展又有1971年9月美、俄、英、法駐西德大使就柏林問題簽《四邊協定》(*Quadripartite Agreement*)，使西柏林對外交通，西柏林人訪問東柏林及東德的可能性以及尊重西柏林與西德的密切連繫等，得到某種程度的保證。1972年12月，西德與東德簽訂《關係基礎條約》(*Treaty on the Basis of Relations*)，互相承認對方的政權，翌年兩德皆進入聯合國。

「東進政策」在1982年基督教民主黨執政後，仍能繼續執行。它發生很大的影響，其最大作用是把自由、民主與富裕帶進東德[31]。即以1972年聖誕假期而言，已約有五十萬西德人湧入東德，與家人親戚會晤。但是東德當局仍採取很嚴格的管制，1987 年 9 月東德共黨頭子何內克 (Erich Honecker, 1912–94) 以東德國務會議主席（即東德元首）身分首次前往西德作官方訪問時，仍當眾對西德總理柯爾說社會主義與資本主義如同水與火之不相容，德國統一為不可能[32]。

另一方面，西德的民主與繁榮是對東德人民最大的吸引力量。到 1990 年時，雙方的「繁榮差距」(prosperity gap) 已經大得驚人：以每人生產毛額言，相差近三倍；以電話機架數言，二者相差四倍[33]。1989 年，東歐受俄國改革的影響，呈現了反共的浪潮。此年 5 月，匈牙利開放與奧地利的邊界，「鐵幕」洞開，大批東德人民假道奧、匈邊界前往西德。在強大壓力下，共黨頭子何內克在 10 月 18 日下臺。11 月 4 日，東德爆發空前大規模示威，百餘萬人民遊行要求民主，東德當局被迫取消人民前往西德的限制。11 月 7 日，東德共黨政府總辭，10 日東德宣布開放邊界，柏林圍牆成為歷史名詞，繼之有百餘萬東德人民湧入西德。1990 年 3 月，東德舉行自由選舉，主張統一的中間偏右政黨基督教民主黨獲勝組閣。5 月 18 日，兩德簽訂《經濟聯合條約》(*Economic Union Pact*)，7 月 1 日後經濟統一，使用統一貨幣。7 月 16 日，蘇聯同意德國統一後仍可繼續留在北大西洋公約組織，解除德國統一的重大障礙。8 月 31 日，兩德簽署政治、司法統一條約。

---

[31] Willy Brandt, *A Peace Policy for Europe* (London: Weidenfeld & Nicolson, 1969), *People and Politics, the Years 1960–1975* (Boston: Little, Brown and Company, 1978); Lawrence L. Whetten, *Germany East and West* (New York University, 1980); Henry Ashby Turner, *The Two Germanies since 1945* (Yale University Press, 1987).

[32] *China News* (Sept. 8, 1987), p. 1.

[33] 西德的每人生產毛額為二萬六千四百四十七美元，東德僅九千三百零五美元；西德有二千八百四十萬具電話（每百人有五十線），東德有一百八十萬具電話（每百人有十線）。見 *Time* (March 18, 1991)。

德國統一已屬勢在必行。1990 年 5 月 5 日，美、英、法、俄及東、西德外長在波昂舉行第一次「二加四」會議，6 月 22 日在柏林舉行第二次「二加四」會議，7 月 17 日在巴黎舉行第三次「二加四」會議，9 月 12 日在莫斯科舉行第四次「二加四」會議，並且簽訂《德國問題最後解決條約》，條約中明訂統一後的德國可在現有兩德疆界內恢復完全主權，亦恢復對柏林的主權，並可保有北約組織及歐洲共同市場的會籍，軍隊人數以三十七萬人為上限，並不得製造、儲存或使用核子和生化武器。繼之，東德於 9 月 24 日正式脫離華沙公約組織，為統一後加入北大西洋公約組織做好準備。東德與西德的社會民主黨和基督教民主黨也分別在 9 月底和 10 月初合併為一個。東德共黨也改名為民主社會主義黨 (Party of Democratic Socialism)，惟聲勢大減。1990 年 10 月 3 日午夜 12 時，在全德狂歡中，德國終告統一。

統一後的德國成為歐洲超強。國名為德意志聯邦共和國，由原西德十一邦與原東德五邦所構成；人口超過七千七百萬（西德六千一百萬加上東德一千六百六十萬人）；面積為三十五萬六千七百多平方公里（西德二十四萬八千五百多平方公里加上東德十萬八千一百多平方公里）；國旗係黑、紅、金三色粗條旗；國歌取材《德意志之歌》的詩句，配合海頓在 1797 年所譜的旋律，第一句是「統一、正義和自由……」。在統一後十年，為了齊

德人為統一而歡樂的情形

一全德的各種水準，需要的費用非常可觀。在 1990 年估計，修整基本經濟建構 (infracture repairs and projects) 要一千六百億美元，新工廠和設備 (new plant and equipment) 要一千五百五十億美元，清理污染 (pollution cleanup) 約需一千四百億美元，私有化補助 (privatization funding) 約需五十億至二百二十億美元，失業支付需五百億至一千億美元，大學品質提昇需四十一億美元，俄軍撤退補助費也要八十三億美元[34]。

1990 年 12 月 2 日，統一後的德國舉行第一次大選。國會眾議院六百五十六席中，半數三百二十八席直接由各選區產生，另半數依政黨比例代表制（採「雙票制」，一票選人，一票選黨）產生，合格選民有五千九百九十萬，參選政黨有二十三個。投票結果，基督教民主聯盟及基督教社會聯盟獲 43.8% 的選票，其友黨自由民主黨獲 11% 的選票，合得 54.8%，在國會六百五十六席中得三百九十二席，繼續領導全德政府。國會召開後，經 6 月 21 日馬拉松激辯，以三百三十六票對三百二十一票通過以柏林為首都。

德國於 1990 年 11 月分別與波蘭與蘇聯簽訂《互不侵犯條約》。

東德與西德在阻隔四十多年後統一，仍需相當時間的互相調適。統一後，西德（統一後應稱「德西」）人民付出很高的代價，這從加稅和提高汽油價格以籌措政府經費等事上看出；另一方面，東德（應改稱「德東」）人民經濟情況和生活水準遠不如德西人民，均為嚴重的問題。另外，德國因為勞工短缺，一直有外籍勞工。共產主義體制在東德崩潰後，德國的繁榮富庶又吸引許多德東人民湧入

仇外的右派光頭分子

[34] *Time* (October 8, 1990).

德西，本來屬於意識型態上的歧異變成了經濟狀況的貧富的不同。德國《基本法》第十六條第二款有政治庇護權利的規定，此原為對當年各國政府收容納粹時期受迫害的德國人民的一種回報。但是，右派分子（包括新納粹分子）則以種族主義的激情不斷攻擊德境外國人，殊屬不幸。

第四節　歐洲的統合

歐洲各國有很多共同的基礎，如皆有希臘及羅馬的文化傳統、基督教理想、共同的哲學和科學思想，以及工商技術。但是這些共同的基礎，並未能使歐洲各國有緊密的結合，它們之間的衝突最後導致了兩次世界大戰，使歐洲趨於衰竭。第二次世界大戰以後，風雲丕變。曾經長期支配國際政治的西歐國家，發現它們當中任何一個國家均不再能個別地在國際事務上扮演主要的角色。科學技術的發展與傳播以及歐洲殖民地勢力的衰竭，使這些國家均成為小國寡民，而世界級的強國不僅要質的條件，而且也要量的條件。在此情形下，歐洲各國不僅放棄了其環球責任，而且有時且需尋求超級強國的保護。另外，在經濟方面，東、西歐本來可以農、工相輔，但戰後東歐被俄國控制，歐洲經濟乃告失調。歐洲各國的人力、物力，均不足與美、俄相抗爭，加以各國採取保護關稅互相排擠，市場狹小，經濟發展頗為困難。美、歐之間所呈現的技術差距 (technological gap)，尤令人怵目驚心。1967 年法國人賽爾凡・施瑞伯 (Jean-Jacques Servan-Schreiber, 1924–2006) 出版《美國的挑戰》(*The American Challenge*) 一書，使歐洲人感到震撼。

一、共同市場的成立

戰後歐洲的破殘，是有目共睹的。美國人肯楠敘述在 1945 年 9 月，他路過芬蘭城市維堡 (Vyborg) 時，發現人煙絕跡，一片廢墟，漫步時忽遇大雨，乃在原來華麗現卻破殘不堪的百貨公司大門口躲雨，一直未遇到人，忽然聽到聲音，見係一頭山羊。此種情況，在歐洲很多城市所在多有。另外，物質的匱乏，尤其是 1947 到 1948 年的冬天，又是五十年來未有之寒冬，尤為嚴重。維也納醫院的醫生喝沒有糖的咖啡，吃不足五百卡路里熱量的食物。法國在 1946 年時的配給，僅比 1942 年時納粹每天所給予巴黎人的多三片麵包。英國人直迄 1954 年才能自由購買牛油和白糖。喬治・歐威爾 (George Orwell, 1903–50) 在 1947 年秋天在蘇格蘭撰寫《一九八四》時，尚須撿木枝和土煤來生火㉟。

歐洲統合 (European integration) 在第二次大戰之時即有所倡導。英國本來頗為熱心，此本不符合英國傳統的對歐均勢政策（使歐洲分裂），但因形勢轉移，亦不得不改弦更張。在法國淪亡之前夕，英國首相邱吉爾曾建議英、法兩帝國合併，未果。此後英國政府更利用荷、比、盧、挪威、波蘭、捷克、南斯拉夫、希臘等國流亡政府在倫敦之便，再加上自由法蘭西委員會 (Free French Committee)，共同商談歐洲統一計畫。後來俄國在

科隆在戰後破殘情形

㉟ George Kennan, *Memoirs* (New York, 1967), p. 280; George Orwell, *In Front of Your Nose* (New York, 1968), pp. 83, 376; Jannet Flanner, *Paris Journal* (New York, 1965), p. 51.

1941 年加入戰團，對於英國倡導的東歐及中歐邦聯計畫頗持反對態度，德黑蘭會議時史達林曾堅決表示不贊成。及至美國參戰（1941 年 12 月），英國乃在推動歐洲統合之外，又有了一個英、美合夥 (Anglo-American partnership) 的選擇，因而呈現猶疑的態度。大戰之後，歐洲統合運動風起雲湧。1946 年 6 月，邱吉爾（時在野）在瑞士蘇黎士 (Zurich) 演說，為「歐洲合眾國」(United States of Europe) 催生。這種統合運動有多重的目標：⑴加強文化聯繫；⑵促進經濟合作；⑶發展政治團結；⑷締造軍事同盟㊱。不過，東歐既已被納入蘇維埃體系，統合運動祇有限於西歐。

戰後當務之急在謀求西歐的經濟復興。美國國務卿馬歇爾 (George C. Marshall, 1880–1959) 於 1947 年 6 月在哈佛大學演說，倡議歐洲經濟復興。此年 7 月，英、法、俄外長會議因俄反對共同計畫而未得協議，英、法乃邀請十四個非共國家在巴黎集議。這十四國為：義大利、荷蘭、比利時、盧森堡、愛爾蘭、挪威、丹麥、瑞典、瑞士、奧國、葡萄牙、希臘、土耳其、冰島。1948 年 4 月，十六國組成歐洲經濟合作組織 (OEEC: Organization for European Economic Cooperation)。美國乃提出歐洲復興計畫 (ERP: European Recovery Program)，亦即習稱的「馬歇爾計畫」(the Marshall Plan)。此後四年間（1948 年 7 月至 1952 年 6 月），美國投入了為數一百二十億美

馬歇爾

㊱ Walter C. Langsam & Otis C. Mitchell, *The World Since 1919*, 8th ed. (New York: Macmillan, 1970), p. 593; Geoffrey Bruun & Victor Mamatey, *The World in the 20th Century*, 5th ed. (Lexington, Mass.: Heath, 1967), pp. 688–89; Wallace K. Ferguson & Geoffrey Bruun, *A Survey of European Civilization*, 4th ed. (Boston: Houghton, 1969), p. 907.

元的資金[37]。1952 年，有了復興的奇蹟，廢墟上再現繁榮。此時十六國在工業生產方面，已平均超過戰前 (1938) 的 40%，農業增產較慢，僅夠人口增加之所需，但生活水準亦已過之。

「馬歇爾計畫」原本包括俄國及東歐，而英國和法國亦曾力邀俄國參加。1947 年 6 月俄國外長莫洛托夫亦曾率領八十九位經濟學家抵達巴黎談判，但因美國堅持有權對受援國家的內部預算有某種程度的督導權，再加上美國規定絕大多數款項要用來購買美國出口的物資，俄國認為有內政被干涉，以及有助於維持美國壟斷性的資本制度而拒絕參加。同時亦禁止東歐各國參與[38]。結果，除俄國集團及西班牙外有十六個歐洲國家參與。

另外，1949 年 5 月十個歐洲國家相會於倫敦，這十國為英國、法國、義大利、愛爾蘭、荷蘭、比利時、盧森堡、丹麥、挪威、瑞典。十國同意組成歐洲理事會 (Council of Europe)，後來西德、奧國、瑞士、希臘、土耳其、塞普洛斯、冰島和馬爾他加入，成為十八國。歐洲理事會的目的在促進各國經濟與社會的進展。總部設在法國斯特拉斯堡 (Strasbourg)，包括部長會議（各國外長）和一個諮詢性的議會（最後有一百四十七名議員）。歐洲理事會缺乏權力，其目的亦不夠明確，雖曾有熱心歐洲統合人物如比利時的斯巴克 (Paul-Henri Spaak, 1899–1972) 寄以厚望，終未有很大成就。

除歐洲理事會以外，還有西歐聯盟 (WEU: Western European Union) 的組織。它成立於 1955 年，總部設在倫敦，秘書處則設在巴黎，創始會員國是比利時、法國、西德、義大利、盧森堡、荷蘭、英國等七國，1988 年西班牙及葡萄牙加入，使會員國的數目增為九個。西歐聯盟成立的宗旨係為增進會員國的和平與安全，促進歐洲的和諧及統合，加強社會、文化及共

[37] 原提預算為二百二十億美元，美國國會刪為一百七十億，實際支出為一百二十億，有一半為英、法、西德所得。

[38] William R. Keylor, *The Twentieth-Century World: An International History* (New York: Oxford, 1984), pp. 273–74.

同防衛方面的合作（1960 年歐洲理事會接管其在經濟與文化方面的業務）。

由於歐洲經濟合作組織及歐洲理事會在統合運動方面進展不大，因而需要新的動力。負責法國經濟復興的莫奈與法國政治人物徐滿（Robert Schuman，1886–1963，曾任總理，此時為外長）推動最力。西歐的經濟復興有賴於德國經濟的重建，但問題在如何使西歐各國相信經濟復興後的德國不會再回到侵略。莫奈向徐滿建議將德、法兩國與戰爭有關的煤、鋼工業置於一個超國家的機構管理之下。再者，歐洲的煤、鋼工業集中在洛林、魯爾、法國北部、薩爾、盧森堡、比利時與荷蘭之一部。如果能統籌經營則更為有效。於是「徐滿計畫」(Schuman Plan)，建議法國、西德及其他願意加入國家共同經營煤、鋼工業。1951 年 4 月，法國、西德、義大利、比、荷、盧六國簽訂《巴黎條約》，成立歐洲煤鋼共同體 (ECSC: European Coal and Steel Community)，1952 年正式生效，組織成立。會員國的煤、鋼工業在一個超國家性的管理部門 (High Authority) 司理，此由九人（法、西德、義各二人，荷、比、盧各一人）組成，執行任務時不受各該國之控制，以簡單多數表決，但共同負責。另有部長會議，代表各國政府，再加一個監督性的議會 (Supervisory Assembly) 和一個法庭 (Court of Justice)。其中執行委員會及法院設在盧森堡，議會則設在斯特拉斯堡。歐洲煤鋼共同體有三個任務：混一六國的煤、鋼市場（劃一六國間的價格、運費以及對外的稅率）；促進六國間的貿易和提高生活水準；採取步驟以求達成經濟與政治的統一。此三項任務中，前兩項均獲高度成功，1951 至 1957 年間，鋼、鐵產量皆超過 50%，成為美國之外世界第二大產鋼集團，煤產除在西德外增加較慢，六國之間的貿易量亦增加一倍，人民生活水準自然有很大的提高。這究竟是因為六國合作？還是韓戰 (1950–53) 刺激起了西歐的經濟？不過，煤鋼聯營後西歐六國的經濟大有起色則為不爭之論。

同時，更進一步的政治統合亦在策動之中。六國擬組歐洲防衛共同體 (EDC: European Defense Community)，目的在匯一各國的軍事資源，組成一支有共同制服及裝備的國際軍，也就是說各國不再自擁其國軍而將國防事件交付給一個超國家的機構。這個計畫到 1952 年《巴黎條約》簽字後已頗有進展，西德、比、荷、盧均已批准《歐洲防衛共同體條約》，義大利則觀望法國態度。其時美國國務卿杜勒斯甚願促成，並以作為對法國額外援助之條件。在法國內部，戴高樂派認為有損法國之自尊和導致德國重新武裝，法共則因俄國不願見西歐軍而反對，結果在 1954 年 8 月 30 日為法國議會（國民會議）所否決。於是歐洲防衛共同體乃不能成功，隨之而去的是本擬在防衛共同體之後而倡議的歐洲政治共同體 (EPC: European Political Community)，實為歐洲統合運動中的一大挫折。

經濟方面的統合工作則繼有很大的進展。1955 年 6 月，六國外長在義大利麥辛納 (Messina) 集會，贊成推進經濟合作和成立原子能委員會。會議決定成立一個政府間的委員會。即由斯巴克主持下的各國代表委員會 (Committee of National Representatives) 來草擬計畫，即後來《羅馬條約》(*Treaties of Rome*) 的藍圖。六國於 1957 年 3 月簽訂《羅馬條約》，該條約於 1958 年起生效。這個條約規定成立兩個組織：歐洲原子能組織 (Euratom: European Atomic Energy Community) 和歐洲經濟共同體 (EEC: European Economic Community)。1967 年 7 月，歐洲經濟共同體、歐洲煤鋼共同體，以及原子能委員會合組為歐洲共同體 (European Communities)，而有了單一的理事會 (Commission of the European Communities) 和單一的部長會議 (Council of Ministers of the European Communities)。

歐洲經濟共同體即歐洲共同市場 (Common Market)。它基於關稅同盟的觀念，使六國個別的關稅併為共同的關稅，對內對外均採一致的稅率，其過程則為漸進的，在十二年至十五年之間完成。在這方面，《羅馬條約》實為相當妥協的文獻，規定低關稅國家提高進口稅，高關稅國家則予降低，使二者由接近而合一。但此條約並未能在各會員間建立完全的自由貿易，例如在農業方面即認為如果立即廢除貿易障礙，會導致混亂而決定漸進，因而有所謂農業政策，在各國間的交通運輸亦決定不能立即實行自由競爭的辦法。在自由流通資金方面，共同市場國家大力推進，並且建立開發銀行 (European Development Bank) 和歐洲投資銀行 (European Investment Bank)，前者支援共同市場內較為低度發展的地區，後者則資助共同市場的附屬地區（法、比、荷殖民地），同時亦為使勞工能自由流動而不致一國過剩和另一國短缺，准許共市各國公民及工人自由移動。在稅收與社會福利方面亦力求一致。

共同市場有下列主要機構：

第一個是大會 (Assembly)，亦稱歐洲議會 (European Parliament)，由會員國的民意代表所組成，設在斯特拉斯堡。它享有《羅馬條約》所授予的討論與控制之權（第一三七條），其產生方式為由各會員國國會依照各該國所規定的程序自議員中予以任命（第一三八條第一款），產生程序各國不同，或由議會政團投票選出或由政府委任，大多數係依照各該國各黨在議會中的席數來比例分配之。其名額共一百四十二名：法、西德、義各三十六名，荷、比各十四名，盧森堡六名。它的權力，依照《羅馬條約》第一四四條第二款，得以過半數以上出席投票，以三分之二多數，通過對理事會 (Commission) 的譴責案，而迫使該理事會全體辭職。這種譴責案曾提出過，但未有表決過。第二個機構為理事會 (Commission)，設在布魯塞爾。其理事或委員 (Commissioner) 產生的方式，由會員國政府提名任命，任期四年，可以連任，每一理事地位平等，對任何問題均有同等的發言權，而且在執行職務時應超出其所屬國家利益之外（《羅馬條約》第一五八條第一款及第二款）。其名額分配為法、西德、義各二名，荷、比、盧各一名，共九名，主席由各國輪值之。其職權為設計與建議有關三機構（煤鋼共同體、共同市場和原子能組織）之有關事務，亦可向大會（歐洲議會）提案。第三個機構為部長會議 (Council of Ministers)，設在布魯塞爾。其組成方式由各會員國各派部長（閣員）一名，各國依字母順序輪任主席六個月，出席部長會議者依議程性質而得為外長、財長或農長（《羅馬條約》第一四六條第一、二款）。部長會議的投票程序採比重投票制，法、西德、義各有四票，比、荷各有二票，盧森堡一票，共十七票。部長會議對於共市理事會的設計與建議握有最後取決權，但本身不能自行提案，二者聯合構成共市的執行與立法機關，它對共市理事會的提案須全體一致之投票始能予以擱置。第四個機構為法院 (Court of Justice)，設在盧森堡。它由會員國共同任命法官組成，任期六年，可以連任（《羅馬條約》第一六七條第一、四款及第一六八條第一款），共有法官七名，它與歐洲議會俱為 1951 年《巴黎條約》（有關煤鋼共同體者）之產物，其職權為裁決各會員國政府之行動是否合法（合乎六國間之條約），其對《羅馬條約》之解釋對各會員國政府有拘束力量。它受理會員國政府、國有化企業與私人（限與共市有關者）之申訴。

此外尚須一談者為共市的農業政策，共市國家中有的農業利益較重如法國與義大利，有的則為農產品輸入的國家如西德與荷蘭。共市各國一般農民的生產力與所得均偏低，此因小農制及機械化不普遍所致，但是農產品之售價則偏高。荷蘭、西德時常不從法、義而自歐洲以外的國家如美、加等輸入食品。法國力主共市採取共同的農業政策，對各種農產品規定公價，如市價低於公價則由政府補貼，所需經費由各會員國共籌農業基金負擔；同時對於外來的農產品則採取保護關稅政策以為抵制，並以農產品進口稅的收入以充實農業基金。在此情形下，共市農產品的價格超出國際價格，法國農民受益最大。這是在法國壓力下，經過冗長的談判，在 1961 至 1966 年間達成的協議。農業政策使法國、義大利、丹麥、愛爾蘭受益最多。惟 1990 年德國統一後，德國農地面積由一千二百公頃擴大到一千五百公頃，幾乎接近法國的一千八百公頃，使法國農業地位受到威脅[39]。

---

[39] U. W. Kitzinger, *The Politics and Economics of European Integration: Britain, Europe and the United States* (New York, 1964), p. 35；〈歐市農業大國的新形勢〉，《國際經

共同市場成立之後甚為成功，到 1967 年 7 月，即取消了六國之間之貿易障礙而發展成完全的關稅同盟（六國之間貿易免關稅而對外採一致稅率），比預計的時間提早了一年半。

二、共同市場的擴大與展望

共同市場運作雖甚成功，英國和其他歐洲重要國家仍未能涵蓋在內。

英國對歐洲的政府，為傳統的均勢政策。英國一向號稱沒有永久的「朋友」，也沒有永久的「敵人」，祇有不變的「利益」。第二次大戰爆發後因時移勢轉，英國曾對歐洲統合有所推進。但自美國加入戰爭之後英國因又有了「英、美合夥」而對歐洲統合表現了「哈姆雷特」式的猶疑。英國雖然對歐洲統合頗為支持，每當歐洲走向緊密結合的途徑時，英國卻常裹足不前。邱吉爾形容英國處在三個圓環的交叉口上：英國瞭望大西洋有美國和加拿大；放眼全球有國協；歐洲僅為其選項之一。英國認為，憑其與美國的「特殊關係」，再加上國協，仍可縱橫捭闔於國際政治。此外，英國一向珍視其主權完整，反對超國家組織。因而，英國有對「徐滿計畫」的擯斥 (1950)，艾德禮領導下的工黨政府拒絕加入煤鋼共同體，其對麥辛納會議的忽視 (1955) 和對《羅馬條約》的冷漠 (1957)，均說明此點。英國不願參加的另一原因為經濟方面的，英國每年所需食品有一半來自外國的輸入，而且英國對於國協會員國給予優惠關稅待遇，來自國協會員國的食品與原料均甚為可觀，如果加入共同市場則受制於其農業政策。如此不僅不復有廉價的食品，而且失去了羈縻國協的方法之一。

英國雖不願加入共市，對於歐陸上的發展卻不敢掉以輕心。英國為了防止共市成立後對其可能發生的不利影響，1956 年 7 月麥米倫（Harold Macmillan，1894–1986，1984 年封伯爵）的保守黨政府向歐洲經濟合作組織 (OEEC) 提出「歐洲自由貿易區」(European Free Trade Area) 的建議。此

濟情勢週報》，第 894 期（民 80 年 8 月 1 日）。

一計畫為建立全歐性的，鬆懈的自由貿易組織，僅對內（會員國之間）取消關稅而對外不建立統一的關稅，亦不必放棄國家主權。此一計畫為法國戴高樂所否決。但英國仍聯同挪威、瑞典、丹麥、葡萄牙、瑞士、奧國於 1959 年 11 月在《斯德哥爾摩協約》(*Convention of Stockholm*)，成立歐洲自由貿易協會 (EFTA: European Free Trade Association)，總部設日內瓦。此一組織在 1960 年因協約生效而正式成立， 由一個七人理事會 (7–Member Council) 主其事，每國派代表一人，每國代表輪任主席六個月。由於地理位置的關係，這七國稱「外七國」(the outer seven)，而共同市場國家則稱「內六國」(the inner six)，俏皮的批評家說歐洲已經「亂糟一團」(at sixes and sevens)[40]。不過，歐洲自由貿易協會實不足與共同市場相對抗。後來亦證明英、美「特別關係」與國協皆不足恃，英國乃覺得必須改弦更張。

1961 年麥米倫的保守黨政府正式申請加入共同市場。荷、比、盧因為是英國的老貿易夥伴而熱烈贊成，西德也予支持。但是法國，特別是戴高樂，則決意勒索政治代價，即要英國放棄與美國的「特別關係」而無條件地與西歐相聯合。經過十七個月的談判之後（1961 年 11 月正式談判），戴高樂在 1963 年 1 月否決了英國的申請。他指出：英國是島國性的、海洋性的，以貿易關係與許多國家相聯繫，其中有甚多是遙遠的國家。但是他也不諱言，英國會把美國勢力引進，最後會出現一個美國支配下的大西洋社會而完全把歐洲社區吞掉。1964 年 10 月的英國大選，工黨在威爾遜 (Harold Wilson, 1916–95) 領導下組成政府。工黨本來是反對加入共同市場的，現在亦盱衡情勢而改變初衷。1967 年 5 月，英國二度正式提出加入共市的申請，但同年 11 月戴高樂又以英國經濟疲弱為詞，再予否決。1969 年 4 月，戴高樂下野，繼任法國總統的龐畢度雖屬戴高樂派，終不像戴高樂本人那麼堅持。在英國，1970 年的大選使奚斯領導下的保守黨執政。英

[40] W. K. Ferguson & G. Bruun, op. cit., p. 908. 西方人不說「亂七八糟」，而說「亂六七糟」。

國三度申請加入，愛、挪、丹隨之。此年6月英相奚斯與共市國家首長在盧森堡重開加入的談判，交涉至1971年6月，終於達成協議：英、愛、丹、挪四國將於1973年1月1日進入共同市場；以五年為過渡期使新加入國家的經濟與原來六國一致；以1977年7月1日為期取消新加入國家與原共市國家的關稅壁壘，此年年底農產品售價相同。後來挪威在1972年9月舉行公民投票，否決加入共市，因此1973年僅英、愛、丹三國加入。

三國加入共同市場後，共同市場增為九國，其各主要機構亦因而擴大。大會（歐洲議會）人數由一百四十二名增為一百九十八名，其中法、西德、義、英各三十六名，荷、比各十四名，愛、丹各十名，盧森堡六名；共市理事會理事由九名增為十三名，其中法、西德、義、英各二名，其他五國各一名；部長會議加上三國閣員；法院的法官名額亦由七名增為九名。1981年1月1日，希臘參加歐洲經濟共同體成為第十個會員國，歐洲議會增加二十四名希臘議員，使其總數成為四百三十四名，共市理事會增加希臘籍理事一名。1986年1月1日，西班牙和葡萄牙加入，使歐洲經濟共同體有了十二個會員國，歐洲議會中增加西班牙籍議員六十名，葡萄牙籍議員二十四名，總額成為五百一十八名；共市理事會增加西班牙籍理事兩名，葡萄牙籍理事一名；歐洲法院亦增加西班牙籍及葡萄牙籍法官各一名，總額為十三名。自此以後，歐洲經濟共同體已成為一個面積兩千兩百四十七萬多平方公里、人口三億兩千三百多萬並控制世界貿易五分之一的集團。

共同市場的統合是多方進行的。它已經是一個關稅同盟 (Zollverein) 的組織。歐洲議會的議員自從1979年起已由各國人民直接選舉產生。1979年，象徵各會員國金融結合的歐洲通貨單位 (ECU: European Currency Unit) 問世，它是一種綜合性貨幣單位，或「通籃貨幣」，共同市場每天計算各會員國貨幣折合歐洲通貨單位的比例，並以各會員國的貨幣在金融市場上對美元的匯率為基礎。此為共市長期籌劃的歐洲貨幣制度 (EMS: European Monetary System) 的一部分，另外尚有匯率機能 (Exchange Rate

Mechanism)（1990 年英國參加）和歐洲貨幣聯盟 (EMU: European Monetary Union)，截至 1988 年除歐洲貨幣聯盟外，其他二者運作尚好[41]。另外，歐洲高峰會議 (European Council)，亦即由經濟共同體的國家元首或政府首長的會議，自 1974 年定期集會，在 1986 年後每年至少舉行兩次，也解決不少問題[42]。1985 年起，部長會議與理事會亦就完成內部市場進行討論，1987 年理事會通過《單一歐洲法》(*Single European Act*)，決定在 1992 年底以前，各會員國在 1993 年撤除非關稅障礙，使貨物、勞務、資本與人員的流動不再受非關稅性的障礙，使歐洲成為「沒有邊界的歐洲」(Europe without frontier)，但這涉及許多問題，也須修改二百八十二種以上的法規。後來大致實現。

不過，歐洲經濟共同體已經有了共同的行政部門（理事會及部長會議），共同的立法部門（歐洲議會），以及共同的司法部門（歐洲法院）。但歐洲議會僅有質詢及否決理事會提案之權，理事會僅有策劃建議之權，真正權力機構為部長會議，而各國部長是向其本國議會負責。它也有共同的貨幣，共同的護照（1985 年後），共同的國歌（貝多芬第九交響曲，《歡樂頌》），共同的國旗（十二顆金星鑲在藍底上）。但是，有些國家（特別是英國）對於主權利益仍極珍惜，1966 年的《盧森堡妥協》(*Luxembourg Compromise*) 給予會員國對涉及其本身「重大利益」(vital interests) 時，有絕對否決權。年來法、德等國雖有議題應在會議上採取多數決的呼聲，迄未能行。而且，歐洲統一涉及到民族、語文、國體、宗教等問題，真是談何容易。但是，歐市更進一步的統合一直在推動之中。1991 年 12 月，歐市高峰會議在荷蘭馬斯垂克 (Maastricht) 召開，十二國領袖在經過三十一小

[41] 〈歐洲共同體的過去、現在與將來〉，《國際經濟情勢週報》，第 818 期（民 79 年 1 月 25 日）專題分析。

[42] 鍾志明，〈邁入九〇年代的歐市高峰會議〉，《問題與研究》，30 卷 5 期（民 80 年 5 月），頁 67–87。

時的激烈會談後，終於達成有關貨幣聯盟與政治聯盟的《馬斯垂克條約》(*Treaty of Maastricht*)，其正式名稱為《歐洲經濟社會條約修正條款——經濟與貨幣聯盟》(*Amendments to the EEC Treaty－Economic and Monetary Union*)，長達九十一頁。其主要內容為：歐洲在 1997 年或最慢在 1999 年實施單一貨幣，由獨立的歐洲中央銀行 (European Central Bank) 負責；各國同意發展共同的外交與安全政策 (CFSP: Common Foreign and Security Policy)，由西歐聯盟 (WEU: Western European Union) 擔任歐市的防衛協調機構，有權協調歐市國家部隊赴北約組織 (NATO) 以外的地區執勤。另外，高峰會議亦同意對歐市窮國，如西班牙、葡萄牙、希臘、愛爾蘭等國，可以獲得歐市補助，特別在交通與環保建設方面為然。在馬斯垂克高峰會議中，德國、法國、義大利、西班牙、比利時、荷蘭、盧森堡為「聯邦派」，英國、丹麥、葡萄牙、愛爾蘭對政治統合較多保留，其中尤以英國為甚。英國堅決反對條約中的「聯邦目標」(federal goal) 字眼，取得單獨決定是否參與歐洲單一貨幣的讓步；另外，英國激烈反對訂立共同的勞工及社會政策規範，終使其他國家同意另訂不適用於英國的社會立法規範。不過，各國同意建立歐洲各民族「更緊密的聯合」(ever closer union)。1992 年 2 月 7 日，歐市各國外長及財長在馬斯垂克就十二國領袖已達成的協議正式簽訂為《歐洲聯盟條約》(*Treaty on European Union*)，後於 1993 年 1 月 1 日生效。十二國同意加強共同的外交與安全政策和警察與司法合作 (Police and Judicial Corporation)，擴大歐洲議會權力，同意英國暫緩決定是否參加貨幣聯盟和丹麥就單一貨幣舉行公民複決[43]。

另一方面，歐洲也在走向更大的整合。自從 1977 年歐市十二國與自由貿易協會 (EFTA) 七國（奧地利、荷蘭、冰島、挪威、瑞典、瑞士、列支

---

[43] Maastricht, The Netherlands (various international new agencies, Dec. 9–11, 1991), *China Post & China News* (Dec. 10–12, 1991), pp. 1, 2, 5, 8; *Newsweek* (Dec. 9, 1991).

敦斯登）談判，1991 年 10 月 22 日雙方終於達成協議，共組一個包括十九國的歐洲經濟區 (EEA: European Economic Area)，決定自 1993 年 1 月 1 日起，消除貿易障礙，使貨物、資金、勞務及人員得以自由流通（除能源、農產品、煤、鐵仍有限制外）。此為一包括三億八千萬人口的富裕的全球最大共同市場[44]。

歐盟 (EU: European Union) 經《里斯本條約》(*Treaty of Lisbon, 2007*) 於 2009 生效。它是一個包括二十七個國家和約五億零三百餘萬人的超國家建構，它有歐洲理事會 (European Commission)、歐盟委員會 (Council of European Commission)、歐洲高峰會議 (European Council)、歐盟法院 (Court of Justice of the European Union)、歐洲中央銀行 (European Central Bank)，也有一個由人民直接選出每五年一屆的歐洲議會 (European Parliament)。歐盟透過制訂共同遵守的法規已發展成單一市場，致力於各會員國之間人員、貨物、勞務及資本的自由流通，廢除護照管制，並建立共同的對外與安全政策。它也建立貨幣同盟，1999 年組建歐元區 (eurozone)，2012 年 1 月已有十七國加入。

此外，俄國自從 1985 年後進入一個新階段，而它與歐洲的距離也似乎愈來愈近。它所主導的經濟互助理事會 (COMECON: Council for Mutual Economic Assistance)，在 1949 年成立以後，包括俄國、保加利亞、捷克、匈牙利、波蘭、羅馬尼亞、東德等國，亦擴及古巴、蒙古、越南，頗有與歐洲經濟共同體和歐洲自由貿易協會對抗之勢，此一組織已於 1991 年解散。

---

[44] Luxembourg (Reuter), *China News*, Oct. 23, 1991, p. 8; *Newsweek* (Nov. 4, 1991); Brussels & Maastricht (AP & Reuter), *China Post* & *China News*, Feb. 7–9, 1992, pp. 1 & 2.

第五節　俄國與東歐

俄國和共產革命以後所建立的蘇聯是共產主義的大本營。東歐各國在第二次世界大戰以後為俄國所控制，而且這種控制是絕對的，既不准其內部發生變化，更不允許外力的介入。直迄 1989 年以前，儘管俄國及東歐人民對共黨統治有不滿或抗拒的行動，俄國的內在帝國安然無恙，其外在帝國也是鐵桶如山。但是，隨著共產主義的衰落，人民對民主政治的渴求，以及民族主義的推波助瀾，東歐掙脫了共產體制的束縛，而在俄國蘇聯也宣告崩亡。這些發展都是在以前無法想像的變遷。

美國思想家和經濟學家海耶克 (Frederick A. Hayek, 1899–1992) 曾經指出：共產主義在它已經實行，而且曾經容忍對它烏托邦式的信仰失望的地方發生，它祇在對它未曾有過親身經歷的西方知識分子和第三世界中的窮苦人民的心目中存活，而且第三世界的人民會將「解放神學」(liberation theology) 與民族主義混合在一起而產生強而有力的「新宗教」，對於在經濟困境中的人民常有災難性的後果[45]。海耶克的論點發表後不久，共產主義在俄國和東歐等地崩潰，西方知識分子和第三世界的人民恐怕也不再有很多人對它懷有憧憬。

一、俄　國

第二次世界大戰以後的俄國，史達林（Joseph Stalin，1879–1953，1922–53 年為共黨總書記，1941–53 年亦為總理）固然是絕對的統治者。他死後俄國又有過若干個國家及黨的領導人，雖有若干變化，但均係共黨體制內的變化。1985 年戈巴契夫當權，展開了一個完全不同的時代。他奮

[45] Frederick A. Hayek, *The Fatal Conceit: The Errors of Socialism* (Chicago: University of Chicago Press, 1989), p. 137–38.

力改革，去推動一個從上而下的「革命」，也曾給蘇聯帶來新的風貌，最後終因情況失控，而導致了蘇聯的解體和消失。

㈠政　況

史達林所建立的體制，是徹頭徹尾的極權政治，他個人也被神化。這個時期對思想的控制很嚴，對文學與藝術的監督也毫不放鬆。在這個時期，佛洛伊德和愛因斯坦的學說遭禁止，俄共譴責「形式主義」(formalism)，而他們所說的「形式主義」一詞，涵蓋了大部分西方的現代文學與藝術的思潮和表現的手法，這包括非寫實主義的藝術的創作技巧。俄共所強調的，是「社會主義的寫實主義」(socialist realism)，而且所有的文學和藝術工作者必須遵守。

史達林完全以高壓極權的方式來進行統治，根據蘇聯國家安全委員會首腦克瑞契柯夫 (Vladimir Kryuchkov, 1924–2007) 在 1991 年 6 月透露，在史達林統治俄國時期，有四百二十萬人死於大整肅、農業集體化等活動，僅 1937 年至 1938 年就有大約二百萬人被犧牲㊻。史達林晚年因猜忌猶太復國主義，曾於 1952 年至 1953 年迫害猶裔知識分子，而且在他死前且有所謂「醫生的陰謀」(doctors' plot)，並以茲達諾夫 (Andrei A. Zhadanov, 1896–1948)㊼的死因可疑為由，逮捕了九個有名的醫生和醫學教授，控以謀害茲達諾夫和企圖不利於其他俄國高層官員，說他們是替美國情報單位控制下的一個「國際性的猶太資產階級的民族組織」(an international Jewish bourgeois nationalist organization) 工作，他們被屈打成招，且有二人

㊻ Moscow (June 15, AP), *China Post*, June 18, 1991, p. 3；西方認為 1937–38 年大整肅中有八百萬人受到牽連；Robert Conquest, *The Great Terror* 認為 1930–50 年間被史達林槍斃、酷刑致死，或在集中營中死亡的人有二千萬之多。

㊼ 茲達諾夫為冷戰時期俄共理論家，反對西方的現代主義，後因同情狄托而失寵，1948 年死。他的死因有不同的傳說，1949–50 年間，其徒眾有數千人被捕，多在列寧格勒，且有多人被處死。

死於酷刑，此為 1953 年 1 月間的事。3 月 5 日，史達林死。根據俄共頭子赫魯雪夫（Nikita Khrushchev，1894–1971，1953–64 年為第一書記，1958–64 年且為總理）在 1956 年俄共第二十屆代表大會時所發表的「鞭史」演講，指出史達林在死前尚擬對黨的領導人物發動類似 1937 年至 1938 年式的大整肅。他並且揭發史達林從前的暴行，也指出史達林在第二次世界大戰時期實際上陷於崩潰，而且常常舉棋不定[48]。

史達林死後，由馬林可夫（Georgi Malenkov，1901–79，1953–55 年為總理）、赫魯雪夫，以及秘密警察頭子貝里亞 (Lavrenti P. Beria, 1899–1953) 三人集體領導。不久就發生權力鬥爭，12 月間貝里亞以陰謀奪權，企圖恢復資本主義和其為外國特務而被處死。在此次權力鬥爭中，可以看出極權統治的可怕，貝里亞生前其生平事蹟在《大蘇維埃百科全書》(*Great Soviet Encyclopedia*) 有長篇的介紹，他死後購買該書的人均接獲通知，要他們割掉有關貝里亞的資料，而以有關白令海峽 (Bering Straits) 的

赫魯雪夫

史達林葬禮的扈棺者：馬林可夫和貝里亞分別在左前與右前

[48] Roland N. Stromberg, *Europe in the Twentieth Century*, 2nd ed. (New Jersey: Prentice-Hall, 1988), p. 355.

長篇說明來取代貝里亞這個項目㊾。

俄國在 1949 年即已成功地引爆原子彈，1953 年發展成功核子武器，1955 年與美國皆擁有氫彈，俄國並於 1950 年至 1953 年間發展成功高性能戰鬥機，1957 年首次發射人造衛星 (Sputnik)。儘管對西方仍採取對抗的態度，但在 1956 年對西方正式採取「和平共存」、「和平競爭」，同時也允許南斯拉夫可以經由「不同的途徑實施社會主義」。

內部控制方面，史達林死後也趨於「解凍」。1956 年，作家杜汀柴夫 (Vladimir Dudintsev, 1918–98) 出版小說《不僅靠麵包活著》(*Not by Bread Alone*)，描寫一個有朝氣的工程師發明有創意的機械，但卻為官僚所挫敗的故事。此時赫魯雪夫得勢，他雖然反對史達林式的統治，卻打擊揭露黑幕的作家。1958 年發生「巴斯特那克事件」(the Pasternak affair)。巴斯特那克 (Boris Pasternak, 1890–1960)，為著名詩人，1958 年他的《齊瓦哥醫生》(*Dr. Zhivago*) 一書在俄國被禁，但在義大利出版，並且獲得諾貝爾文學獎，該書為一自傳式的小說，寫深度的幻滅，抵消了很多官方的宣傳。克里姆林宮至為痛恨，巴斯特那克被口誅筆伐，蘇維埃作家聯盟 (Soviet Writers' Union) 開除其會籍，他也被迫拒領諾貝爾獎金。

1961 年鞭史的發展再進一步，史達林的遺體被自列寧遺體旁移走，而史達林格勒也改名為伏爾加格勒 (Volgograd)。1962 年蘇忍尼辛 (Aleksandr Solzhenitsyn, 1918–2008) 出版《伊凡・丹尼索維奇的一天》(*One Day in the Life of Ivan Denisovich*)，也許是因為描寫史達林時代的集中營，不僅未受禁止，且獲官方讚可。但是，1960 年代俄國內部不滿分子活動加強，各種「自利品」(samizdat) 流斥地下，其中最著名的是 1968 年至 1972 年間流行的《時事紀》(*Chronicle of Current Events*)。不滿分子中有各式各樣的人物，生化學家索爾・梅特維德夫 (Zhores Medvedev, 1925–2018) 發表文章，揭發李森科事件 (the Lysenko affair) 的經過，也寫了一些要求自由改革的文

㊾ Ibid., p. 356.

章，他的孿生兄弟羅伊・梅特維德夫 (Roy Medvedev, 1925–) 為歷史學者，他有一部有關史達林時期的歷史，其副題為「讓歷史裁判」(Let History Judge)，英文版於 1971 年問世。兄弟二人均遭迫害，索爾・梅特維德夫且一度被關入精神病院。1973 年，蘇忍尼辛出版《古拉格群島》(*The Gulag Archipelago 1918–1956*，共三卷，第一卷於 1973 年在巴黎出版，第二卷及第三卷分別出版於 1975 年和 1976 年)，此書大為官方所憎。蘇忍尼辛為名作家，且為 1974 年諾貝爾文學獎得主，他在 1974 年被驅逐出境。

不過，最大的異議分子當為沙卡洛夫 (Andrei Sakharov, 1921–89)，他是「氫彈之父」，蘇聯科學院院士，但後來卻成為人權鬥士。1968 年他出版《進步、共存與思想自由》(*Progress, Co-existence and Intellectual Freedom*)，主張自由民主，也提出「匯流論」(convergence theory)，提出資本制度向左轉和共產主義向右轉，就會「匯流」。1970 年他成立「蘇聯人權委員會」，1975 年獲諾貝爾和平獎。1979 年末俄軍入侵阿富汗，他予以猛烈抨擊，亦指責布里茲涅夫（Leonid Brezhnev，1906–82，1964–82 年為共黨總書記，1977–82 年且為蘇維埃主席團主席）蔑視人權。結果，1980 年他被放逐到高爾基市 (Gorky)，並被摘除蘇聯科學院院士等榮銜。

戈巴契夫

內政方面真正的放鬆，是在戈巴契夫於 1985 年當權以後。戈巴契夫在 1985 年擔任共黨總書記，1988 年後又為最高蘇維埃主席團主席。他認為，共黨極權體制必須徹底改革，否則便祇有滅亡。他以「開放」(glasnost)、「重建」(perestroika)、「民主化」(demokratizatsiya) 和「新思維」(novoye myshleniye) 為號召，他的基本理念見於他所寫的《重建：我國與世界的新思維》[50]。

[50] 英文版名 *Perestroika: New Thinking for Our Country and the World* (New York:

自他掌政以後，政況逐漸自由化，1986 年他釋放已在高爾基服了七年流刑的沙卡洛夫，1988 年使史達林整肅時代的受害者獲得平反。1988 年 12 月 7 日他在聯合國大會致詞，指出「封閉社會」(closed societies) 為不可行，以及莫斯科並未握有「最後的真理」(ultimate truth)[51]。1989 年 12 月他在馬爾他與美國總統布希舉行高峰會議時，正告布希自由民主並不是「西方的觀念」，而是普遍的觀念[52]。

戈巴契夫的終極目的，在於建立民主政治和從事經濟改革以挽救蘇聯。1988 年起，他著手推動黨政基本改革，共黨的改革至 1990 年 7 月的第二十八次大會告一段落，中央委員會及政治局均煥然一新。在政治改革方面，1988 年由最高蘇維埃通過憲法增修條款，以人民代表大會 (Congress of People's Deputies) 為全國最高權力機關，成員二千二百五十人，其中七百五十名分配給各團體，另外的一千五百名用多額候選制選出。人民代表大會選出最高蘇維埃 (Supreme Soviet)，成員五百四十二名，為具有立法權的常設國會，發展至 1990 年 3 月，臨時人民代表大會通過最高蘇維埃所提的「民主總統制」《憲法》修正案，也通過廢止蘇共中央委員會全體會議在 2 月通過的修訂《憲法》第六條和第七條保障共黨專政和無產階級專政的條文。戈巴契夫在 1990 年 3 月由人民代表大會選為總統。

但是，戈巴契夫的改革卻不易達成。政治改革固有阻力，而經濟改革，以俄國國家之大和計畫經濟已經定型，再加上共產主義的意識型態不受人民歡迎，以及在民族主義鼓舞下各加盟共和國紛紛要求獨立或宣布擁有完全主權。俄國將有國不國之勢，西方新聞媒體亦常戲謔地稱「蘇聯」為「蘇分」(Soviet Disunion)。1991 年 8 月 19 日，共黨保守派分子反撲，由副總

Harper & Row, 1987).

[51] *Newsweek* (Dec. 19, 1988).

[52] Charles William Maynes, "America Without the Cold War," *Foreign Policy*, No. 78 (Spring 1990), p. 3.

葉爾欽（右）與戈巴契夫

統雅納耶夫 (Gennady Yanayev, 1937–2010)、國防部長葉佐夫 (Dmitry Yazov, 1924–)、總理巴夫洛夫 (Valentin Pavlov, 1937–2003)、國家安全委員會首腦克瑞契柯夫 (Vladimir Kryuchkov, 1924–2007) 等八人發動政變，宣布戈巴契夫因「健康理由」不能視事，雅納耶夫為代理總統，八人組成「緊急狀態國家委員會」(State Committee for the State of Emergency)，以處理政務。不過此一政變，在俄羅斯（蘇俄）總統葉爾欽的領導下，人民堅決抵抗坦克和軍隊，再加上國際社會的譴責而美國總統布希反對尤力，至 21 日即告失敗，莫斯科驚魂 60 小時，戈巴契夫喪失自由 72 小時[53]。

經此流產政變後，蘇聯益形解體，變得完全有名無實。在新的共同組織締造以前，人民代表會議通過成立「國務會議」(State Council)，由戈巴契夫與各共和國總統（波羅的海三國獨立，喬治亞與摩達維亞拒參加，有十共和國）組成，負責處理涉及各共和國的內政與外交事務，戈巴契夫僅能居於協調角色，於 10 月 11 日開始運作。最高蘇維埃也有了變動，仍為兩院，共和院 (Council of Republics)，由每一個共和國選派二十名至五十二名代表組成，但每一共和國一票；聯邦院 (Council of Union)，依照每一共

[53] Moscow (AP & Reuter, August 19), *China Post* & *China News*, August 20, 1991, p. 1; Moscow (Reuter & AP, August 21), *China Post*, August 22, 1991, p. 1; *Newsweek* (Sept. 2 & 9, 1991), *Time* (Sept. 2 & 9, 1991)；戈巴契夫亦自撰《我的 72 小時》，英文版由美國 Harper & Collins 在 1991 年 10 月出版。美國對於俄國改革和發展較西方其他國家有更大的利益，參看 Graham Allison & Robert Blackwill, "America's Stake in the Soviet Future," *Foreign Affairs* (Summer 1991), pp. 77–97.

和國人口決定席次。此外還有一個各共和國間的經濟委員會 (Inter-Republican Economic Committee)，來司理經濟事務[54]。

㈡蘇聯共產黨的沒落

蘇聯共產黨 (CPSU) 長期以來曾是一切權力的源頭活水。在蘇聯自從史達林時代以來，無論是貴為國家元首或總理，如果不是共黨頭子，便不是最高當局，也不是其他國家領袖打交道的對象。史達林為黨的總書記 (1922–53)，他自第二次世界大戰德國入侵俄國以後兼任總理 (1941–53)，但他的權力來源是黨的頭子。在他之後繼任人很多，但黨的總書記才是真正當權者，則無容置疑。遠的不講，1972 年美國總統尼克森訪問莫斯科與俄國簽訂《戰略武器限制談判第一期條約》，他的對手方是布里茲涅夫，當時布里茲涅夫既非元首，亦非總理，他是總書記，後來才身兼相當於元首的最高蘇維埃主席 (1977–82)。1985 年 11 月美國總統與戈巴契夫相會於日內瓦，當時戈巴契夫是共黨總書記，最高蘇維埃主席團主席是熟悉外交事務的葛羅米柯 (Andrei Gromyko, 1909–89)，戈巴契夫在 1988 年 10 月始為最高蘇維埃主席團主席。另外，布里茲涅夫死後的兩個繼任人，即安德洛波夫 (Yuri V. Andropov, 1914–84) 在 1984 年 11 月繼任總書記，翌年 6 月擔任最高蘇維埃主席團主席，不料他在位不久即死，他的繼任人契爾年柯 (Konstantin U. Chernenko, 1911–85) 是在 1984 年 2 月先擔任總書記，同年 4 月又任最高蘇維埃主席，他也是在位不久即死。他的繼任者就是戈巴契夫，是在 1985 年 3 月接任總書記，1988 年 10 月再任最高蘇維埃主席。

共黨在俄國（蘇聯）以其嚴密的組織，以及無孔不入的滲透力量曾經主宰一切，也的確做到「以黨治國」。但是，1980 年代以後，由於一些主客觀的因素的變化，共黨與共產主義在俄國均喪失吸引力。戈巴契夫本想改造共黨，使之成為歐洲社會民主黨式的政黨，不再抱著馬列主義。1990

[54] Moscow (AP), *China News*, Sept. 8, 1991, p. 4; Moscow (Reuter), *China Post*, Oct. 12, 1991, p. 1; *Time* (Sept. 16, 1991).

年春，共黨放棄「專政」的地位。同年 7 月的第二十八次大會，以及 1991 年 7 月舉行的中央委員會全體會議，戈巴契夫均主張揚棄「過時的意識型態的教條」(outdated ideological dogmas)，主張「人道民主社會主義」，承認私有財產，並將俄國（蘇聯）經濟整合進入世界體系和市場。但是，保守派反對，自由派不滿，造成黨的分裂（蘇俄總統葉爾欽、莫斯科市長波卜夫 (Gavriil Popov, 1936–)、列寧格勒市長蘇勃查克 (Anatoly Sobchak, 1937–2000) 宣布退黨[55]）。另一方面，黨員大量流失，黨員數字在 1989 年以前有一千九百萬人，1989 年一年即流失二百七十萬人，到 1991 年 9 月黨員人數已不過一千五百萬[56]。俄國人民厭惡共產主義與共黨的「一葉知秋」，是 1990 年秋天列寧格勒人民便發動要求將該城恢復「聖彼得堡」的舊名，並在 1991 年春天投票通過，最後在 9 月初獲得蘇俄（俄羅斯）最高蘇維埃主席團批准，在 11 月 6 日該城正式恢復「聖彼得堡」的原名[57]。

1991 年 8 月經流產政變後，俄國人民更是普遍厭共。8 月 24 日，戈巴契夫辭去共黨總書記，解散共黨中央委員會，禁止共黨在政府活動，並凍結共黨資產。8 月 30 日蘇聯最高蘇維埃亦通過中止共黨在蘇聯境內活動和凍結其銀行帳戶的決議[58]。

---

[55] Giulietto Chiesa, "The 28th Congress of the CPSU," *Problems of Communism* (July-August, 1990), pp. 24–38; Moscow (Reuter), *China Post*, July 24, 1991, p. 2; Moscow (Reuter), *China Post*, July 27, 1991, p. 1; *Newsweek* (August 25, 1991); *Time* (August 5, 1991).

[56] Moscow (AP), *China Post*, March 14, 1990, p. 2; Moscow (AP), *China Post*, Sept. 2, 1991, p. 2.

[57] *Newsweek* (Nov. 12, 1990); Leningrad (AP), *China Post*, Sept. 8, 1991, p. 1; Fred Coleman, "St. Petersburg: The Rebirth of a Great Russian City," (Nov. 4, 1991); Moscow (AP), *China Post*, Nov. 8, 1991, p. 2.

[58] Moscow (AP), *China Post*, August 26, 1991, p. 1; Moscow (Reuter), *China Post*, August 31, 1991, p. 1.

此年 9 月 6 日，戈巴契夫與葉爾欽在克里姆林宮聖喬治廳 (St. George's Hall)，接受美國 ABC 記者彼得・詹寧斯 (Peter Jennings, 1938–2005) 主持下的全美國各地觀眾現場訪問，兩人同稱共產主義已經在俄國（蘇聯）失敗，葉爾欽稱共產主義是「我們人民的悲劇」(a tragedy for our people)，並認為發生在俄國殊屬不幸，如發生在小國也許會稍好一點；戈巴契夫也說共黨「模式已經失敗」(the model has failed)[59]。

共黨在俄國已形同解散。儘管在俄國也有一些新組成的團體要繼承共黨的資源，如自由俄羅斯人民黨 (People's Party of Free Russia) 和俄羅斯工人社會主義黨 (Socialist Party of Russian Workers) 等[60]，以後也許還會有其他的團體或組織，恐怕很難再成氣候。

另外，一直為共黨控制而又為共黨勢力支柱的國家安全委員會 (KGB) 也在流產政變後更遭人民反對，該機關的建立者狄佐辛斯基 (Felix Dzerzhinsky, 1877–1926) 的雕像（原樹在 KGB 總部前），為人所推倒，後來被移走。10 月 11 日，國務會議通過廢除國家安全委員會，將其分散為三個不同的機關，分別為中央情報單位、各共和國間的反情報單位，以及一個負責邊界的國家委員會。每年 11 月 7 日的「革命紀念日」，一向是蘇

狄佐辛斯基雕像為人民所推倒

[59] Moscow (AP), *China Post*, Sept. 7, 1991, p. 1.

[60] Moscow (Reuter), *China News*, Oct. 29, 1991, p. 6.

聯最光輝的日子，每年均在紅場舉行閱兵大典，世人也可以從領導階層的排名和座位順序來觀察其權力結構的情況，其所展示的尖端武器也使西方國家有很大的興趣。1991 年竟因「經濟原因」未予舉行。紅場的落寂，也是共黨沒落的一個指標[61]。

㈢經濟的崩潰

俄國（蘇聯）經濟制度原為計畫經濟。第二次世界大戰以前曾有過成長迅速的表現。在 1950 年代時，其國民生產毛額的平均年成長率仍能維持在 7% 左右，大致與西歐國家相仿佛。這是為什麼赫魯雪夫在 1959 年揚言要「埋葬」西方的原因。但在 1959 年以後，俄國經濟成長緩慢，到 1970 年代末和 1980 年代初，常不過在 1.5% 左右。同時，其農業生產每況愈下，1970 年代以後俄國成為最大的糧食進口國。此種走下坡的情況，也曾引起注意。1960 年代初，俄國經濟學家李勃曼 (Evsei Liberman, 1897–1981) 提出把市場機能應用到社會主義經濟體制的意見。他認為，如果給予個別的企業較多的授權，並且把每一企業的贏利率作為其考績的依據，超出的利潤予經理人員及工人分享，但生產設備仍屬公有。他的理論在布里茲涅夫時期曾做有限度的實施。但是，俄國所實行的計畫經濟本身就是重視重工業和輕視輕工業的體制，任何想把較多的資源投入農業或消費工業的企圖，會受到強調重工業優先的「食鋼族」(steel-eaters) 的抵制[62]。

布里茲涅夫時期，蘇聯投注極大的經濟力量來發展武力，所佔 GNP 比例說法不一，但至高是 14%。這種做法使俄國經濟在 1975 年即陷於停滯，工業應用技術、電子技術、石油化工、儀表與自動化工具等部門，落後美

---

[61] Moscow (AP), *China Post*, Oct. 13, 1991, p. 2; Moscow (Reuter), *China News*, Nov. 8, 1991, p. 1.

[62] Stromberg, op. cit., pp. 371, 385; *Newsweek* (Apr. 12, 1982); *U. S. News & World Report* (May 26, 1986); Karen M. Brooks, "Soviet Agriculture's Halting Reform," *Problems of Communism* (March-April, 1990), pp. 29–41.

落寞的紅場：克里姆林宮旁邊的紅場一向是蘇聯權力中心，如今顯得寂靜

國十年至十五年。人民生活水準很低，1987 年美國總統雷根在國情咨文中提及俄國人民生活情形時說，每三個家庭中就有一個家庭沒有熱水管路，俄國家庭平均每天要花兩個小時排隊購買日常用品，而俄國卻在過去五年花費七百五十億美元供應敘利亞、越南、古巴、利比亞、安哥拉、衣索比亞、阿富汗和尼加拉瓜等國武器[63]。

戈巴契夫在 1985 年 3 月掌權以後，而且在 1986 年，也就是第十二個「五年計畫」的第一年，也有一點好轉。不過，戈巴契夫把經濟改革與「社會主義民主」連在一起，他想推動企業和財產私有制，以及市場經濟，改革的規模很大，於是抗拒、抵制和惰性阻撓了經革。戈巴契夫雖命令增加消費品生產，但國內物資卻一直嚴重缺乏，通貨膨脹日益嚴重，而且情況愈來愈糟。許多政府與工商主管設立公司，以低價出賣公產，私有化 (privatization) 變成了中飽 (embezzlement)。1980 年代末期以後，人民生活之苦和物資的匱乏，以及物價上漲的幅度之高，到了難以想像的程度。盧布與美元的官價匯率毫無意義，它規定一點八〇美元兌一盧布；另有商業匯率，係一美元兌一點七五盧布；第三種匯率是旅客（觀光）匯率，1991 年 10 月時是一美元兌三十二盧布，11 月 4 日變為一美元兌四十七盧布，12 月 3 日後變為九十九盧布兌一美元；此外還有黑市匯率。盧布的日益貶

[63] Ronald Reagan, *State of the Union Address* (Feb. 6, 1987).

值當然情況嚴重，但更嚴重的是物資匱乏，使盧布喪失意義。俄國人的收入和生活狀況是最赤窮的第三世界的標準[64]。

戈巴契夫面對如此嚴重的經濟情勢，也顧不得自身與蘇聯的「尊嚴」，1991 年 7 月七國高峰會議 (G7) 在倫敦召開時，他親自前往爭取合作與支援。他也得到了西方援助的承諾，10 月 5 日蘇聯也成為國際貨幣基金會 (IMF) 的特別準會員國 (special associate member)[65]。

經濟改革不能順利進行，是戈巴契夫在「重建」方面未能成功的主因之一。經濟問題如何解決，是俄國的當務之急。

㈣蘇聯的解體

共產主義與共黨的衰落，造成了人民反對共黨統治和大俄羅斯人以外的民族急於掙脫羈絆。

波羅的海三個加盟共和國，自從 1988 年即不斷向蘇聯主權挑戰，1989 年 8 月，也就是史達林與希特勒簽訂《互不侵犯協定》，導致三國喪失獨立的五十週年，便嚴加譴責，使早已企望脫離俄國（蘇聯）的運動更形加速加劇。1990 年春天，三國已有誓必獨立的決心。其他加盟共和國也要伸張主權。1991 年初，十五個加盟共和國皆已發表獨立或主權聲明，並宣布自己的法律超越蘇聯的法律。

俄國民族問題本來就極為複雜，領土又非常遼闊，在中央力量削弱和意識型態轉變時，也就更為嚴重[66]。波羅的海三共和國的人民（不到一千

---

[64] 尹慶耀，〈今日蘇聯〉，《理論與政策》，4 卷 4 期（民 80 年 7 月），頁 39–51；畢英賢，〈蘇聯的經濟改革與民主化〉，《問題與研究》，26 卷 6 期（民 76 年 3 月），頁 33–42；Vienna (AP), *China News*, July 4, 1987, p. 1; Moscow (AP), *China News*, August 6, 1991, p. 6; Moscow (AP), *China Post*, Nov. 4, 1991, p. 7; Moscow (AP), *China News* & *China Post*, Dec. 4, 1991, pp. 1, 2.

[65] London (Reuter, AP & AFP), *China News* & *China Post*, July 19, 1991, pp. 1 & 4; Moscow (Reuter), *China Post*, Oct. 6, p. 2; *Newsweek* (July 14 & 22, 1991).

[66] Robert Otto, "Contemporary Russian Nationalism," *Problems of Communism* (Nov.-

俄國境內的回教民族

萬人)，烏克蘭人（約五千餘萬人)，以及回教人民（約有五千五百萬餘人）的民族主義活動造成全面的不安。俄國在帝俄時期，是靠專制、教會（東正教)、特務和軍隊來維持統一，而其一切作為均以俄羅斯為大本營；蘇聯則係以俄羅斯為基地，配合上極權統治、共黨組織、特務、集中營和軍隊來防制「反側」。現在情況不同了，俄羅斯不再配合蘇聯當局的需要，蘇聯當局雖出動過軍隊或特種部隊 （即隸屬內政部的 「黑扁帽部隊」 (Black Berets)） 來鎮壓，但無濟於事[67]。戈巴契夫在無可如何之餘，於 1991 年 3 月在最高蘇維埃同意後，舉行公民投票以決定是否重組一個平等主權的共和國聯邦 (a renewed federation of equal sovereign republics) 來維持蘇聯，有六個共和國，即愛沙尼亞、拉脫維亞、立陶宛、摩達維亞、喬治亞、亞美尼亞拒絕投票，蘇俄即俄羅斯 (RSFSR) 則在投票時另外徵詢人民是否蘇俄（俄羅斯）要設立總統職位並由人民直選產生。公民投票結果，在蘇俄（俄羅斯)、烏克蘭、白俄羅斯、亞塞拜然、烏茲別克、哈薩克、塔吉克、吉爾吉斯、土庫曼九個共和國，據克里姆林宮宣布贊成者佔 76.4%，反對者佔

Dec., 1990), pp. 96–105；尹慶耀，〈蘇聯的民族危機〉，《理論與政策》，5 卷 3 期（民 80 年 4 月)，頁 55–64；趙春山，〈蘇聯的民族問題與政治危機〉，《理論與政策》，5 卷 4 期（民 80 年 7 月)，頁 91–102；李玉珍，〈俄羅斯人與蘇聯當前的民族危機〉，《問題與研究》，30 卷 7 期（民 80 年 7 月)，頁 59–68。

[67] 美國 Free Press 在 1990 年出版學者們討論蘇聯情勢的專書 *Soviet Disunion*。

21.7%，無效票佔 1.9%，俄羅斯人民也贊成直選總統，並在該年 6 月間舉行，葉爾欽當選總統。戈巴契夫隨後與九個共和國領導人舉行「九加一會議」，並決定在 8 月 20 日簽新的聯邦條約，準備組成使各加盟共和國享有更多主權的主權共和國聯邦 (Union of Sovereign Republics)[68]，但 8 月 19 日保守分子反撲，造成流產政變。

經過 1991 年 8 月流產政變後，蘇聯的局勢益不可為，已是名存實亡的狀態。波羅的海三國獲得獨立，完全脫離蘇聯，歐市國家與美國先後承認，蘇聯的國務會議也於 9 月 6 日正式承認三國獨立[69]。其他共和國，如白俄羅斯、摩達維亞、烏克蘭、亞塞拜然、吉爾吉斯、烏茲別克、塔吉克、土庫曼等均宣布並堅持獨立。俄羅斯（蘇俄）也改懸白、藍、紅三色旗（俄國革命以前的旗幟）。俄羅斯和烏克蘭等共和國也要自己發行通貨，形同土崩瓦解。儘管戈巴契夫一再呼籲團結，勸告各共和國不可自組軍隊，並謂各共和國即使是最大的俄羅斯也無法自力生存，但效果不彰。10 月 21 日

在維爾納，立陶宛人慶祝獨立並破壞列寧雕像

[68] 畢英賢，〈蘇聯的公民投票與新聯邦制〉，《問題與研究》，30 卷 5 期（民 80 年 5 月），頁 1–11；*Newsweek* (March 25, 1991); Moscow (Reuter & AFP), *China Post*, March 20 & 22, 1991, p. 1; Moscow (Reuter), *China Post*, August 19, 1991, p. 1.

[69] Vilnius, Lithuania (AP), *China Post*, Sept. 3, 1991, p. 2; Moscow (AP), *China Post*, Sept. 7, 1991, p. 1; *Newsweek* (Sept. 9, 1991).

政變後的新最高蘇維埃（已是可由各共和國主導者）開議時，十二個共和國（波羅的海三國已完全脫離）中僅有七國（俄羅斯、白俄羅斯、哈薩克、烏茲別克、塔吉克、土庫曼、吉爾吉斯）出席，其他五共和國，包括烏克蘭、摩達維亞、亞美尼亞、亞塞拜然、喬治亞均缺席。這也就是說，蘇聯祇餘下俄羅斯、白俄羅斯、哈薩克和四個中亞共和國[70]。戈巴契夫所能期盼的，是把各共和國組成一個「鬆散的聯盟」(loose union)，但是他的計畫一直不能得到各共和國的支持，特別是烏克蘭、喬治亞、亞美尼亞和摩達維亞為然。在上述四個拒絕加入新聯邦的共和國之中，烏克蘭（面積六十餘萬平方公里，與法國相當；人口五千一百多萬，除俄羅斯以外為蘇聯最重要的共和國）的態度最具關鍵性。1991 年 12 月 1 日烏克蘭就獨立問題舉行公民投票，結果以壓倒性的九比一的票數贊成獨立。12 月 5 日公民投票同時選出的烏克蘭總統就職時且宣布廢止 1922 年的《蘇聯成立條約》[71]。

此後，蘇聯的完全解體和「死亡」，乃成為不可避免。1991 年 12 月 8 日，俄羅斯總統葉爾欽、烏克蘭總統克拉夫楚克 (Leonid Kravchuk, 1934–) 與白俄羅斯最高蘇維埃主席舒斯克維奇 (Stanislav Shushkevich, 1934–) 在白俄羅斯宣布成立「獨立國協」(Commonwealth of Independent States)，他們以 1922 年《蘇聯成立條約》簽字國和蘇聯創始加盟國的身分，宣布「作為國際法主體和地理實體的蘇維埃社會主義聯邦共和國已不復存在。」(The Union of Soviet Socialist Republics as a subject of international law and a geographical reality ceases its existence.)12 月 16 日俄羅斯議會通過接管克里姆林宮和蘇聯國會財產，並於翌日完成接管國會，同日戈巴契夫在與葉爾欽會談後同意依照合乎《憲法》的程序，包括召集

[70] Moscow (Reuter), *China News* & *China Post*, Oct. 22, 1991, pp. 1 & 2.

[71] Kiev (Reuter & AP, etc.), *China Post* & *China News*, Dec. 2–6, 1991, pp. 1, 2, 3; *Time* (Dec. 9, 1991).

最後一次的最高蘇維埃會議，將聯邦政府權力轉移給新國協，克里姆林宮的紅旗也將於 12 月 31 日降下，以使新國協得在 1992 年運作。12 月 19 日俄羅斯接管克里姆林宮及蘇聯政府資產，並撤廢蘇聯外交部。

蘇聯的「死亡」來得還要快一些。12 月 21 日，除了陷於內戰的喬治亞以外的十一個共和國，包括三大斯拉夫共和國（俄羅斯、白俄羅斯、烏克蘭）、中亞四共和國（烏茲別克、塔吉克、吉爾吉斯、土庫曼），再加上哈薩克、摩達維亞、亞美尼亞、亞塞拜然的領袖在哈薩克首都阿拉木圖 (Alma-Ata) 集合，皆以共同創始會員國地位加入獨立國家國協。他們達成三項協議：一為各共和國在「平等的基礎」(equal basis) 上，皆以「共同創始國」(co-founders) 的地位加入國協；二為發表《阿拉木圖宣言》(*Alma-Ata Declaration*)，承認十一個共和國的獨立及其現有疆界；三為建立一個臨時的軍事指揮部門（至 12 月 31 日為止）。12 月 25 日戈巴契夫宣布辭蘇聯總統職位，克里姆林宮的紅旗被降下，升起俄羅斯的白、藍、紅三色旗幟，俄羅斯的國名亦由俄羅斯議會通過由「俄羅斯蘇維埃聯邦社會主義共

烏克蘭人揮動著他們的黃藍兩色旗幟要求獨立

戈巴契夫成為被自己所推動的改革浪潮所吞噬的改革者

和國」 (Russian Soviet Federated Socialist Republic) 改為 「俄羅斯聯邦」(Russian Federation)，蘇聯最高蘇維埃亦決議自行解散。蘇聯正式消逝，葉爾欽取得核子武器按鈕， 俄羅斯亦取代了蘇聯在聯合國安全理事會的席位[72]。

蘇聯的解體固已無可避免，國協的前景則令人不能無慮。世人所最關切的，當是俄國境內尚有二萬七千件左右的核子武器和三百多萬大軍。核子武器主要散布在俄羅斯、烏克蘭和哈薩克境內，其管制情形影響到人類禍福。葉爾欽與境內擁有核武的共和國領袖均向為觀察俄國情勢來訪的美國國務卿貝克保證，核武將由「單一權責機構」(single authority) 來管轄。核武按鈕後來交由葉爾欽掌握，而俄羅斯又繼承了原蘇聯的權益而有獨大之勢，引起其他共和國的疑慮。傳統武力原擬由前蘇聯國防部長沙波希尼可夫 (Yevgeny Shaposhnikov, 1942–) 擔任國協臨時三軍統帥，並與十一個共和國的國防部長會商組織共同的軍事指揮部門的問題，但烏克蘭、摩達維亞、亞塞拜然堅持建立自己的軍事力量，而烏克蘭且與俄羅斯互爭包括黑海艦隊在內的海軍控制權與航空母艦，使問題難以解決。

另外，各共和國在經濟與政治方面亦多歧見。12 月 30 日十一個共和

西伯利亞的核武發射器

[72] Moscow, Bishkek, Rome, Alma-Ata (AP, Reuter, etc.), *China Post & China News*, Dec. 10–31, pp. 1, 2, 3, 4, 7; *Time* (Dec. 16, 1991); *Newsweek* (Dec. 16, 1991).

莫斯科送給華沙的禮物：文化科學宮

國領袖在白俄羅斯首都明斯克 (Minsk) 舉行國協首次高峰會，達成以下協議：(1)在領導協調方面，建立由各共和國元首組成的國家元首會議 (Council of Heads of State)，每年至少集會兩次，每一會員國一票，由各國依俄文字母順序輪流擔任主席；在國家元首會議之下，設立由各國總理組成的政府首長會議 (Council of Government Heads)，每三個月在明斯克集合一次，軍事問題則由國防部長會議 (Council of Defense Ministers) 處理；(2)在核子武器方面，由國協軍統帥與國防部長會議及國家元首會議協調管制，俄羅斯總統控有發射密碼及通訊設施，但在使用前必須與其他會員國磋商；(3)在傳統武力方面，可組聯合部隊由國協軍統帥指揮；各國亦可自行建軍，烏克蘭、亞塞拜然和摩達維亞已表示此種意願，但必須在兩個月內做成決定；各會員國同意建立共同的邊防部隊；(4)在太空發展方面，由各會員國共同控制原蘇聯太空計畫，並由跨國太空會議 (inter-state council on space) 司理其事，費用分擔；(5)蘇聯海外資產由各國作一定比例分配；(6)在行政方面，各會員國將設計體制以供應國協各機構及定期會議所需之經費。

會後不久，烏克蘭欲控制黑海艦隊（以烏克蘭克里米亞半島為基地）和要駐烏克蘭的原蘇聯軍隊向烏克蘭宣誓效忠，一度造成俄羅斯與烏克蘭的爭執，後雖妥協解決（烏克蘭取得該艦隊的非戰略武力部分），但問題並未解決。俄羅斯仍企圖將該艦隊置於國協「控制」之下，而且兩國對克里米亞半島的主權亦有意見。此外，經濟政策亦難協調一致，如俄羅斯斷然決定自 1992 年 1 月 2 日解除物價管制，造成物價飛漲，烏克蘭、白俄羅斯等國祇好被迫跟進[73]。總之，明斯克高峰會議後，獨立國協雖粗具模樣，但究將如何發展，仍未有明顯的趨勢。獨立國協各會員國的穩定與發展亦在未定之數。

俄國或俄羅斯或俄羅斯聯邦 (Russian Federation) 在蘇聯解體後就獨立。1991 年 6 月，葉爾欽當選總統，即推行財產私有化及市場和貿易自由化，允許多黨活動。依照憲法，俄羅斯聯邦為半總統制共和國，總統為國家元首，總理為政府領袖。政府由三權構成，立法部門為兩院制國會，由四百五十名成員的聯邦杜馬 (State Duma) 和一百六十六名成員的聯邦參議會 (Federal Council) 共同組成，負責立法、宣戰媾和、審查條約、國家財政，以及彈劾總統之職；行政由總統，亦為軍事統帥，否決法案，以及任命內閣及其他官員；司法有憲法法庭 (Constitutional Court)、最高法院 (Supreme Court) 和最高上訴法院 (Supreme Court of Arbitration)，各有職司。

二、東　歐

東歐各國曾歷經變遷[74]，在第二次世界大戰之後為俄國（蘇聯）所控制。東歐國家在戰時曾為納粹德國所佔領，俄軍（紅軍）把德軍逐出波蘭、羅馬尼亞、匈牙利、保加利亞、捷克和南斯拉夫，僅有在南斯拉夫當地的

---

[73] Moscow & Minsk (AP, Reuter & Interfax), *China Post* & *China News*, Dec. 17, 1991–Jan. 13, 1992, passim; *Time* (Dec. 16, 23 & 30, 1991 & Jan. 6, 1992); *Newsweek* (Dec. 16, 23 & 30, 1991 & Jan. 6, 1992).

[74] 關於東歐各國的歷史沿革，可參看李邁先著，洪茂雄增訂，《東歐諸國史（當代完備版）》（臺北：三民書局，民 91）。

反抗納粹統治的游擊武力曾扮演某種程度的角色。俄國人認為他們曾經為這些國家流過血，堅持這些國家必須建立對莫斯科「友好」的政府，西方國家也大體同意，在德黑蘭會議時羅斯福告訴史達林，「祇要把它弄得看來過得去」(only make it look good)。雅爾達會議時事實上已把東歐交給俄國，匈牙利總理卡萊 (Miklós Kállay, 1887–1967) 曾企圖向西方投降，被拒。史達林為了控制東歐，事先在莫斯科組成各種「愛國解放陣線」或「民族解放陣線」(Patriotic Liberation Fronts, or National Liberation Fronts)，戰爭結束後再懾以兵威，二百五十師的紅軍可以予取予求。史達林控制這些國家的做法常被描述為「臘腸戰術」(salami tactics)，他先用「聯合政府」的門面，包括各個反法西斯政黨，共黨控制重要的部會，如國防及安全（警察）等，然後再逐漸地一黨一黨地把它們切掉，祇留下共黨，最後再把有當地人民基礎的共黨分子去掉，代之以莫斯科培養出來的人。這便是莫斯科泡製東歐各個「人民民主共和國」(people's democracies) 的基本做法[75]。

在此情形下，易北河以東的東歐國家除奧地利和希臘以外，波蘭、捷克、匈牙利、羅馬尼亞、保加利亞、南斯拉夫（1948 年雖與俄國分裂，仍為共產國家）均為共產勢力所有，還要加上東德。西歐是西方勢力的範圍。於是，歐洲二分，而且各呈現其控制者的內政建制、經濟制度和對外政策，成為意識型態與生活方式上的對抗。不過，後來俄國的擴張有自日本海至大西洋，從北極海到愛琴海建立大帝國之勢，此為美國所不能忍受[76]。

---

[75] Stromberg, op. cit., pp. 288, 304–06. 這種做法，也並不是未受到抗拒。在捷克，社會民主黨拒絕與共黨合併，布拉格政府也想爭取美國的經濟援助，史達林命捷克發動政變，1948 年 2 月各獨立政黨的領導人物被捕，建立了一黨政府。在匈牙利，匈牙利人集結在樞機主教閔曾悌 (Cardinal Mindszenty, 1872–1975) 領導下反抗，1948 年 12 月閔曾悌被捕。至於所謂「人民民主國」一詞，原為俄共政治局所創，用以描述這些國家在大戰後的不明朗狀態，它們尚不是「社會主義」國家，但無論它們同意還是不同意，均將會成為「社會主義」國家。

[76] William R. Keylor, *The Twentieth-Century World: An International History* (New

（左）1953 年，俄軍坦克在東柏林鎮壓人民反抗／（右）1956 年 11 月布達佩斯的人眾推倒史達林銅像

俄國為了加強對這些附庸國的控制和對抗西方，在經濟上組成經濟互助理事會 (1949)，軍事上把它們結合為華沙公約組織 (1955)。

俄國的控制自然引起東歐人民的反抗。1953 年 6 月，東柏林修築史達林大道的工人起而反抗，東德工人因食物缺乏和工作過多而發動示威反對，東德政權岌岌可危，俄國出動軍隊（十七個師）和坦克，用血腥鎮壓的手段消滅。1956 年 10 月，匈牙利人起而抗暴，匈牙利總理納奇 (Imre Nagy, 1896–1958) 主張恢復多黨政治，布達佩斯的民眾推倒史達林的銅像，俄國利用國際注意力集中在蘇伊士運河危機的當兒，於 11 月 4 日動員了包括二千五百輛坦克的軍力攻入匈牙利和布達佩斯，造成至少三千匈牙利人被殺，估計有二十萬匈難民逃往西方（接近其人口的 2%），恢復了共黨高壓統治，納奇亦於 1958 年經審判後被槍決。1968 年在捷克發生的「布拉格之春」(Prague spring) 尤具震撼性。緣因捷克人民欲改變體制，1968 年捷克共黨改組，在新任共黨第一書記杜布西克 (Alexander Dubček, 1921–92) 領導下，要用「捷克方式實行社會主義」(Czechoslovak way to socialism)，廢除出版檢查，工會、青年團體和其他人民組織振起，1968 年 8 月在布拉格的聖溫塞勞斯廣場 (St. Wenceslaus Square) 有集結的群眾示威。俄國決定干預，先是華沙公約組織在捷克的布雷提斯拉瓦 (Bratislava) 集會，決定干

York: Knopf, 1984), pp. 262–63.

華沙公約組織在布雷提斯拉瓦的集會（1968 年 8 月），頭排左起第五人為布里茲涅夫

預。8 月 20 日至 21 日夜間，俄國糾合波蘭、保加利亞、東德和匈牙利等國二十多萬軍隊侵入捷克，鎮壓了捷克的改革運動，杜布西克一度被帶回莫斯科，後又復職，至翌年 4 月始解職。1968 年 9 月 26 日，莫斯科《真理報》發表重要的政策聲明，此一聲明後來被稱為「布里茲涅夫主義」(Brezhnev Doctrine)。其主要內容為：社會主義國家僅享有部分主權，另一部分主權屬於社會主義國家集團全體，每一社會主義國家固然有其自主性，但每一國家的共黨不僅對自己國家的人民負責，也要對全體社會主義國家和整個的共產運動負責，社會主義國家絕對不能改變其社會主義的本質。此即所謂「社會主義有限主權論」(limited socialist sovereignty)。俄國人雖否認有「布里茲涅夫主義」的存在，但其干預共產國家改革，以免使整體受到削弱的立場則甚為堅決[77]。

---

[77] Richard Pipes, *Modern Europe* (Homewood, Illinois: The Dorsey Press, 1981), pp. 355–57; Stromberg, op. cit., pp. 386–88（《真理報》評論係由 S. Kovalev 署名，英文題目為：Sovereignty and the International Obligations of Socialist Countries, *Pravada*, Sept. 26, 1968）.

聖溫塞勞斯廣場上的反俄示威者和他們的標示：「杜布西克加油！蘇聯滾回去！」（1968 年 8 月）

俄國軍隊鎮壓「布拉格之春」

數千波蘭工人在格旦斯克列寧造船廠罷工並參加宗教儀式（1980 年 8 月 24 日）

在波蘭，1956 年 6 月，1970 年 12 月和 1976 年 6 月均有反對共產體制的示威運動，同時在波蘭天主教勢力一直根深蒂固（信徒佔全人口 90%），可以作為精神支柱。1970 年代工人普遍不滿，要求改革。格旦斯克成為抵抗運動的大本營。1980 年 8 月該地列寧造船廠電工華勒沙 (Lech Walesa, 1943–) 成為領導人物，9 月波蘭各工會在他領導下組成「團結工聯」(Solidarity)，雖遭禁止而奮鬥不輟。1983 年華勒沙且獲諾貝爾和平獎。

另一方面，東歐各國雖在俄國陰影下，仍努力推展「人性面孔的共產主義」(communism with a human face)，匈牙利在 1968 年即採取有市場制度因素的新經濟機制 (NEM: New Economic Mechanism)，其他各國亦有程度不同的做法。1985 年戈巴契夫在俄國當政後，其「新思維」中不再有布里茲涅夫主義的主張。1989 年以後發生極大的變化，匈牙利共黨於該年 10 月首先解散其組織，修改《憲法》，放棄無產階級專政，改國號為「匈牙利共和國」。繼之，其他國紛紛修改《憲法》，實行多黨制度；改變國號，不再標榜「人民」或「社會主義」；各國共黨亦改頭換面，如匈共改稱「社會黨」，東德共黨改名「民主社會主義黨」，波共換招牌為「社會民主黨」，保共改為「社會黨」等等。同時，自 1990 年 3 月 18 日，東德舉行戰後第一次自由選舉，其他各國繼之，如匈牙利（3 月 25 日）、羅馬尼亞（5 月 20 日）、捷克（6 月 8 日）、保加利亞（6 月 12 日）等等。至 1991 年 1 月 3 日，阿爾巴尼亞也首度舉行了多黨自由選舉。東德在 1990 年 10 月 3 日與西德合併，德國再度統一。

東德的變局與德國的統一，除了時代與潮流以外，均與戈巴契夫主舵下的蘇聯採取中立態度有很大的關係[78]。

---

[78] Ernst Kux, “Revolution in Eastern Europe Revolution in the West?,” *Problems of Communism* (May-June, 1991), pp. 1–13; Jerzy Jedlicki, “The Revolution of 1989: The Unbearable Burden of History (A Colloquium),” *Problems of Communism* (July-August, 1990), pp. 39–48; Hannes Adomeit, “Gorbachev and German Unification:

1991 年 8 月，波羅的海三國（愛沙尼亞、拉脫維亞、立陶宛）獨立，東歐各國中又多了三個成員國。

另一方面，由於歷史與文化變遷，東歐各國在種族和語言等方面多呈現紛歧的現象，為國家統合投下變數。愛沙尼亞的一千六百萬和拉脫維亞的二千七百萬人口中，固然愛沙尼亞人和拉脫維亞人佔了大多數，但各有超過三分之一的俄羅斯人和其他種族。立陶宛的情況好一點，其三千七百萬人口中，俄羅斯人和其他民族不到全人口的 20%，捷克的一千五百六十萬人口中，捷克人佔 63% 左右，斯洛伐克人佔 31% 左右，另外尚有其他民族。

情況最複雜的，是南斯拉夫。它是由塞爾維亞 (Serbia)、克羅埃西亞 (Croatia)、波斯尼亞和赫最哥維那 (Bosnia and Hercegovina)、斯洛伐尼亞 (Slovenia)、馬其頓 (Macedonia) 和蒙特尼哥羅 (Montenegro) 六個共和國，再加上科索沃 (Kosovo) 和伏依瓦迪那 (Vojvodina) 兩個自治省所組成的聯邦共和國。在其二千二百四十二萬人口中（依 1981 年普查數字），有很多不同的族群，其中最主要的有塞爾維亞人（Serbs，約佔 36.3%），克羅埃西亞人（Croatians, or Croats，約佔 20%），斯洛伐尼亞人（Slovenes，約佔 9%），馬其頓人（Macedonians，約佔 6%），另外尚有阿爾巴尼亞人和匈牙利人等。官方語言有三種，即塞爾維亞・克羅埃西亞語 (Serbo-Croatian)、斯洛維尼語 (Slovenian) 和馬其頓語 (Macedonian)，其中以塞爾維亞・克魯埃西亞語較為普遍，但塞爾維亞人、蒙特尼哥羅人 (Montenegrins) 和絕大多數波斯尼亞人用西瑞爾字母 (Cyrillic alphabet) 書寫，克羅埃西亞人用羅馬（拉丁）字母書寫。另兩種官方語言，斯洛伐尼亞語用羅馬字母，馬其頓語則用西瑞爾字母。在宗教方面，南斯拉夫很重視宗教，但亦甚為分裂。大約有三分之一的南斯拉夫人（包括多數的馬其頓人、蒙特尼哥羅人和塞

Revision of Thinking, Realignment of Power," *Problems of Communism* (July-August, 1990), pp. 1–23; Gale Stokes, "Lessons of the East European Revolutions of 1989," *Problems of Communism* (Sept.-Oct., 1991), pp. 17–22.

爾維亞人）信仰東正教，約有四分之一的人（包括大多數的克羅埃西亞人和斯洛伐尼亞人）信奉天主教，另有大約十分之一的人（主要在波斯尼亞和馬其頓）則皈依回教。各共和國中，以塞爾維亞為最大，也是維繫聯邦的主力。這個國家之所以能勉強維持統一，係賴狄托 (Josip Broz Tito, 1892–1980) 和共黨控制。1980 年狄托死後，即已不穩，1989 年東歐大變局和共黨崩潰後，情況益不可為[79]。

1991 年 6 月，克羅埃西亞和斯洛伐尼亞宣布獨立。這兩個共和國曾屬奧匈帝國，天主教信徒居多，經濟較進步，也採取多黨制和自由選舉。它們宣布獨立後，聯邦以軍力制止，於是南斯拉夫爆發了內戰。1992 年 1 月 5 日歐洲共同市場承認兩國的獨立。南斯拉夫的部分，如波斯尼亞和赫最哥維那也不穩。看來，南斯拉夫面臨分崩離析之局。

最後，原蘇聯在東歐的體系完全崩潰，各國恢復獨立，有的且加入歐盟和北大西洋公約組織。

[79] Bogomil Ferfila, "Yugoslavia: Confederation or Disintegration?", *Problems of Communism* (July-August, 1991), pp. 18–40.

第九章
1945 年以後的亞洲、非洲與拉丁美洲

第二次世界大戰以後，在亞洲、非洲和拉丁美洲發生了許多基本性的改變。

西方殖民主義勢力的衰落，使亞洲和非洲和部分拉丁美洲原來處於帝國主義國家的殖民地的人民，得以獨立。新國家的誕生如同雨後春筍，使全世界的獨立國家的數目急劇地膨脹。這些「新而獨立」的國家，與在前一個世紀就已經獨立的絕大多數的拉丁美洲國家，因為都具有落後和貧窮的特點，也都有許多政治的、經濟的、社會的、文化的問題未獲解決，而這些問題在這些不同的國家卻是共同的，於是這些國家便被共同地稱為「第三世界」國家。「第三世界」國家與其他國家，不僅在量與質方面均不相同，而且它們也為世界造成了很多的問題。

固然，在這些區域的國家，並非完全都是第三世界國家，例如日本、澳洲、紐西蘭、以色列等國皆屬所謂「先進國家」。另外，在這些地域的新興國家，也不全是從西方國家的殖民地蛻變而來，雖然說它們幾乎全部是脫胎於西方國家的殖民地。

這些區域的發展，同樣地給世界帶來很多的影響，也同樣地為世人所關注。

第一節　東亞與澳、紐

我們把東亞與澳洲和紐西蘭併為一節是基於以下的考慮：現代世界常

把亞洲和太平洋各島合稱亞太區域，有其地緣上的關係；大洋洲或太平洋島群 (Oceania, or Pacific Islands) 並無明確而一致的界定，同為太平洋中群島的日本、印尼和菲律賓等一向被歸入亞洲，靠近北美與南美的阿留申群島 (the Aleutian Islands) 和加拉巴哥群島 (the Galapagos Islands) 又一向被視為北美及南美之一部；澳洲本身是一個「洲」，應否屬於大洋洲，意見亦不一致。

東亞包括中國、日本與朝鮮（韓國），其中中國因另有「中國現代史」，不在此論列，因此我們將以日本與朝鮮（韓國）為東亞區域討論的主體。同時，朝鮮（韓國）雖為第二次大戰以後恢復獨立的國家，但卻並非自西方殖民帝國中獨立出來的。

一、日　本

現代的日本已經是在國際社會中舉足輕重的國家，它早已是經濟大國，而且也具備作為軍事大國和政治大國的潛在條件。

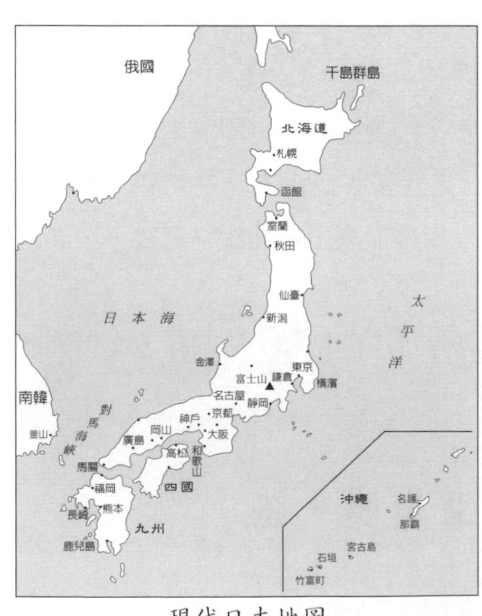

現代日本地圖

日本在第二次世界大戰戰敗投降以後，直迄 1951 年《舊金山和約》的簽訂，曾在盟軍佔領之下，而美軍統帥麥克阿瑟以盟軍最高統帥 (SCAP: Supreme Commander of Allied Powers) 實為最高主宰（所謂「盟軍」係以美軍為主，中國、英國、澳洲、紐西蘭、加拿大和俄國僅為象徵性的參與）。美軍佔領日本期間，初時日本人曾甚為戒懼，但美軍亦從事救濟與重建的工作，戰爭末期日本民生極端困難，設非美國緊急救濟和修復主要鐵路幹線，則 1945 年至 1946 年的冬天，將是一大苦難。另一方面，盟軍總部亦根據《波茨坦宣言》懲治戰犯，逮捕東條英機等三十八名戰犯，繼之又逮捕皇族、政界、財經等戰爭領導人物五十九名，後來又捕近衛文麿等九人，總計日本人被捕者約有一萬人。盟國設立遠東國際軍事法庭，自 1946 年 1 月至 1948 年 4 月審訊二年餘，判決有罪者逾四千名，其中甲級戰犯有二十五名。

美軍佔領期間，麥克阿瑟頗致力於日本民主化的運動，戰後日本的《憲法》實際上是盟軍總部的官員所草擬的，仍舊保持天皇制度，作為日本象徵性的元首，而一切實權則操諸總理（首相）與國會。自第二次世界大戰迄今，日本天皇有裕仁（昭和，1901–89，在位期間為 1926–89）、明仁（平成，1933– ，在位時期 1989–2019，1990 年 11 月 12 日舉行即位大典）和德仁（令和，1960– ，在位時期 2019 迄今，2019 年 5 月 1 日舉行即位大典）。（德仁資料為編輯部增補。）

㈠政　況

日皇裕仁於日本投降後的第二年（1946 年，昭和 21 年）的元旦，發

裕仁天皇與麥克阿瑟攝於美國駐日大使館前 (1945)

日皇明仁即位大典

表由內閣副署的有關建設新日本的詔書，此即有名的《人間宣言》，否認日本天皇具有神性，並且宣告自己是人。日本（新）《憲法》亦於此年 11 月公布，明定天皇為「日本國民團結的象徵」，他的職掌有十二項，但均與實際政治無關。他平易近人，鑽研海洋生物，1989 年他病逝後，由長子明仁繼位。

日本《憲法》的主要內容是基於主權在民的原則，天皇僅為象徵性的元首；凡年滿二十歲以上的男女國民均有選舉權，二十五歲以上者有眾議員的被選舉權，三十歲以上者有參議員的被選舉權；國會 (Kokhai, or Diet) 有眾議院（Shugiin, or House of Representatives，由四百六十七名眾議員所組成，後增為五百十二名眾議員），每四年改選一次；以及參議院（Sangiin, or House of Councillors，由二百五十名參議員所組成，後增為二百五十二名，任期六年，每三年改選半數），但眾議院在法律案、預算案、條約的批准、內閣總理的同意權均有先議權，而且獨佔對內閣的信任及不信任投票權，因此是真正的國會❶；行政權方面，由內閣行使而對眾議院負責，是議會內閣制，當眾議院通過不信任議案或否決信任案的決議案後十日內，一旦眾議院不解散，內閣就要總辭；至於地方行政制度，都、道、府、縣知事，皆由人民選舉，擁有處理地方公共事務的權力；司法獨立，法院有最高法院，八個地區性的高等法院，以及五十個地方法院，以及若干簡易法庭。另外，《憲法》第九條亦規定日本棄絕戰爭，不承認國家之交戰權。

日本在戰後，人民恢復了言論及政治結社的自由，於是政黨組織大為發達，1946 年（昭和 21 年）所舉行的戰後第一次大選，投入選舉的大小政黨超過三百六十個，但是，此時日本的政黨常是倉促成軍，構成分子又

❶ 蔡震東，《日本參議院選舉制度研究》（臺北：財團法人中日文教基金會出版，民 80 年 7 月），頁 51–52；另參看周啟乾譯（信夫清三郎著），《日本近代政治史》（臺北：桂冠出版公司，民 79）。

極為複雜，以致分合不定。主要的政黨有自由黨、進步黨、社會黨和共產黨。自由黨以戰前的政友會為基礎，代表日本的保守力量，首任總裁為鳩山一郎；進步黨的前身是戰前的民政黨，其領導人物為幣原喜重郎、犬養健；社會黨則由戰前的勞工黨、社會民眾黨、無產大眾黨所構成；日本共產黨在戰前為非法組織，1945 年（昭和 20 年）取得合法地位。1955 年，右派的政黨，自由黨與民主黨完成「保守合同」而合併為自由民主黨，以自由主義和民主政治為號召，成為日本最大的政黨。

現代日本政黨中，除了自由民主黨（自民黨）以外，日本還有其他的政黨，其主要者有日本社會黨（1955 年後稱統一日本社會黨），其主要支柱為勞工及工會。此外還有公明黨（1964 年成立），該黨是以宗教為中心的團體，他們所信奉的日蓮正宗，除了堅定的信仰之外，還有很嚴格的，有軍事色彩的組織。日本政黨中，還有一個民主社會黨（民社黨），他們是由社會黨分裂出來的，仍以社會主義為號召。至於日本共產黨，在戰後取得合法地位後，亦加強發展組織。另外，還有新自由俱樂部（1976 年建立，以維護自由經濟為主要訴求）、社會民主連合（1978 年成立，他們希望促成公明與民社兩黨之間的密切關係，同時亦願與社會黨和新自由俱樂部等組成廣泛的政治聯盟，他們以實現一個嶄新而自由的社會主義社會相號召）。日本各政黨與美國各政黨不同的，是有嚴密的組織，黨員入黨有一定的手續，至少需年滿十八歲，有黨員二人以上的介紹，並且要繳納黨費❷。

日本雖為多黨競爭的政治局面，但自民黨自 1955 年創黨以來均能贏得大選而執政。其他的政黨雖多，但它們所能掌握的政治資源，加起來的總合不過相當於半個自民黨的力量，因此有的政治學家稱日本的政黨制度是「一個半政黨的制度」(one-and-a-half party system)❸。但是，自從 1980 年

❷ 參看陳水逢，《戰後日本政黨政治》（臺北：財團法人中日文教基金會出版，民 74），頁 30–266。

代以來，自民黨的優越地位有每下愈況之勢。另外，日本民主政治中所表現的金權政治和派閥力量，亦為其特色❹。

1989 年（昭和 64 年，平成元年），昭和天皇逝世，皇太子明仁繼位，改元「平成」。

㈡經　濟

日本的天然資源非常有限，其耕地面積不足全部土地的 20%。日本雖有出產稻米、木材、漁產，但均不足觀。日本的工業在第二次世界大戰之前已甚發達，第二次世界大戰期間曾遭嚴重破壞，但至 1950 年受戰爭破壞的城市、工廠和鐵路線，大致重建。1951 年日本的工業生產量已大致是 1931 年的水準。韓戰（1950–53 年）更給予日本經濟發展很大的刺激。

在日本的經濟發展中，其私有企業、政府角色和稅收制度扮演非常重要的角色。私有企業是日本的基本經濟體制，政府透過立法或行政措施適度地介入經濟活動的範疇，而合理的財稅制度均為經濟成長的主要因素。日本在第二次世界大戰之後的二十年內，經濟成長的迅速可以說是空前的，使日本進入最先進的工業化國家之林，其成就之大，被稱為「日本奇蹟」(Japanese miracle)。在工業中，造船業、汽機車製造業、電子業、精密儀器業、冶金業、石化業、航空工程業、紡織業，均在世界中佔有非常重要的地位。哈佛大學教授傅高義 (Ezra F. Vogel, 1930–) 在 1980 年出版《日本第一》(*Japan as Number One*)❺，引起很大的轟動。日本在對外貿易方面，享有極大的順差，使其他國家相形見絀，在世界各地亦進行廣泛而深入的

---

❸ Lucian W. Pye, *Asian Power and Politics* (The Belknap Press of Harvard University Press, 1985), pp. 340–41.

❹ 陳水逢譯（辻中豐著），《日本利益集團》（臺北：財團法人中日文教基金會出版，民 79）。

❺ Ezra F. Vogel, *Japan as Number One*，李孝悌譯，《日本第一》（臺北：長河出版社，民 69）。

現代日本的工業

投資，其整個做法，是用團隊的精神，在精確規劃之後而採取行動。這種做法，是把舉國看作一個整體，美國人常稱為「日本公司」(Japan Inc.)。這種作為也常在世界各地激起「日本能，我們為什麼不能!?」的感嘆。日本的外貿能力，常使它與歐美國家發生摩擦，而亞洲國家尤其是無法抵抗。以數據看，1989年的平均每人國民生產毛額，日本以二萬三千零十六美元而僅次於瑞士的二萬六千三百四十五美元，名列第二，在國民生產毛額方面，日本為兩兆八千三百三十七億美元，僅次於美國的五兆兩千三百四十億美元，而名列第二❻。現在日本正以其龐大的經濟實力把亞洲建立為亞洲日圓集團 (Asian Yen Bloc)❼。

㈢社會與文化

除了生活在北海道的蝦夷人以外，日本人在種族及語言文化上均甚單一。不過，以面積不到三十八萬兩千平方公里的土地，而有將近一億一千九百萬人口，其經常面臨人口壓力，可想而知。日本都市化的情形非常徹底，全國的六大都會區是人口聚集的地區。

日本本有社會階級的分別，最早有所謂「四民」，武士、農民、工匠及商人。自明治時代到第二次世界大戰之間日本社會又衍生出三種不同的階級，即華族、士族和平民。不過，自從第二次世界大戰以後，階級區分已

❻ 行政院主計處，《國民經濟動向統計季報》，第53期（民80年5月），頁75。

❼ *Newsweek* (Aug. 5, 1991), pp. 16–20.

漸消除，而中產階級變成社會的主體。1959 年皇太子明仁（1989 年繼位為天皇）娶出身平民的工業家的女兒美智子 (1934–) 為妃，尤為里程碑。另外，日本女性本來在法律和社會地位上與男性居於不平等的情況。第二次世界大戰後，情形已大為改觀，女性有了投票權，而且也有繼承遺產權，對於自己的財產也有處分權。她們也可以為自己的婚姻做主，並可離婚。在第二次世界大戰以前，絕大部分的中產階級的已婚婦女多不在外工作，也很少參與家庭以外的活動。如今日本婦女則積極地參與政治與社會的組織，日本《憲法》也保障女性在各方面與男性享有同等的權利。

日本人以愛美著名，他們對庭園與花卉和樹木的維護，非常注意。他們也非常愛好整潔，他們通常在進入浴缸之前，洗淨身體，因為他們認為在熱水中沐浴是為了鬆弛精神之用。公共浴室在日本隨處可見，另一方面，日本人的愛美與英勇，多禮與殘忍構成尖銳的對比，因此西方學者有人以

（右）現代日本婦女仍學習傳統藝術，圖為琴道

（左）傳統與現代：日本婦女著和服等公車

「菊花與劍」來說明日本的民族性❽。

在宗教信仰方面，日本原有古老的、講求「眾神之道」的神道教(Shinto)，該教並曾在1870年代到1945年間為日本的國教。日本人信仰最多的是佛教，佔了大約85%的人口。此外還有基督教和道教等。

㈣涉外關係

日本在《舊金山和約》生效（1952年4月）後恢復獨立主權國家的地位。1956年，日本與俄國恢復外交關係和加入聯合國。1972年，日本自美國手中收回琉球。

日本早已是經濟超強，其國防武力雖稱「自衛隊」，但擁有可觀的陸、海、空力量。近年來一直追求更大的國際影響力量，而且不以「區域性的強國」為滿足。

二、韓國（朝鮮）

韓國亦稱朝鮮。1895年後為日本所控制，1910年更為日本所正式吞併。1943年開羅會議時，中、美、英三國領袖發表聲明，謂「在適當時機韓國將為獨立而自由的國家」(in due course Korea shall become free and independent)。但1945年2月的雅爾達會議同意在韓國獨立前，蘇聯佔領韓國北部，同年7月之波茨坦會議再度申明韓國獨立的諾言。1945年8月，俄軍自北進入，美軍自南進入，雙方同意以北緯三十八度線為兩國佔領區之分界線。1946年5月，美國和俄國就建立全韓政府之談判失敗，俄國於該年11月在其佔領區內舉行選舉以建立以朝鮮勞工黨（即共產黨）頭子金日成(1912–94)為首的政府。1947年美國和俄國再度展開交涉，聯合國亦決定派遣委員會至韓國監督全韓的選舉，但北韓禁止入境。1948年5月在韓國南部舉行選舉，右派分子獲勝，7月李承晚(1875–1965)當選大統

❽ Ruth Benedict, *The Chrysanthemum and the Sword* (1946)，黃道琳譯，《菊花與劍》（臺北：桂冠出版社，民78，14版）。

金日成

領（總統）。

於是韓國正式分裂，南韓稱大韓民國 (Republic of Korea, or Tae Han Minguk)，轄有九省和四個特別市（漢城、仁川、大邱、釜山），以漢城為首都，其國家元首稱大統領。同年 9 月俄國也在北韓正式建立朝鮮民主主義人民共和國 (Democratic People's Republic of Korea, or Choson Minjujuui In'min Kongkwaguk)，亦轄有九省，以平壤為首都，其國家元首稱國家主席。南、北韓的對峙，使朝鮮半島風雲險惡，1950 年 1 月美國國務卿艾奇遜 (Dean Acheson, 1893–1971) 在美國國家新聞俱樂部發表聲明，謂美國的防衛圈係自阿留申群島至日本，以及從琉球群島到菲律賓。也就是說，南韓不在美國的防衛範圍之內。

1950 年 6 月 25 日，北韓在拂曉時刻以大軍越過北緯三十八度線，突襲南韓，27 日漢城陷落，這就是韓戰。韓戰爆發後，美國總統杜魯門即命令駐日美軍統帥麥克阿瑟予以支援，當時杜魯門的態度極為堅決，他堅信戰爭為俄國所發動，他在 6 月 25 日宣布說：韓國是遠東的希臘，必須堅定對付，使共黨不敢有下一步行動❾。美國並在漢城陷落的同日在聯合國安全理事會提出驅退侵略者的議案（按自 1950 年 1 月至 8 月 1 日俄國代表因中國代表權問題而杯葛聯合國，拒絕出席安理會），於是通過決議，組成聯合國遠征軍，這支遠征軍有多國參加，其中包括英、澳、紐、荷、加、法、土、泰、菲、巴西等國，由麥克阿瑟擔任統帥。北韓軍隊一度進抵朝鮮半島最南端的釜山，但聯軍在仁川登陸反攻後迅速北進，攻下平壤，前鋒直抵鴨綠江。此時中國大陸方面忽以「志願軍」的名義參戰。於是戰爭局勢再度改觀。發展至 1951 年 6 月 25 日，美國杜魯門政府接受俄國停火

❾ William R. Keylor, *The Twentieth-Century World* (New York: Oxford, 1984), p. 374.

建議，自同年 7 月 9 日開始談判，經過一千零四十二小時又四十二分鐘的談判始達成協議，1953 年 7 月 27 日在板門店簽訂《停戰協定》。南、北韓仍以北緯三十八度線為界，兩韓之間為非軍事區 (DMZ)，此一非軍事區西自漢江出海口至東岸北緯三十九度處，有一百五十一哩長和四千公尺寬，雙方並在板門店設立軍事停火委員會 (MAC: Military Armistice Commission) 負責監督停火事宜。美國並於 1954 年 11 月與南韓簽訂《共同防禦條約》，以保障其安全。

韓戰的代價非常高昂，全部戰費有一百五十億美元之多，因戰爭而死亡的人數，據估計有一百萬以上的南韓人，一百萬以上的北韓人及中國人，以及五萬四千兩百四十六名美國人（其中有三萬三千六百二十九人死於戰場，二萬零六百十七人因傷重或疾病死亡）。但是，戰爭並未解決問題，兩韓對峙依舊。兩韓之間亦有有關統一的對話，早在 1954 年日內瓦會議時雙方便開始討論有關統一的問題，沒有重大發展。南韓在全斗煥 (1931–) 大統領主政期間 (1981–88) 採取較為積極的行動，並努力推動與金日成之間的對話，未果。1988 年後，盧泰愚 (1932–) 擔任南韓大統領，至 1990 年 9 月以後雙方開始有總理級的會談。1991 年 12 月 13 日，雙方在「高

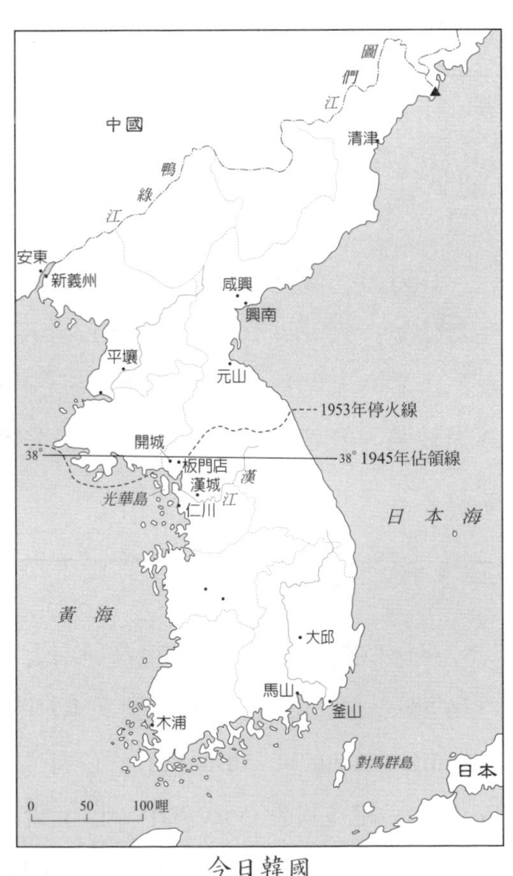

今日韓國

盧泰愚

層會談」（南韓稱「南北高層會談」，北韓稱「北南高層會談」）後，南韓國務院總理鄭元植 (1928–) 與北韓政務院總理延亨默 (1931–2005) 在漢城簽訂《和解、互不侵犯與交流合作協議書》，尤為一大突破。同年 12 月 31 日，雙方在板門店達成朝鮮半島非核化的協議，1992 年 1 月 20 日兩韓總理在板門店簽訂協議。北韓（國際專家估計其有可能在短期內成為核子國家）亦表示願與國際原子能總署 (IAEA: International Atomic Energy Agency) 簽訂協議接受檢查的意願，並於 1 月 30 日與之簽訂《核子安全防護協定》。美國與南韓亦做出取消該年美國與南韓的聯合軍事演習。朝鮮半島的情勢有了鬆弛與和解的現象。

1991 年，南韓和北韓皆加入聯合國。南韓的面積是九萬八千九百十三平方公里，人口四千三百萬（2012 年已至五千萬人）；北韓的面積是十二萬二千零九十八平方公里，人口兩千三百萬。另一方面，北韓經濟落後而軍力較強，但南韓有四萬三千二百名美軍協防。兩韓究將如何發展，尚待觀察。

三、澳　洲

澳洲位於南半球，在印度洋與南太平洋之間，它的本身是一個「洲」（島洲）。它是一個聯邦型的國家，正式國名叫澳大利亞聯邦 (Commonwealth of Australia)。它有六個邦：新南威爾斯 (New South Wales)、維多利亞 (Victoria)、昆士蘭 (Queensland)、南澳大利亞 (South Australia)、西澳大利亞 (Western Australia)、塔斯馬尼亞 (Tasmania)。另外還有兩個行政區，一為澳大利亞首都行政區 (ACT: Australian Capital Territory)，此為新南威爾斯邦於 1911 年割予聯邦而成為以坎培拉為中心的聯邦政府所在地者，另一行政區為北方行政區 (Northern Territory)，為 1978 年所建立的自治行政區。至於原屬澳洲的巴布亞・新幾內亞 (Papua New Guinea) 則於 1975 年成為獨立國家。

澳大利亞聯邦在 1901 年成為大英帝國的自治領，1931 年成為大英國協的一員。第二次世界大戰時，澳洲在 1939 年 9 月 3 日，於英國向德國宣戰數小時後，亦向德國宣戰。戰爭期間，澳洲投下了九十二萬六千多人（此外還有六萬六千多女人）參加戰鬥序列，在歐洲、太平洋地區和北非戰場作戰。澳洲也在第二次世界大戰期間第一次遭受到敵人的攻擊，1942 年日本飛機轟炸達爾文港，日本潛艇也攻擊過雪梨和紐加塞 (Newcastle)。戰後

澳大利亞

澳洲發展迅速，其人口在 1945 年時約有七百五十萬人，此後澳洲吸引移民，大約有四百五十萬人移入，再加上自然增加，使人口數字到了一千四百多萬人。

在政治制度上，澳洲是聯邦制的國家，它是國協會員國之一。英國的國王也是澳洲的國王，不過，英王僅為澳洲及其他國協會員國之間團結的象徵，其職權由總督 (governor-general) 來行使。總督雖為象徵性的元首，但有時亦發生很大的作用，1975 年自由黨 (Liberal and Country Party) 指控當時工黨的內閣總理惠特南（Gough Whitlam，1916–2014，執政時期為 1972–75）措施失當，涉嫌金錢舞弊，要求舉行大選。惠特南拒絕，他們便杯葛預算，使政府的日常業務無法進行。總督凱爾 (Sir John Kerr, 1914–91) 將惠特南免職，任命自由黨的領袖傅雷茲 (John Malcolm Fraser, 1930–2015) 為總理，並舉行選舉，後來傅雷茲所領導的自由黨與國家黨贏得選舉。

澳洲也是議會內閣制的國家。國會是兩院制的國會，上院為參議院 (Senate)，由六十四名參議員所組成，其名額分配為每邦十名，兩個行政區各兩名，任期六年，每三年改選一半；下院為眾議院 (House of Representatives)，由一百二十五名眾議員所組成，他們由各選區選出，任期三年。絕大多數的法案均係在眾議院通過，參議院主要的是審查立法。澳洲《憲法》規定，眾議院至少每三年須改選一次，但總理可隨時要求總督解散眾議院並舉行選舉。行政部門得由總理及其所領導下的內閣負責，總理是政府首長，如果他在國會重要的表決中失敗，便被視為「不信任」(no confidence)，就必須重新舉行選舉。司法部門方面，澳洲有聯邦法院、各邦法院和地方法院。

至於地方政治制度，各邦均有其自己的議會。除了昆士蘭是一院制的議會外，其他五邦均有兩院制的議會。各邦政府的職權，係管理教育、公用事業、治安和公共福利。

澳洲社會相當融洽，少有階級觀念，社會福利非常發達，各種保險耗費甚多。在經濟方面，不僅資源豐富，農牧、冶金、工業和服務業均屬先進國家的水準。

四、紐西蘭

紐西蘭為南太平洋島國，其國土主要係由北島 (North Island) 和南島 (South Island) 和一些小島所組成，面積約為二十六萬八千八百十二平方公里，人口約為三百三十萬餘人，其中有 12% 為原住民毛利人 (Maoris)。

紐西蘭於 1907 年成為大英帝國內的自治領，1931 年為大英國協之一員，現為國協會員國。第二次世界大戰時，紐西蘭參戰，貢獻了大約十四萬軍隊與盟國並肩對德國、義大利和日本作戰。此一戰爭使紐西蘭人體認到他們和日本及其他亞洲國家間關係的密切，以及距離英國的遙遠。1947 年，紐西蘭國會通過《威斯敏特法規準用法》(*the Statute of Westminster Adoption Act*)，其獨立地位更為確定與加強。同年，英國國會通過《紐西蘭憲法修正法》，規定紐西蘭國會可以隨時修改、停止或廢止原由英國在 1852 年所訂的《紐西蘭憲法條例》(*New Zealand Constitution Act*)，紐西蘭得到了完全的政治獨立。

在體制上，紐西蘭為君主立憲國家，以英王為君主，但由總督為英王代表。國會雖通稱巴力門 (Parliament)，但正式名稱為大會 (General Assembly)，原為兩院制，包括參議院與眾議院，惟 1950 年廢除參議院，成為僅餘眾議院 (House of Representatives) 的一院制國會，現由九十五人組成，每三年改選一次。行政部門由總理及內閣負責。司法方面，最高法院為上訴法院 (Court of Appeal)，僅受理上訴案件，最高法院 (Supreme Court) 則為第二最高法院，受理較重的犯罪案件和推事法庭的上訴案件，最下為推事法庭或地方法院 (Magistrate's Courts, or District Courts)，受理較輕的案件。在政治運作上，紐西蘭為兩黨制國家，主要的政黨有工黨

(Labour Party)，建於 1916 年，主要受工會及都市白、藍領階級的支持；國民黨 (New Zealand National Party, or National Party)，建於 1936 年，主要受鄉村和富裕者的支持，它係取代統一改革聯盟 (United-Reform Coalition) 而起，雖有其他政黨，如紐西蘭民主黨 (New Zealand Democratic Party)，係由社會信用政治同盟 (Social Credit Political League) 演變而來，但並不重要[10]。

紐西蘭的社會福利和社會安全制度相當發達。

經濟方面，農牧業和食品加工業甚為發達，為世界最大的乳酪業出口國之一。1930 年以後，亦致力於發展工業。紐西蘭原與英國經濟有互補的功能，其三分之二的出口輸往英國，有一半的進口來自英國，惟 1973 年英國加入歐洲共同市場後便不能再如此密切。

第二節　殖民主義的衰退

第二次世界大戰以後，西方殖民主義的勢力加速衰退。造成這種現象的原因，有下列各項：

第一是歐洲的衰落：殖民帝國以歐洲國家為主，美國和日本是後來加入者。歐洲曾經是世界政治的重心，而「歐洲的擴張」(the expansion of Europe) 亦為歷史上的重要現象。歐洲各殖民帝國雖然可以追溯到十五世紀末期，但多建立於十八及十九世紀。在那個時代，工業化的國家與非工業化的國家在軍事實力上有極大的分野。一個握有工業、科技、武器與組織良好的國家，對於不具備這些條件的國家可以任意宰割。以中國的痛苦經驗而言，鴉片戰爭時 (1839–42)，英國除了控有海權以外，動員的兵力在最多時也不過九千餘人，稍後的英法聯軍之役 (1856–60)，英法兩國派出的兵

[10] 張和蘊，〈紐西蘭的政治體系〉，《問題與研究》，30 卷 1 期（民 80 年 1 月），頁 57–69。

力不足兩萬人（英國一萬一千人，法國六千七百人），但有四億人口之眾的大清帝國便完全招架不住。1872年英國完全控制印度次大陸時，不過祇駐有六萬英軍，但當時印度次大陸的人口卻超過兩億五千萬。

歐洲所享有的優勢，在十九世紀末期美國和日本興起以後，便開始遭受挑戰。美西戰爭 (Spanish-America War, 1898) 和日俄戰爭 (Russo-Japanese War, 1904–05)，顯示出歐洲國家已不能完全控制世局。第一次世界大戰和第二次世界大戰更對歐洲造成極大的衝擊，使其衰落更加迅速。

歐洲的衰落也表現在人口上。在工業革命以後，歐洲人口急遽增加，在1800年至1900年間，歐洲人口由一億八千七百萬人（佔當時全世界總人口五分之一）增加到四億兩千萬人左右（佔當時全世界總人口27%），如果把大量移往歐洲地區以外的歐洲人口也計算在內，則歐洲人口佔了當時全世界總人口的三分之一左右。但是二十世紀以後，由於亞洲、非洲和美洲人口的增加，使歐洲人口在世界人口中所佔的比例日益下降，1950年時佔15.9%，1985年時佔14.6%⓫。由於人力缺少，各殖民帝國在平時維持治安和消除反側已屬不易，如一旦遭受外在攻擊時，便無法應付。1941年後，日本能夠攻佔歐洲殖民帝國在亞太地區的殖民地，人力不足亦為主因之一。此後英國退出印度，荷蘭退出印尼，法國退出印度支那半島，均與此有關。總之，進入二十世紀以後，歐洲所擁有的各種優越條件，如對工業生產的壟斷和工業化所造成的軍事力量，均不再能保有，而人力因素又漸居劣勢，其情況遂更不可為⓬。

歐洲的衰落，從大英帝國的式微更可以看出。大英帝國在1900年時控

⓫ 王曾才，《西洋近代史》（臺北：正中書局，民73，3版3刷），頁406; Roland N. Stromberg, *Europe in the Twentieth Century*, 2nd ed. (New Jersey: Prentice-Hall, 1988), p. 446.

⓬ Geoffrey Barraclough, *An Introduction to Contemporary History* (London, 1966), pp. 75–85.

有一千二百萬方哩的面積和四億人口，1920年時，英國不僅不能再擴大，而且甚難保持統一矣。本來，「英人的妥協天才」(British genius for compromise) 或許可以在帝國統一與殖民地自治之間找到中間路線，而且從自治領到大英國協到國協也似乎有其成功的一面。不過，隨著英國本身力量的不振，英國對國協會員國的影響力日漸衰落。1951年，美、澳、紐簽訂《太平洋安全協定》(*ANZUS Pact*) 時，英國甚至未被邀請加入。

歐洲既已走向衰落，而殖民帝國又多係歐人所建，於是殖民帝國便難以保持，而「帝國主義的終結」(end of imperialism) 實與歐洲的衰落有密切的關係。

第二是民族主義的興起：殖民帝國的統治顯示出帝國主義的得失，各殖民帝國的統治方式雖不盡相同，如英國採取現實主義的做法，並鼓勵殖民地的自治發展；法國則傾向於同化政策，把殖民地的優異分子吸收於法國文化之中，而使之變成黃種法國人或黑種法國人，不鼓勵自治的發展。至於較小的殖民帝國，如比利時、荷蘭和葡萄牙，則不如英國或法國那麼「開明」，它們以近似父權政治的手法來統治殖民地⓭。

殖民統治的結果，導致了亞洲和非洲興起了歐洲式的民族主義。民族主義 (nationalism) 最簡明的定義是：各個個人認為每人均應對自己的民族國家貢獻其最高的世間忠悃 (secular loyalty)。它是一種使各個社會可以緊密結合，並使威權得以合法化的政治信條。它最重視民族國家，無論其為現存的，或者是期盼中的，它不僅把民族國家視為理想的、「自然的」，和「正常的」政治組織，而且也是各種政治的、文化的和經濟的活動不可或缺的架構⓮。綜觀民族主義在歷史上的發展，我們可以說民族主義為爭取

⓭ H. Stuart Hughes, *Contemporary Europe: A History*, 5th ed. (New Jersey: Prentice-Hall, 1981), pp. 475–76.

⓮ *The Encyclopedia Britanica* (Chicago, 1987), Vol. 27, p. 468; *International Encyclopedia of the Social Sciences* (Crowell Collier And Macmillan, Inc., 1968), Vol.

民族領土統一和國家主權獨立，建立民族國家以對抗帝國主義與國際主義的思想與力量。至於民族主義的使命，則為形成民族 (nation-building) 和建立國家 (state-building)，前者指透過整合的功能，把在種族上和文化上相同或高度相類的人群結合為更大的人群社會的過程;後者係於民族形成以後，在固定的政治疆域之內建立為民族國家的行動。所以，有的學者把民族主義界定為「民族各群體進入共同的政治型態的整合之過程」(the process of integration of the masses of the people into a common political form)⓯。

民族主義是近代的運動。不過，它的成長與發展均淵源於歐洲。它以建立民族國家為訴求，但民族主義興起以前，在中世紀後期以來，由於教會的衰落，中產階級的興起，工商業的發達，羅馬法的復興，以及新武器（火藥）的發展等因素的交互激盪，在大西洋沿岸地區的西歐與北歐（相當於法國、英國、西班牙、葡萄牙及北歐各國），出現了一種新的政治結構，此即民族國家。它們一方面力主國家主權的完整，不承認在其國境以外另有超過國家的權力的存在，呈現離心的 (centrifugal) 的特色，另一方面亦不允許其國境以內有任何割據的力量，顯示出向心的 (centripetal) 的性質。自十八世紀以後，民族主義風起雲湧，美國革命和法國革命為其有力的表現，十九世紀初葉傳到拉丁美洲，十九世紀中葉以後在歐洲中部和東部及東南部大行其道。於是，民族主義成為西方文化的有力武器。另一方面，西方殖民國家在亞洲和非洲介入的結果，產生了三種影響：破壞了傳統的社會秩序，帶來實質的經濟變遷，以及導致受西方教育的優異分子或「西化的東方紳士」(wogs, or westernized oriental gentleman) 的興起⓰。這種受過西方教育的當地分子，因其西方教養與觀點不見容於傳統社會，又因其種族膚色亦不能與白人社會相混融，於是他們自然地成為民族運動的

11, pp. 63–64.

⓯ Hans Kohn, *The Idea of Nationalism* (New York: Macmillan Co., 1944), p. 4.

⓰ Barraclough, op. cit., p. 167.

領袖，他們既要推翻殖民統治，又要採取西化的典範。殖民國家當然也察覺此種可能的結果，但它們大多數仍繼續推行西方教育，此因英國人為了達成殖民地的自治目標，要訓練幹部和文官人員，法國人與俄國人希望在文化上吸收這些當地的優異分子。不過，比利時人和葡萄牙人採取比較不同的做法，他們把在殖民地的教育限制在初級和職業的層次⓱。

民族主義運動在亞洲和非洲有三個不同的發展階段：第一個階段可以稱為「初級民族主義」(proto-nationalism) 的階段，係在西方衝擊下重估自己的文化，並盡量保留自己的文化；第二個階段為馬克斯主義的學者所說的「資產階級的民族主義」(bourgeois nationalism) 的階段，由較具自由胸襟的領袖領導，願意做較為徹底的改革；第三個階段為號召和組織群眾，以社會和經濟綱領來採取反對外國殖民統治的階段。民族主義的發展在亞洲約較歐洲遲一個世紀，在非洲大致上又較亞洲晚半個世紀。此因歐洲國家比較徹底地介入和統治非洲較晚，在 1881 年法國佔領突尼西亞以前，歐洲國家多僅佔領其沿岸貿易據點而其廣大腹地則幾未觸及。所以歐洲勢力對非洲社會之衝擊，需要較晚後的時間始能發生作用。此外，非洲尼格魯人的自治能力亦較為不發達，亦有很大關係。

由於民族主義的發展，使殖民地人民解除了白人是不可侵犯的心理障礙。亞洲和非洲各民族之所以屈從於殖民統治，除了殖民帝國在軍事力量上居於「船堅砲利」的優勢以外，另外他們在精神上亦覺得白人不可抗拒。一位法國社會學者在分析馬達加斯加島的居民的心態以後，發現殖民統治的結果，使土人產生了依賴其統治者的心理。他們認為白人是能破解他們法術的超人，從而對白人產生了很大的自卑感。他指出，白人與被統治的殖民地人民之間的關係，一如莎士比亞 (William Shakespeare, 1564–1616) 在其劇作《暴風雨》(*The Tempest*) 所寫的普洛斯派樂 (Prospero) 與其奴隸卡里班 (Caliban) 之間的關係⓲。此外，自從在日俄戰爭中日本人打敗了俄

⓱ Richard Pipes, *Modern Europe* (Illinois: Dorsey Press, 1981), pp. 319–20.

國人以來，亞、非各民族的信心已在提振之中。尤其是第二次世界大戰期間，日本人在亞太戰場大敗歐洲國家的軍隊並佔領了他們的屬地，對亞、非各民族的鼓舞更大。

第三是各殖民帝國的互相競爭和外在壓力的影響：各殖民帝國的互相競爭與衝突，使它們趨於衰竭。第一次世界大戰之前，各帝國主義國家已因殖民利益的衝突造成許多國際危機，使國際秩序日趨惡質化。第一次世界大戰期間，各交戰國即鼓吹民族主義以困擾對方，如德國煽動愛爾蘭叛亂以對付英國和鼓勵西北非洲的民族主義運動以擾亂法國，而英、法則鼓動敘利亞、美索不達米亞、阿拉伯半島的民族主義起事以使土耳其為難。早在 1914 年，俄人列寧即倡民族自決之說，他在 1916 年出版的《帝國主義：資本主義的最高階段》(*Imperialism: The Highest Stage of Capitalism*) 即號召民族自決，他的用意是藉殖民地的民族運動來打擊資本主義國家。1918 年，美國總統威爾遜在其《十四點原則》中正式揭櫫民族自決的原則，尤其聲勢浩大。第一次世界大戰使奧、土、俄、德四個大帝國受到很大的打擊，德國更是從此之後喪失了其海外的殖民地，不再是殖民國家。第二次世界大戰後，義大利亦盡失其殖民地，不再是殖民國家。前已提及，英、法、荷等殖民帝國在 1941 年後亦曾受創於日本，以致戰後不能再恢復原有的強勢地位。

第二次世界大戰以後，美國於 1946 年讓菲律賓獨立，並力促西方盟國及早放棄殖民主義，以免為共產勢力所乘（早在 1920 年共產國際即通過《民族與殖民地問題綱領》）。聯合國也對於清除殖民主義，推動甚力。它的託管制度遠較國際聯盟的託管制度為進步與有效。1960 年，在反對殖民主義勢力的最高點，聯合國大會通過了四十三個非洲與亞洲國家所提的決議案（當時投票情形是八十九票贊成，零票反對，九票棄權），此一決議案

⑱ O. Mannoni, *Prospero and Caliban: The Psychology of Colonization* (New York, 1956), 參看 Pipes, op. cit., pp. 318–19.

就是《給予殖民地國家與人民獨立的宣言》(*Declaration on the Granting of Independence to Colonial Countries and Peoples*)，該宣言譴責任何外國征服、主宰和剝削其他民族的行為，並主張立即採取措施，將各種權力轉移給各殖民地人民，而且不得有任何的條件與保留，以使這些人民得以享有完全的獨立與自由。1961 年，聯合國且組成殖民主義特別委員會 (Special Committee on Colonialism)，此即非自治領土委員會 (Special Committee on Independence for Colonial Countries and Peoples)，以司理清算殖民主義的工作。據估計，在 1945 年聯合國剛創立時，全球約有七億五千萬人（佔當時世界人口的三分之一）在殖民主義的統治之下，到 1985 年時，如果不計算香港在內，還剩下的全部殖民地的人口已不到三百萬人，其情況可參看下表⑲：

世界尚存的殖民地

地　名	人口數	治理國家
非　洲		
西南非（那米比亞）	一百五十萬	南　非
西撒哈拉	十一萬七千	摩洛哥
亞　洲		
東帝汶島	五十五萬	印　度
歐　洲		
直布羅陀	三萬零五百	英
大西洋與加勒比海		
安奎拉島	六千五百	英
百慕達島	五萬四千六百七十	英
英屬維京群島	一萬二千	英
開曼群島	一萬七千	英
福克蘭群島	一萬八千	英
蒙特色納島	一萬一千六百	英

⑲ 聯合國 (1988)，11 月 21 日美聯社電，見《中國時報》，民國 78 年 11 月 23 日，11 版。

聖赫勒島	五千九百	英
土耳其及開卡斯群島	七千四百	英
美屬維京群島	九萬五千	美
太平洋與印度洋		
美屬薩摩亞群島	三萬一千	美
關　島	十萬六千	美
皮特肯島	五十七	英
托克勞群島	一千五百五十	紐西蘭
密克羅尼西亞	十三萬三千	美

在以上未獲獨立的殖民地中，後來又有獲得獨立者，如那米比亞在 1989 年獨立。

第四是科技與武器擴散的因素：本來西方國家所恃著「船堅砲利」的，殺傷力很強的武器，落後國家雖也努力引進這些武器，但收效甚微。第二次世界大戰後，科技和武器的擴散到了過去所不能想像的程度。固然，各先進國家仍管制國防科技的輸出，但是落後國家仍舊可以從不同的管道獲得所需要的軍事科技。至於武器，世界軍火市場之龐大，以及號稱「死亡商人」(Merchants of Death) 的軍火商人之神通，使各國除了很難買到核子武器以外，其他各種現代化的武器皆垂手可得。即使是製造核子武器的科技，也有門路可尋。在此情形下，一些工業落後而經濟未開發的國家，也可以積聚下可觀的軍事力量，與強國乃至於超強放手一搏。因此，在現代世界，強國乃至於超強也嘗受到屈辱而莫可如何。舉例言之，利比亞在 1969 年關閉美國和英國的軍事基地，驅逐在各石油公司工作的兩萬餘名外國人；1979 年底伊朗好戰分子包圍在德黑蘭的美國大使館並劫持人質；1984 年利比亞駐英國大使館內的槍手向館外反利比亞的群眾開槍，造成一名英國女警死亡和二十多人受傷。這些類似的事例很多，西方國家很少能做出立即而有效的制裁。

即以 1990 年 8 月伊拉克吞併科威特而敢與西方國家對抗，就是因為法國提供了核子科技、空對空飛彈、反艦飛彈、反坦克飛彈、反飛機飛彈、戰鬥機和裝甲車輛；俄國提供了飛彈、快艇、地面攻擊飛機、裝甲車輛和巨砲；義大利提供了生化戰科技、反艦飛彈、艦對空飛彈；德國（西德）提供了核子技術、生化戰科技；美國也提供了生物戰和化學戰的科技[20]。

在這些因素的交互影響之下，殖民主義的勢力乃告退潮。1945 年到 1960 年的十五年間，殖民主義退潮之快，實屬空前，至少有四十個國家在此期間獲得獨立。1960 年時，各殖民帝國在亞洲和非洲的重要殖民地差不多均已獨立，持續到 1970 年代，殖民主義的清算工作更是加速進行。在殖民帝國崩解的過程中，各殖民國家的態度和反應各不相同。英國的態度最為寬大，祇要殖民地的人民願意獨立，而國際政治環境又允許其獨立，英國即樂觀其成，僅希望獨立後參加國協。英國在 1947 年准許印度和巴基斯坦獨立，1956 年以後，其非洲屬地亦次第獨立，塞普洛斯與馬爾他在 1960 年代獲得自由。英國在 1971 年退出波斯灣，其海軍也於該年撤出新加坡。法國便以武力制止殖民地的獨立運動，最後才無可奈何地放棄，這種情況尤其是在印度支那半島和阿爾及利亞為然。荷蘭的作風與法國相類，它在印尼的行徑說明這一點。比利時對殖民地的統治一向採取權威式的和父權色彩的手法，也不推廣教育，1960 年非洲剛果人民反對其殖民統治時便倉皇撤退，當時剛果受過大學教育的人不過十餘人，難怪造成很大的混亂。葡萄牙是第一個歐洲殖民帝國，也是最後一個放棄其海外屬地的國家，它長期地面臨共黨滲透與俄國支持的在它非洲殖民地的「民族解放運動」，撐到 1970 年代始放棄。

第三節　亞洲與非洲新國家的誕生

由於殖民主義的衰退，於是在亞洲和非洲有了很多新國家的誕生。這

[20] *Newsweek* (Feb. 4, 1991), p. 37.

些新誕生的國家，是從從前的殖民地獨立而來。它們選定舉行獨立大典的時間多在午夜零時，其用意在以時間的零起點，代表過去的時間和一切已告終止，未來的種種從零做起。

這些國家的數字很多，無法將其個別的發展一一論列。現在約略敘述在東南亞、西南亞、中東、非洲民族主義興起和新國家出現的情形。

一、東南亞

東南亞地區，有菲律賓 (Philippine)、印尼 (Indonesia)、馬來西亞 (Malaysia)、汶萊 (Brunei)、新加坡 (Singapore)、緬甸 (Burma)、泰國 (Thailand) 和印度支那半島（越南、高棉、寮國），其重要性與日俱增。「東南亞」一詞在第二次世界大戰時開始流行，英國將領蒙巴頓勛爵 (Lord Mountbatten) 即為東南亞戰區盟軍最高統帥，本地區包括亞洲的半島突出部分，以及印度和巴基斯坦以東和中國以南的一些島嶼。在種族分配上，緬甸、泰國和越南以漢藏族為多，馬來西亞和印尼則以馬來人（巫人）為

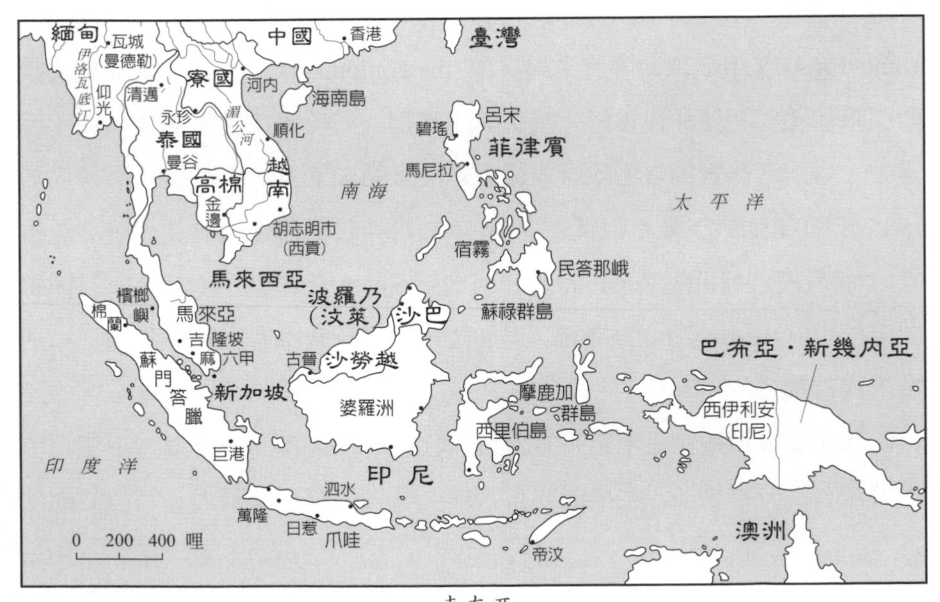

東南亞

主要民族。但是這個地區曾經飽經滄桑,不斷的入侵、征服和移民造成了種族的混居,上述兩個主要種族的分布區內都有中國人和其他少數民族。就文化來說,中國文化在越南,印度佛教文化在緬甸和泰國,回教文化在馬來西亞和印尼,西班牙與美國文化在菲律賓均有顯著的影響。

東南亞地區曾為西方殖民主義所統治,第二次世界大戰時又為日本所控制。1945 年 8 月日本帝國崩潰,在東亞所造成的權力真空不亞於德國崩潰之於歐洲。但是,不同的是,太平洋戰爭幾乎是美國獨立完成的,並未引進俄國軍隊,當俄國在東亞鞏固其征服地區,如中國的東北和朝鮮半島的北韓,以及庫頁島南部和千島群島等地時,美、英等國已瓦解了日本及其在東亞的帝國,美國佔領日本,而英國、法國和荷蘭亦回到它們在東南亞的殖民地㉑。

㈠菲律賓

菲律賓在西班牙統治時期 (1565–1898) 的後期,即有民族革命運動,早期的領袖之一是羅剎 (José Risal, 1861–96),後為西班牙人所捕殺。其後班尼法西歐 (Andres Bonifacio, 1863–97) 和阿圭那度 (Emilio Aquinaldo, 1869–1964) 又組織革命團體卡提普南 (the Katipunan),阿圭那度並曾於美西戰爭和美國初據菲律賓時,宣布菲律賓獨立。美國在治理菲律賓四十餘年中,發展菲律賓的自治政府並從事建設。第二次世界大戰後,菲律賓於 1945 年即參加聯合國,但直迄 1946 年 7 月 4 日美國始准許菲律賓完全獨立,而菲律賓共和國 (Republic of the Philippines) 乃告建立。1948 年菲律賓以奎松市 (Quezon City) 為首都,馬尼拉一直是行政中心,1976 年馬尼拉成為正式首都。

菲律賓面積約為三十萬平方公里,人口依 1988 年的數字為六千三百二十萬左右,方言甚多,主要的亦有八種,華人約有五十萬人。宗教方面,

㉑ William R. Keylor, *The Twentieth-Century World: An International History* (New York: Oxford, 1984), p. 369.

天主教徒佔了 86%，號稱菲律賓「獨立教會」的阿格利派安教徒 (the Aglipayans) 佔了 5%，回教徒佔了 4%。但是菲律賓的國家整合仍有待強化，其南部的民答那峨 (Mindanao) 回教徒，多少年來一直有分離主義的活動，1990 年 10 月菲律賓准許其回教政府有自治權。另一方面，菲律賓的政治亦不安定，即以號稱由「人民的權力」策動而選出來的第一位女總統柯拉蓉 (Corazon Aquino, 1933–2009)，在 1986 年 2 月就職以來已經遭受過六次的政變[22]。

---

[22] 柯拉蓉就職後六次軍人發動的政變，大致情形如下：

1. 馬尼拉飯店叛變，1986 年 7 月 6 日：三名將領領導約一百名叛軍，以及數百名效忠前馬可仕總統的軍人，佔據馬尼拉飯店，擁立馬可仕的競選搭檔陶倫迪諾為總統，叛軍佔據飯店近四十小時後，以和平方式投降。
2. 安瑞利奪權陰謀，1986 年 11 月 22 日：參謀總長羅慕斯轄下的軍方阻止了一項代號「天佑女王」的政變。安瑞利在次日內閣大改組中遭免職。
3. 第七頻道電視臺被攻佔，1987 年 1 月 27 日：效忠馬可仕的軍隊佔領第七頻道電視臺，並進攻兩處郊區軍事基地。一名叛軍被擊斃，十六人受傷。桑格利和維拉摩基地的叛軍後來投降，領導此次叛變的空軍上校卡納斯在僵持六十一小時後投降，接受軍事審判，被判十二年勞役。
4. 黑色星期六，1987 年 4 月 18 日：一名親馬可仕軍官帶領叛軍進攻邦尼法西歐堡的陸軍總部，擄走約五十名人質，試圖藉此要求釋放因元月流血政變而下獄的袍澤，結果造成一名叛軍被擊斃，兩名人質受傷，叛軍在拂曉攻擊失敗的八小時之後投降。
5. 何納山政變，1987 年 8 月 28 日：叛軍何納山中校所領導的軍隊在拂曉前進攻馬拉崁南宮但遭柯拉蓉總統的安全部隊擊退。叛軍並試圖佔領阿奎納多軍營的三軍總部，政府電視臺以及附近一家飯店。此次叛變在二十四小時後遭敉平，結果造成五十三人死亡、三百多人受傷，柯拉蓉的獨子也受傷。曾為安瑞利助理的何納山逃逸。
6. 「十二月七日七夜」的十二月政變，1989 年 12 月 1 至 9 日：約三千名叛軍發動此次政變。叛軍飛機轟炸馬拉崁南宮及三軍總部，佔據維拉摩空軍基地和桑

㈡印　尼

印尼是由六千個以上的島嶼構成的，面積約有一千九百一十九萬餘平方公里，人口依 1988 年數字為一億七千七百餘萬人。國土東西最長距離有五千一百五十公里，南北有一千九百三十公里，人口五分之三居住在僅佔印尼領土 7% 的爪哇島上。

印尼曾經受荷蘭的長期殖民統治 (1620's–1940's)，稱荷屬東印度群島 (the Dutch East Indies)。第二次世界大戰時期，在 1942–45 年間亦曾為日本所控制。

印尼自十九世紀初期即有反抗殖民統治的起事。1825 年爪哇王子狄龐尼古魯 (Diponegoro, 1785–1855) 即率眾起事，至 1835 年始為荷蘭人所平定。1908 年和 1912 年，努力黨 (High Endeavor) 和回教協會 (Islamic

印尼蘇門答臘的稻田，其他地帶如爪哇和巴里亦類此。水稻為東南亞主要糧食作物，緬甸、泰國、越南亦多類此風光

格利海軍兵工廠。但美軍噴射機在兵變首日為效忠政府部隊提供掩護，情勢轉而對政府軍有利。叛軍佔領政府電視臺，以及宿霧的馬克坦空軍基地。從邦尼法西歐堡陸軍總部遭擊潰的叛軍佔領附近馬卡蒂金融區數公寓和飯店，僵持五天後投降。此次叛變造成至少一百十三人死亡、六百人受傷。至少一千九十九名士兵投降或被捕，其中包括一百五十九名軍官。(本資料取材自 1990 年 10 月 4 日馬尼拉美聯社電。)

Association) 先後成立，1920 年印尼共產黨成立。1926 年後，其他的反對荷蘭統治的組織紛紛成立，其中包括蘇卡諾 (Achmed Sukarno, 1902–70) 所創的印尼國民黨 (Indonesian Nationalist Party)。1945 年 8 月日本投降後，荷蘭殖民勢力重返印尼，1945–49 年間印尼人民與荷蘭纏鬥不休，1949 年 11 月荷蘭同意印尼獨立。同年 11 月，完成《聯邦憲法》，印尼合眾國 (United States of Indonesia) 正式建立。

印尼人種族繁多，語言或方言超過二百種，官方語文的印尼語接近馬來語。華人亦有一百二十多萬人。在宗教信仰方面，有 85% 的人民信奉回教，約 6% 的人民信仰基督教，亦有大約 2% 的人民相信印度教。

㈢馬來西亞

馬來西亞是由馬來亞（英國殖民地，1948 年組馬來聯邦，1957 年獨立）、沙巴（Sabah，原名北婆羅洲，North Borneo）和沙勞越（Sarawak，以上兩地亦原為英國殖民地）構成㉓，面積三十二萬九千七百四十九平方公里，人口依 1988 年數字為一千七百萬。馬來西亞包括馬來半島的南部和婆羅洲島的北部，分為西馬 (West Malaysia) 和東馬 (East Malaysia)，共有十三邦。西馬是馬來半島部分，東馬則為婆羅洲島的部分，有超過五分之四的人民（現約 85%）居住在西馬。

這些地區在 1867–1942 年間為英國所統治，1942 年 2 月至 1945 年 8 月在日本控制下。戰後，英國殖民勢力返回該地區，但馬來人組織政黨巫統 (UMNO)，反對英國統治。1948 年，馬來半島的九邦，加上米洛卡 (Melaka) 和檳榔嶼 (Pinang, or Penang) 合組為馬來亞聯邦 (Federation of Malaya)，在英國保護下，而新加坡另成一個殖民地。馬來亞聯邦組成後不久，直至 1960 年 7 月，曾有馬來亞共黨發動的游擊戰。另一方面，1955 年的大選，巫統與華人組成的馬華公會 (MCA) 的聯合力量贏得勝利。1957 年，馬來亞聯邦獲得完全的獨立。1963 年，馬來亞聯邦與前述其他地區共

㉓ 1963 年馬來西亞組成時亦包括新加坡，1965 年退出。

同組成馬來西亞。

馬來西亞是君主立憲制的國家，國王由有世襲蘇丹的九個邦中選出一個蘇丹擔任，任期五年。在政治運作上，採取議會內閣制，國會為兩院制（眾議院與參議院）。但政黨眾多，現由八個政黨或政團組成的國民陣線 (National Front)，有巫統、馬華公會、馬來西亞印度人國大黨 (MIC)、沙巴民族統一組織 (USNO)、沙勞越人民聯合黨 (SUPP)、沙勞越國民黨 (SNAP) 等等，是執政黨。另有九個政黨組成的兩個聯盟為反對黨。

馬來西亞的人口結構，馬來人佔 56%，使用南島語系的一種語言，多信回教；華人佔 32% 左右。此外，印度人佔 9% 左右，另有各種土著民族佔 11% 左右。馬來西亞境內的華人相當多，但在權力分配上所得到的，與其人口數字不成比例。種族關係不夠和諧，1969 年在首都吉隆坡的種族衝突造成很大的騷亂，馬來西亞宣布戒嚴前後有二十一個月 (1969. 5–1971. 2) 之久。

㈣汶　萊

汶萊是位於婆羅洲北岸盛產石油的富庶小國，面積五千七百六十五平方公里，人口約有二十多萬人。其人口結構，馬來人約佔 65%，華人約佔 24%，其他少數民族約佔 11%。在宗教信仰方面，約有 60% 的人民信奉回教，8% 的人民信仰基督教。

汶萊在 1888 年至 1983 年間為英國保護國，1984 年 1 月 1 日獨立建國。回教統治者蘇丹既為元首，又是內閣總理。國內本有人民黨的政黨組織，但 1862 年底該黨叛亂而被取締。

㈤新加坡

新加坡是東南亞最小的島國，除新加坡島以外，另有五十個左右的島嶼，面積約六百二十平方公里，其中新加坡島有五百七十二平方公里。人口依據 1991 年的統計，約為二百七十五萬人。

新加坡在 1819 年為英國東印度公司所有，1867 年成為直轄殖民地

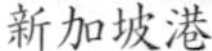
新加坡港

新加坡的公寓住宅

(Crown Colony)，第二次世界大戰時，1942–45 年期間，為日本所佔領。1959 年 6 月建立自治政府，1963 年 9 月加入馬來西亞聯邦，但於 1965 年 8 月為馬來西亞所排拒而宣告獨立。

新加坡人口中，華人佔了大約 75%，馬來人約佔 17%。此外南亞人（主要為印度人和巴基斯坦人）佔了大約 8%，不過這些南亞人多講泰米爾語 (Tamil)。因此，新加坡在種族和語言上均為多元國家，英語、馬來語、華語、泰米爾語均為官方語言。在宗教上，亦呈現多樣性，有佛教、道教、印度教、回教、基督教等。

獨立後的新加坡採共和體制，正式國名為新加坡共和國 (Republic of Singapore)。新加坡實施議會政治，由多數黨領袖組成對議會負責的內閣，有一院制的國會。總統為國家元首，政務由總理負責。

新加坡人民相處尚稱融洽，其港口為世界上最忙碌的港口之一，且為自由港。工業及服務業均甚發達，經濟非常繁榮。有三分之二以上的人民居住在政府興建而售予人民的高層公寓內，成功地解決人民住的問題。

新加坡雖有其他政黨，但人民行動黨 (PAP: People's Action Party) 自 1959 年的大選以來，一直為執政黨。該黨領袖李光耀 (1923–2015) 亦長期

李光耀 (1990)

吳作棟

擔任總理，1990 年 11 月始由吳作棟 (1941–) 接任。

㈥泰　國

泰國（泰文作 Muang Thai），古稱暹羅 (Siam)，1938 年後始稱泰國。面積五十一萬三千一百十五平方公里，人口依 1990 年統計為五千六百三十萬零三千二百七十三人，其中 81.3% 居住農鄉，10.8% 居住在曼谷，7.9% 居住在其餘各城鎮。

泰國在帝國主義控制東南亞的時期，始終保持了獨立的地位。第二次世界大戰時，日本於 1941 年攻擊泰國，強使泰國與之簽訂《同盟條約》，並促其於 1942 年向美國與英國宣戰，且以緬甸、馬來亞、高棉部分土地為酬，戰後泰國將土地歸還這些鄰邦。

泰國是一個王國，其正式國名為泰王國 (Kingdom of Thailand)。1946 年泰王阿南達（Ananda Mahidol，1925–46，在位期間 1935–46）依照察里王朝 (Chakri dynasty) 的習慣，稱拉瑪八世 (Rama VIII)，他於 1946 年遇刺身亡，其在美國出生的弟弟繼位為拉瑪九世（Rama IX，原名 Bhumibol Adjulyadej，1927–2016），於攝政四年後在 1950 年加冕，不過一般通稱蒲美隆國王 (King Bhumibol)。

泰國在政體上為君主立憲，國王為元首及軍事統帥。行政權歸於首相及內閣 (Council of Ministers)，司法權由各級法院司理，均用國王的名義行使。王室為泰國人民團結的象徵。國會為兩院制的結構，上院為參議院 (Senate)，現有二百六十八名成員，下院為眾議院 (House of Representatives)，有三百五十七名議員。泰國政黨繁多，軍人對政治有很大的影響力。1932–91 年的五十九年間軍人發動政變十七次。

泰國人民以泰人（淵源自蒙古種）為主，約佔 75%，另有大約 15% 的華人，此外還有其他種族。泰國人民天性活潑，宗教信仰以佛教為最主要，幾乎每一個人都是佛教徒，每一信佛的泰國男子一生至少有數月時光在廟中度過。泰國亦有基督教徒和回教徒等。泰國經濟自 1970 年代以來頗有發展。

㈦緬　甸

緬甸在英國統治時期為印度的一省，1922 年取得自治權。1937 年自印度分出而成為單獨的殖民地，有民選的議會和以緬甸人擔任總理。1942 至 1945 年間，曾為日本所佔領。

1947 年，緬甸人要求建立完全獨立而又不在英國協之內的共和國，英國同意，1948 年 1 月 4 日成立獨立的緬甸聯邦 (Union of Burma)。不過，1974 年至 1989 年間，曾稱緬甸社會主義聯邦共和國 (Socialist Republic of the Union of Burma)，1989 年後正式國名為緬甸聯邦 (Union of Myanma)。

緬甸在獨立前後，即有共黨（有「紅旗派」及「白旗派」兩種，皆擁有武力），以及克倫人 (the Karens) 的叛亂，至 1952 年左右始告解決。1962 年，撣族 (the Shan tribe) 又以退出聯邦為威脅，要求內政獨立權。另外，政治情況一直不穩，民主政治未上軌道。近年來，緬甸國父翁山 (1915–47) 之女翁山蘇姬 (1945–) 領導民主反對運動，她所領導下的全國民主聯盟 (NLD: National League for Democracy) 在 1990 年 5 月的自由選舉中贏得壓倒性勝利，但她本人卻自 1989 年 7 月遭軍人政權軟禁。1991 年 10 月

翁山蘇姬

她獲頒諾貝爾和平獎，但仰光當局無視於國際輿論的壓力，以及諾貝爾獎金委員會和聯合國的關切，並未恢復其自由。12 月諾貝爾獎金委員會在奧斯陸頒獎時，她也未能前往領獎。

緬甸領土約有六十七萬八千五百七十六平方公里，人口依 1988 年估計約有四千一百萬人，其中緬人約有 68%，克倫族約有 10%，撣族約有 8%，此外尚有克欽族、欽族、孟族等等。佛教為緬甸的主要信仰。

㈧越　南

越南的正式國名是越南社會主義共和國（Socialist Republic of Vietnam，越文為 Cong Hoa Xa Hoi Chu Nghia Viet Nam），面積約為三十二萬九千五百六十六平方公里，人口依 1979 年估計約為五千二百萬餘人。

越南在第二次世界大戰前是法國殖民地。第二次世界大戰時期，自 1940 年 6 月至 1945 年 8 月為日本所控制。日本戰敗後，越南共黨領袖胡志明 (1892–1969) 自中國抵達河內，他領導爭取獨立的革命同盟會即越盟 (Viet-Minh)，並控制了北越的絕大部分土地，並建立越南民主共和國 (DRV: Democratic Republic of Vietnam)。但是，法國目的在恢復殖民統治，而越盟則意在越南獨立。於是，衝突在所難免，1946 年 6 月法國即在交趾支那建立非共的政權越南國 (State of Vietnam)，以西貢為首都。越盟與法國的戰爭通稱第一次越戰 (the First Vietnam War)，或第一次印支戰爭 (the First Indo-China War, 1946–54)，此以 1946 年 11 月 23 日法國轟炸海防開始，至 1954 年 5 月 7 日法國棄守北越接近寮國邊境的奠邊府為止。

本來，在 1954 年 4 月，越南民主共和國、越南國、高棉、寮國、法國、英國、美國、俄國與中國大陸代表相會於日內瓦，但 5 月奠邊府之役後，法國與西方國家談判籌碼大為減少。1954年7月21日的《日內瓦協定》，主要內容是越境停火，沿北緯十七度將越南劃為兩區，同時亦決定在1956年7月在加拿大、波蘭和印度（以印度為主席）組成的國際委員會監督越南人民選舉，以統一越南。

胡志明

越南在日內瓦會議後正式分為南越與北越，南越以北越無民主自由會使選舉無意義而拒絕選舉，南越宣布為共和國。於是十七度線由軍事停戰線成為政治邊界，南越與北越亦互相敵對，而各自背後均又有大國撐腰。

於是，第二次越戰或印支戰爭又告開始，此戰爭自1957年直迄1975年才完全結束。北越贏得完全勝利，統一了越南，西貢亦被改名為胡志明市。

越南為共黨專政的體制，越南共產黨名為越南勞動黨 (Workers' Party of Vietnam, or Dang Lao Dong Viet Nam)，實為一切權力的來源。

㈨寮　國

寮國的正式名稱為寮人民民主共和國 (Lao People's Democratic Republic，寮文為 Sathalanalat Paxathipatai Paxaxón Lao)，面積約二十三萬六千八百平方公里，人口依照1984年估計約為三千八百多萬人，首都為永珍。

寮國自1893年即為法國保護國，第二次世界大戰時期曾為日本所控制。1949年，在法蘭西聯邦內取得獨立的名義，但真正的完全獨立則是在1953年10月，1954年的日內瓦會議感到需要在北越和泰國之間有一緩衝國而更為肯定，1955年加入聯合國。

寮國在1975年12月以前，是一個君主立憲國家，實權操諸總理及議會。1953 年至 1975 年間，一直在內戰狀態，有親西方的勢力，親共的勢力巴特寮 (Pathet Lao)，也有中立的勢力。1962 年有十四國參與的日內瓦會議，決定建立聯合政府，寮國成為中立國。但翌年巴特寮即退出聯合政府，內戰依舊。此外，寮國與越南鄰界，越戰期間北越利用寮國與高棉境內的「胡志明小徑」(Ho Chi Minh Trail) 運送軍隊及補給至南越，曾引起美國對寮國的轟炸，以及南越軍隊在美國支援下於 1971 年進入寮國，企圖切斷共黨補給線。

1975 年，共黨勢力控制印支半島後，寮國廢除君主政體，建立人民民主共和國，一切權力操諸寮國人民革命黨 (Lao People's Revolutionary Party)。

寮國人民約有 60% 為寮人，但另有 35% 以上的各種山地部落，主要的宗教信仰是小乘佛教 (Theravāda Buddhism)。

㈩高　棉

高棉 (Cambodia) 亦稱柬埔寨 (Kampuchea)，尤其是在 1975–89 年間為然。面積約為十八萬一千零三十五平方公里，人口依 1988 年數字約為六百七十萬餘人，首都是金邊。

施亞努

高棉在 1863 年成為法國的保護國。1941 年至 1945 年間，曾為日本及泰國軍隊所佔領。第二次世界大戰後，高棉謀求獨立，1953 年獲得獨立。1954 年的日內瓦會議決定高棉成為中立國家。

高棉本為君主政體，國王施亞努 (King Norodom Sihanouk, 1922–2012) 遜位乃父，改稱親王 (Prince)，1955 年擔任總理，1960 年為元首。1970 年，施亞努在法國訪問時，國內發動政變，軍人龍諾 (Lon Nol, 1913–

85) 奪得政權，宣布廢除君主政體，改建共和，此為柬埔寨共和 (Khmer Republic, 1970–75)。施亞努在北京建立流亡政府。施亞努政權被推翻後，高棉捲入越戰，特別是在 1970 年 5 月 1 日南越與美國軍隊入侵高棉以切斷胡志明小徑後為然。另外，美國雖然支持龍諾政權，但是極左的共黨組織赤柬 (Khmer Rouge) 卻在興起之中，他們在 1975 年 4 月攻入金邊，控制了高棉，並於 1976 年 1 月公布新憲，建國號為民主柬埔寨 (Democratic Kampuchea)。赤柬政權在波帕 (Pol Pot, 1925–98)、喬森潘 (Khieu Samphan, 1931–) 領導下，成為現代史上最殘酷的統治者。他們醉心於建立一個農業的和平等的國家與社會，決心滅絕一切資產階級和知識分子，他們把金邊的人口皆強迫遷出，進行大規模的屠殺，至少有一百多萬人被消滅，他們並廢除貨幣、私人財產和家庭組織。

另一方面，高棉與越南在歷史上即互不友好。1978 年 6 月越南攻擊高棉，翌年 1 月攻下金邊，推翻波帕政權，以軍事力量扶植親越南的政權。不過，高棉問題迄未解決，各個反對越南的勢力，包括施亞努派、赤柬、宋申 (1930–97) 的溫和派等，一直在抗爭，而且在 1982 年結為聯盟。1991 年 10 月交戰四派（以上三派加上越南支持的金邊政府）在聯合國主導下，以及在美、英、法等十九國保證下，簽訂《巴黎和約》，結束戰爭。高棉主

波 帕

大批高棉難民趁波帕政權與越南軍隊作戰時逃往泰國

權暫由全國委員會代表行使，該委員會由四派十二名代表組成，以施亞努為主席，並在十八個月內舉行選舉，在未舉行選舉前由聯合國臨時治理機構 (UNTAC: U. N. Transitional Authority in Cambodia) 負責實際治理工作，聯合國並派出先遣團 (UNAMC: U. N. Advance Mission in Cambadia) 來維持秩序。

高棉人口中，高棉人佔了大約 93%，主要的宗教是小乘佛教。

㈩越戰和越戰以後的東南亞

在東南亞民族獨立運動的過程中，曾經發生震撼全世界的越戰或印支戰爭。對於這個戰爭，美國與西方國家視為防堵共黨擴張的戰爭，越南（特別是北越）人民則認為是民族解放戰爭。美國基於冷戰期間反共的立場，不願共黨勢力擴大，故在第一次越戰或印支戰爭 (1946–54) 時曾對法國大力援助。日內瓦會議後，美國藉口未簽署《日內瓦協定》，支持南越拒絕全越選舉。1957 年起，在北越支持下的越共 (Viet Cong) 在南越境內，特別是湄公河三角洲，發動游擊戰，這些「越共」有很多是 1954 年停火時越盟游擊隊發展出來的。1960 年在河內組成反對南越政府，也包括非共分子的民族解放陣線 (NLF: National Liberation Front)。美國支持南越，但原限於軍援和顧問團人員的協助，惟自 1961 年民主黨甘迺迪政府開始直接介入，至同屬民主黨的詹森總統 (Lyndon B. Johnson, 1908–73) 更發展成全面的戰爭。但是，北越在俄國及中共支持下與美國纏戰不休。1969 年 2 月時，美軍在越南的數字超過了五十四萬人。越戰的轉捩點是 1968 年北越主導下的新年攻勢 (Tet Offensive)，緣 1968 年 1 月 30 日為越南農曆新年，越共游擊隊與北越軍隊對南越四十四個省城中的三十六個和西貢發動突擊，一度攻入南越總統府、機場，乃至美國大使館，後雖被逐出，但贏得一場心理戰，說明南越境內無一處是安全的。

但是，美國與南越所採行的「以昇高戰爭來掩飾失敗」(cover up the failure by escalating the war) 進行到第五年，終引起美國人的反戰情緒，民

美國直昇機群在越戰中的行動

心士氣亦受到很大的打擊，詹森被迫宣布不參加 1968 年的總統選舉，共和黨的尼克森 (Richard M. Nixon, 1913–94) 獲勝。尼克森政府展開越戰「越南化」(Vietnamization)，並由國家安全顧問季辛吉謀求自越南撤退。1973 年 1 月，美國與北越達成《巴黎協定》，美國退出越戰。1975 年 4 月，北越取得全勝，攻陷西貢，南越淪亡㉔。高棉與寮國也隨之落入共黨勢力手中。

越戰造成極大的生命與財產的損失，大約有一百五十萬至二百萬越南人死於戰爭，大約有四百萬人受傷。美國在 1961 至 1973 年間，也有五萬七千九百三十九人陣亡，以及大約三十萬人受傷。所耗軍費，包括對南越軍援在內，超過一千五百億美元。越戰為美國立國以來所參加的一場最不光榮的戰爭，而且留下很多後遺症，即「越戰症候群」(Vietnam War Syndrome)。

越戰對東南亞，乃至整個世局有極為重大的影響。戰後，整個印支半島為越南所控制。東南亞公約組織（SEATO: South East Asia Treaty Organization，1954 年建立）亦不能再維持，蓋 1975 年 9 月該公約理事會決定在兩年內解散，1977 年 6 月正式解體。同時，越南於戰後與中共交惡而採取親俄政策，使俄國得利用金蘭灣 (Cam Ranh Bay) 和峴港 (Danang)

㉔ 關於越戰的基本資料，可參考 James S. Olson, ed., *Dictionary of the Vietnam War* (New York: Greenwood Press, 1988).

的軍事基地。越南亦攻擊親中共的高棉赤柬政權並控制高棉。事實上，自1977 年中國大陸與越南的關係惡化逐漸公開，邊境亦不斷有衝突發生。1979 年 2 月 17 日，中國大陸終於決定出兵「教訓」越南，3 月 16 日撤兵，共二十八天。不過，1991 年後隨著俄國內政的改變，中、越共又趨和好，此年 11 月雙方宣布「關係正常化」。

東南亞在越戰以後的變局，使東南亞國家協會 (ASEAN: Association of South-East Asian Nations) 日益重要。此為 1967 年由五個非共國家，即馬來西亞、菲律賓、泰國、印尼和新加坡所發動組成的區域性的國際組織，其前身則為 1961 年馬、菲、泰三國組成的東南亞協會 (ASA: Association of South-East Asia)。1984 年汶萊加入東南亞國家協會成為第六個會員國。該組織以促進經濟成長、社會進步、文化發展，以及東南亞地區的和平與安全為目的。它並有高峰會議（由各會員國元首參加）、外長會議（每次在各會員國輪流舉行），以及一個設在雅加達的秘書處。該組織在經濟合作方面有些進展，對 1979 年越南佔領高棉亦能作出一致的反應。1992 年 1 月東協各國在新加坡舉行高峰會通過在 2008 年以前建立自由貿易區 (Free Trade Area) 的決議。

二、南　亞

南亞或西南亞是一個不易界定清楚的地區，它包括印度、巴基斯坦、孟加拉、斯里蘭卡、尼泊爾、不丹，以及島國馬爾地夫，有時亦有將緬甸列入者。

㈠印　度

印度的正式國名是印度共和國（Republic of India，印度文為 Bharat），面積約為三百二十七萬五千一百九十八平方公里，人口依 1991 年官方統計數字為八億五千多萬人。首都為新德里。

印度人口眾多，其中印度・亞利安人 (Indo-Aryan) 佔了大約 72%，德

拉威人 (Dravidians) 佔了大約 25%，主要宗教為印度教，是絕大多數印度人的信仰。在語言方面尤為複雜，1961 年的調查有八百二十六種語言或主要方言，細分可能超過三千三百種方言，其中最主要的有十五種。印度雖以印度語文 (Hindi) 為官方語文，但在印度也不過祇有大約 40% 的人使用此種語文，這是為什麼印度一直不能擺脫英文的原因。而且，印度如果沒有英國的統治，給予各地知識分子共同的語文（英文）的話，甚至不會有成功的獨立運動。

印度原為英國殖民地，1885 年印度人成立國大黨 (Indian National Congress)，1920 年甘地 (Mohandas K. Gandhi, 1869–1948) 成為印度獨立運動的領袖。1935 年英國國會通過《印度政府法》(*Government of India Act*)，准許印度選舉省（邦）級政府。第二次世界大戰時期，印度參與對軸心國作戰，並且成為盟國運送物資至中國的主要通路，1943 年底至 1945 年 1 月築成的史迪威公路 (the Stilwell Road) 即為例證。

第二次世界大戰以後，印度獨立成為不可避免的事情。1945 年 7 月英國工黨的艾德禮 (Clement Attlee, 1883–1967) 內閣亦遠較前任的邱吉爾內閣持寬大的態度。但是，在印度，回教人口亦有相當的人數，而且在西北部佔多數。這些回教徒雖然大約有 75–95% 有印度血統，但對國大黨（印度教徒佔多數）不放心，他們並於 1906 年成立回教同盟 (Moslem League)，真納 (Muhammad Ali Jinnah, 1876–1948) 是他們的領袖，並且要求另建巴基斯坦國，包括印度西北部和東邊一千哩以外的東孟加拉。當時英國和英國在印度的最後一位總督蒙巴頓 (Lord Louis Mountbatten, 1900–79)，以及國大黨均不贊成分割印度次大陸為兩國，但真納拒絕與國大黨的尼赫魯 (Jawarharlal Nehru, 1889–1964) 合作共組政府，1947 年 8 月英國國會通過的《印度獨立法規》(*Indian Independence Act*) 決定印度和巴基斯坦均為自治領。印度稱印度聯邦 (Union of India)，但印、回混亂，1948 年 1 月甘地在祈禱時為一個印度極端分子所刺殺。1948 年 11 月印度制憲大會通過新

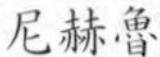

尼赫魯

真　納

《憲法》，宣稱印度為獨立的民主共和國，此《憲法》於 1950 年 1 月 26 日生效[25]。

印度共和國為聯邦國家，有二十二邦和九個行政區，採行議會民主制度，總統為象徵性元首，內閣總理掌權。國會是兩院制的國會，上院稱國家議會 (Rajya Sabha)，議員以二百五十名為限，下院稱人民議會 (Lok Sabha)，由五百四十四名議員所組成。印度常自稱其為「最大的民主國家」(the largest democracy)。國大黨自獨立以來主控印度政局，1989 年大選後始首遭失敗。但印度民主仍處試煉中，尼赫魯之女甘地夫人（Mrs. Indira Gandhi，1917–84，在 1966–77 及 1980–84 年間擔任總理）在 1984 年被其錫克衛士刺死，其子拉吉夫・甘地 (Rajiv Gandhi, 1944–91) 繼之，但在 1989 年大選失利，由人民黨 (Bharatiya Jonata Party, or BJP) 聯合他黨執政。但 1991 年 5 月大選期間，拉吉夫・甘地又被刺殺。

印度尚有其他隱憂。錫克分裂主義分子 (Sikh separatists) 欲在他們佔多數的旁遮普邦 (Punjab) 贏得獨立或完全自治，時有暴力行為，1984 年政府軍包圍他們的聖地，即在阿木里查 (Amritsar) 的金寺 (Golden Temple)，導致三千多錫克教徒被殺，也間接造成同年錫克衛士刺死甘地夫人；另外喀什米爾分裂分子 (Kashimiris) 亦欲將回教徒佔大多數的占穆與喀什米爾邦

---

[25] 吳俊才，《印度史》(臺北：三民書局，民 71)，頁 503–67。

甘地夫人與她的兒子們 (1967)，右為拉吉夫・甘地

(State of Jammu and Kashmir) 獨立或與巴基斯坦合併；印度教基本教義派分子 (Fundamentalist Hindus) 在右翼的人民黨鼓舞下昇高與回教人口的衝突。此外還有坦米爾人 (the Tamils) 的問題。很多印度人把他們自己視作孟加拉人、坦米爾人、印度教徒、錫克教徒、回教徒等等比視為印度人更為重要，國家認同尚不夠堅強。這種情形印證了英國歷史學家阿克頓 (Lord Acton, 1834–1902) 的名言：「民族是國家之果，而非國家之因。國家創造了民族，而非民族創造了國家。」(The nation is not the cause but the result of the state. It is the state which creates the nation, not the nation creates the state.㉖)

對外印度與中國大陸有邊界糾紛，1959 年和 1962 年且曾兵戎相見，迄未完全解決；與巴基斯坦有喀什米爾糾紛，1947–49, 1965–66 年間，且為之兩國交兵。在國際政治上，印度標榜不結盟的中立政策，但 1971 年與蘇聯簽訂《和平友好條約》(*Treaty for Peace, Friendship and Cooperation*)，為期二十年，1991 年且又續訂，惟蘇聯在該年年底不復存在。

㉖ Edward M. Burns & others, *World Civilizations*, 6th ed., Vol. 2 (New York: Norton, 1982), p. 972.

㈡巴基斯坦

巴基斯坦的正式名稱是巴基斯坦回教共和國 (Islamic Republic of Pakistan)，面積約為八十萬三千九百四十三平方公里，人口一億零七百五十萬人（包括巴屬喀什米爾），首都在伊斯蘭馬巴德 (Islamabad)。

巴基斯坦原為英屬印度之一部，1947 年與印度分別建國。當時領土包括西巴基斯坦 (West Pakistan) 與東巴基斯坦（East Pakistan，即東孟加拉，現為孟加拉國），二者被印度所分隔，相距一千六百一十公里。但西巴多為旁遮普人，東巴多為孟加拉人，二者除皆信奉回教外，其他多不相同。1971 年爆發內戰，東巴基斯坦在印度軍事的介入下，獨立為孟加拉國。

巴基斯坦民主制度迄未能真正運作。人民中以旁遮普人 (Punjabi) 為主，另外尚有辛地人 (Sindhi)、巴坦人 (Pathan)、俾路支人 (Baluchi)，亦收容阿富汗難民五百萬人。主要信仰為回教，有 97% 的人民信奉它。官方語言為烏度 (Urdu)。

在外交關係上巴基斯坦因與印度交惡，而與中國大陸友善。

㈢孟加拉國

孟加拉國的正式名稱為孟加拉人民共和國 (People's Republic of Bangladesh)，面積約為十四萬三千九百九十八平方公里，人口依 1984 年數字為九千九百五十八萬五千人，首都在達卡 (Dacca)。

孟加拉國原為巴基斯坦的東部，1971 年獨立建國。主要人民為孟加拉人 (Bengali)，佔全人口 98%，其他尚有比哈爾人 (Biharis) 和部落少數民族，官方語文為孟加拉文。宗教信仰以回教（素尼派）為主，另有印度教、佛教、基督教等。

孟加拉國政治未上軌道，經濟貧窮落後。1991 年全民投票複決，回歸 1972 年獨立時的議會內閣制，揚棄自 1975 年以來的總統制。

㈣斯里蘭卡

斯里蘭卡原名錫蘭 (Ceylon)，1975 年改稱斯里蘭卡。其正式國名為斯里蘭卡民主社會主義共和國 (Democratic Socialist Republic of Sri Lanka)。斯里蘭卡為一印度洋中的島國，隔著保克海峽 (Palk Strait) 與印度次大陸分開，但有一連串的珊瑚島與印度相接，這些珊瑚島稱為亞當橋 (Adam's Bridge)。面積約為六萬五千六百一十平方公里，依照 1986 年的估計，人口為一千六百七十五萬五千人，首都是可倫坡 (Colombo)。斯里蘭卡原為英國殖民地，1948 年取得自治領地位，1972 年成為完全獨立的共和國。共和國元首為總統，任期六年，另有國會 (National State Assembly)，由二百五十五名議員組成，六年改選一次。

斯里蘭卡的主要民族是信仰佛教的辛哈勒斯人 (Sinhalese)，佔全人口 74% 左右，但另有信奉印度教的坦米爾人 (Tamils)，約佔 18%，另有回教徒約佔 7%，官方語言為辛哈語 (Sinhala)。斯里蘭卡境內有種族衝突，其中尤其是坦米爾人為甚，他們在該國北部地區佔絕大多數，他們組成「坦米爾之虎」(Eelam) 的組織，採取各種恐怖與暴力手段從事分離活動，印度又同情之，自 1980 年代趨於嚴重。

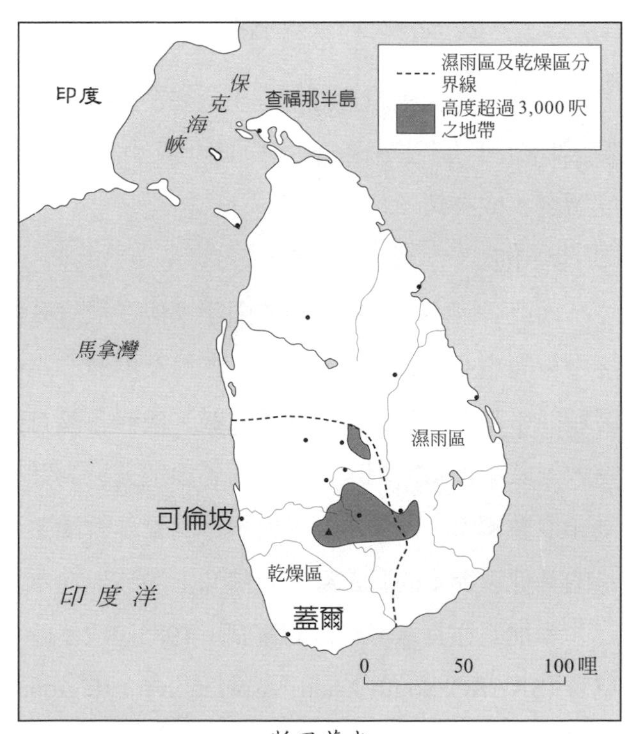

斯里蘭卡

㈤馬爾地夫

馬爾地夫 (Maldives) 為印度洋中的小島國，由二千多個小珊瑚島構成，採共和體制。它的面積約有二百九十八平方公里，人口依 1988 年數字約為二十萬人，首都是馬勒 (Male)。

馬爾地夫原為英國保護國，為回教蘇丹體制，1965 年獨立，1968 年改採共和體制。全國人民幾乎均信奉回教（素尼派）。

㈥尼泊爾與不丹

南亞另有尼泊爾和不丹兩國，尼泊爾 (Nepal) 位於喜馬拉雅山脈之南，國境的十分之九為高山區，世界最高的聖母峰即在該國與西藏邊界，為一立憲王國，面積約為十四萬七百九十七平方公里，人口依 1988 年數字約為一千八百三十萬人，首都是加德滿都 (Kathmandu)。不丹 (Bhutan) 為喜馬拉雅山脈東麓的小王國，面積約為四萬六千六百二十平方公里，人口依 1988 年數字約為一百五十萬人，首都是茨姆布 (Thimbu)。不丹原為英國勢力下的小王國，內政自主，外交則由英國負責，1949 年與印度簽訂相似規定的條約。

此外，本地區原有另一小王國錫金 (Sikkim)，處於喜馬拉雅山心臟地帶，1861 年為英國保護國。1947 年英國將控制權轉交印度，1975 年為印度所併，成為其一邦。

㈦其　他

南亞各國均為貧窮落後的國家，但在地緣政治上頗富重要性，因其連接中東與東亞，而印度洋及附近各海及海灣亦為交通樞紐。另一方面，本區域糾爭甚多，此與宗教複雜有關，南亞各國有回教、印度教和佛教三大宗教，其中巴基斯坦、孟加拉、馬爾地夫皆為回教國家，印度與尼泊爾則為印度教國家，而斯里蘭卡與不丹又屬佛教國家，但各國之中均有相當數量的其他教徒，而且這種宗教信仰上的歧異在本地區有其政治上的影響。

本地區亦有區域合作的嘗試。1985 年 12 月，七國成立南亞區域合作協會 (SAARC: South Asian Association for Regional Cooperation)，以促進各項合作與協調，惟績效不彰。

三、非　洲

第二次世界大戰之後，非洲民族獨立運動如風起雲湧。在第二次世界大戰以前，非洲僅有賴比瑞亞 (Liberia)、衣索比亞和埃及三個獨立國家，至 1990 年已有五十一個之多，僅在 1950–60 年的十年間，就有四分之三的非洲國家掙脫殖民統治。何以會在短期之內有如此巨大的改變？第一個原因是因為歐洲控制非洲內陸為相當晚近的事，瓜分非洲係在 1880–1912 年間完成，時間不長，易於脫手；第二個原因是歐洲人集中在極南和極北地區，如南非和阿爾及利亞，其他地區白人不多；第三是就黑白人口比例而言，1950 年時在非洲白人僅有五百萬人左右，而黑人超過二億。

義大利在非洲的殖民帝國為第二次世界大戰所摧毀。義大利的殖民地並沒有被勝利國爭取，皆予獨立。衣索比亞的皇帝赫勒・塞拉西（Haille Selassie, 1891–1975，在位時期 1930–36, 1941–74，1974 被黜）復位，利比亞 (Libya) 在 1951 年獨立。義屬索馬利蘭 (Italian Somaliland) 與英屬索馬利蘭合併，於 1960 年獨立為索馬利亞共和國 (Republic of Somalia)。

㈠西非和中非

法國和英國在西非擁有殖民地，法國和比利時在中非也曾根深蒂固。

法國在第二次世界大戰後曾想與殖民地建立比較密切的，類似聯邦的關係。1956 年法國國會通過《骨幹法》(*Loi Cadre*, or *Skelton Law*) 授權法國政府將政府事務交付非洲人，此為法國擺脫其傳統的，對殖民地採取同化政策之始。1959 年法屬蘇丹（French Sudan，當地人稱馬利，Mali）與塞內加爾 (Senegal) 合組馬利聯邦 (Federation of Mali)，但 1960 年分開，馬利成為獨立的共和國，正式名稱為馬利共和國 (République du Mali)，官方語文為法文，首都在巴馬科 (Bamako)。塞內加爾於 1960 年退出馬利聯邦後亦成為獨立共和國，正式名稱為塞內加爾共和國 (République de Senegal)，法文為官方語文，首都在達喀爾 (Dakar)。法屬幾內亞 (French

Guinea) 在 1958 年成為第一個獨立的法屬西非殖民地，正式名稱為幾內亞共和國 (République de Guinée)，官方語文為法文，首都在康納克理 (Konakry)。

法國在西非殖民地獨立建國的，還有喀麥隆、多哥、象牙海岸、尼日、上伏塔（Upper Volta，後改稱布其納・法索，Burkina Faso）、達荷美（Dahomey，後改稱比寧，Benin）。喀麥隆 (Cameroon) 原為德國保護國，第一次大戰後東喀麥隆由法國託管，西喀麥隆由英國託管。第二次大戰後繼之，1960 年獨立為喀麥隆聯邦共和國，1972 年後改稱喀麥隆聯合共和國，1984 年更名為喀麥隆共和國 (République du Cameroon)，官方語文為法文與英文，首都在雅溫得 (Yaoundé)。多哥在第一次大戰前原為德國保護國，1919 年法國控有其東部土地（佔總面積三分之二），西部為英國控有，分稱法屬多哥與英屬多哥，1956 年英屬多哥人民投票加入黃金海岸（後與黃金海岸組成迦納）。1960 年獨立為多哥共和國，官方語文為法文，首都是勞梅 (Lomé)。象牙海岸原為法國殖民地，1960 年獨立，正式名稱為象牙海岸共和國 (République de Côte d'Ivoire)，官方語文為法文，首都是阿比尚 (Abidjan)。尼日 (Niger) 亦係於 1960 年獨立為尼日共和國 (République de Niger)，為法語系國家，首都是尼亞美 (Niamey)。上伏塔和達荷美均係於 1960 年獨立為共和國，官方語文為法文，惟上伏塔於 1984 年更名為布其納・法索，達荷美於 1975 年更名為比寧，稱比寧人民共和國 (République Populaire du Bennin)。

另外，在西非的西班牙殖民地幾內亞 (Spanish Guinea)，位於非洲西岸，1968 年獨立為赤道幾內亞共和國 (República de Gunéa Ecuatorial)，官方語文為西班牙文，首都在馬拉波 (Malabo, or Fernando Po)。

英國在西非亦有若干殖民地，後來獨立為英語系的國家。首先是在黃金海岸 (Gold Coast)，其地在 1948 年時已有當地人佔多數之立法會議 (Legislative Council)，後由曾在英國與美國受過教育的恩柯魯瑪 (Kwame

恩柯魯瑪與英國首相麥米倫

奈及利亞第一任總統阿芝克威 (Azikiwe)

Nkrumah, 1909–72) 領導民族獨立運動，組成會議人民黨 (CPP: Convention People's Party)， 1957 年黃金海岸與在英國託管下的西多哥合組為迦納 (Ghana)，為自治領，但在 1960 年成為獨立的共和國。另一英國殖民地為奈及利亞 (Nigeria)，於 1960 年獨立。奈國境內人種複雜，多達二百五十種族群，而以霍薩 (Hausa)、雅魯巴 (Yoruba) 和依波 (Ibo) 等族為大。1967 年 5 月至 1970 年 1 月，居住在該國東方省的依波族獨立自建比亞弗拉 (Biafra) 共和國，由於依波人多信基督教，頗獲一些支持與同情，但英國與俄國均支持聯邦政府，美國亦不承認，最後經血腥內戰後被撲滅。再一英國殖民地是甘比亞 (Gambia)，於 1965 年獨立。

最老牌的殖民帝國在西非亦有殖民地，即葡屬幾內亞 (Portuguese Guinea) 或幾內亞・比紹 (Guinea-Bissau)，和綠角群島 (Cape Verde Islands)，均係自十五世紀即為葡萄牙人所擁有。二者分別於 1974 年和 1975 年獨立為共和國，官方語言皆為葡語。

至於中非，主要為法國與比利時的範圍。法屬中非，亦即法屬赤道中非 (French Equatorial Africa)，在 1960 年分別獨立為查德 (Chad, or Tschad)、加彭 (Gabon)、剛果 (Congo) 和中非 (Central Africa) 共和國，官方語言皆為法語，其國名分別為查德共和國 (République du Tschad)、加彭共和國

(République Gabonaise)、剛果人民共和國 (République Populaire du Congo) 和中非共和國 (République Centrafricaine)。

歐洲小國比利時卻在非洲有很大的殖民地，以中非而言，比屬剛果 (Belgian Congo) 於 1960 年獨立時，曾發生很大的騷亂，建立為剛果民主共和國，1971 年改稱薩伊共和國 (République du Zaire)。另外，1962 年獨立的盧安達 (Rwanda) 和蒲隆地 (Burandi) 二共和國，亦係由比利時託管地獨立而成。

㈡東非與北非

東非主要為英國的範圍，第二次世界大戰以後在此地區獨立的國家有肯亞 (Kenya)、坦干伊喀 (Tanganyika)、桑吉巴 (Zanzibar)、烏干達 (Uganda) 等。肯亞在 1963 年獨立時仍處部落階段，其首任總統卓謨・肯亞達 (Jomo Kenyatta, c. 1889–1978) 即為一綽號：卓謨 (Jomo) 意為「燃著的長矛」，肯亞達 (Kenyatta) 意為「鑲珠的皮帶」[27]。坦干伊喀於 1961 年獨立，桑吉巴在 1963 年獨立（原為立憲王國，1964 年發生革命，改建共和），1964 年二者合組為坦尚尼亞聯合共和國 (United Republic of Tanzania)。烏干達則係於 1962 年獨立。以上均屬英語系國家。

卓謨・肯亞達

東非另有古國衣索比亞。

至於北非，法國與英國均曾有深厚的勢力。這些地區自從羅馬時代以來，即飽經滄桑。法國在北非曾有很大的投注，但摩洛哥 (Morocco) 在 1956 年獨立為君主「立憲」國家；突尼西亞 (Tunesia) 也是在 1956 年獨立，翌年廢君主政體而改建共和。至於阿爾

[27] Richard L. Greaves and others, *Civilizations of the World* (New York: Harper, 1990), pp. 995–96.

及利亞 (Algeria)，法國更曾努力經營，且不視之為殖民地，而看作法國的一部分。法國亦曾大量移民於此，在第二次世界大戰以後此地九百萬的人口中，至少有一百萬人為自歐洲（特別是法國）移來者，其中不乏世代居此者，如卡繆 (Albert Camus, 1913–60) 即出生於此。法國在企圖撲滅阿爾及利亞的民族解放陣線 (Front de Libération Nationale) 所發動的游擊戰中，曾經動員過最多到五十萬左右的兵力，經過七年半的苦戰 (1954–62)，最後在 1962 年終承認其獨立。以上國家雖以阿拉伯語為官方語文，但法文甚為流行。

屬於北非地區的原義大利殖民地利比亞 (Libya) 在 1951 年即獨立，曾在英國影響下的埃及則將於討論中東地區時再談。

㈢非洲南部

非洲南部 (Southern Africa) 的情況較為複雜。本來，在非洲民族獨立運動中，在歐洲白人與非洲黑人人數比例不及 1：100 的地區均甚順利，但在北部及南部，因為白人所佔的比例較其他地區為高，故常有困難。我們已經看到在北部，特別是法屬的阿爾及利亞，由於白人佔了十分之一以上，故曾經有艱苦的戰鬥。至於非洲南部，因為白人佔五分之一以上，故情況尤為困難。

此處所說的非洲南部，包括安哥拉（Angola，原屬葡萄牙，1975 年獨立，為葡語系國家）、波紮那（Botswana，原屬英國，1966 年獨立，為英語系國家）、賴索托（Lesotho，原屬英國，1966 年獨立為立憲王國，為英語系國家）、馬拉威（Malawi，原屬英國，1964 年獨立，亦屬英語系國家，但當地土語 Chichewa，即齊齊哇語，列為首要）、莫三鼻給（Mozambigue，原屬葡萄牙，1975 年獨立，為葡語系國家）、史瓦濟蘭（Swalizland，原屬英國，1968 年獨立為王國，為英語系國家）、桑比亞（Zambia，原屬英國，時稱北羅德西亞，Northern Rhodesia，1964 年獨立，為英語系國家）、辛巴威（Zimbabwe，原屬英國，1911–64 年間稱南羅德西亞,1964–79 年間稱羅德西亞,1965 年保守主義的白人在易安・史密斯 (Ian Smith) 領導下片面宣布獨立,黑人不服統治,擾攘至 1980 年始建立國際承認的辛巴威共和國),為英語系國家。非洲南部亦包括曾長期為南非共和國控制的西南非洲(South West Africa,原德屬西南非洲,第一次世界大戰後國際聯盟託管),該地於 1990 年獨立為納米比亞 (Namibia) 共和國,以及南非共和國。至於馬達加斯加 (Madagascar,原屬法國,1960 年獨立,官方語言為馬拉加西語,Malagasy,及法語),則因語言及文化傳統不同,有時不列入非洲南部。

非洲南部最引人注目的問題,當為南非共和國的問題。南非共和國(Republic of South Africa,南非荷語作 Republiek van Suid-Afrika),位於非洲南部的衝要之地,面積有一百二十二萬一千零三十七平方公里。該國原為英帝國自治領及大英國協(1949 年後改稱國協)之會員國,時稱南非聯邦。境內白人係非洲各地域中所佔比例最多者。根據 1984 年估計,南非共和國總人口約為三千一百六十九萬八千人,其中白人約佔 18%,但白人(全部約有五百五十萬人)之中,歐陸裔的白人(Afrikaners, or Afrikanders, or Africanders,荷蘭、德國及法國人的後裔)約佔五分之三,他們的語言是南非荷語(Afrikaas, or Taal,以荷語為基礎但受歐洲語言,乃至亞、非語言影響發展出的語文),另外五分之二的白人則屬英裔,以英語為其語文,故南非官方語文有南非荷語及英語。黑人佔了南非總人口的 70%,其他尚有大約佔總人口 9% 的有色人種(the Coloureds,黑、白及亞洲人混血種),以及大約 3% 的亞裔人口(the Asians,主要為印度人)。

南非自 1931 年便已為實質上的獨立國家。1948 年開始當政的國民黨 (National Party) 政府,為了確保白人政權,實施種族隔離政策 (Apartheid)㉘,用種種法律來分離各族群的居住、教育、工作和政治,而名之為「不同的發展」(separate development)。這些法律包括《禁止種族通婚法》(*Prohibition of Mixed Marriages Act*),嚴禁白人與非白人通婚;《人口

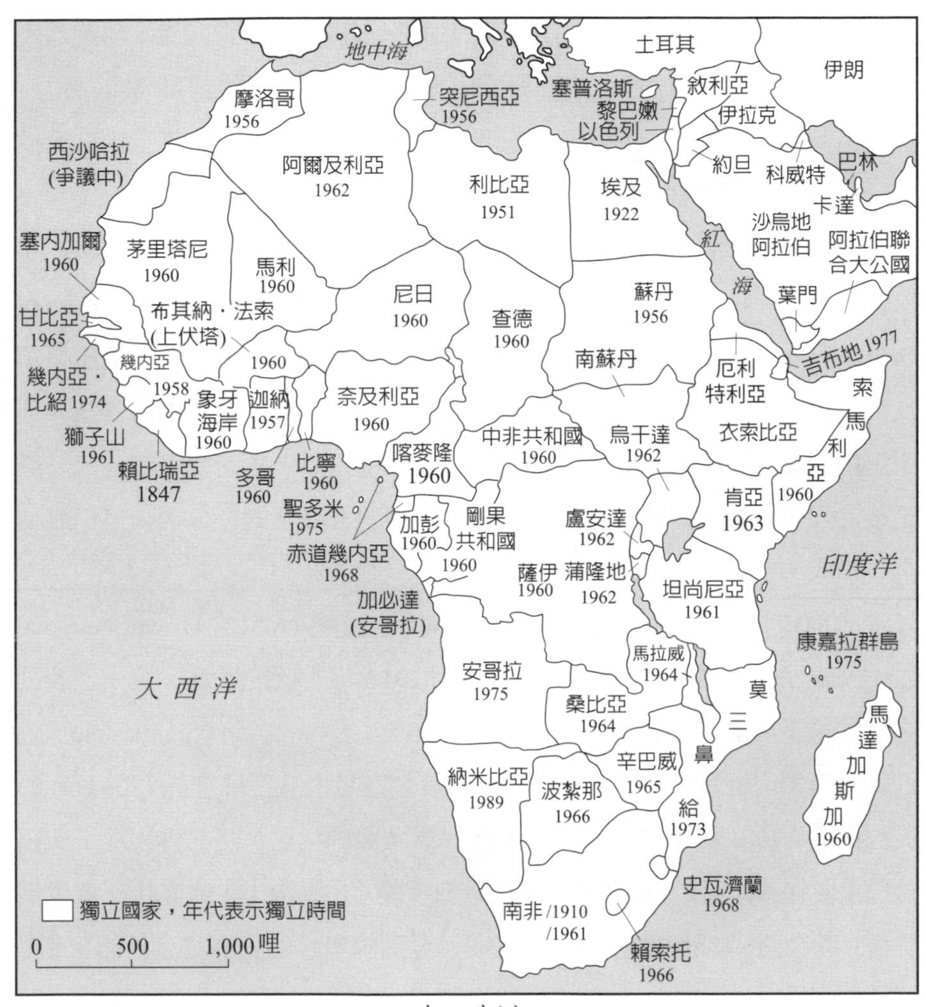

今日非洲

登記法》(*Population Registration Act*)，規定根據出生登記種族；《土地法》(*Land Act*)，明訂土地的分配；《族群區域法》(*Group Areas Act*)，劃分不同種族的生活領域等等。白人控有 87% 左右的土地，而把其餘的土地先後建立了十個黑人居住的「家國」(Homelands，其中四個是「獨立」的，六個是非獨立的)。黑人祇是這些「家國」的永久公民，並無參與南非政治的權

㉘ Apartheid 為南非荷語，其意為「分開」。

利。這種政策引起英國反對，以及國際譴責。南非聯邦乃於 1961 年脫離國協而改稱南非共和國，但一直面對國內黑人的反對，以及國際制裁的壓力。1984 年經由公民投票（白人）而修改後《憲法》生效，將原來全由白人擔任議員的一院制國會改為三院制，分別是白人組成的國民議會（House of Assembly，一百七十八名議員），有色人種組成的眾議院（House of Representatives，八十五名議員），以及亞裔人口組成的代議院（House of Delegates，四十五名議員）；政策及預算須經三院通過；全國共同相關事項及涉及黑人事宜，由三院共同討論，涉及某一特殊族群之事則由各該人種所選出的議院單獨討論。另外，把內閣制改為類似法國的總統制。此一修正後的《憲法》固對有色人種與亞裔人種給予有限度的參政權，但仍將佔全人口大約 70% 的黑人排除在外。

此種情況自為黑人所不滿。非洲民族議會 (ANC: African National Congress) 是他們組成，並且可以追溯到 1912 年的抵抗組織。黑人也發動許多的抗爭與衝突，其中最重要的有 1960 年的沙普維爾（Sharpeville，在約翰尼斯堡附近）事件，以及 1976 年發生在黑人城鎮蘇維托 (Soweto) 的流血衝突。1961 年南非政府禁止非洲民族議會的活動，使其轉入地下與國外（主要在桑比亞），並採取破壞及恐怖手段。在國際上，南非也一直受到美國、聯合國、歐洲共同市場、國協，乃至國際奧林匹克委員會等的抵制。

1960 年沙普維爾事件的傷亡情形

國內非黑人團體，如反對黨進步聯邦黨 (Progressive Federal Party) 的激烈批評，以及知識分子的反對，1991 年諾貝爾文學獎得主南非女作家古納婷 (Nadine Gordimer, 1923–2014) 四十年來反對種族隔離，即為一例。另一方面，客觀情勢也在變化。南非原可藉著與羅德西亞的白人政權互通聲氣，以及控制西南非而負隅一搏。但羅德西亞在 1980 年成為黑人國家辛巴威。西南非原屬德國，1915 年為南非所佔領，1920 年國聯委託南非託管，當地人民組成的西南非人民組織 (SWAPO: South West African People's Organization) 在 1960 年代爭取獨立甚力。1966 年聯合國撤銷託管，1968 年改名為納米比亞 (Namibia)，並承認西南非人民組織為納米比亞人民之代表。1990 年納米比亞終獲完全獨立。

古納婷

納米比亞第一任總統紐卓瑪 (Sam Nujoma)

在此情形下，南非白人當局決定改變做法。南非總統戴克拉克（F. W. de Klerk，1936– ，1989 年 9 月就職）在 1990 年 2 月宣布改革，解除對非洲民族議會的禁制，並答允在 1991 年廢除有關「種族隔離」的各種法律。1991 年 6 月在國會通過廢除後，他簽署廢止《族群區域法》、《土地法》、《人口登記法》等等的法律。黑人領導下的反對團體，包括非洲民族議會和南非共產黨均已開禁，自 1990 年初至 1991 年中，已有一千多名政治犯獲釋，包括非洲民族議會的曼德拉 (Nelson Mandela, 1918–2013)。國際社會也解除了許多對南非的禁制。1991 年 12 月 13 日聯合國大會亦通過決議，結束各會員國對南非學術、體育及文化的關係。但是，黑人參政權（投票權）的問題仍未解決，戴克拉克的國民黨

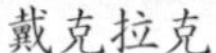

戴克拉克

曼德拉在繫獄二十七年後獲釋

同意草擬新《憲法》給予黑人投票權，但黑人堅持的「一人一票」原則，是很大的難題。

另一方面，非洲民族議會究竟能否在萬一南非達到真正的「多數統治」時擔當大任？不為可疑。南非黑人中最大的族群是祖魯人 (the Zulu)，現有六百萬人左右。他們在十九世紀時曾建強大王國，現仍保持自己的認同，而與南非其他黑人族群，如第二大族的克雪莎族 (Xhosa)，第三和第四大族的索圖族 (Sotho) 和柴瓦那族 (Tswana) 等，不盡融洽。而且，祖魯人在酋長（「國王」）布特萊茲 (Gatsha Buthelezi, 1928–) 的領導下，有「印卡塔」（自由）運動 (Inkatha Movement)，並建立印卡塔自由黨 (Inkatha Freedom Party)，而他們與白人政權的關係亦較好。再者，南非白人，特別是歐陸裔白人的極端分子亦發起白人抵抗運動 (AWB: Afrikaner Resistance Movement)，在泰爾布南齊 (Eugene Terreblanche, 1941–2010) 領導下反對開放與改革，攻擊非洲民族議會為野蠻人。

面對擾攘不安的情況，1991 年 9 月 14 日，南非總統戴克拉克與非洲民族議會主席曼德拉，以及祖魯印卡塔首領布特萊茲在約翰尼斯堡簽訂了

《和平協約》。1991 年 12 月 20 日，戴克拉克政府、非洲民族議會以及其他政黨和宗教領袖等十九方面在約翰尼斯堡舉行民主會談，氣氛雖平和，但白人（控有政府和 87% 的土地和 95% 的財富）很難放棄其地位與權利，而非洲民族議會則堅持一人一票的立場。但形勢比人強，發展至 1994 年，南非舉行各種族大選，非洲民族議會獲勝，曼德拉成為第一任黑人總統，「多數統治」終告建立。曼德拉心胸廣闊，在 1995 年任命一個「真相委員會」(Truth Commission)，目的在發掘種族分離以來的真相，以求全國和解。1996 年南非制定新憲，政局漸定。

第四節　中東與拉丁美洲

第二次世界大戰以後的中東與拉丁美洲也有了新的發展，不僅展現了與以往不同的風貌，也產生了前所未有的問題，成為影響世局而為人所關注的地域。

一、中　東

「中東」可涵蓋的地區，現在大致是指東地中海沿岸的地帶（不包括巴爾幹半島）和波斯灣及阿拉伯海沿岸的區域，在此廣大的地區內，直迄第二次世界大戰之末，英國原享有優越的地位，控制了埃及、巴勒斯坦、外約旦 (Transjordan)、伊拉克、阿拉伯半島南部，以及波斯灣。此外，法國也有相當的影響力量，主宰敘利亞和黎巴嫩等地。但是，戰後不出十年，情況丕變，中東成為阿拉伯民族主義 (Arab nationalism) 大行其道、以色列建國、超級強國競爭的局面。1991 年以後，隨著蘇聯的解體，有了轉變的契機。

黎巴嫩是在 1943 年取得獨立地位（法國原允許其在 1941 年獨立，但法軍在 1946 年始撤離）。敘利亞在 1946 年獲得完全獨立，法軍亦於該年撤出。約旦（1949 年以前稱「外約旦」）在 1946 年獨立（英國雖在 1928 年承認外約旦獨立，但仍控制其國防、外交及財政）。伊拉克雖在 1927 年和 1930 年即獲英國簽約承認其獨立， 1932 年即由國際聯盟宣布英國的託管權，並使其加入國際聯盟且視其為獨立國家，但真正自主則在 1945 年以後。埃及在 1922 年即獲英國承認為獨立國家，但 1936 年英國始撤軍，且仍駐兵蘇伊士運河區，第二次世界大戰期間更在英國直接控制之下，1956 年蘇伊士運河危機後始不再有外國駐軍。至於沙烏地阿拉伯，1925 年阿濟茲・紹德 (Abd al-Aziz ibn Saud, 1880–1953) 統一了各地區，1932 年宣布建立沙烏地阿拉伯王國 (Kingdom of Saudi Arabia)，並在第二次世界大戰時期遵守中立。又由於王國建立時沒有明確的邊界，以致與約旦、伊拉克、科威特、葉門、伊朗均有爭議，現已大致解決。

1945 年阿拉伯國家組成阿拉伯國家聯盟 (League of Arab States)，或稱阿拉伯聯盟 (Arab League)。此一區域組織的原始會員國是埃及、敘利亞、黎巴嫩、沙烏地、約旦（時稱外約旦）、伊拉克、葉門（Yemen，或沙那，Sana，時尚未獨立），現在則已超過二十個會員國，包括若干非洲回教國家，不過會員國數字常因某些原因有變動，如 1976 年接納巴勒斯坦解放組織 (PLO: Palestine Liberation Organization) 為會員國，1979 年因埃及與以色列締訂和約，決定中止埃及會員資格，並將同盟總部自開羅遷至突尼斯。此組織並於 1964 年成立阿拉伯同盟教育、文化及科學組織 (ALECSO: Arab League Educational, Cultural, and Scientific Organization)。

另外，還有一個不限於中東地區，但以中東回教國家為主幹的回教會議組織 (OIC: the Organization of Islamic Conference)，會員國有四十多個，成立於 1971 年，總部設於沙烏地阿拉伯的吉達。

巴勒斯坦 (Palestine) 原在英國託管治理下，這個地區的大部分（特別是約旦與地中海之間的地方）便是《聖經》上所說的迦南 (Canaan)。自從七世紀起，該地區即為阿拉伯人所征服，後來成為一個在人口上以阿拉伯人為主的地區。十九世紀時期，在猶太復國運動下，猶太人移入者日多，第一次世界大戰後國際聯盟交由英國託管，但阿拉伯人與猶太人時有衝突，英國常需用武力來制止雙方戰鬥。至 1947 年時，該地居民中，大約有一百二十六萬九千人為阿拉伯人，六十七萬八千人為猶太人。此年英國決定將巴勒斯坦交由聯合國處理，聯合國巴勒斯坦特別委員會 (United Nations Special Commission on Palestine) 建議在巴勒斯坦分別建立阿拉伯人和猶太人兩個國家，耶路撒冷則由國際共管。此年 11 月，聯合國大會通過此議。但是，猶太人接受，阿拉伯人卻拒絕此一阿、猶分治計畫。

繼之，在爭論和衝突之中，英國宣布在 1948 年 5 月中旬結束其在巴勒斯坦的託管。猶太領袖們在該年 5 月 14 日至 15 日午夜宣布建立以色列國 (State of Israel, or Medinat Israel)，國家的體制是議會內閣制的民主架構，國會 (Knesset) 及內閣均甚強有力，司法獨立。但是，猶太領袖們在臺拉維夫 (Tel Aviv) 宣布建立以色列國時並未說明確定的疆域，大致上是聯合國原先劃予的五千五百平方哩，當時猶太人口約有六十五萬人，而原居住在巴勒斯坦的阿拉伯人大約有一百萬人流離失所。以色列建國後，立即受到五個阿拉伯國家（埃及、伊拉克、黎巴嫩、敘利亞、約旦）的攻擊，埃及

猶太人在英國託管巴勒斯坦終結之日，由本古里昂 (David Ben Gurion) 宣布建立以色列國，所懸為猶太復國運動創始人霍佐的照片

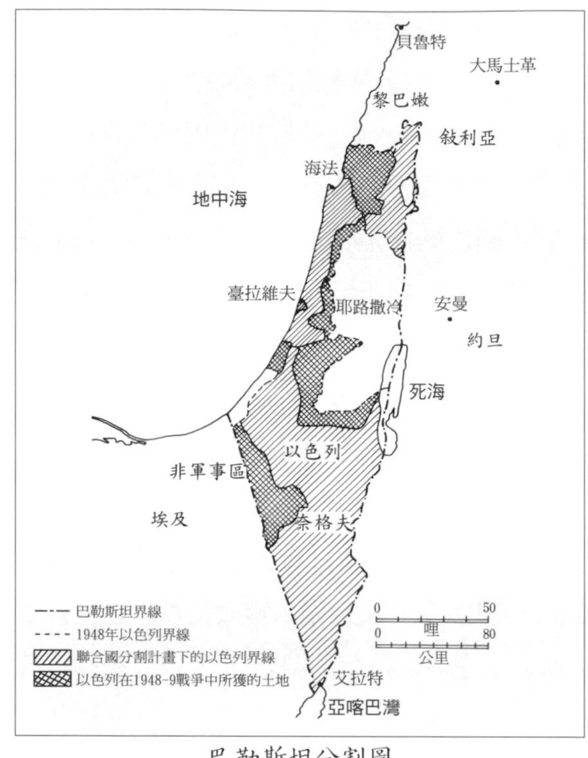

巴勒斯坦分割圖

為主力，但以色列堅強抵抗，1948 年 11 月由聯合國安排停火，但與埃及在奈格夫沙漠 (Negev Desert) 的戰鬥則持續到 1949 年。戰後以色列的土地較諸原聯合國所劃者略有擴張，原聯合國劃定的約為巴勒斯坦的 55%，戰後約為 75%。巴勒斯坦的其他土地則由約旦和埃及取得，約旦併取約旦河西岸 (West Bank)，埃及取得加薩走廊 (Gaza Strip)，耶路撒冷 (Jerusalem) 東半為約旦所佔，西半被以色列控制。阿拉伯各國固未能摧毀以色列，但中東危機以後層出不已。1948–49 年的戰爭不過是第一次以阿戰爭。

埃及是另一個曾經造成危機的國家，也是中東大國。它本來是王國，1952 年國王法魯克 (King Farouk, 1920–65) 被逐，納塞 (Gamal Abdel Nasser, 1918–70) 取得政權，埃及並於 1953 年 6 月改建共和。納塞先為總理，後為總統。納塞醉心阿拉伯民族統一計畫，並在 1955 年即著書立說，出版《埃及的解放：革命的哲學》(*Egypt's Liberation: The Philosophy of the Revolution*)，1958 年與敘利亞合組阿拉伯聯合共和國 (United Arab Republic)，3 月南葉門加入，共組為鬆懈的阿拉伯合眾國 (United Arab States)。1961 年 9 月敘利亞退出，同年 12 月埃及解除與南葉門的協定，但

納　塞

直迄 1971 年埃及仍自稱阿拉伯聯合共和國，此後稱埃及阿拉伯共和國 (Arab Republic of Egypt)。

1956 年時，納塞欲在尼羅河興建亞斯文高壩 (Aswan Dam)，美、英撤消原來應允的援助，納塞因而宣布蘇伊士運河國有化，此舉對英、法權益影響很大。另外，埃及常自加薩走廊突擊以色列，不僅不准以色列船隻通過運河，而且封鎖亞喀巴灣。於是，英、法、以三國進攻埃及。以色列於 10 月 29 日攻入埃及，佔領了西奈半島 (Sinai Peninsula) 的絕大部分，11 月英、法進兵運河區，此即蘇伊士運河危機，在當時造成極大的震撼，美國與俄國均反對英、法進兵，並且透過聯合國迫使英、法退兵。英、法終於在 12 月撤退，以色列軍隊亦於翌年 3 月退出。聯合國派出一個由十國組成的和平維持部隊至邊界，但以色列拒其入境，僅能在埃及這邊的加薩走廊和西奈半島巡邏。此為第二次以阿戰爭。

1956 年第二次以阿戰爭後，聯合國和平維持部隊布署在埃及和以色列邊界，阻止了衝突。但是，阿拉伯人仍經由約旦和敘利亞襲擊以色列。1967 年 5 月，埃及的納塞以強大軍力（俄國供應之坦克及飛機）迫使聯合國和平維持部隊撤退，並宣布封鎖提蘭和亞喀巴海峽 (Straits of Tiran and Aqaba)，不准以色列船隻通過。以色列認為此為戰爭行為，乃於 6 月 5 日展開對埃及、黎巴嫩、敘利亞和約旦的戰爭，此一戰爭持續六天，故稱「六日戰爭」（1967 年 6 月 5 日至 10 日）。當時美、英支持以色列，俄國援助阿拉伯國家，也是一場國際危機，美、俄雙方並利用古巴危機後所架設的「熱線」溝通。結果，以色列大勝，自埃及奪得整個西奈半島（包括運河東岸）和加薩走廊，佔領敘利亞的格蘭高地 (Golan Heights)，自約旦取得

約旦河西岸 (West Bank of the Jordan)，並吞併耶路撒冷舊城（東城）。此為第三次以阿戰爭。戰後，阿拉伯國家仇美情緒高漲，俄國加強對中東的滲透。1971 年埃及總統沙達特 (Anwar Sadat, 1918–81) 與俄國簽訂一個為期十五年的《友好合作條約》[29]。

1973 年 10 月，埃及和敘利亞攻擊以色列，企圖收復西奈半島和格蘭高地，此為「贖罪日戰爭」(the Yom Kippur War)，也是第四次以阿戰爭（1973 年 10 月 6 日至 25 日），同時阿拉伯產油國家對美國和其他親以色列國家實施石油禁運，造成「能源危機」。但是，以色列將埃、敘軍隊擊退。

以色列建國和擴張所造成的問題之中，尚有巴勒斯坦難民問題。這些難民累計到 1980 年代後期可能已超過四百萬人。他們寄居在中東各國，亦有分散在世界各地者。其中約旦有大約一百一十六萬人，西岸有大約八十一萬人，以色列境內大約有五十三萬人，加薩境內大約有四十七萬人，黎巴嫩境內約有三十五萬人，敘利亞境內約有二十萬人，科威特約有二十七萬人，沙烏地阿拉伯約有十八萬人，其他不在此列舉。他們組織成各式各樣的反以色列的復國組織，1964 年他們在貝魯特決定成立一個集體組織，此即巴勒斯坦解放組織，1969 年其中最大團體法塔 (al-Fatah) 的領袖阿拉法特 (Yasir Arafat, 1929–2004) 擔任主席。巴勒斯坦解放組織實際上包括六大團體和其他小派系，也有一些恐怖組織，如黑色九月 (Black September) 和派夫普總部 (PFLP-General Command)，與之有密切關係。1974 年 10 月阿拉伯聯盟在摩洛哥拉巴特 (Rabat) 高峰會議承認巴勒斯坦解放組織為巴勒斯坦人民的「唯一合法代表」。1974 年 11 月該組織領袖成為第一個在聯合國大會演說的非政府組織領袖。1976 年該組織成為阿拉伯聯盟的正式會員國。聯合國在後來也不止一次地通過巴勒斯坦人民有自決和建國的權利。但是，巴解內部亦有派系糾爭和建國路線的歧異，有的國家如敘利亞便加以利用。同時，多年以來巴解以黎巴嫩南部為據點，也常導致以色列對黎

[29] 敘利亞在 1980 年亦與俄國簽訂為期二十年的《友好合作條約》。

巴嫩的攻擊。1982 年夏天以色列以大軍包圍貝魯特，迫使阿拉法特退出貝魯特前往的黎波里（Tripoli，此為黎巴嫩西北部海港），1983 年 11 月敘利亞支持反阿拉法特的派系進攻的黎波里，阿拉法特被迫撤至突尼西亞建立總部。1991 年 7 月黎巴嫩軍隊清除了巴解在該國南部的最後據點，蓋巴解利用黎南據點突擊以色列，常招致以色列的報復。

以色列建國以後的以、阿衝突使中東危機重重，而且牽連到美、俄兩國。1956 年的蘇伊士運河危機和以、阿戰爭，以及 1967 年的「六日戰爭」，均為實例。1973 年的以、阿戰爭不僅導致「能源危機」，且因美國支持以色列和俄國支持阿拉伯國家，雙方均曾以空運補給品直接支援作戰。美國警告俄國如不顧「低盪」（détente，和解）原則會損及「對美國的整個關係」(imperilling its entire relationship with the United States)，且可能有「無可估量的後果」(incalculable consequences)。聯合國安全理事會為求解決中東危機，也曾於 1967 年 11 月 11 日和 1973 年 10 月 22 日分別通過 242 及 338 號決議案。242 號決議案的主要內容為中東地區公正而長久的和平應基於：⑴以色列自戰爭中佔領的阿拉伯領土撤軍；⑵該區域各國領土完整和政治獨立，以及在安全而公認的疆界內和平共處；⑶對巴勒斯坦問題要有公正解決方案。至於 338 號決議案則呼籲以、阿停火，並立即實施 242 號決議案。對於兩項聯合國決議案，阿拉伯國家願意接受，以色列則持保留態度。以色列不斷在佔領區內建屯墾區，1980 年 7 月國會通過以耶路撒冷為首都。1982 年 12 月以色列內閣決議並經國會通過兼併格蘭高地，聯合國安理會曾以十五票對零票通過譴責以色列並宣布其行動「無效」。美國態度則為祇要巴解不承認以色列生存權和接受上述聯合國安理會兩項決議案，美國即不承認巴解或與之談判。

埃及與以色列在 1970 年代末期後關係好轉。1977 年 11 月埃及總統沙達特 (Anwar Sadat, 1918–81) 親訪以色列，與以色列總理比金 (Menachem Begin, 1913–92) 會談。1978 年 9 月美國總統卡特在美國馬利蘭州大衛營邀

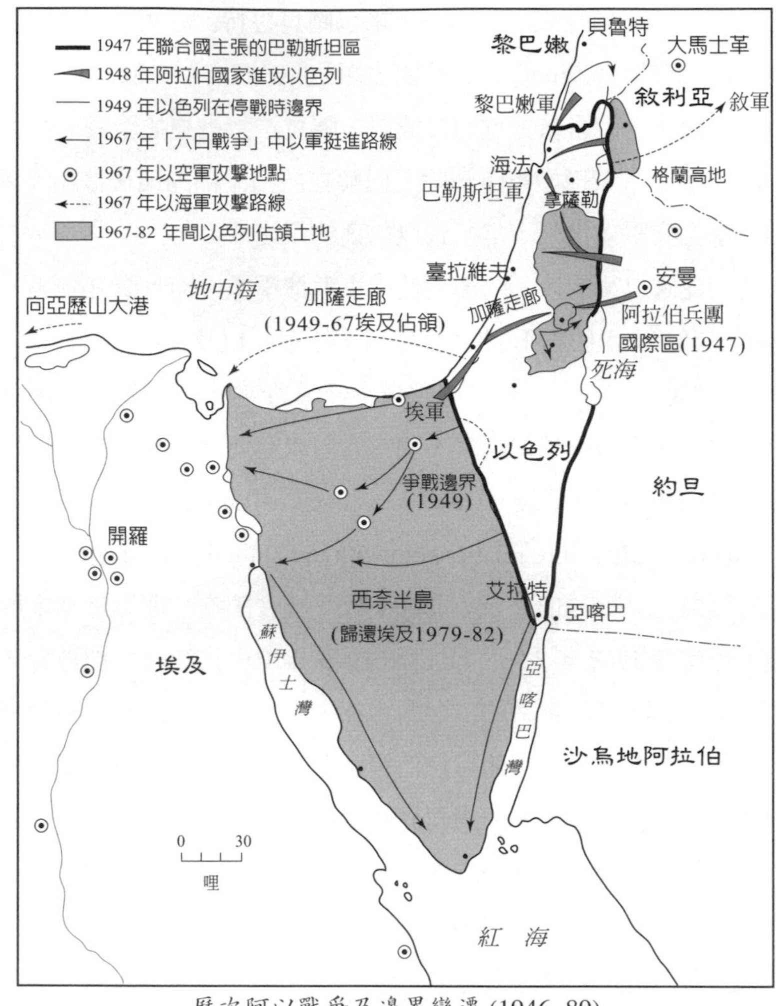

歷次阿以戰爭及邊界變遷 (1946–89)

請沙達特和比金會談，經十三天艱苦談判，達成《大衛營協定》(*David Camp Accords*)，但問題仍多。1979 年 3 月卡特親訪埃及和以色列，該年 3 月 26 日，三國領袖在華盛頓簽訂《以埃和約》，埃及收回了西奈半島，但對整個中東和平則未能有進一步的發展。以、阿衝突仍舊，危機也仍舊。

伊朗是另一個騷亂的來源。1941 年，穆罕默德・利撒・巴勒維 (Muhammad Riza Pahlevi，1919–80，在位時期 1941–79，以下簡稱「巴勒維」）繼乃父利撒・巴勒維為國王。1960 年代，巴勒維推行改革運動，包括土地改革、工人得分享利潤，以及婦女解放，但改革運動受到教士反對。伊朗回教徒以什葉派或原教義派 (Shiites, or Shiah Sect) 為絕大多數，其領袖何梅尼 (Ayattollah Ruhollah Khomeini, 1900–89) 更與之勢不兩立。1979 年 1 月巴勒維被迫流亡國外，伊朗改為伊朗回教共和國 (Islamic Republic of Iran)，並激烈反對美國，1979–81 年間且曾佔領美國大使館和劫持館員以為人質。1980 年 9 月，與另一回教狂熱國家伊拉克（皆以什葉派佔人口多數，惟伊朗人為波斯人，使用印歐語系的語言，伊拉克人則為阿拉伯人）雙方發生邊界及其他方面的衝突，而爆發兩伊戰爭 (Iran-Iraq War)，戰爭至 1988 年始停止。但兩國全面恢復正常關係，係在 1990 年伊

1979 年伊朗群眾在德黑蘭美國大使館前示威，左為何梅尼像，右為美國總統卡特的「圖像」

沙烏地阿拉伯境內交通工具傳統與現代的對比情形

拉克併吞科威特挑起波斯灣危機後始算完成[30]。

伊拉克在其總統海珊掌權下，對內鐵腕統治，對外肆行擴張。1990 年 8 月佔領科威特（Kuwait，1961 年脫離英國獨立）並併為其一省。此一事件引起震撼世界的危機，蓋波斯灣為世界石油的產銷中心，而一國公然併吞另一國家亦為國際社會所不容。在美國與俄國共同支持下，聯合國安全理事會限令伊拉克撤軍，伊拉克不予理會，波斯灣地區其他阿拉伯國家亦深感不安。聯合國安理會最後命伊拉克在 1991 年 1 月 15 日以前撤軍，無效。於是，以美國為首的多國聯軍（先集結在沙烏地阿拉伯）乃發動攻擊。在 1991 年 1 月 17 日凌晨以對巴格達進行空中攻擊，揭開波斯灣戰爭的序幕。美國為首的二十八國聯軍動員兵力約有七十五萬人，坦克三千六百六十輛，並有飛機三千二百三十四架，艦艇二百三十四艘（航空母艦有七艘），再加上許多科技精靈武器；伊拉克亦有可觀戰力，總兵力有一百一十五萬人，坦克五千五百輛，飛機一千零五十一架，艦艇五十九艘。陸上戰爭在 2 月 24 日開始，主要決戰約為一百小時，故稱「一百小時戰爭」(The 100–Hour War)。戰爭在收復科威特後停火[31]。

黎巴嫩的國家整合危機也曾是動亂之源。該國雖被認為是阿拉伯國家，亦以阿拉伯文為官方語文，但其人民中很多人說法文或英文。人口中的宗教信仰，有一半人信基督教，以馬龍教會 (Maronite Church) 為多，另一半人民是回教徒，但包括素尼派或正統派 (Sunnites)、什葉派和德魯士派 (Druses) 等。另外，自 1948 年後又有巴勒斯坦人流入，其南部自 1967 年巴游建立基地。1975 年起，國內基督教徒與回教徒發生內戰，敘利亞又介入，於是問題複雜，經十六年內戰，破殘不堪。但在 1990 年以後逐漸好轉，該年 10 月「分割」貝魯特東城（基督教徒區）與西城（回教徒區）的

---

[30] 兩伊衝突的根源，可參看 T. Y. Ismael, *Iraq and Iran: Roots of Conflict* (N. Y.: Syracuse University Press, 1982).

[31] *Time* (Oct. 8, 1990 & March 4, 1991); *Newsweek* (Nov. 26, 1990 & March 11, 1991).

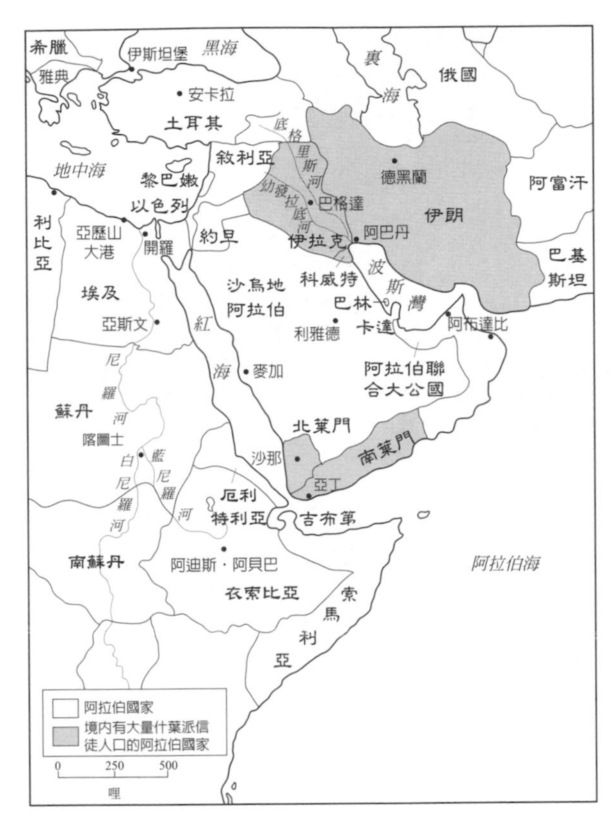

（左）中東形勢圖

（右）黎巴嫩首都貝魯特因內戰破殘情形

綠線拆除，不久也停火。但是在該國南部仍有以色列駐軍。

另外，在中東尚有庫德人 (the Kurds)，他們自稱為古代米提人 (the Medes) 的後裔，為一操西伊朗語的遊牧民族，自七世紀即為素尼派回教徒，人口約有九百至一千萬間，散居安那托利亞、伊拉克、伊朗和土耳其的山區地帶，在敘利亞和亞美尼亞亦有分布。他們期盼建立一個叫做「庫德斯坦」(Kurdistan) 的國家，但迄未如願，終日顛沛流離。

中東最大問題和危機的來源，是四十多年以來的以、阿衝突。1991 年 2 月波斯灣戰爭結束後，美國乃主導推動中東和會，俄國也予配合。美國國務卿貝克 (James Baker, 1930–　) 經過八個多月和八次穿梭訪問，終於說服以、阿雙方同意出席中東和會。10 月 18 日，貝克與俄國外長潘金 (Boris Pankin, 1931–　)，在耶路撒冷舉行記者招待會宣布：中東和會

流浪於伊拉克至土耳其山區的庫德人（1991 年春天）

(Middle East Peace Conference) 於 10 月 30 日在西班牙首都馬德里召開。同日俄國也與以色列恢復自從 1967 年斷絕的外交關係。10 月 30 日，中東和會在馬德里王宮召開，在美、俄共同主持下，埃及、黎巴嫩、敘利亞、約旦（與巴勒斯坦人合組代表團）均出席，他們的對手方以色列由總理夏米爾 (Yitzhak Shamir, 1915–2012) 親自率團與會 。和會在美國總統布希與蘇聯總統戈巴契夫致開幕詞後展開 ，至 11 月 1 日完成三天第一階段或回合的會議，以、阿雙方除表明各自立場與爭論外，並無實質成就。以色列雖在馬德里與阿拉伯國家和巴勒斯坦人做了雙邊接觸，但無實質發展。12 月 10 日起，第二回合在美京華盛頓召開，至 12 月 18 日結束。1992 年 1 月繼續在華盛頓談判四天，至 1 月 17 日結束。繼之，1 月 28 日至 29 日在莫斯科談判兩天，此次會議受到巴勒斯坦代表杯葛，以及敘利亞和黎巴嫩缺席，但決議組成環境、水資源、武器管制、難民和經濟發展五個委員會來研討地區合作的問題㉜。除了展開對話以外，並無實質進展。

㉜ Madrid, Washington and Jerusalem (AP, Reuter, etc.), *China Post & China News*, Oct. 3, Nov. 5, Dec. 6, 11, 19, 20 & 23, 1991, Jan. 4, 8 & 17; Moscow (AP), *China Post*, Jan. 31, 1992, p. 2.

貝克（左）與潘金在耶路撒冷記者會

二、拉丁美洲

拉丁美洲在第二次世界大戰以後也有了變化。這個地區的國家，本來有二十個拉丁語系的國家，即阿根廷（西班牙語）、玻利維亞（西班牙語）、巴西（葡萄牙語）、智利（西班牙語）、哥倫比亞（西班牙語）、哥斯達黎加（西班牙語）、古巴（西班牙語）、多明尼克共和國（西班牙語）、厄瓜多（西班牙語）、薩爾瓦多（西班牙語）、瓜地馬拉（西班牙語）、海地（法語，但大部分人說克里奧爾語，Creole）、宏都拉斯（西班牙語）、墨西哥（西班牙語，亦流行各種印地安語）、尼加拉瓜（西班牙語）、巴拿馬（西班牙語）、巴拉圭（西班牙語，亦說瓜拉尼語，Guarani）、秘魯（西班牙語，亦說魁朱亞語和艾瑪拉語，Quechua & Aymara）、烏拉圭（西班牙語）、委內瑞拉（西班牙語）。以上各國除巴拿馬是在 1903 年獨立外，其餘均在十九世紀即已獨立。

但是，第二次世界大戰以後，拉丁美洲出現了十三個非屬拉丁語系的國家，如安地瓜與巴布達（Antigua and Barbuda，英語，1981 年獨立）、巴哈馬（Bahamas，英語，1973 年獨立）、巴貝多（Barbados，英語，1966 年獨立）、貝里斯（Belize，英語，1981 年獨立）、多明尼克（Dominica，英語，亦講法語，1978 年獨立）、格瑞納達（Grenada，英語，1974 年獨立）、圭亞那（Guyana，英語，1966 年獨立）、牙買加（Jamaica，英語，1962 年獨立）、聖克里斯多夫和尼維斯（St. Christopher and Nevis，英語，1983 年

《舊秩序的終結》，墨西哥畫家奧洛茲柯 (José Clemente Orozco, 1883–1949) 總括拉丁美洲革命的狀況，工人與農人在奮力向前之前，回顧背後廢墟中的破裂物

獨立）、聖露西亞（St. Lucia，英語，1979 年獨立）、聖文生和格瑞那汀（St. Vincent and Grenadines，英語，1979 年獨立）、蘇里南（Suriname，荷語，1975 年獨立）、千里達和吐巴哥（Trinidad and Tobago，英語，1962 年獨立）。

此外，拉丁美洲還有十三個其他地理或政治單位，目前仍在他國主權之下。其中英屬的有安奎拉 (Anguilla)、開曼群島 (Caymar Islands)、福克蘭群島 (Falkland Islands)、蒙柴拉 (Montserrat)、土耳其和開卡斯群島 (Turks and Caicos Islands)、英屬維京群島 (British Virgin Islands)；法屬的有圭亞那 (French Guiana)、瓜地洛普 (Guadeloupe)、馬提尼克 (Martinique)；荷屬的有阿魯巴 (Aruba)、安提勒 (Netherlands Antilles)；美屬的有維京群島（Virgin Islands of the United States，原丹屬西印度群島），以及波多黎各。

拉丁美洲便是指這些國家與地區分布的中美洲與南美洲。事實上，墨西哥在地理位置上屬於北美洲，但其人文條件則屬拉丁美洲，故列入中美洲。中美洲主要包括陸上的瓜地馬拉、貝里斯、薩爾瓦多、宏都拉斯、尼加拉瓜、哥斯達黎加六個共和國，自墨西哥延伸到巴拿馬，再加上加勒比海諸島國，為古巴、海地、牙買加、多明尼克共和國、格瑞納達、千里達等。南美洲則是委內瑞拉、哥倫比亞以南的各國。

南美洲簡圖

拉丁美洲雖屬新大陸，其自然與人文條件和發展與盎格魯・撒克遜美洲（北美）大異其趣。在自然條件或地

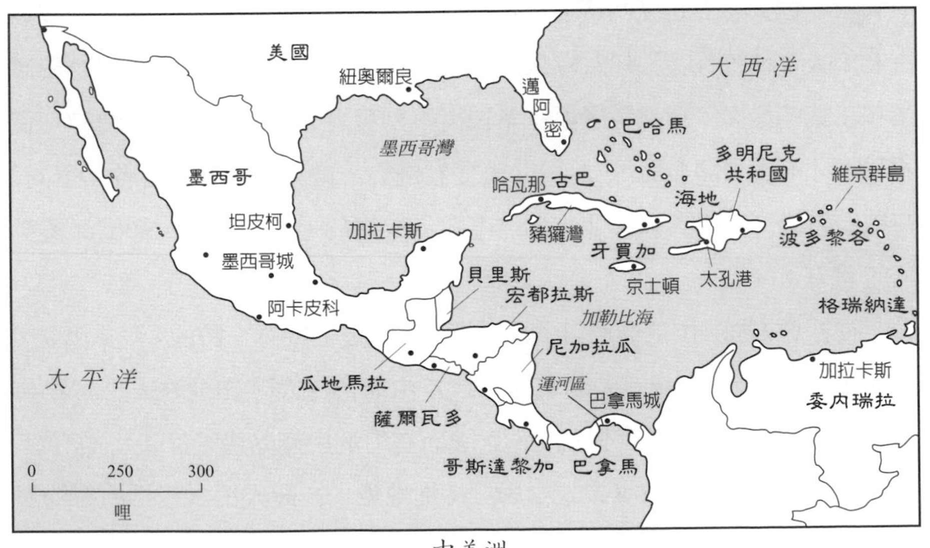

中美洲

理狀況方面，拉丁美洲與非洲較為類似：面積大而可耕地少，皆為赤道所橫切；皆有赤道雨林；皆有大河流系統（亞馬遜河系和剛果河系）；皆略呈三角形和尖端對著南極。在種族方面，拉丁美洲因為融合了美洲印地安人、歐洲白人和非洲黑人而表現得形形色色。另外，每個種族的本身又含有複雜的血統及文化成分，每個國家或地區也都有相當數量的以上三種人居住，因而產生混血的人種與文化。在拉丁美洲，歐人與印地安人的混血種或梅斯提索 (mestizo) 在不同的國家有不同的名稱，而且也有文化與社會上的含義，譬如純種的印地安人穿著歐人服裝和有歐人生活習慣，亦被如此稱呼。大致言之，阿根廷、烏拉圭和哥斯達黎加是白人國家。海地文化上是混合體而人種以黑人為大多數。宏都拉斯、尼加拉瓜、薩爾瓦多、哥倫比亞、委內瑞拉、巴拉圭和智利是混血大本營。墨西哥、瓜地馬拉、厄瓜多、秘魯、玻利維亞是印地安人佔多數。巴西、巴拿馬及古巴主要是混血種。另外，拉丁美洲的人口增加率非常高，為各洲之冠，此又與天主教的信仰有關。

在文化方面，拉丁美洲雖然也有英國殖民地和從這些殖民地獨立出來的國家，但大體上是受西班牙和葡萄牙的拉丁文化影響較大，傾向於較為古老的人文傳統，以及有大約 90% 的人有天主教信仰，比較不太熱心於商業和工業的發展，自然科學與工業技術不夠發達，因而缺乏進取精神、資本和人才訓練來開發資源，此與北美受盎格魯・撒克遜文化影響較大不同。在這一方面，拉丁美洲與北美洲之不同，有類於近代西班牙、葡萄牙與英國的差異。

在社會方面，拉丁美洲自殖民時期，在階級上就有少數的「主宰階級」(master class)，即有錢有勢的家族，以及由窮苦白人、印地安人、尼格魯人和混血種所構成的弱勢階級，缺乏強而有力的中產階級，而軍人、官員、高級教士、種植業者和專業人士居於特別地位，一般人民（包括原有的農民和日益增多的工人）則窮苦和無奈。

里約熱內盧的貧民窟(Favela)，該城約有四分之一的人口住在沒有水、也沒有下水道的貧民窟內

在經濟方面，拉丁美洲一直相當落後，人民知識水準低，生活窮苦，缺乏資本，屬低度開發的地區。有些國家的經濟常依賴其單一產品，如烏拉圭的動物產品，玻利維亞的馬口鐵，巴西、哥斯達黎加、瓜地馬拉和薩爾瓦多的咖啡，阿根廷的牛肉，委內瑞拉的石油等等。這種依賴單一產品的經濟常因世界市場的價格波動，或供求關係發生變化而蒙受損害。另一個經濟落後的原因，是人口增加率太高。拉丁美洲的通貨膨脹率之高，也是令人咋舌，巴西在 1990 年夏天通貨膨脹率曾達到 3,827.1%，阿根廷在 1989 年曾為 3,079.8%，秘魯曾居世界通貨膨脹率世界排行榜之冠，1990 年曾達 9,411.7%，1990 年以後，在國際貨幣基金會協助下採取穩定措施，情況有所改善，不過仍甚嚴重。整體而言，拉丁美洲在 1990 年夏天物價上漲 561.1%，1991 年 6 月則為 126.4%㉝。

在政治方面，拉丁美洲亦與北美不同。拉丁美洲地區自殖民時代起，即缺乏自治政府的經驗，此與美國及加拿大的情況不同，拉丁美洲各國獨立後政況不穩，戰爭、革命、政變頻仍，各國內部的戰亂浪費了資源卻壯大了各軍事派系，而經濟落後、貧富懸殊又使法西斯主義和共產主義得以滋長。在此情形下，民主政治很難成長。長期以來，拉丁美洲各國是獨裁

㉝ Washington (AP), *China Post*, Nov. 6, 1991, p. 8.

裴倫與其妻伊娃

者和軍事強人的天下，他們又結合了地主和商業階級的利益控制一切。這種「首領」(caudillo) 並無群眾基礎，比較例外的是阿根廷的裴倫 (Juan Domingo Perón, 1895–1974)，他結合了民粹思想和民族主義而號稱「裴倫主義」(Perónism)，他在 1946–55 和 1973–74 年間擔任總統，其妻伊娃・裴倫 (Eva Perón, 1919–52) 且著文闡釋裴倫主義和裴倫主義者 (Peronistas) 的目標[34]，其第二妻伊莎白・裴倫 (Isabel Perón, 1931–) 且曾於 1973 年當選副總統，且於 1974 年裴倫死後擔任總統至 1976 年。不過，大致言之，在 1970 年代末期和 1980 年代後，民主政治在拉丁美洲有所進展，文人政府和多黨制度在多數拉丁美洲國家建立，不過距離西方民主制度的標準尚有一段距離。

拉丁美洲國家也有區域整合的努力，拉丁美洲自由貿易協會 (LAFTA: Latin American Free Trade Association)，成立於 1960 年，會員國有阿根廷、玻利維亞、巴西、智利、哥倫比亞、厄瓜多、墨西哥、巴拉圭、秘魯、烏拉圭、委內瑞拉。另外還有中美洲共同市場 (CACM: Central American Common Market)，亦成立於 1960 年，會員國有瓜地馬拉、宏都拉斯、薩爾瓦多、尼加拉瓜、哥斯達黎加等。兩個組織的進展均未符理想。

至於拉丁美洲的涉外關係，美國一向視拉丁美洲為其勢力範圍，拉丁美洲各國也對這個「北邊的巨人」(colossus of the north) 懷有戒心。從 1823 年美國總統門羅（James Monroe，1758–1831，任期 1817–25）宣布門羅主義，到 1961 年甘迺迪（John F. Kennedy，1917–63，任期 1961–63）標榜

[34] E. Perón, *Historia del Peronismo* (Buenos Aires: Presidencia de la Nacion, 1951), trans in R. Cameron, *Civilization Since Waterloo* (Itasca, Ill.: Peacock, 1971), pp. 529–31.

進步同盟 (Alliance for Progress, or Alianza Para de Progreso)，在在說明此點。美洲國家組織 (OAS) 和《里約公約》(*Rio Pact*) 也可看出美國在拉丁美洲的布署。

但是，第一號警訊來自古巴。卡斯楚 (Fidel Castro, 1926–2016) 在 1959 年 1 月 1 日推翻巴提斯達 (Fulgencio Batista) 的獨裁政權，建立了西半球的第一個「社會主義國家」。俄國也因而得以在西半球有了「基地」，1962 年 10 月爆發了震撼世界的古巴飛彈危機 (Cuban Missile Crisis)。此後古巴的卡斯楚政權一直是俄國在西半球和非洲及中東的「代理人」。直迄 1991 年 9 月 11 日，蘇聯總統戈巴契夫宣布要在古巴撤回一萬一千名俄軍[35]，情況有了激劇的改變。繼之，蘇聯解體，但古巴仍聲言不放棄「社會主義」。

智利是拉丁美洲的大國，面積超過七十五萬平方公里，人口也超過一千二百萬。1970 年智利社會黨的阿揚得 (Salvador Allende Gossens, 1908–73) 當選總統，是為第一位在西半球經由選舉產生的信仰馬克斯主義的總統。他企圖把智利變成社會主義國家，推行工業國有化和土地改革，引起美國的重大關切。1973 年他死於軍事政變。

中美洲的另一國家尼加拉瓜，1979 年左派的桑定集團 (Sandinistas)[36]推翻蘇慕薩家族 (the Somoza family) 的專制統治，他們所組成的桑定解放陣線 (Sandinista National Liberation Front) 受古巴支持，控制了政權，並

卡斯楚（著軍服者，1991）

[35] Moscow (Various News Agencies), *China Post*, Sept. 12, 1991, p. 1.

[36] 如此命名係為標榜 1920 年代該國愛國志士及游擊領袖桑定 (César, Sandino, 1895–1934)。

導致鄰國薩爾瓦多和瓜地馬拉等國的不安，也造成與美國關係的惡化。美國支持反對他們的游擊隊 (the Contras) 與他們戰鬥。不過，1990 年 2 月該國總統選舉，反對派的候選人查慕洛夫人 (Mrs. Violeta Barrios de Chamorro, 1929–) 獲勝，接管了政府。

加勒比海中的島國格瑞納達在 1979 年 3 月左派分子發動政變奪權，並得到古巴及俄國支持。1983 年 10 月，美國聯同加勒比海國家發動攻擊，消除了左派勢力。

位於中美洲巴拿馬的巴拿馬運河，頗具重要性，是連接大西洋和太平洋的運河。自 1903 年美國取得運河控制權，巴拿馬人一直不滿。1977 年 9 月美國與巴拿馬簽訂條約，同意於 1999 年 12 月 31 日中午將運河管理權交給巴拿馬。但是，美國與巴拿馬齟齬不已，巴拿馬當權者為諾瑞加反美並販毒，但 1983–89 年間，無論他擔任何種名義，實為該國最高當權者。1989 年 12 月至翌年 1 月，美國派軍攻入巴拿馬，並逮捕諾瑞加至美國受審。諾瑞加也許是「毒梟」，但究為一獨立國家的領導人物，此事曾引起世人議論。

英國也與拉丁美洲的阿根廷有領土之爭。位於南大西洋霍恩角 (Cape Horn) 東北方的福克蘭群島是英國的自治殖民地，島上人口不足二千人，絕大部分為英裔，但阿根廷堅持有主權，並稱該群島為馬爾維那群島 (Malvinas Is.)。1982 年 4 月阿根廷攻佔，英國派出艦隊，引發了七十四天的戰爭，英國獲勝，目前仍在英國治理下。

第五節　第三世界

殖民主義的退潮和殖民帝國的解體，造成新的獨立國家的誕生，這些亞洲和非洲的新興國家和拉丁美洲國家共同構成「第三世界」(Third World)。它們之所以被稱為「第三世界」，是因為它們既不同於號稱「第一世界」的資本主義工業化的民主國家，也不同於「第二世界」的共產主義而又工業化的一些國家，它們共同的特徵是落後與貧窮。不過，中國共產黨領導人另有看法。毛澤東 (1893–1976) 早在 1946 年 8 月就指出，在美、俄之間有極遼闊的「中間地帶」，包括歐、亞、非三洲的許多資本主義國家，以及殖民地和半殖民地國家。1960 年代，中共與俄共分裂情況嚴重，對於「三個世界」的定義也有了進一步的發展。1964 年 2 月 21 日《人民日報》以「全世界一切反對美帝國主義的力量聯合起來」為題發表社論，指出前述「中間地帶」包括兩個部分：一是亞洲、非洲和拉丁美洲已經獨立和正在爭取獨立的國家，此為第一中間地帶；另一部分是整個西歐、大洋洲和加拿大等資本主義國家，此為第二中間地帶。同年 7 月，毛澤東在接見日本社會黨人佐佐本更三的談話中，認為美、俄已勾結在一起，美、俄兩個地帶已在實際上合而為一。1974 年 4 月鄧小平在聯合國資源與發展特別會議上發言，指美、俄為第一世界，亞洲、非洲、拉丁美洲及其他地區的開發中國家為第三世界（包括中國大陸在內），而「處在這兩者之間的發達國家」屬於第二世界。如此說來，第二世界即前述「第二中間地帶」，第三世界為前述「第一中間地帶」㊲。

關於「第三世界」的界定，本來就含混不清。有人認為「第三世界」有五種不同的標準：⑴在經濟上，貧窮或低度開發；⑵在文化上，非西方；⑶在種族上，非白人；⑷在政治上，不結盟；⑸在地理位置上，分布於亞洲、非洲和拉丁美洲㊳。但是，一般被認定是屬於第三世界的國家，很少是同時適合以上五種標準的。舉例言之，中東石油輸出國家有很高的國民所得，拉丁美洲有許多國家是白人而又保有西方文化，亞、非、拉地區亦

㊲ *Current History* (Sept. 1974); *Time* (Dec. 22, 1975)；《中央日報》地圖周刊，第 1440 期（民國 63 年 10 月 15 日）。

㊳ Peter van Ness, "China and the Third World," *Current History*, Vol. 67, No. 397 (Sept. 1974), pp. 106–09.

有蘇聯（1991 年後雖崩解，仍有許多繼承國）、日本、以色列、南非等不屬第三世界的國家，也有一些第三世界國家並非不結盟的國家。再者，共黨體制崩潰以後的俄國與東歐究屬第幾世界？凡此種種問題，均不易找到明確的答案。不過，第三世界是指位於亞洲、非洲和拉丁美洲的落後而貧窮的國家，則似乎被普遍地接受。

首先提出「第三世界」一詞的人是阿爾及利亞的法農 (Frantz Fanon, 1925–61)，在此範疇內的國家多在國家整合和現代化方面遭受到困難，而不能達到政治學家白魯恂 (Lucian W. Pye, 1921–2008) 所說的「穩定和有秩序的變革」(stability and orderly change)[39]。這些國家在國家整合、政治發展、經濟成長和社會結構方面遭受到的困難是共同的，這些問題涉及到民族主義、政治民主、工業化及對社會正義的要求，在西方國家均經長期的演變而大致解決。

在國家整合與認同方面，第三世界國家要同時建立國家 (state-building) 與建立民族 (nation-building) 的問題。在今日亞、非國家中，衹有七個國家獨立的時間超過五十年以上，各國疆界因受殖民統治而呈現極不自然的狀態。各國為促成民族團結而不得不發展一些民族神話，因此在非洲黃金海岸與英國託管地西多哥 (W. Togoland) 在 1957 年合組建國家乃以迦納為名，此因迦納為約當歐洲中世紀時的非洲大國之名。同樣情形，法屬蘇丹建國時便以馬利命名，此因在中世紀時尼日河上游有一蘇丹王國。另外，達荷美於 1975 年改名比寧，是因為在十五世紀至十七世紀間比寧是一個西非王國。剛果（原比屬）在 1971 年改名薩伊 (Zaire)，以及上伏塔於 1984 年換國號為布其納・法索，均出於同樣的考慮。至於 1960 年至 1962 年間剛果（薩伊）的卡坦加 (Katanga) 省尋求獨立，以及 1967 年至

[39] Irving L. Horowitz, *Three Worlds of Development: The Theory and Practice of International Stratification* (New York: Oxford, 1966); Lucian W. Pye, *Aspects of Political Developments* (Boston: Little, Brown & Co., 1966), pp. 41–42.

1970 年奈及利亞的東方省成立比亞弗拉國，均係經血腥的戰爭被敉平，尤屬不幸。在亞洲，印尼必須強調室利佛逝 (Srivishaya) 和滿者伯夷 (Madjapahit)，錫蘭在 1972 年更名為斯里蘭卡 (Sri Lanka)，亦屬同理。東地中海區的島國塞普洛斯 (Cyprus) 在 1960 年獨立後，其希臘裔人口與土耳其裔人口互不能容，終導致內戰與分裂，土耳其裔人口佔多數的北塞普洛斯於 1983 年宣布獨立。印度亦不時發生騷亂。這種衝突情形均係因為國家內部歧異性 (heterogeneity) 太多所致[40]。

在政治制度方面，第三世界國家因鑑於民主國家之富強，故標榜民主政治。但是西方民主政治是在富足的、工業化的和高度受教育的社會中經長期演變而成的。在這些國家，因為過去長期受殖民或專制的統治，其本身因工商不發達而未能產生強大的中產階層人士，人民的文盲率又高，因而並不具備實行民主政治的條件。憲法發展史專家費得里奇 (Carl J. Friedrich, 1901–84) 認為，西方國家的民主制度有相當程度淵源於其宗教信仰和倫理價值，此為第三世界國家所未必有[41]。白魯恂也指出，西方國家把自己的制度與法律移植到非西方地區或殖民地，原期為它們建立制度和秩序，但其結果卻破壞了原有的秩序而助長了不穩定和傳統權威的解體，呈現了法律造成的不穩定和僵化[42]。在此情形下，民主制度很難紮根，人民較不具有政治領袖行使的權力係由人民授予而且必須合法行使的認知，他們常見到是領袖象徵權威而且他握有強制人民服從的力量。於是，「精

---

[40] Howard Wriggins, “National Integration,” in Myron Weiner, ed., *Modernization: The Dynamics of Growth* (New York: Basic Books, Inc., 1966), pp. 182–83; Lucian W. Pye, “The Non-Western Political Process,” in Harry Eckstein & David E. Apter, eds., *Comparative Politics* (New York: The Free Press, 1963), pp. 675–64.

[41] Carl J. Friedrich, *Constitutional Government and Democracy*, 4th ed. (Waltham, Mass.: Blarsdell Co., 1968), p. 582.

[42] Lucian W. Pye, *Aspects of Political Development*, Chapter 3.

英」(elite)（包括統治的精英、非統治的精英、文人精英和軍人精英）常扮演極重要的角色[43]。不過，政治上的民主發展自 1970 年代後期以後，大致說來，在第三世界已有較大的進步。

在經濟與社會方面，第三世界的國家多處於落後的階段。在亞洲與非洲，很多國家認為獨立以後一切問題皆可解決，各種力量也常能為獨立目標而共同奮鬥，但獨立之後卻常發現獨立並非萬靈藥。經濟發展上它們屬於落後而貧窮的「南」國。如何發展經濟，它們常在資本主義體制與共產主義之間不知所措。這些國家由於有被殖民和被剝削的痛苦經驗，常傾向於共黨式的國有化和指令型的計畫經濟，但效果不彰。1980 年代以後，大致上，共產模式失去吸引力，但它們是否就能衝破經濟建設的迷惘則有待觀察。

社會問題普遍存在於第三世界國家的，有文盲率過高，知識水準偏低，人民素質不高；貧富分配不均，先進國家採取各種方法（主要藉課稅及社會服務）以求財富的重新分配，其財富結構趨於鑽石狀（中間大而兩端小），第三世界國家大多數的財富分配則呈金字塔狀（頂層小而基層大）。總之，其社會結構從縱貫面看，呈現階層化，亦即少數的家族常控制權力、財富與社會聲望，一般人與高層階級的差距極大，而這種分野常非基於個人表現，而多決定於種族和家世；從橫切面看，有分割的現象，也就是種族、宗教、語言等等的不同，常與政治、經濟及社會地位的不平等有關係。另外，這些國家在政治、經濟、社會各方面也常常感受到沉重的「昇高期望的革命」(revolution of rising expectations) 所帶來的壓力，而益為動亂不安[44]。

---

[43] T. B. Bottomore, *Elites and Society* (New York: Basic Books, 1965), pp. 7–8; Lester G. Seligman, "Elite Recruitment and Political Development," in Jason L. Finkle & Richard W. Gable, eds., *Political Development and Social Change* (New York: John Wiley, 1968), p. 330.

在國際政治中，第三世界國家常能發生相當的作用。儘管它們之間有利害上的衝突，但仍有一些共同的立場，如反殖民主義和反西方控制，因而在共產主義國家集團和資本主義國家集團之間有中立主義的傾向。1955年在印尼萬隆 (Bandung) 舉行的亞、非會議，有二十九個國家參加，後來在印度總理尼赫魯、埃及總統納塞和南斯拉夫總統發動下，乃有不結盟運動 (NAM: Non-Aligned Movement)。它們在 1961 年 9 月在南斯拉夫的貝爾格勒舉行首次高峰會，當時有二十五個國家參加，其中包括親俄的古巴和親美的沙烏地阿拉伯。現在參與此一運動的國家已有一百零三國。另外，為了解決南、北對抗問題，聯合國在 1964 年與 1968 年辦理過兩屆聯合國貿易與發展會議 (United Nations Conference on Trade and Development) 時，亞、非、拉丁美洲國家聯結一起，形成一個集團，此即所謂「七十七國集團」(Group of 77)，後來此一集團擴增到一百二十七國，仍然以「七十七國集團」為名，它們差不多佔了全世界人口的 80%，自然在國際組織與國際會議中有很大的力量，此因國家與國家之間儘管有量的差別（如領土大小和人口多寡等等），也有質的分野（如貧富、強弱、工業化程度等等），

尼赫魯（中）及納塞（右）

[44] John Major, *The Contemporary World* (London: Menthuen, 1970), pp. 147–49.

但國際社會的基本原則是主權平等，它們所握有的數量上的優勢處於無可匹敵的狀態。

第十章
國際組織與國際關係

第二次世界大戰以後，國際組織與國際關係的發展，到了前所未有的程度。

自從十九世紀後期以來，人類有很多政治的、經濟的和文化的活動與關係，超越了國界，於是國際組織日多與國際關係趨於頻繁。這種事實上的需要，再加上幾乎每一個文化均有「超國家」的國際秩序的理想，乃有了國際組織的出現與成長。在此所說的國際組織，是指任何由兩個或兩個以上的主權國家所結合而成，並且有維持各會員國持續活動的功能的組織。現代世界中，各式各樣的國際組織多到不勝枚舉。

1945 年以後的國際關係，其複雜多變的程度，令人嘆為觀止。第二次世界大戰結束後不久，以美、俄兩國為中心的東西衝突，呈現一種「兩極化」的態勢。此後情況逐漸變化，「兩極」之中又有多元的發展，而「冷戰」和「低盪」相繼而來，1989 至 1990 年頃，由於各種主、客觀條件的交互影響，「冷戰」宣告結束。但是，世界究竟走向何方，似難定論。

現代國際秩序並非政治秩序可以涵蓋，國際的經濟秩序，也就是工業化的富國與落後的窮國所造成的「南北對抗」，漸漸成為國際關係中另一個不容忽視的問題。

第一節　國際組織：聯合國及其他

國際組織雖可追溯到十九世紀後期，但主要的發展則在二十世紀。現代世界中，大約有 90% 的國際組織組成於 1900 年至 1956 年。在 1980 年代以後有大約兩千五百個國際組織，其中有七百五十個組成於第二次世界大戰之後。

國際組織 (International Organizations)，依其在國際社會中的法律地位而論，可以分為兩類：政府間的組織 (Inter-Governmental Organizations)，以及非政府間的組織 (Non-Governmental Organizations)，前者具有國際法人 (international legal person) 的資格，參加者以國家為單位，由各會員國政府派遣官方代表出席，後者不具國際法人資格，通常是集合各國某種專業活動者或某種專家學者所組成，參加的各會員國不必以政府官員為代表。現在，政府間的組織有兩百個左右，非政府間的組織更以千計。

本節所討論的範圍，以政府間的組織為限。這種政府間的組織有全球性的，如聯合國組織，也有區域性的。

一、聯合國

聯合國 (United Nations)，或聯合國組織 (United Nations Organization)，是全球性的政府間組織，也是協調各種國際合作的「屋脊組織」(roof organization)。

㈠成立經過

「聯合國」首見於中國、美國、英國等二十六國於 1942 年 1 月 1 日，在美京華盛頓所發表的《聯合國宣言》(*Declaration by United Nations*)，該宣言為《大西洋憲章》(*Atlantic Charter*) 之重申，宣言中表示各簽字國同心協力擊敗軸心國，各國不單獨媾和等。1943 年 10 月，美國、英國、蘇聯三國外交部長，在莫斯科舉行外長會議（中國駐俄大使傅秉常亦應邀與會），亦決定及早成立「普遍性的國際組織」(a general international organization)。此年 11 月，美國、英國及俄國舉行德黑蘭會議 (Tehran conference)，又予重申。關於聯合國在組織方面更進一步的發展，係中、美、英、俄四強在華盛頓舉行的敦巴頓橡園會議 (the Dumbarton Oaks Conference) 時❶，在此會議中完成了號稱《聯合國憲章》的《敦巴頓橡園草案》(*the Dumbarton Oaks Proposals*)，此時聯合國的情況已大致底定❷，祇有在投票程序（否決權）問題上尚有待繼續溝通。1945 年 2 月的雅爾達會議 (Yalta Conference)，美國、英國與俄國在聯合國問題上，達成三項協議：第一是關於否決權問題，決定在安全理事會 (Security Council) 中，凡屬實質問題或非程序問題 (substantive, or non-procedural decisions) 者，必須有五強（美國、中國、法國、蘇聯及英國）一致的同意，這就是「一致條款」(unanimity clause)，給予五強中的每一國家否決權；第二在會員籍方面，蘇聯提出國際聯盟時期自治領可為會員國，乃要求當時蘇聯的十六個加盟共和國皆各有投票權，但後因如此則美可要求其四十八州（當時）均有投票權，蘇聯乃同意除蘇聯外另由烏克蘭及白俄羅斯各得一投票權，同時亦同意美國亦可另得二投票權，不過美國未行使該項權利；第三是決定在 1945 年 4 月 25 日在舊金山召開成立大會。三國並同意（俄國主張最力）必須在該年 3 月 1 日以前向軸心國宣戰的國家始可受到邀請來出席成立大會，於是土耳其、埃及、沙烏地阿拉伯等國遂為了符合此一條件而急忙向軸心國作紙面上的，而非實際的宣戰。

聯合國在 1945 年 4 月 25 日在美國舊金山舉行成立大會至 6 月 26 日結束。當時參加的國家有五十國，皆為對軸心國宣戰的盟國，至於瑞典、瑞士、西班牙、愛爾蘭、葡萄牙等未曾參與戰爭的國家，則一如敵國，未獲邀請出席。大會通過了《聯合國憲章》(*United Nations Charter*)，《憲章》

---

❶ 該會議舉行時間為 8 月 21 日至 10 月 7 日。蘇俄藉口其仍對日本保持中立，不宜與中國代表一起開會。於是會議分為兩段舉行，第一段自 8 月 21 日至 9 月 28 日，為美、英、俄會議；第二段則為中、美、英三國共同開會，至 10 月 7 日結束。

❷ 《憲草》有異於後來《憲章》者，有經濟與社會理事會後來為重要機關但在當時《憲草》中則否。又託管理事會不見於《憲草》。

在同年 10 月 24 日經五強及過半數參加國家的批准而生效，聯合國亦於該日宣告誕生。至於聯合國的目的與原則，依照《憲章》規定各有四項：第一是維持世界和平與安全；第二是根據權利平等與民族自決原則發展國際友好關係；第三是共同合作解決有關經濟、社會、文化或人道性質之問題；第四是成為協調各國行動之中心。至其原則則為：第一是主權平等；第二是以誠信 (good faith) 履行國際義務；第三是以和平方法解決一切爭端；第四是不干涉內政。

至於會籍，會員國有兩類：一為創始會員國 (original members)，共有五十一國，凡簽《聯合國宣言》或參加聯合國成立大會的國家均屬此類❸；第二類為一般會員國，亦即後來申請加入的國家。凡申請加入的國家要滿足兩個條件，一個是實質條件，即獨立、愛好和平，而又能夠接受和願意與有能力執行《聯合國憲章》所規定的義務的國家，另一條件是形式條件，

---

❸ 參加舊金山會議者共五十國。波蘭原應出席，但因西方國家主張在倫敦的波蘭流亡政府出席，蘇俄則主張在其扶植下的現波蘭政府參加，故未能出席，但後於 1945 年 10 月批准《憲章》，故列為第五十一個原始會員國。至於原始會員國的名單，依字母順序為阿根廷、澳大利亞、比利時、玻利維亞、巴西、白俄羅斯、加拿大、智利、中國、哥倫比亞、哥斯達黎加 (Costa Rica)、古巴、捷克、丹麥、多明尼克共和國、厄瓜多、埃及、薩爾瓦多 (El Salvador)、衣索比亞、法國、希臘、瓜地馬拉、海地、宏都拉斯、印度、伊朗、伊拉克、黎巴嫩、賴比瑞亞、盧森堡、墨西哥、荷蘭 (Netherlands)、紐西蘭、尼加拉瓜、挪威、巴拿馬、巴拉圭、秘魯、菲律賓、波蘭、沙烏地阿拉伯、敘利亞、土耳其、烏克蘭、南非、蘇聯、英國（聯合王國）、美國、烏拉圭、委內瑞拉、南斯拉夫。其中敘利亞曾於 1958 年與埃及合組阿拉伯聯合共和國而暫失會籍，1961 年 10 月恢復。關於會籍的規定見《聯合國憲章》第二章。《聯合國憲章》的討論可參看 Leland M. Goodrich and Edvard Hambro, *Charter of the United Nations: Commentary and Documents*, 2nd & rev. ed. (Boston, 1949). 又，《憲章》全文亦可見於 Donald Blaisdell, *International Organization* (New York: Ronald, 1966), pp. 421–46, Appendix A.

即經過安全理事會的推薦和大會以三分之二的多數通過。

聯合國成立之後，也是殖民帝國開始解體的時候，新獨立的國家大量出現。但在另一方面，共產國家與西方國家的對抗亦告肇端。蘇聯經常運用其在安全理事會中的否決權來阻止與西方國家友好的國家入會，美國也可以利用其安全理事會中的多數友好理事國來遂行其實質的否決權，以阻擋共產集團的國家或其友好國家進入聯合國。到 1950 年，三十一個申請加入聯合國的國家中，僅有九個獲准加入，它們分別是：1946 年加入的阿富汗、冰島、瑞典、泰國，以及 1947 年加入的巴基斯坦和葉門，1948 年加入的緬甸，1949 年加入的以色列，以及 1950 年加入的印尼。至 1955 年聯合國第十屆大會時，在加拿大提議「整批交易」(package deal) 的方式下，有二十九個國家支持。後來日本與蒙古雖未能列入，但此次整批交易使十六個國家加入聯合國：阿爾巴尼亞、奧地利、保加利亞、高棉（柬埔寨）、錫蘭（現斯里蘭卡）、芬蘭、匈牙利、愛爾蘭、義大利、約旦、寮國、利比亞、尼泊爾、葡萄牙、羅馬尼亞、西班牙。此後，新獨立的國家幾乎年年都提出入會申請。《聯合國憲章》第四條所規定的入會條件，本屬選擇原則，目的在保持聯合國是愛好和平國家的組織，後來變為普遍原則，即各國均可成為會員國，以期聯合國成為多邊外交活動的場所。不過，也有國家不願加入聯合國，譬如一向中立的瑞士，在 1986 年 3 月就是否加入聯合國舉行公民投票，當時的瑞士政府是由激進民主黨、基督教民主黨、社會民主黨和中間民主聯盟四黨組成的聯合內閣，他們頗想使瑞士加入聯合國，但公民投票的結果，卻是以 75.7% 對 24.3%，也就是以約略超過三比一的懸殊票數，不贊成加入聯合國。

另一個曾經長期困擾聯合國的問題，是中國的代表權問題。自從 1950 年印度提出中國大陸應該取得中國在聯合國大會的席位，後來阿爾巴尼亞最為熱心於牽引中國大陸入會。歷屆聯合國大會中，在美國主導下，總是先將此案經表決列為重要問題，然後再在重要問題（需要三分之二的多數方始通過）把它擊敗。1971 年，情勢變化，美國亦改變策略，想使中國大陸入會，而仍保持在臺北的中華民國在大會中的席位，未獲成功。1971 年 10 月 25 日，聯合國大會以五十九票對五十五票（十五票棄權），未能通過美國所提「中國代表權案」列為重要問題的議案，當時中華民國代表團團長周書楷（時任外交部長），在表決阿爾巴尼亞提案之前，發表聲明說聯合國已經自行破壞了《憲章》，中華民國退出聯合國，率團離席，時為 10 月 25 日紐約時間下午 11 時，結果大會以七十六票對三十五票，十七票棄權和三票缺席的情況下，通過中國大陸入會，取得了大會及安全理事會的中國席位❹。

聯合國的會員國一直在增加之中，到 1991 年四十六屆大會通過新獨立的立陶宛、愛沙尼亞、拉脫維亞等波羅的海三國，以及南、北韓，再加上兩個太平洋島國馬紹爾群島 (Marshall Islands) 和密克羅尼西亞 (Micronesia)，會員國數字達到一百六十六國。

㈡主要機構

聯合國的主要機構如下：

第一是大會 (General Assembly)，此為聯合國各機構中唯一的各個會員國均有代表出席的機構。各會員國可以派出一個五人為限的代表團出席大會，但每一國家均僅有一個投票權，而不問國家的大小、強弱、貧富，顯示主權平等的精神。至於投票程序問題，凡屬重要（實質）問題（舉凡有關維持世界和平與安全之建議、選舉各理事會非常任理事國、選舉國際法庭法官、新會員國之入會、會籍的開除及會籍權利的停止、託管制度問題、預算問題），需要出席國家三分之二的多數通過；至於其他問題，則以簡單多數（二分之一加一票以上），即為通過。如某一會員國提出自認係重要問題的新問題，則用其他問題的表決方法來決定。

《憲章》第十條至十四條明定大會的職權。《憲章》第十條規定大會可

❹ Kuo-Chang Wang, *United Nations Voting on Chinese Representation* (Taipei, 1984).

以就「現行《憲章》範圍內的任何問題或任何事件以及《憲章》中所規定的各機構的權力與功能」(any questions or any matters within the scope of the present Charter or relating to the powers and functions of any organs provided for in the present Charter)，提出討論與建議。它在聯合國組織中佔著非常重要的地位。它對聯合國各機構的活動，特別是在經濟與社會方面，有督導的功能，也可以處理非自治地區的問題。聯合國秘書長、安全理事會、經濟與社會理事會、託管理事會每年均須向大會提出報告，大會亦可向這些機構提出建議。它也可以監督秘書處的業務，並對聯合國的預算有決定權。大會也負責選出經濟與社會理事會中的所有的各理事國，以及安全理事會中的非常任理事國。它與安全理事會共同選出國際法庭的法官，以及決定秘書長的人選，它也與安全理事會共同有修改《憲章》的權力。

聯合國總部（紐約）

大會每年召開一次，是為常會，經常是在每年9月的第三個星期二集會。另外也可因安全理事會或聯合國會員國過半數之請求，而舉行特別會議或緊急會議。至於開會的地點，習慣上在美國紐約的聯合國總部，但上屆大會另有決定時例外。

《憲章》第十條、第十一條和第十四條對大會的職權的界定，所用的語言非常廣泛，這使大會職權有發展的空間。自從聯合國創立以來，大會的角色也在加重，特別當安全理事會的功能不易發揮時為然。

聯合國第二個主要的機構是安全理事會。它原有十一個理事國，並且分為兩類:一類是常任理事國 (permanent members),也就是五強(中國、美國、英國、法國、蘇聯);另一類為六個非常任理事國 (nonpermanent members),由大會選出,任期兩年。大會在選出安理會的非常任理事國時,且須注意地域的分配,這常造成困難。1965 年,《憲章》修改後,安全理事會成為由十五個理事國組成的機構,非常任理事國增至十個,這十個非常任理事國大致上是五個來自亞、非國家,一個來自東歐國家,兩個來自拉丁美洲國家,以及兩個來自西歐或其他國家。大會在選舉安理會非常任理事國時,除注意地域分布外,亦須考慮到該國在維持國際和平與安全方面的貢獻。

安全理事會的職責,是維持《憲章》第七章所規定的世界和平與安全。安全理事會可以調查任何可能威脅國際和平與安全的爭端,但以和平解決爭端為首要。安全理事會也可以建議各會員國對威脅和平,或有侵略行為的國家(《憲章》第三十九條)予以各種不同的制裁,也可以建議制裁不服從國際法庭判決的國家(《憲章》第九十四條),安全理事會也可對各國的軍備有所建議(《憲章》第二十六條)。

安全理事會可以隨時召開會議,其主席由各理事國輪月擔任。至於表決辦法,凡屬程序問題 (procedural matters),這包括有關開會的時間和地點、推舉主席辦法、利益受影響或爭議當事國而其本身又非理事國的國家是否邀請其出席的問題、議事規則,以及決定為完成功能所需採取的步驟和所需成立的機構等問題,祇需九票(在 1965 年以前為七票)便可通過。但是有關實質問題 (substantive matters),也就是上述各問題以外的問題,在九個同意票(1965 年以前為七個)中必須包括五個常任理事國在內,不過常任理事國可以用缺席的方式避免妨害決議的通過。如遇一事件究屬程序問題或屬實質問題發生爭議時,係以實質問題處理。

安全理事會對實質問題的決定,必須獲得五個常任理事國的同意,此給予五個常任理事國皆有否決權 (veto power)。此一辦法係在 1945 年的雅爾達會議所作成的決定，同年稍後在聯合國成立大會的五十個國家中，其他的「四十五小國」(little forty-five nations) 曾有強烈的反應，但未有實際效果。俄國是極力主張要擁有否決權的國家，它堅持否決權不僅可用於決定一項問題是否屬於程序的問題，且可運用於決定一項議案是否列入議程的問題。後來在會外協調解決，雙方皆略讓步，乃決定關於議案是否列入議程的問題不可否決，但決定某一問題是否屬於程序問題時則依實質問題處理，可予否決。此即後來可能發生雙重否決 (double veto) 之濫觴，即一個常任理事國可以先否決某一問題屬程序問題，使之成為實質問題，然後再行使否決權來將該案否決掉。此外，關於否決權的運用，蘇聯與西方國家也有不同的解釋。西方國家認為，否決權的行為是指一個常任理事國對已獲多數理事國支持的議案所投下的反對票，使之不能通過；如果已有足夠的國家反對而足以使某一議案或措施不獲通過，則任一常任理事國投反對票亦不得視為行使否決權。依此而言，美國一直到 1970 年 3 月 17 日才行使第一次否決權，該次係因亞、非國家因英國政府未用武力對付羅德西亞 (Rhodesia) 的史密斯 (Ian Smith, 1919–2007) 政權而動議譴責英國政府，美國乃聯同英國投反對票，結果有九票贊成，兩票反對，四票棄權。美國與英國既均有否決權，即兩國中任一國的反對即構成否決，不過聯合國的慣例是計算兩國各行使否決權一次。蘇聯為一貫常用單一的否決權來擊敗議案的常任理事國，因而持不同的看法，而認為凡西方常任理事國所投的反對票即構成否決權。

聯合國第三個主要的機構是經濟與社會理事會 (ECOSOC: Economic and Social Council)。本理事會負責指導與協調聯合國的經濟、社會、人道和文化的活動。當初有十八個理事國，1967 年增為二十七個，1973 年又倍增至五十四國，它們由大會選出，任期三年，可以連選連任。經濟與社會理事會沒有常任理事國，但一些在經濟與社會事務上可做重大貢獻的國家，經常會連續當選。

經濟與社會理事會每年至少開會兩次，表決以多數決為斷。它就經濟與社會事務的國際合作問題做出研究與建議。它另有一些功能性的和區域性的委員會 (commissions) 協助其工作的進行，功能性的委員會中包括經濟委員會、社會委員會、人權委員會，區域性的委員會有歐洲委員會、亞洲委員會、遠東委員會，以及拉丁美洲委員會。它對聯合國某些專業組織亦有督導權，特別是聯合國國際兒童緊急基金會 (UNICEF: United Nations International Children Emergency Fund) 和世界糧食委員會 (World Food Council)。

聯合國第四個主要的機構是託管委員會 (Trusteeship Council)，其職責係在聯合國大會的授權下，監督受託管國家對託管地區 (trust territories) 的治理。託管委員會中委員國的數字不定，但包括受託管國家、非託管國家，以及安全理事會中不是託管國家的常任理事國，但是受託管國家與非託管國家的數目相同。不過投票方式係採多數決而無否決權之規定。此委員會聽取治理機構（受委託國）的報告，接受和審查當地人民的申陳，並定期前往視察。委員會每年要向大會提出報告。所有的託管地區，除了美國託管下的太平洋島嶼以外，在 1980 年前多已獲得獨立。因此，託管委員會的工作，大致已告完成。

聯合國第五個主要的機構是國際法庭 (International Court of Justice)，亦稱世界法庭 (World Court)。它是聯合國的司法機構。國際法庭由十五名法官組成，法官是大會和安全理事會分別投票選出的，法官要代表世界主要的文明和法系，因此沒有任何國家可以有兩名法官，法官的任期九年，可以連選連任。國際法庭設在海牙。所有聯合國會員國均為國際法庭會員國，非聯合國會員國亦可在大會規定的條件下經由安全理事會推薦而成為會員國。1948 年，瑞士是第一個非聯合國會員國成為國際法庭會員國者，其條件為接受〈法庭章程〉(the Court Statute) 的規定和《聯合國憲章》第九十四條（會員國須遵守國際法庭的決定）。瑞士亦應允分攤國際法庭的費用。1958 年，列支敦斯登 (Liechtenstein) 和聖・馬利諾 (San Marino) 亦以非聯合國會員國的身分加入。另外，非法庭會員國亦可在安理會規定的條件下向國際法庭投訴。

國際法庭受理的案件，是以國家，而非以個人為對象。法庭所管轄的範圍為爭議當事國交付裁決的事件、《聯合國憲章》所特別規定的事件或載諸條約的事件。在舊金山會議時，美、俄兩國均反對強迫管轄權，故未能寫入〈章程〉。因此，國際法庭的管轄權是自願的，強迫管轄權須願意接受的國家發表接受強迫管轄的宣言方可，這可以是有條件的或各國基於互惠的條件彼此同意，也可以有時限（即宣布在某一時期內願接受強迫管轄）。國際法庭通常法官九人即可升庭裁判，以多數決為準。裁決的依據係基於普遍接受的國際法原則。國際法庭的另一職責為受到諮詢時向聯合國各機構提供有關法律問題的意見。

國際法庭的無奈，充分地表現在美國與尼加拉瓜的糾紛上。1984 年 4 月美國對當時在桑定政權 (Sandinstas) 控制下的尼加拉瓜港口水域布雷，尼加拉瓜先後向安全理事會及國際法庭控告。國際法庭後來判決美國應立即停止布雷並賠償尼國損失，繼之又判決美國援助尼加拉瓜反抗軍為非法行為。美國雷根政府乃於 1985 年 10 月 7 日聲明今後不再接受國際法庭的強制管轄權，終止了美國在過去三十九年來遵守國際法庭裁決權的政策。

聯合國另有各種專業機構 (specialized agencies)。此可謂為自十九世紀末期以來的「功能性國際主義」(functional internationalism) 的進一步發展。在第二次大戰尚在進行中時，盟國便組成一些國際組織來應付某些問題，如 1943 年在美國維吉尼亞州熱泉 (Hot Springs) 城的會議決定組織國際糧農組織 (International Food and Agriculture Organization)。1944 年在美國新罕布夏州 (New Hampshire) 布列頓森林（Bretton Woods，或譯為布列頓・伍茲）的會議決定組織國際貨幣基金會 (IMF: International Monetary Fund) 和國際重建與開發銀行 (International Bank for Reconstruction and

Development，即一般所稱的世界銀行，World Bank)。《憲章》規定經濟及社會理事會可與此類組織或其他類似機構締結協定，也規定該理事會可以監督成立新的機構，譬如世界衛生組織 (World Health Organization) 便為其一。此類專業機構與聯合國的關係係經協議建立者，它們各有其本身的章程、行政組織及預算，預算須經大會審查。參加此類專業機構的國家並不限於聯合國會員國。此類組織，係由專家所組成。

在這些專業機構中，不乏係在聯合國成立之前即已存在而併入者，如國際電訊聯盟 (ITU: International Telecommunication Union)，成立於 1865 年，設在日內瓦；萬國郵政聯盟 (UPT: Universal Postal Union)，成立於 1874 年，設在伯恩 (Berne)；國際勞工組織 (ILO)，成立於 1919 年，設在日內瓦。從前的國際氣象組織 (International Meteorological Organization, 1878) 亦改為世界氣象組織 (WMO: World Meteorological Organization)，仍設在日內瓦。另外，還有：糧農組織 (FAO: Food and Agriculture Organization)，設在羅馬；國際民航組織 (ICAO: International Civil Aviation Organization)，設在蒙特利爾 (Montreal)；聯合國教育、科學及文化組織 (UNESCO: United Nations Educational, Scientific and Cultural Organization)，設在巴黎；國際海事諮商組織 (IMCO: Intergovernmental Maritime Consultative Organization)，設在倫敦。此外，尚有國際難民組織 (IRO:

聯合國教育、科學及文化組織（巴黎）

International Refugee Organization)、國際兒童緊急基金會、聯合國工業發展組織 (U. N. Industrial Development Organization)、 聯合國貿易與發展會議 (UNCTAD: U. N. Conference on Trade and Development) 等。至於設在維也納的國際原子能總署 (IAEA: International Atomic Energy Agency)，原為響應美國總統艾森豪在 1953 年向聯合國大會演說，呼籲建立一個世界組織以促進原子能和平用途。1957 年正式建立，並有分裂性物質總庫。它並非一般性的專業組織，而為與聯合國有工作關係的自治國際組織。因為它負責監督原子能活動，而與聯合國安全理事會和大會的關係較為密切。

聯合國的第七個主要機構為秘書處 (Secretariat)，此為聯合國的行政部門。它的首腦是秘書長 (Secretary-General)，其產生方式由安全理事會推薦和大會任命。秘書長不僅是聯合國的行政首長，而且也有責任將任何威脅國際和平與安全的事端提請聯合國注意。至於秘書處的工作人員，在 1990 年時，聯合國總部約有一萬六千人，世界各地約有五萬人。他們效忠的對象是聯合國，而不是自己國家的政府。自從國際聯盟第一任秘書長艾里克・杜蒙德 (Sir Eric Drummond, 1876–1951) 以來，即已發展成功了一種國際文官制度 (international civil service)。

聯合國的工作語文有中文、英文、法文、俄文和西班牙文，所需經費由各會員國按比例分攤。

聯合國第一任秘書長為挪威籍的賴伊（Trygve Lie，1896–1968，任期為 1946–52）。第二任秘書長是瑞典人哈馬紹（Dag Hammarskjöld，1905–61，任期為 1953–61）。第三任秘書長是緬甸人宇譚（U Thant，1901–74，任期為 1962–71）。第四任秘書長是奧地利人華德翰 （Kurt Waldheim，1918–2007，任期為 1972–81）。第五任秘書長為秘魯籍的裴瑞斯 （Javier Perez de Cuéllar，1920– ，任期為 1982–91），他在 1991 年年底退休。第六任秘書長是曾任埃及外長和副總理的蓋里（Boutros Boutros-Ghali，1922–2016，任期為 1992–1996）。第一個非洲黑人背景的秘書長是迦納外交官安南（Kofi Annan，1938–2018，任期為 1997–2006）。

聯合國的一切典章制度當然並非完善，因此亦有修改《憲章》的辦法❺。根據該辦法，任何修改《憲章》必須要大會三分之二的會員國贊成和全體聯合國會員國三分之二以上的國家各依其《憲法》程序批准，且須包括安理會五常任理事國的一致同意。在此情形下，《憲章》所修，至屬不易。1955 年第十屆聯合國大會時便有修憲之議，1963 年 12 月大會始決定修憲，1965 年 9 月始完成。此後未再修憲。

㈢聯合國的功能

聯合國成立以後，在很多方面有相當大的成就。例如：

在國際法的發展方面，聯合國在 1947 年成立國際法委員會 (International Law Commission)，由十五個國家組成，負責整理和研擬國際法；1968 年又成立國際貿易法委員會 (UN Commission on International Trade Law, or UNCITRAL)，以整理國際貿易法。

在經濟與社會合作方面，大會、經濟與社會理事會，以及聯合國各專業機構，均致力於此，並有相當收穫。聯合國亦出版各種年鑑，如《世界經濟概況》(*World Economic Survey*)、《統計年鑑》(*Statistical Yearbook*)、《人口年鑑》(*Demographic Yearbook*)、《人權年鑑》(*Yearbook on Human Rights*)，以紀錄在這些領域中的發展。聯合國為了對第二次世界大戰所造成的破壞予以救濟和重建，在 1943 年成立聯合國救濟總署 (United Nations Relief and Rehabilitation Administration)，頗多貢獻。經濟與社會理事會為了協助解決區域性的問題，於 1947 年設立歐洲經濟委員會 (Economic Commission for Europe)，以及亞洲及遠東經濟委員會 (Economic Commission for Asia and Far East)，1948 年設立拉丁美洲經濟委員會 (Economic Commission for Latin America)，1958 年設立非洲經濟委員會 (Economic Commission for Africa)。聯合國對於國際金融和貿易關係，亦多

❺ 《憲章》第一〇八至一〇九條。

所擘劃。世界動亂，造成很多人的流離失所，聯合國於 1946 年設立國際難民組織，對安置難民工作，頗多表現。聯合國對於人權問題亦甚關注，1948 年聯合國大會批准了人權委員會 (Commission on Human Rights) 所草擬的《世界人權宣言》(*Universal Declaration of Human Rights*)。1966 年聯合國大會通過《經濟、社會及文化權利公約》(*Covenant on Economic, Social, and Cultural Rights*)，和《公民權利與政治權利公約》(*Covenant on Civil and Political Rights*)。

在消除殖民主義的勢力和扶植殖民地人民政治獨立方面，聯合國非常成功。聯合國的託管制度較為進步，聯合國大會於 1960 年通過四十三個非洲和亞洲國家提出來的一項決議案，此決議案稱為《給予殖民地國家與人民獨立宣言》(*Declaration on the Granting of Independence to Colonial Countries and Peoples*)，1961 年聯合國復成立殖民主義特別委員會 (Special Committee on Colonialism)，以推動消除殖民勢力的工作。

不過，聯合國最主要的使命在維持世界的和平與安全。《聯合國憲章》序言首先揭櫫聯合國各民族決心要使「以後的世代免於戰禍」(to save succeeding generations from the scourge of war)，《憲章》第一條亦將維持國際和平與安全列為聯合國的首要目的。對於維持和平與安全的工作，原本寄望於安全理事會，《憲章》第二十四條第一項更明訂聯合國會員國「將維持國際和平與安全的主要責任，授予安全理事會，並同意安全理事會於履行此項職務時，係代表各會員國」。《憲章》的第三十九條與第四十一條並規定安全理事會在必要時得採取軍事制裁的行動，以維持或恢復國際和平與安全。但是，聯合國成立以後，東西集團的對抗即日趨嚴重，俄國乃在安全理事會中大量使用否決權，使其甚難運作。在 1945 年至 1955 年的十年中，安理會共投下八十次否決權，俄國佔了七十七次，在聯合國創立的頭三十年中，安理會共投下一百四十四次否決權，俄國佔了 70% 以上。在此情形下，聯合國難以行動。除了 1946 年，它使俄軍撤出伊朗北部以外，在維持國際和平與安全方面，不是事出偶然（如 1950 年蘇俄因中國代表權問題杯葛不出席安理會，因而得議決出兵韓國），便是由於美、俄利益的巧合（如 1956 年的蘇伊士運河危機）。

安全理事會在俄國大量使用否決權的情況下，不易發生作用。於是，在美國主導下，有加強大會功能的行動。大會沒有否決權的問題，聯合國創建初期仍以親西方的會員國為多。《聯合國憲章》第十一條第二款也賦予大會可以「討論任何有關維持國際和平與安全的問題」(any questions relating to the maintenance of international peace and security)，也可以「就任何此類問題向有關國家或向安全理事會，或同時向有關國家及安全理事會，作出建議」(make recommendations with regard to any such questions to the state or states concerned or to the Security Council or to both)。《憲章》第十二條對大會的此項功能有所限制，即安理會如在處理有礙和平的爭議或情勢時，大會非經安理會之請求不得作出建議。韓戰爆發時，俄國代表因中國代表權爭議缺席，故安理會能通過決議案驅逐侵略。但俄國代表返回後，工作便難推動。1950 年 11 月，大會通過了美國所提聯合維持和平決議案 (Uniting for Peace Resolution)，大會表決票數為五十二票對五票（蘇聯、烏克蘭、白俄羅斯、波蘭、捷克）❻。此決議案的主要內容為：如果安全理事會因常任理事國無法取得一致意見而無法執行其主要任務時，大會得立即考慮對和平的威脅、破壞，或侵略行為，並建議採取集體行動，在必要時包括使用軍事力量。此決議案建立一個和平觀察委員會 (Peace Observation Commission)，就可能危及國際和平與安全的情勢作觀察及報告。

但是，在 1950 年代中葉之後，聯合國有些新的會員國入會。其中有親西方的，如奧地利與義大利，有親蘇俄的，如羅馬尼亞、保加利亞和其他

---

❻ General Assembly Resolution 377 (V), Nov. 3, 1950. 全文見 Donald Blaisdell, *International Organization* (New York: Ronald, 1966), pp. 447–52, Appendix B.

東歐國家，其中也有中立的（多為從前的殖民地）如錫蘭、利比亞之類。日本亦於 1956 年入會。1950 年代末期及 1960 年代初期，由於殖民地紛紛獨立，這些國家加入聯合國後形成所謂「亞非集團」(Afro-Asian Bloc)。於是，聯合國發生了結構性的改變。1945 年時，會員國的數字僅有五十一國，多數為親西方的國家，後來增至一百五十九國，西方國家佔 14%，拉丁美洲國家和非洲國家佔 53%，亞太國家佔 26%，俄國及東歐集團佔 7%。發展至 1970 年代以後，第三世界國家在聯合國構成了絕對的多數，尤其是「七十七國集團」(Group of 77)❼，可以說是予取予求。1991 年後有一百六十六國。這些國家對於聯合國皆矢言支持，這也許可信，因為如無聯合國組織的存在，他們根本無緣過問國際政治。但是他們言行不一，而且除了在反殖民主義與反種族主義兩方面以外，便不能集中力量。近年來，他們吵著要建立新的國際經濟秩序，但實際上以攻擊歐美西方國家為能事，聯合國並未因其會員國的增加，而發揮功能。

於是，安全理事會與大會逐漸地均喪失功能，特別是維護集體安全方面的功能。在此情形下，聯合國秘書長的角色乃告突顯。聯合國秘書長與國際聯盟秘書長不同，他具有三種職權：他是聯合國的代表、政治首長或外交調停者，以及行政首長。這些職權均正式見諸《聯合國憲章》：第九十七條規定秘書長是行政首長，第九十八條訂明他是聯合國的代理者，第九十九條又賦予他很大的政治權力。他的任命方式，依照第九十七條，是經由安全理事會推薦和大會任命，亦顯示出其重要性，他的職權可以無限地擴大。這在第二任秘書長瑞典人哈馬紹時，有很突出的表現。

哈馬紹聲言重視小國的利益，這原是當年國際聯盟時期未能實現的理想。不過蘇俄卻大為不滿，抨擊其為美國利益工作而不指摘其助長中立主

❼ 所謂「七十七國集團」(Group of 77)，係原指參加第一屆聯合國貿易與發展會議 (United Nations Conference on Trade and Development) 的七十七個開發中的國家。目前此一集團已有一百二十七國之多。

哈馬紹

義。另外，他也力圖振作，到處風塵僕僕地為和平而奔走。從柬埔寨至黎巴嫩到剛果，均可發現他的行蹤，最後更為剛果問題而在羅德西亞上空因飛機失事身亡，死後並得 1961 年諾貝爾和平獎。他在生前，在 1960 年 9 月即已為蘇俄指控為「親西方」和「不受歡迎的人物」。他死後，蘇俄建議改變現行秘書長的任命辦法來行「三頭制」（所謂「三頭馬車」，troika），即秘書長改成三位，分別代表蘇俄集團、西方集團與中立集團。美國固堅決反對，即是中立國家也認為此舉表面上為提高他們而實則將受制於俄國的否決權，也持反對態度。最後，幾經折衝，終獲維持原狀。於是緬甸人宇譚繼任秘書長，他先後兩任斯職。他不像哈馬紹那麼強調其獨立性，但對其職務仍採較積極的態度。1966 年，他在第二度連任秘書長時堅持並且也得到應付威脅和平事件的緊急權力。在剛果事件以及荷蘭與印尼的糾紛中他予以干預，在古巴危機中亦有所表現。另一方面，他也有其失敗之處。1967 年，埃及誓言消滅以色列，要求聯合國撤退維持停戰的聯合國部隊，宇譚未與安全理事會磋商而逕自下令撤退聯合國部隊，於是導發了「六日戰爭」，使中東問題更形棘手。另一件事是他堅持會員國償還所欠聯合國債務而促使蘇俄和法國等向大會及秘書長直接挑戰。

緣因依照《憲章》第十九條的規定，凡拖欠聯合國應繳經費等於或超過兩年所應繳經費之會員國即喪失在大會的投票權。聯合國大會為了應付中東危機與非洲動亂，在加薩走廊 (Gaza Strip) 和剛果等地維持和平行動，所需費用應由各會員國分攤。但在議決之初，許多國家即表示反對，俄、法兩國包括在內。至 1964 年，聯合國財政非常困難，美國已逾分支持。俄國所拖欠者已接近《憲章》第十九條所規定的程度，應於 1964 年 12 月 1 日喪失在大會的投票權，法國應於 1965 年 1 月 1 日喪失投票權。俄、法兩國的立場是，祇有安全理事會才有權決定維持世界和平與安全的事項。在此情形下，如果再僵持下去，聯合國將有分裂之虞。美國原為此案之動議者，至是經再思考又認為如此案通過將予大會及小國太大的權力，將來亦可用以對付自己。美國因而決定不再削弱安全理事會的權力，遂不再推進該案的通過。1964 年的大會竟未對該案作正式的表決。至此，大會的威信與秘書長的地位可謂蕩然。1965 年的大會更不再談《憲章》第十九條的問題，而決定對大會維持和平的費用採取自由捐獻的辦法。宇譚以後的秘書長有華德翰及裴瑞斯，工作亦甚努力，但限於主觀與客觀條件，很難有所作為。不過，在裴瑞斯任期的後半，聯合國漸有振作的景象。

1970 年代和 1980 年代，聯合國有日暮途窮之勢。安全理事會因為美國與俄國的利益衝突所造成的對立，使它不能發揮功能。大會方面，由於在會員國中西方國家僅佔 14%，拉丁美洲與非洲國家佔了 53%，亞太國家佔了 26%，俄國與東歐國家佔了 7%，在一國一票的原則下，第三世界國家控制了聯合國及其各附屬組織。另一方面，這些第三世界國家對聯合國會費的貢獻微乎其微，有些國家的捐助不到聯合國預算的萬分之一，八十個此類會員國的捐款總額不到聯合國經費的 1%，但主要西方國家的貢獻為 72%。美國高達 25%，投票權卻僅有 6%，自是極為不滿。美國對聯合國尤為不平，1975 年的聯合國大會通過阿拉伯集團所策動的決議案，把猶太復國主義 (Zionism) 界定為「一種種族主義和種族歧視的形式」(a form of racism and racial discrimination)，當時美國駐聯合國代表派翠克 (Jeane Kirkpatrick, 1926–2006) 就說，美國在聯合國的地位是「無能」(essentially impotent)，「沒有影響力」(without influence)，以及「表決不受支持和孤立」(heavily outvoted and isolated)[8]。美國更曾於 1977 年，在給予兩年通

[8] Quoted in Richard Bernstein, "The U. N. versus the U. S.," *The New York Times Magazine*, Jan. 22, 1984, p. 18；不過，聯合國大會在 1991 年 12 月 16 日以一百十一票對二十五票通過廢除該決議案，見 United Nations (AP), *China Post*, Dec. 18,

知後，退出國際勞工組織，1980 年始重返該組織。此外，聯合國教科文組織亦在第三世界和共黨國家把持下，頻頻攻擊西方價值與利益，1980 年該組織在貝爾格勒 (Belgrade) 召開大會時更以建立「新的國際資訊秩序」(new international information order) 相號召。美國亦於發出一年通知後，於 1984 年底退出。此後美國一再削減對聯合國的經費支援，並延付應繳的經費，至 1987 年時，美國拖欠的款項已有二億八百萬美元之鉅❾。

不過，聯合國仍然有些成就，其維持和平部隊曾經在中東、印度與巴基斯坦邊界、蘇伊士運河、剛果、葉門、新幾內亞維持和平。目前仍有數處在運作之中：一是在塞普洛斯 (Cyprus)，自 1964 年開始，有二千多名聯合國和平維持部隊駐紮；二是黎巴嫩，自 1978 年以色列進攻黎巴嫩南部後，聯合國派出駐黎巴嫩臨時部隊 (UNIFIL: United Nations Interim Force in Lebanon)，約有五千餘人；三為阿富汗與巴基斯坦自 1988 年起，派有五十名無武裝觀察員。聯合國和平維持部隊並獲得了 1988 年的諾貝爾和平獎金。凡此種種，聯合國在 1980 年代之末又有了轉機。1988 年 9 月聯合國召開第四十三屆大會時，因為成功地調停了阿富汗俄軍撤退問題（該年 4 月），以及監督打了已逾八年的兩伊戰爭 (Iran-Iraq War)，而聲望上昇。

聯合國最振衰起敝的行動，莫過於制裁伊拉克吞併科威特之事。1990 年 8 月 2 日，伊拉克總統海珊揮兵佔領科威特，並宣布自此之後科威特為其國土之一省。此為對國際秩序和集體安全制度的最大挑戰，西方國家尤因其石油利益受到嚴重威脅而不能坐視。另外，有兩個因素有利於國際社會透過聯合國有所行動。第一個因素是自 1985 年美國國會審議《外國關係法案》時，參議員凱莎寶 (Nancy Kassebaum, 1932–) 提出一項削減聯合國預算的修正案，此即《凱莎寶修正條款》(*the Kassebaum amendment*)。聯

1991, p. 1.

❾ 林岩哲，〈美蘇和解下的聯合國〉，《問題與研究》，30 卷 1 期（民 80 年 1 月），頁 21–30。

合國經費有四分之一仰賴美國，美國且常自動捐款給聯合國各專業機構。在財政壓力下，聯合國逐漸修正對美國的態度，根據美國國務院的研究報告，聯合國大會的表決，對美國的支持有上昇的趨勢，1986 年為 58%，1987 年為 60%，1988 年為 64%，1989 年為 70%。第二個因素是，俄國因為內部的變化和外在的情勢，逐漸放鬆與美國和西方世界對抗的關係，而敦促聯合國就波斯灣問題採取集體安全的措施⑩。其他國家亦不便公然反對。於是，自 1990 年 8 月 3 日至 11 月 29 日，聯合國安全理事會通過 660（8 月 3 日）、661（8 月 6 日）、662（8 月 9 日）、664（8 月 18 日）、665（8 月 25 日）、666（9 月 13 日）、667（9 月 16 日）、669（9 月 24 日）、670（9 月 25 日）、674（10 月 29 日）、及 678（11 月 29 日）號決議案，自譴責伊拉克侵略科威特並要求其無條件撤軍（第 660 號，以十四票比零票通過），並限令伊拉克須於 1991 年 1 月 15 日以前自科威特撤軍，否則將「採取一切必要手段」(to use all necessary means) 將伊拉克軍隊逐出科威特（第 678 號決議案，十二票對二票通過，中國大陸棄權，葉門及古巴反對）。1991 年 1 月 13 日，美國國會亦通過對伊拉克動武（參院五十二票對四十七票，眾院二百五十票對一百八十三票），於是在美國領導下的六十萬多國聯軍乃能在極短期內將伊拉克逐出科威特。波斯灣戰後，聯合國並組成聯合國伊拉克、科威特觀察團 (UNIKOM: United Nations Iraq-Kuwait Observation Mission) 以監督停火，此一和平維持部隊雖僅有一千四百名左右，但有三十四國參與，尤其特殊的是，安全理事會的五個常任理事國第一次全體參與其事。1991 年 10 月 23 日在聯合國主導下，高棉交戰四派與十九個保證國家在巴黎簽訂《和平協定》，聯合國隨後並派出一支維持和平部隊 (U. N. Advance Mission in Cambodia) 前往維持和平。聯合國在 1991

---

⑩ 同上；Robert O. Freedman, "Moscow and the Gulf War," *Problems of Communism* (July-August, 1991), pp. 1–17；高朗，〈新世界秩序下的美國與聯合國關係〉，《美國月刊》，6 卷 8 期（民 80 年 8 月），頁 46–52。

年 12 月 31 日秘書長裴瑞斯卸任前完成調解薩爾瓦多政府與左翼的馬蒂民族解放陣線 (FMLN, or Farabundo Martin National Liberation Front) 自 1979 年以來長達十二年的內戰。另外，聯合國也在盡力調停南斯拉夫的內戰。凡此種種均表示聯合國，尤其是安理會，在維持世界和平功能方面的提振。1992 年 1 月 31 日，聯合國安理會舉行首次高峰會，十五個理事國的政府領袖（除五常任理事國外，另有奧地利、比利時、綠角共和國、厄瓜多、印度、日本、摩洛哥、委內瑞拉、辛巴威、匈牙利，惟後二國係由外長代表）決定強化聯合國的功能並鞏固集體安全制度。

凡此種種發展，顯示聯合國有了新的力量。但是，聯合國本身並無足夠的力量，其有無作為，端視各會員國能否合作。世事多變，禍福無常，未來如何仍難逆料。

二、地域性及功能性的國際組織

聯合國是全球性的，或世界性的國際組織。另外還有地域性的和功能性的國際組織，這類組織即使是不計為數繁多的非政府間的組織，仍然是為數甚多，不勝一一枚舉。

以地域性的國際組織而言，淵源最久的當為美洲國家組織 (OAS: Organization of American States)。早在 1826 年，委內瑞拉的政治領袖波利瓦 (Simón Bolívar, 1783–1830) 即倡導召開泛美會議，結合拉丁美洲國家為一體，未成。1890 年，美國與拉丁美洲國家組成美洲共和國聯盟 (International Union of American Republics)，1910 年此聯盟更名為泛美聯盟 (Pan American Union)。1947 年，美國與拉丁美洲十九個共和國（尼加拉瓜因當時他國不承認其政府而被排除）簽訂《里約公約》(*Rio Pact*)，該條約即《美洲各國互助條約》(*Inter-American Treaty of Reciprocal Assistance*)，規定各締約國和平解決爭端，以及締約國之一受到攻擊時，即視同全體受到攻擊。1948 年 4 月，第九屆泛美會議在波哥大（Bogotá，哥倫比亞首都）舉行會議時決定成立美洲國家組織，簽訂《美洲國家組織憲章》(*OAS Charter*)。該組織的主要目的，在於加強西半球的和平與安全，促進各會員國以和平手段解決爭端，使各會員國加入集體安全措施，並增進在經濟、社會與文化方面的合作。此一組織原為美國及二十個拉丁美洲共和國家所創立，但隨著拉丁美洲獨立國的增加，現已增至超過三十國⓫。泛美聯盟成為該組織之秘書處 (General Secretariat)，設於華盛頓。此組織的主要機構有大會 (General Assembly)，每年集會一次，另有外長諮商會議 (Meeting of Consultation of Foreign Ministers)，以及由各會員國大使（通常由各國駐美大使擔任）組成為常設委員會 (Permanent Council) 為其執行委員會。1979 年，該組織又在哥斯達黎加的聖約瑟 (San José) 設立美洲人權法庭 (Inter-American Court of Human Rights)。

此一組織曾調解尼加拉瓜與哥倫比亞的糾紛 (1949, 1955, 1959)，也處理過尼加拉瓜與宏都拉斯的衝突 (1957)。1962 年在古巴危機中支持美國，1965 年同意美國介入多明尼克共和國的衝突。在經濟與社會方面，則為 1961 年採納《龐塔憲章》(*Charter of Punta del Este*)，建立進步同盟 (Alliance for Progress)，促進美國與拉丁美洲各國的關係。在對古巴問題上，1962 年外長諮商會議決定開除古巴卡斯楚政權，停止其參與活動的權利，各會員國亦與古巴絕交，但仍保留古巴會員國的資格，1975 年外長諮商會議又決定解除對古巴卡斯楚政權的集體制裁，准許各會員國可以在個別的基礎上與古巴卡斯楚政權關係正常化。此外，1979 年該組織干預尼加拉瓜內戰，1982 年阿根廷與英國為福克蘭群島作戰，美國支持英國，使此

⓫ 此三十多國是：安地瓜與巴布達 (Antigua and Barbuda)、阿根廷、巴哈馬、巴貝多、貝里斯、玻利維亞、巴西、智利、哥倫比亞、哥斯達黎加、古巴、多明尼克、多明尼克共和國、厄瓜多、薩爾瓦多、格瑞納達、圭亞那、海地、宏都拉斯、牙買加、墨西哥、尼加拉瓜、巴拿馬、巴拉圭、秘魯、聖克里斯多夫、聖露西亞、聖文生 (St. Vincent)、蘇里南、千里達、美國、烏拉圭、委內瑞拉。

組織的成員國不滿。

另一個具有悠久歷史傳統的組織是國協 (Commonwealth of Nations)，係由大英國協 (British Commonwealth of Nations) 於 1949 年易名而來。它由原屬大英帝國的自治領和殖民地獨立後所組成，其中包括先進的工業化的富國，也包括第三世界的窮國，而且與大英國協時代不同的，是非白人的亞洲與非洲開發中的國家成為此一組織的主幹。另外，它不是根據憲章或條約組成的，而是基於傳統和情感，以及某種程度的經濟與文化的關係的聯繫，國協各會員國均接受英國君主為國協象徵性的首長，而且對待同屬國協會員國的人民較一般外國人為優惠。本來，自從 1932 年渥太華經濟會議以來，有國協關稅優惠 (Commonwealth preference)，但自 1973 年英國加入歐洲共同市場後不再有很大的意義。但如遇有全體可達成共識之事，如制裁南非的種族政策，仍有某種作用。現每隔四年尚舉行國協運動會 (Commonwealth Games)。國協各會員國每隔二年有國協政府首長會議，每年有財長會議，另外還有其他活動。1965 年在倫敦設立國協秘書處 (Commonwealth Secretariat) 以為其行政機構。

由於國協是一個出於自願的組織，有的國家在獨立時即拒絕加入，如 1948 年緬甸之所為；有的國家在加入後退出，如 1948 年愛爾蘭，1961 年南非，1972 年巴基斯坦，以及 1987 年斐濟 (Fiji)，等等。因之，其會員國數字有時會有變化⓬。國協會員國包括先進與落後的國家，君主政體與共

⓬ 「國協」會員國有：安地瓜與巴布達、澳大利亞、巴哈馬、孟加拉、巴貝多、貝里斯、波紮那 (Botswana)、汶萊、加拿大、塞普洛斯、多明尼克、甘比亞、迦納、大不列顛、格瑞納達、圭亞那、印度、牙買加、肯亞、吉里巴地、賴索托、馬拉威、馬來西亞、馬爾地夫、馬爾他、模里西斯、納米比亞、紐西蘭、奈及吉利、巴基斯坦、巴布亞・新幾內亞、聖克里斯多夫、聖露西亞、聖文生、塞席爾 (Seychelles)、獅子山、新加坡、坦尚尼亞、東加、千里達、烏干達。特別會員國有諾魯及吐瓦魯。

和政體的國家，有極大的國家，也有極小的國家，真是五花八門，表現了極高的包容性，但其結構則甚為鬆散。

另外，東南亞非共國家組成東南亞國家協會 (ASEAN: Association of Southeast Asian Nations)，阿拉伯國家組有阿拉伯聯盟 (Arab League, or League of Arab States)，非洲國家組有非洲團結組織 (OAU: Organization of African Unity)，等等。這些區域性的組織，於討論這些地區時再談。

至於功能性的組織，有以區域集體安全為目的的，如北大西洋公約組織 (NATO: North Atlantic Treaty Organization)，以及 1991 年解散的華沙公約組織 (Warsaw Pact Organization)；也有以經濟統合為目的的歐洲共同市場 (EEC)。此外還有司理國際經濟、金融、貿易問題的組織，如經濟合作暨發展組織 (OECD: Organization for Economic Cooperation and Development)，國際貨幣基金會，以及關稅暨貿易總協定 (GATT: General Agreement on Tariffs and Trade) 等等。這些功能性的組織，會在有關的章節討論。

還有一個值得一提的，是七國高峰會議 (G7 Summit)，這原是 1975 年法國發起，由各西方先進國家，即法國、美國、英國、德國（當時西德）、日本、義大利在巴黎召開的經濟高峰會議，翌年加拿大加入，成為七國，每年輪流在各國召開，其順序為法國、美國、英國、德國、日本、義大利、加拿大。此一會議每年召開，不限於經濟問題，且有重大的影響力量，其情形誠如曾經參與第一次會議的美國代表宋耐菲德 (Helmut Sonnenfeldt, 1926–2012) 所說的，「七國高峰會議是一個經濟變成政治和政治變成經濟的地方」 (The G7 is where economics becomes politics and politics becomes economics)⓭。

⓭ Alan Elsner, "G7－Now the World's Most Important Forum," *China Post*, July 12, 1991, p. 4；關於所有各式各樣的國際組織的簡介，可參看 Linda Irvin, ed., *International Organizations* (Detroit, New York, and London: Gale Research Inc.,

第二節　國際關係的演變

第二次世界大戰結束以來的國際關係，其複雜多變和波譎雲詭為前所未有。這種國際關係包括了政治和經濟秩序的兩個層面。

一、國際政治關係的發展

這包括冷戰、低盪和後冷戰時期三個階段。

㈠冷　戰

第二次世界大戰後，「戰爭」與「和平」不再有明確的分界，此因核子武器的可怕使戰爭成為不可能，而美國為首的西方陣營又與俄國領軍的共產集團皆堅持其意識型態使和平亦屬無望，於是乃有「冷戰」(Cold War)的狀態，這也是托洛斯基所說的「非戰非和」(neither war nor peace) 的情況。

俄國的擴張，是世界陷入冷戰的主要原因。俄國由於處在「歐亞」大陸的有利地位，一直採取對外擴張的政策，其擴張的方向有三：歐洲、中東和東亞（西方人稱「遠東」)。俄國在第二次世界大戰中的首要目標，是收回在 1905 年「喪失」給日本，1918 年喪失給德國，以及 1919–20 年間喪失給新獨立歐洲國家的土地。在這方面，俄國對於其西界的要求，有的較第一次世界大戰時為少（當時帝俄要求併取達達尼爾海峽和保持其在波蘭的廣大土地），有的與 1914 年時的邊界大致相同（如其與羅馬尼亞邊界)，有些地方（如在北邊的芬蘭和波羅的海地區，以及在中部的喀爾巴阡山脈地區）則超過原有的範圍。在這些邊界之外，俄國並要求鄰邦須為友善的國家，有些國家在 1941 年後曾隨同納粹德國對俄國作戰，如羅馬尼亞、匈牙利、芬蘭；有些國家，如波蘭，則為入侵俄國的通道。於是，羅馬尼亞和芬蘭必須割讓土地，而波蘭的邊界盡量西移，捷克喪失了其最東

1990).

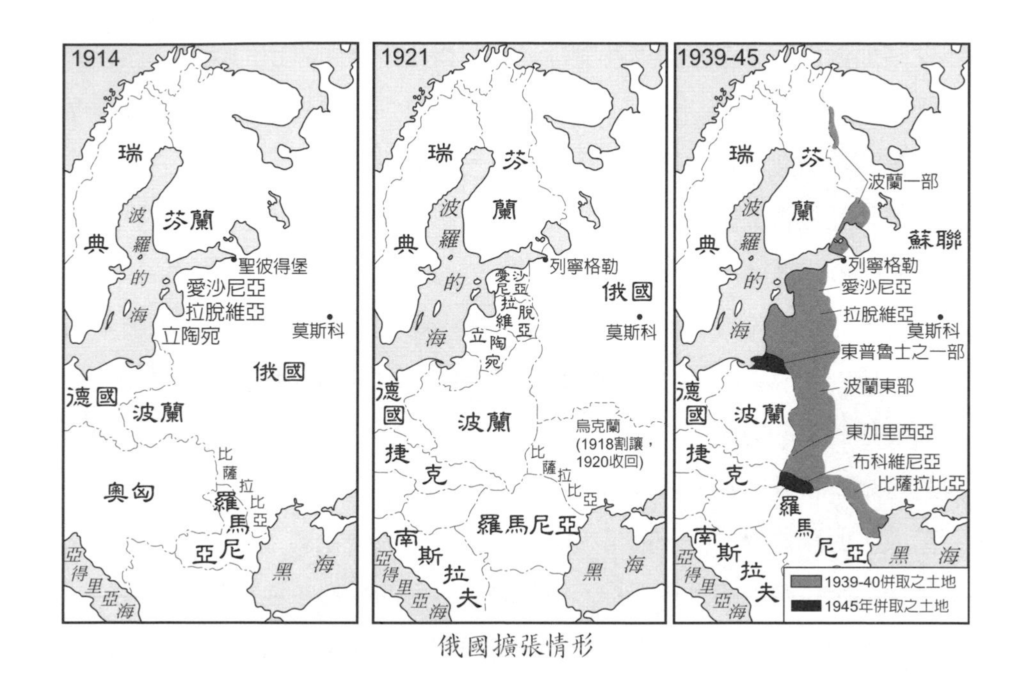

俄國擴張情形

端的魯特尼亞 (Ruthenia)，而且這些國家也必須由「友好的」政府治理⓮。但是，俄國所得實較此更多，事實上西方國家面對的是他們不允許希特勒完成的目標：控有巴爾幹半島及東歐。而且，更尤甚於此者，俄國也控制了德國的東部。在東亞，俄國在《雅爾達密約》中也「收回」了它在 1905 年「喪失」的權益。在中東，俄軍與英軍在 1941 年 8 月以後同時進入伊朗，1942 年 1 月英、俄協議英軍駐南部和俄軍駐北部，但戰爭結束後俄軍不退，並要求伊朗承認亞塞拜然省 (Azerbaijan) 自治，其終極目的在將之併入亞塞拜然蘇維埃社會主義共和國，直迄 1946 年 5 月俄軍始在美、英強大壓力下退出；俄國亦曾企圖向土耳其「索回」俄在 1878 年所得但在第一次大戰後為土耳其收回的高加索部分土地，以及要求與土耳其共管海峽水域和租界岸上基地，造成「土耳其危機」(Turkish Crisis of 1945–46)，俄國

⓮ Robert O. Paxton, *Europe in the Twentieth Century* (New York: Harcourt, 1975), pp. 490–91.

並在高加索部署二十五師以為要脅，美國對此危機所表現的態度一如往昔英國在「近東問題」上的態度，1946 年 9 月宣布美海軍固定進駐東地中海，當時美國又享獨佔核子武器的優勢，俄國終於退讓。

美國並無領土擴張的意圖。美國總統羅斯福認為第一次世界大戰時的美國總統威爾遜因缺乏現實主義而失敗，他不想重蹈覆轍。他相信美國人民僅可同意美軍短暫駐紮歐洲，也認為美、英、俄同盟可以繼續下去，而且可以成為新成立的聯合國的指導力量。1945 年 4 月羅斯福死，副總統杜魯門繼任總統。美國一方面感到它壟斷核子武器使安全無虞，另一方面不再追逐軍事目標，乃大量裁軍。美國的武裝力量在日本投降之日有一千二百萬人，此後便以每月一百萬人的速度復員，最後衹剩下大約五十萬人。但是美國堅持戰後的世界應是一個開放而多元的世界，並反對任何有礙貿易與投資的壁壘，以使美國可以獲得最大的經濟優勢，俄國則並不支持這些政策。

本來，美、英西方國家與俄國的結盟就是一個沒有互信基礎的「奇異同盟」(Strange Alliance)。史達林對西方一向猜忌，當 1943 年 7 月西方國家不知會俄國而與義大利密洽投降事宜時，他便極為不滿，故 1944 年 9 月羅馬尼亞與保加利亞投降時，史達林亦以同樣辦法對待西方。羅斯福死後，新繼任的美國總統杜魯門原為黨工和立法部門人員（密蘇里州之參議員），並不嫻熟外交事務，其時羅斯福的左右手霍布金斯 (Harry Lloyd Hopkins, 1890–1946) 已臥病，國務卿貝爾納斯（James Francis Byrnes，1879–1972，任期 1945–47）亦非上選。俄國與西方國家在戰爭末期波蘭及德國問題上已有歧見，而 1945 年 5 月杜魯門決定切斷對俄國租借物資的供應，甚至召回已經裝貨出發的船隻。美國在 1946–47 年間在太平洋進行一連串的原子試爆，亦有對俄國示威的作用。

1946 年，西方國家與蘇維埃集團對峙之勢已成。此年 2 月 9 日，史達林在莫斯科電臺發表談話：第二次世界大戰係因壟斷的資本主義制度

(monopoly capitalism) 發展下的必然結果，此表示俄國又回到與西方國家結盟前的老調。3 月 5 日，邱吉爾（此時在野，為英國反對黨領袖）在美國密蘇里州的富爾頓 (Fulton) 的威斯敏特學院 (Westminster College) 當著杜魯門總統之面，發表演說。他力斥第二次大戰係因資本主義制度的衝突所造成之說的錯誤，指出第二次大戰係因 1930 年代德國鄰邦對德國採取姑息政策所導致，他的用意在表示如果對俄國不予姑息便不會爆發第三次大戰。他指責俄國的擴張，並創「鐵幕」(iron curtain) 一詞，以描述西方國家集團與共產國家集團之間的界線，並明白地指出這條界線起自波羅的海的斯特汀 (Stettin) 延伸至亞得里亞海的的港 (Trieste)。

這兩篇演說揭開了冷戰的序幕。關鍵性的發展在 1947 年，因為希臘和土耳其的問題，使美國直接對抗俄國。緣希臘自 1944 年 11 月德軍退出後，反德陣營分裂為保守派（擁護王室）和共黨派，1946 年夏土耳其危機時，共黨游擊隊集結北部進攻雅典親西方政府，而南斯拉夫、保加利亞、阿爾巴尼亞共產國家又加以支援。希臘之能免於淪入共黨之手，一方面是靠英國支持，另一方面因史達林約束共黨（支持希共最力者為南斯拉夫共黨，此為後來狄托與史達林反目的原因之一）。另外，俄國對土耳其一直懷有野心。但是英國因第二次世界大戰而衰竭，而 1946–47 年間英國又遭逢五十年來最嚴酷的冬天，電力、工業及運輸均大受打擊。英國外交部於 1947 年 2 月 21 日正式通知美國國務院，謂將停止對希、土的經援，並撤出在希臘的四萬英軍。於是，東地中海地區成為權力真空。另一方面，美國駐俄代辦肯楠（1952 年任駐俄大使）在 1946 年 2 月有一長達八千字的電報給國務院。該電文指出，俄國的對外政策常不受國際現實的影響，而係導因於自中世紀以來深植俄人心中的不安全感，俄國對外肆行侵略為其歷史傳統使然。他解釋共黨的心態：他們為了使其血腥的獨裁政權合法化而對西方有根深蒂固的敵視；他們必須相信在最後的啟示錄式的鬥爭中，共產主義會戰勝資本主義。所以他們要利用每一個機會擴張他們的制度，而且不能夠接受和諧與合作的主義。但是既然他們相信歷史是在他們的一邊，他們並不急於一時，而且也不會冒主要戰爭的危險；用堅定的態度來肆應，他們會退縮。因之，正確的戰略是用向後推的方式來「圍堵」他們——抗拒、圍堵、用實力來與之談判。肯楠的意見為美國外交與軍事當局所接受⓯。

在此情形下，美國決定接受挑戰。1947 年 4 月 12 日，杜魯門向國會兩院聯席會議發表演說，建議美國援助受到少數武裝分子攻擊或外在壓力的自由人民，並要求美國國會撥款二億五千萬美元軍援和一億五千萬美元的經援以幫助希臘和土耳其。這便是「杜魯門主義」(Truman Doctrine)。肯楠後來又把他的論點先後撰寫兩文發表在《外交事務》(*Foreign Affairs*)上，一為 1947 年發表的〈蘇維埃行動的根源〉(The Sources of Soviet Conduct)，一為〈美國與俄國的未來〉(America and the Russian Future)。他的主要論點為：蘇維埃政權有其內在的矛盾，它必須向外擴張，西方國家應堅定對抗，如果蘇俄有侵略自由國家的徵兆時，立即使之面臨一個強烈的對抗力量，西方國家本身亦應力求政治、社會和經濟的健全，採取此種長期而堅定的政策，會使蘇俄無法向外擴張，因而可以助長蘇俄內在的矛盾而使其力量分裂或軟化⓰。

這就是圍堵政策 (policy of containment) 的理論根據。此年美國政論家李普曼 (Walter Lippmann, 1889–1974) 把這種東西對立稱為「冷戰」，並出

⓯ Roland N. Stromberg, *Europe in the Twentieth Century*, 2nd ed. (New Jersey: Prentice-Hall, 1988), pp. 307–08.

⓰ 分別見 *Foreign Affairs*, Vol. 25, No. 4 (July, 1947), pp. 566–82, Vol. 29, No. 3 (April, 1951), pp. 351–70；有關此問題最近的討論，見 David Allan Mayers, *George Kennan and the Dilemmas of U. S. Foreign Policy* (New York: Oxford University Press, 1988); Thomas J. McCormick, *America's Half-Century: United States Foreign Policy in the Cold War* (Baltimore, MD: Johns Hopkins University Press, 1989).

版其《冷戰：美國外交政策研究》(*The Cold War: A Study in U. S. Foreign Policy*)，於是「冷戰」一詞不脛而走。

有的學者把美國與俄國的「冷戰」，追溯到 1917 年俄共革命和 1918 年美國總統威爾遜 (Woodrow Wilson, 1856–1924) 發表「十四點原則」的時期，俄國亦認為他們在 1917 年便欲建立世界新秩序，而資本主義國家在 1919–20 年期間便企圖消滅他們。這種意識型態和利益的衝突自俄共革命以後便已開始，其劇烈不亞於歐洲中世紀時基督教對回教，或者宗教改革後新教對舊教的衝突，因而有「二十世紀最大的持續的衝突」(the greatest continuing conflict of the twentieth century) 之說。史家有謂，西方國家對於俄國革命與蘇維埃制度的反應可分三個階段：第一個階段為 1918–29 年，為消極的，有類梅特涅 (Metternich, 1773–1859) 對法國革命的反應，其辦法為孤立俄國，所用手段主要為外交政策；第二個階段為 1929–41 年，此期因經濟大恐慌而使人對自由資本主義制度喪失信心，對共產主義的激烈反應為法西斯主義與民族社會主義；第三個階段可以上溯至美國的新政時期，但至第二次大戰後始完全發展出來，其基本論點為如果要打擊蘇維埃制度，則西方國家亦須顯示資本主義社會也有可以超越俄國之處，諸如社會安全及提高工人生活水準，乃有「福利國家」、「富裕社會」(affluent society) 之倡舉[17]。

東西對抗之事層出不已。1948–49 年頃，俄國封鎖柏林（最嚴重時期為自 1948 年 6 月至 1949 年 5 月的三百二十四天），柏林因位在東德，又為四國佔領（美、英、法佔領西柏林），但西柏林與西方的聯繫，無論是火車、汽車或駁船均須經過東德。俄國為報復西方三國將它們在西柏林的三個佔領區合併為一，乃封鎖西柏林對外的鐵、公路交通。西方國家決心堅

---

[17] T. L. Talmon, *The Origins of Totalitarian Democracy* (London, 1952), I; D. F. Fleming, *The Cold War and its Origins 1917–1960* (London, 1961), XI; Geoffrey Barraclough, *An Introduction to Contemporary History* (London, 1966), pp. 216–18.

強應付，美國將可以轟炸俄國的六十架 B–29 轟炸機移駐英國基地，並以空運方式輸送食糧及其他必需品，終使西柏林度過難關。接著，1949 年中國變色，1950 年韓戰爆發，均為冷戰期間的大事。

另一方面，美國亦放棄了其孤立的傳統，而肩負起環球責任，在 1946–67 年間與許多國家簽訂防衛條約，其中重要的有 1947 年簽訂的《里約公約》(*Rio Pact*)，亦稱《美洲各國互助條約》(*Inter-American Treaty of Reciprocal Assistance*)，係為捍衛西半球而簽者；1949 年簽組的北大西洋公約組織，係為保衛西歐國家而組成者；1951 年簽訂的《美澳紐公約》(*ANZUS Pact*)，係為防衛澳洲與紐西蘭而簽訂者（1986 年，美、澳中止對紐承諾）；1954 年簽組的東南亞公約組織 (SEATO: Southeast Asia Treaty Organization)，係為承擔對東南亞國家的防務而簽訂的（1977 年解散）；1958 年簽組的中央公約組織 (CENTO: Central Treaty Organization)，此約係由美國為贊助會員國，而由英國、伊朗、巴基斯坦和土耳其組成，1979 年解散。另外，還有一些個別的互防條約，如 1951 年與菲律賓和日本，以及

柏林空運，美、英、法三國在十五個月內空運了二百萬噸以上的補給至西柏林

兩大集團：杜魯門與史達林以及他們不乖的「孩子們」（美國漫畫家 Walt Kelly 作於 1949 年）

北約組織的標誌：警覺乃自由之代價

1953 年與南韓簽訂者。俄國也組有對抗性的組織，如華沙公約組織，以及與一些共產國家分別簽訂友好互助條約等。

由於歐洲是冷戰的主戰場，雙方抗爭最烈。1949 年 4 月美國聯合加拿大、英國、法國、盧森堡、比利時、荷蘭、丹麥、義大利、挪威、冰島、葡萄牙在華盛頓簽約成立北大西洋公約組織，《公約》第五條規定「一國被攻擊」(an attack upon one) 被視為「對全體攻擊」(attack upon all)，1951 年 10 月希臘與土耳其簽約加入，1954 年 10 月西德簽約加入。此一共同防衛組織被認為是「謎思」，因為它包括義大利一類遠離大西洋沿岸的國家，希臘和土耳其更不用說，但卻排斥了在地理位置上最合格的國家如西班牙(此因英國工黨政府不喜佛朗哥政權)，以及瑞典和愛爾蘭（因堅持中立傳統）⓲。美國與西班牙在 1953 年簽訂《雙邊協定》，美國可在西班牙建海、空基地，並對之軍援。1982 年西班牙終加入北約，1986 年社會黨掌政，就是否留在北約舉行公民投票，結果多數人民贊成繼續留在北約。法國雖於 1966 年退出北約的軍事組織，但仍為其成員。北約組織龐大，防區北自挪

⓲ William R. Keylor, *The Twentieth Century World: An International History* (New York: Oxford, 1984), pp. 284–85.

威，南至土耳其。同時，美國亦幫助西歐國家經濟復興，後來逐步發展成為歐洲共同市場。

俄國亦不甘示弱，1955 年 5 月糾合波蘭、東德、匈牙利、保加利亞、捷克、羅馬尼亞、阿爾巴尼亞在華沙簽訂《友好、合作與互助條約》(*Treaty of Friendship, Cooperation and Mutual Assistance*)，習慣上稱為《華沙公約》(*Warsaw Pact*)，組成華沙公約組織（1968 年阿爾巴尼亞退出）。華沙公約組織是為對抗北大西洋公約而組成。俄國曾利用它平定 1956 年匈牙利的抗暴和摧毀 1968 年捷克的改革運動。在此之前，俄國為回應《馬歇爾計畫》，亦於 1949 年 1 月成立經濟互助理事會 (COMECON, or CMEA: Council for Mutual Economic Assistance)，其創始會員國為俄國、保加利亞、捷克、匈牙利、波蘭、羅馬尼亞，後來東德與阿爾巴尼亞加入。1961 年時，阿爾巴尼亞停止出席理事會議，不過沒有正式退出組織。阿爾巴尼亞的不滿主要是因為俄國建議經互會裡的國家在經濟活動上各有專業，而阿爾巴尼亞被派任的角色是努力成為一個社會主義的果園，供應香蕉給其他的會員國。另外外蒙古在 1962 年加入，填補了阿爾巴尼亞的空缺，隨後，古巴在 1972 年入會，越南則於 1978 年成為會員國。南斯拉夫雖然不是正式成員，但也參加經互會的一些共同計畫，並和其他會員國有很密切的貿易往來。另外，阿富汗、安哥拉、衣索比亞、尼加拉瓜則以觀察員的身分與會。不過，1991 年時華沙公約組織及經濟互助理事會均告解散。

《北大西洋公約》簽訂之時，美國仍獨佔原子（核子）武器的優勢，但俄國在歐洲的傳統軍力遠超過西方，美國當時的戰略構想為「盾與劍」(shield and sword)，即北約組織軍隊可做掩護盟國的「盾」，原子（核子）武器則為可以直搗俄國心臟的「劍」。但 1949 年 7 月俄國第一顆原子彈試爆成功。杜魯門下令國家安全委員會重估情勢，國家安全委員會於 1950 年 4 月送呈極機密的 NSC–68 號文件，主張採取全球性的攻勢以打擊共產主義，強化北約組織的力量，以及發展熱核子武器（氫彈，H-bomb）。1951

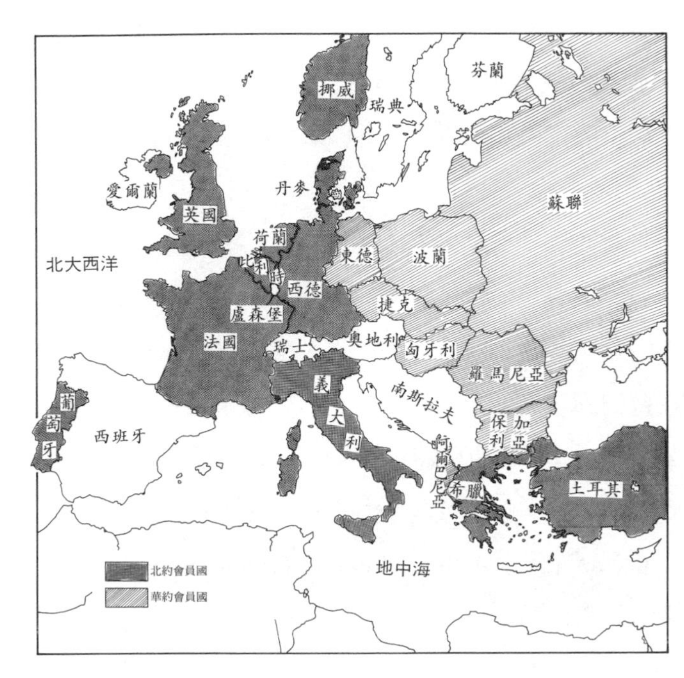

北大西洋公約與華沙公約會員國在1950–68年間的情形（後來西班牙加入北約、阿爾巴尼亞退出華約）

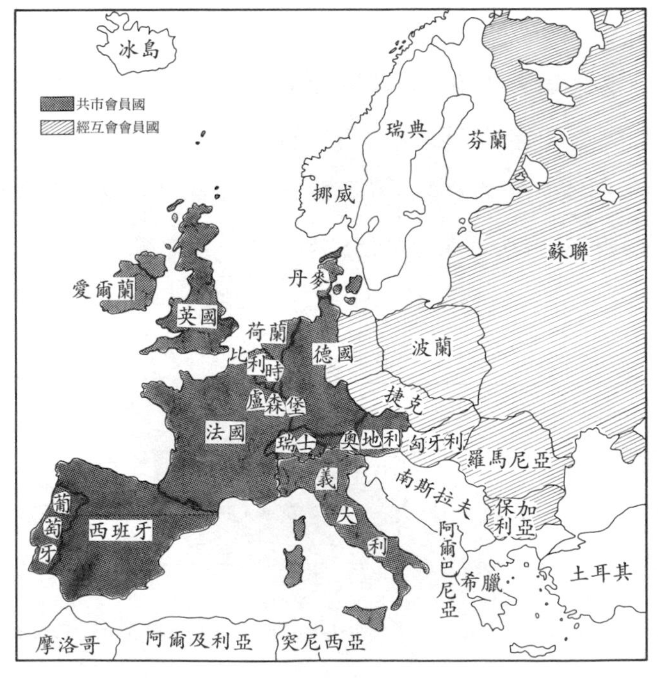

共同市場與經濟互助理事會的會員國（後來希臘及土耳其加入共同市場）

年美國撥款五百億美元作為國防經費，並使常備軍增至三百五十萬人。1952 年美國發展成功氫彈，但翌年俄國亦完成氫彈，事在美國成功九個月之後。此後美、俄雙方均不敢作「第一擊」(first strike) 之想，而「恐怖平衡」(balance of terror) 之勢成[19]。

美、俄關係最緊張之時，當為艾森豪擔任總統（任期 1953–61）和杜勒斯 (John Foster Dulles, 1888–1959) 為國務卿（任期 1953–59）的時期。此一時期美國採取積極的反共政策，並倡「骨牌理論」(Domino Theory) 之說，認為受共產勢力威脅的國家有如一排骨牌，其中一個倒下，則可能次第全倒。杜勒斯更強調「大力報復」(massive retaliation) 和聲言「掀起」(rolling back) 鐵幕。這種政策與作風有其危險性，所以英國歷史學家湯恩比斥為「沒有代表權的毀滅」(annihilation without representation)[20]。事實上，艾森豪政府仍是賡續杜魯門時期的「圍堵」政策，此一政策的基準點便是互相承認 1947 年時東西雙邊的界線。祇是艾森豪時代非常強調「骨牌理論」，盡力扶植非共政權，使其免於傾覆。

1953 年史達林死，俄國對外政策的目標固尚未改變，但較富彈性。1954 年的日內瓦會議解決了（至少初步的）印度支那半島的問題。此年 6 月英國首相邱吉爾乃主張東、西雙方嘗試「和平共存」，美國總統艾森豪亦同意雙方應致力於發現共存的方法。於是 1955 年 7 月，美總統、英首相（艾登）、俄總理和法國總理相會於日內瓦，是為第一次的高層會議。會議的氣氛尚稱融洽，是為「日內瓦精神」(Spirit of Geneva)。繼之，1956 年俄共第二十屆大會上赫魯雪夫發表了對史達林鞭屍的演說，並謂和平共存與和平競爭不違背馬克斯主義。俄國亦與南斯拉夫達成可以用「不同路線實行社會主義」的協議。這些事件似乎帶來若干希望，但 1956 年的匈牙利

[19] Ibid., pp. 291–93.

[20] As quoted in Hans W. Gatzke, *The Present in Perspective*, 3rd ed. (New York, 1965), p. 181.

事件與蘇伊士運河危機說明這僅為幻覺。匈牙利人在 1956 年 10 月起而反抗共產統治和俄國主宰，但西方國家眼睜睜著看到俄國以武力平定。同年 7 月，埃及總統納塞在俄國支持下宣布蘇伊士運河國有化，10 月底及 11 月初，導致以色列和英國及法國進兵埃及。納塞的行為煽動了阿拉伯民族主義和第三世界的認同，俄國以武力干涉匈牙利人民的基本權利，引起聯合國大會的譴責。1957 年初，美國總統艾森豪宣布「艾森豪主義」(the Eisenhower Doctrine)，以對抗俄國在中東勢力的坐大。俄國頭子赫魯雪夫再彈「共存」舊調，他說：世間有許多沒有愛情而生活在一起的婚姻，東、西方間的關係亦可類此[21]。

1957 年沒有重大的國際危機，不過該年為另一個最具關鍵性的年頭。先是俄國宣布其洲際飛彈試驗成功，西方正狐疑時，俄國於該年 10 月發射出了人造衛星一號 (Sputnik I)，這說明已能製造力量足夠可以投送核武器的火箭。於是產生了所謂「飛彈差距」(missile gap) 的爭論，俄國在冷戰競爭上也頗有收穫。1958 年，俄國支持埃及的納塞統一阿拉伯世界計畫，美、英分別派軍至黎巴嫩和約旦以保護反納塞的國家，引起俄國的猛烈抨擊。此年 8 月 23 日中國大陸大規模地砲擊金門和馬祖，造成臺海危機，有與美國發生戰爭的危險，但俄國拒絕介入，被中共視為膽怯和出賣。此年 11 月俄國宣布不承認西方國家在西柏林的佔領權利，美、英、法三國斷然拒絕。於是造成很大的危機，而俄國又在西方國家拒絕之後宣布在六個月之後西柏林將成為「自由城市」。俄國的原意，欲藉此重開德國問題，但因西方國家立場堅定而又漸軟化。1959 年 1 月，俄國第一副總理米高揚 (Anastas I. Mikoyan, 1895–1978) 訪美，呼籲召開高峰會議以解決東、西爭端。此年 7 月，美國副總統尼克森訪俄，促美、俄兩國政府領袖與人民增多接觸。此年 8 月，乃有美、俄首腦互相訪問計畫之宣布。赫魯雪夫於此年 10 月訪問美國十天，與美國總統艾森豪在大衛營 (David Camp) 就柏林

[21] Ibid., pp. 184–85.

及裁軍諸問題交換意見，艾森豪形容赫魯雪夫為「非凡的人物」(an extraordinary personality)，赫魯雪夫讚美艾森豪的「睿智的政治家氣度」(wise statesmanship)，造成所謂「大衛營精神」(Spirit of Davil Camp)。

1960 年 5 月中旬原定在巴黎舉行東西方高峰會議，不意在會前二週發生高空偵察機 (U–2) 事件。緣美國發展成功一種高空偵察飛機 (U–2)，自 1956 年夏天即飛俄境偵察，但當時俄國地對空飛彈 (SAMs) 射程不及其高度，1960 年 5 月 1 日一架 U–2 飛機因引擎故障而被擊落，駕駛員被俘，合盤供出一切。俄國僅謂擊落飛機而不提駕駛員被捉之事，華盛頓乃提出一個「掩飾性」的說明：一架 U–2 飛機從事純科學的高空試驗，在越過巴基斯坦邊境上空時誤入俄國領空。兩天後赫魯雪夫揭露一切，並指責美國謊言欺騙。5 月 16 日赫魯雪夫抵達巴黎時要求艾森豪道歉和懲處負責官員，但艾森豪僅同意停飛偵察機。高峰會議因而流產[22]。俄國外長葛羅米柯 (Andrei A. Gromyko, 1909–89) 企圖使聯合國安理會譴責美國高空偵察為「侵略」行為，未果。7 月初，俄國代表團「走出」日內瓦聯合國裁軍委員會會場，指控西方不以誠信態度來談判。此年秋天聯合國第十五屆大會，赫魯雪夫羞辱各國代表，稱安理會為痰盂，秘書長為傻瓜，並脫下鞋子當作議事槌來敲打桌子。

1961 年 8 月 12 日至 13 日夜間，東德為了防止東柏林及東德人民逃往西德，在俄國同意下，興築柏林圍牆。在歐洲分割東西方的「鐵幕」被稱為「一百零一哩長的歐洲疤痕」(The 101–Mile Scar on Europe)，柏林是唯一的缺口，東德人乃藉通過柏林逃往西德，1959 年逃亡的數字是十四萬四千人，1960 年高達十九萬九千人。於是東德乃築起這道長約二十七哩的圍牆。這道圍牆雖是在一夜之間築成，但後來屢次加以鞏固和強化，成為一道用混凝土、鋼筋構成的「鐵壁」，且布以鐵絲和照明，並不時巡邏，除了十二個通口（檢查站）以外，不准任何人通過，否則格殺勿論。這使東西

[22] Stromberg, op. cit., pp. 362–63.

《柏林》(Matschinsky-Denninghoff，一對藝術家夫婦的雕像作品，1988 年柏林慶祝建城七百五十週年時所樹立，刻劃東西柏林相接而又分割的情景，不意圍牆在 1989 年 11 月 9 日一夜之間被拆除)

對峙更形加劇，圍牆本身成為冷戰的最大象徵和不可跨越的障礙。

1962 年的古巴危機 (Cuban Crisis) 是冷戰時期最嚴重的國際危機。緣因卡斯楚於 1959 年 1 月 1 日推翻古巴獨裁者巴提斯達 (Fulgencio Batista, 1901–73) 政權，不僅標榜反對「美國佬帝國主義」(Yankee imperialism)，而且實行共產統治。古巴距美國僅九十哩，自使美國不安，美國實施經濟制裁無效，古巴成為俄國附庸，1961 年 1 月與美國斷絕外交關係，此年 4 月美國中央情報局 (CIA) 糾集反卡斯楚的古巴流亡軍在豬玀灣 (Bay of Pigs) 登陸，企圖推翻卡斯楚政權，未成。俄國軍備與人員湧入古巴，1962 年春天且開始布署中程及短程飛彈。美國甘迺迪總統於 10 月 22 日宣布封鎖古巴，於 24 日執行，美國第二艦隊的十九艘戰艦布成五百哩的弧面陣，奉令「檢疫」及截搜船隻，而二十五艘俄船正越過大西洋航向古巴。全世界戰慄在核子戰爭的邊緣。俄國攻擊美國封鎖為違反公海自由，美國要求由聯合國拆除核武發射基地，俄國以美國撤出在土耳其布署的飛彈作為交換條件，被拒；俄國在要求美國不得攻擊古巴後讓步。此一轟動世界的危機持續近兩週。

㈡低　盪

「低盪」(détente) 的原意係指石弓喪失「弩張」的狀態，引申在國際關係上則為國家與國家間緊張關係的鬆弛。因此，「低盪」是指 1960 年代至 1980 年代中期的國際局勢趨於和緩的狀態。有的學者，常用此詞於 1960–80 年期間㉓，這並不完全適切，因為 1960 年的 U–2 事件和 1962 年的古巴危機絕對不是「低盪」的現象。

「低盪」之所以發生，有其不得不然的原因。第一是美、俄雙方核子武器的發展，使一方不敢再輕視另一方，到 1960 年代末期，雙方在這方面達到了「平手」(parity) 的程度，使雙方真正體認到「相互保證毀滅」(MAD) 的危險。第二是雙方陣營均發生分裂。在西方陣營，1956 年的蘇伊士運河危機，以及法國發展核子武力和對北大西洋公約組織爭取決策參與權等，使美、法關係趨於疏離，1966 年法國甚至退出北大西洋公約組織的軍事系統，在外交政策上也追逐其「獨立外交」；在共產陣營內，本來一直是整體擴張的力量，儘管 1948 年起俄國與南斯拉夫的共黨領袖階層發生衝突，但並不礙事，但 1950 年代之末，中、俄共發生了裂痕，到 1960 年代變得非常嚴重，產生了義大利共黨頭子杜格里亞提 (Palmiro Togliatti, 1893–1964) 所說的「多元中心」(polycentrism)。另一方面，資本主義與共產主義兩種體制也有可以修正而使二者逐漸趨於相容的地方，這就是當時有名的「匯流」(convergence) 論㉔。

1963 年，美、俄兩國為了避免衝突造成無可挽救的狀況，同意在華盛頓與莫斯科之間安裝「熱線」(hot-line) 電話。這種裝置，後來隨著科技的發展而有所更新，在基本上是一套高速電傳打字機 (teletype)。同年，美、英、俄三國在莫斯科達成協議，簽訂《核子禁試條約》(*Nuclear Test Ban Treaty*)，限制在空氣中、外太空和水底做核爆試驗。

國際社會的結構與國際關係的變化互為表裡，1960 年代，特別是

㉓ Richard Pipes, *Modern Europe* (New Jersey, 1981), p. 343.

㉔ Barraclough, op. cit., pp. 216–18; Stromberg, op. cit., pp. 437–40; A. Nove, *The Soviet Economy* (London, 1961), p. 294；更多的討論，見 Daniel Bell, *The End of Ideology: The Exhaustion of Political Ideas in the Fifties* (Glencoe, Ill., 1960).

1966 年以後，國際局勢中原有的「兩極化」態勢有了改變，世局回到了「多元均勢」(multiple balance of power)，也就是世界有了五個權力中心：美、俄、歐洲、日本和中國大陸。美國總統尼克森在參與 1968 年總統選舉前發表〈越戰以後的亞洲〉一文㉕，分析這五個權力中心。他贏得選舉在 1969 年組織政府時，延攬季辛吉擔任國家安全事務顧問，尼克森雖也贏得 1972 年的總統選舉，卻被迫於 1974 年辭職，但季辛吉則掌理美國外交八年之久（1969–76，1973–76 後擔任國務卿）。季辛吉對於世界秩序結構中的「合法性」(legitimacy) 有其看法，認為如果必須在「正義與混亂」和「非正義與秩序」之間作一抉擇，則寧可選取後者。他認為西方已在沒落中，1965 年便主張美國應尋求與俄國合作，1969 年主張以「和解」代替「對抗」，1971 年開始安排承認俄國的「合法性」，推行「環球低盪」(global détente)。1976 年美國民主黨人卡特當選總統，他的國家安全事務顧問布里辛斯基 (Zbigniew Brzezinski, 1928–2017) 亦持大致相同的看法㉖。

在此情形下，美國與俄國關係逐漸緩和，而兩國關係之關鍵在於裁軍談判。1971 年兩國就防止核子意外事件與反飛彈條約方面獲致協議。裁軍問題之中最大的是戰略武器限制問題，自 1969 年以來兩國展開談判。1972 年 5 月，美國總統尼克森訪問莫斯科與蘇聯共黨總書記布里茲涅夫 (Leonid Brezhnev, 1906–82) 就戰略武器限制談判第一期 (SALT 1: Strategic Arms Limitation Talks One)，相約以五年為期，至 1979 年雙方在各種戰略武器，包括洲際飛彈、潛艇飛彈 (SLBM: Submarine-Launched Ballistic Missiles)、核子彈頭及長距離轟炸機方面，各有所限制。另外，同時兩國

㉕ Richard Nixon, "Asia after Vietnam," *Foreign Affairs*, Vol. 46, No. 1 (October, 1967), pp. 111–25.

㉖ Henry Kissinger, *White House Years* (Boston: Little, Brown & Co., 1979), *Years of Upheaval* (Boston: Little, Brown & Co., 1982); Zbigniew Brzezinski, *Power and Principle* (New York: Farrar, Straus, Giroux, 1983).

領袖在莫斯科簽訂了一個政治性的協定，即《美蘇關係基本準則》(*Basic Principles of Relations between USA and USSR*)，兩國鄭重申明在核子時代雙方關係祇有在和平共存的基礎上，在此前題下，兩國同意在互相關係上要盡量節制 (restraint)，並以「和平方式」(peaceful means) 解決爭端。此一協定[27]等於是互相保證和平，有助於尼克森在 1972 年的總統選舉中獲得大勝。1973 年 6 月，布里茲涅夫訪問美國與尼克森會談，達成很多協議並發表了措辭友善的公報。雙方關係有重大的改進，美國也得藉此在 1973 年退出越南戰爭，但 1975 年全部越南及中南半島為共黨勢力所控制。於是在東南亞，東南亞公約組織不再有意義，1977 年正式解散。中部公約組織也於 1979 年解體。

「低盪」在歐洲也有非常重大的發展。本來，「低盪」的濫觴可以追溯到 1958 年戴高樂在法國的復起。戴高樂是一個熱切的法國民族主義者，對於「盎格魯・撒克遜」(Anglo-Saxon) 的文化與政治影響有很深的敵意。他在第二次世界大戰流亡海外之時就已決志使大陸歐洲有獨立的政治路線。他所說的歐洲，不僅是西歐，而且也包括東歐，甚至也不排除蘇俄 (Soviet Russia)，他喜歡說他的歐洲是「從大西洋到烏拉山脈」(from the Atlantic to the Ural Mountains)。他很少闡明如何使俄國（蘇聯）去割捨中央亞細亞和西伯利亞等烏拉山脈以東的部分。他的目標是「歐洲的歐洲」(Europe's Europe)，或「我們的歐洲」(our Europe)。如要達成此一目標，必須要首先撤除兩個超國家的軍事同盟，即北大西洋公約組織和華沙公約組織，而且也要建立可以使歐洲能夠軍事獨立的核子嚇阻武力。在此構想下，他在 1966 年使法國退出北大西洋公約組織，而且他也發展出獨立的法國核子武力 (nuclear force de frappe)。他也決定用外交手段來緩和歐洲的東西對抗形勢。他的目的是推動一個從「緩和」(détente, or relaxation) 到「諒解」

---

[27] 全文見 *The Department of State Bulletin*, Vol. LXVI, No. 1722 (June 26, 1972), pp. 898–99.

(entente, or understanding) 以至達成合作的過程。他不僅與莫斯科談判，也與當時仍在莫斯科控制下的各東歐「人民共和國」談判，他在訪問波蘭及羅馬尼亞等國時，提出歐洲統一的強烈呼籲，並且也激發這些國家的民族情緒，希冀使之減少對俄國的依賴。戴高樂未能及身看到後冷戰時期的發展（他在 1970 年逝世），但是在他有生之日，俄國對他的反美和反北大西洋公約的立場頗為欣賞，卻對東歐的控制未加放鬆。不過，戴高樂的「低盪」構想卻對西方發生很大的影響，吸引保守力量的右派分子強調民族主義，也促使激進派的左翼力量要改進與俄國的關係。他的政策與行動使西歐其他國家與美國均受到影響㉘。

我們在前面已談過一些美國與俄國關係改變的情形。德國（當時西德）是另一個推行「低盪」政策的國家，不過他們喜歡叫「東向政策」(Ostpolitik)。對德國而言，俄國在戰後使德國分裂為西德（德意志聯邦共和國，FRG）和東德（德意志民主共和國，GDR），是妨礙俄、德關係改進的最大因素。西德在艾德諾 (Konrad Adenauer, 1876–1967) 當政時期採取強硬的不承認東德的做法，在外交上堅持「霍勒斯坦主義」（Hallstein Doctrine，拒絕與承認東德的國家建立外交關係）。1960 年代中期，西德輿論漸漸不支持此種死硬辦法，1963 年艾德諾退休後情況漸變，艾德諾以後的主政者便有限度的開放對東歐的貿易與遊覽。1969 年民主社會黨人布蘭德 (Willy Brandt, 1913–92) 擔任總理後有了大的發展。布蘭德放棄西德是德國唯一國家主權代表的立場，1970 年 8 月與俄國簽訂《莫斯科條約》(*Moscow Treaty*)，並接受西德與波蘭與東德的現存邊界，兩國均承認此條約並不影響四國（美、英、法、俄）有關德國及柏林的權利，因而最後的對德和約仍為四國的責任。西德亦於此年 12 月與波蘭訂約，承認奧得・奈斯河為波蘭之西界。最後 1972 年 12 月，西德與東德簽訂《基本條約》(*Basic Treaty*)，西德承認東德政權，1973 年 9 月兩個德國均參加了聯合

㉘ Pipes, op. cit., pp. 344–47.

國。西德在加入聯合國後三個月，即 1973 年 12 月 11 日與捷克簽訂協定，取消了 1938 年的《慕尼黑協定》，承認喪失蘇臺德區（該地德語人口已在第二次大戰後被強迫徙入德境），至此西德與東歐國家的爭議完全消失。

「低盪」在歐洲最大的發展，是歐洲安全合作會議 (CESC: Conference on European Security and Cooperation) 的召開與完成。俄國本來對此會議倡議甚久，早在 1954 年 2 月，俄外長莫洛托夫在柏林會議時提出，並主張簽訂歐洲集體安全條約。西方國家看出俄國此舉的目的在將歐洲現況（二次大戰以來）固定化，而未予同意，但俄國仍不斷提出。1970 年後，俄國把握緩和氣氛更加緊進行，而西方國家與俄集團亦建立了若干接觸，如《德俄條約》（1970 年 8 月），《德波條約》（1970 年 12 月）、《四國柏林協定》（1971 年 9 月）和美、俄戰略武器限制談判第一期（1972 年 5 月）以及《東西德基本條約》（1972 年 10 月）等等。同時，1972 年 10 月俄國同意就西歐國家自 1968 年以來所提議的歐洲互相平衡裁軍 (MBFR) 展開談判，於是西方國家同意與俄國舉行歐洲安全合作會議。此一會議自 1972 年 11 月起在芬蘭首都赫爾辛基舉行大使級的籌備會議，至 1973 年 6 月結束。參加國家共有三十四國，計為北大西洋公約組織十五國，即美國、英國、法國（非軍事會員國）、西德、加拿大、義大利、比利時、荷蘭、盧森堡、丹麥、挪威、冰島、土耳其、希臘、葡萄牙，華沙公約組織七個會員國，即俄國、東德、波蘭、捷克、羅馬尼亞、匈牙利與保加利亞，再加上中立國、中立主義及不結盟的十二國，即瑞士、教廷、瑞典、奧國、芬蘭、西班牙、愛爾蘭、馬爾他、塞普洛斯、列支敦斯登、聖・瑪利諾與南斯拉夫。正式會議則自 1973 年 7 月舉行，且由於摩納哥 (Monaco) 的參加而成為三十五國。正式會議歷時甚久，共分三個階段：第一階段為自 1973 年 7 月 3 日至 7 日在赫爾辛基舉行，係外長級會議；第二階段為自 1973 年 9 月至 1975 年 7 月在日內瓦舉行，為委員會級（由各種專家組成不同的委員會）的會議；第三階段為自 1975 年 7 月 30 日至 8 月 1 日在赫爾辛基舉行，為政府首長級會議（高峰會議），由三十五國的政府首長簽署了《議定書》(*Protocol*, or *Final Act*)。

三十五國所簽署的宣言，計分四個部分：第一部分為關於歐洲安全的問題，主要為互相尊重主權、避免使用武力、疆界不可侵犯以及不干涉內政；第二部分為促進各簽字國之間的貿易和減少貿易障礙；第三部分為促進互相接觸（包括文化交流、被邊界隔離的家人團聚等等）；第四部分為各簽字國強調履行這些協議，並繼續舉行多邊談判。這個會議有三十五國參加，且包括自 1822 年愛克斯・拉・查普 (Aix-la-Chapelle) 會議以來即未再參與國際政治活動的教廷，全體正式代表達三百七十五人，堪稱維也納會議 (1814–15) 以來最壯觀的國際會議。但其實質意義，實係蘇俄達成了自 1954 年以來所企圖達成的目的，即西方國家承認易北河以東為蘇俄所控制的事實。美國總統福特曾正告會議說：「歷史將來判斷這個會議時，不是根據今天我們所說的，而是根據明天我們所做的；不是根據我們所承諾的，而是根據我們所信守的。」(History will judge this conference not by what we say here today, but by what we do tomorrow; not by the promises we make, but by the promises we keep.[29])

「低盪」的另一個重大的突破，是號稱「外交革命」(Diplomatic Revolution) 的美國與中國大陸的建立官方關係。共黨陣營的發展原是整體的 (monolithic)，即其得與失屬於整個體系的得與失。1948 年南斯拉夫共黨當局與蘇聯共黨當局失和，繼之又有 1956 年匈牙利人民抵抗共產統治，以及 1968 年捷克發生「布拉格之春」。1976 年以後，「歐洲共產主義」(European Communism)，如義共所主張的「歷史妥協」(Historical Compromise)，以及法共所標榜的「經由民主途徑實現社會主義——法國式的社會主義」(a democratic way to socialism—a socialism for France) 等等，在意識型態、民族意識和政策上有明顯的立場。不過，最嚴重的，是中共

[29] *Newsweek* (August 11, 1975).

與俄共的衝突。中共於取得中國大陸政權之初，1950 年 2 月與俄國簽訂為期三十年的《中蘇友好同盟互助條約》，此約主要內容為共同防止日本帝國主義的再起、對付美國、加強雙方文化及經濟的合作關係。韓戰期間，俄國提供中國大陸大約二十億美元的軍事裝備。1953 年 9 月雙方簽訂《經濟合作協定》，俄國予以經濟援助並派專家協助推動工業化。1957 年 10 月，雙方簽訂《國防新技術協定》，俄國同意協助發展原子彈，但要求協一對外政策和由俄國控制核武，中共不肯答應。1958 年 5 月中共推動「大躍進」，同年 9 月實行「人民公社」，要在俄國之前達到共產主義階段。雙方關係逐漸惡化，1959 年 6 月俄國片面廢止前述《國防新技術協定》，1960 年 7 月俄國撤回派赴中國大陸的專家，停止協助工業建設。同時，雙方在 1950 年代後期即開始進行意識型態的爭議，這涉及正統主義與修正主義的問題。另一方面，中國大陸欲奪取臺灣，俄國也不支援（1954 年美國與在臺灣的中華民國政府簽訂《共同防禦條約》，1958 年 8 月中國大陸砲擊金門、馬祖時，美國曾作有力反應，命美機運送補給品並命第七艦隊護航運送物資至金門，俄國則保持緘默）。此外，中國大陸與印度在邊界方面有爭議，雙方對西藏（自 1914 年已「事實上」獨立，1950 年中共進兵西藏，1959 年西藏發生抵抗運動）問題，亦有歧見。但俄國不願開罪不結盟國家領袖國的印度，亦不予支持。

凡此種種，中共與俄共關係日壞。1960 年 6 月在布克勒斯 (Bucharest) 舉行的國際共黨大會中，雙方公開指責對方。1962 年秋天以後，雙方的爭論不再限於共產世界，所爭的題目也不再限於意識型態（「正統」與「修正」主義）和革命策略。緣在 1962 年 10 月俄國在古巴危機中屈服而中國大陸則在對印度的邊界戰爭中獲勝，中共譏評俄共先是作不必要的冒險（「冒險主義」），後來又表現怯懦（「投降主義」），俄共頭子赫魯雪夫在稍後（該年 12 月）回報以印度尚能於 1961 年自葡萄牙奪回果亞 (Goa)、達曼 (Daman) 和迪烏 (Diu) 等殖民地，中共卻容忍澳門與香港仍分別在葡萄牙和英國的統治下。1964 年 7 月毛澤東在接見日本社會黨代表團時指出，中國不僅要收回澳門與香港，而且還要清算中國與俄國之間的土地糾紛。至此，雙方的爭執已從意識型態和革命策略轉變為民族主義和政治及領土的衝突。

中、俄邊界之爭為歷史產物，而雙方自圖們江至新疆邊界線之長更超過七千公里（如加上外蒙會更多），領土爭議如果要算帳，恐怕算不清。但是，在帕米爾高原近阿富汗地區，以及黑龍江、烏蘇里江內許多小島常因河流季節性的改道而發生主權爭議。1960 年代末期後，在這些地區時有邊界衝突，其中最著名的是 1969 年 3 月發生在烏蘇里江中游的珍寶島（俄國稱達曼斯基島，Damansky Island，在黑龍江饒河）的兩次衝突（第一次衝突在百人以下，第二次也不過團級），同年 7 月又有八岔島，8 月又有新疆裕民縣的衝突。此後衝突此起彼落。本來，在雙方交惡的過程中，在 1966 年俄共 (CPSU) 與中共 (CCP) 就斷絕了黨與黨的關係，隨著邊界衝突的加劇，俄國亦在中、俄邊界和蒙古地區布署重兵，一度超過五十萬人（五十個師）和全俄五分之一的空軍（在 1964 年時僅十六個師）。同時，俄國在外交布署上也對中國大陸進行包圍，1971 年與印度簽訂軍事色彩濃厚的《和平友好條約》，把孟加拉國也納入體系。這些發展使中國大陸的安全受到很嚴重的威脅，而俄國在 1968 年為捷克危機所提出的「布里茲涅夫主義」也使北京警惕，美國為了保持戰略平衡而願意改善對中國大陸的關係（所謂「打中國牌」）。於是，季辛吉在 1971 年 7 月透過巴基斯坦的安排，秘密訪問北京與周恩來會談，此年中國大陸加入聯合國。1972 年 2 月，美國總統尼克森訪問北京，雙方發表《上海公報》，雙方互設聯絡處 (liason office)，加強雙方關係。1975 年 12 月，美國總統福特訪問北京。1978 年 12 月 16 日，美國卡特政府宣布自翌年 1 月 1 日與中國大陸建立外交關係。一般而言，美國爭取中國大陸主要係基於戰略考量，美國與俄國互相競爭所造成的恐怖平衡造成權力癱瘓，也強化了第三角色的重要性。1960 年代後期，國際關係發展成兩個重疊的三角形關係，一個是互相合作的三邊三角形，即美國、西歐與日本，另一個是互相競爭的三角形，即美國、俄國與中國大陸。美國的戰略設計，原為兩個半戰爭的準備 (Two-and-One-Half War Preparedness)，此假定俄可能對西歐（北約）進攻，在亞洲也可能有大戰，同時也可能在歐、亞以外的地區另有一場低度衝突，故美國軍力需足兩個半戰爭之用。1960 年代末期，由於中、俄共互相牽制而互相消耗，使美國認為在拉攏中國大陸後祇需一個半戰爭的準備 (One-and-Half War Preparedness)，即美國軍力祇需阻擋俄國進攻西歐，再加應付一個低度衝突即可[30]。

不過，「低盪」並未能為國際政治和國際關係帶來真正的緩和。俄國對「低盪」的看法與西方不同，共黨領導階層認為在「意識型態的戰爭」(ideological war) 中沒有「低盪」或休戰，莫斯科當局祇是把「低盪」視作另一種鬥爭的形式。他們希望藉此來渙散西方對共產主義的警覺，以及吸收西方的資本與科技。他們盡量避免與西方抗爭，卻企圖透過代理力量 (proxy forces) 來達到目的。美國在結束越南戰爭及與俄國簽訂條約或協定後，其國防經費大幅縮減，俄國卻未有同樣回應。到 1970 年代末，美國用於軍事支出的經費約為國民生產毛額 (GNP) 的 5%，俄國卻在 15% 左右。如以 1972 年的幣值而論，在 1979 年時，美國的國防經費從 1970 年的八千五百一十億美元降為六千五百億美元，而俄國則在同期每年均增加 3%–5%，據估計在 1970 年代俄國在國防費用方面的支出多出美國二千五百億美元。在歐洲，各國亦減少軍事經費而增加社會福利支出。日本的軍事經費更少。總而言之，在「低盪」時期俄國的軍力超過了西方盟國。此外，

---

[30] 此問題之背景，可參看 Richard Moorsteen & Morton Abramowiz, *Remaking China Policy: U.S.-China Relation and Governmental Policy Decision Making* (Harvard, 1971); Herbert J. Ellison, "Changing Sino-Soviet Relations," *Problems of Communism* (May-June, 1987), pp. 17–29.

共產集團與歐洲共同市場國家和日本的貿易大量增加(美國與俄國的貿易，在貸款及關稅優惠方面，受國會的限制)，這使俄國在吸收西方資本與技術方面大有收穫。西方國家，特別是工商業界，希望藉著對共產國家的投資與設廠，使共產國家產生依賴西方國家，以期使之發生變化。但俄國領導階層也有這方面的警覺，堅持西方國家與日本必須是全廠輸入，以期不必繼續依賴西方。此間，西方對共產集團的貸款約有七百七十億美元，結果使西方債權人，也就是歐洲、日本和美國的銀行，對於共產國家的福祉非常關心[31]。

同時，俄國在擴張勢力，此在有重大利益的第三世界國家，尤為明顯。俄國在東南亞透過越南，在中美洲假手古巴。古巴在 1970 年代在安哥拉、衣索比亞扶植共黨力量，在尼加拉瓜 (1979)、格瑞納達 (1979) 推動建立親俄政權，並在薩爾瓦多和瓜地馬拉支持游擊隊攻擊政府。俄國在中東，特別是波斯灣與東地中海地區，一直不曾忘情。俄國在 1972 年後本想再控制埃及，未成，但仍以武器供應埃及，但在爭取敘利亞方面頗為成功。1973 年 10 月，埃及和敘利亞等國攻擊以色列，俄國亦有很大的鼓動作用。但 1970 年代末期，埃及與以色列修好，頗使俄國失望。在波斯灣地區，1969 年親俄勢力在南葉門（亞丁）發動政變，1978 年更加緊控制，此為紅海和蘇伊士運河要衝，同年索馬利亞 (Somalia) 發生政變，建立了親俄政權。1977 年衣索比亞發生動亂，古巴軍隊鞏固了共黨統治。在波斯灣之東，俄國早把阿富汗視為囊中物，1978 年 4 月俄國軍事顧問策動政變奪權，但不得人心而有普遍反抗，1979 年 12 月俄國派軍十萬佔領阿富汗，造成極大的震撼[32]。俄國從西邊的葉門和衣索比亞，以及東邊的阿富汗，對波斯灣做成鉗形控制。此年伊朗國王被推翻，新的政權雖非親共或親俄，但使此一地區增加了不穩定感，使俄國認為可為。美國有時也有反擊，1983 年

---

[31] Pipes, op. cit., pp. 352–54.

[32] Ibid., pp. 359–64.

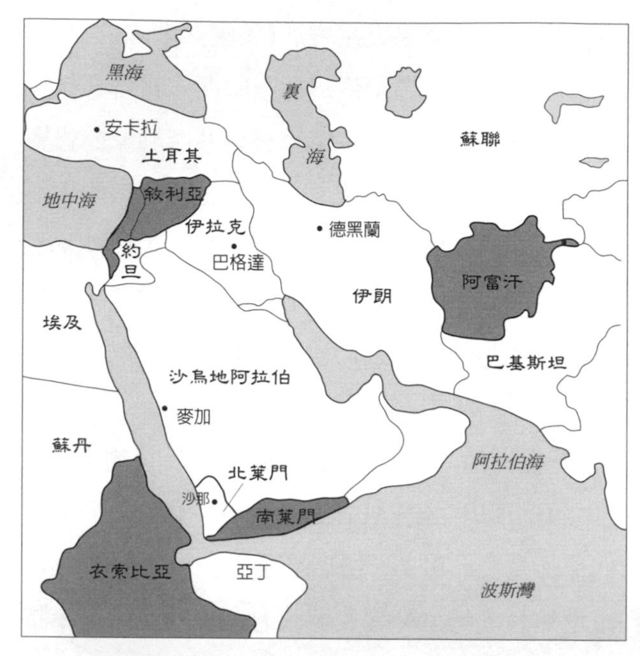

俄國在波斯灣的進展(1980)

10 月，美國聯合六個東加勒比海國家進兵格瑞納達，推翻左派政權。

1982 年美、俄在日內瓦舉行戰略武器限制談判 (START: Strategic Arms Reduction Talks)，未有結果。北大西洋公約組織與華沙公約組織之間在維也納舉行（自 1973 年）的相互平衡裁軍談判 (MBFR: Mutual and Balanced Force Reductions) 在 1982 年談判，亦甚艱難。另外，自 1970 年代末年俄國在東歐布署 SS–20 中程飛彈，使北大西洋公約組織不得不在 1979 年 12 月決定「中程飛彈現代化計畫」，並在 1983 年 12 月開始布署潘興二式 (Pershing II) 飛彈和巡弋飛彈 (cruise missiles)，雙方自 1981 年 11 月即在日內瓦展開中程飛彈 (INF: Intermediate-Range Nuclear Missile Force) 談判，一直無法達成協議。1983 年 12 月北大西洋公約國家開始布署新式飛彈時，俄國退出上述三項談判。至於戰略武器限制談判第二期 (SALT2)，1974 年 11 月美國總統福特與布里茲涅夫在海參崴達成原則性協議，拖到 1979 年 6 月卡特與布里茲涅夫始在維也納簽字，但美國參議院未能通過批准，1979 年發生阿富汗危機更難批准。

此外，俄國與中國大陸改善關係。自 1969 年珍寶島事件後，雙方展開邊界談判，並無太大進展。阿富汗事件 (1979) 後破裂，1980 年中國大陸結束與俄國間的《友好同盟互助條約》。1982 年雙方又恢復談判。1982 年 3 月俄共頭子及最高蘇維埃主席團主席布里茲涅夫在塔什干發表演說，希望改善關係。中共表示改善雙方關係有三個條件：俄國撤出阿富汗、俄國停止支持越南控制高棉，以及俄國撤出在蒙古及北方邊界的重兵。1984 年 2 月，俄共頭子及最高蘇維埃主席安德洛波夫 (Yuri Andropov, 1914–84) 死，契爾年柯 (K. Chernenko, 1911–85) 繼任總書記，中國大陸曾派第一副總理、政治局委員萬里前往莫斯科弔唁。

美國在與俄國與中國大陸的三角關係中，一直想做「樞紐國」，即與另兩方均有友好關係，而另兩方則互相敵對。

㈢後冷戰時期

1980 年代中期以後，特別是自從 1985 年以後，世局進入「後冷戰時期」(Post-Cold War Era)[33]。

1985 年 3 月，在俄國戈巴契夫出任共黨總書記（1988 年 10 月亦為最高蘇維埃主席團主席，1990 年 3 月成為負行政全責的總統）掌權。戈巴契夫推動俄國的改革與民主化，在戰略和政略上均不再採取與西方為敵的態度。他的基本思想見於他在 1987 年出版的著作：《重建：我國與世界的新思維》。同時，美國的政策也在改變[34]。本來，自從俄國入侵阿富汗 (1979) 以後，美、俄兩國領袖的高峰會議（1972–75 年間曾經每年均召開），便不

---

[33] 對整個冷戰時期之檢討，可參看 Thomas G. Paterson, *Meeting the Communist Threat: Truman to Reagan* (New York: Oxford, 1990).

[34] 英譯本 M. Gorbachev, *Perestroika: New Thinking for Our Country and the World* (New York: Harper & Row, 1987); John D. Steinbruner, ed., *Reconstructing American Foreign Policy* (Washington, D.C.: The Brookings Institution, 1988).

1988 年 5 月雷根與戈巴契夫相會於莫斯科

再舉行，美國參議院也決定無限期地延緩批准戰略武器限制談判第二期的條約。1985 年 11 月，美國總統雷根 (Ronald Reagan, 1911–2004) 與戈巴契夫在日內瓦舉行高峰會議。此後雙方關係日趨敦睦。1987 年 12 月雙方簽訂《撤除中程及短程核武條約》(*Treaty between the United States of America and the Union of Soviet Socialist Republics on the Elimination of Their Intermediate-Range and Shorter-Range Missiles*)，全文長達一百六十九頁，並包括三個附件，撤除射程在五百至五千八百公里的核武飛彈。1989 年夏天，美國國務院政策設計委員會的日裔美人福山 (Francis Fukuyama, 1952–) 發表〈歷史的終結〉一文，認為西方已經贏得冷戰，共產主義的死亡意味著西方自由主義的勝利，而西方自由民主政治的意識型態的得勢，結束了「人類意識型態的演變」(mankind's ideological evolution)[35]。美國總統布希在 1989 年 1 月就職後倡導「國際新秩序」(the new international order)，此年 12 月他在馬爾他 (Malta) 與戈巴契夫舉行高峰會議，據報導戈巴契夫對於布希談及東方採行「西方觀念」(Western ideas) 時，曾建議布希改變說法，因為他認為東方國家進行的民主和經濟改革，不是專屬於西

[35] Francis Fukuyama, "The End of History," *The National Interest*, No. 16 (Summer, 1989), pp. 3–18. See also James Atlas, "What is Fukuyama Saying?," *The New York Times Magazine*, October 22, 1989, pp. 38–40, 42, 54–55.

方的 (the West's)，而是屬於全世界的[36]。

凡此種種，說明了俄國不僅在軍事上，而且也在意識型態上，放棄了與西方的對抗[37]。

1989 年東歐各國掙脫共產主義，以及存在了二十八年的柏林圍牆在 1989 年 11 月 9 日夜間被拆除，在東歐各國和德國的歷史上固有極重大的重要性。但是如果不從國際政治和國際關係以及俄國「善意的不干預」的角度來看，恐怕是沒有意義的，也是不可能發生的。

1989 年北大西洋公約組織與華沙公約組織展開傳統武力 (CFE: Conventional Forces in Europe) 談判，1990 年 11 月美、俄及歐洲各國領袖在巴黎簽約 (*CFE Treaty*)，結束了十六餘年的談判，條約全文長達二百頁，譯成歐洲六種文字後有一千二百頁之多。1990 年美、俄同意在 2000 年雙方各自裁減化學武器到五百噸的儲量。1990 年 10 月俄國將一座喬治亞守護神聖喬治屠龍的雕像（高三十九呎）送給聯合國，龍的軀體係用撤廢的美、俄核彈材料做成，用以象徵東、西方結束對抗。1991 年 7 月在倫敦晤面時敲定《戰略武器裁減條約》的細節（當時西方七國高峰會議在倫敦舉行，戈巴契夫亦前往爭取援助），並決定在該年該月 30 日至 31 日在莫斯科兩國高峰會議簽約，後來果然如期簽訂了《戰略武器裁減條約》(*START: Strategic Arms Reduction Treaty*)，此為一長達七百頁的條約，俄國裁減戰略核武 35%，由一萬一千個彈頭減為七千個，美國則裁減 25%，由一萬二千個減為九千個。美國給予俄國貿易最惠國 (MFN) 待遇，宣布「長期敵對關係的結束」(an end to a long era as adversaries)，雙方就「夥伴關係的新紀元」(new era of partnership) 而互相祝賀[38]。

---

[36] Charles William Maynes, "America Without the Cold War," *Foreign Policy*, No. 78 (Spring, 1990), p. 3.

[37] 1991 年 8 月俄國雖有保守勢力反撲發動反戈巴契夫的流產政變，但其結果反而更加速了這種態勢。

「柏林圍牆」被拆除後尚殘留的痕跡（1991 年 9 月）

「柏林圍牆」被拆除後，尚留下一段供人「憑弔」，但被各國畫家繪上各式各樣的圖畫，其中兩個人親吻的圖畫是布里茲涅夫和何內克的「死亡之吻」

同時，1991 年 3 月華沙公約組織在莫斯科集會後解除了各加盟國軍事聯盟的關係，這個公約組織的政治聯盟部分也於同年 6 月底在布拉格集會後解散㊴。至於東方集團的經貿共同體，也就是經濟互助理事會也於同年

㊳ Moscow (AP, July 30), *China Post & China News*, July 31, 1991, p. 1; *Time* (August 5, 1991).（按 START，美、俄曾於 1982 年 6 月至翌年 12 月談判，後無限期休會。）

㊴ 龍舒甲，〈論華沙公約組織的興衰〉，《問題與研究》，30 卷 6 期（民 80 年 6 月），頁 29–45。

6 月 28 日在布達佩斯集會後宣布解散[40]。

另一方面，歐洲安全合作會議在東、西和解和歐洲不再有互相對抗的局勢以後，有了新的發展。1990 年 11 月，歐安會議的三十四國在巴黎集會，此與 1975 年的赫爾辛基會議的情勢（當時俄國的目的是確認戰後的僵局）完全不同，除了簽訂《歐洲傳統武力條約》(*CFE Treaty*) 外，還通過《巴黎憲章》(*Paris Charter*)，強調人權、友好關係、安全及經濟合作等，並宣布「歐洲對抗與分裂情勢的時代已告結束」(era of confrontation and division in Europe is over)。1991 年 6 月歐安會議在柏林集會時，長期自我孤立的阿爾巴尼亞（1955 年參加華沙公約組織，1968 年退出，1962 年退出經濟互助理事會，與中國大陸友好，但在中國大陸與美國建交後又與之交惡）亦申請加入，成為第三十五個會員國[41]。1991 年 9 月，新獲獨立的波羅的海三國（立陶宛、愛沙尼亞、拉脫維亞）亦加入，使之有三十八個會員國。1991 年底蘇聯解體，雖有獨立國家國協的組成，各共和國均已獨立。1992 年 1 月，俄羅斯取代了蘇聯的席位以外，亞美尼亞、亞塞拜然、哈薩克、土庫曼、烏茲別克、吉爾吉斯、塔吉克、烏克蘭、白俄羅斯均加入歐洲安全合作會議，使其會員國增為四十八個。

美國總統布希有鑑於世局的變遷，以及俄國 1991 年 8 月流產政變後蘇聯更迅速地走向解體，引起更大的核武危機意識（俄國如無中央控制將益為危險），乃於 1991 年 9 月 27 日宣布美國將裁撤所有地面發射的短程核武，以及所有軍艦和潛艇配備的戰術性核武，同時解除戰略轟炸機的警

[40] Budapest (June 28, AFP), *China Post*, June 29, 1991, p. 5.

[41] Paris (UPI), *China Post*, Nov. 15, 1990, p. 4; Paris (Reuter, Nov. 19), *China Post*, Nov. 20, 1990, p. 1; Paris (AP, Nov. 21), *China Post*, Nov. 22, 1990, p. 1; *Newsweek* (Nov. 26, 1990), pp. 19–21; Berlin (AP, June 19), *China Post*, June 20, 1991, p. 1；蘇秀法，〈歐洲新秩序的三大基石〉，《問題與研究》，30 卷 7 期（民 80 年 7 月），頁 21–29。

1991 年 7 月布希與戈巴契夫在倫敦就即將在莫斯科簽訂的《戰略武器裁減談判條約》達成協議

戒狀態。他也呼籲俄國作出同樣回應。10 月 6 日戈巴契夫作出熱烈而超出世人期望的回應，他宣布俄國將裁撤所有短程戰術核武，並在《戰略武器裁減談判條約》所規定的以外，再裁撤一千枚戰略核子彈頭，暫停核試一年，並裁減七十萬軍隊。繼之，北大西洋公約組織也決定大量裁減在歐洲的核子武器。同時，由於俄國不再成為西方的嚴重威脅，北大西洋公約組織似乎也喪失了目標，法國和德國有意建立一支歐洲軍以代替北約軍力，美國與英國則不贊成。1991 年 11 月 7 日至 8 日，北約組織在羅馬召開高峰會議，決定繼續裁減軍力，肯定美國的領導地位，呼籲俄國核武必須有單一的管制，以及與前華沙公約組織的國家和波羅的海三國建立「合作諮商會議」(Cooperation Council)。1991 年 12 月 20 日，北大西洋公約組織十六國與前華沙公約組織蘇聯等六國的外長在布魯塞爾舉行首次合作諮商會議，並決定每年集會一次。1991 年 12 月 25 日後蘇聯正式解體，十二個共和國組成的獨立國協結構鬆散到不再是一個國家，已經改名為俄羅斯聯邦的蘇俄取得優越地位。1992 年 1 月 25 日俄羅斯總統葉爾欽宣布俄境洲際飛彈不再以美國城市為瞄準的目標。1992 年 2 月 1 日，葉爾欽在參加聯合國安理會高峰會議後，在美國馬利蘭州大衛營與美國總統布希舉行會談後，發表《聯合宣言》謂雙方不再視對方為敵人。接著葉爾欽轉往加拿大、英國、法國訪問，爭取友誼[42]。

---

[42] Moscow (October 6, Reuter), *China Post*, Oct. 7, 1991, pp. 1 & 4; Brussels (Oct. 15, AP), *China Post*, Oct. 16, 1991, p. 2; Rome (AP & Reuter), *China Post & China News*,

另一方面俄國與中國大陸的關係也趨好轉。1985 年戈巴契夫出任俄共總書記時，中共稱其為「同志」，1986 年戈巴契夫在海參崴發表演說呼籲雙方改善關係，1986 年雙方同意重開邊界談判和「關係正常化」談判。1988 年阿富汗問題解決後，1989 年戈巴契夫訪問中國大陸，發表《聯合公報》，全文有十八要點，主旨為雙方發展友好關係、中、俄邊境裁減軍力、高棉問題和「一個中國」原則，等等。1990 年 7 月，俄國將珍寶島交還中國大陸。1991 年 5 月，中共總書記江澤民 (1926–) 訪俄，與俄國簽署《中蘇東段邊界協定》，釐清四百多公里的邊界，但雙方有主權爭議但仍為俄有的黑瞎子島（位於黑龍江和烏蘇里江交會處）則未觸及㊸。

二、國際經濟關係

現代世界有許多戰爭或衝突的爆發常有商業競爭、外匯資源和工業原料的分配等等問題的因素，如何解決這些問題，亦為當務之急。因此，自從第二次世界大戰末期以來，便希望能建立一些國際財經組織來通盤規範這些問題。另外，由於財富分配的不均，造成現代世界富國與窮國的尖銳對立，此即所謂「南北對抗」，常造成國際關係的緊張狀態，也是必須正視的問題。

㈠國際財經組織

這一類的組織從聯合國社會與經濟理事會到各個不同的地域性組織多到不勝枚舉，此處僅就世界性的組織，或特別有重要影響力的組織加以

Nov. 8, 1991, p. 1; Rome (AP), *China Post*, Nov. 9, 1991, pp. 1, 3 & 4; Brussels (Reuter), *China Post*, Dec. 21, 1991, p. 2; Moscow (AP & Reuter), *China Post & China News*, Jan. 26–27, 1992, p. 1; Washington, Ottawa, London & Paris (Various News Agencies), *China Post & China News*, Feb. 3–7, 1992, pp. 1 & 2.

㊸ Moscow (May 16, AFP), *China Post*, May 17, 1991, p. 1；《聯合報》及《中國時報》，同日 8 版及 9 版。

討論。

第二次世界大戰快要結束的時候，由於重建國際金融秩序甚為重要。於是 1944 年 7 月在美國新罕布夏州的布列頓森林舉行貨幣金融會議，是為「布列頓森林會議」。這個會議決定成立兩個機構：國際貨幣基金會與世界銀行，二者均於翌年組成。本來國際金融秩序是建立在金銀雙本位制 (bimetalism) 的基礎之上。十九世紀中葉以後，金本位制度建立而成為國際金融制度的基礎，因而亦稱國際金本位制度 (International Gold Standard)。在此制度下，每一採取金本位國家的貨幣與固定的、法定的黃金價值相連結，貨幣可以自由兌換（依其所代表的黃金價值為準），所謂英鎊、美元、馬克、法郎均以不同的語言表示同一件事物：黃金。此種制度必須用黃金規定貨幣的價值，紙幣可以自由兌成金幣或黃金，是為金兌換 (gold convertibility)；貨幣儲備須為黃金，並以黃金進行國際結算，准許黃金自由進口與出口。第一次大戰後金本位制受到破壞，後雖勉強恢復，但繼之到 1929–33 年間因經濟大恐慌而完全破產，各國紛紛放棄金本位，國際金融制度大亂。

1944 年後建立了以美元為主並透過國際貨幣基金會運作的金匯兌本位制 (Gold-Exchange Standard)。在此制度下，國內不再發行金幣，所發行的貨幣亦不能兌換黃金，而對外則無限制地供應外匯，以國際貨幣基金會為中心，各會員國的該通貨平價（currency parity，即一種貨幣對另一種貨幣的比價），係依各該貨幣之含金量 (gold content) 而定，這種含金量以克 (gram) 為單位，不過藉 1944 年 7 月 1 日美元與黃金的價格（即三十五美元一盎斯黃金）來表示之。這種以含金量作為決定對外匯率和國際結算的尺度，不能持以兌取黃金，不過美元則有無限制兌換黃金的義務。再者，各會員國的通貨平價乃是固定的，因而有所謂「干預上下限」(upper and lower intervention limits)，此係指各該國中央銀行對自身貨幣與外幣買賣所規定的最高與最低價。外匯市場的日常交易就在此幅度內自由波動，依照國際貨幣基金會規定，上下限各以 1% 為度，目的在維持外匯市場的穩定。在此情形下，美元成為關鍵貨幣 (key currency)，它具有三種功能：可作準備通貨（因可無限制兌換黃金）；可作干預通貨（各國外匯市場上的上下限憑以決定）；可作交易通貨，國際貿易及貸款等用以為媒介。本來，美國在第二次世界大戰以後為金融超級強國，美元信用之佳以致有「美元像黃金一樣有用」(The dollar is as good as gold) 的說法。試看，在 1949 年時美國擁有黃金儲備二百四十億美元，佔非共世界的 70%，實力不可謂不大。但是，由於美國軍、經負擔龐大並在海外駐有大軍，各國經濟在戰後復興（尤其西德、日本）大量輸出，使美國對外貿易發生大量逆差，於是美元大量外流，美元在海外乃由「缺乏」而變為「過剩」。美元幣值不穩便會金價上漲，金價上漲也就構成對美元的挑戰。1961 年 11 月，美國感到獨力支撐已屬不易，乃聯絡英、法、西德、義、荷、比、瑞士七國成立黃金總匯 (Gold Pool)，由紐約聯邦儲備銀行與七國中央銀行組成銀行團 (consortium) 以穩定倫敦黃金市場，即共同維持三十五美元一盎斯的官價來保衛美元。該銀行團推定英格蘭銀行為其代理人，總匯所需黃金由美國供應一半，其餘一半由歐洲七國照協議攤額提供。黃金總匯的任務為，如在倫敦市場發生黃金搶購而金價上漲時，即透過英格蘭銀行出售黃金使之不過三十五點二〇美元一盎斯（官價三十五元，另加由紐約運費及保險費每盎斯合二角）；同時金價如果跌至三十五元以下時，也由總匯購入。此後美元與金價雖有起伏，大致上由於美元江河日下而總匯黃金出多進少。1960 年代以後，美國因越南戰爭而開支浩繁，同時美國與法國的合作關係亦頗有惡化。法國不斷以所持美元向美國兌換黃金，1967 年 6 月並退出黃金總匯，原來法國在黃金總匯中所承擔的 9% 也改由美國負責，所受壓力增加。1968 年 3 月，發生空前搶購黃金風潮，造成嚴重的美元危機。美國邀請黃金總匯國家在華盛頓集會，決定美國仍以三十五元一盎斯的金價供應各國中央銀行，但自由市場上的黃金價格則聽其自由浮動，黃金總匯亦告解散。此即所謂「黃金雙價制」(two-tier system of gold price)，貨幣性的黃金（政府間的結算）仍照官價（三十五美元一盎斯），但自由市場金價則聽供求關係決定矣。此為美元之變相貶值。

黃金雙價制實為國際金融貨幣制度崩潰的先聲，此後自由市場黃金售價一直上升。美元地位日下，在歐洲等地不能維持其平價。由於美國國際收支情況的繼續惡化，1971 年 5 月又爆發拋售美元，搶購黃金與西德馬克及瑞士法郎的情形，美元危機又形惡化。此年 8 月 15 日美國總統尼克森宣布「新經濟政策」，主要內容是：凍結美國國內工資、物價九十天；對外國商品徵收 10% 的進口附加稅；暫停外國中央銀行以美元兌換黃金。於是美元在外國市場上的身價大跌，許多歐洲國家與日本均放棄固定匯率而使其貨幣依供求關係而對美元「浮動」(floating)。同年 12 月 17 日至 18 日，十國（Group of Ten：美、加、瑞士、英、法、西德、義、荷、比、日本）財長，在華盛頓達成《史密松寧協議》(*Smithsonian Institute Agreement*)。這個多邊匯率調整的協議是經過秘密談判達成的，決定日圓與馬克分別對美元升值 16.88% 及 13.56%；各國外匯市場上的干預上下限擴大至 2.25%，黃金官價自三十五美元一盎斯調整為三十八美元，即一美元由原值一盎斯黃金的三十五分之一改為三十八分之一，此為第二次大戰後美元第一次貶值，幅度為 7.89%，但是，此一安排並未能穩定金融秩序，1970 年代初期以後，金價在世界各地普遍大幅上揚。1973 年 2 月 13 日美國宣布美元貶值，由第一次貶值之每三十八美元合一盎斯黃金改為每四十四點二二美元折一盎斯黃金，幅度為 10%，此為美元的第二次貶值。此後世界各主要國家外匯市場均採浮動匯率（英國在 1972 年 6 月即已放棄固定匯率）。

再者，自 1972 年來世界性的通貨膨脹有增無已。緣在 1971–72 農業年度，北自俄國和南至印尼發生了普遍性的荒年，引起世界性食物價格的上漲，又因 1972 年經濟繁榮，各工業國對初級產品需要量大增，低度開發國家也共享成果增加消費支出，於是乃有環球性的物價上升。更嚴重的因素，是 1973 年 10 月中東爆發「十月戰爭」，阿拉伯國家以石油為武器，實行禁運與漲價，漲幅高達五倍而造成「能源危機」。由於油價高漲，大量資金單向地流入產油國家，使國際收支的逆差大增，生產成本亦大增，各國為彌補逆差，乃鼓勵輸出和限制輸入，形成新的貿易壁壘，於是世界經濟呈現了停滯膨脹（stagflation，經濟衰退與通貨膨脹同時發展），萎縮膨脹 (slumpflation) 和膨脹性衰退 (inflationary-recession) 等現象。世界各地物價高漲，失業眾多。黃金價格狂漲。美國國會通過於 1974 年 12 月 31 日後取消《黃金儲備法》(*Gold Reserve Act*)，使美國人可以自由擁有黃金，這意味著美國本身內部也不再維持「金匯兌本位制」的精神了。1974 年 11 月美國與西歐六國（英、西德、瑞士、荷、比、義）宣布廢除黃金雙價制。1975 年 1 月，國際貨幣基金會的一百二十六個會員國，通過廢除黃金官價，今後會員國供獻款項配額不再須以黃金支付其四分之一之規定，於是黃金在國際貨幣制度上不再有重要意義。

另一方面，由於美元地位的一再削弱，其三種功能中的準備通貨與干預通貨乃大見衰退，其交易通貨的功能亦有被削弱的情形。沙烏地阿拉伯、伊朗、科威特、卡達等國在 1975 年初宣布用紙黃金即特別提款權 (paper gold, or special drawing rights) 來結算油價，石油出口國組織亦作此決定。所謂紙黃金或特別提款權，原為國際貨幣基金會所造的一種記帳單位，原等於三十五分之一盎斯的黃金，亦即相當於未貶值前的美金一元。但美元經過兩次貶值後在 1973 年相當於一點二〇六三五美元。1974 年 6 月 28 日，國際貨幣基金會採用新法來計算紙黃金，用十六個主要工業國家的貨幣綜合計算，各國所佔百分比為：美國三十三，西德十二點五，英國九，法、日各七點五，加、義各六，荷蘭四點五，比利時三點五，瑞典二點五，澳、西、挪、丹各一點五，奧及南非各為一。

1976 年 1 月，國際貨幣基金會的二十位部長（分別代表工業國與第三世界國家），在牙買加的京斯頓 (Kingston) 舉行會議。這次會議中所達成的主要決定為：(1)重申黃金不再流通於國際貨幣市場；(2)浮動匯率將為國際公認的制度；(3)國際貨幣基金會不僅為國際金融機構，且成為貧、富國家之間的周轉貸款媒介。這些決議完全拋棄了布列頓森林時代的精神，顯示世界金融進入了不穩定的階段[44]。

國際重建與開發銀行（通稱世界銀行）的主要目的在於提昇發展中國家的經濟水準，它與國際貨幣基金會均設於華盛頓。

貿易及關稅問題亦為必須解決才能促進國際經濟關係合作的問題。布列頓森林會議時曾有建立國際貿易組織 (International Trade Organization) 之擬議，後因各國恐此組織之《憲章》將損及主權而未果，於是決定以《關稅暨貿易總協定》作為代替[45]。此一組織亦為政府間組織，在 1948 年成立時有二十三個會員（盟員）國，但依《總協定》第二十六條第五項規定，凡是「對外商務關係及其他與本協定有關的事項，具有完全自主權力的關稅地域」，1988 年時已有九十六個會員國，一個準會員國，以及二十八個事實上適用的國家，此一組織控制了全球貿易總值的 90%，具有極大的影響力。會員國的加入，須經全體會員國三分之二以上的同意。此一組織的基本精神在於經由互惠原則，降低關稅及其他貿易障礙，摒棄歧視待遇，以促進國際貿易，提高各國經濟成長率，並維持充分就業。至於其主要規範有六：

(1)最惠國待遇原則 (The Most Favored Nation Treatment)：會員國對任何國家之貿易相關措施，必須無歧視地適用於其他盟員。

---

[44] 關於國際金融秩序及市場的演變情形，可參看 Robert Guttmann, *Reforming Money and Finance: Institutions and Markets in Flux* (New York: M. E. Sharpe, 1989); Sarkis J. Khoury, *The Deregulation of the World Financial Markets: Myths, Realities, and Impact* (New York: Quorum Books, 1990).

[45] John H. Jackson, *The World Trading System－Law and Policy of International Economic Relations*, The MIT Press, 1989, Chapter II.

(2)國民待遇 (National Treatment)：會員國對其他盟員之輸入不可直接、間接有數量限制，或間接保護其國內生產者；對輸入品所設定之法規或國內稅，不得低於其本國相同產品所享有之待遇。

(3)廢除數量管制原則 (General Elimination of Quantitative Restrictions)：除了關稅、國內稅及規費外，會員國不可用配額、輸入許可證等措施來限制進口數量。

(4)關稅減讓原則 (Tariff Concessions)：GATT 鼓勵多邊談判，以達到關稅減讓，減讓後非依 GATT 規定，不得任意修正或撤銷其減讓。

(5)減少非關稅障礙 (Reduction of Other Barriers)：為避免傾銷、補貼、關稅估價、輸出入手續、國內貿易法規及國營事業等成為貿易障礙，均設有規定。

(6)諮商原則 (Consultation)：盟員間若發生糾紛，應由雙方透過諮商來解決，若無法解決再請 GATT 裁決。

不過，這些基本精神和規範卻不易做到，而有關國際貿易的事務又極為繁雜，因此很難有令人滿意的成就。此組織自成立以來，為求達到預期目的，已有多次「回合」的談判：1947 年簽訂《總協定》，舉行第一回合多邊貿易談判，第二回合到第五回合的談判著重關稅減讓，第六回合，即甘迺迪回合 (the Kennedy round) 較有成就，除減讓關稅外，也討論到非關稅障礙，並達成《反傾銷規約》，第七回合，即東京回合 (the Tokyo round) 在 1973 至 1979 年舉行，第八回合，即烏拉圭回合 (the Uruguay round)，自 1986 年 9 月開始談判，重要議題達十五項之多[46]。

[46] 有關 GATT 的問題，可參看蔡宏明，〈關稅及貿易總協定對我國貿易政策的影響〉，《理論與政策》，5 卷 3 期（民 80 年 4 月），頁 118–30；林貴貞，〈我國與國際經貿組織之關係〉，《美國月刊》，4 卷 8 期（民 78 年 12 月），頁 57–63；行政院經濟建設委員會研究處、臺灣經濟研究院聯合編印，《國際經濟情勢週報》，第 832 期（民 80 年 2 月 21 日）。

另一個相當重要，但非全球性的經濟組織是經濟合作暨發展組織，此一組織的前身是 1948 年成立的歐洲經濟合作組織 (OEEC: Organization for European Economic Cooperation)，1961 年成立。此組織現有澳洲、奧地利、比利時、加拿大、丹麥、芬蘭、法國、德國、希臘、冰島、愛爾蘭、義大利、日本、盧森堡、荷蘭、紐西蘭、挪威、葡萄牙、西班牙、瑞典、瑞士、土耳其、英國、美國二十四個會員國，另外南斯拉夫為觀察員，總部設在巴黎。此一組織的宗旨在於促進經濟成長和維持金融穩定。

它是由各會員國政府組成的一個國際組織，但它既不像《關稅暨貿易總協定》一般，為一具有執行功能的組織；也不像國際貨幣基金會或世界銀行一樣，可藉由基金的分配，來影響若干會員國政府的政策決定。因此，OECD 的最大功能是協調各會員國的經濟政策決策過程，並藉著溝通過程，發現彼此共同利益之所在。它對會員的吸收，採取主動邀請的方式，而非由有意加入者自行申請。該組織的會員國具有一項特色：都是自由經濟制度下的工業先進國家。但是，雖然 OECD 是屬於先進國家的組織，各國彼此之間仍有若干差異存在。它對世界經濟有很大的影響力。

另一個影響力很大的組織是七國高峰會議，已在本章第一節討論過。

此外，每一地區均有其財經組織，例如在亞太地區也有亞洲開發銀行 (ADB: Asian Development Bank)、環太平洋經濟理事會 (PBEC: Pacific Basin Economic Council)、亞太經濟合作會議 (APEC: Asian Pacific Economic Cooperation) 等等[47]。在此不一一討論。

㈡南北對抗

南、北對抗係指富國與窮國的對抗，此因工業發達的富國（如美、加、歐洲各國及日本）分布在北半球，而亞洲、非洲和拉丁美洲等工業不發達的國家則多位於南半球。本來，國家有富、窮之別，是自古即有的現象，

---

[47] 吳榮義，〈亞太地區經濟合作展望〉，《理論與政策》，5 卷 3 期（民 80 年 4 月），頁 32–39。

但其動因與情況均與現代世界所見者大異其趣。在過去，國家的富與窮常決定在自然或先天條件上，一個國家如果地大、物博、人眾就是富國，反之就是窮國。但是，在現代世界，這些都不再是決定國家窮與富的主要條件。以日本而言，其領土面積僅佔世界 0.3%，人口僅佔世界 2.6%，但卻能創造世界生產毛額 (world GNP) 的 15%；再就瑞士而言，以每人國民生產毛額的標準，是工業化國家中的首富，但完全不符合地大、物博、人眾的條件。固然瑞士有明媚的風光作為觀光資源，但是觀光等需求是人類在滿足了一切基本需求以後所衍生的高級需求，而且是相當晚近的發展。說白一點，無論是湖光山色如何動人，但對餓飯的人而言，恐怕祇是覺得景色暗淡和日月無光，另外也祇有有肉吃的人，才會覺得「寧可食無肉，不可居無竹」。事實上，瑞士過去因為山路崎嶇，交通不便，土地貧瘠，缺乏生產力，非常貧窮，瑞士人常以做外國的傭兵為業。再看亞洲的印尼和拉丁美洲的哥倫比亞，都是資源豐富，印尼位居東西交通的樞紐，哥倫比亞則靠近世界最大消費市場的美國，但兩國卻是窮國。

美國經濟學家羅斯陶 (Walt W. Rostow, 1916–2003) 在 1960 年出版《經濟成長的階段》(*The Stages of Economic Growth: A Non-Communist Manifesto*)，指出決定國家富與窮的因素在於經濟成長。他說，經濟成長有五個不同的階段，分別是孤立封閉的原始社會、邁向起飛的準備階段、起飛階段、成熟階段，以及大量消費的階段，其中最具關鍵性的是起飛 (takeoff) 階段。世界人類祇有一個時間，也祇有一個空間（儘管有許多國家），但因各國或各個社會邁入經濟成長階段的不同，乃有窮與富的差別。另一方面，工業落後而握有天然資源的國家，則認為工業化的先進國家利用了他們的資源來「剝削」他們，才造成窮與富的分野。但是，平心而論，在先進的富國，有以科學為主導的技術革命，有良好的投資運作，有現代的人生價值態度，也有良好的經濟與企業管理，而這些似乎都是落後的窮國所缺乏的，似乎是不爭之論。

不過，富國與窮國的對比早已到了令人吃驚的程度。平均言之，工業化國家的每年每人所得為一萬八千美元，而中低收入國家的人民不過八百美元。如果用較為極端的例子來看，1989 年世界銀行所公布的《世銀地圖集》(*World Bank Atlas*)，瑞士在 1988 年的平均所得是二萬七千二百六十美元，而莫三鼻給在一百五十二個會員國中是倒數第一，其數字僅為一百美元，二者相差二百七十二倍以上。開發中國家所欠的外債已有一兆三千億美元。世界生產毛額約為二十兆美元，其中美國與歐市各約佔五兆，日本約佔三兆，也就是他們佔了世界生產毛額的 65%，其他國家的情況便可想而知了。在生活條件上，富有國家的人民席豐履厚，而很多第三世界國家，特別是在亞撒哈拉 (Sub-Saharan)、南亞和部分中南美地區的國家，其人民之苦況可謂慘不忍睹，兒童普遍營養不良，缺乏受教育的機會。在非洲，愛滋病 (AIDS) 肆虐，據估計烏干達到 2000 年時將有一半人口感染此病；在拉丁美洲，每十人中就有五人缺乏住所、醫療和受教育機會，在十歲以下的兒童中，沒有受教育機會的更高達 90%，真是可怕。在全世界五十二億人口中，有三分之二以上是窮國人口[48]。

此種「南、北矛盾」亦有其另一面：北半球有些國家雖有工業力量，實則缺乏資源；南半球有些國家沒有工業技術，但有豐富的資源。這種貧窮與富庶的對抗使國際關係無法獲得良好的發展。另外，一些握有資源的低度開發國家乃試圖組織起來以為對抗，其中最顯著的是 1961 年印尼、伊朗、伊拉克、科威特、利比亞、卡達、沙烏地阿拉伯、委內瑞拉等國組成「石油輸出國組織」(OPEC: Organization of Petroleum-Exporting Countries)，

[48] Jan Prybya, “The New World Economic Order,” and Donald S. Zogoria, “Taiwan and the Asian-Pacific Region,” papers presented at Internl., Conference on the ROC and the New Internl. Order, organized by *China Times*, Taipei, Aug. 21–23, 1991; *Newsweek* (July 15, 1991); *Time* (Oct. 28, 1991), pp. 24–95；行政院主計處，《國民經濟動向統計季報》(民 80 年 5 月)。

後來阿爾及利亞、阿拉伯聯合大公國、厄瓜多、奈及利亞等國亦加入。這個組織在 1973 年後以石油為武器，用來作為政治工具，結果大發石油之財，也使世界經濟進入衰退和停滯性通貨膨脹的困境，使工業先進國與窮國同受其害。

窮國也一直謀求對抗。1961 年在狄托、納塞和尼赫魯發動下在貝爾格勒舉行第一屆不結盟國家會議時，這些國家便譴責西方工業國家。1964 年聯合國第一屆貿易與發展會議召開時，發展中的國家結成「七十七國集團」(Group of 77)，會議結束後此集團發表聲明呼籲發展中國家加強團結，是為「第三世界」有鮮明旗幟之始。這個「七十七國集團」此後迭次舉行會議，構成此一集團的國家與地區數目亦日益增加，現在已有一百二十七國，不過仍稱「七十七國集團」。

1972 年在瑞典斯德哥爾摩舉行聯合國人類環境會議 (U. N. Conference on the Human Environment) 時，第三世界國家力言富國污染環境而獲巨量財富，現在則要防制環境污染以使窮國永為窮國，結果喧鬧一場，毫無所成。繼之，1974 年在布克勒斯 (Bucharest) 舉行世界人口會議 (World Population Conference)，又是不歡而散。同年 4、5 月間，召開聯合國原料與發展特別會議 (U. N. Special Session on Raw Materials and Development)，會議的鼓動者主要的是阿爾及利亞總統布邁汀 (Houari Boumédiène, 1932–78)。這個會議通過兩個決議案，一為《建立新國際經濟秩序宣言》(*Declaration on the Establishment of a New International Economic Order*)，另一為促成新秩序實現的《行動綱領》(*Program of Action*)。另外，儘管美國、西德與日本反對，1974 年聯合國大會在第三世界國家支持下通過了《國家經濟權利與義務憲章》(*Charter of Economic Rights and Duties of States*)。這三個文件的主要內容為：每一國家對其自然資源與經濟活動擁有完全的與永久的主權（包括限制多國籍公司的活動與對外國財產國有化）；原料輸出要求穩定的市價與價格，並與他們輸入工業先進國家的成品的市場與價格有合理的關係；工業先進國家應加強和增多對低度開發國家的財政援助，以求國際財富的重新分配㊾。

1975 年 9 月，聯合國又有發展與國際經濟合作特別會議 (U. N. Special Session on Development and International Economic Cooperation) 之召開，第三世界國家仍重提並加強前述有關改善貿易關係、增加援助（原則同意各先進國應以其國民生產總額 0.7% 用為援助）、改善外國投資（要求直接參與西方資本市場和限裁多國籍公司）、在國際金融系統（如貨幣基金及世界銀行）有較大發言權以及較多的特別提款權 (SDR's)，再加上科學技術的輸入等等。為求進一步的協調，1975 年 12 月 16 至 19 日，二十七個代表團在巴黎舉行國際經濟合作會議 (Conference on International Economic Cooperation)。這個部長級（外長）的國際會議代表著所謂「南北對話」(the North-South Dialogue)。這二十七個分別代表工業先進國的美國、日本、澳洲、加拿大、瑞典、瑞士、西班牙以及歐洲共同市場九國，七個產油國（沙烏地阿拉伯、伊朗、伊拉克、阿爾及利亞、印尼、委內瑞拉及奈及利亞），再加上十二個低度開發國（阿根廷、巴西、喀麥隆、埃及、印度、牙買加、墨西哥、巴基斯坦、秘魯、桑比亞、薩伊、南斯拉夫）。會議期間曾有激烈爭論，終決定成立四個常設委員會以分別討論能源、原料、發展與財政的問題，但成就有限。

工業先進的富國也深感這種貧富高度不均的情況，有礙持久的和平的建立，因而也覺得有幫助窮國的義務。1961 年美國總統甘迺迪建議聯合國定 1960 年代為「聯合國開發的十年」(United Nations Development Decade)，此年 12 月聯合國大會通過決議案，要使低度開發國家在此期內國民所得年成長率最低目標為 5%。聯合國並成立了一些機構來推動此一計畫，如 1963 年召開「聯合國運用科技助益低度開發國家會議」(United Nations Conference on the Application of Science and Technology for the

㊾ *Time* (Sept. 8, 1975).

Benefits of the Lesser-Developed Countries)，繼之經濟及社會理事會成立「運用科技促進發展顧問委員會」(Advisory Committee on the Application of Science and Technology to Development)，1964 年成立「聯合國貿易與發展會議」(UNCTAD)，1966 年設置「發展計畫委員會」(Committee for Development Planning) 和各區域性的經濟委員會。聯合國雖推動甚力，但並無任何一國做到聯合國所定以 1% 的國民生產總額來援助落後國家的程度。1970 年時，第一次十年發展計畫的目標多尚未達成，而第二個發展的十年 (Second Development Decade) 又告宣布，其成長目標更提高為 6%。不過，援助的方式不是贈與，而多採借貸與投資的方式。借貸，必須要在一定期限內償還本息，而借款國運用貸款作為資金的生產效率未必能夠到在一定期限內可以清還本息的程度。至於投資，往好處說固可是利用外國的資本與技術來開發資源並促進本國人的就業機會，但從另一方面看，如果運用不當，亦為資源的掠奪與勞動力的壓榨。此後雖有很多的發展，但是主要工業國家，如美國與日本等，援外經費距離聯合國所定應佔其國民生產毛額 0.7% 的標準仍遠。如今（特別是 1991 年以後）由於軍備競賽趨於和緩，情況應當好轉。但是，蘇聯的崩解和俄國在經濟上需要大量的援助，第三世界的窮國雖認為俄國情況的改善會符合他們的最後利益，但亦深恐資源被俄國佔用太多，以致對他們不利[50]。

除了先進的工業化富國援助以外，窮國最好能發奮圖強，用自助的方式來解決問題。本來，自助方式乃為最佳方式，求人不如求己，自助方式有四個難以克服之瓶頸：第一個是制度上的困惑，許多落後貧窮國家，在政治制度上、經濟制度上都無法使之成為高度開發的國家，比如許多國家無法建立一個全民認同的政治制度。在經濟制度方面，其基本類型有二：一為自由經濟，一為計畫經濟。在今天西方歐美國家，基本上仍屬自由經

[50] Manila (Reuter, Oct. 7), *China Post*, Oct. 8, 1991, p. 8; *China Post*, Bangkok (Reuter, Oct. 14), *China Post*, Oct. 15, 1991, p. 14.

苦難的非洲兒童

濟體制，尊重私有財產，重視市場功能；計畫經濟則主張經濟之主要四個活動：生產、消費、交易、分配都是要用政策來決定其優先順序，兩體制皆有其優缺點：自由經濟使歐美社會富庶，而計畫經濟則使俄國由落後、長期封閉變為軍事強國；自由經濟體制要逐漸發展而一般落後國家沒有時間等待，計畫經濟之缺點則在於忽視消費工業，使人民生活水準偏低。落後貧窮國家常常對這兩種制度莫知所從，以致於政策延宕，一事無成。1980 年代末期以後，計畫經濟隨著共產主義的衰落而喪失吸引力，情況將可能有所改變。第二個「瓶頸」是資本形成的困難，這些國家的人民常無法儲蓄，自國際金融機構取得融資也不容易，透過國際貿易賺取外匯也很困難（從下頁世界貿易結構圖可以明瞭）。

第三個「瓶頸」在於觀念問題，我們知道現代化有幾個層次，器物上之所謂船堅砲利乃第一個層次，再來則為制度上及觀念上的層次，觀念上走上現代化的層次是最重要，也是最根本的，這與教育有很大的關係，落後國家文盲過多，以致知識與觀念較為落後，印度人有大半人口吃不飽飯，而印度卻也是世界最大產牛區，印度教以為吃牛肉者其在地獄沉淪的年數和牛身上的毛一樣多，這一種觀念當然沒有辦法促進現代化。第四個「瓶頸」則為人口成長造成的困難，人口成長的情形在世界各個地區可分為三個階段：第一為高出生率、高死亡率階段，會因為彼此之間的平衡而解決

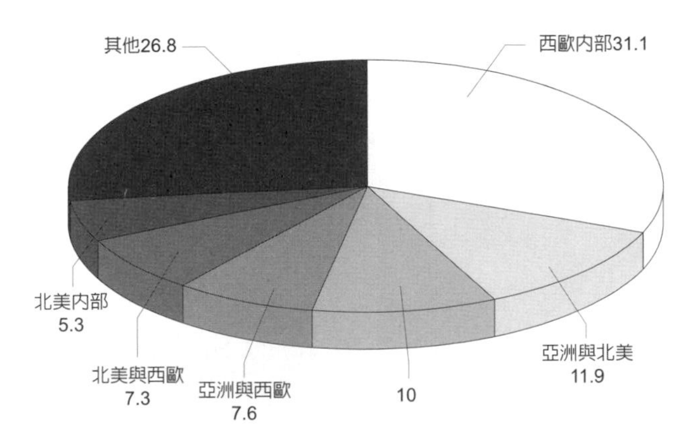

1989 年世界貿易地域分配百分比
（取材自 *China Post*, August 23, 1991, p. 79.）

某些問題，當無法解決時，即是內戰、暴亂爆發的時候；第二階段為高出生率、低死亡率的階段，工業開始萌芽，生產力的提高，醫藥衛生的進步，交通運輸的進步，使死亡率降低、人口開始爆炸之階段，這時期在歐美大概在十八世紀、十九世紀的時代；第三階段為低出生率、低死亡率的階段。現在落後貧窮的第三世界國家，其人口情況普遍處於第二個階段，以致其中絕大多數國家經濟成長趕不上人口成長。

展望未來的發展，隨著國際關係中意識型態的抗爭，也就是東、西衝突的降低，南、北對抗的情勢可能益為嚴重。這是必須正視和解決的問題。

第十一章
現代社會及其問題

現代世界各國的社會，有其「殊相」，也有其「通相」。它所演變的趨向，就現代社會走向同質化的個人累積而言，是「大眾社會」，就相同背景與品味的各個個人趨於互相聚合而言，是「小眾（分眾）社會」；就經濟成長的走向而言，是朝向「富裕社會」；就政治發展而言，是「民主社會」；就結構的觀點來看，是「多元社會」。

現代各國社會的另一個特質或歸趨，是「開放社會」。這是無法阻擋的時代的潮流，即使是過去封閉的社會，也要改弦更張。我們試看，即使是前蘇聯總統戈巴契夫於 1988 年 12 月 7 日在紐約的聯合國發表演說時，也指出：世界已不同於往昔，「封閉的社會」(closed society) 已屬不可能。

在現代社會中，存在著許多問題，諸如人口問題、社會結構的重組問題、個人與社會的問題、政治參與的問題、不同年齡群和性別衝突的問題，以及大眾文化的問題。這些問題中，有的是從前的社會所沒有的，有的雖然老早就有，但是，在性質和現象上，均不同於往昔。不過，這些問題都是現代人類必須正視和謀求妥善解決的問題。

第一節　人口問題

史前人類繁衍不易，尤其是在農耕發明以前為甚。農耕文化大約在西元前 9000 年在中東地區發展出來。據估計在西元前 6000 年，世界人口不過五百萬人左右，即使是到了西元前一世紀，世界人口也祇有兩億五千萬左右。在十七世紀以前，人口的增長甚為緩慢，因為戰爭、疾疫與饑荒常常能夠阻止人口大幅度的增加。到 1650 年左右，也就是經過一千七百多年，始增加為五億人左右。從兩億五千萬人增加為五億人，是人口增加了一倍，人口增加一倍所需的時間，叫做倍增時間 (doubling time)。在此可以看出，第一個倍增時間是一千七百多年。此後由於發生工業革命，生產量遽增，公共衛生和醫藥的進步，使疾疫可以得到有效的控制，新航路和新世界的發現也使人類的生活空間大幅度的增加，於是人口增加的速度也隨之加快。到 1850 年，世界人口增長為十億人，從 1650 年的五億增加為 1850 年的十億，則倍增時間縮短為兩百年。1930 年世界人口到了二十億，則倍增時間縮短為八十年。1975 年，世界人口增加到了四十億，則倍增時間縮短到四十五年了。1990 年 6 月以後，世界人口超過了五十三億，2003 年三月，世界人口數字為六十二億，人口增加的速度有趨緩之勢。但世界人口仍在增加，據美國人口普查局 (USCB: United States Census Bureau) 估算，世界人口在 2012 年 3 月 12 日已超過七十億，另據聯合國人口基金會 (United Nations Population Fund) 估算認為早在 2011 年 10 月 31 日就已達

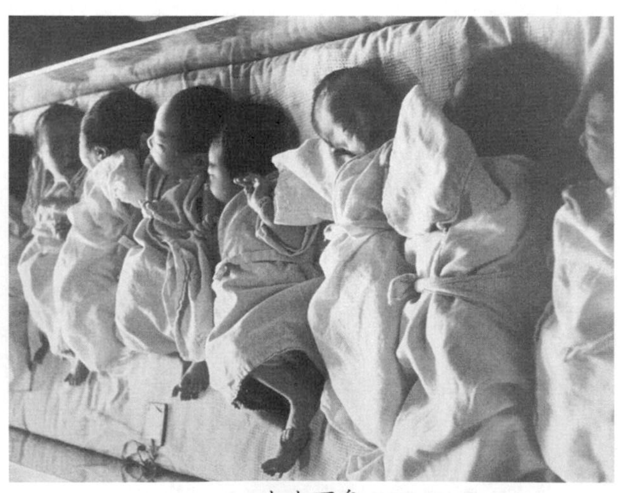

生生不息

此數。

人口增加的速度，通常用自然增加率 (natural increase rate) 來表示。自然增加率通常是指每一千人口中每年出生的人數。至於死亡率，通常是指每一千人口中每年死亡的人數。這是比較普通的說法，人口學家計算出生率和死亡率是用公式計算出來的。出生率 (birth rate) 計算的公式是用全年出生的人數除以該年期中（該年的 7 月 1 日）的人口總數，再乘一千，所得的是一個千分之幾的商數，也可以化約成百分比的商數。同樣的情形，求得死亡率的公式，是以全年死亡的人數除以該年期中（該年的 7 月 1 日）的死亡總數然後乘一千，所得的也是一個千分之幾的商數，也同樣可以化約成百分比的商數。人口的自然增加率便是用出生率減去死亡率而不計算人口移出或移入的數字所得到的數值。譬如說，出生率是 30‰ (3%)，而死亡率是 10‰ (1%)，則自然增加率將為 20‰ (2%)。如果人口增加率是 20‰ 或 2%，在理論上人口增加一倍所需要的時間（倍增時間）應為五十年。舉一個簡單的例子，某一地區的人口為一千人，2% 的年增加率是二十人，則需要五十年，才有第二個一千（二十乘五十等於一千）。但是事實上並不如此，由於，人口在世代交替的過程中，會發生世代重疊的現象，於是人口增長的情形像以複利存款的方式（利息本身會增長利息），於是不需五十年人口就會增加一倍。人口學家計算出來人口年出生率如果是 1%，倍增時間是七十年；年增加率如果是 2%，倍增時間是三十五年；如果年增加率是 4%，則倍增時間僅需十七年。簡單地說，如果出生率大於死亡率，人口就會增加。如何解決人口增加的問題，基本上有兩個辦法，一為出生率解決辦法 (birth rate solution)，即降低出生率；另一辦法是死亡率解決辦法 (death rate solution)，即提高死亡率。但是最好是用人口控制 (population control)，即維持適當的出生率來解決問題❶。

---

❶ Paul R. Ehrlich, *The Population Bomb* (New York: Ballantine Books, 1970), pp. 25–26.

窮苦的印度婦女

當然，人口控制包括優生觀念，及「養」和「育」並重，使每一個人都是社會上的有用之人；另就是維持人口的穩定，做到所謂「人口零成長」(zero population growth)。

人口增加率在 1970 年代以前很高，平均全世界約為 2% 或 2.1%。1970 年代趨於緩慢，1975 到 1985 年間全世界人口增加率約為 1.7%。但在 1980 年代末期以後人口增加率又趨於加速。不過人口增加偏多的地方就是人口增加率偏高的區域，常常是落後而貧窮的一些國家。以分布的情況而言，大約有 23% 的人口居住在歐洲、北美、澳洲、紐西蘭、日本和俄國。77% 的人口則生活在落後而貧窮的所謂「第三世界」。以 1990 年的資料看，美國、日本、俄國、德國和法國這五個國民生產毛額 (GNP) 排名前五名的國家，佔了全世界總國民生產毛額的 60% 以上，人口卻祇有 15%❷。

落後而貧窮的國家，由於人口增加過速，而產生很多嚴重的人口問題。但是，卻甚難抑制「生生不息的嬰兒潮」。這是因為民智不足，沒有節制生育的觀念以致於不停地生產孩子，或者甚至於愚蠢地認為「人多好辦事」；再不有的國家是因為宗教觀念的影響（如拉丁美洲國家）；再就是，有很多國家過於貧窮，人民沒有錢來購買節制生育的藥物。以印度言，1991 年的人口普查，發現印度的總人口有八億四千四百多萬人，其十年來的人口增

❷ 此據 U. N. Population Division 公布的數字，見 United Nations (June 28, 1990, UPI), *China News*, June 29, 1990, p. 5；行政院主計處公布數字，見臺北《聯合報》，民國 80 年 (1991) 6 月 18 日，第一版。

加率高達 2.2%，平均每年增加一千八百多萬人，十年增加的人數，相當於日本全國的人數，或三分之二的美國人民。但是，印度的婦女竟然窮到無錢購買避妊藥片來服用。

大致說來，一個國家或地區的人口成長的演變的情形，有三個階段：第一個階段是高出生率和高死亡率的階段；第二個階段是高出生率和低死亡率的階段；第三個階段是低出生率和低死亡率的階段。

現在世界人口分布的另一趨勢，是集中在城市。本來工業化和都市化是工業革命以來的重大發展。不過，1950 年以後的都市發展則與往昔不同，但其成長則頗為迅速。1950 年時，全世界超過五百萬人口的城市有六個，1980 年時增加為二十六個。在許多國家，常常以大城市為核心，把郊區和附近的城市慢慢地連接在一起成為相連在一起的大城市 (megalopolis)。這種情形在已開發國家和開發中國家都有，東京就是一個盲目的向外伸展的大怪物，它經常地吸收日本十分之一以上的人口。巴黎及其周圍的衛星城更吸收全國六分之一的法國人口（儘管法國政府一直想分散巴黎地區的密集人口），不過巴黎的情形有其歷史傳統。已開發國家中的都市常有良好的規劃，雖然建築物高聳，居民密集但有相當不錯的生活、工作和休憩的處所，像瑞典斯德哥爾摩的法斯達中心 (the Farsta Center)，以及法國吐魯斯 (Toulouse) 南部的米瑞爾 (the Mirail)，均屬顯例。不過，二十世紀的都市發展，以第三世界國家最為顯著。故以百萬人口為計算單位的「米加城市」(megacities) 有在落後地區集中的趨勢。墨西哥的墨西哥城 (Mexico City) 已超過一千八百萬人，緊接著是巴西的聖保羅 (São Paulo)，此二都市分居世界第一及第二大城。根據聯合國人類活動基金會 (the United Nations Fund for Population Activities) 在 1986 年所發表的《世界人口狀況》(*State of World Population*)，已有 40% 的世界人口居住在城市裡❸。

❸ *China Post*, October 28, 1986, p. 4.; *China News*, Sept. 8, 1991, p. 7.

法斯達中心

米瑞爾

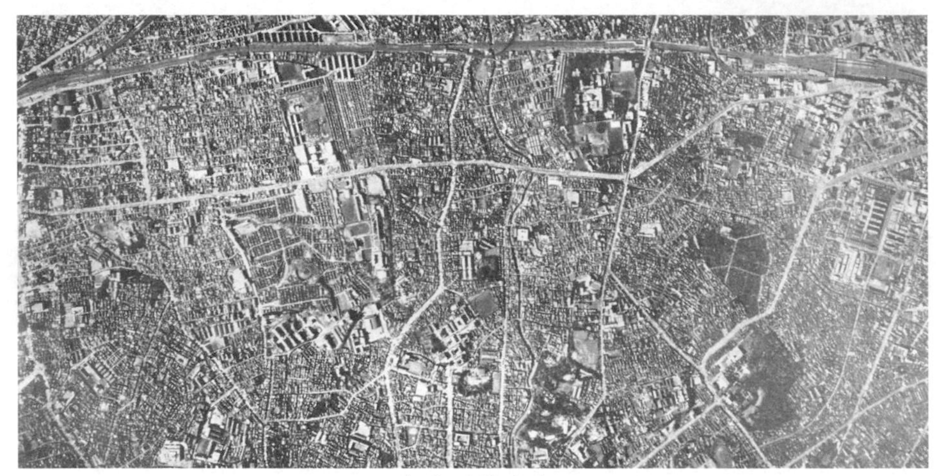
鳥瞰下的東京

城市裡面的「生活品質」(quality of life) 非常惡劣。除了擁擠、缺乏休閒設施、失業、街頭暴力、少年犯罪、未婚懷孕、服藥成癮等外，還有其他的問題。這些問題包括有：日光不足，此因大廈林立，再加上汽車、工廠和家庭排放大量廢氣，使空氣中的落塵微粒大為增加，從而減少了陽光照射量；多霧，由於空氣中微粒甚多，會使水汽有凝結的媒介而成為霧，甚至是「煙霧」(smog)；都市熱島現象，因為都市內燃燒大量的燃料，柏油和水泥路面又不斷的發散熱量，再加上空氣調節器釋出廢的、髒的和熱的空氣，造成市區的溫度較郊外為高的現象。

第二節　資產階級的衰落與新中產階級的興起

現代社會，尤其是經濟發展到了相當程度的社會，在社會階級結構上，發生重大的改變。其最重要的發展，便是舊的中產階級（資產階級）的衰落，以及新中產階級（受薪階級）的興起。

中產階級一詞，其所指涉的內容在不斷地改變，此一改變也反映出該階級的構成分子及其與其他階級之相對關係的改變，但其重要性則始終未變。「中產階級」原指資產階級，他們不是僧侶貴族，也不是農民工匠，是近代西方政治和社會變遷的主要推動力量。現在這個階級則是指在工業化的社會中，未擁有生產工具，但卻並不完全受制於擁有生產工具者，而又有屬於他們自己的一定程度的尊嚴、財富與權益。他們之中絕大多數受過大學教育，而又有超出一般的生活水準，他們隨著社會的步向工業化和服務業的發達而興起，成為一種取代舊中產（資產）階級的新中產階級，他們之中又以薪水為主要的收入來源，所以又稱為受薪階級。

一、舊中產階級的衰落

二十世紀以後，舊中產階級，也就是資產階級，趨於衰落。造成他們衰落的原因有：

第一是金錢（財富）的喪失：這主要是由於徵稅、通貨膨脹和財產充公所導致的。在徵稅方面，直迄十九世紀之末，西方各國並無徵收所得稅的慣例。一個人所賺的錢，都可以保留下來。政府主要的稅收是來自財產、關稅、專賣收益、國有財產和間接稅。至於一個人賺錢愈多便應該繳稅愈多的觀念，是違反自由主義的精神的，因為這看來像是對於勤勞和節儉的懲罰。在國家危難時期（如法國革命時期的英國與法國，南北戰爭時期的美國），政府徵收所得稅，但僅為一種緊急措施。由於不要繳納所得稅，使資產階級可以累積相當的財富。不過，十九世紀末期以後，由於政府在軍備和社會福利的費用上需款孔亟，各國便徵收經常性的所得稅。英國在1874年，普魯士（德國）在1891年，法國在1909年均開始徵收所得稅。1909年英國財相勞合・喬治 (Lloyd George, 1863–1945) 說：所得稅本為權宜之計，現在變為「主稅」(the center and the sheet anchor)。美國在1894年開始徵收所得稅，但為最高法院所禁止。1913年隨著第十六條《憲法修正條款》的批准而恢復。德國在二十世紀之初，所得稅已佔了其整個稅收的一半。不過大致講來，一直到1914年稅收並不重。但是在第一次世界大戰爆發以後，所得稅急遽地大幅增加。在大戰中間，英國人繳納15%的所得稅，到戰爭結束時高達30%。第一次世界大戰結束後，情況有所紓解，但從來沒有回復到1914年以前的狀況。而且好景不常，第二次世界大戰爆發後，英國人的繳稅幾乎是他收入的一半。英國人所繳納的遺產稅之重，常高達50%，使子承父業變為幾乎不可能。此種情況使資產階級受到很大的打擊。

在通貨膨脹方面，由於資產階級有相當部分的所得是來自資本投資。這些投資的所得祇有在物價穩定的情況下才有意義。在十九世紀時，特別是十九世紀下半葉，西方世界物價甚為穩定。物價固然有上昇的情事，但是非常緩慢，平均每年大約是1%到1.5%，以致於不易察覺。第一次世界大戰爆發以後，通貨膨脹變成顯著的現象。各個交戰國的政府，儘管程度不同，多用增加通貨來應付緊急的軍事開支。即使是平素採取審慎的金融政策的英國，但在1914年到1918年間，英鎊發行的數量增加了四倍，德國在戰爭時期通貨發行增加了五倍，俄國六倍，奧匈則為十五倍。同時，由於經濟生產與軍事需要為主，消費品變得缺乏，而且價格也就攀昇。1913至1920年間，在一些中立國家（荷蘭和瑞士），批發價格增加了一倍以上，在英國增加了三倍，在法國增加了四倍，而在義大利則增加了六倍。一個靠固定收入生活的人會發現捉襟見肘，再加上所得稅增加，更受到雙重的傷害。通貨膨脹最嚴重的，當為德國由 1922 至 1923 年發生的情形，使馬克的幣值變成烏有，乃至需要四兆兩千億馬克兌換一元美金，此使德國中產階級毀滅。他們必須要變賣一切有價值的東西，如藝術品、藏書、家具、樂器來換取一點錢購買食物。他們原本是德國的支柱，如今其生活水準則低於勞工階級。此時居住在德國的外國人則可乘機在德國購買房地產和其他東西。這種資產階級衰落的情形以後與德國納粹的奪權有很大的關係。

在東歐的一些國家，通貨膨脹的情況雖較德國為輕，但亦相當嚴重。奧幣在 1914 年時可兌換美金兩角，到 1922 年時則僅值七百分之一美分。在波蘭，要用八百萬波蘭馬克才能換取一美元，在法國和義大利通貨膨脹的情況較不嚴重（二次大戰時才較嚴重），但是也足以影響到中產階級的生活。這兩個國家的貨幣（分別是法郎和里拉），在 1914 到 1924 年期間分別喪失了三分之二和五分之四的購買力。假設一個法國家庭具有五十萬法郎的存款，在戰前此一數額的存款可以有二萬三千法郎的收入。他們可以用一萬四千法郎來支付生活費用，剩餘的便再存入本金。到 1924 年時一方面由於存款增多，一方面由於利息調高，此一家庭的收入可能有三萬法郎，但是由於物價上升，他們需要四萬法郎才能維持舊有的生活水準。此一家庭現在便面臨降低生活水準，或者是吃老本。這兩種情形對於中產階級的生活和安全，均屬不利。

財產被充公是資產階級喪失財富的另一個原因。俄國的共產革命奪取了私人的財產而予以國有化。有數百萬人，其中包括工業家、銀行家、地主、店東和自雇的工匠，在一夜之間變得一無所有；1928 到 1932 年間，俄國進行農業集體化，也造成數以百萬計的人破產。再就是納粹德國，在其十二年的統治中，把猶太人的財產予以充公。

在東歐若干國家如拉脫維亞、羅馬尼亞、南斯拉夫、捷克和波蘭等，用充公土地的方式來進行土地改革。這些國家的政府規定一個人持有土地的限額，超出的部分即予充公。大工業的業主，如羅馬尼亞的油田業，或捷克的斯古達工廠 (Škoda Works)，在 1920 年代均被國有化。此外很多國家的政府訂定嚴格的法規限制房租上漲，而在通貨膨脹的情況下，房租的收入甚至於不足以維護房產，是一種變相的充公。

第二個造成資產階級衰落的原因是家庭關係的削弱：家庭本來是資產階級的據點，家庭企業父子相傳，並且雇用親友來共同參與，成為一種資產階級經營的常態。但是家庭企業無法跟大型的和公共投資的公司相競爭。於是，它不是關門，就是走上開放經營的道路，雇用工商管理專家來經營。家庭不再是現代企業的基本單位，逐漸喪失了經濟功能。

同時，家庭的文化與社會功能也逐漸地被剝奪。公共教育取代了家庭教育，家庭也不再是提供娛樂的地方（電影、運動、舞蹈、夜總會、雞尾酒會等活動均常在家庭的範圍之外）。

家庭關係削弱的另一主要原因是婦女解放運動，使女人不再安於家庭生活。第一次世界大戰之後，女人在很多西方國家獲得投票權（義大利、法國、瑞士、南斯拉夫除外），也有了法律平等的地位。但是，女人並不以此為滿足。早在 1870 年代，就有部分婦女除了要求跟男人有政治和法律的平等之外，還要有完全的社會的和性的平等。這在北歐和德國肇端而影響到其他地區，這些激烈的婦女運動者首先向婚姻制度挑戰。她們認為，婚姻製造兩性間的不實在的關係，因為它要把愛制度化，並且強迫在雙方已經沒有感情時還要居住在一起。十九世紀的挪威劇作家易卜生 (Henrik Ibsen, 1828–1906) 所寫的《傀儡家庭》(*Doll's House*, 1879) 中的女主角娜拉 (Nora) 便是一個爭取女性解放的急先鋒，不依女性的所謂「神聖義務」(sacred duties)，而另有「其他同樣神聖的義務」(other duties just as sacred)。另外也有人認為沒有愛的婚姻是一種罪惡，男人和女人都有選擇幸福的權利，瑞典女作家愛倫・凱 (Ellen Key, 1849–1926) 便是持此觀點。

同時，婦女也在尋求性解放。十九世紀的資產階級認為性是一種「必要之惡」(necessary evil)，祇有在生兒育女的需要上，才能容忍性，否則便是不道德而有害的。他們認為女人，一如兒童，是一種沒有性的生物。醫學上的研究揭穿了有關性的神秘面紗。1898 年，英國醫生艾理斯 (Havelock Ellis, 1859–1939) 出版《性心理學之研究》(*Studies in the Psychology of Sex*)，用臨床醫學的觀點，指出性是自然的事，它既不好也不壞。他也指出，女人和男人一樣的有性本能。心理學家弗洛伊德 (Sigmund Freud, 1856–1939) 的研究也指出女性的性衝動是同樣的強烈，如果強予抑制，便會造成精神的和生理的失調。第一次世界大戰以後，在西方世界，婦女解放運動獲得很大的進展。許多婦女接替了原來男人擔任的工作，在英國有接近一百萬婦女在工業界工作，在德國女性的工作者高達六百萬人。此後有一些工作，如秘書和售貨員變成女性的工作，而女性在外就業變成常態，她們參與社交生活也成為自然之事。隨之而來的現象，是家庭關係趨於不穩定，離婚率急遽上昇。法國在三十年間 (1874–1904)，離婚的數字增加了五倍。美國的離婚率一向偏高，在同一時期內離婚數字增加了兩倍以上。在英國離婚原不尋常，但後來卻屢見不鮮，1911 年時每一千對婚姻中有兩件離婚，1921 年時增為八件，1937 年時增加為十六件，1950 年時增加為七十一件，到 1980 年代高達兩百件。

還有一個使家庭關係削弱的原因，是缺乏女傭。年輕女孩從第一次大戰後均不願意在私人家庭工作，而希望在工商業界謀生，這並不是因為收入會多一些，而是因為這樣會使她們感覺到有較多的獨立性和較高的社會地位。因此在工商業發達的國家，普遍的發生女傭難求的現象。以英國為例，在家庭中幫忙的女孩子，在 1911 年時是一百四十萬人，到 1951 年時是三十五萬二千人，到 1980 年時數字微乎其微，男傭人即已絕跡。其他各國亦有類似的現象。

第三個使舊中產階級（資產階級）衰落的原因是喪失自信：典型的資產階級分子，用道德的眼光來看待一切問題，而這些道德又建立在宗教基礎之上。十九世紀的工商業者，其動機並不完全是貪婪，而是有一種信念認為他們在行善事：他們創造了就業機會，生產了財富，提升了生活水準，以及促進了國家與國家之間的和平交易。但是他們的後人卻懷疑他們工作的價值，社會主義者攻擊他們不僅是沒有生產財富，而且是偷取了工人的剩餘價值，而且認為他們爭奪資源與市場，要負起挑起戰爭的責任。自然科學，特別是生物科學的發展，使他們的宗教信仰的基礎也受到了打擊。另外，重稅、通貨膨脹和財產充公，也使他們懷疑辛勤地累積資本有無意義，這些因素加起來使他們有很大的不安定感，而有掌握現在及時行樂的想法。於是，就有很多追求歡樂的方式。1920 年代，跳舞狂橫掃西方世界，探戈和狐步取代了傳統的華爾滋，爵士音樂受到普遍的歡迎。雞尾酒會和夜總會的活動如雨後春筍，有的更不肖者甚至於服用藥物和吸毒而使自己淪入毀滅的深淵。

第一次世界大戰後，人對於自己的身體忽而發生極大的興趣。日光浴大行其道，泳裝也日趨暴露。1929 到 1932 年的經濟大恐慌，造成生計的困難，使享樂生活暫時停頓。但是後來由於經濟發展和社會富裕，使這種風氣再度興起。另外要提出的，是文化的虛無主義 (cultural nihilism) 也造成很大的傷害。1900 年以後有很多文化思想上的主張，倡導毀棄舊的文化傳統，以使人類解脫過去的重擔，以求取創作的自由。西方知識分子中有人沉溺於自我意識的野蠻主義 (self-conscious barbarism)，其中的一個典型的表現是一次大戰爆發不久前，在義大利發動的未來主義 (Futurism)。他們在 1909 年發表宣言 (Manifesto of 1909)，不僅是一種文藝創作的原則，也是要毀壞西方文化。他們主張冒險、反叛、衝突，也榮化戰爭。未來主義者歡迎俄國的共產革命和義大利的法西斯運動，這倒不是因為他們同情極權主義，而是因為它們可以毀滅他們所最痛恨的東西：資產階級的價值和資產階級的生活方式。

二、新中產階級的興起

舊中產階級（資產階級）衰落後，現代社會的階級結構發生變化，新中產階級（受薪階級）乃告興起。

在十九世紀時，西方社會的階級結構是一個三層的金字塔：在頂層是人數不多的資本家和富有的地主，他們工作不多但收入豐厚；在他們之下是人數較多的中產階級，他們工作辛勤但收入亦多；在底層是人數最多的勞苦大眾，包括工人和農人，他們工作很多卻收入微薄。到二十世紀以後，此一金字塔的結構發生了變化：其頂端和基層均變小，也就是富有和貧窮的人都減少了，中層卻相對地加大了。但是此一中層卻不再是過去的舊資產階級，這個新階級的特色是以薪水之收入做主要的生計，但卻是現代工商業社會的主幹。在這個階級中，成員之間固然在收入上有差別，譬如說一個主管和一個工頭之間，薪水上當然有差別，也就影響到生活格調的不同；但是這種不同，卻不再是十九世紀時期資本家和賺取工資者之間的基本性的差別。同時，此一受薪階級是開放的，其基本精神是「功績制」(meritocracy)，取得工作職位有其資格和能力上的標準。不過，由於此一階級是開放的，它便沒有保障性，即使是一個高薪的管理主管也可能被董事會憑一紙通知予以解職。他們經常面臨來自他們之下的競爭者的威脅，他們也不能保障他們子女的前途。這種社會自然有其流動性 (social mobility)，伴同而來的是社會的不穩定性。

現代企業的最高層人員也是由受薪的管理人員所組成。現代企業因為規模甚大，家庭資源亦不足以維持，它必須走向開放，用發行股票來募集資本。公司的股票上市後便必需要接受股東和政府機構的監督。他們必須向公眾保證，他們能夠做有效的經營，而雇用專家來管理便成為必然之事。管理人才之重要，是非常明顯的，這就是美國作家布楠穆 (James Burnham, 1905–87) 所說的「管理革命」(managerial revolution)。在先進國家中，獨資經營的企業和自雇性的行業日益減少。

隨之而來的，是工人階級，特別是中上層的工人階級的地位的上升。「無產階級」(proletariat) 常指勞力者，它原指拉丁文的 proles，其原意為「後裔」(offspring)，原指古羅馬社會階級的最低層，其對國家社會的貢獻便是生育子女。在先進國家，即使是在十九世紀時，一個勞力者的處境便已經不再是這個字彙原來所描繪的情況。工資的增加，基本消費物品價格的降低，生產技術的增進，工會的組織，和社會福利的發展，在在都使工人的中上層變成了小資產階級者。

二十世紀肇端後，此一趨勢尤加速進行。現代工業的生產，機械代替手工之處愈來愈多，工業界所需要的勞力者也就愈來愈少，相對地對於監管、技術和行政部門的人員的需要也就愈來愈多。因之，在高度工業化的先進國家內，傳統意義的工人的數字也就在遞減之中；易言之，藍領階級減少而白領階級增多。以德國為例，在 1880 年時有九百五十萬工人及五十萬白領階級；1953 年，工人數字為一千二百萬人，白領人員為四百萬人。也就是說，二者的比率由十九比一降為三比一。1978 年時，德國（西德）的勞力者是七百八十萬，白領人員是三百三十萬，比率成為二點四比一。被列為白領階級的人員中，包括很多的熟練工人和技術人員。在現在的美國，白領階級幾乎超過了藍領階級的人數。增加最多的白領人員是從事文書業的人員，這在各國各地皆然。

白領階級人員的增多，與服務業的發達有很大的關係。在先進國家，服務業是經濟活動中最發達的部門，其在國民生產毛額中所佔的比重超過工業。服務業依照 1984 年《美國貿易與關稅法》，係指無形的商品產出，包括銀行、保險、運輸、通訊與資料處理、廣告、會計、零售與批發、營造、設計與工程、管理顧問、房地產、專業服務（如律師等）、娛樂、教育，以及健康服務人員等。因之，商業人員、管理人員、銷售部門人員、行政人員、文書人員、公教人員，以及形形色色的專業人員均屬服務業。

總之，在美歐等先進國家，這種以受薪為主要收入來源的白領人員，取代了以財產為主要憑藉的資產階級或舊中產階級而成為新興的中產階級。他們的生活格調與舊的小資產階級很難區分清楚。他們擁有銀行戶頭、住宅和汽車，經常做固定的度假，也非常重視子女的教育。由於生活水準和社會地位的提高，他們不再有無產階級的心態，也不願與之認同。他們的政治與社會觀點也趨於溫和和中庸，他們支持民主、自由與安定，蔚為主要的國家骨幹❹。

第三節　個人與社會的關係

現在我們討論一下個人與現代社會的關係。

事實上，無論何種類型的社會，人與社會皆有密不可分的關係。從社會演進的過程來看，在國家或社會組成以前，是英國思想家霍布士 (Thomas Hobbes, 1588–1679) 和洛克 (John Locke, 1632–1704) 所說的「自然狀態」(state of nature) 的時期。儘管他們二人對於「自然狀態」的界說各不相同，但那是一種缺乏公共威權和秩序的狀態則殆無疑義。在那種情形下，人人都是「自己的案件的法官」，人人所援引的也是「寫在人心上面的」自然律，採取一切自己認為適當的方式來解決問題。於是，除了「最強者」以外，無人是安全的。這種「最強者」是一種「武林第一劍」型的人物，而事實上他也可能是最不安全的，他會不斷地遭受到挑戰。這也就是說，沒有人是安全的。

後來為了避免混亂和不安，也為了滿足對安全與自保的渴求，人乃組成社會和建立了維持秩序的公共威權。不過，在形成社會的初期，個人和

❹ 本節取材自 Richard Pipes, *Modern Europe* (Homewood, Illinois: The Dorsey Press, 1981), pp. 215–35; Edward McNall Burns, & others, *World Civilizations*, 6th ed., Vol. 2 (New York: W. W. Norton & Company, 1982), pp. 953–78，謹此說明。

社會並未發生直接的關連。我們在中外的歷史和文獻中，都發現公共威權對於社會成員的管轄，均曾經衹到家族為止，個人的事由家族來管。這也就是說，家族而不是個人，是社會的最小單位，個人的行為應由其家族負責。因此，一個女人的出嫁，不僅是透過婚姻關係使她成為她丈夫的妻子，而且也是藉著這種關係使她成為另一個家族的新女兒。後者的意義甚至比前者更為重要，在中國也把結婚說成兩姓聯姻，是結「秦晉」之好。當然，這種情況與政治文化的發展過程有很大的關係。在國家主權和行政力量能夠充分行使的國家或區域，個人行為必須要向社會負責。

人與社會的關係，主要的關鍵在於安全和自由的關係。有的學者指出，人類自古以來在締造理想社會方面所遭受到的難題是如何調和個人與權威的問題。個人的創造力是進步所必需的，而社會的結合力又是生存所必需的，於是個人與社會的關係，經常存在著權威與個人的困境，也造成「私領域」和「公領域」之間的緊張。這種困境或緊張在陶潛（淵明，365?–427）的〈桃花源記〉所描述的桃花源裡得到完滿的解決。西方的歷史學家也說，在伯里克里斯 (Pericles, c. 495–429 B.C.) 時代的雅典也成功地解決了這個問題。

現代社會不同於古代社會的，是由於工商業和資訊的不斷發展，導致經濟與社會的不斷改變。科技的日新又新，都市化的進展，交通運輸的革命，傳播媒體的發達，再加上大量生產造成了所謂大眾社會。在大眾社會裡，每個成員，從早晨起床到晚間休息，過的差不多是同一模式的生活。在這種社會裡，人與人之間有頻繁的接觸，也互相依存，社會一部分的變動必然會影響到其他部分，使人沒有不被牽連的自由。但是，在另一方面，人與人之間的精神距離卻日益疏遠。生活中工作緊張忙碌，充滿壓力，彼此既不認識亦缺乏關懷。流動性的增加，使人潮洶湧而彼此卻毫無瞭解。早在 1950 年，美國社會學家黎斯曼 (David Riesman, 1909–2002)、葛雷茲 (Nathan Glazer, 1923–2019)，以及丹尼 (Reuel Denney, 1913–95) 所寫的《寂寞的群眾》(*The Lonely Crowd*)，很生動的描繪出這種情景。人在科學與機械所造成的世界中成為「害怕的陌生者」(a stranger and afraid)，同時「在自然之中既無賞亦無罰，而祇有結果」(In nature there are no rewards or punishments, there are only consequences)，而工業社會所造成的疏離與人口居住城市，使每個個人亦僅有「一個住所與姓氏」(a local habitation and a name)，在擁擠的城市中，他祇是「寂寞的人群」當中的一員。這些加起來使現代人覺得自己是無根的被放逐者 (a rootless exile)，而且哭訴無門❺。尤其是經濟發展，使人食衣無虞進入了超越物質的時代，相對的也使人的樂趣大為減少，人感覺到孤獨、寂寞、無助，而不知如何排

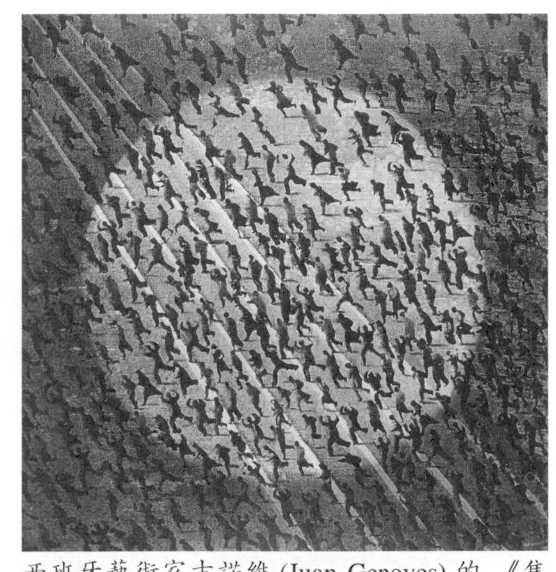

西班牙藝術家吉諾維 (Juan Genoves) 的《焦點》，顯示出人是恐懼的蟻群

比利時超寫實派畫家馬格里特 (René Magritte) 的作品《高孔達》(Golconda)，描繪人住在都市的公寓內的孤立和寂寞的情況

❺ Wallace K. Ferguson & Geoffrey Bruun, *A Survey of European Civilization*, 4th ed. (Boston: Houghton, 1969), p.947.

遣自己。

另一方面，懷抱著自己的價值觀和生活意識的人，也逐漸的相互結合，各自追求他們自己的認同與歸屬，使大眾被分割，這種「被分割的大眾」便成為「分眾」或小眾❻。不過，無論是何種社會，人都不能離群索居，也都不願意衹為了活下去而活下去，因而不斷地尋求滿足。有人從經濟學的觀點把人要求滿足的情況用一個公式來表示：人滿足的程度（幸福感）等於財貨除以需求。這個公式，如果純就數學的觀點來看，是很合乎邏輯的。因為，在這個公式中，如果分子（財貨）為零，則其商一定也是零，即毫無財貨表示缺乏基本生活的條件，應毫無滿足可言；如果分母（需求）為零，則其商為無限大（零除任何數均得無限大），即已修行到「涅槃」的境地，當然快樂無窮。不過，人生的境界牽涉到的不可捉摸的因素太多，究非數學公式可以概其餘的。有的經濟學家從社會的整體看，提出所謂「悲慘指數」(Misery Index)，即失業率 (unemployment rate) 加通貨膨脹率 (inflation rate)。

就愚夫愚婦的觀點看，如何改善自己的景況，從發財到享受，是追求的目標。中國有一個笑話說，有一個人在生前循規蹈矩而處處為人著想，死後閻王對他很嘉許，表示願意為他安排一個幸福的來生。他也立即描繪出他下一輩子的藍圖，那是四個條件：「父為高官子登科，良田千頃靠山河；嬌妻美妾陪伴我，長生不老二十多。」他所要的條件真夠好：「父為高官子登科」，是要對上一代來說他是「大少爺」，對下一代來說，他是「老太爺」，不必做任何奮鬥就可以養尊處優；「良田千頃靠山河」是說靠山不怕水災，近河不怕旱災，真是雙重保險；「嬌妻美妾陪伴我」是要有多采多姿的情感生活，也就是要做一個「成功的賈寶玉」；「長生不老二十多」是說不僅要永遠不死，而且也要青春永駐。結果，閻王表示前三個條件都可

❻ 日本博報堂生活綜合研究所編著，黃恆正譯，《分眾的誕生》（臺北：遠流出版社，民 75）。

以辦到，四個條件加在一起真是太有吸引力了，他直率地答覆說：「如果到世間可以做這樣的人，那你就在這裡做閻王，我到世間去做那個人好了。」

無獨有偶的，中國東漢末年應劭所寫的《風俗通義》裡面記了一則故事，說齊人有女，有兩個人來求婚，但兩個候選人的條件不同，東家子「醜而富」，而西家子「好而貧」，女孩子的父母不能決定，便告訴她說可以袒一臂來表示喜歡那一個候選人，結果她「兩袒」，她的父母就問她到底是什麼意思，她竟然說：「欲東家食，西家宿。」這也就是說，她要在東家過「物質」的生活，在西家過「精神」的生活。

一般說來，人在社會中，都有他自己的社會目標。這種社會目標就是要把期望變成事實，要把「實際我」變成「理想我」，或者至少要縮短二者的差距。這就是自我實現，社會也應該讓每一個成員有自我發揮的平等權利 (equal right of every individual to make most of himself)，也就是社會成員一方面享有基本自由，另一方面禁絕一切不合理的限制，不准有特權和差別待遇，讓每一個人可以憑著自己的努力，獲得相當於個人成就的報償。美國人本心理學 (Humanist Psychology) 學者馬斯洛 (Abraham M. Maslow, 1908–70) 提出所謂「慾望階梯說」(Hierarchy of Needs Theory)，說人有五種需求，由下而上成為一種階梯：第一級是生理需求 (physiological needs)，這是屬於物質的層次，包括飲食男女之類；第二級是安全需求 (safety needs)，這已提升到社會的層次，包括生活和職業都要有保障；第三級是社會需求 (social needs)，包括認同與歸屬；第四級是自我需求 (ego needs)，這已到了心理層次，需要教育、信任、榮譽等；最後也是最高的一個層次是自我實現 (self-actualization)，這就相當於中國人所標榜的「立言、立功、立德」[7]。

[7] Abraham M. Maslow, *Motivation and Personality* (New York: Harper, 1954), *Toward a Psychology of Being* (New York: Van Nostrand, 1968), *Further Research of Human Nature* (New York: Penguin, 1976).

社會上每個人都追求自己的社會目標，而每個人的主客觀條件不同，因此所能夠達到的程度也就不同。這種不同，從整體現象來看，便會造成社會的層化 (stratification)，層化的結果便是不同的社會階級的出現。在合理的社會，階級是流動的，不是固定的。一個人要追求較高的社會目標或階級，要以自我實現為動力和社會流動為途徑。美國經濟學家熊彼得 (Joseph Schumpeter, 1883–1950) 用比喻的方式說，階級就像旅館和公車，經常被佔用但卻永遠被不同的人所佔用❽。

至於怎麼樣子的社會才能有良好的群己關係，則無定論。中國古聖先賢認為在「衣食足」和「倉廩實」以後，人與人之間便會有和諧的社會關係。美國經濟學家蓋博瑞茨 (John Kenneth Galbraith, 1908–2006) 在 1958 年出版其有名的《富裕社會》(*The Affluent Society*)❾，也是認為在建造富裕社會以後，很多問題便可解決。但是二十餘年後，威爾遜 (John Oliver Wilson, 1938–) 出版《富裕之後》(*After Affluence*)❿，卻指出美國在實現富裕社會以後，很多夢想似已落空。

無論如何，解決個人與社會的問題，在於如何發展出一種協調自由與安全的生活方式，培養社會成員在文化上和政治上的共識，來共同締造合理的政治制度、經濟制度和社會制度，並且盡最大努力，在不妨害他人均等機會的前提下，來追求自我實現。這樣庶幾可以使個人與社會、少數與多數，得以共榮共存。

---

❽ R. Dahrendorf, *Class and Class Conflict in Industrial Society* (London: Routledge & Kegan Paul, 1959), p. 220.

❾ 有中文譯本，湯新楣譯，《富裕社會》（香港：今日世界社，1970 年）。

❿ 有中文譯本，李明等譯，《富裕之後》（臺北：明德基金會生活素質研究中心，民 72）。

第四節 大眾民主

現在我們來討論現代社會中的政治問題——就是大眾民主的問題。「民主」(democracy) 是從希臘文的 "demokratia" 而來,是由 "demos"(意即「人民」)和 "kratein"(意即「統治」)複合而成。它有很多不同的界說,最簡要的說法便是美國第十六任總統林肯 (Abraham Lincoln, 1809–65) 所說的民有、民治、民享的政治⓫。

民主政治的最大特徵是主權在民和人民參政:「主權在民」是指國家主權屬於人民,人民參政是指人民直接參與政治。從另一個角度看,人民參與政治的程度與民主政治的發達程度是成正比例的,君主政治與寡頭政治之所以不民主,乃是因為它們排除了廣大的人民的參政權。古代有很多國家或城邦,其參政資格是建立在血統上,如非生而屬於統治階級,即無參政的機會。即使是古希臘時代的雅典,其人口中有相當數量的奴隸和其他不具有公民權的人,而祇有公民才有參政權。除了生而屬於公民階級之外,並無其他方法變成公民,公民階級的成員祇是彼此互相平等而壓制其他人民的統治階級。這種民主並不是真正的民主,而是片面的民主。工業革命以後,由於資產(中產)階級的興起,民主政治雖增加了新的活力,參政權仍有財產資格的限制,固然在法律上不再有奴隸階級的存在,但是既無恆產,又無參政權的勞工群眾,其處境又與古代的奴隸何殊?這種民主是自由主義的民主,也不是全面的民主。現代社會的民主通稱「大眾民主」(mass democracy),參政權的唯一限制是成年的公民。政治不再為少數人所壟斷,參與政治的人是握有參政(投票)權,在經濟上有穩定的保障,並具有共同的社會背景的全體公民。在此情形下,我們可以說,民主政治就是已經到達了參與階段的政治文化 (political culture)。

⓫ Lincoln's *Gettsburg Address* (November 19, 1863).

所謂政治文化，是指一個政治體系中的成員所共同具有的政治信念和政治態度，是他們對政治行為與政治評價的主觀取向。它包括整套的政治準則、政治價值和政治認同。這些東西經由「政治社會化」的過程灌輸到每一成員的思想中，使其對政治問題具有共識⓬。大眾民主則指參與的程度更徹底，人民關心政治的情況更普遍，以及民主政治原有的特徵更突出。

民主政治的第二個特徵是分權與制衡：這原是孟德斯鳩 (Charles Louis de Secondat, Baron de la Brède et de Montesquieu, 1689–1755) 所倡導的制度。制度無論分為幾權，行政權屬於最重要和最影響人民福祉的權。行政權的行使必須合法。韋伯 (Max Weber, 1864–1920) 把權威分為三類：傳統式的、魅力式的，以及合法的。傳統式的權威，在重視傳統的以及偏重父權的社會之中較為常見，輩分高和年齡長的人受到尊敬，正統王室為人所擁護；魅力式的權威，在於領導者具有超凡入聖的秉賦，此即所謂魅力或「克理斯瑪」(charisma)，使人民或部屬願意接受他的領導；合法的權威，是建立在合法的基礎上，而不是建立在血統或其他個人因素上。

民主政治的第三個特徵是定期選舉：選舉是以「數人頭」來代替「打破人頭」，或者是以「紙彈」(選票) 來代替「子彈」以使政權更迭的做法。政黨和政治人物必須從事選舉，而選舉一如作戰，故稱選戰 (campaign)。在選戰中，致勝的主要條件靠形象和政見 (images and issues)。政治人物在塑造形象 (image-making) 方面非常重視「包裝」，這是指他要講求儀表、談吐和風度，而由這些外在的形象會導引選民相信他在能力、操守、道德和

⓬ Gabriel A. Almond & Bingham Powell, Jr., *Comparative Politics: A Developmental Approach* (Boston: Little, Brown, 1966); Gabriel A. Almond & Sidney Verba, *The Civic Culture* (Princeton University Press, 1963); Lester W. Milbraith & M. L. Goel, *Political Participation: How and Why Do People Get Involved into Politics* (Chicago, 1975); John D. May, *Of the Condition and Measures of Democracy* (Morristown, N. J.: General Learning Press, 1975).

經驗方面也有超過其他人的實力，在選舉中，傳播媒體特別是電視，常常發生很大的影響。以美國為例，1960 年，甘迺迪與尼克森的競選，在電視辯論中，尼克森神情緊張，汗流不停，而甘迺迪則一副輕鬆泰然的樣子；1980 年雷根與卡特競選，在電視辯論中，雷根用開玩笑式的口吻說：「你又來了。」讓觀眾覺得卡特有一副顢頇糊塗的模樣，雷根還向觀眾問：「你們現在的情況比四年前好嗎？」挑起大眾對卡特四年施政的不滿；1988 年布希與杜凱吉斯 (Michael Dukakis, 1933–) 競選，在電視辯論中，他使觀眾覺得杜凱吉斯是一個浪費而浮誇的自由主義者。至於政見，對於政治、經濟、社會、文化等問題，每人均有不同的看法，從中間溫和的立場向右會有輕微保守、保守和極端保守的看法，向左也有輕微自由、自由和極端自由的分野。不過，政見多集中在內政問題之上，但在 1945 年以後，由於美國已成為超級強國，有關外交的政見也常能夠成為重要的關鍵性問題。

民主政治的第四個特徵是政黨政治：政黨政治是大眾民主的主要動力之一。現在民主國家的政黨，在宗旨與組織方面，乃是結合了具有共同政治理念的人們，為實現抱負而結合成的組織。這種情況與古代的黨派不同。在古代，中外均不喜歡「黨」：中文的造字將「黨」視由「尚」、「黑」二字所組成，歷史上有所謂「黨錮」之禍，歐陽修的〈朋黨論〉，說什麼「君子群而不黨」和「小人黨而不群」；古代希臘各城邦中有所謂「黨派」，中古及文藝復興時代有保皇黨 (ghibellines) 和教皇黨 (guelphs)，法國革命時期有各種「俱樂部」，這些都不是健全的組織。但是在民主國家，政黨的組織與活動被視為一種常態，有的由憲法或法律加以規範，有的則沒有憲法及法律的規範而呈現出超法制的存在。英國在 1939 年所制訂的《王權大臣法》(*Ministers of the Crown Act*) 建立了反對黨領袖在國會支薪的地位。其他如義大利 1948 年《憲法》第四十九條和法國《第五共和憲法》第四條，均有有關政黨的規定。但是，也有一些民主國家，如美國、瑞士等，卻不用憲法或法律來規範政黨的活動。在民主國家，政黨常作為政府機關間的橋梁和政治機械中的滑輪，常常被視為「看不見的政府」(invisible government)。

政黨的種類雖多，懷抱各異，卻有一個共同的特點，那便是取得和行使權力。民主社會的可貴處，在於承認真理的多面觀，對方可能是對的，因而應當容「異」說和不尚「同」，不應有人因為持不同的意見便受到法律的、社會的和經濟的制裁，但是同時對於基本信念則有一定的看法。在此情形下，不同的政黨使人民有不同的選擇機會，而各政黨亦以擴大基礎和容納各種利益與意見為主要工作。

另一方面，政黨雖是民主政治中不可或缺的因素，譬如說它可以綜合民意、培養政治領袖、參與選舉（執政時領導國家建設，在野時善盡反對黨的職責），但是在現代社會，由於大眾傳播媒體的發達，壓力團體的擴大，以及專家意見的受到尊重，而使政黨有衰落的趨勢。以美國為例，選民的政黨認同在衰退之中，而自認為是無黨無派的獨立人士 (independents) 則日益增多，使奈思比特 (John Naisbitt, 1929–) 有「我們正在變成一個獨立人士的國家」，人們不喜歡政黨而拒絕予之認同。當然截至現在為止，政黨仍然在美國的民主政治中佔有很重要的地位⓭。

民主政治的第五個特徵是服從多數和尊重少數：政黨或人士在贏得選舉後執政，組成政府，貫徹政策但亦允許或寬容反對意見，而不可淪為多數暴虐 (majority tyranny)。未能贏得選舉的政黨或人士，亦應接受事實，善盡反對黨的義務，從大政方針和公共政策的立場來出發，爭取全民的信任。

民主政治的第六個特徵是法治與共識：民主需以法治為規範，而法治是民主政治最大的支持力量，也是最後的防線，沒有法治的民主會演變成

⓭ John Naisbitt, *Megatrends: Ten New Directions Transforming Our Lives* (New York: Warner Books Inc., 1983)；華力進，《政治學》（臺北：經世書局，民 72 年，5 版）；葉明德，〈大眾傳播與美國選舉〉，《美國月刊》，3 卷 7 期（民 77 年 11 月），頁 4–10。

暴民政治，最後甚至毀滅民主。共識是最重要的精神基礎，指社會成員對基本價值的共同認知 (agreement on fundamentals)，如對民主制度的堅持，相信人人平等，生命與財產不可侵犯，尊重個人基本自由，機會均等，服從多數和尊重少數等等。

在此我們要指出的：民主政治不僅是一種政府組織或制度，更重要的，它是一種生活方式。人民對於基本價值要有共同一致的看法，這就是大是大非和公是公非，這也是捍衛民主制度的最大力量。這些基本價值的形成，似乎又與經濟發展和教育普及有很大的關係。此因經濟的開發和均富社會的形成，便會產生強大而日益擴張的中產階層，此為民主政治的最大支撐力量；教育的普及將提高人民參政的品質，人民有獨立思考與抉擇的能力。

在落後貧窮而民智未開的國家，民主政治的運作，似乎有時會遭受到很大的困難。1988 年 11 月，巴基斯坦舉行大選，該國文盲率達 70%，因此絕大部分選民不識字，再加上投入選舉的有三十多個大小政黨，又有無黨無派人士，因此選票印製非常麻煩。選民不識字，就無法辨別政黨和候選人的姓名，而選舉又必須進行，選舉委員會在無可如何之餘，蒐集了八十二個圖案，如燈籠、墨水瓶、鏟子、花瓶、雨傘、斧頭、收音機等無奇不有。在選舉中競爭最烈的兩黨是人民黨和回教民主聯盟，人民黨分得的圖案是「箭頭」，回教民主聯盟的代表圖案是「腳踏車」，因此在選舉中常常聽到要選「箭頭」，不要選「腳踏車」之類的說法。

第五節　青年問題

在各國社會中，常常有所謂弱勢團體，這包括少數民族（如美國的黑人）、婦女和青年人。本節談一談青年問題。

現代各國社會中，一個顯著的現象，便是年輕人開始扮演較前遠為重要的角色，也受到前所未有的重視。經濟繁榮與社會開放，使他們有更多接受高等教育的機會，不像從前受高等教育是擠入一個很窄的窄門。以歐洲而論，在 1900 年時祇有 1% 的人能夠接受高等教育；工人階級中，更祇有 1% 的人能夠接受中等教育。如今中等教育已成為義務教育，而各種獎助學金的給予，也使年輕人進入大學的機會大為增加，到 1970 年時，接受大學教育的人數，超過了人口的 17%⓮。在世界其他地區，第二次世界大戰以後，高等教育的發達也是有目共睹。這種情形，與以前大不相同，在那時僅有極少數的年輕人才有受較高的教育的機會，其他絕大多數的「不夠幸運」者，在年紀很幼小的時候便被迫做工或做學徒，被「併入」成年人的世界，而且從前的工作性質很重視經驗或師承，年輕人必須溫、良、恭、儉、讓，所以青年問題並不顯得突出，老少之間也沒有「代溝」。

現代社會中的青年是特殊的團群。它具有一些特點：不斷的更新、自立性甚強而又有自我意識。不斷的更新，是指此一年齡群的構成分子之變動不居而言，長江後浪推前浪，今天的青年人會變成明天的中年人，明天的中年人又會變成後天的老年人。至於高度的自立性，則指社會組織型態的改變，就業機會的增多，現代技術亦不再靠經驗的累積與師承的傳授，於是青年多能自立，或至少有自立的精神。他們在觀念上傾向於自己判斷事物和決定價值，老一輩的人對他們殊少影響。在自我意識方面，現代青年既有其不同於其他年齡群的生活態度、價值取向和行為方式，而又具有自立和自我意識，因而常常能夠產生很大的力量。在此情形下，年輕人也因為能自立和有自信，其作風也趨於「詭異」，現代社會又是一個日趨寬容的社會，不便再用固定不變的標準或規範，來限制他們的活動。

在傳統而穩定的社會裡，人的謀生技能、社會價值觀和規範的養成，率多由老一輩的人，以及家庭或鄉里中學習而來，年輕人也相信他們的生活模式會沿著他們父母生活的軌跡發展，不懷疑老一輩的經驗有高度的價

⓮ Roland N. Stromberg, *Europe in Twentieth Century*, 2nd ed. (New Jersey: Prentice-Hall, 1988), p. 447.

值，可以當作自己未來生活的借鑑。但在現代社會中，由於社會變遷過於迅速，汽車文化剛適應，飛機又變成了交通運輸的基本工具，而核能發電與太空旅行看來皆甚平常，於是年輕人不再相信上一代的人的經驗有什麼價值，而不願去接受。這就是所謂「代溝」(generation gap)⓯。

另一方面，由於受教育時間的延長，以及工作的方便，年輕人多離開家庭，與同一年齡群的人生活在一起，因而逐漸地形成一種年輕人特有的行為模式。這種特殊（對整個社會而言），而又共同（對他們自己而言）的自我意識與行為，便是一種次文化 (subculture)。所謂「次文化」，係指社會中某一部分成員所奉行的特殊的習慣或行為，年輕人所表現的次文化，被學者稱為「青年文化」(youth culture) 或「青年次文化」(youth subculture)，此泛指年輕人所表現出來的，具有共同色彩的生活態度、價值取向和行為模式。

現代社會中的大學，對於青年文化或青年次文化的塑造扮演很重要的角色。第二次世界大戰以後，特別是 1950 年以後，高等教育的擴張，使大學生人口急遽地和大幅度地增加。有的學者指出，現代大學對於青年知識分子擔任的，是一種孵化器 (incubator) 的角色，它們所發生的作用，一如十九世紀的工廠對於工人階級所發生的作用。它們使青年知識分子聚集在一起，給他們一種不同於周遭社會的感覺，使他們有數量上的信心，也有運作的基地。同時，年輕人在跨進大學之門以後，頓覺海闊天空而開始有「自發性的思考方式」。本來，青年期應該是從兒童到成人的過渡期，學校是避風港， 學生時期是艾理生 (E. H. Erikson, 1902–94) 和艾森斯達 (S. N. Eisenstadt, 1923–2010) 等人所說的「自我認同」(ego identity) 和「角色延緩」(role moratorium) 的時期。另一方面，大學裡所講授的，是社會上所需要的知識和社會上所尊重的價值，也分析社會的病態。大學生又以國家和

⓯ Margaret Mead, *Culture and Containment: A Study of the Generation Gap* (New York: Garden City, 1970).

社會為己任，他們又血氣方剛，膽大心不細，再加上他們多屬於同一年齡群，大學校園之內，校園與校園之間，又多率為同氣相求之人，這造成很大的互相感染性，也使校園與外在社會有不同的心態⑯。

另一群不滿的人群是工人。由於工作的單調，使他們倦膩，而產生一種情感上的和心智上的倦勞。這種「生產線上的倦懨」(assembly-line boredom)，常使工人感到很大的壓力。1930 年代，即有一些諷刺這種情況的電影，如卓別林（Charles Spencer Chaplin，1889–1977，後封爵士）的《摩登時代》(*Modern Times*, 1936) 和法國導演所製作的《自由屬於我們》(*A Nous la Liberté*, 1931) 等等。德國的社會民主黨和法國的戴高樂政府均曾希望藉著使工人盡量多多參與工廠的經營，來減低他們的不滿，但成效不著。1970 年代，瑞典的薩博汽車廠 (SAAB Motor Works) 也曾嘗試用別的辦法來取代生產線，但成本過高⑰。

高速的工業化和現代化，給人群和社會帶來極大的壓力。戴高樂在他的回憶錄《希望、復興和努力》(*Memoirs of Hope, Renewal and Endeavor*, 1971) 描述 1968 年學生暴亂事件時，曾經提及法蘭西早已滿足於舊有的方式，但卻突然被投入現代化的冰水之中，這是一種無法避免但又有創傷性的經驗，人們被「強迫進入一種機械化的集體生存」(forced into a mechanized mass existence)，生活在沒有特色的房屋中，群聚在一起，連休閒活動也是「集體的和製訂好的」(collective and prescribed)⑱。事實上，全世界均是如此。這種社會轉型的影響，常使人滿懷無奈的悲憤。

---

⑯ Eugen Weber, *A Modern History of Europe: Men, Cultures, and Societies from the Renaissance to the Present* (New York: W. W. Norton & Company, Inc., 1971), pp. 1116–17.

⑰ Robert O. Paxton, *Europe in the Twentieth Century* (New York: Harcourt, 1975), p. 586.

⑱ Roland N. Stromberg, op. cit., pp. 392–93.

另外，知識爆炸使人類知識增長的速度，超過了以前的人所能想像的程度。這種「生也有涯，學也無涯」的狀態也使人沮喪。

再就是第二次大戰以後長大的年輕人，習慣於穩定與繁榮，對於經濟大恐慌的困窘和第二次世界大戰的苦難，完全沒有親身經歷的經驗。他們把豐裕和安適視作當然，他們不曾有過父母一代的人的艱苦經驗，也沒有他們的價值觀念和工作倫理，但卻憎惡平庸與循規蹈矩，不喜歡平淡無奇，傾向於尋求刺激，乃至傾向暴力。同時，多變的世界使他們不斷面臨不同的抉擇，但又沒有可靠而固定的標準可資依循，於是生活中充滿徬徨。

最後，在 1960 年代，「新馬克斯主義」(New Marxism) 和「新左派」(New Left) 頗有推波助瀾的作用。「新馬克斯主義」脫胎於馬克斯 (Karl Marx, 1818–83) 的青年手稿，也就是馬克斯在 1844 年所寫的《經濟與哲學手稿》(*Economic and Philosophical Manuscripts of 1844*)。他們企圖利用手稿中所說的「異化」(alienation)，把馬克斯主義蒙上一層「人本主義」，作為對抗資本主義制度的力量。這個馬克斯青年手稿雖然早在 1933 年就出版，但法蘭克福大學的社會研究中心對它特別重視，於是「法蘭克福學派」(Frankfurt School) 就成為新馬克斯主義研究的倡導者，他們強調批判，也肯定暴力革命的必要性。這些新馬克斯主義的學者，如阿多諾 (Theodor Adorno, 1903–69)、哈勃瑪斯 (Jürgen Habermas, 1929–)，以及馬庫色 (Herbert Marcuse, 1898–1979) 等人，雖也曾在不同的時間，對於學生暴力表示了劃清界線的態度，但他們的學說曾有影響，則不待言⑲。

這些因素的交互影響，使青年不滿社會和既存的建制。1960 年代，先後有嬉痞 (the Hippies) 和雅痞 (the Yippies)，在美國為盛。前者是反抗

⑲ Ibid., p. 398；不過，新左派思想家在他們的著作中鼓勵暴力，是無疑問的。例如：德裔美國馬克斯主義哲學家馬庫色的 *A Critique of Pure Tolerance* (1966)，法農 (Frantz Fanon) 的 *Wretched of the Earth* (first English edition, 1964)，沙特 (Sartre) 也鼓吹需要一個暴力的、淨化的和全面的革命來摧毀資產階級社會。

威特島上的波普節

克里特島上的避世者

現代化的頹廢派，留長髮、著異服、吸食毒品，主張非暴力等等；後者在 1960 年代中葉的美國亦盛，其名稱源自「青年國際黨」(Youth International Party)，以受過高等教育的中產階級青年為主，他們倡導一種建立在「為而不有」的價值 (non-possessive values) 的美國文化，但因主張「自由愛」(free love) 和用藥，而為人所側目。更有一些青年，對現代文明採取完全擯斥的態度，像威特島 (Isle of Wight) 上的波普派 (the Pops)，以及克里特島上的避世者，過著類似石器時代人類的生活。在日本，對於 1965 年以後出生的青少年，亦被稱為「新人類」。當「雅痞」在美國已過時時，在日本卻大為流行。他們在「高價消費」的日本，穿著華麗的服飾，駕駛昂貴的名牌汽車，平時節省度日，卻不惜一擲萬金來追求瞬間的消費和享受。他們而且出現「變種」，依賴父母的單身雅痞叫做「親雅痞」，男雅痞裝扮自己是為了吸引女人，女雅痞也美化自己以期用婚姻手段來提昇自己的階級地位。這就是 1960 年代及 1970 年代初「青年叛逆」(youth rebellion) 和學生運動的背景。

美國在 1960 年代初期，由於民權運動，以及後來的反越戰和反徵兵，再加上校園內學生對生活環境的不滿，引發了學生運動。1962 年 6 月一群大學生集合於密西根的休倫港，發表《休倫港聲明》(*Port Huron Statement*)，主張有權參與影響其生命的決策。1964 年 9 月至翌年 1 月的加州大學柏克萊 (Berkeley) 校區的學生運動，成為一個重要的轉捩點。後來在美國其他地區校園的示威和暴亂，此起彼繼。三年之內，在二千二百五十個大專院校，約有一千個發生過學生示威。

在歐洲，法國較為嚴重。戴高樂政府逐漸喪失人民的支持，這可以從 1965 年的總統選舉和 1967 年的國會選舉看出。戴高樂顯然地未能達成他希望看到的全國共識，他的魅力也在減退。法國的社會也在脫序，人口從鄉村移向城市，在 1945 年時法國的鄉居人口仍約佔三分之一，到 1970 年則佔七分之一。另一方面，法國大學生人口在急遽上昇。在二次大戰之前，法國大學生的數字約有六萬人，到 1968 年左右則躍增了十倍[20]。

1968 年 3 月，在巴黎西郊的南特爾 (Nanterre) 校園，有一個德國交換學生柯亨・本迪 (Daniel Cohn-Bendit, 1945–) 在 3 月 22 日領導靜坐示威，這就是「3 月 22 日運動」(March 22 Movement)。這個事件的導火線是單純的，主要是不滿電話和電視不足。這是因為法國近年來，高等教育雖大有進展，但是大學生數量的增加似乎掩蔽了其他一切。膨脹過度的巴黎大學，性質完全改變，成為既無效率而又污穢的教育工廠，為了盡量收容學生而犧牲了其他一切。師生關係完全崩潰；大學行政弄得一塌糊塗；圖書館和實驗室都使用過度；巴黎大學本部的學生，為了想聽他們所選的課，有時竟要預先佔位子，聽前一堂無關的功課。傳統的觀念，教授的壓力，使學生飽受考試之苦，學生也覺得被程式化和電腦化，成為「知識工廠」的消費者。

於是星星之火乃發展為燎原之勢。南特爾校園則被關閉，位於巴黎左

[20] Stromberg, op. cit., p. 392.

岸拉丁區 (Latin Quarter) 的巴黎大學 (Sorbonne)，學生集會決定聲援，5 月 10 日至 11 日的夜晚，在巴黎成為「障礙物之夜」(the night of the barricades)，大約兩萬五千名學生與大規模的鎮暴警察相對峙，學生舉著毛澤東、胡志明，以及古巴「游擊英雄」切・格瓦拉 (Che Guevara, 1928–67) 的肖像，與維持秩序的警察 (flics) 纏鬥不休，造成三百六十多人受傷和四百六十人被捕。5 月 13 日為學生運動另一高峰。約有六、七萬人在巴黎示威遊行。遊行結束時，一部分學生佔據巴黎大學校區，作為大本營。共產主義和無政府主義象徵的紅色和黑色旗幟，在巴黎大學的圓形屋頂上飄揚。同時，學生也尋求工人的支援。這天，巴黎八十萬工人罷工支持學生，南特爾飛機工廠的工人佔領工廠，接著罷工和工人佔領工廠的浪潮，就像野火春風一樣席捲了整個法國。到了 5 月下旬，罷工工人的人數到了一千萬人，使法國舉國震撼。

暴亂持續到 5 月底，戴高樂於 5 月 29 日秘密前往西德的巴登－巴登 (Baden-Baden) 去爭取駐德法軍的支持。回到巴黎後，他宣布維持秩序的決心。戴高樂政府也看出學生與工人之間有一些歧異，工人會支持學生的部

1968 年 5 月的巴黎

分原因是出於同情學生的立場，部分則因為他們有自己的苦楚，工人的基本訴求是屬於調整工資和消費導向的，學生則是傾向於社會批判的。學生自身又分裂成無政府主義派、毛派、托派等等，立場各異。6月初，大部分的工人接受了工資調整而不再與學生合作。5月30日，戴高樂宣布舉行大選和改革大學，但不再容忍暴力。該日晚間，約七十五萬之較為年長的群眾，在右岸的巴黎街道上遊行，表示支持政府的立場。6月23日的大選，法國人民因為深感維持秩序和保衛建制的重要，結果左翼政黨慘敗，戴高樂派贏得絕對多數，這是法國近代史上第一次由一個單一的政黨獲得如此的優勢。此後政府也展開教育的改革，包括學生可以參與大學行政。

巴黎學生運動和它所發生的影響，顯示出高度科技化的社會有它的脆弱性。由於工人的工資獲得增加，一般法國人希望安定，而使現況得以維持。不過戴高樂的形象受到損傷，翌年4月，在他七十九歲時，他因為提出《憲法修正案》而舉行公民投票，結果遭受挫敗，顯示大多數法國人認為他已在位過久（翌年戴高樂逝世）。不過1969年6月的總統選舉，戴高樂的總理龐畢度 (Georges Jean Raymond Pompidou, 1911–74) 獲得大勝而當選，戴高樂雖已去位，戴高樂主義卻仍然強盛無比[21]。

除了法國以外，其他西歐國家也有學生運動。在英國，1967年3月，倫敦政經學院的激烈學生「靜坐」示威，他們不滿1964年與1966年選出的工黨政府。在英國，「制度以外的政治」(politics outside the system)，可以追溯到多人參加而尚稱清醒的，是由解除核武委員會 (CND: Committee for Nuclear Disarmament) 所發起的，以使英國退出軍備競賽，乃至在冷戰中中立為目標的活動。解除核武委員會發動的遊行與集會，皆為無暴力且大體上有秩序的。英國青年對於「建制」(establishment) 的敵視，也較他處為甚。這個運動受當時已年逾九十的哲學家羅素的鼓勵，並伴以「披頭四」(the Beatles) 和「滾石」(the Rolling Stones) 等「搖滾」音樂家的歌曲，也

[21] Paxton, op. cit., pp. 588–89; Stromberg, op. cit., pp. 399–400.

為工黨中較為激烈的一派所支持，他們主張「新政治」是「直接行動」及「對抗」。

在德國（當時西德）和柏林，也有學生運動。1965 年起，在柏林便不斷有學生事件。1967 年 6 月在一次反對伊朗國王的示威中，有一個學生被射殺。在此時，杜茨契克 (Rudi Dutschke, 1940–79) 成為學生領袖，他有「紅魯迪」(Red Rudi) 的綽號。1967 年至 1968 年頃，在德國許多城市，包括慕尼黑、漢堡、法蘭克福和柏林等地，不斷有學生運動。但是，一般說來，德國人多反共，也注重法律與秩序，學生運動不易得到支持。不過，有時有些地方也很嚴重，如柏林的自由大學 (Free University) 曾一度為激烈分子所控制而被政治化，直迄 1973 年春天，德國聯邦政府經由憲法法庭對大學管理的解釋，始接管大學[22]。

1960 年代和 1970 年代初期，在美國、義大利、日本、韓國、拉丁美洲，乃至於東歐，特別是南斯拉夫，均有過「青年叛逆」和學生運動。美國方面，因為學生抗議越戰，直迄 1970 年代初期仍有很多學生抗議運動。1966 年至 1976 年在中國大陸有「文化大革命」，也是青少年扮演了高度破壞性的工作，但其動力及性質，與世界其他地區，有所不同。

第六節　大眾文化

大眾文化 (mass culture) 係針對精緻文化 (refined culture) 而言，二者在質與量上均有差異。就質而言，精緻文化指具有高度原創性、知識性或藝術性的活動，參與者須有特別的秉賦或訓練（有創造性的貢獻與固為人類學者所說的「文化英雄」，即一般工作者亦需特別的訓練）。大眾文化則多屬內容淺易，人人可以接受的東西，它所著重的是感官享受，比較缺乏

[22] Stromberg, op. cit., pp. 394, 396; H. Stuart Hughes, *Contemporary Europe: A History*, 5th ed. (New Jersey: Prentice-Hall, 1981), pp. 590–91.

「知」與「美」的文化型態。以量而言，精緻文化一向掌握在「優異」(少數) 分子手中，大眾文化則有高度普及性。二者之別，自古即有，但彼此之間卻存在著可以互相「化約」的關係。

就文學與藝術而言，中國最古的文學作品《詩經》，其〈國風〉部分係自民間而來，經過文學高手予以「雅化」而成；在西方，西元前八世紀的詩人荷馬 (Homer) 的史詩《伊利亞德》(*Iliad*) 和《奧德賽》(*Odyssey*)，也是吸收了民間傳說的故事並加以美化而成；現在視若拱寶的宋瓷，在當時多為普通的餐具。這些都是由大眾文化而提昇到精緻文化的事例。《論語》說：「先進於禮樂，野人也；後進於禮樂，君子也。」由此可見，代表精緻文化的禮樂，實源自民間的低層社會。另一方面，有很多普通的詞彙，卻有不平凡的來歷，如「火候」來自道家，「方便」來自佛經，「味道」來自《中庸》，甚至於「樂極生悲」也是源自《禮記》所說的「樂極則生悲」。在西方，形容語言雜亂的「巴比之塔」(Tower of Babel) 或「巴比」，也是源自《聖經》。這些事例說明，有一些大眾文化的因素是從精緻文化而來的。

在自然科學方面截至「物理學革命」以前，自然科學的很多原理和知識都為大眾所瞭解。固然，這兩種文化有時仍然可以互相「化約」：達文西 (Leonard da Vinci, 1452–1519) 的《蒙娜麗莎》(*Mona Lisa*) 在巴黎羅浮宮是精緻文化，做成複製品是大眾文化；英國劇作家蕭伯納 (George Bernard Shaw, 1856–1950) 的《賣花女》(*Pygmalion*) 在歌劇舞臺上是精緻文化，好萊塢拍成電影《窕窈淑女》(*Fair Lady*) 便成為大眾文化。

現代的大眾文化，是完全的另一種型態，與精緻文化有一條難以跨越的鴻溝。

一、大眾文化興起的因素

現代大眾文化，有它產生的因素。

第一是經濟繁榮：第二次世界大戰以後，直迄 1970 年代初期發生能源危機，使世界經濟一度陷入既停滯又膨脹的困境以前，儘管有過地域性或時間性的經濟衰退，大致上是一段繁榮成長的時期。這一段相當長的繁榮時期，呈現了許多樂觀的景象，使人對「新資本主義制度」滿懷信心。這段時期雖然有通貨膨脹的威脅，不過工資和薪酬的增加，大致上超過了物價的漲幅。另一方面，財富分配也較從前趨於合理，在社會結構與財富分配走上軌道的國家，其結構亦由金字塔型改變為鑽石型，也就是中產階級增多而成為社會的主體。儘管各國的情況不同，均富的成就有別，但在很多國家的人民已經擺脫了匱乏，則屬事實。

第二是消費社會的出現：消費社會 (consumer societies) 是由大量生產和大量消費的現代經濟所造成的。廠商為了刺激需求，創造市場，廣泛地而有效地運用廣告技巧，來激發消費者的潛在需求。他們推出各種「先用後付」的交易方式，如分期付款、貸款、試用等手法，而「塑膠貨幣」如信用卡、簽帳卡等的普遍使用，更助長此一趨勢。另外，世界各國均注意社會福利的提高，都變成了程度不同的福利國家 (welfare state)，在北歐等國實行得很徹底，其他如西歐各國及澳洲、紐西蘭也不錯，其他國家也都在這方面作努力。社會福利使人不再擔心失業時的困難和年老時挨餓，也不必為醫藥費用擔心。於是，消費（把錢花出去）便成為一種生活的方式。消費社會中最受歡迎的東西，是電視機和汽車，而這兩樣東西也是最能普及大眾文化的利器。

第三是公共閒暇：有閒有錢是文化活動與欣賞的必備條件。古人固然要「日出而作，日入而息」，遊手好閒被認為是一種罪惡。工業革命肇端以後，工人每日常須工作十六小時，即使是在若干工業先進的國家，在 1890 年代，工人每日工作仍然要十小時，農人更是要隨著太陽的韻律作息。第一次世界大戰以後，至少在西歐、北歐和北美等地，每日工作八小時（即所謂「三八制」，工作、睡眠和休閒各八小時），漸告逐漸推行，後來影響世界各地。此後「休閒」成為基本人權概念中的一環。1936 年，法國的

「人民陣線政府」倡行每週四十小時工作制，並規定每一規模大於家庭商店的企業，對其所雇用的人員給予每年兩週的有薪假期，使他們能夠旅遊度假。此後蔚為風氣，各國仿行，工作人員依其工作合約，均有不同長短的休假時間。前面已指出，即使是不到休假時間，在職人員每週或每天的工作量已較從前大為縮減。大致言之，一個在六十五歲退休的工人，在1900年時終身工作時間大約是二十二萬小時，現在則常不足十萬小時。如今美國人，在清醒時間時，約有三分之一的人在休閒，有些大學對於休閒行為的研究，甚至開出博士班的課程。社會公眾有了這麼多的休閒時間，又不能期望每一個人均能進德修業，事實上也不能讓任何人工餘或公餘的時間均用作進修性的活動，必須要想辦法幫助他們殺此「永晝」和消彼「長夜」，於是大眾娛樂便應運而生。大眾娛樂構成大眾文化的主要內容之一。

第四是教育普及：在很多先進國家，中等教育已經成為義務教育，使識字人口大幅度地增加。大眾文化中的文學和藝術，雖然不是精緻文化中的文學與藝術，但是未曾受過教育的人，在理解和欣賞方面仍有困難。教育普及和識字人口的增加，使大眾文化有了廣大的觀眾或欣賞者。

第五是傳播事業的發達：傳播媒體在塑造大眾文化方面，扮演非常重要的角色。自從十九世紀末期以後，報紙業展開了商業革命。1890年代，英國的報業鉅子北巖勛爵 (Lord Northcliffe, Alfred Charles William Harmsworth, 1865–1922) 倡行低售價和多廣告的經營策略，爭取廣大的讀者群。他的《倫敦晚報》(*London Evening News*，1894年創刊)、《每日郵報》(*Daily Mail*，1896年創刊)、《每日鏡報》(*Daily Mirror*，1903年創刊)，均屬所謂「半便士報紙」(half-penny papers)。他的經營策略影響到其他國家，使廉價而普遍的新聞紙（報紙）為人所必讀，甚至改變了人的生活方式。

接著而來的是廣播事業的發展，十九世紀末自然科學的發展已經奠定了無線電的基礎。1921和1922年間，經常性的廣播設施已經在美國、歐洲和日本建立，收音機也開始大量製作，廣播時代 (Age of Radio) 便已來臨。1926 年，英國廣播公司 (BBC: British Broadcasting Corporation) 重組為社團法人，此時英國的收音機已超過兩百一十多萬架。1930 年代末期在美國和西歐已成為家庭用品。繼之是電影的發展，電影的科技基礎在 1890 年代便已完成，電影製作人的先驅之一，是美國人波特 (Edwin S. Porter, 1870–1941)，他早期的故事片是 1903 年推出的《火車大劫案》(*The Great Train Robbery*)，為時僅八分鐘，但卻極為成功。1930 年代以後，電影已甚普遍。電視的發展更是一大突破，雖然在十九世紀末和二十世紀初，電視的科技基礎已經奠定。但是第一個實際可以播送的電視系統是英國發明家白爾德（John L. Baird，1888–1946，蘇格蘭人）在 1936 年在倫敦展示的。1936 年英國首先有電視傳播，1941 年美國開始有電視傳播，此後日益普及。電視以它聲光影像的衝擊，更能深入人的意識，發生更大的影響，在先進國家每一家庭常不祇僅有一臺電視（現在有人認為，中文的「家」字，原為掩體之下有家畜的飼養，現在則因電視普及，有人主張「家」應作「窋」)。總之，傳播媒體直接或間接影響人的思想、愛憎、語彙和衣著，更對大眾文化的塑造有直接的關係。

凡此種種因素，造成了大眾文化的興起。在大眾文化中，文化是消費品，商品製作者的最大動機便是要賺錢，因此消費者的品味和市場的發展便成為最首要的考慮。欲求在市場上追求最大的利潤，就必須訴諸最多的消費者。在此種條件與要求下，毫無疑問的，比較庸俗且娛樂性較高的節目或文化產品，就成為訴求的最主要對象了，因為這類文化產品所可能吸引的消費人口的機率最大，獲利的機會自然也就最可掌握了。有的國家在進入大眾文化之後，其人民仍能保留若干較為精緻的部分文化活動，如西方人對於歌劇和舞蹈（包括芭蕾舞）的重視與欣賞；日本人也多少保留了一些「禪道」、「茶道」、「棋道」、「花道」和「書道」等等。有的國家就不堪聞問了。

二、大眾文化的特徵

大眾文化具有下邊的幾個特徵：

第一個大眾文化的特徵是重感性的：它之所以廣受大眾歡迎，就是因為它能訴諸「平均人」的需要，訴諸大眾的本能而能引起大眾的共鳴。美國的爵士音樂、搖滾樂、西部電影、以及非正式的穿著等之所以普遍被人接受，是一些典型的例子。1950 年代末期以後，崛起於英國的港口和工業城市利物浦 (Liverpool) 的年輕歌手，均係來自工人背景的家庭。他們四個人在 1960 年正式命名為「披頭四」，他們造成極大的轟動，「披頭狂」(Beatlemania) 風靡世界，在 1960 年代引領風騷。稍後，在 1962 年正式成立的「滾石」，有團員五人，仍來自英國，他們自 1970 年代為人所歡迎。

美國歌星瑪丹娜 (Madonna, 1958–)，以具有聖母意義的字樣為其藝名，配合上挑逗性的肢體語言和撩人的歌聲，把自己塑造成揉合了神聖與褻瀆的淑女兼蕩婦的形象。她在美國和世界各地巡迴表演，常造成極大的騷動。她的挑逗與搧風點火的功夫之高，連冷靜的英國人都無法抗拒。1987 年 8 月她在倫敦表演，在場觀眾（聽眾）有七萬七千人左右，把溫布列運動場 (Wembley Stadium) 坐得滿滿地，在高潮時瑪丹娜脫掉內衣（紅色的內褲），觀眾如痴如狂，有些人也把內衣脫掉丟到舞臺上，驚動蘇格蘭場 (Scotland Yard) 派警察維持秩序，逮捕十人，並且一度噴自來水至舞臺以降「熱」。

另外，各種運動項目，如足球、橄欖球、籃球，及賽車等，因為能夠直接衝擊人的感官，也能造成萬人空巷、爭相前往觀賞的效果。自從 1920 年代和 1930 年代起，歐洲和美國興建起一座一座多層看臺的大型的運動場。1896 年，在雅典興建的運動場可以容納五萬人至六萬人；莫斯科的列寧運動場，可以容納觀眾十萬六千人；倫敦北部的溫布列運動場可以容納十二萬人以上的觀眾；1936 年柏林奧運會所建立的運動場可以容納十四萬觀眾；翌年在紐倫堡完工的運動場，可以容納二十二萬五千人；1934 年在

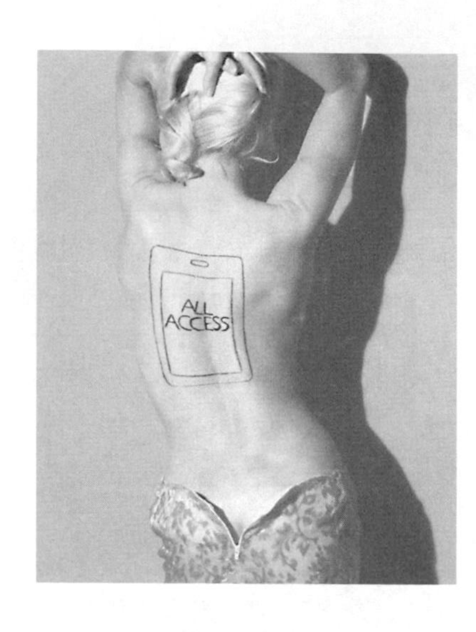

（左）瑪丹娜

（右）1991 年橄欖球「世界盃」大賽中，英國球迷為其本國球隊加油的情形

布拉格竣工的斯特拉哈夫運動場 (Strahav Stadium) 可以裝下二十四萬人之眾。此後在世界各地，有更多的大型的運動場陸續興建。運動項目受人歡迎的程度，有時到了難以理解的情況。1969 年，美國太空人阿姆斯壯 (Neil Alden Armstrong, 1930–2012) 登月，便是從取消運動比賽的節目來轉播登月實況時，竟遭多人抗議。1988 年 7 月，在墨西哥舉行世界盃足球賽，其受人注目的程度，號稱「九十億隻眼睛的焦點」！

第二個大眾文化的特徵是導向同質化的發展：自古以來人之不同，各如其面。各種衣飾上的、品鑑上的和行為上的差異，更助長不同的階層、不同的性別等等的異質性。但是，現代社會儘管由各種不同年齡、不同文化背景、不同職業的人所組成，大眾文化卻促使現代社會中的人群走向同質的步伐。傳播媒體有極大的擴散的力量，它們可以把「首善之區」的喜憎、格調和口音，傳送到窮鄉僻壤，使美國的鄉間與紐約無殊；法國的鄉間與巴黎無殊；英國的鄉間與倫敦無殊；義大利的鄉間與羅馬無殊。這種情形與英國作家哈代 (Thomas Hardy, 1840–1928) 所寫的小說《黛絲姑娘》（*Tess of the D'Urbervilles*，1891 年出版），描寫女主角從一個山谷到另一個山窪，便感覺到是從一國到了另一國，完全不同。其實，在大眾文化的影響下，不僅是一國的城與鄉喪失差別性，即使是各國的大都市也沒有什麼分別：羅馬、巴黎、馬德里與新加坡、新德里、墨西哥城以及洛杉磯也沒有什麼多大的不同。於是，原來根深蒂固的國家或地方文化，逐漸的受到全國性的和國際性的消費文化的影響。

這種同質化的發展，又為廉宜的、一致的、機器製作的服裝的普遍使用所加速（各種合成纖維也變成衣料的大宗）。在另一方面，服飾本有劃分人的職業和地位的功能，現在情況改變，衣著不再代表身分的差別，社會更進一步的趨向平等化。

第三個大眾文化的特徵是普遍性：大眾文化如同水銀瀉地，無孔不入，它是一種消費型和育樂型的文化，它不重視精緻文化所重視的創造和發明，不尊敬思想家、文學家、科學家、藝術家、企業家，但是他們崇拜影星、歌星、拳王以及運動明星。他們對文豪和學者乃至於政治家均可能不聞不問。1986 年，美國富爾頓 (Fullerton) 的加州州立大學 (California State University) 有一位教授對學生作問卷調查，發現雖然有 60% 的學生聽說過俄共總書記戈巴契夫的名字，但是多人不知道他是什麼來歷，有人認為他是芭蕾舞星；差不多有一半的人不知喬叟和但丁；祇有 10% 的人聽到過美國開國元勛之一的漢彌爾頓，儘管他們所愛用的面額十元的鈔票就印著他的肖像。稍早，在 1985 年 4 月，在東蘭辛 (East Lansing) 的密西根州立大學 (Michigan State University) 有一位教授選出一百三十二個歷史上重要的人物、年代和地點來測驗學生，發現學生平均祇知道 47%，其中伽利略竟被認為是歌劇演唱家，而畫家魯賓斯竟被認為是一種三明治[23]。但是，1987 年貓王艾維士・普里斯萊 (Elvis Presley, 1935–77) 逝世十週年時，他的家鄉田納西州的孟斐斯 (Memphis) 市竟然至少有五萬名「超級歌迷」來集會。另外，有多少人的眼睛會盯著螢光幕上的《妙賊》(*It Takes a Thief*)、《虎膽妙

---

[23] Fullerton, California (October 17, AP), *China Post*, October 18, 1986, p. 3；《臺灣日報》，民國 74 年 4 月 14 日，3 版。

算》(*Mission Impossible*) 一類的節目，但卻對莎士比亞和王爾德沒有興趣。

對於這種情況，也有人痛下針砭，德國歷史學家史賓格勒 (Oswald Spengler, 1880–1936) 在其《西方之沒落》(*The Decline of the West*, 1918 至 1922 年出版)，就以「文化」會被「文明」(較為世界性的和商業化的大眾文化) 所取代為憂慮。西班牙哲學家奧德加 (José Ortega y Gasset, 1883–1955)，在他的《大眾的叛亂》(*La Rebelión de las Masas*, or *The Revolt of the Masses*，1930 年出版)，認為歷來「大眾人」(mass men) 皆聽從「優異分子」(elite) 的領導，如今則顛倒過來，實屬悲劇。法國存在主義的哲學家沙特 (Jean-Paul Sartre, 1905–80) 在他的《話語集》(*The Words*，1966 年出版) 就詛咒品味很低的大眾文化，使二十世紀成為一個「沒有傳統的世紀」(a century without tradition)㉔。但是，大眾對於這些反對的聲浪完全無動於衷。美國保齡・格林州立大學 (Bowling Green State University) 的大眾文化系系主任布朗尼 (Ray Browne, 1922–2009) 認為共產主義的沒落，便是由於大眾文化所造成的，連麥當勞在莫斯科開店都有貢獻㉕。

第四個大眾文化的特徵是崇尚簡化和速成：這是隨著同質化而來的另一趨勢。大眾文化不喜歡複雜和微妙，主張把一切情況都用簡易的和確定的方式來解決或處理。所有的照相機、錄影機、電視機等都是「按鈕」的動作。你的天才和創造很少有用武的地方。以照相而論，祇有攝影大師還用讓人可以發揮匠心的攝影機，也就是距離、光圈等等都由人自己來調節的一種照相機，其他的人早已把這些都交給自動或按鈕的裝備了。另外，大眾文化的社會，人常把東西或物品的存在的價值，看作祇有使用的價值，用後即可丟掉，就像免洗餐具一樣。這使人覺得人與外在環境的一切祇有短暫的關係，沒有固定的關係。現代人在心理上缺乏安定感和安全感。

㉔ Roland N. Stromberg, *Europe in the Twentieth Century*, 2nd ed. (New Jersey: Prentice-Hall, 1988), pp. 292–93.

㉕ Bowling Green, Ohio (UPI), *China News*, April 2, 1990, p. 2.

第十二章
文化的發展

現代文化無論在量與質方面均有了前所未有的變遷。一個時代的價值和真理固然不一定會為下一個時代所接受，但在以往很少像二十世紀那麼斷然地和激烈地拋棄過去的傳統。

科學與工業技術的發達在二十世紀到了前人所不能想像的程度，其權威也普遍地被接受，因而有「科學當令」(reign of science) 的說法。但是，它們推陳出新的程度，以及「功參造化」的境界，固令人神惑目眩，惟為福為禍也在得失寸心之間。

社會科學的躍進，以及其理論與知識運用到實務層面，直接地影響到了人的生活方式。政治學、經濟學和社會學等等的發展，都應用到制度的運作，而制度的運作也會促成新的發展。人類學使人瞭解文化價值的相對性，新心理學也使人對人的本身和行為有了較為明晰的看法。文學和藝術有了新的導向，它們所呈現的新風格和新理念，可以鬆散地歸納為現代主義 (modernism)，用各種象徵或扭曲的方式來反映人生和人的感受。

哲學和宗教在現代世界也展現了新的風貌，以及新的展望。

現代人對自然，對社會，乃至對自己，都不再那麼確定，現代文化的特色之一是「自我懷疑的文化」(a culture in self-doubt)❶。

中國現代文化亦甚可觀，惟在各家所著的中國現代史中已有所討論，本書不列入。

---

❶ Mary A. F. Witt & others, eds., *The Humanities, Cultural Roots and Continuities*, Vol. II (Lexington, Mass.: D.C. Heath, 1980), pp. 231–32.

第一節　科學與技術

自然科學的突飛猛進，以及工業技術的推陳出新是現代世界司空見慣的現象。本來，自從十九世紀末年以來，自然科學領域中的重要理論被認為均已發現，剩下的祇是如何去踵事增華，以及如何在過程和測量方法上力求改進而已。但是到二十世紀以後，卻發現人類所獲得的知識實在非常有限，而且有很多知識並不正確，大部分的知識尚處於等待發掘的狀態，過去很多確信不疑的東西也有待檢驗和重估。

這種發展源自「物理學革命」(the revolution in physics)。通常認為科學知識的發展是累積性的 (cumulative)。近來有「科學革命」的看法，科學研究先是遵守大師所建立的「型範」(paradigm)，這種型範為「概念的架構」，如亞里士多德的「物理」(Physica)，牛頓的「數學原理（數理精要）」(Principia Mathematica) 和愛因斯坦的「相對論」(Theory of Relativity) 之類，亦相當於懷海德 (Alfred N. Whitehead, 1861–1947) 所說的「基本假定」(fundamental assumptions)。這種型範雖在某一時代為科學研究的指導原則，終究將會因新事實的發現和新「困疑」(puzzles) 的產生，使此一「型範」發生技術性的崩潰 (technical breakdown)，新的「型範」乃應時而生。另一方面，舊有的「型範」也可能並不因為新的「型範」的出現而完全喪失作用，如哥白尼 (Nicolaus Copernicus, 1473–1543) 的天文學理論並未完全推翻托勒密 (Claudius Ptolemy, 100?–165?) 的學說，在推定星球位置的變化方面，托勒密的學說仍被應用。這就是科學革命產生的情形❷。

物理學在二十世紀居於非常突出的地位，其情況有如生物學在十九世

---

❷ Thomas S. Kuhn, *The Structure of Scientific Revolutions*, 2nd & enlarged ed. (Chicago, 1970); Alfred N. Whitehead, *Science and the Modern World* (New York, 1967).

蒲朗克

愛因斯坦

紀的樣子。物理學本來在十九世紀末年就有相當的進展，它已經發展成三大部門，即動力學、電磁學、熱力與統計力學。物理學的體系在當時認為已經粲然大備，但不久也發現有兩項研究遭到困難，一是光在介質（「以太」）中傳播的問題，一是物體輻射能在光譜上的分布定律問題。關於第一項，後來由德國物理學家蒲朗克 (Max Planck, 1858–1947) 發表《量子論》(*Quantum Theory*)，得到初步的解決；關於第二項，愛因斯坦 (Albert Einstein, 1878–1955) 在 1905 年發表《特殊相對論》(*Special Theory of Relativity*)，以及 1916 年出版《一般相對論》(*General Theory of Relativity*)，澄清了許多的觀念。物理學研究中，主要的工作之一是由現象的觀察或測量，經歸納、推廣和一般化，成為定律。這種定律通常用數學的形式來表現，但主要地在表達「觀念」和「概念」，人類最原始的觀念是「時」與「空」，「時」是「兩事間時間的長短」，「空」是「兩物間距離的長短」，「時」與「空」的概念均是與人類以俱來的，也是曆法（天文）和幾何學的淵源。愛因斯坦指出時間與空間和其他度量標準，就觀察者所處的位置與運動而言，是相對的，而不是像古典物理學所說是恆常的。他也指出，光速是一個常數，而所有能量均由量子發出，他相信原子量有極大的能量，

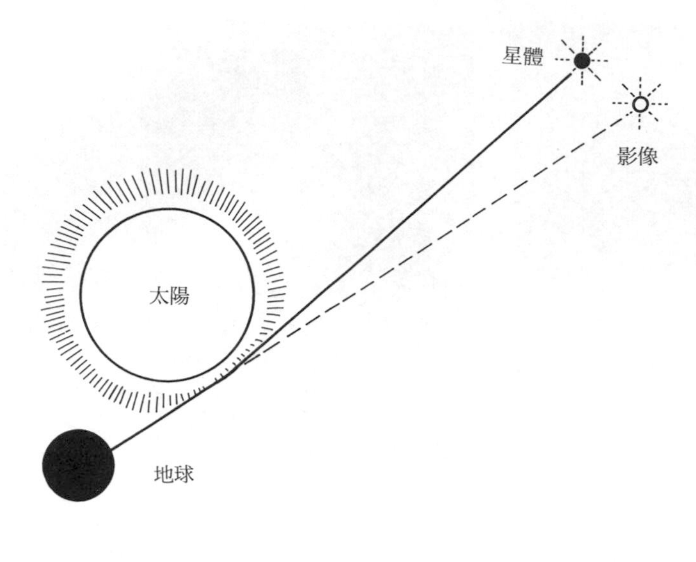

愛因斯坦設定光有質量而會被引力所影響，此說不易證實。但 1919 年 5 月 29 日發生日全蝕，使天文學家得藉一個星體通過太陽的引力場而測量光的偏離程度。結果發現所看到的星體偏離其真正位置相差弧的三十一又二分之一秒，證實了愛因斯坦的學說

資料來源：Alan Bullock, ed., *The Twentieth Century* (London: Thames & Hudson, 1971), p. 286.

他的公式 $E=MC^2$ 有很大的突破性，其中 E 是用爾格 (ergs) 表示的能量，M 表示質量 (mass)，C 則表示光速。蒲朗克與愛因斯坦奠定了現代物理學的基礎。

核子物理學的發展至為驚人，也影響最大。早在 1896 年法國物理學家貝克里爾 (Antoine Henri Becquerel, 1852–1908) 在鈾合成物 (uranium complex) 中發現放射活動，1897 年英國物理學家湯穆森 (Joseph John Thomson, 1858–1940) 發現原子中含有帶負電的電子 (electrons)，為揭開原子秘密的第一步。1898 年法國的居禮夫婦 (Pierre & Marie Curie, 1859–1906 & 1867–1934) 在瀝青中發現放射性的元素釙 (polonium) 和鐳 (radium)，而與貝克里爾同獲 1903 年的物理學諾貝爾獎。蒲朗克與愛因斯坦的學說發表以後，英國物理學家羅塞福 (Ernest Rutherford, 1871–1937) 和丹麥物理學家包爾 (Niels Bohr, 1885–1962) 研究，使其逐漸可能走上實用的道路。1911 年羅塞福指出原子結構中央為帶正電的核子 (nucleus) 而環繞以帶負電的

電子 (electrons)。包爾則將蒲朗克與羅塞福之說聯一，於 1913 年指出電子從一軌道「跳」(jump) 到另一軌道所產生的能量為量子 (quanta)，因此原子分裂（改變其電子序）便可使物質變為另一種物質，能產生極大的能量。不過此種理論一直到 1932 年，英國物理學家查德威克 (Sir James Chadwick, 1891–1974) 發現核子中不僅有質子 (protons)，且亦有中子 (neutron) 以後才有實用的可能。中子為一種本身不荷電的質點，它既不為帶正電的質子所排斥（驅除），亦不致為帶負電的電子所吸收，因而成為轟擊原子使之分裂的理想工具。而且在轟擊的過程中會產生更多的中子，這些中子轟擊其他原子造成分裂又產生其他的中子，連鎖產生很大能量。在 1939 年德國科學家已成功地在實驗室中完成鈾（最重的元素）原子的分裂。祇使用三十分之一伏特 (volt) 的電力即可促成中子轟擊原子分裂，卻能產生二億伏特的電力。但並非所有的鈾元素均可分裂，自然鈾中僅極少部分的同位素鈾 235 (isotope 235) 始可用中子轟擊而分裂。後亦發現構成世界鈾產 99% 的鈾 238 可以吸收中子而變質為錼 (Np: Neptunium) 和鈽 (Pu: Plutonium)，鈽則可以分裂而產生極大能量。更為晚近，發展出可將大量鈾 238 存諸原子爐中而用從鈾 235 分出的中子轟擊，使之產生鈽。原子分裂成功之初即肇可為軍事用途的端倪，一些科學家，包括 1934 年因逃避納粹迫害來美國的愛因斯坦，向美國政府建議趕在德國之前製造原子武器。1942 年，美、英科學家連同一些流亡科學家包括義大利人費爾米 (Enrico Fermi, 1901–54) 共同研究，終於在 1945 年 7 月在新墨西哥沙漠試爆成功，此即該年 8 月用以對付日本的原子彈，每一顆原子彈的爆炸威力相當於二萬噸黃色炸藥 (TNT)，故不幸原子時代竟是藉戰爭而序幕。而

羅塞福

後來不僅擴散使一些國家皆擁有這種殺人利器，且更進一步而於 1952 年發展出更具威力的氫彈 (H-bomb)，其威力更是以米加噸（百萬噸，megatons）黃色炸藥來計算，因此一個五米加噸的氫彈便可具有二百五十倍廣島式原子彈的威力。1970 年代以後，不僅美國、俄國、英國、法國、中國大陸、印度、以色列等擁有核武，其他國家亦企圖發展核武。於是，核子擴散成為人類的噩夢。

核子物理學也能有和平的用途，核能發電便是一端。電子對人類生活的重要性，盡人皆知，核能發電的效果極大。第一座核能電廠是 1956 年在英國的卡登・霍爾 (Calder Hall) 建立的，此後普及到全世界，到 1979 年已有二百二十四座。但是，自從 1979 年 3 月美國賓州三哩島核電廠 (Three

1952 年美國在太平洋馬紹爾群島進行氫彈試爆所造成的蕈狀雲，在爆炸兩分鐘後，即升高到四萬呎，最後升高到十哩並散布到一百哩

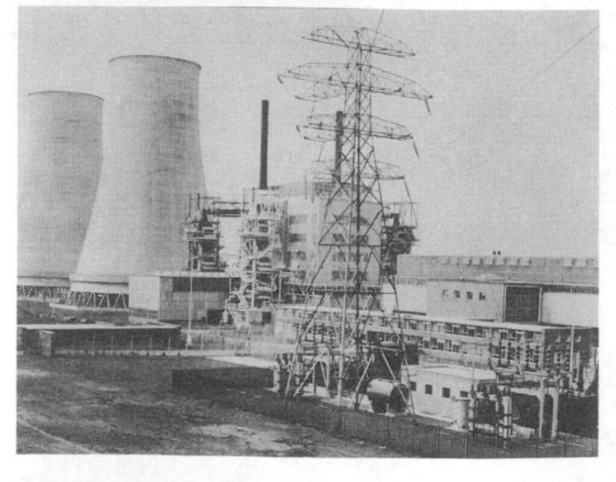

世界第一座核電廠，在 1956 年建於英國，左邊兩個塔是冷卻所需

Mile Island Power Station) 發生意外事件，以及 1986 年在俄國車諾比 (Chernobyl) 核能電廠事件以後，便常遭受到環境保護運動人士的反對。此外，核子物理也與醫學相結合而成為核子醫學。

地球科學 (Earth Sciences) 是 1914 年以後，特別是第二次世界大戰以後的重大成就。這包括對地球本身、大氣層和外太空的研究和探測。星際旅行和遨遊太空原為人類古老的願望，太空是充塞宇宙的浩瀚而無極限的空間。即以我們自己的銀河系就有一千三百五十多億個星體，而它們之間的距離以光年計。對人類而言，太空始於距離地球表面一百六十公里以外，空氣稀薄到對經過的物體不能發生作用和沒有引力的地方。人類到太空或登陸其他星體，其困難在於不易克服地心引力，此問題後因火箭工程的發展而有很大的推力，終獲解決。太空探險的先驅是美、俄兩國，係為發展戰略武器的投擲系統而產生的。先是 1957 年 10 月俄國發射人造衛星一號 (Sputnik I) 升空，重量僅近二百磅，時速達一萬八千哩。一個月後又發射人造衛星二號，升空高度近一千哩，重量超過半噸，並有儀器裝置及一隻狗。1961 年，俄國已可送人至太空軌道。美國急起直追，1958 年 1 月發射人造衛星「探險者一號」(Explorer I)，1962 年 2 月終能將由人駕駛的太空艙送至地球軌道。此後推展登陸月球的「太陽神計畫」(the Apollo Program)，終於在 1969 年 7 月 20 日領先俄國，首次把太空人阿姆斯壯用太陽神（阿波

美國太空人登上月球，為人類首次壯舉

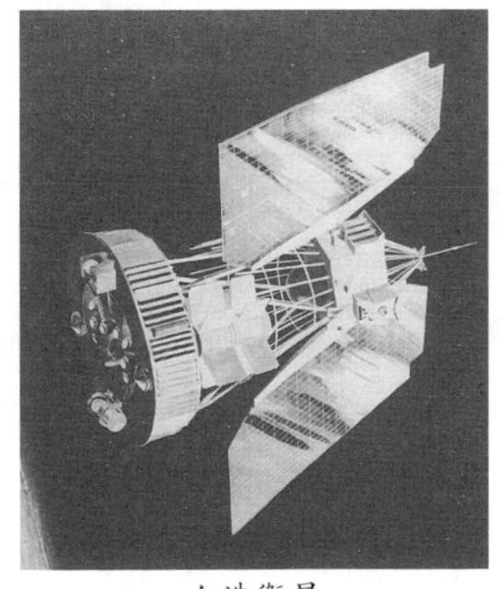

人造衛星

（左）二十世紀的科技象徵，1988 年 9 月美國太空梭「發現」號 (Discovery) 破空上升

（右）架設在英國約瑞勒·班克 (Jodrell Bank) 的無線電望遠鏡

羅）十一號登月艇送上月球。1975 年 7 月美國太空人駕駛的太陽神太空艙與俄國太空人操縱的「聯合」號 (Soyuz) 太空艙在西德上空連接，然後各奔前程。1981 年美國發展出可以重複使用的太空梭 (space shuttle)，該年 4 月太空梭「哥倫比亞」號 (Columbia) 在佛州卡那維拉角 (Cape Canaveral) 升空。1982 年俄國太空人在太空生活七個月後返回地球，為破記錄的發展。太空探險仍在繼續進行。

人造衛星 (artificial satellites) 為太空科學的另一種發展。它由強力火箭射上太空，環繞地球運轉，或者與地球一同旋轉（因而可以一直停留在同一地點）。它可以從太陽吸取能量，然後轉變為無線電和其他的電磁波，再裝上對不同波長敏感的各種照相機和掃描器，指向不同的方向，便可以搜集地球上各種不同的資訊。人造衛星的種類很多，與人的日常生活有關的有氣象衛星，使人能知道天候的變化；通訊衛星，可以把世界大事立即送到每家的電視螢光幕；廣播衛星，可以把其他國家的電視節目傳遞過來。1980 年代初期，太空中就已有各國所發射的各式各樣的人造衛星超過二千八百枚。

無窮盡的太空

由於太空艙、人造衛星和無線電望遠鏡（radio telescope，一種用雷達偵測來自天體的無線電波來研究天文的儀器）的發展，使天文學的研究有了前所未有的進展。1983 年由美國、英國及荷蘭合作發展的紅外線人造天文衛星 (IRAS) 是一個超大型的飛行望遠鏡，重八百一十公斤。現在發現宇宙可能已有二百億年的歷史，現代望遠鏡可以「看」到大約四十億個銀河系，每一個均有數以十億計的星體。我們的太陽，從它的氫氣所放射的紅光來看像是一個固體的天體，但實際上是一個直徑八十六萬四千哩的火燄塊。我們現在對於各個星體已有較多的瞭解。

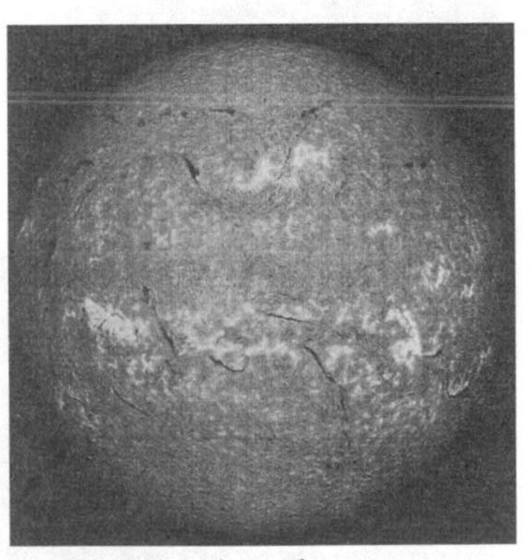

太　陽

「麥哲倫」號太空艙傳回金星的圖片 (1991)

生命科學 (life sciences) 隨著分子生物學 (molecular biology) 的發展而大為突出，此為二十世紀中葉以來最大的發展。1953 年，英國生物化學家葛里克 (Francis H. C.

Crick, 1916–2004) 與美國生物化學家華生 (James D. Watson, 1928–) 闡明去氧核醣核酸 (DNA) 的雙螺旋體 (double helix) 為遺傳的基本結構，它存在於基因 (gene) 細胞的核心，由四種不同的細微分子結成螺旋狀的鏈，它們決定遺傳的特質，而人類基因含有三十億個密碼。此後生命科學（包括分子生物學、生物化學、細胞生物學、免疫學等）便日進千里，促成了 1973 年基因重組實驗的首次研究成功，以及 1975 年「融合瘤技術」順利地製造出特異性的單源抗體。這些突破性的發展，不僅成為生物醫學最重要的研究工具，可用來探究深奧的生命現象，同時也成為極有應用潛力的生物技術。同時也使世人更明白細胞是構成生命的一個基本單位，而它所表現的生命現象如：生長、分裂、代謝等，都是由細胞核裡的基因所控制。基因不僅控制我們細胞構造的形態和分化， 同時也控制各種生理機能。如果基因發生問題，生命本體也就發生問題。許多遺傳性疾病，甚至癌症的發生及細胞的老化，都與基因控制有關。於是科學家就想辦法修改基因，修改遺傳基因已成為一個普遍的技術，我們可以藉著這種技術，利用細菌或酵母菌，甚

葛里克與華生在英國劍橋展示去氧核醣核酸的結構

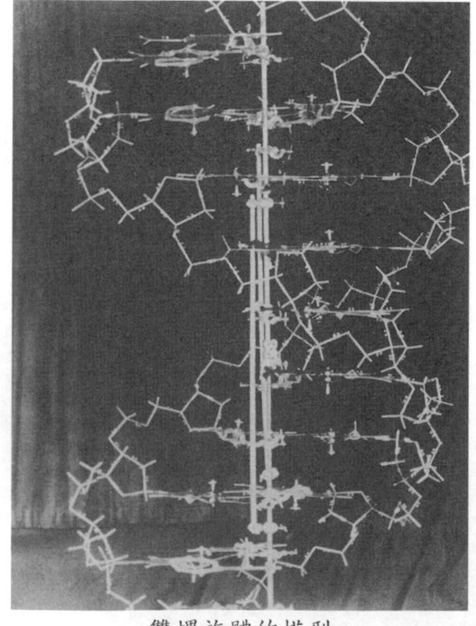

雙螺旋體的模型

至動物細胞來製造 B 型肝炎疫苗、干擾素、胰島素、生長激素及淋巴激素等有用的醫療藥品。至於「融合瘤技術」，在醫學上利用這種技術製造出許多有價值的單源抗體，一則可以從事基礎醫學的研究，二則藉此幫助各種疾病的診斷與治療；譬如，癌症的免疫化學治療就是把抗癌細胞的單源抗體與抗癌藥物相結合，藉著單源抗體作導向，將抗癌藥物攜帶到癌細胞生長的部位，一方面可增強抗癌藥物的治療效果，另一方面也可降低抗癌藥物的副作用；這在將來，很可能成為理想的治癌方法之一。總之，「遺傳工程」與「融合瘤技術」對人類健康與文明所造成的衝擊，實在難以估量。

總之，生命科學是一個無窮的天地。在理論上，當卵子受精後生命便告誕生，但是，什麼力量去促使受精卵開始分裂？而受精卵持續分裂以後，本來應該得到與母細胞相同的子細胞；但其實不然，因為發展到某個時刻，有些細胞就開始面臨抉擇，有的分化變成血球，有的變成肌肉，有的則必須死亡才能成全其他細胞的發育。整個的生命過程有待瞭解的地方還有很多。即以人的大腦而言，人類之所以有意識語言、會思考、會學習，全來自大腦。在人類大腦中大約有一百億個神經細胞，每個神經細胞都有從數百到上萬個不等的聯絡點，神經細胞就是透過這些聯絡點彼此相接，構成一個無比複雜的資料處理中心。

醫學在本世紀的發展尤為驚人。德國細菌學家艾力克 (Paul Ehrlich, 1854–1915)，一向致力於免疫研究並為化學療法 (chemotherapy) 的先導者，他希望能用一種「神奇子彈」(magic bullet，即化學藥劑）來打擊病灶而又不損傷人的體素。他在 1909 年發現 “606”(salvarsan)，此不僅為治療梅毒的藥物而且奠下以後發展磺胺類藥物 (sulfa drugs) 和抗生素的基礎。1928 至 1930 年左右，英人弗來明 (Sir Alexander Fleming, 1881–1955) 發現了盤尼西林 (penicillin)，對治療肺炎、梅毒等症有極大效果，於是展開了抗生素的時代，此後其他種類的抗生素層出不已，消炎藥品有了新天地。此外，第一次大戰後由於過濾性病原體 (viruses) 的發現，使人類對很多疾病有了

沙 克

瞭解，1950 年代因為疫苗發展成功，可以預防腮腺炎 (mumps)、麻疹、霍亂等病。1953 年美國醫生沙克 (Jonas Salk, 1914–95) 發展成功小兒麻痺病 (Poliomyelitis) 的預防疫苗，尤為一大突破。這些成就在在顯示預防醫學 (preventive medicine) 的進步。不過，迄今為止，人類對於兩種影響健康的大敵，即心臟疾病與癌症，仍然沒有能夠克服，不過透過器官移植和手術及化學療法，仍有若干患者得以活命。另外，有一種在 1981 年始獲證實而方興未艾的一種病，就是「愛滋病」(AIDS)，正對人類健康造成很大的威脅。「愛滋病」的正式名稱是「後天性免疫缺乏症候群」(AIDS: Acquired Immune Deficiency Syndrome)，這是一種經由性行為、輸血、器官移植、注射毒品等因而受到人類免疫缺乏過濾性病毒 (HIV: Human Immunodeficiency Virus) 的感染而造成的一種喪失免疫能力的疾病，其帶原者（受感染者）的疾病潛伏期或長或短，但病發後極難治療。世界各地均有病例出現，惟北美、南美、歐洲、非洲、澳洲等地較嚴重。感染此病的比率，都市較鄉村高，非洲及加勒比海地區感染者多為異性戀者，美國及歐洲的感染者多為同性戀者和注射毒品的人。罹患此病的人數雖遠較心臟疾病和癌症的人數為少，但在增加之中，又因無法治癒和極為痛苦，故對心理影響甚大。

「試管嬰兒」(test tube baby) 的成功，是醫學非常重大的突破，引起的爭議也不少。1978 年 7 月，英國奧德穆地區總醫院 (Oldham and District General Hospital) 宣布第一個試管嬰兒（一個女嬰）的誕生，這是醫學結合生命科學的成品。該醫院醫生史提普脫 (Patrick Steptoe, 1913–88) 與劍橋大

學生理學家愛德華 (Robert Edwards, 1925–2013) 共同合作，他們先給無法正常生育的婦女注射荷爾蒙，使她能在特定時間內排卵，然後用一具附有空心針頭的裝置取出卵子，放在試管中，使之與精子結合，再移到另一試管培育成胚胎，培育試管中裝有該名婦女的血液和其他藥品，經過染色體實驗無畸形後，再注射荷爾蒙至該名婦女體內，使她體內產生接受胚胎的生理變化，最後把胚胎移植到她的子宮內，成長誕生。這是一項功參造化的過程。

現代醫學一方面有其自身的發展，一方面結合了生命科學，另一方面也與科技和工業連為一體。這在各種醫療器材和裝置中均可看到，譬如心肺機、掃描器等等。

工業技術的發展，表現在製造業和有關各方面，到了前所未有的程度，在此無法也不必一一列舉。工業技術用在增進人的生活便利方面，也非常之多，如在日本與法國發展成功高速鐵路，1981 年法國推出破紀錄的時速二百六十公里的高速火車。在航空工業方面的進展，最為顯著。人類想飛上天空，原是古老的夢。1903 年 12 月 7 日，美國的萊特兄弟 (Wibur & Orville Wright, 1867–1912, 1871–1948) 在北卡羅林納州試驗飛行時，第一

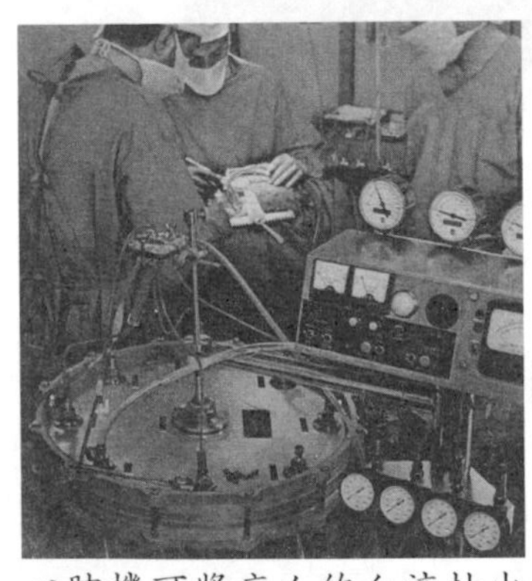
心肺機可將病人的血液抽出補充氧氣後送再回人體

1903 年時的飛機

次飛行僅持續了十二秒，當日另有三次試飛，最後一次亦僅持續了五十九秒和飛行了八百五十二呎。此後航空工業進度驚人，第一次大戰時已有軍事用途。1919 年兩個英國人完成了跨大西洋自紐芬蘭至愛爾蘭的飛行，而在 1927 年美國林白上校 (Colonel Charles Lindbergh, 1902–74) 完成自紐約至巴黎的不著陸飛行。1946 年荷蘭航空公司 (KLM) 已建立了歐洲與紐約間的定期班機飛行，1947 年泛美航空公司 (PAA) 開始了環球飛行。不過，如果沒有噴射引擎 (jet engine)，飛機的時速不可能超過四百五十哩，噴射引擎雖早在 1930 年代便已發明，但如果不是戰爭需要，不會廣泛使用。但是軍用飛機的載重量和體積較民航機為輕為小，以致不易發展。1960 年代，英、法等國研製噴射客機，後來兩國合作，1976 年 1 月終於推出時速超過兩倍音速的協和式民航機 (concorde)，其飛行速度為每小時一千三百六十哩（步槍子彈為每小時八百八十四哩）。倫敦與紐約之間為三千四百四十哩，但飛行時間僅三小時二十分鐘，巴黎與紐約的距離是三千六百二十

英、法合作製造的噴射客機

哩，僅三小時四十分鐘即可抵達。俄國在 1975 年 12 月便已開始使用超音速的 TU–144 型飛機運貨，但用於客運則在協和號昇空六個月之後。

現代科技發展的產品當中與人的日常生活密切相關的，是俗稱「電腦」的電子計算機 (computer)。1830 年代英國數學家巴培之 (Charles Babbage, 1791–1871) 萌生機械數據計算機 (mechanical digital computer)，他稱之為分析引擎 (analytical engine) 的念頭。1944 年美國哈佛大學數學教授艾肯 (Howard H. Aiken, 1900–73) 和他在 IBM 的小組研製成功第一具計算機馬克一號 (Mark I)，重量有三十五噸，第二次大戰時為美國海軍所用。此後它的發展一日千里，它的計算記憶力的驚人，以及它所帶來的知識與便捷，使人從觀望懷疑轉為熱烈的接納，美國的《時代》雜誌 (*Time*) 在 1982 年打破了自己五十五年來的傳統，把「電腦」選為該年的「風雲人物」，而稱之為「風雲機械」(Machine of the Year)❸。

號稱為「心靈的科學」(science of the mind) 的心理學有很大的發展，使人對自己有了進一步的瞭解。

首先是行為學派或行為主義 (Behaviorism)，在兩次世界大戰之間頗為盛行。此派強調可衡量和可觀察出來的因素對人類行為和動物行為的影響，著重「刺激」(stimuli) 與「反應」(response) 的關係，而忽視觀念、情感和內在心理經驗的影響，一切行為可以從外在環境的刺激與內在的生物程序去瞭解和研究。此學派與十九世紀後期的實驗心理學 (Experimental Psychology) 有很大的關係，實驗心理學的倡導者為德國的馮特 (Wilhelm Wundt, 1832–1920)，他是第一個真正的心理學家，不過他亦是由生理學者和哲學家轉而研究心理問題，並相信心理學可從形而上學獨立出來，他創立世界第一個正式的心理研究室 (Psychologisches Institut) 於萊比錫 (1879)。他著重研究人類思想與行為的物理基礎，用刺激與反應作為衡量。俄國人巴夫洛夫 (Ivan Petrovich Pavlov, 1849–1936) 在此方面頗有貢獻，他

❸ *Time* (January 3, 1983).

用狗作為實驗的對象而發現「交替反射」(conditional reflex) 的現象，而且獲得 1904 年的諾貝爾獎金，他的研究使有關人類行為與學習有了新的理論。行為學派的奠基者是美國心理學家約翰・華生 (John Broadus Watson, 1878–1958)，他在 1913 年正式使用「行為主義」一詞，他的著作《從行為主義者的觀點看心理學》(*Psychology from the Standpoint of a Behaviorist*, 1919)，他既不接受較古老的「靈魂」觀念，也不接受「意識」的說法，認為心理學應是「純粹客觀地，可以實驗的自然科學的一支」(a purely objective, experimental branch of natural science)，乃有「行為科學」之說。此一學派後來發生很大的影響，尤其是在美國為然。美國心理學家史金納 (Burrhus F. Skinner, 1904–90) 和霍爾 (Clark L. Hull, 1884–1952) 均屬此派大師，史金納的《有機體的行為》(*The Behavior of Organisms*, 1938)、《超越自由與尊嚴之外》(*Beyond Freedom and Dignity*, 1971)，以及《關於行為主義》(*About Behaviorism*, 1974)，均甚著稱。

另一派在二十世紀興起的心理學研究，是格式塔或完形心理學 (Gestalt Psychology)。此派學者多為德籍或奧籍猶太人，他們在 1920 年代在德國倡導學說，1930 年代後移往美國，其中主要人物有威特默 (Max Wertheimer, 1880–1943)、科勒 (Wolfgang Köhler, 1887–1967) 和科夫卡 (Kurt Koffka, 1886–1941) 等等。他們雖大致同意行為學派對「刺激」與「反應」的看法，但卻強調行為不能從局部因素去瞭解，而應從「整體」去探索，「整體」無法從分析各個部分而獲知一切，有如聆聽交響樂，不是去聆聽各種單獨的音符和聲調。他們因而主張「感覺」(perception) 是「整體」(whole) 的。格式塔或完形 (gestalt) 一字便是源自德文 gestellt，其原意即為「放好」或「放在一起」之意。

心理學中最具影響力的是心理分析學派 (Psychoanalysis) 的興起。猶裔奧人弗洛伊德 (Sigmund Freud, 1856–1939) 是此派開山大師。弗洛伊德出生於莫洛維亞 (Moravia)，但絕大部分的生活是在維也納度過的，1938 年納粹併奧後逃往英國。1881 年獲維也納大學的醫學學位，他在年輕時閱讀達爾文的學說，並且翻譯過彌勒 (John S. Mill, 1806–73) 的作品，對哲學和人文學科亦有興趣。他是神經科專家，也曾在巴黎研究 (1885–86)，他回到維也納後與布洛爾 (Josef Breur, 1856–1939) 一起開業，用催眠法治療歇斯底里症，1895 年二人合著《歇斯底里症之研究》(*Studien über Hysterie*)，此為心理分析的濫觴，治療時讓患者在催眠狀態下回憶並敘述其早期生活經驗，來尋找其心理創傷 (psychic trauma)。但不久二人因為弗洛伊德偏重性的因素而分手，弗洛伊德放棄催眠法而改用自由聯想 (free association) 的方法，讓患者將其壓抑到潛意識 (unconsciousness) 的慾望湧現到意識認知 (conscious recognition) 的層次。1899 年他出版《夢的解說》（*Die Traumdeutung*，1900 年發行，1913 年英譯本 *The Interpretation of Dreams* 問世），1904 年出版《日常心理病理學》（1913 年英譯 *The Psychopathology of Everyday Life*），1905 年出版《性三論》（1910 年英譯 *Three Contributions to the Sexual Theory*），1923 年出版《自我與本我》（1927 年英譯 *The Ego and the Id*）。弗洛伊德強調「性」的因素，他相信性衝力「立必得」（libido，後改稱「本我」(id) 藉沖淡道德意味）是與生俱來的。人皆經歷不同的性發展階

弗洛伊德

法國作家、藝術家和電影導演柯考圖 (Jean Cocteau, 1889–1963) 所瞭解的弗洛伊德

段，從自戀（autoerotism，愛自己的身體），經戀母或戀父情結 (the Oedipus, or Electra complex) 和同性愛（homosexuality，喜同性玩伴），而最後始為異性愛 (heterosexual love)；這些階段在成長後仍有微弱的作用，而可能引起問題。所以，弗洛伊德常探究病人兒童時期的生活史。弗洛伊德在 1920 年代初期將其學說定型：與人生俱來的是慾望 (drives)，此為人類行為的推動力，即「本我」(id)，它是潛意識之一部且經常驅使個人有所行動藉獲滿足。不過由於個人對外在世界的警覺而發展出心靈的另一部分，此先為弗洛伊德稱為「檢查者」(censor) 而後又分之為「自我」(ego) 與「超我」(superego) 二部分。「自我」為個人的檢查者，為人的自覺的精神生活之一部，它通盤監護個人的利益且可裁決那些慾望可獲社會同意的出路。至於「超我」，則相當於普通所說的「良心」，為個人對社會制度的部分反應。簡言之，「自我」所管的是人性，為個人的良知；「超我」所司的是文化，為集體的或社會的良知。二者的功能均在調節與壓抑個人的衝慾。精神健全的人，其「本我」、「自我」與「超我」可以互相配合，而為幸福與良善的人。但是人終難免要努力壓抑某些衝慾，如能有成功的「轉向」(conversion) 即為「昇華」(sublimation)（指轉移精力於創造性工作）。但是，如果慾望不能「昇華」而又無法找到社會所能同意的出路，則將在被「自我」和「超我」否決之後而被驅回潛意識，留在那裡成為被壓抑的素材，繼續掙扎存在，有時成為夢的素材，乃可能成為反常行為的根源。

弗洛伊德的學說造成很大的轟動。1906 年以後，奧國心理醫師阿德勒 (Alfred Adler, 1870–1937) 與瑞士心理醫師榮格 (Carl Gustav Jung, 1875–1961) 等共同研究，蔚為學派，1908 年並組成維也納心理分析學會 (Vienna Psycho-Analytical Society)。但 1911 至 1913 年間，榮格與阿德勒均因弗洛伊德偏重嬰兒性徵 (infantile sexuality) 與戀父情結而與之分手，另創學派。不過，他們和以後的其他心理分析學派的人物，雖然不同意弗洛伊德的理論，但他們仍然未出弗洛伊德的基本理論，祇是著重點有程度上的不同而

阿德勒　　　　　　　　　　　　　榮　格

已。弗洛伊德不僅在心理學上發生很大的影響，他在文化方面也有創見，他在 1913 年出版《圖騰與禁忌》（1918 年英譯 *Totem and Tabu*）與 1939 年在倫敦出版《摩西與一神教》(*Moses and Monotheism*)。在前一著作中，他討論原始人對亂倫的恐懼和愛恨交織的感受，並指出原始人弒親的罪惡感和其他反應是人類文明、道德和宗教的原動力；在後一論述中，他推論摩西是埃及人，在對猶太人傳播一神信仰時被猶太人打死，猶太人對害死聖哲的懺悔發展出一神信仰，他並認為犯上叛逆後的懺悔是人類的重要遺傳。弗洛伊德的學說對人類學、教育、藝術與文學也有重大的影響。

阿德勒是個人心理學 (Individual Psychology) 的創立者，他曾從弗洛伊德一起研究，但不願接受弗洛伊德對「性」的過分強調，他主張應考量精神病人與其所處的整個環境的關係， 他認為人格困難常導因於自卑感 (inferiority complex)，此或因體能上的缺陷，或因受制於環境而無法獲得個人對權力的需求 (urge, or need for power) 或自我伸張 (self-assertion)，此行為失常係因對缺陷的過度補償 (overcompensation for deficiencies)。 他認為侵略性的衝動或本能是重要的，其他衝動皆屬次要。他指出，人對自卑感的反應是「雄性抗爭」 (masculine protest)，即企圖克服與女性聯想在一起的弱勢感覺。他不贊成弗洛伊德所說早年兒童期的性衝突是心理疾病的原因，認為性在人類企圖克服無力感時扮演象徵性的角色。他與弗洛伊德的分裂在 1911 年。他的著作有 1907 年出版的《官能劣勢與其心理補償》(*Studie über Minderwertigkeit von Organen*，1917 年英譯本 *Study of Organ Inferiority and Its Psychical Compensation*），1912 年出版的《神經質》（*Über den nervösen Charakter*，1917 年英譯本 *The Neurotic Constitution*），以及 1927 年出版的《瞭解人性》(*Understanding Human Nature*)。

阿德勒所倡導的個人心理學認為人的主要動機是追求完美，可能變成追求優越而演為對劣勢感覺的過度補償。人對自身和對世界的觀感影響到其全部的心理過程。所有的重要生活問題都是社會性的，因此必須在社會的網路內來考量。他的社會化 (socialization) 是經由與生俱來的社會性的本能的發展來達成的。特殊個人的人格結構，包括其特殊的目標和實現的途徑，構成其生活風格 (life-style)，而這又是多多少少在其察覺意識之外的。生活風格形成於童年的早期，決定因素有出生次序、體能優劣、被疏忽或被驕縱。心理健康表現在理性、社會興趣、自我超越等方面；心理異常則表現在自卑感和自我中心。心理治療的要點在醫師與病人以平等身分討論問題，當能鼓勵健全人與人的關係，並強化其社會興趣❹。

榮格是分析心理學 (Analytical Psychology) 的開山宗師。他童年寂寞，喜愛哲學書籍，後來在巴塞爾 (Basel) 和蘇黎士 (Zürich) 研讀醫學。他後來隨弗洛伊德一起工作，而且有一段時間，大致是 1907 至 1912 的五年中，二人關係密切。後來二人因志趣不同（榮格不贊同弗洛伊德太重視「性」的因素）而分手。1912 年榮格出版《潛意識的心理學》（*Wandlungen und Symbole der Libido*，1916 年英譯本為 *Psychology of the Unconscious*；1952 年修訂版英譯為 *Symbols of Transformation*）。他在 1921 年又出版《心理類型》（*Psychologische Typen*，1923 年英譯本為 *Psychological Types*）。此外，他還有許多其他著作，1953 年後他的作品英譯整理為四鉅冊的《全集》

❹ *The New Encyclopedia Britannica*, Ready Reference, Vol. I (Chicago, 1987), p. 100.

(*Collected Works*)。他的理論有玄奧和艱深的一面。

榮格的學說著重於心理整體 (psychic totality) 和心理活力 (psychic energism) 兩大支柱。他把人依其態度類型（對內在世界與外在世界注意的傾向與程度）分為兩型：外向的 (extroverted, or outward-looking) 和內向的 (introverted, or inward-looking)。他也把心靈的功能區分為四個：思考 (thinking)、感覺 (feeling)、知覺 (sensation) 和直覺 (intuition)，而在每一個特定的人的身上呈現的程度不同。他也認為人除了有個人的潛意識（personal unconscious，個人生活中被壓抑的一些事件）以外，還有集體的潛意識 (collective unconscious)，他用「原型」(archtypes)，此又指具有普遍性質而又表現在行為與形象中的本能性的模式。

其他的心理分析學家有美國人蘇利文 (Harry Sullivan, 1892–1949)，相信人的人格形成與他人有關；德裔美人霍奈 (Karen Horney, 1885–1952) 認為人的行為常決定於社會因素，而非生物因素，著有《自我分析》(*Self-Analysis*, 1942) 和《我們的內在衝突》(*Our Inner Conflicts*, 1945)；德裔美人弗洛姆 (Erich Fromm, 1900–80) 指出人的行為是對社會制約（條件）的學習後的反應，著有《逃脫自由》(*Escape from Freedom*, 1941)、《愛的藝術》(*Art of Loving*, 1956) 和《人心》(*The Heart of Man*, 1964)。另外一位德裔美人艾理生（1902 年出生於德國法蘭克福，求學於維也納，1933 年後移居美國），提出「認同危機」(identity crisis) 的觀念來描述人生在各個不同階段，從嬰兒至老年的心理衝突，著有《童年與社會》(*Childhood and Society*, 1950)、《青年路德》(*Young Man Luther*, 1958) 和《甘地的真理》(*Gandhi's Truth*, 1969)。

心理分析學派迄今仍在精神醫學上居於壟斷的地位，它對人類學、社會學、文學和藝術等方面也有重大的影響。

第二節　社會科學

社會科學 (social sciences) 從社會和文化的層面研究人的行為，人與他人的關係，以及人的各種問題和為解決這些問題所建立的各種制度。它包括的範圍或學科很廣，無法一一列舉和敘述。現代社會科學受自然科學的影響很大，例如對人類行為和社會現象的觀察和統計，以及建立假說 (hypotheses) 再予以證實或否證的研究過程，在在說明此點。晚近以來，由於電子計算機（電腦）的廣泛使用，也縮短了自然科學或硬性科學 (hard sciences) 和社會科學或軟性科學 (soft sciences) 之間的距離。如今對選舉結果的預測，以及經濟學上對於貨幣和物資供應情形的掌握並進而預測經濟情況，均有賴電子計算機的協助。至於社會科學與人文學科 (the Humanities) 的關係，更是一直非常密切，譬如社會科學家對一個社會的價值體系的瞭解，通常要透過人文方面的研究和著作。

政治學 (political science) 是一門古老的社會科學。雖然在馬基維利 (Niccolò Machiavelli, 1469–1527) 時（彼於 1513 年著《王侯論》，*The Prince*，1532 年出版），就常認為是獨立的學科，但在歐洲大陸如法國仍常用「各政治科學」(sciences politiques) 一詞，意指其非獨立的學科。政治學在十九世紀後期，在美國首先成為獨立的學科，1880 年布吉士 (John W. Burgess) 在哥倫比亞大學建立政治學院 (School of Political Science)。二十世紀後，政治學的研究也以美國最發達，英國也有相當成就。政治學的主要研究範圍原為國家、主權和政府的性質，現代政治學的研究也重視人類各種組織、利益團體的行為和決策過程。政治學的基本研究在於權力的性質和運作。政治學包括政治理論和政治哲學（政治哲學亦可包括在政治理論之內）、國際關係和公共行政。此外還有更細密的分類方式，譬如再加上比較政府、政治行為、政府與政治等。

二十世紀的政治學研究重視經驗基礎 (empirical experience) 的內容，在分析和量化方面有進展。1908 年美國政治學者班特萊 (Arthur F. Bentley, 1870–1957) 出版《政府的程序》(*The Process of Government*) 強調政治學的研究應就可以觀察的事實為對象，擯斥形而上的部分並吸取自然科學的精神；他也認為「群」(group) 是重要的概念，而不偏重國家，並且主張用人類活動的角度去瞭解政府的行為。1920 年代和 1930 年代，側重行為發展的芝加哥學派 (Chicago School) 興起，其主要人物為梅凌 (Charles E. Merriam, 1874–1953) 和拉斯威爾 (Harold Lasswell, 1902–78)。兩人在政治學的研究上，結合了心理學、統計學等學科，他們在結合這些學科的程度上雖有不同，但其方向則甚明確。梅凌先後出版《政治學的新方向》(*New Aspects of Politics*, 1925)、《政治權力》(*Political Power*, 1934)；拉斯威爾先後推出《精神病理學與政治》(*Psychopathology and Politics*, 1930)、《政治實務》(*Politics: Who Gets What, When, How*, 1934) 和《權力與人格》(*Power and Personality*, 1948)。在歐洲，法國的席菲德 (Andŕe Siegfried, 1875–1959)，英國的拉斯基（Harold Laski，1893–1950，在政治思想史方面）和瑞典的丁士頓 (Herbert Tingsten, 1896–1973) 均甚著稱，丁士頓在 1937 年出版《政治行為：選舉統計之研究》(*Political Behaviour: Studies in Election Statistics*)，尤為開先河之著作。第二次世界大戰以後，系統分析 (systems analysis) 是政治學研究的重大發展，美國政治學家伊斯頓 (David Easton, 1917–2014) 在 1953 和 1965 年先後出版《政治體系》(*The Political System*) 和《政治分析的架構》(*A Framework for Political Analysis*)。他把政治體系當作整個社會體系的一部分，認為體系與環境有密切關係，投入（inputs，此指需求，demands）進入體系後會成為產出（outputs，此指決策與行動，decisions and actions）。系統分析家很少談論「國家」與「主權」，他們多研究「體系」(systems)、「投入」(inputs)、「產出」(outputs)、「回饋」(feedbacks)、「網路」(networks)、「政治社會化」(political socialization)、「零和遊戲」(zero-sum games)、「宏觀政治學」(macropolitics) 和「微觀政治學」(micropolitics) 等等。此外，政治學家對於利益集團、精英分子和政黨的研究，以及政治態度和投票行為的分析，均甚注意。

經濟學 (Economics) 是另一門非常重要，也有相當歷史的社會科學。它的奠基者是亞當・斯密 (Adam Smith, 1723–90)，他在 1776 年出版《國富論》(*An Inquiry into the Nature and Causes of the Wealth of Nations*)，使經濟學成為獨立的學科（雖然從希臘時代到地理大發現時期已有若干發展）。經濟學的界說和範圍，殊不易定。大致說來，它是研究資源和財富的生產、消費、交易和分配的學問。

經濟學的研究歷經古典主義和馬克斯主義的不同觀點的詮釋。十九世紀後期以後，英國經濟學家哲旺斯 (William Stanley Jevons, 1835–82)、奧國經濟學家蒙格 (Karl Menger, 1840–1921) 和法國經濟學家華爾拉 (Léon Walras, 1834–1910) 奠定了邊際效用價值論 (marginal utility theory of value) 以取代勞動價值論 (labour theory of value)，開新古典學派的先河。英國經濟學家馬歇爾 (Alfred Marshall, 1842–1924) 則希望調和古典學派的論點。他認為古典學派偏重市場的供應面，而邊際效用說則強調需求面，他指出價格取決於供應與需求，一如剪刀要用兩個鋒面才能剪一樣。他的主要著作是 1890 年出版的《經濟學原理》(*Principles of Economics*)。另一位新古典主義的經濟學家熊彼得 (Joseph Alois Schumpeter, 1883–1950) 是奧裔美人，他在 1911 年出版《經濟發展論》（1934 年英譯本 *Theory of Economic Development*），以及《資本主義、社會主義和民主政治》(*Capitalism, Socialism and Democracy*, 1942)，他的企業精神論 (theory of entrepreneur) 和資本主義經濟發展論為主要貢獻。但是，經濟大恐慌爆發以後，新舊古典學說的調和便不再能維持。1933 年英國經濟學家張伯倫 (Edward Chamberlin, 1899–1967) 和羅賓遜 (Joan Robinson, 1903–83) 分別出版《壟斷競爭論》(*Theory of Monopolistic Competition*) 和《不完全競爭的經濟學》(*Economics of Imperfect Competition*) 是個很大的警訊。

凱恩斯

凱恩斯經濟學 (Keynesian Economics) 的興起，是經濟學研究的一個重大發展。凱恩斯 (John Maynard Keynes, Baron Keynes of Tilton, 1883–1946) 為英國經濟學家。他曾在印度文官部服務，亦曾在第一次世界大戰後的巴黎和會任英國財政部代表。他認為《凡爾賽條約》和對德國賠款的要求不僅不公平合理，而且不切實際，並將陷整個歐洲於毀滅，他在 1919 年出版《巴黎和約的經濟結果》(*Economic Consequences of the Peace*)，使他聲名大振。1925 年他反對英國在英鎊對美元維持戰前匯率（每一鎊兌四點八六元）恢復金本位，後來果然證明英鎊超值而使英國經濟蒙受不利的影響。1936 年他出版《就業、利息與貨幣通論》(*General Theory of Employment, Interest and Money*)。凱恩斯認為新古典學派的理論不足以解釋經濟實況和經濟大恐慌的原因。他指出，失業或衰退的原因不是生產或供應過剩，而是由於需求不足。不過，他所說的需求是全面的有效需求，他所說的供應也是指一國全部的生產能力。當有效需求落在生產能力之後便會有失業和不景氣，但如它超過生產能力時便會發生通貨膨脹。凱恩斯經濟學認為對有效需求的分析非常重要，如果對外貿易不計，則有效需求主要有三大項：消費支出 (consumption expenditures)、投資支出 (investment expenditures) 和政府支出 (government expenditures)，而有效需求可能會超過或低於貨物與勞務的生產能力，經濟機能並不能把生產能力自動調適到全面就業的程度。為了刺激需求和振興經濟，政府干預和增加公共支出有其必要。另外，自從凱恩斯以後，經濟學或經濟理論分成兩類：總體經濟學 (Macroeconomics) 和個

體經濟學 (Microeconomics)。前者研究一個國家整體的貿易、貨幣政策、物價、國民收入、生產、匯率、成長和預測；後者則研究個別消費者、公司行號、商人、農人等的經濟行為。凱恩斯的學說影響很廣，但在 1970 年代以後也現出窮盡之處。

社會學 (Sociology) 是研究個人、群體和建制 (institutions)，並闡明人類行為的因與果的學問。它大可大到包括人類社會的各個層面。社會學成為一個獨立的學問是在十九世紀初期，而「社會學」(Sociologie) 一詞是法國哲學家孔德 (Auguste Comte, 1798–1857) 在 1838 年所創造的。英國哲學家史賓塞 (Herbert Spencer, 1820–1903) 在 1876–96 年間完成三卷《社會學原理》(*The Principles of Sociology*，嚴復在 1902 年譯為《群學肄言》)。現代社會學的兩個開山人物，一為法國的涂爾幹 (Emile Durkheim, 1858–1917)，一為德國的韋伯。涂爾幹為猶裔法人，曾在法國與德國受教育。他相信自然科學的方法可以用於社會學的研究。他認為社會的集體心靈便是宗教與道德的淵源，社會（特別是原始社會）所發展出來的共同價值，是社會秩序的維護力量。這些價值的喪失導致社會不穩和個人迷失，此與近代以來自殺數字的增多有關。他也指出，科技與機械化的發展，使工人自己不能單獨製作成品，因而造成彼此疏離而又彼此互相依賴的狀態。他的著作有《論社會分工》(*De la Division du Travil Social*, 1893)、《社會學研究規律》(*Les Règles de la Méthode Sociologique*, 1895)，以及《宗教生活的初級型態》(*Les Formes élémentaires de la vie religieuse*, 1915)。

韋　伯

韋伯是具有不衰盛名的德國社會學家，他的影響所及更不止於社會學而已。韋伯的父親是支持俾斯麥的民族自由黨籍的普魯

士國會議員 (1868–97) 和帝國議會議員 (1872–84)，他的母親有很強的喀爾文教會背景，他個人也受母系親友的影響。他曾參加《威瑪憲法》的制訂，也是德意志民主黨的創立者之一。他的主要著作有 1904 年至 1905 年出版的《新教倫理與資本主義精神》（*Die Protestantische Ethik und der Geist des Kapitalismus*，1930 年英譯本 *The Protestant Ethic and the Spirit of Capitalism*），以及 1922 年出版的《經濟與社會》（*Wirtschaft und Gesellschaft*，1922 年英譯本 *Economy and Society*）。此外還有沒有英譯的著作，也有很多國家學者對他學說的整理與闡釋。韋伯在社會分析方法上提出「理想型」(ideal types) 的概念，可以將許多歷史情況一般化（概括化）而用以比較不同的社會；他不接受馬克斯學派以經濟因素為決定因素的說法，提出各種因素的多元性和互依性；他重視宗教價值觀及意識型態的重要性，認為這些因素對於制度的興起有其關係；他也分辨傳統性的、魅力性的 (charismatic) 和法制性的 (legal) 權威的分別。他攻擊過德國的土地貴族階級（Junkers，特別在 1895 年 Freiburg address 中），鼓吹過「自由主義的帝國主義」，崇拜過也揚棄過俾斯麥。他後來反對德國侵略兼併，而且力主加強國會。他對於促進社會學的客觀研究有很大的貢獻。

另外，差不多同時代的義大利社會學家巴拉圖 (Vilfred Pareto, 1848–1923)，對於社會學的研究和對人類行為的分析也有貢獻。他在 1916 年出版《心靈與社會》（原義文名稱為 *Tratto di Sociologia Generale*，1935 年英文版 *Mind and Society*，4 vols.），對人類行為的理性與非理性部分多所分析，並提出語文 (words)、合理化 (rationalization)、禮儀 (ritual) 和象徵主義 (symbolism) 在行為中的意義。他以冷天買毛襪為例，購買者可能是因為價錢合宜，則屬合理性的行為，且為經濟學者所能解釋。但是，如果購買者是出自喜歡毛是「自然」品（相對於「合成」品而言），或是因為要幫助英國經濟，或是想重振佛蒙特 (Vermont) 的牧羊業，即屬不像價格考慮那麼有理性。他指出，即使是在經濟行為中，也有許多心理上的變數，非「純粹的」經濟學所能解釋。巴拉圖把這些人類情感或行為中的「非邏輯性的」因素稱為「派生物」(derivations)，此即接近所謂「合理化」，但真正的行為動機卻不是這些，而是他所說的「殘基」(residues)❺。

現代社會學研究的範圍有：人口研究 (population studies)，這包括人口多寡、構成分子和分布情形的人口統計學或人口學 (Demography)，以及都市環境結構和聚落模式的社會生態學 (Human Ecology)；社會行為 (social behavior)，研究社會心理、社會互動和社會化等方面的問題；社會建制 (social institutions)，包括各種組織、團體與制度的問題；文化影響 (cultural influences)，涉及習俗、規範、宗教信仰等問題；社會變遷 (social change)，此為有關社會狀況與行為模式的變遷的問題。至於社會學家使用的研究方法，有問卷調查、訪談、實驗（多用於小群體）和實地觀察等。

現代社會學的研究在美國較為發達，派深思 (Talcott Parsons, 1902–79) 和拜爾 (Daniel Bell, 1919–2011) 為很多人所熟知。

人類學 (Anthropology) 從字面來看是「人的研究」(the study of science of man)，但是是從生物的、文化的和社會的多方面的觀點來研究。現代人類學濫觴於地理大發現的時代，但在十九世紀中葉以後始發展成為獨立的學科。早期的人類學家包括德國的巴斯提昂（Adolf Bastian，1826–1902，有「人種誌之父」之稱）、美國（德裔）的鮑亞士 (Franz Boas, 1858–1942)、英國的李維斯 (William H. R. Rivers, 1864–1922)。他們在研究、著述和教學方面，均頗有成。另外，英國的弗拉茲 (Sir James George Frazer, 1854–1941) 在 1890 年出版《金枝》(*The Golden Bough*)，後來屢次再版，由原來的兩卷擴為十三卷，為一有關民俗、宗教和巫術的巨著。鮑亞士於 1899 年在哥倫比亞大學首創人類學系，他的學生如班迺迪 (Ruth Fulton Benedict, 1887–1948)、克魯伯 (Alfred L. Kroeber, 1876–1960)、羅維

❺ Crane Brinton & others, *Civilization in the West*, Vol. II (New Jersey: Prentice-Hall, 1971), pp. 710–12.

(Robert H. Lowie, 1883–1957) 和米德 (Margaret Mead, 1901–78)，均為名家。

另外，1920 年代，出生於波蘭的英國人類學家馬林諾斯基 (Bronislaw Malinowski, 1884–1942) 倡導「功能主義」(functionalism) 的研究方法，認為不同的文化特性係因滿足人類各種不同的基本需求的功能發展。馬林諾斯基把文化看作一種工具性實體，並認為其源自人類的基本需求，包括個體基本的普遍需求和社會高度精細的特別需求。他造就的人才很多，發生的影響亦大。

人類學涵蓋的範圍極廣，與其他科學如生物學、地質學、語言學、心理學等等關係密切。至於人類學的分支，也界說不一。大致言之，它包括體質人類學 (Physical Anthropology)，研究人類演化情形和現代人類的體質特徵。另一大支是文化人類學 (Cultural Anthropology)，包括考古學 (Archaeology)；人種誌或民族誌 (Ethnography)，以研究單一族群的文化，多用田野工作的方法；民族學 (Ethropology)，係對兩個或兩個以上族群的文化做比較研究的學問；語言學 (Linguistics)，研究人類語言的發展。

比較法學 (Comparative Law) 是十九世紀後興起的另一門重要的社會科學，其目的在比較各不同法系和各國的法律制度和程序，進而促進對外國文化的瞭解並提昇法律水準。比較法學的實務，可以追溯到古代，如雅典的法律制訂者梭倫 (Solon, c 639–559 B.C.) 是參採其他各城邦的法律來為雅典訂定法律；西元前五世紀羅馬在制訂《十二表法》(*Laws of the Twelve Tables*) 以前，也是由一個委員會參考了許多希臘城邦和西西里的法律之後才著手的。但是，儘管有這些實際上的做法，一直到十九世紀比較法學才成為一門學科。法國在這方面起步最早，1831 年法蘭西學院 (Collège del France) 設立比較立法講座。1846 年巴黎大學設立比較刑法講座，1869 年法國成立比較立法學會 (Société de Legislation Comparée)。英國在 1894 年開始在倫敦大學設立比較法講座教授 (Quain Professorship of Comparative Law)，翌年成立比較立法學會 (Society of Comparative

Legislation)。其他各國繼之,蔚成風氣,1900年在巴黎召開第一屆比較法國際會議 (First International Congress of Comparative Law)。

現代比較法學有很大的發展,並有所謂「微觀比較」(microcomparison) 和「宏觀比較」(macrocomparison) 的分別。前者著重分析和研究同一法系中的國別或其他差異,如英國和美國同屬習慣法系統 (common-law family),但因英國為單一制政府而美國為聯邦制政府而有所不同;後者則強調以客觀的態度分析和研究不同的法系,一個法學家必須忘記自己的訓練與立場,並嘗試就其所研究的法系或屬於該法系的國家法律體制來力求瞭解,譬如說英、美法律非常重視「正當程序」和證據規則,大陸法系 (continental-law family) 的法、德法律則較重實體法。

比較法學的研究對於促進各國間的文化瞭解,對商務法和國際法等的發展亦有幫助[6]。

第三節　人文學科及宗教

人文學科 (the Humanities) 和宗教多與價值有關。哲學、歷史,乃至有時候文學會涉及價值的判斷,藝術在表現「美」,宗教更是強調「善」。

一、人文學科(哲學、史學、文學及藝術)

人文學科本來與人文主義 (Humanism) 研究的內容有關,係指古代希臘人與羅馬人的著作,後來隨著文藝復興以來主張學者應有健全的人格和淵博的知識,以致包容的內涵極廣。但是,近代以還,學術的分工早已是

---

[6] 本節多處參考 *The New Encyclopedia Britannica* (Chicago: Encyclopedia Britannica, Inc., 1987), Vol. 27, pp. 345–413; *The World Book Encyclopedia* (Chicago: World Book Inc., 1989), Vol. 1, pp. 545–50; Vol. 15, pp. 639–41; Vol. 18, pp. 552–53, 564–67.

必然的趨勢。如今所說的人文學科，相當於文科 (liberal arts)，包括哲學、歷史學、文學、藝術與語言。本書將討論現代哲學、歷史學、文學及藝術。

柏格森

哲學在二十世紀原有的唯心論、唯物論、經驗論及理性論的發展仍在繼續。以唯心哲學而言，法國哲學家柏格森 (Henri Bergson, 1859–1941) 頗為突出，他的「創造演進」(creative evolution) 哲學對於本世紀的文學與思想亦發生相當影響。他是形上學的維護者，而且發展為一種物質與生命關係的理論。他比較人的兩種心靈作用，即智能與直覺，智能為自外觀察事物，感受其空間，而為一種靜態的賡續；直覺則為個人自我意識之一部，不能用時鐘的時間來衡量，而要用「持續」(durée) 作衡量的標準。他認為直覺為一種創造力，可使人對智能作最佳的運用。他的《創造演進論》(*L'Évolution Créatrice*) 出版於 1906 年，申言演進的推展並非藉有規則的變化，而是由「蓬勃的生氣」(élan vital) 的推動，帶給生命新的型態。他討論宇宙間的兩種傾向：一為重複傾向和能的散逸 (a tendency to repetition and dissipation of energy)，另一為生命的衝刺 (thrust of life)，不斷的產生與更新。此外，英國哲學家華德 (James Ward, 1843–1925)、布萊德雷 (Francis Herbert Bradley, 1846–1924)，美國的洛伊斯 (Josiah Royce, 1855–1916)，以及德國的尤肯 (Rudolf Eucken, 1846–1926)，義大利的克洛齊 (Benedetto Croce, 1866–1952) 均甚著稱。不過，唯心論哲學在二十世紀並不發達。唯物論的哲學在現代固有人倡導，行為學派的心理學家亦屬此類。

二十世紀有一些哲學思想的興起。在美國，實用主義或實用哲學 (pragmatism)，此為一種哲學的知識論，認為真理不是像傳統哲學所說的那

詹姆士

麼絕對和獨立於經驗之外，而係與事物相關的。此派學說的奠基者為皮爾士 (Charles S. Peirce, 1839–1914) 與詹姆士 (William James, 1842–1910)。其中心理論為任何經得起實用的考驗，能夠發生實際效應，而又與經驗不相衝突的觀念或思想，皆可接受其為真。實用主義重視知識與行為的關係，認為知識的標準應以其實際應用或實際後果為衡，一個觀念或判斷的真偽端視其能否予以滿意的應用，知識從行為產生而又為行為的工具。杜威 (John Dewey, 1859–1952) 為此派大師，其哲學影響教育甚大，主要著作有《如何思考》(*How We Think*, 1910)、《人性與行為》(*Human Nature and Conduct*, 1922)、《經驗與自然》(*Experience and Nature*)、《真實的探求》(*The Quest for Certainty*, 1929)、《邏輯：探求的理論》(*Logic: the Theory of Inquiry*, 1938) 等書。杜威相信思想的功能在問題的獲致解決，一個觀念的價值可用其所導致的信念與行動的久暫為衡。他的教育理論主張學習不應藉記憶，而應藉問題解決的辦法，透徹的思考問題然後探求最有價值的解決辦法。他的倫理說 (ethical theory) 亦大致類此：一個新的行動過程常可用其在排除失敗因素的成功程度來衡量。實用主義在歐洲和世界其他地區亦有其影響。

邏輯實徵論或邏輯經驗論 (Logical Positivism, or Logical Empiricism) 是另一個在二十世紀興起的哲學思想。實徵主義的思想在孔德 (Auguste Comte, 1798–1857) 即已萌芽。1920 年代，邏輯實徵論學派首先發展於維也納，主要人物有德國哲學家謝立克（Moritz Schlick，1882–1936，時任維也納大學哲學講座教授），因而有維也納學派 (Wiener Kreis, or Vienna Circle) 之稱。德裔美國哲學家卡納普 (Rudolf Carnap, 1891–1970) 後來也加入此學派。他們主張把數學與自然科學的方法論與精確性適用於哲學，並認為祇有可用經驗證實的命題方為正確。在英國，懷海德與羅素 (Bertrand Arthur William Russell, 1872–1970) 已在推動數理邏輯的研究。

羅　素

羅素有其多方面的成就：數學、哲學、政論與哲學史。他本為研究數學者，後來轉向哲學，先是對黑格爾唯心論有興趣，後在英國哲學家莫爾 (George Edward Moore, 1878--1958) 影響下成為新實在論者 (neorealist)。當時莫爾與懷海德及羅素均在劍橋大學三一學院中，他重視常識信念與日常語言並著有《倫理原理》(*Principia Ethica*, 1903)，該書主要論點為不能從不是倫理界的事實中來吸取倫理的教誨，蓋「甲就是甲而非乙」。(Everything is what is and is not another thing.) 羅素擯斥傳統的描繪的數學的思想而試圖將數學縮為邏輯的原則，他在其《數學之原則》(*Principles of Mathematics*, 1903) 中把數學分析為純粹的邏輯概念，他更與懷海德合著《數學原理》(*Principia Mathematica*，三卷，1910–13)，發展出一種邏輯系統，從中可以演繹出數學的命題。他對語句的分析，亦對邏輯實徵論有甚大的影響。

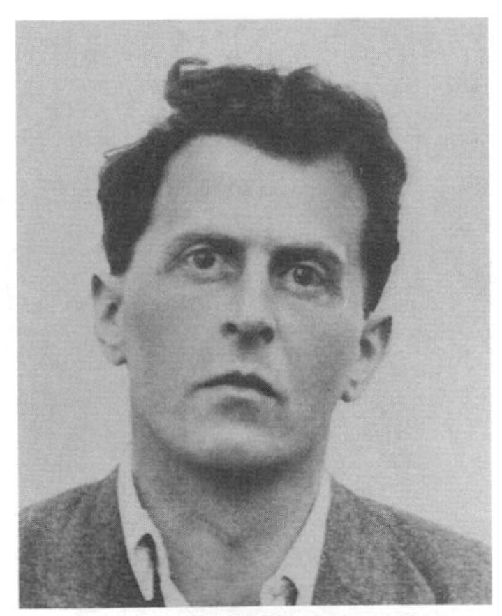
維根斯坦

邏輯實徵論的光大者是奧國哲學家維根斯坦 (Ludwig Wittgenstein , 1889–1951)。他先曾在英國曼徹斯特研究工程，後轉至德國耶拿大學隨數學家傅理奇 (Gottlob Frege, 1848–1925) 學習，傅理奇則建議其前往英國劍橋在羅素指導下進修，他於1912–13年間曾在劍橋攻讀，除受羅素指導外，亦常與懷海德及莫爾晤面。一次大戰爆發後，他投效奧軍，1918年因奧、匈軍隊崩潰而在義大利被俘，其背包中則有已寫就的《邏輯哲學論》(*Tractatus Logico-Philosophicus*) 手稿，他設法將該手稿轉到在英國的羅素手中，而終獲出版 (1919)。1929年維根斯坦再回劍橋，翌年當選三一學院院士，1938年因德併奧國而入籍英國，1939年因莫爾退休而擔任哲學講座教授。維根斯坦主張，祇有藉自然科學所獲致的知識始為真實的知識。他的學說為維也納學派所接受，該派認為祇有兩種陳述可以成立，即能夠驗證 (verified) 的事實性陳述和用於邏輯的界定性的「分析的」陳述。所有的倫理的及形而上的陳述皆為無意義的。維根斯坦也是語言哲學 (linguistic philosophy) 的先導者，此為與邏輯實徵論截然不同的天地。維根斯坦死時遺下的手稿，在1953年在他死後出版，此即為《哲學探究》(*Philosophical Investigations*)。這部書是語言哲學的大著作，而且與《邏輯哲學論》的觀點不相同。如此說來，似乎維根斯坦有兩個不同的階段，年輕時的他認為他已解決了所有的哲學問題，年老時的他則似乎又懷疑到底是否有問題值得解決。另一位倡導維也納學派學說最有力的，是英國哲學家艾爾 (Sir Alfred Jules Ayer, 1910–89)，為現代哲學中「牛津學派」(Oxford School) 的有力人物，他在1936年出版《語言、真理與邏輯》(*Language, Truth and Logic*)，把邏輯實徵論的學說在英語世界大為推廣，1956年又推出《知識的問題》(*Problem of Knowledge*)。

艾　爾

至於維也納學派本身，其全盛期在1924至1938年間，納粹德國併吞奧國後結束。但其影響，特別是在強調哲學的功能係在語言分析方面，則已及於整個西方。

存在主義 (Existentialism) 是第二次世界大戰以後曾經非常流行的哲學思想。它是一個組織鬆散的觀念體系，既沒有統一的學派，也沒有一致的主張，因而有所謂「基督教存在主義者」(Christian existentialists)、「不可知論的存在主義者」(agnostic existentialists)，以及「自由思想或無神論的存在主義者」(free-thinking or atheistic existentialists)。不過，他們有一些共同的信念與態度。他們都是反映困擾的文明，被戰爭、極權政治和壓迫所肆虐的世界，以及物質進步而精神不穩而各個個人被科技壓得透不過氣來的天地。存在主義者懷疑進步的觀念，或者斥之為迷妄。他們強調現在「存在」的事實，有時懷疑生活中的世代可以從過去學習到什麼，或者對將來能貢獻什麼。他們接受他們稱之為「荒謬」(absurdity) 的人類處境，並企圖調和人類理想與缺乏目標的世界之間的差距。存在主義的思想可以追溯到巴斯加 (Blaise Pascal, 1623–62)、尼采 (Friedrich Nietzsche, 1844–1900) 等人。不過，此一哲學思想的發動者應屬丹麥哲學家和宗教思想家祁克果（Søren Kierkeggard，1813–55，或譯吉爾噶德），「存在主義」一詞即為他所創。重要的存在主義哲學家有德國的耶斯培 (Karl Jaspers, 1883–1969) 和海德吉（Martin Heidegger，1889–1976，其本人且否認其為存在主義者），法國的馬西勒 (Gabriel Marcel, 1889–1973) 和沙特 (Jean-Paul Sartre, 1905–80)。其中以祁克果（先導者）和沙特（發揚者）最著❼。

祁克果攻擊黑格爾派的抽象的形而上學，他認為黑格爾等人要人應該「客觀」時，是要個體忘記他自己的「存在」(existenz) 而集中於並不具體存在的「本質」(essence)。他探討真正基督徒的意義，他認為宗教信仰是非理性的，不能用理性的論證來支持，真正的信仰包括接受「荒謬」。他舉

❼ R. R. Palmer & Joel Colton, *A History of the Modern World*, 6th ed. (New York: Knopf, 1983), pp. 907–08; George Lichtheim, *Europe in the Twentieth Century* (New York: Praeger, 1972), pp. 226–31.

出上帝（無限的和永生的）竟降生為耶穌（有限的和受死的），即為「荒謬」和邏輯上的不可能。他更在《創世記》第二十二章舉出另一「謬」例，就是上帝命亞伯拉罕以其獨子以撒獻祭，他曾寫《恐懼與戰慄》(*Fear and Trembling*, 1843) 討論此事，指出上帝令吾人執著信仰和發之行為到用常理衡量可謂荒唐與不道德的程度。但亞伯拉罕決然行之，故他是祁克果的理想人物，「信仰的騎士」(knight of faith)。他在 1846 年出版的《非科學的書後》(*Afsluttende Uvidenskabelig Efterskrift*, or *Concluding Unscientific Postscript*)，1848 年出版《此或彼》(*Enten-Eller*, or *Either/Or*)。他指出人不能夠經由客觀的檢查證據而達到宗教信仰的境地，信仰是主觀的選擇，是「信仰的躍進」(a leap of faith)。他認為需要用客觀證據支持的信仰不是真正的信仰，真正的信仰是用信仰者的真誠和熱情來衡量的，因此他的結論是在宗教中「真理有主觀性」(truth is subjectivity)。他非常反對任何使宗教信仰有理性基礎的嘗試，因為上帝要人服從祂，而非為祂辯解。

沙特是存在主義的哲人和作家，1945 年以後成為巴黎左岸（塞納河）知識界的主導人物，在 1960 年代參與美國的反越戰運動和支持 1968 年的法國學生運動。他的作品有《存在與空無》(*L'Etré et néant*, or *Being or Nothingness*, 1943)，1963 年出版自傳《話語集》(*Les Mots*, or *Words*)。他也有很多文學作品，包括小說與劇本，並且曾獲 1964 年的諾貝爾文學獎金，但他拒未接受。

沙特（背景是畢加索為他所作的畫像）

存在主義的哲學家最重視人類生存的問題，他們擯拒傳統的哲學家欲建立客觀的、放諸四海而皆準的和確定的知識原則，他們認為這是不可能達成的理想。他們也放棄傳統的哲學家用抽象的思想體系來把握宇宙終極性質的企圖。他們重視存在，如沙特所倡言的，他們的中心主旨為「存在先於本質」(existence precedes essence)。他們指出，人是完全自由的，但卻不得不作各種抉擇，而且自己要完全為自己所作的抉擇負責。另一方面，人因面臨許多生命的難題而有戚苦 (anguish)，人的生命在基本上為一連串的決定，而且是無法確知何者方為正確的抉擇的。人必須不斷地決定何者為真、假、對、錯與應為和不應為，但卻並沒有客觀的標準或規則可資遵循。因此，他們認為人類選擇是主觀的，每人均須自己來作抉擇，他是自由的，而且自己要為自己所作的抉擇負責，自由因而伴有責任。人既是被迫來為自己作抉擇，他有其自由，也有其責任，因而人是「註定自由的」。就存在主義而言，個人的責任為其自由的暗淡面。基督教存在主義派本祁克果之論，認為戚苦可因對上帝的超越信仰而減輕；自由思想派的存在主義者如海德吉與沙特，則否認上帝的存在而強調人的自由抉擇權，亦指出無法逃脫戚苦與絕望。但是，無論如何，人不僅應有所抉擇，而且要為所應為，儘管人的作為不能改變世界。存在主義的法國文學家卡繆 (Albert Camus, 1913–60) 便以希臘神話中西賽弗斯 (Sisyphus) 的故事❽，來表達此一訊息。有的存在主義者主張人既要為其在道義上應為其所為或未為其所應為而負責，德國哲學家耶斯培指出，犯罪固屬個體行為而無集體罪責，但一般德國人民縱容納粹政權亦有其道義上應負的責任，至於與納粹合作更不必說。他認為德國人民應為納粹的行為負集體的政治責任，此一責任使德國人民有義務幫助減輕曾受納粹政權之害者的痛苦。

存在主義對文學、神學，乃至心理分析，有很重大的影響。

歷史學 (History) 在二十世紀也有重大的發展。有人把它列入社會科學的範圍，但它實屬人文學科，不過它提供各種社會科學基本的材料，而社

❽ 西賽弗斯為科林斯的國王，因其奸詐觸怒天神，死後在陰間被罰推一巨石上山，而每次把巨石推到山上就會滑落下來，他必須再把它推上去，周而復始，永無休止，但徒勞無功。

會科學的各種理論也是透過對歷史事實與發展所作的不同的解釋而形成的。關於歷史學本身的性質，究竟其為科學抑或藝術，在十九世紀的歷史學界內部也曾有過激烈的爭論。歷史學的研究，自從德國歷史學家蘭克(Leopold von Ranke, 1795–1886) 在 1840 年以後倡導的史學方法，也就是語文考證學派的方法，認為歷史是可以而且也應該客觀研究的。歷史研究的目的，應該是探究「往事究竟如何發生」（wie es eigentlich gewesen, or exactly as it happened）。但是，第二次世界大戰以後，英國歷史學家克拉克(Sir George Clark, 1890–1979) 在 1945 年著手設計主編《新劍橋近代史》(*The New Cambridge Modern History*) 時，便認為歷史判斷會不可避免地牽扯到人和觀點，頗以「對事實的崇拜」(the nineteenth-century cult of facts) 為不妥，提出相對主義 (relativism) 的歷史觀❾。同時，歷史研究方法也趨於結合其他學科而走上較前更大幅度的科際整合，1970 年美國麻省理工學院出版部開始出版《科際史季刊》(*Journal of Interdisciplinary History*)。另外，比較歷史的研究和量化分析，也是新的走向。

二十世紀的歷史學研究成果甚為豐碩，但受一般人注意的有德國歷史學家史賓格勒 (Oswald Spengler, 1880–1936) 所寫的《西方之衰落》（*Der Untergang des Abendlandes*，1918–22 年間出版，英譯本 *The Decline of the West*，1926–28 年間問世），以及英國歷史學家湯恩比所推出的《歷史研究》（*A Study of History*，1934–61 年間出版十二卷）。史賓格勒認為所有的文化均難逃脫由成長至衰亡的「歷史命運」(historical destiny)，採取一種

❾ Sir George Clark, "General Introduction: History and Modern Historian," in *The New Cambridge Modern History*, Vol. I, *The Renaissance* (Cambridge University Press, 1957), pp. XVII–XXXVI；關於此叢書之編輯計畫，見 *Cambridge Historical Journal*, Vol. VII (1945), pp. 57 ff；歷史客觀性的相關討論，見 Peter Novik, *The Noble Dream: The "Objectivity Question" and the American Historical Profession* (Cambridge University Press, 1988).

循環論的看法，而西方已進入衰境，他的學說在兩次世界大戰之間非常盛行。湯恩比則從世界二十六個文明的興起、衰落與滅亡分析，就史賓格勒的診斷開出處方，並提出挑戰與反應 (challenge and response) 的過程來看自救之道，他指出西方文明能否生存的關鍵在宗教復興或基督教精神的再生 (religious regeneration of rebirth or Christian spirit)。

史賓格勒

湯恩比

文學與藝術是表現性靈和反映人生與社會的形式。二者之間的關係非常密切，有一些影響創作的思潮常常涉及二者。以二十世紀而言，有未來主義 (Futurism)、達達主義 (Dadaism) 和超現實主義 (Surrealism) 等文學與藝術運動。

未來主義的興盛期在 1906 年至 1916 年期間，源於義大利，由義大利詩人和藝術家馬瑞尼提 (Filippo Tommaso Marinetti, 1876–1944) 發起，並於 1906 年在巴黎《費加洛報》 (*Le Figaro*) 發表宣言，1910 年又發表一次側重繪畫的宣言。此派主張打破過去的傳統，要表現機械時代的速度、暴力與動力，因而對危險和戰爭予以肯定。在文學方面，他們反對傳統的語句結構和韻文形式；在繪畫方面，他們與立體主義者互為影響，也受到多重曝光攝影術的啟發，而採取多重形象和重疊著色。此派在繪畫方面有義大利畫家巴拉 (Giacomo Balla, 1871–1958) 等人。達達主義（按達達 dada，為法文「木馬」之意）源於蘇黎士，後亦盛行於紐約和柏林，持續時間為 1916 年至 1922 年間，他們受第一次世界大戰的衝擊，反對傳統的美學和行為標準。此派的主要人物有出生於羅馬尼亞的法國詩人查拉（Tristan Tzara，1896–1963，1924 年他在巴黎發表《七次達達宣言》(*Seven Dada Manifestos*)）、德國詩人巴爾 (Hugo Ball, 1886–1927)、法國雕刻家和畫家阿普 (Jean Arp, 1887–1966) 等等。表現主義 (Expressionism) 亦是此一時期的文學與藝術運動，此派的特色是改變自然而非模擬自然，他們常扭曲現實以表現內感。在文學方面，他們是對寫實主義和自然主義的反抗，著重心理和精神的真實，卡夫卡 (Franz Kafka, 1883–1924) 和喬意士 (James Joyce, 1882–1941) 等均屬之；在繪畫方面，德國「橋」派 (Die Brücke)，如凱契那 (Ernst Ludwig Kirchner, 1880–1938) 等，以及德國「藍騎士」畫派 (Blaue Reiter) 如俄人坎丁斯基 (Wassily Kandinsky, 1866–1944) 和德人馬爾克 (Franz Marc, 1880–1916) 屬之。超現實主義則是以巴黎為中心，在兩次大戰之間盛行的文學與藝術運動，其倡導人物為法國詩人及批評家布列頓 (André Breton, 1896–1966)，彼於 1924 年發表《超現實主義宣言》(*Manifeste du surréalisme*)，但其淵源則可溯及法國詩人鮑達萊爾 (Charles P. Baudelaire, 1821–67)、阿波里奈爾（Guillaume Apolinaire，1880–1918，本名為 Wilhelm Apolinaire de Kostrowitzki），以及義大利畫家奇里柯 (Giorgio de Chirico, 1888–1978) 等人。此派之中包括很多達達主義分子。在文學方面，以法國為主，作家們注意文字的聯想與暗示而非其文義，作品不易瞭解，作家有阿拉岡 (Louis Aragon, 1897–1982)、柯考圖 (Jean Cocteau, 1889–1963) 等人，畫家中有西班牙畫家達利 (Salvador Dali, 1904–89) 和米樂 (Joan Miro, 1893–1983)，比利時畫家馬格里

喬意士

特 (René Magritte, 1898–1967) 和法國畫家譚魁 (Yves Tanguy, 1900–55) 等人。此派受弗洛伊德影響，重視夢幻世界，認為潛意識的心靈會顯露更多的真實 (truer reality)。

現代文學對於社會、政治和經濟生活因歷經劇變而造成的價值觀念的轉移，頗能予以反映。它對於人處於「疏離時代」(an age of alienation) 所表現的無助，對人企圖探尋其內在的和真正的自我所產生的「認同危機」(crisis of identity)，均予以刻劃出來。心理分析學派的興起，更能助長此一趨勢。現代的一些小說作家、詩人與戲劇家等，一如哲學家，極端地關注社會與政治的問題和人類的希望與命運。在寫作技巧方面，二十世紀文學發展出「意識流」手法 ("stream of consciousness" technique)，即在描寫人物各式各樣和五花八門的思想與感受時，既不顧及其邏輯辯證的正確性，也不遵守時序的先後性，作者要表現的是人物在一瞬間在心理上所承受的各種外在的和內在的壓力。至於「意識流」一詞，則是美國哲學家和心理學家詹姆士 (William James, 1842–1910) 在其 1890 年出版的《心理學原理》(*Principles of Psychology*) 所首先使用者。運用此技巧有名的早期人物有法國作家普洛斯特 (Marcel Proust, 1871–1922)、愛爾蘭作家喬意士和英國作家伍爾芙 (Virginia Woolf, 1882–1941)。普洛斯特的《追憶逝水年華》(*À la Recherche du Temps Perdu*，寫作於 1907–19，出版於 1913–27，有十六卷，英譯本 *Remembrance of Things Past*，在 1922–32 年問世)。這是一部半自傳式的鉅著，對於時間、記憶和意識作窮盡的探索，並隱含人的徒勞無益，為二十世紀最偉大的小說之一。喬意士在 1916 年出版自傳小說《青年藝術家畫像》(*A Portrait of the Artist as a Young Man*)，1922 年在巴黎推出《尤里西斯》(*Ulysses*)，用「意識流」手法對人物的全面生活（包括外表的與內心的；也包括心智的、感官的和瑣細的）予以深入的刻劃，雖然小說中的主要人物祇是兩個青年男子，地點在柏林，時間是 1904 年的一天，但喬意士卻描述得極為繁複。伍爾芙善於描繪日常經驗，不重情節，而偏重人物的意識、思想與感受。她的作品有《出航》(*The Voyage Out*, 1915)、《夜與日》(*Night and Day*, 1919)、《達洛葳夫人》(*Mrs. Dalloway*, 1925)、《歲月》(*The Years*, 1937) 等等。

在文學創作方面，第一次大戰後的情形實可分成幾個各具特色的不同階段，當然它們的分界並不是很明顯。大致言之，1920 年代的特點是失望、犬儒哲學和對一些個別人物悲劇遭遇的關注，這是所謂「失去的一代」(lost generation) 的階段，青年人在戰後懷著已經破碎的理想。這可從美國作家海明威 (Ernest Hemingway, 1899–1961) 的早期小說，和出生於美國而歸化英國的詩人和批評家艾理特 (Thomas Stearns Eliot, 1888–1965) 的作品中反映出來。海明威在其《戰地春夢》(*A Farewell to Arms*, 1929) 中，指出戰爭的卑下與愚劣。艾理特的《荒原》(*The Waste Land*, 1922)，揭露西方文明的墮落和對現代生活中的混亂與污穢的不滿，在這四百三十二行的長詩中充滿宗教氣氛，也洋溢著絕望。美國劇作家尤金・奧尼爾 (Eugene O'Neill, 1888–1953) 則刻劃因人的個人性格缺失所造成的悲劇，如《奇異的插曲》(*Strange Interlude*, 1927) 和《素娥怨》(*Mourning Becomes Electra*, 1931)。這個時期的文學也有其他走向，英國作家赫胥黎 (Aldous L. Huxley, 1894–1963) 和勞倫斯 (David H. Lawrence, 1885–1930)，美國作家德萊塞 (Theodore Dreiser, 1871–1945) 和辛克萊・路易士 (Sinclair Lewis, 1885–1951)，還有原籍德國後歸化美國的作家雷馬克 (Erich Remarque, 1897–1970) 和湯瑪斯・曼 (Thomas Mann, 1875–1955)，再加上愛爾蘭作家喬意士。赫胥黎的《點對點》(*Point Counter Point*, 1928) 描寫憤世與挫折，勞倫斯的《查泰萊夫人的情人》(*Lady Chatterley's Lover*, 1928) 寫原始性的激情。德萊塞的《美國悲劇》(*An American Tragedy*, 1925) 表現命定論的哲學，辛克萊・路易士為第一個獲諾貝爾獎金的美國作家，他的《大街》(*Main Street*, 1920) 和《巴璧德》(*Babbitt*, 1922) 皆為嘲世之作。雷馬克的《西線無戰事》(*All Quiet on the Western Front*, 1929) 甚能表現戰爭的殘酷與無聊，湯瑪斯・曼的《魔山》(*Magic Mountain*, 1924)，為對偽情而墮落的社會在顛倒價值方面的心理描述。喬意士則致力於描繪與分析心靈，已在前面敘述。

湯瑪斯・曼

1930年代，由於經濟大恐慌、極權政治和戰爭的威脅，使作家們覺得需要重新檢討文學的方法與目的，他們覺得除了寫人的挫折與因壓抑慾望所造成的心理不適之外，尚有許多應該表達的題材。他們認為文學應有其嚴正的目的，負起譴責不義的責任。美國作家史坦貝克 (John Steinbeck, 1902–68) 的《憤怒的葡萄》(*The Grapes of Wrath*, 1939)，為其一例。該書描寫在經濟恐慌時期中，一群基層勞苦人民的生活，作者用生動的筆觸描述1933–34年間的風沙天災以及由此天災所導致的奧克拉荷馬州貧農的大流徙。農民的土地在一夜之間變成沙山，地產公司的資本家趁機侵奪。農民還遭受到警察、罷工、飢餓等紛擾；最後，農田與果園變成少數人的私產，葡萄的豐收使加里福尼亞州繁榮，但看在貧農眼中卻是「憤怒的葡萄」。史坦貝克的小說，被形容為被剝奪權利者的「籲天錄」。美國劇作家謝武德 (Robert Sherwood, 1896–1955) 和法國小說家馬洛 (André Malraux, 1901–76) 的作品，皆表現人與暴橫、不義奮鬥始有生命的意義與價值。謝武德的《不再有黑夜》(*There Shall Be No Night*)，描寫1939年芬蘭人抵抗俄國侵略；馬洛的《人的希望》(*L'Espoir*, or *Man's Hope*) 則以西班牙內戰為題材。海明威的《戰地鐘聲》(*For Whom the Bell Tolls*, 1940)，也是有關西班牙內戰的小說。1930年代的文學表現了某種程度的樂觀思想，不過這是有限度的。有些作家則認為在任何事物之中均可發現美，即使是悲劇與死亡之中亦然。美國作家吳爾夫 (Thomas Wolfe, 1900–38) 便是此種哲學的懷抱者。他的小說有《時間與河流》(*Of Time and the River*, 1937) 和《不得歸》(*You Can't Go Home*, 1940) 等，用很敏銳的意識寫美國、美國與世界的關係以及法西斯主義、性與死亡。此外，還有許多值得稱道的作家。

1940 年代的文學作品仍表露了若干前些時期的特色。美國詩人弗洛斯特 (Robert Frost, 1874–1963)，表露出對新英格蘭鄉區的普通人有深厚的同情。另一美國作家福克納 (William Faulkner, 1897–1962)，對於美國深南部落後地區民眾的粗獷行為有很出色的描繪能力。第二次世界大戰的悲劇刺激了文學作品的產生，有的描寫戰爭的本身，有的歌頌抵抗納粹暴政的英勇精神，有的則諷刺軍事組織的不合理。美國作家邁勒 (Norman Mailer, 1923–2007) 的《裸者與死者》(*The Naked and the Dead*, 1948) 和詹姆・瓊斯 (James Jones, 1921–77) 的《亂世忠魂》(*From Here to Eternity*, 1951)，為其中較著者。另一特點為轉向宗教以求取補償悲劇感，或防止科學畸形發展下無可避免的災難。英國作家赫胥黎曾是悲觀的先知，現則傾向於印度教神秘主義，其小說如《天鵝之死》(*After Many a Summer Dies the Swan*) 和《時間必須停留》(*Time Must Have a Stop*)。艾理特在 1920 年代認為世界為沒有果實而祇有煩惱與絕望的「荒原」，現在則認為宗教的永恆真理可以使生命有意義。他的這種新意態表現在《教堂內的謀殺》(*Murder in the Cathedral*) 和《雞尾酒會》(*The Cocktail Party*) 之中。法國作家卡繆的《局外人》（或譯為《異鄉人》，*L'Etranger*, or *The Outsider*，1942）、《瘟疫》(*La Peste*, or *The Plague*, 1947) 等。不過，儘管 1940 年代與 1950 年代的作家在思想上有其不同之處，但亦有其共同之處，即對寂寞人生的關切。他們所刻劃的是「荒謬」(absurdity)、「焦慮」(anxiety) 和「疏離」(alienation)。他們看出人類在集體思想與集體行動的時代中是一籌莫展的。倡揚宗教和譴責不義與愚昧，實皆為欲挽救現代人於毀滅的各種不同方法而已。

1960 年代以後，文學仍表現幻滅與反抗現代生活的殘酷與錯雜的意態。對於不義與虐待弱者仍然發出抗議的聲音。美國作家李夏普 (Harper Lee, 1926–2016) 的《梅岡城故事》(*To Kill a Mockingbird*) 暴露了種族偏見。更顯著的一種潮流為抗議滅絕個性的生活與社會，在這方面俄國作家巴斯特納克 (Boris Pasternak, 1890–1960) 的《齊瓦哥醫生》(*Doctor Zhivago*, 1958)，以及蘇忍尼辛的《古拉格群島》為著。另外，尚有代表個人抗議的文學潮流或運動，所描寫的在美國為「乖異的一代」(the Beat Generation)，在英國則是「憤怒的年輕人」(Angry Young Men) 的情結。

馬蒂斯《舞蹈》

藝術在二十世紀，無論在形式上和內涵上，均有新的發展。繪畫方面，法國畫家馬蒂斯 (Henri Matisse, 1869–1954) 和布拉克 (Georges Braque, 1882–1963) 等人倡導野獸派 (Fauvism)，他們被稱為「野獸派畫家」(les fauves)⑩，此一名稱係形容他們對形象扭曲和用色強烈的大膽作風。此一運動持續時間不久，全盛時期為 1905–08 年間，而且後來除馬蒂斯以外，均嘗試新的表現風格如立體主義等，但影響頗為深遠。繼之而來的是立體主義 (Cubism)，此一運動受非洲尼格魯黑人雕刻單純風格和法國畫家塞尚 (Paul Cézane, 1839–1906) 風景畫結構的影響，採取幾何圖形如球體、錐體、柱體等來表現形體，並強調顏色與結構，主要人物有出生於西班牙的法國畫家畢加索 (Pablo Ruiz y Picasso, 1881–1973) 和自野

杜弗的「拼接」藝術

⑩ fauve 為法文「野獸」之意。

獸派轉來的布拉克。此派在 1907 年興起於巴黎，直迄 1912 年為其分析時期，此後為綜合時期。立體主義對各種藝術均有重大的影響。此外，還有一種藝術形式，即拼接藝術 (collage)⓫亦在 1912 年左右由畢加索和布拉克等人發展出來，此種表現手法可以創造三度空間的效果，有其長處。西班牙畫家格里斯 (Juan Gris, 1887–1927) 和美國畫家杜弗 (Arthur Garfield Dove, 1880–1946) 亦長於此。另外，1940 年代在美國紐約興起了抽象表現主義 (Abstract Expressionism)，亦稱「行動畫派」(action painting)，或「紐約畫派」。此為表示美國脫離歐洲畫風影響的運動，其特色為強調動感，重視筆觸和喜用大型畫布，在構圖上也注意到畫布的全面和整體。主要人物有出生於亞美尼亞的美國畫家高爾基 (Arshile Gorky, 1904–48)、波洛克 (Jackson Pollock, 1912–56)，以及出生於俄國的美國畫家羅茨柯 (Mark Rothko, 1903–70)。

現代繪畫亦有其針砭時代的一面，如畢加索的《格尼卡》⓬和超現實主義畫家馬格里特的《高孔達》⓭，當屬很好的事例。

雕刻方面，本世紀之初法國人羅丹 (Auguste Rodin, 1840–1917) 居於祭酒的地位。大致言之，雕刻也像繪畫曾經歷不同方向的開展。藝術家為追尋新的塑型和技巧，亦注意到原始社會的作品，並自古希臘、埃及和中美洲馬雅 (Mayan) 文化中探求新靈感。仍具傳統特色而富動力的雕刻家有挪威的雕刻家威格蘭 (Gustav Vigeland, 1869–1943)，他在寫實主義的風格上受羅丹影響，但亦有浪漫主義的成分。他以畢生精力用花崗石和青銅為材料，在奧斯陸 (Oslo) 的福洛格那公園 (Frogner Park) 完成了很多的雕刻，描敘人的一生。英國雕刻家摩爾 (Henry Moore, 1898–1986) 所用的材料，在石頭和木頭以外，也用水泥（做時不需泥胚），他喜歡用母與子一類的題

⓫ collage 在法文中即為「黏貼」之意。

⓬ 見第七章第一節。

⓭ 見第十一章第三節。

畢加索《三樂師》

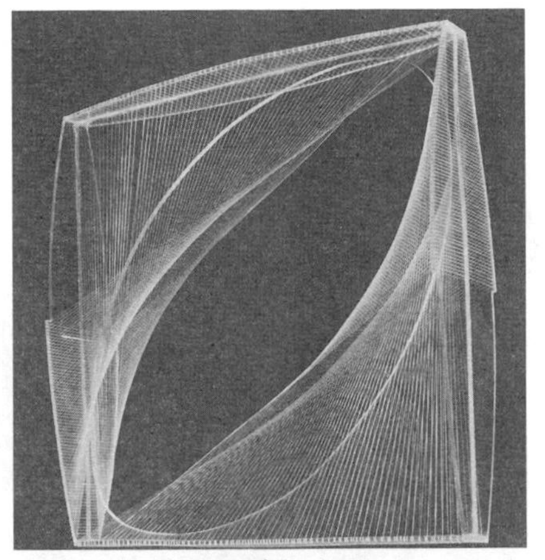
加波的《線型結構》(*Linear Construction*，1942–43 年的作品)

高爾基《人體》，右下角小字為畫家簽名

材，採取抽象的形態，充滿人道的精神。美國雕刻家有卡勒德 (Alexander Calder, 1898–1976) 和出生於俄國在德國和英國生活後定居美國的加波 (Naum Gabo, 1890–1977)，均為名家。二人均以「動態雕刻」(kenetic sculptures) 使因氣流而震動著稱，加波所用的材料甚至有塑膠和尼龍等。

另外，普普藝術 (Pop Art) 在 1950 年代興起，倡導其事者的用意在縮

威格蘭的雕刻：左為《男與女》，右為《憤怒的小孩》

短一般人的視覺興趣與抽象藝術的差距，大眾藝術家使用連環漫畫，乃至商品產品如可樂瓶、飲料罐等等來表現形式上的抽象關係。美國畫家李登斯坦 (Roy Lichtenstein, 1923–97) 喜用印刷的連環畫來表現意象，另一美國畫家及電影製片家華荷爾 (Andy Warhol, 1926 or 1930–87) 則愛用日常物品如鈔票和湯羹罐等物品為材料，他們的用意都在泯滅大眾文化與高級文化之間的差距。英國畫家霍克奈 (David Hockney, 1937–) 亦屬倡導大眾藝術者，其作品富個人寫實風格。近年來，郵遞藝術品亦甚流行。

現代建築方面，美國居於主導發展的地位。十九世紀的歐洲建築本來多取材過去的格式，而且頗有多樣性。不過，自從十九世紀中葉以後，把現代科技融入建築的構想已漸流行。英國的宋恩（Sir John Soane，1753–1837，承建「英格蘭銀行」的建築家）雖被認為屬於古典復興派，但已不主張用重大的石塊，而改用輕而有廣闊空間的支撐建材。1851 年英國建築家巴克斯頓 (Sir Joseph Paxton, 1803–65) 為 1851 年倫敦博覽會會場所建的「晶宮」(Crystal Palace) 已運用大量的鋼鐵和玻璃。1889 年法國工程師埃菲爾 (Alexandre Gustav Eiffel, 1832–1923) 所完成的埃菲爾鐵塔 (Eiffel

李登斯坦的作品

華荷爾利用「康寶濃湯」湯罐為材料的作品

Tower) 已是鋼鐵建築物。至於大樓全用鋼來做骨架，美國建築家詹奈 (William Le Baron Jenney, 1832–1907) 在 1883 年首先在芝加哥興建摩天大樓 (skycraper)。此後在歐洲和美國繼有發展。美國建築家萊特 (Frank Llyod Wright, 1869–1959) 倡導「草原式」建築 (prairie style)，展現堅實的、水平線條的、低傾的、有開展正面的建築，並使用鋼筋。萊特和較他稍早的另一美國建築家蘇里文 (Louis Henry Sullivan, 1856–1924) 皆為功能主義的倡導人物。此說主張設計應受功能目的支配，其他次要因素均可不顧。蘇里文主張「形式隨功能而定」(form follows function)。

美國建築界所主導的功能主義在歐洲大行其道。德國建築家葛羅裴歐斯（Walter Gropius，1883–1969，1937 年移居美國）於 1919 年在威瑪奠立包浩斯建築學派 (Bauhaus)，1925 年遷往德騷 (Dessau)，他們主張純樸的幾何圖形，大量使用玻璃和現代建築材料。他們之中又衍生出所謂「國際風格」派 (International Style)，仍是用鋼架構和玻璃牆，但亦表現古典美感，主要人物有德國建築家米埃梵德魯（Ludwig Miës van der Rohe，1886–1969，1937 年移美）和萊柯布茲埃 (Le Corbusier, 1887–1965)⓮。

⓮ 此為出生於瑞士的法國建築家詹奈拉 (Charles Edouard Jeanneret, 1887–1965) 的

萊柯布茲埃所設計的麻省劍橋卡本特中心 (Carpenter Center)

萊特的作品:芝加哥的魯比廳 (Robie House)

此外,巴西建築家柯斯達 (Lúcio Costa, 1902–98) 和尼米亞 (Oscar Niemeyer, 1907–2012) 均為一代宗師。柯斯達大量使用鋼鐵,但結合傳統與現代的美感,他負責巴西新都巴西里亞(Brasilia,1960 年啟用)的設計和規劃,尼米亞亦為重要參與者。尼米亞頗受萊柯布茲埃的影響,為國際風格派,其作品以構思大膽和線條單純著稱。

另外,現代工程中的水力發電壩,懸橋和狀似苜蓿葉的立體道路交叉點,顯示出對空間和時間的克服,並表現動態的美感。

現代音樂亦有若干新的發展。自第一次大戰以來,最顯著的一點當為反對浪漫主義的傳統,尤其是德國作曲家華格納 (Richard Wagner, 1813–83) 所代表的精神。作曲家表現了兩個主要的基本類型,即印象主義 (impressionism) 與表現主義 (expressionism)。印象主義者用音樂的聲音來表示感覺與意象,表現主義者則較為注重形式而傾於抽象。印象主義的大師早期有法國作曲家戴比西 (Claude Achille Debussy, 1862–1918)。他在音樂史上居於重要地位,且為十九和二十世紀的連接者,他對和聲 (harmony) 的強調和對鋼琴功能的重視,使二十世紀的音樂受其影響甚大。在另一法國音樂家拉維爾 (Maurice Ravel, 1875–1938) 以後,印象主義漸趨不振,表現主義較為得勢。表現主義它又有兩派:奧國作曲家森堡 (Arnold Schönberg, 1874–1951) 主張無調性 (atonality),而居住在美國的俄裔音樂家

筆名。

尼米亞所設計的巴西里亞國會（左前）和最高法院的拱廊（右後）

尼米亞所設計的巴西里亞教堂把現代科技與宗教信仰（南美洲天主教信仰最強）結合在一起

葛羅裴歐斯所設計的「泛美」大樓（紐約市）

米埃梵德魯所設計的芝加哥湖濱公寓

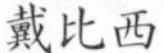

戴比西

史特拉溫斯基

史特拉溫斯基 (Igor Stravinsky, 1882–1971) 則倡複調性 (polytonality)。無調性指放棄音調有固定關係的概念，廢除「調」(key)，在此類音樂中呈現不諧和音 (dissonances) 為慣常之事，許多作曲的普通原則均多遭廢棄。複調性的作品，則混合不同的「調」和不相關的自己本身諧和的音系，史特拉溫斯基則特重聲學的或聽覺的品質 (acoustic properties) 而不計其他 。他早期作品有浪漫主義的色彩，晚期則呈現新古典風格。

另外值得一提的是，因著聲學與電子學的發展自 1950 年左右而有「電子音樂」(electronic music) 的興起。這種音樂在美國、法國和德國等地均有發展。

二、宗　教

近代以來，宗教信仰曾經受到許多挫折。在西方，十八世紀時因受理性主義和法國革命思想的打擊，教會曾陷於不振。十九世紀初期，教會又曾呈現復興的景象。但十九世紀中葉以後，又受到自由主義、社會主義與民族主義（特別是羅馬教會）的挑戰。此外，更由於生物科學與地質學的發展，使宗教信仰的一些基本前提受到攻擊。教會尚未能完全解決如何協調基本信仰與自然科學、《聖經》考證等所發現的新問題，而又遭遇到新的困境。弗洛伊德指出：宗教是一種幻象 (illusion)，一種「宇宙性（普遍性）的精神錯亂」(universal neurosis)。復次，由於世俗（現世）主義 (secularism) 的興盛，共產勢力在東歐及其他地區的猖狂以及歐洲在亞、非殖民帝國的解體，均使教會在第二次大戰以後遭受到挫折。當然，另外有助於宗教力量的警世之音並非沒有，舉例言之，義大利哲人克洛齊 (Benedetto Croce, 1866–1952) 強調歷史的絕對價值和其為精神的顯現。史賓格勒的《西方之衰落》固表現了悲觀與無神論調，不過更有器識的湯恩比在其體大思精的《歷史研究》（*A Study of History*，十二卷，1934–61）中，則指出宗教在瞭解歷史方面的重要性，並且勾繪出天佑論 (doctrine of providence)。另一方面，宗教的影響力一直頗為強大，而且可以使用大眾傳播媒體來傳播它們的教義⓯。

基督教有舊教（天主教）、新教和東正教。天主教在十九與二十世紀之交曾有「現代主義」或「現代主義運動」(Modernism or Modernist Movement)。此因法國、德國、義大利與英國的一些羅馬教會的學者認為教會的要義和習規有與現代科學與歷史知識相協合的必要。這其中以法國教士勞瓦西 (the Abbé Loisy, or Alfred Loisy, 1857–1940) 為著，他不接受《聖經》無誤之說 (doctrine of the inerrancy of the Bible)，另外亦有人主張以美國的教會為範本而倡自由教會寓於自由國家之說。教廷對此一運動甚不贊同，屢次譴責，並且在 1907 年宣布為異端，勞瓦西亦被開除教籍 (1908)。此一運動在 1910 年左右被撲滅，此後羅馬教會的正統教義便是為教宗李奧十三世（Leo XIII，1810–1903，在位期間為 1878–1903）所訂定

⓯ *The New Cambridge Modern History*, Vol. XII (Cambridge University Press, 1968), pp. 657–58; R. R. Palmer & Joel Colton, op. cit., pp. 903–07; William H. McNeill, *A History of the Human Community*, 3rd ed., Vol. II (New Jersey: Prentice-Hall, 1990), pp. 675–76.

者。聖母升天（肉體飛昇）教條 (the dogma of the Assumption of the Blessed Virgin Mary)，在 1950 年為庇護十二世（Pius XII，1876–1958，在位期間為 1939–58）所裁定。主要的神學思想被稱為新湯瑪斯論 (Neo-Thomism)，法國哲人馬理坦 (Jacques Maritain, 1882–1973) 與哲理遜 (Étienne Gilson, 1884–1978) 為其大師。樞機主教比亞 (Cardinal Augustin Bea, 1881–1968) 頗欲努力擴大教義，但是企圖包括演化論、存在主義與歷史主義的「新神學」卻在 1950 年為教宗庇護十二世所禁止。羅馬教廷方面，第二次大戰後頗有批評庇護十二世對於納粹滅絕歐洲猶太人的行為未能有所抗議者，認為此有愧「上帝代理人」(God's deputy) 的職守，為他辯護者則以教會應避免捲入塵世爭執以求保持其永恆任命為言。戰後教會在對抗共產思想方面頗為堅定，1949 年禁止信友閱讀共黨報刊。1950 年代又禁止所謂「工人教士」運動 ("worker-priest" movement)，此指部分教士（尤其在法國）與工人共同生活和工作，並有甚至研究馬克斯思想者。1958 年庇護十二世死，由若望二十三世（John XXIII，1881–1963，在位期間為 1958–63）繼之。若望二十三世當選時已年高七十七歲，在位僅四年又半，卻是近代最卓著的教宗之一。他擴大樞機主教團 (college of cardinals) 且增多非義大利籍樞機主教，並建立樞機治教原則 (principle of collegiality) 使之增多權力。他也採取步驟來革新教會，1962 年他召開第二屆梵諦岡大公會議 (Second Vatican Council, 1962–65)[16]。他銳意使教會能與現代的政治與社會變遷相調

若望二十三世及其簽名式

[16] 第一次梵諦岡大公會議舉行於 1870 年。

和。他也推動教會統合運動 (ecumenical movement) 甚力，而與非天主教徒和各種信仰建立聯繫，第二屆梵諦岡大會時新教及東正教均列席為觀察員。

1963 年若望二十三世死，保祿六世（Paul VI，1897–1978，在位時期 1963–78）繼之，他大致上繼續若望二十三世的改革，執行准許用方言主持彌撒的第二屆大公會議的決定。1968 年他發表《論生命》(*Humanae Vitae* or *Of Human Life*) 的通諭，禁止用任何不自然的方法節制生育的，引起甚多的批評。1978 年若望保祿一世（1912–78，在位時期 1978 年 8 月至 9 月）繼之，在位僅三十三天，為第一位用雙名的教宗。繼位的教宗為波蘭籍的若望保祿二世（1920–2005，在位時期 1978–2005），為精力充沛而分析能力亦強的人物。

若望保祿二世頗富改革精神，亦主張經濟正義。1983 年他公布他所推動改革的《教會法》(*Canon Law*)，這個新的教會法典，呈現了幾個特色：⑴提高了婦女的地位，除了女人仍不能擔任教士（神父）之外，其他均已平等，而且「平信徒」一詞的稱呼，也由「俗眾」(laymen) 改為「眾人」(people)，在極端缺乏教士的地區，婦女也可以做「世俗執事」(lay minister)，執行部分聖職；⑵表現了更為寬大的精神，把破門罪（開除教籍）的罪行由三十七項減為七項。此外，法典授予各地區主教以較大的權力，並且也對婚姻離異（宣布婚姻無效）的條件，酌予放寬。這些措施，被稱為「天主教徒的權利清單」(A Catholic Bill of Rights)，顯示出羅馬教會與時代精神調和的情景。

若望保祿二世

尤其值得注意的是教宗若望保祿二世自從 1978 年即位以來，在國際事務的參與上，特別是在反對共產極權方面，所表現的勇毅精神。他對波蘭及東歐其他國家的鼓舞與支持，特別是波蘭，應是使他們終能推翻共產統治的因素之一。共產主義衰落以後，他在 1991 年 5 月發表《第一百年》(*Centesimus Annues*, or *The Hundredth Year*) 的通諭⓱，長達二萬五千字，指出共產主義已告失敗，肯定資本主義，但亦認為其改革，指出人是最寶貴的資產，同時非常關切第三世界人民的生活情況和經濟發展⓲。不過，他對教士結婚的問題仍不讓步。若望保祿二世在 2005 年逝世，繼任的本篤十六世（Benedict XVI，1927– ，在位期間 2005–2013）為德國人，具有深厚的神學背景，一如若望保祿二世，也有保守色彩，他主張回歸基本的基督精神以對抗高度發達國家的過份世俗化。天主教徒的人數超過六億。

新教 (Protestantism) 的派別甚多，數以百計。他們在西北歐、北美、澳、紐佔較大優勢。世界各地的新教徒約有三億三千萬人左右。自從十九世紀中葉便有統一各教派的運動，二十世紀他們與天主教及東正教有所接觸。1948 年共同成立普世教協 (World Council of Churches)，設於阿姆斯特丹。大體說來，在第一次世界大戰以前較為自由的或現代主義的觀點在新教各派（當然亦有例外）已甚得勢。各教會設法吸收科學的發現，減少迷信與教條色彩，並盡量來適應現代的社會需要。但是第一次大戰對於新教的自由神學與樂觀的「社會福音」為一大打擊，於是乃又發生變化。在此情形下，所謂「危機神學」(theology of crisis) 於焉興起。瑞士神學家巴特 (Karl Barth, 1886–1968) 為新的先驅，他的影響甚大。巴特強調人及其宗教均受上帝的裁決 (the Krisis) 和祇有透過信心始能接近上帝。另一出生於德國的美國神學家狄力克 (Paul Tillich, 1886–1965) 亦有相當影響力，他不像巴特那麼偏重《聖經》，但亦重申啟示的真理的重要性。這種新神學實受十

⓱ 此指教宗李奧十三世 (Leo XIII) 在 1870 年 5 月發表〈論新事物〉(Rerum Novarum, or of New Things) 之後的一百年，該通諭亦有時被意譯為〈論勞工階級的狀況〉(On the Conditions of the Working Classes)。

⓲ *China Post*, May 3, 1991, p. 3; *Newsweek* (May 13, 1991).

九世紀丹麥哲學家及神學家祁克果的啟發甚大。

新教的影響也不容輕視。舉例言之，英國的工黨頗受衛理公會（美以美會，Methodism）的影響，浸信會牧師馬丁路德・金恩是 1960 年代美國民權運動的領袖⑲。

東正教 (Eastern Orthodox Churches)⑳係 1054 年基督教第一次分裂所造成。此一分裂有其政治上的，文化上的和地理上的因素，而造成東正教與羅馬公教（天主教）的對立。在表面上，雙方的歧異係因西教會相信聖靈係出自聖父和聖子，而東教會認為聖靈出自聖父，此外東正教不承認羅馬主教（教宗）的管轄權。不過，東正教沒有統一的體系，各教會因共同的信仰和傳統而聯結，但各國教會均以其自己的國名相稱，如希臘正教和俄國正教等。此一教派是東歐、巴爾幹、俄國和中東（包括西亞）的基督教信仰。俄國的東正教，帝制時期所存在的宗教會議 (Holy Synod) 在 1917 年俄共得勢後被廢止，宗教信仰亦遭到摧折。不過，在第二次大戰期間，俄國政府於 1943 年又指派了一個新的大主教，教會亦有了有限度的活動。第二次大戰後俄國席捲東歐，使保加利亞、南斯拉夫、羅馬尼亞、芬蘭和波蘭的教會（最後兩國教會為第一次大戰後甫告建立者）大受削弱。東正教在 1960 年代積極參與統合運動，不再與羅馬教會對立。1980 年代以後，隨著共產控制的放鬆，東正教活動趨於積極。1990 年 4 月的復活節，俄國與東歐一片歡騰，顯示宗教的復興。

猶太教 (Judaism) 是猶太人古老的宗教，現約有一千八百萬信眾，是一種主張上帝的顯現可以從人類行為與歷史中驗證的一神教。自從納粹滅猶 (the Holocaust) 以後，成為一個集中在以色列、俄國與美國的宗教，不再以歐洲為主。它的標誌是大衛之星 (Star of David)，係由兩個三角形交叉形成的六角之星，在希伯來文中稱「大衛的盾」(Magen David, or Shield of

---

⑲ McNeill, op. cit., p. 675.

⑳ Orthodox 係源自希臘文 Orthodoxos，原意為「正確的意見」。

David)，亦為以色列國旗的圖案。

回教 (Islam) 在二十世紀是一個強而有力的宗教，其標誌為新月和星，其信徒超過七億，主要分布在阿拉伯國家、西南亞（巴基斯坦、印度、孟加拉等國）、東南亞（馬來西亞、印尼等國），以及土耳其、伊朗、阿富汗和俄國等。他們有兩大派和一些小派。兩大派中一派為素尼派（Sunnites，正統派），一派為什葉派（Shiites，原教義派）。素尼派為多數派，他們相信在穆罕默德死後領導權傳入選出的哈里發 (Caliphs) 手中，什葉派則堅持領導權在穆罕默德的女婿阿里 (Ali, 601–61) 的後裔手中，他們並特別強調他們的領袖，即伊瑪目 (Imam)㉑的地位。什葉派回教徒在伊朗等國有很大的影響力。回教民族在二十世紀中葉以後，為了爭取政治自由和主權而藉回教信仰而團結在一起。

佛教 (Buddhism) 為世界主要宗教之一，更是一個泛亞洲的宗教與哲學。佛教主張藉受苦受難而得救贖，重視因果 (Karma)，藉修行和走正道可以脫離因果的輪迴和痛苦，而達到涅槃 (Nirvana) 的境界，此即慾求之火完全熄滅，自我與無限合而為一。佛教有兩大支，即小乘佛教 (Therāvada) 和大乘佛教 (Mahāyāna)。小乘較為原始，著重渡己以自我解脫為目標；大乘為教理圓滿而能救濟大眾的佛法，相信多佛及菩薩（bodhisattva，為救濟眾人而未即入涅槃者）。另外，佛教還有其他派別，如禪宗及喇嘛（教）等。佛教流行於東亞和東南亞，大致上小乘佛教的信奉者多居住在斯里蘭卡、緬甸、泰國和高棉，大乘佛教徒多在中國、日本、韓國、印尼、尼泊爾等國。近年以來，西方人對於佛教亦有甚大的興趣。

印度教 (Hinduism) 是一種強調正道生活 (dharma) 的多神教，沒有創教者，沒有先知，也沒有組織結構。印度教是經數千年演變的宗教傳統，寬容不同的神學教義，卻在社會結構上堅持種姓制度，把人民分為四級，分別為僧侶階級的婆羅門 (Brahman)，王侯武士的剎帝利 (Kshatriyas)，平民

㉑ imam（小寫的 i）指普通的阿訇。

的吠舍 (Vaishyas) 和賤民的奢陀羅 (Shudras)，其第四級是「不可觸及的」穢民。1950 年的印度《憲法》雖然廢除第四種姓，但種姓制度在印度仍然並未泯滅。另外，印度教視牛隻為神聖不可侵犯的聖獸，亦屬不可思議。印度教流行於印度，以及巴基斯坦、孟加拉、斯里蘭卡、尼泊爾及錫金，信徒超過五億。

神道 (Shinto) 是日本的本土宗教，源於對自然和神聖力量 (kami) 的崇拜，本為一種民間信仰，後來演為全國性的愛國信仰。在明治維新以後，神道分為國家神道 (State Shinto) 和教派神道 (Sect Shinto)。國家神道在 1945 年後被廢除，不再享有官方地位；教派神道則頗有擴張。

第四節　文化的危機

科學與工技的發展，人對自己與世界的瞭解，哲學喪失了統攝的功能，知識分子的疏離，人陷入喪失希望、幸福和尊嚴的困境，乃至生存本身都受到威脅。於是對科學、進步、效率、自由與平等的價值發生了疑問。這是文化發展漸漸進入「後現代期」(post-modern age) 的情景。當然，也曾經有人表現出「工技狂喜」(technological euphoria)，對未來甚為樂觀。美國作家貝拉密 (Edward Bellamy, 1850–98) 在 1888 年出版《向後看望》(*Looking Backward: 2000–1877*)，設想一個人自 1877 年長眠到 2000 年，會發現一個和平而幸福的完美世界。但是，1832 年英國作家赫胥黎 (Aldous Leonard Huxley, 1894–1963) 推出《美麗新世界》(*Brave New World*) 便已完全改觀㉒。此後的發展，尤其令人覺得所面對的，是一個暗淡的未來。

核子武器和飛彈的發展，使人類陷於毀滅的邊緣。美國與俄國雙方擁

㉒ Edward Burns & others, *World Civilizations*, 6th ed., Vol. II (New York: Norton, 1982), pp. 1047–48.

有「互相保證毀滅」(MAD: Mutual Assured Destruction) 很多次的力量，肅殺而了無生機的「核子冬天」(nuclear winter) 一直是人類的噩夢。為了警世，一批美國芝加哥大學曾經參與「曼哈坦計畫」製造原子彈的科學家，在 1945 年創辦《原子科學家公報》(*Bulletin of Atomic Scientists*)，他們在 1942 年科學家完成第一次核子連鎖反應的芝加哥大學校區架設一座「末日時鐘」(Doomsday Clock)，設定午夜 12 時是人類毀滅的時間，該時鐘在 1953 年氫彈問世後曾一度撥到晚間 11 時 58 分，此後屢有改變，1991 年 11 月 26 日該時鐘撥退到晚間 11 時 43 分，反映冷戰和核武競賽結束，「大限」向後延緩㉓。但是，蘇聯解體以後的俄國發展究將如何，第三世界國家競相企圖製造核子武器所可能造成的核子擴散，以及被稱為「窮人的原子彈」的生化武器的繁衍，均使人類不能安枕。

生命科學的突破，尤其是自從 1953 年發現去氧核醣核酸的雙螺旋體 (double helix) 的結構以後，後來有了功參造化的境地，今後更有無窮的發展。它最後究將造成何種情況，是福是禍？

科技（包括純粹科學、應用科學及工技）的躍進，固然對於財富的創造與生活的便利有很大的助益，但也造成對生態環境的破壞和難以補救的污染。本來，自然界的動物與植物的關係，資源的蘊藏，碳、氮、磷的循環，以及生態平衡的維繫，均有其一定的規律，最好能做到「萬物並育而不相害，道並行而不悖」㉔。但是，科技發展會造成改變。建築水壩會造成河流的淤泥沉積，使硝酸鹽 (nitrates) 的淤積加速，附近的土壤無力吸收，埃及興建亞斯文高壩，固然增加了埃及的水資源，但也同時切斷了藻類養分流入地中海，使一些國家的漁業受損。從生態系統來看，工業的發達帶來災難，因為它為自然帶來太多的有害的廢物，如一氧化碳、二氧化硫、二氧化氮等等。許多河流一方面被污染，一方面被填土使用，而農田

㉓ *China News*, Nov. 26, 1991, p. 5.

㉔ 《中庸》，二十九章。

德國西發利亞地區的工業污染

也愈來愈少。許多油輪和油管的漏油，常常污染大片海域，造成海洋生物的死亡。各式各樣的空氣污染、水污染、噪音污染等等，使人吸的是「毒」氣，喝的是「毒」水，吃的是「毒」物，而廢棄物亦多到成為災難。另外，殺蟲劑（特別是含有 DDT 者）和除草劑的使用，常導致生態喪失平衡，也污染環境㉕。美國海洋生物學者和科學作家卡森 (Rachel Louise Carson, 1907–64) 在 1962 年出版《寂靜的春天》(*The Silent Spring*) 為警世之作。1972 年聯合國在斯德哥爾摩召開聯合國環境會議，提出問題的嚴重性。現在雖有一些先進國家克服了它們自身的一些環境問題，如減輕了城市中的煙霧 (smog)，「救活」了河流等等，但是，人類所面臨的整體的環境問題，如赤道雨林（分布在赤道兩側南北回歸線之間廣大的熱帶雨林）的破壞及臭氧層的洞裂等等，都是非常嚴重的問題。

1992 年 1 月初，華盛頓的世界觀察研究所 (Worldwatch Institute) 發表《1992 年世界情況》(*State of the World 1992*) 的報告，指出全球生態環境情況的嚴重，全球雖已有一百一十五個國家立法保護生態環境，但仍杯水車薪，無濟於事。此報告列舉土壤沖蝕、溫室效應、動植物消亡為害世界甚大，而酸雨以及破壞臭氧層的氯氟碳化合物 (chlorofluorocarbons) 的大量

㉕ Burns, op. cit., pp. 1370–74.

蒸發進入大氣層，使臭氧層破洞日大和厚度日薄而不能保護地球免於紫外線的照射，有四分之三的鳥類面臨滅絕，世界人口每年增長九千二百萬人，使第三世界國家生活水準不能提昇。該報告呼籲盡速推動「環境革命」(environmental revolution)，重建人口與自然體系的平衡，並且主張停止使用化石燃料、煤及石油而用太陽能，盡量減少汽車的使用，增加第三世界國家的財富與土地，削減軍事開支而用於生產，並且倡導小家庭制㉖。

除此之外，人類文化還有其他的危機。但是，危機也可能是轉機，但願人類能自求多福。

㉖ Washington (AP & Reuter), *China News* & *China Post*, Jan. 12 & 13, pp. 1 & 8.

附錄一　譯名對照表

A

Aaland Islands　奧蘭群島

Abadan　阿巴丹

Abbas I, Shah　阿拔斯一世

Abbeville　阿比維爾

Abdul-Hamid II　阿布都・哈密德二世

Abidjan　阿比尚

Abu Dhabi　阿布達比

Abyssinia　阿比西尼亞

Acapuco　阿卡皮科

Action Française　法蘭西行動派

Acerbo, Giacomo　阿西波

Adalia　阿達利亞

Adams, John Quincy　亞當斯

ADB: Asian Development Bank　亞洲開發銀行

Addis Ababa　阿迪斯・阿貝巴

Adenauer, Konrad　愛德諾

Adler, Alfred　阿德勒

Adorno, Theodor　阿多諾

AEF: American Expeditionary Forces　美國遠征軍

Aehrenthal, Count von　阿倫泰爾

AFL: American Federation of Labor　美國勞工聯盟

Agricultural Adjustment Act　農業調節條例

Afghanistan　阿富汗

Agadir　阿格迪爾

AIDS: Acquired Immune Deficiency Syndrome　愛滋病（後天免疫缺乏症候群）

Aisne River　恩河

Alamagordo　阿拉馬古杜

Alberta　阿伯達

ALECSO: Arab League Educational, Cultural and Scientific Organization　阿拉伯聯盟教育文化及科學組織

Algeciras Conference　雅爾吉塞拉斯會議

Algeria　阿爾及利亞

Allende, Salvador Gossen　阿揚得

Allephanies　阿列漢尼斯山脈

Allied Control Council　盟國管制委員會

Alma-Ata　阿拉木圖

Alsace　亞爾薩斯

Alto Adige　阿圖・阿迪芝

Amiens　亞眠

Ambris, Alceste De　安布瑞

Ananda, Mahidol　阿南達

Anatolia　安那托利亞

ANC: African National Congress　非洲民族議會

Batista, Fulgencio 巴提斯達
Batum 巴圖
Bauer, Max 鮑爾
Bauer, Gustav 鮑爾
Beard, Charles A. 俾爾德
Beatlemania 披頭狂
Beauvoir, Simone de 西蒙・波娃
Bechuanaland 貝契納蘭
BEF: British Expeditionary Forces 英國遠征軍
Belgian Congo 比屬剛果
Belgrade 貝爾格勒
Belize 貝里斯
Ben Gurion, David 本古里昂
Benin 比寧
Bell, Alexander G. 貝爾
Bentley, Arthur F. 班特萊
Berbers, the 擺布人
Berchtold, Leopold G. von 貝克圖爾德
Berchtesgaden 伯特斯加登
Bergson, Henri 柏格森
Berling Strait, the 白令海峽
Berlin, Congress of 柏林會議
Berlin Memorandum, the 柏林備忘錄
Berlin Wall (Berliner Mauer) 柏林圍牆
Bessarabia 比薩拉比亞
Bethmann-Hollweg, Theobald von 柏特曼・荷勒衛
Bevan, Aneurin 比萬
Biafra 比亞弗拉
Bilbao 比爾保
Bismarck, Otto von 俾斯麥
Black Hand, the 黑手黨
Black Panthers, the 黑豹黨
Bloc National 民族集團派
Blomberg, Werner von 布魯堡
Blum, Léon 布魯穆
Bogotá 波哥大
Bohr, Niels 包爾
Boisdeffre, Le Mouton de 布瓦道菲
Bolivia 玻利維亞
Bolívar, Ṡimón 波利瓦
Bolsheviks, the 布爾賽維克黨
Bonifacio, Andres 班尼法西歐
Borodino 波羅狄諾
Borneo 婆羅洲
Bosnia 波斯尼亞
Botswana 波紮那
Bradley, Omar Nelson 布萊德雷
Brahmanism 婆羅門教
Brandt, Willy 布蘭德
Braque, Georges 布拉克
Brasilia 巴西里亞
Bratislava 布雷提斯拉瓦
Brazil 巴西
Brenner Pass, the 布列納隘道
Brest-Litovsk 布列斯托・利托維斯克
Bretton Woods 布列頓森林
Brezhnev Doctrine, the 布里茲涅夫主義
Brezhnev, Leonid 布里茲涅夫
Briand, Aristide 白理安
British Columbia 英屬哥倫比亞
British Commonwealth of Nations 大英國協

British Somaliland 英屬索馬利蘭
Brunei 汶萊
Brüning, Henrich 布魯寧
Bucharest 布克勒斯
Buchlau 布克勞
Budapest 布達佩斯
Buenos Aires 布宜諾斯・艾利斯
Bukovina 布科維那
Bulgaria 保加利亞
Bülow, Bernhard von 布婁
Bundesrepublik Deutschland 德意志聯邦共和國
Burkina Faso 布其納・法索
Burma 緬甸
Burundi 蒲隆地
Bush, George 布希
Bushmen, the 布什人
Buthulezi, Gatsha 布圖萊茲
Butler, Richard A. 巴特勒
Butskellism 巴特克爾主義
Byelorussia 白俄羅斯

C

CACM: Central American Common Market 中美洲共同市場
Calais 加萊
Canberra 坎培拉
Calder Hall 卡登・霍爾
Carnegie, Andrew 卡內基
Canadian Pacific Railway 加拿大太平洋鐵路
Cambodia 高棉
Cambon, Pierre Paul 剛彭
Cape Verde Islands 綠角群島
Caracas 加拉卡斯
Caroline, the 卡洛林群島
Carpathian Passes, the 喀爾巴阡山隘道
Carpatho-Ukraine 喀爾巴仟・烏克蘭
Carinthia 喀倫提亞
Carter, Jimmy 卡特
Casablanca 卡薩布蘭加
Casement, Sir Roger 凱斯門
Castro, Fidel 卡斯楚
Cayman Islands 開曼群島
CDU: Christlich-Demokratische Union 基督教民主聯盟
CENTO: Central Treaty Organization 中央公約組織
CESC: Conference on European Security and Cooperation 歐洲安全合作會議
Chadwick, Sir James 查德威克
Chamberlain, Austen 張伯倫(奧斯汀)
Chamberlain, Joseph 張伯倫(約瑟夫)
Chamberlain, Neville 張伯倫(聶維爾)
Champagne 香檳
Chamorro, Violeta Barrios de 查慕洛
Chandragupta Maurya 旃多羅岌多
Chaplin, Charles Spencer 卓別林
Charlottetown 夏綠蒂城
Cheka 赤卡
Chennault, Claire 陳納德
Cherbourg 契堡
Chernyshevsky, Nikolai 柴尼史維斯基

Chicherin, Grigori　齊采林
Chile　智利
Chirac, Jacques　席哈克
Chrysler Corporation, the　克萊斯勒公司
Chulalongkorn, King　朱拉隆功國王
Churchill, Winston　邱吉爾
Ciano, Conte Glaeazzo　齊亞諾
Cleaver, Eldridge　克萊弗
Clemenceau, Georges　克里孟梭
Cleveland, George　克里福蘭
cold war　冷戰
Collingwood, R. G.　柯靈烏
Collins, Michael　柯林斯
Colombia　哥倫比亞
Cologne　科隆
Colombo　可倫坡
Combined Chiefs of Staff Committee　參謀首長聯合委員會
COMECON: Council of Mutual Economic Assistance　經濟互助理事會
Common Market　共同市場
Commonwealth of Independent States　獨立國家國協
Compiègne　康庇涅
Constitutional Democratic Party　憲政民主黨
Coolidge, John Calvin　柯立芝
Copenhagen　哥本哈根
Copts, the　埃及土人
CORE: Congress of the Racial Equality　種族平等大會
Corfu　古佛
Corsica　科西加
Costa Rica　哥斯達黎加
Crick, Francis H. C.　葛里克
Croatia　克羅埃西亞
Croats, the　克魯特(克羅埃西亞)人
Croce, Benedetto　克洛齊
Crowe Memorandum, the　柯羅備忘錄
Crowe, Sir Eyre　柯羅
CSU: Christlich-Soziale Union　基督（教）社會聯盟
Cuban Crisis, the　古巴危機
Cuno, Wilhelm　古諾
CWA: Civil Works Administration　就業總署
Cyprus　塞普洛斯（島）
Cyrenaica　塞里奈加
Czecho-Slovak National Council　捷克・斯洛伐克國家會議

D

Dacca　達卡
Dada　達達
Dadaism　達達主義
Dahomey　達荷美
Dakar　達喀爾
Daladier, Édouard　達拉第
Dali, Salvador　達利
Dalmatia　達爾馬西亞
D'Annunzio, Gabriele　鄧南遮
Danzig　但澤
Dardanelles, the　達達尼爾海峽
Daudet, Alphonse　都德

Dawes, Charles G.　道茲
de Valera, Eamon　戴凡勒拉
Debussy, Claude Achille　戴比西
Decazes, Louis Charles　笛卡茲
de Gaulle, Charles　戴高樂
Delcassé, Théophile　德勒加賽
Delhi　德里
de Klerk, F. W.　戴克拉克
Denikin, Anton I.　鄧尼金
Dessau　德騷
détente　低盪
Detroit　底特律
Deutsche Demokratische Republik　德意志民主共和國
Dewey, John　杜威
Djibouti　吉布地
Dniester River, the　丹尼斯特（尼斯特）河
Dobruja　多布魯甲
Doenitz, Karl　鄧尼茲
Dollar Diplomacy　金元外交
Dollfuss, Engelbert　道爾法斯
Dominica　多明尼克
Dominican Republic　多明尼克共和國
Don River, the　頓河
Doumerque, Gaston　杜瑪格
Dow-Jones Index　道瓊指數
Dravidians, the　德拉威人
Dreyfus Affair, the　德雷福事件
Dreikaiserbund　三帝同盟
Dual Alliance, the　兩國同盟
Dubcěk, Alexander　杜布西克
Dulles, John Foster　杜勒斯
Dumbarton Oaks Conference　敦巴頓橡園會議
Dunkirk (Dunkerque)　敦克爾克
Durham, Lord　杜蘭勛爵
Durkheim, Emile　涂爾幹
Dzerzhinsky, Felix　狄佐辛斯基

E

Easter Rebellion, the　復活節之亂
East Germany　東德
Ebert, Friedrich　艾伯特
ECOSOC: Economic and Social Council　經濟與社會理事會
ECSC: European Coal and Steel Community　歐洲煤鋼共同體
ECU: European Currency Unit　歐洲貨幣單位
Ecuador　厄瓜多
EDC: European Defense Community　歐洲防衛共同體
Edison, Thomas　愛迪生
Edward VII　愛德華七世
Edward VIII　愛德華八世
EEA: European Economic Area　歐洲經濟區
EEC: European Economic Community　歐洲經濟社會（歐洲經濟共同體）
Eiffel, Alexandre Gustav　埃菲爾
Eiffel Tower　埃菲爾鐵塔
Eilat　艾拉特
Einstein, Albert　愛因斯坦

Eisenhower, Dwight D.　艾森豪
Eisenstadt, S. N.　艾森斯達
El Alamein　艾・阿拉曼
Elamites, the　伊拉米提人
Elbe River, the　易北河
Elgin, Lord　額爾金勛爵
Eliot, T. S.　艾理特
Elisavetgrad　艾里薩維格勒
Emergency Banking Relief Act　緊急銀行救濟條例
EMS: European Monetary System　歐洲貨幣制度
EMU: European Monetary Union　歐洲貨幣聯盟
EPC: European Political Community　歐洲政治共同體
Erhard, Ludwig　歐哈德
Erhardt Brigade, the　艾哈特旅
Erikson, E. H.　艾理生
ERP: European Recovery Program　歐洲復興計畫
Eritrea　伊立特里亞
Essen　埃森
Estonia　愛沙尼亞
Euratom: European Atomic Energy Community　歐洲原子能組織
European Advisory Commission　歐洲諮詢委員會
European Free Trade Area　歐洲自由貿易區
European Development Bank　歐洲開發銀行
European Investment Bank　歐洲投資銀行
European Parliament　歐洲議會
Ethiopia　衣索比亞
Extraordinary Commission for Combating Counter-Revolution and Sabotage　打擊反革命及破壞特別委員會

F

Falange Party, the　長槍黨
Falkenhaussen, Alexander von　法根浩森
Falkland Islands　福克蘭群島
Farsta Center, the　法斯達中心
Federal Emergency Relief Act　聯邦緊急救濟條例
Federal Emergency Relief Administration　聯邦緊急救濟總署
Fehrenbach, Konstantin　法倫比赫
Fermi, Enrico　費爾米
Fez　費茲
Fiji　斐濟
Fillmore, Millard　費爾穆
Fitzgerald, Francis S. K.　費茲哲拉
Fiume　阜姆
Florida　佛羅里達
Foch, Ferdinand　福煦
Ford, Henry　福特
Ford, Gerald　福特
Fordney-McCumber Tariff Act　福德奈－麥孔伯關稅法規
Fourteen Points, the　十四點原則

Greenland　格陵蘭
Gregorian Calendar, the　格理高里曆
Grenada　格瑞納達
Grey, Sir Edward　葛雷
Griffith, Arthur　葛理芬茨
Gromyko, Andrei A.　葛羅米柯
Gropius, Walter　葛羅裴歐斯
Group of 7 (G7)　七國集團
G7 Summit　七國高峰會議
Group of 77　七十七國集團
Guam　關島
Guarani, the　瓜拉尼人（語）
Guatemala　瓜地馬拉
Guchkov, Aleksandr　古契科夫
Guadalcanal　瓜達康納爾島
Guadeloupe　瓜地洛普
Guderian, Heinz　古德里安
Guevara, Che　格瓦拉（切）
Guinea　幾內亞
Gulf Oil Corporation　海灣石油公司
Gumbinnen　岡比年
Gupta dynasty, the　岌多王朝
Guyana (Guiana)　圭亞那

H

Habermas, Jürgen　哈勃瑪斯
Haifa　海法
Haig, Douglas　海格
Hague Tribunal　海牙法院
Haile Selassie　赫勒・塞拉西
Haiti　海地
Haldane, Viscount　霍爾登
Hallestein, Walther　霍勒斯坦
Hallestein Doctrine, the　霍勒斯坦主義
Hammarskjöld, Dag　哈馬紹
Harding, Warren G.　哈定
Harrison, Benjamin　哈里遜
Harwich　哈維茨
Hasa　哈撒
Hashimite dynasty, the　海什美提王朝
Hastings, Warren　哈斯汀
Hayek, Frederick　海耶克
Heath, Edward　奚斯
Heidegger, Mortin　海德吉
Hejaz (Hedjaz)　海志
Hemingway, Ernest　海明威
Hendaye　昂迪
Henderson, Sir Nevile　韓德遜
Henlein, Konrad　韓林
Herriot, Edouard　赫禮歐
Herzegovina　赫最哥維那
Herzl, Theodor　霍佐
Hess, Rudolf　赫斯
Hesse-Darmstadt　赫斯・達馬斯塔
Hindenburg, Paul von　興登堡
Hideyoshi, Toyotomi　豐臣秀吉
Himmler, Heinrich　希姆萊
Hindu Kush, the　興都庫什山脈
Hippies, the　嬉痞
Hitler, Adolf　希特勒
Hittites, the　西臺人
Hoare, Sir Samuel　霍爾
Home Rule Bill　自治法案
Honduras　宏都拉斯

Jainism　耆那教
Jammu and Kashmir　佔穆及喀什米爾
Jaruzelski, Wojciech　賈魯塞斯基
Jaspers, Karl　耶斯培
Java　爪哇
Jazz Age, the　爵士音樂時代
Jefferson, Thomas　傑弗遜
Jellicoe, John　哲理珂
Jenney, William Le Baron　詹奈
Jibuti　朱布逖
Jinnah, Muhammad Ali　真納
Jodl, Alfred　約德勒
Joffre, Joseph Jacques Césaire　霞飛
Jordan　約旦
Joyce, James　喬意士
Judaism　猶太教
Julian Calendar, the　朱理曆
Jung, Carl Gustav　榮格

K

Kadet Party, the　憲政民主黨
Kamenev, Lev Borisovich　卡門聶夫
Kapp Putsch, the　卡普之亂
Karlsbad Program　卡斯巴綱目
Kars　卡爾
Kashmir　喀什米爾
Kassebaum, Nancy　凱莎寶
Katyn　卡廷
Kazan　卡贊
Kellogg, Frank B.　凱洛格
Kemal Mustafa (Kemal Atatürk)　凱末爾
Kennan, George Frost　肯楠
Kennedy, John Fitzgerald　甘迺迪
Kenya　肯亞
Kerenski, Aleksandr F.　克倫斯基
Kerr, Sir John　凱爾
Keynes, John Maynard　凱恩斯
KGB　（蘇聯）國家委員會
Khomeini, Ruhollah　何梅尼
Khoisan Peoples, the　霍依桑族
Khmer Rouge　赤東
Khrushchev, Nikita　赫魯雪夫
Kierkeggard, Søren　祁克果
Kiesinger, Kurt Georg　凱辛格
King, Martin Luther　金恩
Kirghizia　吉爾吉斯
Kiribati　吉里巴地
Kirovograd　基洛弗格勒
Kissinger, Henry　季辛吉
Koblenz　柯布林茲
Koffka, Kurt　科夫卡
Kohl, Helmut　柯爾
Kohler, Wolfgang　科勒
Konakry　康納克瑞
Kornilov, Lavr G.　柯尼羅夫
Kosovo　科索沃
Kravchuk, Leonid　克拉夫楚克
Kronstadt　克倫斯塔
Kryuchkov, Valadimir　克瑞契柯夫
Kurdistan　庫德斯坦
Kurds, the　庫德族
Kuriles, the　千島群島
Kuwait　科威特

L

M

Mackenzie, William Lyon　馬肯茲
Madagascar　馬達加斯加
Madison, James　麥迪生
Madrid　馬德里
Maginot Line, the　馬奇諾防線
Magnitogorsk　鋼城
Maine, the　緬因號
Major, John　梅傑
Malaysia　馬來西亞
Malawi　馬拉威
Maldive　馬爾地夫
Male　馬勒
Malenkov, Georgi　馬林可夫
Mali　馬利
Malinovski, Rodion　馬林諾夫斯基
Malinowski, Bronislaw　馬林諾斯基
Malraux, André　馬洛
Mandate System, the　託管制度
Mandela, Nelson　曼德拉
Manhattan Project, the　曼哈坦計畫
Manitoba　曼尼托巴
Mainz　梅因茲
Mandalay　瓦城（曼德勒）
Manstein, Erich von　曼斯坦因
Marbury, William　馬勃里
Marcel, Gabriel　馬西勒
Marcuse, Herbert　馬庫色
Mariana, the　馬利亞納群島
Marinetti, Emilio F. T.　馬瑞尼提
Marne, the　馬恩河
Marshall, George　馬歇爾
Marshall, John　馬紹爾
Martinique　馬提尼克
Massey, Vincent　梅賽
Masurian Lakes, the　馬蘇利亞湖澤區
Matisse, Henri　馬蒂斯
Matteotti, Giacomo　馬諦奧狄
Mauritius　模里西斯
Maurras, Charles　馬拉
Maurya dynasty, the　孔雀王朝
Mayas, the　馬雅人
McCarthy, Joseph R.　麥卡錫
McCarthyism　麥卡錫主義
McKinley, William　麥金萊
McLuhan, Marshall　馬克魯罕
McNary-Haugen Bill　麥克納瑞—霍根法案
Mecca　麥加
Medina　麥地那
Mediterranean Agreements, the　地中海協議
Meech Lake Accords, the　密契湖協定
Meiji Reform, the　明治維新
Meinecke, Friedrich　邁尼克
Mekong, the　湄公河
Melaka　米洛卡
Melanesia　美拉尼西亞
Melbourne　墨爾本
Menam, the　湄南河
Mensheviks, the　孟賽維克派
Merriam, Charles E.　梅凌
Metro-Goldwyn-Mayer　米高梅
Metz　麥茲
Meuse River, the　繆思河

New France　新法蘭西
New Guinea　新幾內亞
New Hebrides　紐赫布里迪斯群島
New Zealand　紐西蘭
Niamey　尼亞美
Nicaragua　尼加拉瓜
Nice　尼斯
Niemöller, Martin　聶穆勒
Niesse River, the　奈斯河
Niger　尼日
Nigeria　奈及利亞
Nimitz, Chester W.　尼米茲
Nivelle, Robert Georges　聶維爾
Nixon, Richard　尼克森
NKGB　（蘇聯）人民國家安全委員會
Nkrumah, Kwame　恩柯魯瑪
NKVD　（蘇聯）人民內政委員會
Non-Governmental Organizations
非政府間組織
Normandy　諾曼第
North Island　北島
North-South Dialogue, the　南北對話
Noske, Gustav　諾斯克
NOW: National Organization for Women
全國婦女會
Nujoma, Sam　紐卓瑪
Nuremberg (Nürnberg)　紐倫堡
Nyasaland　尼亞沙蘭
Nye, Gerald P.　聶宜

O

Oakland　奧克蘭
OAS: Organization of American States
美洲國家組織
OAU: Organization of African Unity
非洲團結組織
Octoberists, the　十月黨
Oder River, the　奧得河
OECD: Organization for Economic Cooperation and Development
經濟合作暨發展組織
OEEC: Organization for European Economic Cooperation
歐洲經濟合作組織
Official Language Act　官方語言法
Ogden　奧格登
Ohio River, the　俄亥俄河
OIC: Organization of Islamic Conference
回教會議組織
Okinawa　琉球
Oman　奧曼
Olduvai Gorge, the　歐杜維峽谷
Ontario　安大略
Operation Barbarossa　巴巴路沙行動
Operation Overlord　霸王行動
Operation Torch　火炬行動
Oregon　奧勒岡
Orlando, Vittorio Emmauele　奧蘭多
Orwell, George　歐威爾
Ostend　奧斯登
Ostdeutschland　東德
Ostpolitik　東進政策
Ottawa　渥太華
Ottoman Empire, the　鄂圖曼帝國

Progressive Conservtive Party, the 進步保守黨
Proust, Marcel 普洛斯特
Punta del Este 龐塔
Pygmies, the 小黑人

Q

Qajar dynasty, the 奎札爾王朝
Qatar 卡達
Quaga dougou 奎達都古
Quantum Theory, the 量子論
Quebec Act, the 魁北克條例
Quebec-Windsor Corridor, the 魁北克・溫莎走廊
Quechua, the 魁朱亞人（語）
Queenstown 昆士唐
Quezon City 魁松市
Quisling, Vidkum 奇士林

R

Rabat 拉巴特
Radical Party, the 激烈黨
Raeder, Erich 雷德
Radek, Karl B. 拉迪克
Rama I 拉瑪一世
Rama IV 拉瑪四世
Rama V 拉瑪五世
Rama VI 拉瑪六世
Rama VII 拉瑪七世
Ranke, Leopold von 蘭克
Rapallo 拉巴洛
Rapallo, Treaty of 拉巴洛條約
Rathko, Mark 羅茨柯
Reagan, Ronald 雷根
Red Scare, the 紅色驚恐
Reichstadt 雷斯塔特
Reinhardt, Max 雷哈德
Reinsurrance, Treaty of 再保條約
Remagen 雷瑪根
Remarque, E. M. 雷馬克
Réunion 留尼旺島
Revenue Act, the 財稅條例
RFC: Reconstruction Finance Corporation 復興財政公司
Rheims 理穆斯
Rhineland, the 萊茵地區
Rhodesia 羅德西亞
Rhur 魯爾
Ribbentrop, Joachim von 李賓特洛普
Riga 里加
Riviani, René 芮凡尼
Riyadh 利雅德
Riza Khan 利撒汗
Rizal, José 羅剎
Rockies, the 洛磯山脈
Röhm (Roehm), Ernst 隆穆
Romagna 羅馬涅
Rome-Berlin Axis, the 羅馬一柏林軸心
Rommel, Erwin 隆美爾
Roosevelt, Franklin D. 羅斯福（佛蘭克林）
Roosevelt, Theodore 羅斯福（迪奧多）
Rosenberg, Alfred 羅森堡
Rostov 洛斯托夫

Security Council　安全理事會
Sedan　色當
Seeckt, Hans von　賽克特
Seljuk Turks, the　塞爾柱土耳其人
Senegal　塞內加爾
Serbs, the　塞爾維亞人
Serbia　塞爾維亞
Sévres　色佛爾
Seychelles　塞席爾
Seyss-Inquart, Arthur　塞西·英奎
Shamir, Yitzhak　夏米爾
Sharpeville　沙普維爾
Shaposhinikov, Yevgeny　沙波希尼可夫
Shell-Union Company
貝殼一聯合石油公司
Shiites, the (Shiah Sect)　什葉(原教義)派
Shimonoseki, Treaty of　馬關條約
Shuvalov, Count Petr Andreevich
舒維洛夫
Shushkevich Stanislav　舒斯克維奇
Sierra Leone　獅子山
Sihanouk, Norodom　施亞努
Sikkim　錫金
Silesia　西里西亞
Silver Purchase Act　白銀收購條例
Sinai Peninsula, the　西奈半島
Singapore　新加坡
Single-Member District System
單額選區制
Sinhdi, the　辛地人
Sinhalese, the　辛哈（勒斯）人
Sinn Fein　新芬黨
Sittang, the　西唐江
Skagerrak　斯卡哥拉克
Skinner, Burrhus F.　史金納
Slavophilism　斯拉夫本位主義
Slovaks, the　斯洛伐克人
Slovenia　斯洛伐尼亞
Smuts, Jan Christiaan　史慕斯
Smoot-Hawley Tariff Act, the
史慕德－霍萊關稅法規
Smyrna　斯邁爾那
Soane, Sir John　宋恩
Sobchak, Antoly　蘇布查克
Social Darwinism, the　社會達爾文主義
Social Revolutionary Party, the
社會革命黨
Social Credit Party　社會信用黨
Social Security Act, the　社會安全條例
Soisson　蘇瓦松
Soloman Islands, the　所羅門群島
Somalia　索馬利亞
Somme area, the　索穆河地區
Sonnenfeldt, Helmut　宋耐菲德
Sotho, the　索圖族
Sovnarkom　人民委員會
Soweto　蘇維托
Solzhenitsyn, Alexander　蘇忍尼辛
South Island　南島
Soviet of Nationalities, the　民族蘇維埃
Soviet Russia　蘇俄
Soviet of the Union, the　聯邦蘇維埃
Spaak, Paul-Henri　斯巴克

SPD: Sozialdemokratische Partei (Social Democratic Party)　社會民主黨
Spanish Guinea　西屬幾內亞
Spanish Morocco　西屬摩洛哥
Spanish Sahara　西屬撒哈拉
Spengler, Oswald　史賓格勒
St. Christopher　聖克里斯多夫
St. Germain-en-Laye　聖日曼因
St. Quentin　聖昆丁
St. Vincent　聖文生
Stalin, Joseph　史達林
Standard Oil Company　標準石油公司
START: Strategic Arms Reduction Treaty　戰略武器裁減條約
Stimson, Henry Lewis　史汀生
Stimson, Doctrine of　史汀生主義
Stresa　斯特里莎
Stresa, Front of　斯特里莎陣線
Stresemann, Gustav　斯特萊斯曼
Sudetenland, the　蘇臺德區
Sullivan, Harry　蘇利文
Sulu Archipelago　蘇祿群島
Sunnites, the　素尼（正統）派
Supreme Court, the　最高法院
Suriname　蘇里南
Surrealism　超寫實主義
Sturzo, Luigi　史圖佐
Swaziland　史瓦濟蘭
Styria　斯提里亞
Sydney　雪梨
Syria　敘利亞

T

Taft, William Howard　塔虎脫
Tamerlane (Timur)　帖木耳
Tamils, the　坦米爾人
Tampico　坦皮柯
Tanganyika　坦干依喀
Tangier　丹吉爾
Tannenberg　坦能堡
Tanzania　坦尚尼亞
Tasmania　塔斯馬尼亞
Tehran, Conference of　德黑蘭會議
Tel Aviv　臺拉維夫
Tenochtilán　提諾克蘭
Terreblanche, Eugene　泰爾布南齊
Texas　德克薩斯
Thailand　泰國
Thatcher, Margaret　柴契爾
Third World, the　第三世界
Thrace　色雷斯
Thuringia　色林吉亞
Tibbu, the　提布人
Tiflis　提夫里斯
Tito, Josip Broz　狄托
Tocqueville, Alexis de　托克維爾
Togliatti, Palmiro　杜格里亞提
Togo　多哥
Togoland　多哥（蘭）
Tojo, Hideki　東條英機
Tolstoi, Count Aleksei　托爾斯泰
Tokyo-Berlin Axis　東京一柏林軸心
Tomsky, Michael　湯穆斯基

Torgau　圖岡
Toul　圖爾
Toulon　土隆
Toulouse　土魯斯
Toynbee, Arnold Joseph　湯恩比
Transcaucasia　外高加索
Transjordan　外約旦
Transylvania　特蘭西凡尼亞
Trentino, the　特倫提諾
Trieste　的里亞斯特（的港）
Trinida and Tobago　千里達和土巴哥
Tripartite Pact, the　三國同盟
Triple Alliance, the　三國同盟
Tripoli　底黎波里
Tripolitan War, the　底黎波里戰爭
Trotsky, Leon　托洛斯基
Trudeau, Pierre Elliot　杜魯道
Truman, Harry S.　杜魯門
Trusteeship Council, the　託管委員會
Tswana, the　柴瓦那族
Tuareg, the　圖亞瑞人
Tunisia　突尼西亞
Turks and Caicos Islands
　土耳其與開卡斯群島
Tutuila　土土伊拉島
Tuvalu　吐瓦魯
TVA: Tennessee Valley Authority
　田納西流域管理局
Tyrol, the　提洛爾

U

Ubangi River, the　烏班齊河
UDC: Union du Centre　中間聯盟
UDF: Union pour la Democratie Française
　法蘭西民主聯盟
Uganda　烏干達
Ukraine　烏克蘭
Ukrainians, the　烏克蘭人
UNCTAD: United Nations Conference on Trade and Development
　聯合國貿易與發展會議
UNESCO: United Nations Educational, Scientific and Cultural Organization
　聯合國教科文組織
UNICEF: United Nations International Children Emergency Fund
　聯合國國際兒童緊急基金會
Union or Death　誓死統一黨
Union Française　法蘭西聯盟
United Arab Republic
　阿拉伯聯合共和國
United Arab States　阿拉伯合眾國
United Nations　聯合國
United Nations Commission on the Status of Women
　聯合國婦女地位委員會
UNCITRAL: United Nations Commission on International Trade Law
　聯合國國際貿易法委員會
United Nations Conference on Human Environment
　聯合國人類環境會議

V

W

Wembley Stadium　溫布列運動場
Wenceslaus Square, St.　聖溫塞勞斯廣場
Wertheimer, Max　威特默
Wesel　魏茲爾
West Bank　（約旦河）西岸
Westminster, Statute of　威斯敏特法規
Westdeutschland　西德
Western Thrace　西色雷斯
Wetzell, Georg　魏澤
WEU: Western European Union 西歐聯盟
Weygand, Maxime　魏剛
Wheeler Field, the　惠勒機場
Whitehead, Alfred　懷海德
Whitelam, Gough　惠特南
White Russians, the　白俄羅斯人
Wight, Isle of　威特島
Wilson, Woodrow　威爾遜
Wirth, Joseph　渥斯
Wittgenstein, Ludwig　維根斯坦
Woolf, Virginia　伍爾芙
World Bank (International Bank for Reconstruction and Development)　世界銀行
World Health Organization 世界衛生組織
World Population Conference 世界人口會議
World War Foreign Debts Commission 世界大戰外債委員會
Wrangel, Baron Pëtr N.　魏南吉
Wright Brothers (Wibur & Orville) 萊特兄弟
Wundt, Wilhelm　馮特

X

Xhosa, the　克雪莎族

Y

Yalta　雅爾達
Yamato Clan, the　大和族
Yanayev, Gennady　雅納耶夫
Yaoundé　雅溫得
Yavlinsky, Grigory　雅夫林斯基
Yazov, Dmitry　葉佐夫
Yom Kippur War　贖罪日戰爭
Yeltsin, Boris　葉爾欽
Yippies, the　雅痞
Young, Owen D.　楊格
Young Plan, the　楊格計畫
Young Turks, the　少年土耳其黨人
Yser, the　義左河
Yudenich, Nikolai N.　尤迪尼契
Yukon Territory　育空行政區
Yugoslavia　南斯拉夫

Z

Zagreb　札格拉布
Zaire　薩伊
Zambia　桑比亞
Zanzibar　桑吉巴
Zhukov, Georgi　朱可夫
Zimbabwe　辛巴威
Zimmermann, Arthur　芝邁曼

Zinoviev, Grigori　齊諾維耶夫
Zion　贊昂
Zion Lovers (Hoveve Zion)　贊昂愛慕者
Zionism　猶太復國主義
Zokor, Adolph　祖科
Zomora, Niceto Alcala　芝莫拉
Zoroastrianism　袄教
Zulu, the　祖魯族

附錄二　大事年表

1873 年

6 月 6 日：三帝同盟（德、奧匈、俄）協議（1881 年正式成立）。

1879 年

10 月 7 日：德奧同盟訂立。

1881 年

6 月 18 日：三帝同盟（德、奧匈、俄）訂立。

1882 年

5 月 20 日：三國同盟（德、奧匈、義）訂立。

1883 年

10 月 30 日：羅馬尼亞加入三國同盟，惟第一次大戰爆發後不復為其中之一員。

1887 年

6 月 18 日：德、俄《再保條約》簽字。

1891 年

8 月 21 日～1894 年 1 月 4 日：法、俄完成《軍事協約》之簽訂。

1900 年

6 月 12 日：德國通過第二次《海軍法》，大規模造艦。

6 月 13 日～8 月 14 日：中國發生拳亂。

12 月 14 日：法、義達成有關摩洛哥與底黎波里的協定。

1902 年

1 月 30 日：英日同盟簽字。

5 月 31 日：波耳戰爭宣告結束（爆發於 1899 年 10 月 9 日）。

1904 年

2 月 4 日：日、俄戰爭開始。

4 月 8 日：《英法諒解》成立。

4 月 12 日：塞爾維亞與保加利亞明訂《友誼條約》，密締《同盟條約》。

10 月 3 日：法國與西班牙簽訂有關摩洛哥的條約。

1905 年

1 月 22 日：俄國發生「血腥的星期日」事件。

3 月 31 日：第一次摩洛哥危機。

9 月 5 日：日、俄締訂《樸資茅斯和約》。

10 月 30 日：俄皇頒布《十月詔令》。

1906 年

1 月 10 日：英、法兩國開始海軍會談。

1 月 16 日～4 月 7 日：阿吉西拉斯會議，第一次摩洛哥危機解除。

12 月 13 日：英、法、義達成有關衣索比亞的協議。

1907 年

6 月 15 日～10 月 18 日：第二次海牙和平會議（第一次海牙和平會議舉行於 1899 年 5 月 18 日至 7 月 29 日）。

8 月 31 日：《英俄諒解》成立。

1908 年

7 月 6～24 日：土耳其發生少年土耳其革命運動。

10 月 5 日：保加利亞宣布獨立。

10 月 6 日：奧匈併波、赫兩省，導致危機。

10 月 28 日：《每日電訊報》事件：英、德關係緊張。

1909 年

3 月 31 日：塞爾維亞承認奧匈併波、赫二省，危機結束。

4 月 27 日：少年土耳其黨人黜免土耳其皇帝（蘇丹）。

1910 年

3 月 7 日：英王愛德華七世逝世，喬治五世繼位。

7 月 4 日：日、俄達成有關中國東北的協議。

8 月 22 日：日本併朝鮮。

8 月 29 日：蒙特尼哥羅宣布建立王國。

10 月 5 日：葡萄牙宣布共和。

1911 年

7 月 1 日：第二次摩洛哥危機爆發。

8 月 10 日：英國上議院終接受《議會法》。

10 月 10 日：中國發生辛亥革命。

11 月 4 日：法、德達成有關摩洛哥及剛果的協定，第二次摩洛哥危機告終。

1912 年

2 月 8～11 日：英國霍爾登代表團 (Haldane mission) 至柏林，英、德海軍談判失敗。

3 月 13 日：保加利亞與塞爾維亞締盟，是為導致巴爾幹聯盟（保、塞、希、蒙特尼哥羅）之初步。

7 月 8 日：日、俄簽有關東北亞之秘密條約。

7 月 16 日：《英法海軍協定》。

10 月 8 日：第一次巴爾幹戰爭爆發。

12 月 17 日：列強大使級會議在倫敦召開以討論巴爾幹戰爭問題。

1913年

5月7日：聖彼得堡大使級會議迫保加利亞割南多布魯甲予羅馬尼亞。

5月30日：《倫敦密約》結束第一次巴爾幹戰爭。

6月1日：塞爾維亞與希臘結盟以抗保加利亞。

6月29～30日：第二次巴爾幹戰爭爆發。

8月10日：《布克勒斯條約》結束第二次巴爾幹戰爭。

10月18日：奧匈以最後通牒要求塞爾維亞撤出阿爾巴尼亞領土。

11月5日：中、俄達成有關外蒙古協議。

1914年

6月28日：奧皇儲裴迪南大公遇刺。

7月20～23日：法總統朋加萊訪俄。

7月23日：奧匈向塞爾維亞致送最後通牒。

8月1日：德國向俄國宣戰。

8月2日：德國向比利時遞交最後通牒。

8月3日：德國向法國宣戰。

8月4日：英國向德國宣戰。

10月29日：土耳其巡洋艦砲擊俄國黑海各港。

11月2日：俄國向土耳其宣戰，英、法於5日繼之向土耳其宣戰。

11月5日：英國併塞普洛斯，該島自1878年為英保護國。

1915年

3月18日：英、法許諾俄國可得君士坦丁堡。

4月26日：協約國與義大利訂《倫敦密約》。

5月23日：義大利對奧、匈作戰。

10月14日：保加利亞與塞爾維亞互相宣戰。

1916年

1月6日：英國採行《徵兵法》。

4月24日：愛爾蘭發生「復活節之亂」。

4月26日：英、法、俄達成瓜分土耳其亞洲領土之協議。

8月27日：羅馬尼亞向奧匈宣戰。

11月21日：奧匈皇帝法蘭西斯・約瑟夫死，查理一世繼位。

12月4日：勞合・喬治任英首相。

12月18日：美國總統威爾遜向交戰國提出和平建議。

1917年

2月1日：德國採行無限制潛艇戰。

2月16日：英、日達成處置德屬亞洲土地之協定。

2月～6月：奧皇查理企圖秘密議和。

3月12日（俄曆2月27日）：俄國革命，建立臨時政府。

3月15日：俄皇尼古拉二世遜位。

4月6日：美國對德宣戰，繼之於12月7日對奧匈宣戰。

4 月 16 日：列寧返俄。

6 月 27 日：希臘正式參加協約國戰團。

7 月 20 日：克倫斯基擔任俄國臨時政府總理。

11 月 2 日：英外相巴福爾發表有關《巴勒斯坦宣言》。

11 月 7 日（俄曆 10 月 25 日）：俄國發生布爾賽維克黨奪權革命。

12 月 5 日：俄國與德、奧締《停戰協定》。

1918 年

1 月 8 日：美國總統威爾遜宣布〈十四點原則〉。

3 月 3 日：俄、德訂《布列斯托・利托維斯克和約》。

7 月 16 日：俄皇尼古拉二世全家被殺。

11 月 3 日：奧匈與協約國締《停戰協定》。德國海軍叛變。

11 月 9 日：德皇威廉二世遜位。

11 月 11 日：德國與協約國締《停戰協定》。

12 月 14 日：英國舉行「卡其選舉」。
俄國發生內戰，1920 年結束。

1919 年

1 月 18 日：巴黎和會召開。

3 月 2 日：第三國際成立。

5 月 7 日：《凡爾賽條約》交德國代表團。

6 月 28 日：《凡爾賽條約》簽字。

8 月 11 日：德國《威瑪憲法》生效。

1920 年

1 月 10 日：國際聯盟正式成立。

2 月 10 日：敘列斯威北區實行公民投票；3 月 14 日在南區實行。

4 月 25 日～10 月 12 日：俄、波戰爭。

8 月 14 日：捷克與南斯拉夫簽《同盟條約》；是為小協約國組成之始。

1921 年

2 月 19 日：法、波軍事同盟成立。

3 月 3 日：波蘭與羅馬尼亞訂《同盟條約》。

3 月 20 日：上西里西亞舉行公民投票。

4 月 23 日：羅馬尼亞與捷克訂《同盟條約》。

4 月 27 日：賠款委員會決定德國應付出的賠款數字為一千三百二十億金馬克。

6 月 27 日：南斯拉夫與羅馬尼亞訂立《同盟條約》；小協約國體系完成。

8 月 24～25 日：美國與奧、德訂和約。

10 月 21 日：俄國實行新經濟政策。

1922 年

2 月 2 日：華盛頓會議結束。

2 月 15 日：常設國際法庭在海牙正式成立。

4 月 16 日：俄、德簽訂《拉巴洛條約》。

10 月 30 日：莫索里尼成為義大利首相。

12 月 30 日：蘇聯成立。

1923 年

1 月 11 日：法、比佔領魯爾區。
7 月 24 日：土耳其簽《洛桑條約》。
9 月 26 日：魯爾區結束消極抵抗。

1924 年

1 月 14 日：道茲委員會開始工作。
1 月 21 日：列寧死。
1 月 25 日：法、捷訂立《同盟條約》。
1 月 27 日：義大利與南斯拉夫訂約；義併阜姆。
4 月 9 日：「道茲計畫」提出。
11 月 18 日：法、比完成撤軍魯爾行動。

1925 年

1 月 21 日：阿爾巴尼亞國民會議宣布共和。
4 月 26 日：興登堡當選德國總統。
5 月 5 日：英國恢復金本位。
10 月 5～16 日：羅迦諾會議，12 月 1 日簽約。

1926 年

5 月 3 日：英國發生總罷工。
9 月 8 日：德國加入國聯。
11 月 18 日：英帝國會議結束。

1927 年

1 月 31 日：協約國結束對德國控制。
6 月 20 日～8 月 4 日：日內瓦海軍裁軍會議。

1928 年

8 月 27 日：《凱洛格─白理安公約》簽字。
10 月 1 日：蘇聯實施「第一次五年計畫」。

1929 年

2 月 9 日：《李維諾夫公約》；俄、羅、波、愛沙尼亞、拉脫維亞宣布不訴諸戰爭。
6 月 7 日：「楊格計畫」宣布。
10 月 23 日：紐約股票市場暴跌。

1930 年

1 月 21 日～4 月 2 日：倫敦海軍會議。
9 月 14 日：納粹在德國選舉大有收穫。
10 月 1 日：英國交還中國威海衛。
10 月 5～12 日：第一次巴爾幹會議在雅典召開。

1931 年

3 月 21 日：德、奧宣布擬組關稅同盟。
4 月 14 日：西班牙建立共和。
6 月 20 日：美國總統胡佛宣布賠款及戰債延期付款一年。
9 月 18 日：九一八事變發生；日本佔領中國東北。
12 月 10 日：李頓調查團組成。
12 月 11 日：英國會通過《威斯敏特法規》。

1932 年

1月7日：美國通知《九國公約》簽字國，表示不承認以武力奪取之土地。

2月～7月：日內瓦第一次裁軍會議。

2月18日：日本宣布「滿洲國」獨立。

4月10日：德國總統選舉中，興登堡擊敗希特勒。

7月21日～8月21日：渥太華帝國經濟會議。

10月4日：〈李頓代表團報告書〉交國聯。

1933年

1月30日：希特勒出任德國總理。

2月2日～12月14日：裁軍會議。

2月：小協約國體系重組；建立常設理事會。

3月4日：佛蘭克林・羅斯福就美國總統之職。

3月23日：德國會授希特勒全權。

5月27日：日本宣布退出國聯。

6月12日～7月27日：倫敦世界經濟會議。

10月14日：德國退出裁軍會議及國聯。

11月17日：美國承認蘇聯。

1934年

1月11日：法、俄訂《貿易條約》。

1月26日：德、波簽《互不侵犯條約》。

3月18日：義、奧、匈簽《羅馬議定書》。

6月30日：納粹血腥整肅。

9月19日：俄國加入國聯。

1935年

1月7日：法、義達成有關非洲協定。

1月13日：薩爾舉行公民投票。

3月16日：德國重行徵兵制。

3月23日：俄國出售中東鐵路。

5月2日：《法俄公約》簽字。

5月16日：《俄捷公約》簽字。

6月18日：《英德海軍協定》簽字。

10月3日：義大利入侵衣索比亞。

10月11日：國聯制裁義大利；11月18日生效。

1936年

3月7日：德國武裝佔領萊茵區，撕毀《羅迦諾公約》。

3月25日：英、美、法結束倫敦海軍會議。

5月3日：法國人民陣線在大選中勝利。

5月5日：義大利完成征服衣索比亞。

7月18日：西班牙內戰開始。

7月20日：蒙特魯 (Montreux) 國際會議同意土耳其在海峽設防之請。

10月25～27日：德、義簽訂有關奧地利公約，是為「羅馬—柏林軸心」之始。

11月27日：德、日簽《防共公約》。

12月5日：俄國頒布新《憲法》。

1937年

1月2日：英、義達成有關地中海利益的「君子協定」。

7 月 7 日：中、日七七事變。

8 月 29 日：中、俄簽《互不侵犯條約》。

11 月 6 日：義大利加入《德日防共公約》。

11 月 15 日：布魯塞爾會議。

12 月 11 日：義大利退出國聯。

1938 年

3 月 12～13 日：德國佔領奧地利。

9 月 29 日：《慕尼黑協定》。

12 月 6 日：法、德簽《互相保證邊界協定》。

1939 年

3 月 15 日：德國佔領布拉格；斯洛伐克亞仍名義上獨立。

3 月 28 日：西班牙內戰結束，馬德里屈降。

3 月 31 日～4 月 6 日：英、法保證波蘭獨立。

4 月 7 日：西班牙加入《防共公約》。義大利佔阿爾巴尼亞。

4 月 13 日：英、法保證羅馬尼亞與希臘獨立。

4 月 27 日：英國實行徵兵制。

4 月 28 日：希特勒宣布 1934 年《德波協定》與 1935 年《英德海軍協定》為無效。

5 月 3 日：俄國莫洛托夫取代李維諾夫為外長，顯示政策改變，李氏自 1930 年為蘇聯外長。

5 月 9 日：西班牙退出國聯。

5 月 12 日：英、土簽《互助條約》。

5 月 22 日：德、義簽《政治及軍事同盟條約》。

6 月 23 日：《法土協定》。

8 月 23 日：《德俄公約》，9 月 29 日修改。

9 月 1 日：德國進攻波蘭。

9 月 3 日：英、法向德國宣戰。

9 月 29 日：愛沙尼亞與俄國簽《互助條約》。

10 月 5 日：拉脫維亞與俄國簽《互助條約》。

10 月 10 日：立陶宛與俄國簽《互助條約》。

10 月 19 日：土耳其與英、法簽《互助條約》。

11 月 4 日：美國修改《中立法》。

11 月 30 日：俄攻芬蘭。

12 月 14 日：國聯開除蘇聯會籍。

1940 年

3 月 12 日：俄、芬簽訂和約。

4 月 8 日：聯軍宣布在挪威海面布雷。

4 月 9 日：德國攻侵丹麥與挪威。

5 月 9 日：英國佔領冰島。

5 月 10 日：德國攻侵荷、比、盧。邱吉爾出任英國首相。

5 月 17 日：法國防線在色當被突破。

6 月 10 日：義大利向英、法宣戰。

6 月 15～16 日：俄國軍隊佔領立陶宛、拉脫維亞及愛沙尼亞。

6 月 22 日：法、德、義簽《停戰協定》。

6 月 27 日：羅馬尼亞割比薩拉比亞與北布克維那予俄國。

7月5日：英國在奧蘭 (Oran) 進攻法艦隊，英、法關係破裂。

7月18日：英國封鎖滇緬公路。

8月8日：德國開始大規模空襲英國。

9月16日：美國通過《選擇徵兵法規》。

9月27日：德、義、日訂《柏林公約》。

10月18日：英國重開滇緬公路。

10月28日：義大利入侵希臘。

11月12日：俄外長莫洛托夫至柏林舉行三日會議。

1941年

1月10日：德、俄簽《新貿易條約》。

3月11日：美國國會通過《租借法》。

4月6日：德國入侵南斯拉夫及希臘。

4月13日：《日俄中立條約》。

5月6日：史達林擔任蘇聯總理。

5月20日：德國入侵克里特島。

5月27日：美國總統羅斯福宣布有限度的緊急狀態。

6月14日：美國凍結軸心國在美資財。

6月16～21日：美國關閉德、義在美領事館，亦關閉美國駐該兩國之領事館。

6月18日：德、土簽《友好條約》。

6月22日：德國入侵蘇聯。

6月23日：日本控制法屬印度支那半島。

7月12日：英、蘇簽《互助條約》。

7月25日：美、英凍結日本資財。

8月14日：羅斯福與邱吉爾發表《大西洋憲章》。

10月11日：東條英機擔任日本首相。

10月27日：羅斯福發表「射擊戰已開始」(shooting has started) 之演說。

11月6日：美國在《租借法》下貸俄十億美元。

11月26日：美國以強烈照會致送日本。

12月7日：珍珠港事變。

12月8日：美國向日本宣戰。

12月11日：德、義向美宣戰。

12月13日：匈、保向美宣戰。

12月22日：邱吉爾赴華府開會。

1942年

1月1日：二十六國在華府簽署《聯合國宣言》。

2月15日：日本佔領新加坡。

4月9日：巴丹半島 (Bataan Peninsula) 美軍向日軍投降。

5月7日：珊瑚海之役。

5月11～27日：羅斯福與邱吉爾舉行第二次華府會議。

5月26日：英、俄締結二十年同盟。

6月4日：中途島之役。

8月7日：美軍登陸日軍據守之瓜達康納爾 (Guadalcanal) 島，為反攻之始。

8月12～6日：邱吉爾訪莫斯科。

10月23日～11月10日：英軍自埃及向非洲德軍展開攻勢。

11月8日：美、英在法屬北非登陸。

11月11日：德軍佔領法國全境。

1943 年

1 月 14～26 日：羅斯福與邱吉爾舉行卡薩布蘭加會議。

2 月 2 日：德軍在俄境史達林格勒投降。

5 月 8～12 日：北非戰爭結束。

5 月 11 日：羅斯福與邱吉爾第三次華府會議。

5 月 18 日：聯合國糧食會議在美召開。

5 月 22 日：蘇聯宣布正式解散第三國際。

7 月 10 日：西西里登陸。

7 月 25 日：巴多里奧元帥 (Marshal Badoglio) 取代莫索里尼為義大利政府領袖。

8 月 24 日：羅斯福與邱吉爾舉行第一次魁北克會議。

9 月 3 日：聯軍攻入南義大利。

9 月 8 日：義大利與聯軍 9 月 3 日所訂《停戰協定》宣布。

9 月 10 日：德軍佔領羅馬。

9 月 15 日：莫索里尼為德傘兵所救出；法西斯政權再建於北義大利。

10 月 19～30 日：美、英、俄三國外長舉行莫斯科會議。

11 月 9 日：聯合國善後救濟總署成立。

11 月 22～26 日：開羅會議。

11 月 28 日～12 月 1 日：德黑蘭會議。

12 月 12 日：《俄捷條約》。

1944 年

1 月 22 日：聯軍登陸於義大利安濟歐。

3 月 8～21 日：俄、芬交涉停戰，未成。

6 月 4 日：美、英軍隊攻克羅馬。

6 月 6 日：聯軍登陸諾曼第。

7 月 1～15 日：國際貨幣會議在布列頓森林召開。

8 月 11 日：美軍收復關島。

8 月 15 日：聯軍登陸法國南部。

8 月 21 日～9 月 29 日：敦巴頓橡園會議。

8 月 25 日：收復巴黎。

9 月 4 日：俄、芬戰爭停止；10 日簽《停戰協定》。

9 月 5 日：俄國向保加利亞宣戰。

9 月 9 日：保加利亞停戰；10 月 28 日在莫斯科簽《停戰協定》。

9 月 10 日：美、英第二次魁北克會議。

10 月 9 日：邱吉爾偕艾登在莫斯科就波蘭問題舉行會議。

10 月 14 日：聯軍佔領雅典。

11 月 1 日：國際民航會議在芝加哥召開。

12 月 16 日：德軍在亞耳丁地區發動最後一次大規模的反攻行動。

12 月 25 日：邱吉爾訪問希臘，安排希臘內戰停戰協議。

1945 年

1 月 9 日：美軍在菲律賓呂宋登陸。

1 月 11 日：俄軍佔領華沙。

2 月 4～12 日：雅爾達會議。

2 月 19 日～3 月 17 日：硫磺島之役。

3 月 4 日：芬蘭向德國宣戰，回溯至 1944

年9月15日。

4月1日：美軍攻入琉球。

4月5日：俄宣布《日俄互不侵犯條約》（原為期五年）作廢。

4月12日：美國總統羅斯福死，杜魯門繼任總統。

4月13日：俄軍佔領維也納。

4月21日：俄國與波蘭臨時政府簽訂《二十年互助條約》。

4月25日～6月26日：舊金山會議起草《聯合國憲章》。

4月29日：莫索里尼被殺。

4月30日：希特勒自殺。

5月7日：德國無條件投降。

5月8日：歐洲勝利日。

7月17日～8月2日：波茨坦會議。

7月26日：英國大選（5日舉行）工黨獲勝，本日正式宣布。

8月6日：第一顆原子彈投下廣島。

8月8日：俄國向日本宣戰。

8月9日：第二顆原子彈投下長崎。

8月14日：日本無條件投降。

8月15日：日本勝利日。

9月2日（國際換日線以東為3日）：日本在東京灣美艦密蘇里號上正式簽署投降條件。

11月20日：紐倫堡大審開始。

12月16～27日：第一次外長會議舉行於莫斯科。

1946年

3月5日：邱吉爾在美國密蘇里州富爾頓威斯敏特學院發表「鐵幕」說。

4月18日：國際聯盟在日內瓦舉行末次會議。

4月25日～7月12日：第二次外長會議舉行於巴黎。

6月3日：義大利公民投票決定廢除君主政體。

7月29日～10月15日：巴黎和會，來自二十一國的代表商討對義大利、羅馬尼亞、保加利亞、匈牙利及芬蘭諸國的《和平草約》。

10月13日：法國通過《新憲法》。

10月16日：紐倫堡大審宣判，十名納粹戰犯被處決，戈林自殺。

11月4日～12月12日：第三次外長會議在紐約舉行。

12月2日：英、美協議將其在德國佔領區經濟合併。

1947年

2月10日：對義、芬、羅、保、匈和約在巴黎簽字。

3月4日：英、法簽《五十年同盟條約》。

3月10日～4月24日：第四次外長會議舉行於莫斯科。

3月12日：「杜魯門主義」之宣布，杜魯門要求美國會援助希臘與土耳其。

6月5日：美國國務卿馬歇爾在哈佛大學演說，建議援助「歐洲復興計畫」。

6 月 30 日：聯合國善後救濟總署 (UNRRA) 正式結束。

7 月 12 日：歐洲十六國代表集會巴黎商討有關「馬歇爾計畫」，俄國拒絕合作。

8 月 15 日：印度及巴基斯坦獨立。

10 月 5 日：俄、法、義、波、捷、匈、羅、南諸國共黨合組共產情報局，總部設在南斯拉夫首都。

11 月 25 日～12 月 15 日：第五次外長會議舉行於倫敦。

1948 年

1 月 1 日：比、荷、盧關稅同盟正式成立。

1 月 4 日：緬甸成為獨立共和國。

1 月 30 日：印度甘地遇刺。

2 月 4 日：錫蘭成為自治領。

2 月 25 日：捷克共黨奪權控制政府。

3 月 17 日：英、法、荷、比、盧簽訂為期五十年的《布魯塞爾公約》；西歐團結的一大進展。

5 月 15 日：以色列宣布獨立。

6 月 19 日：俄國封鎖柏林。

7 月 5 日：英國工黨政府的範圍廣泛的《國民健康保險條例》開始生效。

1949 年

1 月 20 日：十九個中亞及遠東國家集會於新德里討論亞洲問題。

4 月 1 日：紐芬蘭成為加拿大第十省。

4 月 4 日：《北大西洋公約》在美京簽字。

4 月 18 日：愛爾蘭正式成為獨立的共和國。

4 月 21～27 日：英國協政府首長會議於倫敦，印度同意於英國協改稱「國協」後為其成員之一。

5 月 5 日：美、英、法、俄同意在 12 日結束德國東、西區間的封鎖(包括柏林)。

歐洲十國簽訂《歐洲理事會約章》於倫敦，並決定以斯特拉斯堡為理事會會址。

5 月 8 日：波昂國會理事會通過《德意志聯邦共和國憲草》。

5 月 23 日～6 月 20 日：第六次外長會議集會於巴黎。

9 月 19 日：英國貶值其貨幣；其他各國繼之。

10 月 7 日：德意志民主共和國（東德）宣布成立。

12 月 16 日：英國修改 1911 年的《議會法》，再進一步限制上議院的權力。

12 月 27 日：印尼正式宣布獨立。

1950 年

1 月 26 日：印度共和國正式宣布建立。美國與南韓簽訂《軍援協定》。

3 月 12 日：比利時公民投票結果，歡迎利阿坡王返國。

6 月 25 日：韓戰爆發，聯合國在美國支持下干預。

7月8日：麥克阿瑟受任為聯合國在韓聯軍總司令。

10月4～5日：土耳其及希臘接受邀請加入北大西洋公約組織，其會籍在1952年生效。

11月28日：波蘭及東德批准奧得－奈斯河為共同國界。

12月19日：艾森豪受任為北大西洋公約組織最高統帥。

1951年

2月1日：聯合國大會宣布中國大陸為韓國侵略者。

4月11日：麥克阿瑟被解除在韓聯合國軍總司令之職，由李奇威繼任。

7月1日：「可倫坡計畫」生效。

9月1日：美、澳、紐簽訂《太平洋安全條約》。

9月8日：四十九國在舊金山簽訂《對日和約》。

10月24日：美國宣布結束對德戰爭狀態。

12月24日：利比亞獨立。

1952年

4月28日：《對日和約》及《美日防衛（安全）條約》生效，聯軍結束對日佔領。

5月27日：法、德、義、荷、比、盧簽《歐洲防禦條約》及有關議定書，但後來未能為所有各國所批准。

7月23日：埃及將領納吉布發動政變，國王法魯克在三日後遜位。

7月25日：《歐洲煤鋼共同體條約》生效。

11月4日：艾森豪當選美國總統。

1953年

2月12日：英、埃簽訂協定承認英埃蘇丹自治政府。

2月28日：希、土、南三國在安哥拉簽訂《友好合作條約》。

3月5日：史達林死，年七十三；馬林可夫繼為蘇聯總理。

6月2日：伊莉莎白二世加冕為英女王。

6月17日：東柏林示威活動。

6月18日：埃及宣布共和。

7月27日：韓戰簽《停戰協定》於板門店。

12月4～8日：美總統艾森豪、英首相邱吉爾及法總理拉尼爾相會於百慕達。

1954年

1月25日～2月18日：四強柏林會議。

4月2日：土耳其與巴基斯坦簽《互防條約》。

4月26日～7月21日：日內瓦會議（韓國及印度支那半島問題）。

8月9日：南、希、土簽訂為期二十年之《軍事同盟條約》。

8月30日：法國國會（國民會議）拒絕批准《歐洲防衛組織條約》。

9月6～8日：美、英、法、澳、紐、巴基斯坦、泰、菲在馬尼拉簽組東南亞公約組織。

9月28日～10月3日：倫敦九國會議（為西德獨立及重新武裝而召開）。

10月5日：義、南、美、英草簽協定，南、義分佔的港地區。

10月19日：英、埃簽訂《交還運河區協定》；英軍須在1956年6月以前撤畢。

10月21日：法國同意將其在印度貿易站交還印度。

10月23日：法國與西德就薩爾問題達成協議；《德國獨立與武裝議定書》簽字。

12月2日：中華民國與美國簽訂《防衛條約》。

1955年

2月8日：馬林可夫去職，布加寧繼任俄總理。

4月5日：邱吉爾去職，艾登繼為英首相。

4月18～24日：亞非會議在萬隆舉行。

5月5日：西德聯邦共和國成為主權國家；1954年《巴黎協定》生效。

5月7日：俄取消與英、法所訂《友好條約》。

5月11～14日：八東歐國家舉行華沙會議；簽《東歐安全公約》。

5月15日：英、法、俄、美、奧簽《奧地利國家條約》(7月27日生效)。

7月18～23日：英、法、俄、美四國首長在日內瓦舉行高層會議。

10月28日：四強外長舉行日內瓦會議。

12月14日：整批交易使十六國加入聯合國。

12月18日：薩爾選舉各親德政黨獲勝。

1956年

1月1日：蘇丹成為獨立共和國。

2月14日：赫魯雪夫在俄共第二十屆大會上攻擊史達林及其「個人崇拜」。

4月16日：共產情報局宣布解散。

6月13日：最後一批英軍離開蘇伊士運河，結束為期七十四年的佔領。

6月23日：納塞當選埃及總統。

7月19日：美國撤回對埃及興建亞斯文高壩之援助。

7月26日：埃及宣布運河國有化。

10月19日：日、俄結束戰爭狀態，恢復外交關係。

10月21日：波蘭共黨中央委員選出新的政治局，以戈慕卡為其第一書記，是為「十月中的春天」革命。

10月24日：匈牙利發生抗俄運動。

10月29日：以色列侵入埃及的西奈半島。

10月30日：法、英向埃及致送最後通牒；翌日空襲。

11月7日：聯合國調停下埃及停火。

12月22日：法、英軍隊完成撤出埃及。

1957年

1月1日：薩爾成為德意志聯邦共和國之第十邦。

1月10日：麥米倫繼艾登為英首相。

3月6日：迦納（英屬黃金海岸）獨立。

3月9日：美國宣布援助中東需要幫助的國家抵抗共產主義侵略，是為艾森豪主義。

3月29日：蘇伊士運河重開（1956年11月1日關閉）。

6月20日：聯合國報告指控蘇聯撲滅匈牙利革命。

7月1日：國際地球物理年之始。

7月25日：突尼西亞成為共和國。

8月31日：馬來亞獨立，並為國協會員國。

10月4日：蘇俄發射第一個人造衛星（11月3日發射第二個）。

1958年

1月1日：歐洲經濟組織（共同市場）與歐洲原子能組織正式成立。

1月31日：美國發射第一顆人造衛星「探險家一號」。

2月1日：埃、敘合組阿拉伯聯合共和國。

3月2日：葉門加入阿拉伯聯合共和國。

3月27日：赫魯雪夫出任俄總理，仍兼共黨中央委員會第一書記。

6月1日：戴高樂出任法國總理，獲廣泛權力。

7月13日：阿拉伯聯合共和國與蘇伊士運河公司達成補償協議。

9月19日：阿爾及利亞流亡政府成立於開羅。

9月28日：《法蘭西第五共和憲法》為人民所接受，10月5日生效。

10月9日：教皇庇護十二世死，若望二十三世繼之。

1959年

1月4～5日：比屬剛果發生嚴重騷亂。

3月24日：伊拉克退出《巴格達公約》。

5月11日～6月20日及7月13日～8月5日：四強外長在日內瓦就德國問題舉行會議，同意成立十國裁軍委員會。

8月15～27日：赫魯雪夫訪美。

10月8日：英國大選，保守黨獲勝。

11月20日：英、奧、丹、挪、瑞典、葡、瑞士草簽協約成立歐洲自由貿易協會。

1960年

1月1日：法屬喀麥隆成為獨立共和國。

2月13日：法國引爆其第一顆原子彈。

4月27日：多哥成為獨立共和國。

5月1日：美國U–2偵察機在俄境墜毀。

5月16日：艾森豪、麥米倫、戴高樂與

赫魯雪夫在巴黎舉行高層會議，赫魯雪夫就U-2事件發表激烈的反美演說。

6月30日：比屬剛果獨立為剛果共和國，騷亂與內戰繼之。

7月14日：聯合國安理會授權聯合國軍隊進入剛果共和國。

12月14日：各成員國簽署協定，同意將歐洲經濟合作組織(OEEC)變更為經濟合作暨發展組織(OECD)；1961年9月30日生效。

1961年

1月3日：美國斷絕與古巴之外交關係。

4月17日：豬玀灣事件。

5月31日：南非退出國協而變為共和國。

6月3～4日：美總統甘迺迪與俄總理赫魯雪夫在維也納會談（柏林危機）。

6月19日：科威特獨立。

8月13日：東德在柏林興建圍牆。

9月18日：聯合國秘書長哈馬紹在北羅德西亞墜機身亡。

9月28日：敘利亞退出阿拉伯聯合共和國，埃及仍採取阿拉伯聯合共和國為國名。

12月10日：蘇聯與阿爾巴尼亞斷交。

12月26日：葉門退出阿拉伯聯合共和國。

1962年

3月18日：《阿爾及利亞停戰協定》簽字，19日生效，結束七年之久的戰爭。

4月8日：法國公民投票通過《阿爾及利亞和平方案》。

7月1日：阿爾及利亞人投票贊成獨立。

7月20日：國際法庭就聯合國對維持和平費用之捐助辦法作出裁決。

10月11日～12月6日：梵諦岡第二屆大公會議第一次會期。

10月20日：中國大陸與印度發生嚴重邊界衝突。

10月22日：古巴危機。

1963年

1月14日：法國總統戴高樂宣布反對英國進入歐洲共同市場；29日在布魯塞爾共同市場會議上正式否決。

1月22日：《法德友好條約》簽字。

4月10日：教皇若望二十三世發表《和平》(*Pacem in Terris*)通諭，號召組成世界社會以確保和平。

5月23～26日：非洲各國高層會議，通過《非洲團結憲章》。

6月3日：教皇若望二十三世死，保祿六世繼立。

6月20日：美、俄協議在華府與莫斯科設立「熱線」。

7月25日：美、俄、英草簽《核子禁試條約》；正式簽字在8月5日。

9月16日：馬來西亞聯邦建立。

9月29日～12月4日：第二屆梵諦岡大公會議第二次會期。

11月22日：美國總統甘迺迪遇刺身亡。

12月21～24日：塞普洛斯島上土裔及希裔人口發生衝突，導致長期危機。

1964年

1月4～6日：羅馬教皇保祿六世訪問聖地，並會晤東正教大主教。

1月27日：法國承認中國大陸。

6月30日：聯合國軍隊完成撤離剛果。

9月14日～11月21日：梵諦岡第二屆大公會議第三次會期；教皇宣布聖母為教會之母。

10月14～15日：赫魯雪夫被罷黜，布里茲涅夫繼任俄共黨第一書記，柯錫金為俄總理。

10月15日：英國大選，工黨獲勝；威爾遜為首相。

10月16日：中國大陸引爆第一顆原子彈。

12月1日：聯合國大會因美、俄為維持和平費用的分攤問題而僵持不下。

1965年

1月21日：印尼退出聯合國；3月1日生效。

1月24日：邱吉爾死 （生於1878年11月30日）。

4月28日：多明尼克共和國政治危機，美國陸戰隊登陸該國。

8月9日：新加坡退出馬來西亞聯邦。

9月14日～12月8日：梵諦岡第二屆大公會議第四次（末次）會期。

10月4日：教皇保祿六世訪聯合國。

11月11日：羅德西亞宣布獨立，未為英國所承認。

12月9日：波哥尼繼米高揚為蘇聯最高蘇維埃主席團主席。

1966年

4月1日：英國大選，威爾遜工黨政府在國會中獲九十七席多數。

5月26日：英屬圭亞那獨立，改名圭亞那 (Guyana)。

8月11日：馬來西亞與印尼簽訂協定，結束自1963年以來的衝突。

9月30日：貝專納蘭獨立改稱波紮那。

10月4日：巴索托蘭獨立，改稱賴索托王國。

11月30日：巴佩道斯脫離英國三百四十一年統治而獨立。

12月3日：宇譚當選第二任聯合國秘書長。

1967年

4月19日：西德前總理艾德諾死，年九十一。

4月21日：希臘發生軍事政變。

4月28日～10月29日：世界博覽會舉行於蒙特利爾。

6 月 5～10 日：以、阿六日戰爭爆發。

6 月 23～25 日：俄總理柯錫金訪美，與詹森總統舉行會議於新澤西州。

7 月 24～26 日：法國總統戴高樂訪問加拿大，在蒙特利爾發表演說號召「自由魁北克」。

8 月 4 日：西德與捷克建立領事級關係。

11 月 18 日：英國貶值英鎊 14.3%，每鎊折合二點四美元。

11 月 30 日：亞丁與南阿拉伯獨立為南葉門。

12 月 3 日：南非醫生巴納德首次行心臟移植手術。

1968 年

1 月 30 日：越共在南越發動春節攻勢。

3 月 1 日：英國限制持有英國護照的亞洲人入境。

3 月 31 日：美國總統詹森宣布不爭取連任，並下令部分停止對北越的轟炸。

4 月 3 日：美國與北越同意和談（5 月 3 日雙方同意以巴黎為和談地點）。

5 月：法國發生學生動亂與罷工工潮。

6 月 5 日：羅勃・甘迺迪在爭取美國民主黨總統候選人提名活動中遇刺身死。

6 月 30 日：法國國民會議選舉中戴高樂派獲多數。

7 月 1 日：美、英、俄及五十八個非核子國家簽訂《禁止核子擴散條約》。

7 月 29 日：教皇保祿六世發表通諭，譴責不自然的節育辦法；天主教界頗有反對。

8 月 21 日：經多次商談後，俄、波、匈、保、東德各國軍隊侵入捷克以阻止其推行自由化。

9 月 6 日：史瓦濟蘭獨立。

10 月 4 日：捷克同意接受俄國要求停止自由化之進行和俄軍駐捷。

10 月 31 日：美國總統詹森下令停止轟炸北越。

11 月 5 日：尼克森當選總統。

1969 年

2 月 17～20 日：三十個法語國家在尼日開會，同意在巴黎設立經常性組織以促進文化及技術合作。

3 月 28 日：美前總統艾森豪死。

4 月 28 日：戴高樂因法國公民投票未接受其《憲法》改革而下野。

6 月 16 日：龐畢度當選法國總統。

7 月 20 日：人類首次登陸月球。

8 月 8 日：法國貶值法郎 12.5%；一法郎相當於美金一角八點〇〇四分。

10 月 24 日：西德將馬克升值 9.29%；一馬克折合美金二角點三二二四分。

12 月 2 日：歐洲共同市場同意於 1970 年就英國申請加入進行談判。

1970年

3月5日：《禁止核子擴散條約》生效。

3月19日：西德總理布朗德與東德總理史托夫首次相會於艾福。

3月26日：美、英、法、俄就柏林問題進行四國會談，為1959年以來第一次，以後續有會談。

4月30日：美國總統尼克森派美軍進入高棉。

6月4日：東加（英保護領）獨立。

6月18日：英國大選，奚斯領導下的保守黨獲勝。

6月22日：美國通過法律降低投票年齡為十八歲。

7月1日：美軍撤出高棉。

8月7日：美國建議中東停火九十日以及重開和平談判，埃、約旦、以同意。

8月12日：西德與俄國簽《莫斯科條約》。

9月28日：埃及總統納塞死，沙達特繼之。

10月10日：斐濟脫離英國統治而獨立。

11月9日：戴高樂死。

11月18日：西德與波蘭草簽《和解條約》，12月7日簽字。

11月26日～12月5日：教皇保祿六世遠東之行。

1971年

2月15日：英國採行十進位貨幣。

3月25日：東巴基斯坦宣布獨立。

3月30日～4月9日：俄共第二十四屆大會。

6月17日：美國同意在1972年前將琉球歸還日本。

6月23日：共同市場與英國達成了加入條件。

7月15日：尼克森宣布1972年5月訪問北平。

8月23日：法、俄、英、美接受有關西柏林地位之草約。

8月28日：日本宣布日圓採取浮動匯率。東京外匯市場美元下跌5%–6%（此為對15日美總統尼克森宣布「新經濟政策」，美元停止兌換黃金並徵收10%入口附加稅等之反應）。

9月13日：共同市場六國要求美元貶值以重訂國際主要貨幣比值（平價）。

10月25日：聯合國第二十六屆大會以七十六票對三十五票通過阿爾巴尼亞等二十三個國家的提案，決定准中國大陸入會。

10月28日：英國國會通過英國進入共同市場條件。

11月4日：英國宣布將於1972年退出歐洲自由貿易協會。

11月16日：印度總理甘地夫人宣布印、巴之戰不可避免。

11月22日：巴基斯坦指控印度不宣而戰。

12 月 5 日：蘇俄警告各國不可介入印、巴之戰。

12 月 6 日：印度宣布承認孟加拉國，巴基斯坦宣布與印絕交。

12 月 18 日：美元宣布貶值 7.89%，並取消入口附加稅。

1972 年

1 月 20 日：美總統尼克森發表國情咨文，謂美國外交政策將進入「新時代」。

2 月 21 日：美總統尼克森抵北京訪問。

2 月 27 日：美國與中共發表《上海公報》。

3 月 24 日：英國與北愛爾蘭談判破裂，宣布接管北愛爾蘭「直接統治」一年。

4 月 16 日：美國發射「太陽神十六號」太空船。

5 月 9 日：倫敦金價創每盎斯五十四美元之高價。

5 月 15 日：「沖繩歸還」典禮大會在日本舉行。

6 月 7 日：歐洲自由黃金市場金價創下每盎斯六十五點〇五美元之紀錄。

6 月 23 日：英國宣布英鎊浮動。

7 月 14 日：巴基斯坦宣布退出東南亞公約組織。

8 月 1 日：西歐金價高漲至每盎斯七十點六六美元。

8 月 8 日：不結盟國家外長在圭亞那舉行會議，討論「第三世界」在國際事務中的角色。

11 月 22 日：歐洲安全會議籌備會議在赫爾辛基舉行。

12 月 7 日：美國發射「太陽神十七號」太空船。

1973 年

1 月 1 日：英國、愛爾蘭、丹麥正式加入共同市場。

1 月 20 日：尼克森宣誓連任美國總統。

1 月 27 日：《巴黎協定》簽字，美國退出越戰。

2 月 13 日：美國宣布美元貶值 10%。

2 月 22 日：歐洲金價創新紀錄，巴黎黃金售價漲至每盎斯九十一美元。

3 月 26 日：二十國財長在華府開會，討論有關貨幣改革問題（28 日閉幕，同意採取固定匯率）。

5 月 14 日：歐洲金價每盎斯突破一百美元大關。翌日更漲至一百二十四美元。

6 月 1 日：希臘宣布廢除君主制度，建立共和。

6 月 5 日：倫敦金價漲至每盎斯一百二十七美元。

6 月 13 日：美國、南越、北越及越共簽署《聯合公報》，自 6 月 15 日起南越實行嚴格停火。

6 月 22 日：美三名太空人在太空停留二十八天後返回地球。

安理會通過東、西德申請入

聯合國議案。

6月27日：中國大陸宣布試爆氫彈。

7月3日：歐洲安全會議在赫爾辛基召開，三十五國出席。

9月5日：第四次不結盟國家首長會議在阿爾及爾召開。9日閉幕，通過《政治宣言》、《經濟宣言》及一項《經濟合作行動綱領》。

9月10日：共同市場外長在哥本哈根舉行會議，統一對美國立場。

9月22日：季辛吉宣誓就任美國務卿。

10月6日：中東戰爭再度爆發，埃及攻入蘇伊士運河以東；敘利亞宣布進入緊急狀態。

10月18日：阿拉伯國家決定逐月減產石油5%，以迫使以色列退出佔領區。

10月21日：沙烏地阿拉伯、科威特等七個阿拉伯國家宣布停止對美輸出石油。

10月22日：聯合國安理會通過美、俄關於中東戰爭「就地停火」的建議。

10月25日：美國下令全球美軍戒備，以防蘇聯。

11月14日：美國與歐洲六國（英、西德、瑞士、荷蘭、比利時、義大利）宣布廢除黃金雙價制度。

11月28日：阿拉伯國家首長會議(25日在阿爾及爾召開）結束，並發表宣言，表示要收復全部失地及恢復巴勒斯坦民族權利。

12月8日：十一個阿拉伯國家石油部長在科威特開會，討論石油禁運問題。

12月12日：伊朗提高石油價格，每桶由五美元漲至十七元二角。
因能源危機引起經濟不穩，紐約股市繼續下跌，平均指數跌至八百一十九點以下，創兩年來最低點。

12月23日：波斯灣石油出口國大幅提高油價。

1974年

1月2日：英國因煤礦工人罷工，引起能源及經濟危機，全國工廠實施每週開工三天。

1月7日：法國與沙烏地阿拉伯達成協議，二十年內法國向沙烏地阿拉伯出售「幻象」戰鬥機以易購八億噸原油。

1月8日：黃金價格漲至每盎斯達一百三十美元。

1月18日：歐洲金價再創新紀錄，漲至每盎斯一百三十六點五八美元。

2月8日：美國三名太空人結束八十四天的太空飛行返回地球。

2月11日：十三個石油消費國在華府會議，討論應付能源問題。

3月1日：英國大選結果工黨及保守黨均未獲足夠票數。

3月5日：英國工黨組成少數政府，威爾遜任首相。

3月13日：英國宣布去年對外貿易赤字達十四億六千萬鎊。

阿拉伯石油國家決定撤消對美石油禁運。

3月17日：石油出口國宣布凍結油價三個月。

3月18日：石油出口國解除對美禁運。

4月25日：歐洲共市財長會議決定，為穩定金價，各國中央銀行採用市價買賣黃金的統一經濟政策。

5月2日：聯合國原料與發展特別會議，通過《經濟秩序宣言及行動方案》，以保護發展中國家。

5月18日：印度宣布進行地下核爆。

6月4日：歐洲共同市場部長會議召開，英國要求重新談判加入共市條件。

6月16日：非洲團結組織首長會議宣布閉幕，全會通過發表聲明支持非洲民族獨立運動。

6月19日：第三屆聯合國海洋法會議在委內瑞拉開幕，約有一百五十個國家的代表參加。

6月22日：倫敦股票連日狂跌，跌至十五年來最低價。

8月9日：尼克森因水門案正式辭去美國第三十七任總統之職，副總統福特宣誓繼任。

8月19日：聯合國第一屆世界人口會議在羅馬尼亞召開，討論應付人口增加及食糧缺乏的問題。

9月8日：美國總統福特特赦前總統尼克森在其任內的一切錯誤。

9月13日：石油輸出國部長會議在維也納舉行，宣布繼續凍結油價三個月。

10月24日：產油國訂立新油價制，宣布廢除劃一油價，並於1975年起按西方通貨膨脹率核定油價。

11月24日：美、俄獲致原則協議，雙方限制武器競賽。

12月2日：美總統福特宣布美、俄限制戰略武器談判協議內容，兩國飛彈及戰略機各以二千四百為限。

12月13日：十三個石油輸出國部長會同宣布未來九個月新油價，每桶十點四六美元。

12月20日：法國決廢止黃金官價，重估庫存黃金價值，新價將使貨幣準備金升值四倍。

12月30日：巴黎自由市場金價達一盎斯二百零一點四〇美元。

12月31日：美國取消1934年《黃金儲備法》，開放黃金買賣，歐洲金價猛跌，每盎斯跌幅超過十美元。

1975年

1月16日：國際貨幣基金會通過廢除黃金官價，開放各國央行存金，黃金在國際貨幣制度中的角色告終。

2月4日：英國保守黨選舉黨魁，柴契爾夫人當選。

2月7日：原料國諜組共同陣線事各國意見分歧，籌設基金亦未獲產油國承諾。

美國失業人口達七百五十萬人，創二次大戰後新紀錄。西德失業率亦大幅上昇。

2月8日：美國武器大量外銷，年達八十三億美元，而以中東國家為大主顧。

3月4日：波斯灣產油國進行武器競爭，伊朗去年耗費五十億美元。

3月14日：美國擁有三萬枚各型核子武器，季辛吉認為中國大陸核武能力不足道。

4月5日：中華民國總統　蔣公中正於下午11時50分逝世。

4月20日：蘇俄國防經費超過美國二成，美總統福特指出削減軍費則美國安全堪慮。

4月30日：南越總統宣布無條件投降，共軍進入西貢。

6月6日：英國全民投票，以約70%的多數票決定留共同市場之內。

6月10日：石油輸出國部長會議決定廢除以美元計算油價辦法，改用國際貨幣基金會「特別提款權」（紙金）為計算標準，油價與紙金「掛鉤」。

7月2日：在墨西哥舉行的國際婦女年世界會議閉幕，通過關於男女平等和婦女對發展和平貢獻的《墨西哥宣言》。

7月7日：歐共同市場在法國斯特拉斯堡開會，討論建立一個獨立於九個成員國的西歐共同政府問題。

7月15日：美、俄發射太空船，並將在地球軌道上進行首次國際聯合飛行。

7月17日：美「太陽神」與俄「聯合號」太空船在西德上空會合。

在維也納召開為期六十三天的北約與華沙公約組織會議宣布休會，並無實質進展。

7月30日：美洲國家通過解除十一年來對古巴禁運的決定。

8月23～30日：七十餘不結盟國家外長在利馬集會，通過《利馬綱領》和「爭取建立新的國際經濟秩序」等決議。

8月31日：聯合國第七屆特別會議在紐約舉行，討論建立新的國際經濟關係問題。

9月4日：以色列與埃及在日內瓦正式簽署新的《西奈協定》。

9月7日：美國宣布恢復出售以色列軍

火。

9月12日：英國政府宣布，英國8月份外貿赤字達三億七千萬餘鎊，物價指數增至26.9%，創下最新紀錄。

9月15日：巴布亞・新幾內亞獨立。

9月16日：聯合國第三十屆大會開幕。

9月25日：石油出口國組織在維也納達成協議，宣布自1976年1月開始增加油價10%。

10月3日：巴基斯坦與孟加拉宣布建交。

10月7日：歐洲共同市場宣布貸款一億八千萬美元予葡萄牙，以挽救其經濟。

10月10日：巴布亞・新幾內亞加入聯合國為第一百四十二個會員國。

10月13日：工業國家、發展中國家與石油生產國家之代表在巴黎開會，討論世界經濟問題。

10月17日：法國總統季斯卡・狄斯唐訪俄。

10月19～21日：美國務卿季辛吉訪北京。

10月22日：英國史學家湯恩比逝世，享年八十六歲。

11月10日：葡萄牙宣布將政權移交安哥拉，結束五個世紀以來的殖民統治。

11月15～17日：美、英、法、西德、日、義六國政府首長在法國朗布耶舉行高峰會議，討論世界經濟問題。

11月20日：西班牙元首佛朗哥逝世，年八十二。

11月22日：璜・卡洛斯宣誓為西班牙國王。

12月1日～5日：美國總統福特訪北京。

12月16日：二十七國（西方國家）外長在巴黎召開「國際經濟合作會議」，並於17日達成建立常設委員會的協議，以進行富國與窮國之間的聯絡。

12月18日：聯合國第三十屆大會閉幕。

1976年

1月8日：周恩來病亡。
義大利社會黨撤消對莫洛內閣的支持，內閣總辭。

1月10日：非洲團結組織在衣索比亞舉行高階層會議，商討安哥拉內戰問題。

1月14日：馬來西亞總理拉薩克病逝。

1月15日：胡先翁繼任馬來西亞總理。

1月26日：南非軍隊完全退出安哥拉，左派逼進南部首府。

2月4日：中美洲發生大地震，震區橫跨兩千哩，瓜地馬拉災情最重。

2月6日：美國洛克希德飛機製造公司承認曾賄賂荷蘭、日本、瑞典等政府首長，推銷飛機。

2月24日：俄共第二十五屆大會開幕。
美國新罕布夏州舉行總統初選，民主黨卡特領先，共和黨福特勝利。

3月1日：美總統福特接受電視訪問時強調，今後在對共產勢力的關係上，將不再使用「和解」（或「低盪」）一詞，重申美國必須保持強大，以實力確保和平。

3月3日：非洲莫三鼻給關閉與羅德西亞接壤的邊界，並宣布與羅德西亞進入戰爭狀態。

3月15日：埃及國會通過廢除《俄埃友好合作條約》。

法國宣布退出歐洲貨幣聯合浮動，恢復自由浮動。

3月16日：因英國經濟危機嚴重，工黨內部分裂，首相威爾遜辭職。

3月24日：阿根廷發生軍事政變，總統伊薩貝被黜，成立三人軍事執政團，陸軍總司令維達拉出任新總統。

3月25日：黎巴嫩全境內戰激烈，總統府遭左派部隊轟擊摧毀，佛朗吉葉總統被迫逃難。

3月26日：美國與土耳其簽新《四年協定》，重開土境美軍基地。

4月4日：北京發生天安門事件。

泰國大選，現任總理克里巴莫失敗。

4月5日：賈拉漢（原外相）當選英工黨領袖，繼任英首相。

4月20日：泰王蒲美蓬任命民主黨領袖西民為總理。

4月26日：我與南非領事關係升格為大使級關係。

5月7日：義大利發生強烈地震。

6月22日：義大利大選揭曉，基民黨領先，但未能掌握國會過半數以上席次。

6月26日：美、英、法、日、西德、加、義七國，在波多黎各舉行經濟高層會議，研商經濟合作問題，協議在避免通貨膨脹下，謀致經濟穩定發展。

6月28日：葡萄牙大選，陸軍參謀長伊恩斯當選總統。

英屬塞席爾群島獨立。

歐洲共產大會在東柏林開鑼。

7月4日：美國建國兩百週年紀念。

以色列空降突擊隊突襲烏干達恩特貝機場，救出上週被親巴勒斯坦劫機者劫持的一百零六名人質，暴徒及烏干達軍隊百餘人被擊斃。

7月14日：美國民主黨全國大會通過提名卡特為總統候選人，卡特宣布孟岱爾為競選夥伴。

7月19日：美國「海盜一號」太空船順利登陸火星，探星小艇展開科學測探工作。

7月27日：日本前首相田中角榮，因涉嫌收受美洛克希德公司賄款五億日圓，觸犯《外匯及外貿管制法》，接受傳訊後被收押。

7月28日：北京、天津、唐山等地發生

八級強烈地震，災情慘重，唐山地區死亡人數以萬計。

8月16日：大陸四川北部發生七級強震。
菲律賓發生八級強震。
第五屆不結盟國家高層會議在可倫坡開幕。

8月18日：北韓共軍在板門店停戰區無端挑釁，砍殺兩名美軍官，美提強烈抗議。

8月19日：美國共和黨大會選出福特為該黨總統候選人，福特提名杜爾為競選搭檔。

8月25日：法國總理席哈克及閣員總辭，巴瑞受命組閣。

9月4日：美國國務卿季辛吉與南非總理伏斯特在瑞士就非洲南部種族問題舉行會談。

9月6日：俄空軍中尉貝倫科駕駛最新型米格二十五戰鬥機降落日本北部，要求美國予以政治庇護。

9月14日：日本內閣及自民黨中央宣告總辭。

9月15日：《中美漁業協定》在華府簽署。
義大利北部再度發生地震。

9月19日：瑞典舉行大選，左派失勢。

9月23日：泰國總理西尼因被黜的前總理他儂返國引起政治風潮而宣布辭職。

9月24日：羅德西亞總理史密斯宣布接受多數統治方案。

9月29日：英鎊大幅度跌價，在歐洲貨幣市場引起風波。

10月3日：西德舉行大選，總理施密特的聯合政府獲勝，繼續執政。

11月2日：美國總統大選舉行投票。
美國眾議員、部分參議員、州長改選。

11月3日：美大選揭曉，民主黨總統候選人卡特獲勝，當選美國第三十九任總統。

11月16日：中國國民黨十一全大會第六次會議通過蔣經國為主席。

11月24日：土耳其發生強烈地震。

12月3日：美國總統當選人卡特宣布任命范錫為國務卿。

12月5～6日：日本大選，自民黨未能獲眾議院過半數席位。

12月17日：十三個石油輸出國商議油價，同意採兩種漲幅：沙烏地阿拉伯及阿拉伯聯合大公國漲5%，其他十一國漲一成。
日本首相三木武夫宣布辭自民黨總裁一職。

12月21日：埃及總統沙達特與敘利亞總統阿塞德簽署《聯合宣言》，協議重組聯邦。

12月23日：美總統當選人卡特完成組閣。
日本自民黨選出福田赳夫為總裁。

12月24日：福田赳夫出任日本首相。

1977 年

1 月 20 日：美國第三十九任總統卡特宣布就職，發表演說強調恢復美國為外交政策道德觀念之基礎的人權，美將維持充足國力，永遠保持警戒與不懼任何進攻，並對被共產勢力控制地區的人民表示關懷。

1 月 23 日：美總統卡特首次接受新聞界訪問時，提出逐步銷毀核子武器的主張。

美國副總統孟岱爾啟程開始為期十日的訪問西歐五國與日本的行程。

2 月 1 日：美總統卡特向全美發表〈爐邊閒話〉，指出美外交政策以與盟國合作及全世界的尊重人權為基礎，並強調保持強大軍力。

2 月 7 日：美俄間因人權問題而關係趨於緊張，美國務院發表聲明，對俄拘禁人權運動者金斯柏格表示關切，重申美將繼續維護人權。

3 月 21 日：印度大選揭曉，國大黨受挫。

3 月 22 日：印度總理甘地夫人及內閣總辭。

3 月 24 日：印度人民黨主席德賽就任總理，宣布採取適度不結盟政策，與俄不再有特殊關係。

3 月 27 日：西班牙田納孚島上空發生泛美與荷航兩客機互撞事件，死傷達六百餘人。

4 月 7 日：以色列總理拉賓因違反《外匯法》在美銀行存款，宣布辭職。

5 月 6 日：美、英、西德、法、義、加、日七個主要工業國在倫敦舉行高層經濟會議，為期兩天。

5 月 14 日：美副總統孟岱爾啟程赴歐訪問葡、西、英、南斯拉夫等國。

5 月 18 日：以色列大選，比金領導下的右派自由黨擊敗執政的勞工黨。

美俄在日內瓦恢復限制戰略武器談判。

5 月 19～20 日：美副總統孟岱爾與南非總理伏斯特在維也納就非南情勢與種族問題舉行會談。但意見分歧，談判破裂。

5 月 24 日：蘇俄主席包戈尼被免除中央政治局委員職務。

5 月 25 日：美與南韓就撤軍問題達成協議，美將先採保障韓境安全輔助措施，在四至五年內逐步撤軍。

5 月 30 日：南北經濟會談（最後一次）開始在巴黎舉行。

6 月 4 日：蘇聯公布新《憲法草案》。

6 月 6 日：土耳其大選，反對黨領袖艾西費特領先，但未獲多數席位，將組聯合政府。

6月16日：蘇聯最高蘇維埃宣布解除包戈尼主席團主席職位，提名共黨總書記布里茲涅夫接任。

6月20日：美俄就印度洋非軍事化問題展開雙邊談判。

6月21日：以色列總理比金贏得國會信任投票，宣誓就職。

6月30日：美總統卡特表示決定不生產B–1型洲際核子轟炸機，將繼續生產「巡弋」飛彈。

7月3日：石油輸出國組織就油價統一問題達成協議，沙烏地阿拉伯與阿拉伯聯合大公國將油價提高5%，以與其他會員國一致。

7月5日：巴基斯坦發生政變，總理布托被黜，由陸軍參謀長哈克領導的四人軍事委員會接掌政權。

7月7日：范園焱義士駕米格十九戰鬥機來歸。

7月9～14日：嚴總統訪問沙烏地阿拉伯。

7月13日：美參院決議授權美總統生產中子彈。

7月18日：以色列總理比金訪美，與美總統會談。

7月21日：埃及與利比亞在邊境發生大規模衝突。

7月25日：賽洛瑪颱風在高雄登陸，造成南部地區重大損害。

7月28日：衣索比亞與索馬利亞戰鬥激烈。

7月31日：強烈颱風薇拉通過臺灣北端，在臺北、基隆等地造成災害。

8月10日：美國與巴拿馬的《新運河條約》談判達成原則協議，美將於本世紀末將運河控制權交予巴拿馬。

8月26日：美主管東亞事務助理國務卿郝爾布魯克抵臺北，向我政府簡報范錫訪北平經過。

8月29日：北歐瑞典、丹麥、挪威三國貨幣貶值，瑞典宣布退出聯合浮動。

9月7日：美總統卡特與巴拿馬領袖陶瑞賀士簽署新的《巴拿馬運河條約》，但尚待美參院批准。

9月19日：東加王國杜包四世暨王后來臺北訪問一週。

以色列外長戴陽與美總統卡特會談。

9月25日：以色列接受美建議，同意巴勒斯坦派代表參加中東和會，但堅持不與巴解同席談判。

10月1日：美、俄發表〈中東問題聯合聲明〉，呼籲各方共謀在今年12月以前恢復和會，早日達成解決方案。

10月4日：美俄等三十五國在貝爾格勒集會，就《赫爾辛基宣言》執行情形加以檢討，西方各國責俄及東歐各國違反人權條款。

10月7日：蘇聯最高蘇維埃通過新《憲法》，增設第一副主席，由庫茲涅佐夫出任。

10月11日：以色列同意接受中東謀和建議，美並續與阿拉伯國家磋商。

10月13～18日：四名阿拉伯恐怖分子在法國上空劫持德航客機，經羅馬、杜拜、亞丁降落索馬利亞，將機長殺害，西德突擊行動，暴徒三死一重傷，八十六名人質獲救。

10月20日：泰政變，總理譚寧被捕，桑加德組革命政府，解散國會，另制新憲。

10月26日：埃及總統沙達特宣布停償俄債十年。

10月27日：南非厲行種族分離政策，美英等國宣布採取禁運，停供武器零件。

11月1日：美宣布退出國際勞工組織，並責國勞已違反宗旨。

國際外匯市場劇烈波動，美元跌入二百五十日圓比一美元低價。

11月4日：聯合國安理會通過對南非實施武器禁運。

11月14日：索馬利亞廢除與俄條約，關閉境內俄軍事設施，並逐俄顧問。

11月15日：以色列總理比金正式邀請埃及總統沙達特特訪以。

11月17日：埃及宣布沙達特特訪以。

11月19～21日：埃及總統沙達特抵以色列訪問，21日兩國發表《聯合公報》，協議將作進一步會談。

11月27日：埃及正式邀請各方赴開羅為重開日內瓦和會進行磋商。

11月28日：日本首相福田赳夫為因應鉅額外貿出超的經濟危機，全面改組內閣，僅三人留任。

12月4日：沙烏地阿拉伯、阿拉伯聯合大公國及伊朗一致主張繼續凍結明年油價。

12月5日：底黎波里反埃及會議結束，利比亞、阿爾及利亞、敘利亞、南葉門及巴解簽署宣言聯合抵制埃及。

12月6日：埃及採取反擊行動，與伊、敘等五國斷交。

12月7日：埃及宣布關閉開羅以外地區的俄、捷克、波蘭、匈牙利、東德的領事館及文化中心。

美國國務卿范錫訪問中東六國，斡旋彼此歧見。

12月18日：美、以兩國領袖結束會談，美國總統卡特對以色列總理比金所提〈六點和平建議〉，表示支持。

12月20日：石油輸出國組織宣布繼續

凍結油價半年。

12 月 25 日：埃總統沙達特與以總理比金在伊斯邁利亞就《中東和平方案》舉行高層會談。

26 日結束會談，但對巴勒斯坦問題仍有歧見。

12 月 29 日：美國總統卡特啟程訪問歐亞六國。

1978 年

1 月 3 日：美總統卡特自印度抵沙烏地阿拉伯訪問。

1 月 4 日：美總統卡特與埃及總統沙達特在亞斯溫就《巴勒斯坦折衷解決方案》達成協議。

美政府宣布在外匯市場採取干預行動，以維持美元價位。

1 月 7 日：中國國民黨中央常會舉行臨時會議，通過嚴總統建議，向第十一屆二中全會提案，請提名國民黨主席蔣經國為第六任國民黨總統候選人，並經中常會臨時會議及中央評議委員會主席團會議分別通過。

美國總統卡特結束海外之行返美。

1 月 11 日：埃、以國防部長在開羅舉行軍事會議，商討西奈半島撤軍事宜。

沙烏地阿拉伯正式表明今年決不提高油價。

義大利執政的基督教民主黨投票決定拒共黨入閣，美重視義政府危機，將予支持。

1 月 12 日：美政府發表聲明，反對共黨參加義大利及西歐政府，但並不意味干涉他國內政。

1 月 13 日：美、日雙方代表在東京簽訂《貿易協議》，美認內容過於軟弱，無法壓制美設限情緒。

1 月 17 日：以、埃政治談判，在耶路撒冷揭幕，美國務卿范錫自美抵以與會。

非洲之角情勢惡化，俄及古巴助衣索比亞加緊進擊索馬利亞，索向西方國家緊急求援，美國拒絕。

1 月 18 日：以、埃雙方堅持立場，埃及召回外長卡邁爾，政治談判宣告僵持。

1 月 19 日：美總統卡特發表國情咨文，強調在外交政策上以道義為基礎，對人權承諾為舉國一致的心願。

1 月 22 日：美與西歐四國敦促非洲團結組織，以和平方法解決衣、索爭端。

1 月 23 日：美促以、埃重開政治會議，並表示仍願在中東和平擔任重要角色。

美、歐市及日本貿易談判代表在日內瓦集會，美堅持在 7 月前達成實質協定，以確保自由貿易體制。

1月24日：俄一使用核子反應器啟動的人造衛星在加拿大上空地球大氣層中墜毀。

1月31日：以、埃在開羅恢復軍事談判。

2月2日：埃總統沙達特啟程訪問美及歐洲七國。

2月4日：美總統卡特與埃總統沙達特就中東和平問題展開秘密會談，5日會談結束，未獲具體結論。

2月12日：非洲之角情勢惡化，索馬利亞宣布進入緊急狀態。

2月14日：國民黨第十一屆二中全會揭幕，會期兩天。

2月15日：國民黨第十一屆二中全會通過蔣經國為總統候選人，謝東閔為副總統候選人。

2月16日：羅德西亞的史密斯政權與溫和派黑人領袖達成多數統治協議。

2月18日：兩名巴勒斯坦恐怖分子在塞普洛斯「亞非會議」中，槍殺埃及要員，劫持十八名人質。

2月20日：埃及突擊隊因營救人質與塞軍在拉納卡機場發生槍戰，人質獲釋，突擊隊傷亡甚大。

3月6～7日：南斯拉夫總統狄托訪美，與美總統卡特會談，美重申支持南斯拉夫獨立和不結盟政策。

3月9日：華航737客機，自高雄飛港途中發生劫機事件，暴徒為安全人員擊斃。

3月12日：巴解圖以恐怖行動破壞以、埃和談，自海上潛入以境，劫持滿載乘客巴士為人質，殺害四十名乘客，傷七十九人。

法國會大選，舉行第一回合投票，左翼黨派略佔優勢。

3月14日：以色列採取報復行動，開始對黎境巴游發動陸海空攻擊，佔領其十五處基地。

3月19日：法國會大選第二回合揭曉，執政的中間偏右聯盟獲勝。

3月19～22日：安理會於19日通過美建議，派聯合國部隊四千人進駐黎南，20日先遣人員已自西奈出動，以於22日宣布遵守停火規定。

3月21日：第一屆國民大會第六次會議選出蔣經國為第六任總統，22日選出謝東閔為副總統。

3月22日：美、以領袖結束華府會談，未達成協議，美強調以應撤出約旦河西岸，以認國家安全未獲保障。

印尼總統蘇哈托由國會推選，連任第三任總統。

3月28日：美總統卡特首途訪問委內瑞拉等美洲及非洲四國，為期一週，藉表關切開發中國家的前途。

蘇聯主席布里茲涅夫啟程赴西伯利亞和遠東地區考察。

3月30日：以、埃恢復直接談判，以國防部長魏次曼抵埃及與沙達特總統秘密會談。

4月1日：美總統卡特在非洲奈及利亞訪問時強調不容俄與古巴介入非洲，於3日訪問賴比瑞亞後返美。

4月5～6日：布里茲涅夫先後抵伯力及海參崴視察。

4月7日：美總統卡特宣布延緩生產中子彈，引起強烈反應。

4月8日：菲總統馬可仕宣布已在大選中獲勝。

4月11日：美總統卡特提出反通貨膨脹的九項計畫。

俄籍聯合國副秘書長謝夫成柯表示棄職留美，俄向美提正式抗議，誣指受美情報局脅迫，認為已嚴重影響雙方關係。

4月13日：美國務卿范錫啟程訪問非洲及蘇聯，分別商討羅德西亞政權轉移及限武談判等事宜。英、美兩國為和平解決羅德西亞問題而發動的和平談判因黑人游擊領袖提出更大的權力要求而受挫，范錫與英外相歐文於16日轉赴南非繼續談判。

4月18日：美國參議院通過《巴拿馬運河新約》的主要條約，同意在1999年12月31日（2000年以前）將運河移交巴拿馬。

美國財政部宣布自5月底開始出售黃金二百萬英兩，以降低美貿易逆差，穩定美元，歐、日外匯市場美元價位回升。

4月19日：美國務卿范錫抵達莫斯科，談判限武問題，未獲重大進展，23日離俄赴英。24日返美。

4月21日：韓航一架客機，自巴黎飛漢城途中，遭俄機以撞入領空為由，攔截迫降於北極圈附近俄境莫曼斯克附近，據傳有二人死亡、二人受傷。23日由美機護航自莫曼斯克經芬蘭飛返漢城。29日俄始釋放機長及領航員。

4月22日：美總統卡特宣布暫緩自韓撤軍計畫。

4月26日：世盟非洲地區分會在美成立；世盟第十一屆大會28日在華府揭幕。

4月27日：阿富汗發生軍事政變，總統陶德被擊斃。

美政府就國家安全事務助理布里辛斯基將於5月20日至23日訪大陸事表示，僅屬例行磋商，不作談判。

以色列宣布：即將大規模撤退駐黎巴嫩南部軍隊。

4月29日：美副總統孟岱爾啟程訪菲、

泰、印尼、澳、紐五國。

5月1日：美總統卡特與以色列總理比金在華府會談，美重申對以安全承諾。

5月2日：日本首相福田赳夫今起與美總統卡特在華府就政經問題展開兩天的高層會談。

5月4日：南非軍隊侵襲安哥拉，摧毀數處游擊基地，美國表示驚訝。南非申辯為對付恐怖分子，6日安理會通過譴責南非侵略。

5月8日：石油輸出國組織宣布今年不調整油價。

5月9日：被義大利左派赤軍旅劫持五十五天的義前總理莫洛慘遭殺害，遺體於本日發現。

5月10日：美副總統孟岱爾結束亞太五國之行，重申美國立場，繼續保持亞太地區安定與均勢。

5月14～25日：非洲薩伊夏巴省銅礦區被古巴支持的薩伊叛軍攻陷，薩伊軍17日擊潰叛軍，收復柯威齊機場；美、法、比18日分別派傘兵赴薩伊撤僑；法、比傘兵21日控制柯威齊，撤出二千白人，叛軍在八天佔領中，曾進行大屠殺。非洲各國25日起派兵赴薩伊接替法、比救援任務。

5月20～23日：美國總統國家安全事務顧問布里辛斯基訪北京。

5月23日：聯合國裁軍會議在美揭幕。

5月27日：美總統卡特與俄外長葛羅米柯就限制戰略武器問題舉行會談；31日恢復外長級限武會談，仍未獲進展。

5月30日：北大西洋公約組織各國首長在美集會，研討對抗華沙公約組織策略。美與西歐決助非各國建立泛非安全武力，阻遏俄及古巴擴張。

6月6日：美、法、英、西德、比利時五國在巴黎集會，商討俄在非洲擴張，決組成共同陣線協助非洲國家，並計畫成立泛非和平部隊。

6月7日：美總統卡特發表對俄政策演說，表示美已有充分準備，足可應付俄任何挑戰。

俄強大海軍特遣隊駛向北太平洋島嶼，陸戰隊登陸擇捉島演習。

越共在沿中國大陸邊界的鴻基港附近建立飛彈基地，並將金蘭灣交俄使用。

6月8日：美、俄代表就禁試「殺手衛星」以防止在太空發生新的武器競賽等問題，在芬蘭展開初步會談。

6月12日：菲律賓廢除美式政治制度，採新政體，馬可仕總統就任總理兼國會議長。

美總統卡特發表聲明，不以核武對付非核子國家。

6月13日：以色列軍隊撤出黎巴嫩南部，據點交給右派民兵。

6月14日：經濟合作暨發展組織在巴黎舉行部長級會議，美國務卿范錫提出四項方案，促請共謀經濟擴張。

6月16日：東南亞國協外長們謂，越南已提出建議把東南亞變成中立區。

6月19日：石油輸出國組織宣布油價再凍結至年底。

7月5日：埃及公布「五年臨時和平計畫」，要求將約旦河西岸與加薩地帶交由埃及與約旦分別接管。

7月8日：巴丁尼當選義大利總統。

7月13日：美、俄結束為期兩天的戰略武器限制談判，未獲突破性的進展。

7月16日：七國（美、西德、法、英、日、義、加）高階層會議在波昂揭幕，會期兩天，就經濟成長、失業、通貨膨脹、能源等問題達成初步協議；17日發表公報，同意採取行動促使全球經濟復甦，並進一步穩定外匯市場。

7月18日：美參院通過「能源計畫」第一部分，將每日可節省進口百萬桶石油。

7月23日：馬來西亞大選揭曉，執政黨獲勝，胡先翁蟬聯總理。

7月25日：美參院通過解除對土耳其武器禁運。土耳其及北約組織表示滿意（8月1日眾院通過）。

7月26日：世界第一個試管嬰兒在英國安全剖腹誕生，為一女嬰，重五磅多。

8月1日：東協五國十位部長在華府與美國有關方面集會，尋求美國重新保證。

8月6日：羅馬教皇保祿六世因心臟病逝世，享年八十歲。

8月8日：白宮宣布：美、埃、以三國領袖下月初在美會談，以期突破和談僵局。

8月18日：美國會通過「政府能源折衷計畫」。

8月22日：美財政部宣布，為解救美元頹勢，自11月起每月提高拍賣黃金為七十五萬盎斯。

8月26日：義大利籍樞機主教羅西尼亞當選教皇，稱約翰保羅（若望保祿）一世（9月3日就任）。

9月6日：美、以、埃高峰會議在大衛營展開，三國領袖均表示願盡一切努力達成協議。

9月17日：大衛營會議結束，埃、以簽訂兩項歷史性的協定，保證在三個月以內締結《以埃和約》，但屯墾區及東耶路撒冷等問題仍有待協商。

9月19日：美國務卿范錫啟程訪問中東，此因沙烏地阿拉伯及約旦等國對《大衛營協議》表示反對。

9月20日：阿拉伯強硬派領袖集會大馬士革，24日宣布中斷與埃及的經濟與政治關係。

9月28日：以國會通過《大衛營協定》，同意撤離西奈半島屯墾區。

教皇若望保祿一世在睡眠中逝世，享年六十五歲，在位三十三天。

10月12日：以、埃和平談判在華府揭幕。

10月16日：波蘭籍樞機主教伍泰拉當選教皇，號若望保祿二世（22日就任）。

西德馬克對歐洲貨幣聯合浮動升值約3%。

英、法、美、西德、加外長與南非總理就西南非（納米比亞）獨立方案談判，19日獲折衷方案。

10月22日：以、埃在華府就和約最後草案達成協議；以內閣25日原則通過，但決定擴建約旦河西岸屯墾區的計畫使和談橫生枝節。

美國務卿范錫在莫斯科未能就限武談判與俄國達成協議。

10月24日：美總統卡特宣布「反通貨膨脹計畫」，如限制工資及物價等。歐日外匯市場對之缺乏信心，美元價位繼續滑落。

11月1日：美政府宣布一系列緊急措施阻止美元下跌，美元上升。

11月2日：河內電臺表示，越共與中共軍在河內北方山區隘口爆發首次戰鬥，並指高棉境內有中共軍十萬人。

11月3日：蘇聯與越南簽訂《友好合作條約》。

11月5日：埃及總統沙達特拒絕阿拉伯高層會勸阻，決定與以色列簽和約。

11月7日：美國舉行期中選舉，民主黨仍控兩院。

11月12日：以色列拒絕埃及所提有關巴勒斯坦問題的新建議，中東和談再陷僵局。

11月18日：美通知蘇聯對將米格23型機運往古巴，感到不安。

11月21日：以色列內閣通過一項和約草案，同意就約旦河西岸及加薩地區的自治計畫分別談判；埃及於翌日召回代表磋商，華府談判暫停。

11月25日：北京首次出現讚揚美國和承認大陸國民經濟不如臺灣的大字報，反毛運動旋由大字報轉變為群眾集會。

11月27日：日本執政的自民黨總裁初選開票，大平正芳贏得初選，現任總裁福田赳夫宣布退出決選。大平將任總裁及首相。

11月28日：美總統卡特宣布12月10日為人權節。

12月7日：大平正芳組成日本新內閣，園田直留任外相。

12月8日：美國務卿范錫啟程赴中東，敦促以、埃雙方立即就和約達成協議。以、埃立場仍有歧見，范錫15日結束中東穿梭外交。原訂17日以前完成簽約的期限，已屬不可能。

12月16日：美國卡特政府宣布於翌年與中共建交。

12月17日：石油輸出國組織在阿布達比集會決定自1979年1月1日起，分四次漲價，至年底共漲至14.5%（1月1日漲5%，4月1日漲3.809%，7月1日漲2.249%，10月1日漲2.691%，目前原油基價為每桶十二點七〇美元）。

12月23日：美、俄限武談判觸礁，俄重提巡弋飛彈問題，要求禁裝多彈頭，本年內已無法達成協議。

12月27～29日：美國代表團由副國務卿克里斯多福率領抵臺北，與我政府就未來中美關係的安排展開談判；外交部長蔣彥士宣布我三項基本立場：①美須承認我國地位；②提供安全保障；③延續現有條約協定。29日美代表團第二次覲見蔣總統時，復獲正告今後我處理對美關係將循五項原則：①持續不變；②事實基礎；③安全保障；④妥訂法律；⑤政府關係。美代表團於29日返美。

1979年

1月7日：高棉首都為越南支持的軍隊所攻陷，波布政權被推翻。

1月9日：美國同意伊朗國王巴勒維離國（16日離國）。

2月1日：伊朗回教領袖何梅尼自法國返伊朗，誓言建立回教共和國（10日何梅尼控制伊朗局勢，12日成立新政府）。

3月7日：美國總統卡特啟程訪問中東，力促以、埃締結和約。美國派航空母艦馳往中東，抵制俄國介入南北葉門戰爭。

3月14日：以、埃兩國分別接受美國所提和平條件。

3月26日：石油輸出國組織集會討論油價問題，決定自4月1日起提高油價9%。

以、埃兩國在華盛頓簽訂和約，結束三十年來敵對狀態。

3月28日：美國眾議院以壓倒性多數票通過《臺灣關係法》（29日參院再以大多數票數通過）。

英國賈拉漢工黨政府在不信任投票中以一票之差失敗。

4月4日：巴基斯坦軍政府處決前總理布托。

4月11日：坦尚尼亞軍隊佔領烏干達首都坎帕拉，阿敏政權被推翻。

4月24日：辛巴威（羅德西亞）大選，穆佐雷瓦主教成為首任黑人總理。

5月3日：英國大選，保守黨獲勝，柴契爾夫人組閣。

5月9日：美國宣布與俄國就《限制戰略武器談判條約》達成協議。

5月25日：美國DC10型客機在芝加哥上空墜毀，有二百七十九人喪生。

5月27日：以、埃兩國領袖會談後宣布開放邊界。

6月2日：教宗若望保祿二世訪問波蘭。

6月4日：義大利完成大選，基民黨獲勝。

6月11日：尼加拉瓜情勢混亂，首都馬納瓦發生激戰。

6月18日：美、俄兩國在維也納簽署《第二階段戰略武器限制條約》。

6月23日：美國總統卡特訪問日本。

6月28日：石油輸出國組織就雙軌價制達成協議，即最低漲幅為25%，每桶價格為十八至二十三點五美元，沙烏地、卡達、阿拉伯大公國採最低價。

七國高峰會議（美、日、西德、法、英、義、加）在東京集會，會期兩天，能源及中東難民問題為主要話題。

6月30日：美國總統卡特在漢城與南韓總統朴正熙會談。

7月2日：沙烏地阿拉伯宣布增產石油一百萬桶。

7月15日：印度總理德賽辭職。

7月17日：尼加拉瓜總統蘇慕薩辭職赴美。

7月18日：尼加拉瓜桑定組織接管政權。

7月28日：印度總理辛哈就職。

8月6日：玻利維亞總統選舉，經國會七次投票未獲結果，由參院議長葛瓦拉為臨時總統。

8月20日：印度總理辛哈因國大黨拒絕支持而辭職。

8月27日：英國蒙巴頓伯爵在愛爾蘭外海遊艇遭愛爾蘭共和軍暗殺。

9月5日：美國國務卿范錫就俄軍進駐古巴，向俄國提出嚴重警告。

9月19日：中華民國與南太平洋的吐瓦魯建交。

9月20日：中非發生政變，卜卡薩「皇帝」被黜，改建共和。

10月1日：巴拿馬運河正式由巴拿馬接管。

教宗若望保祿二世訪美。

10月7日：日本眾議院改選，自民黨遭受嚴重挫敗，首相大平正芳表示繼續執政。

10月26日：南韓總統朴正熙為其中央情報部長金載圭槍擊不治身亡，由總理崔圭夏代理總統。

11月1日：日本自民黨嚴重分裂，非主流派推福田赳夫與大平正芳互爭首相(6日大平正芳經國會兩次投票後獲得連任首相)。

玻利維亞政變，軍方接管政權。

11月4日：臺灣地區首座核能發電廠竣工。

伊朗回教領袖佔領美國駐德黑蘭大使館，劫持三十八名人質，要求美國引渡巴勒維。

11月12日：美國與伊朗關係惡化，美國停止輸入伊朗石油，伊朗亦停止石油輸美。

11月14日：伊朗宣布撤回在美存款並關閉領空領海，禁止美國飛機及船艦入境；美國立即宣布凍結伊朗在美財產。

11月20日：麥加回教聖寺被什葉派教徒佔據，並劫持一批人質。

11月21日：巴基斯坦因麥加事件發生反美暴動，美使館及文化中心被焚。

11月22日：土耳其發生反美示威。

12月2日：利比亞發生反美暴動，焚美使館(5日美宣布停止大使館作業)。

12月6日：南韓選舉，崔圭夏當選看守總統。

12月10日：中國國民黨第十一屆四中全會揭幕。

高雄爆發「美麗島」事件。

12月20日：石油輸出國組織無法協調統一油價，各會員國將自行決定油價。

12月28日：俄國以武力策動阿富汗政變並加以控制。

1980年

1月7日：印度甘地夫人的國大黨贏得大選。

1月12日：南韓貶值韓幣對美元比值19.83%。

1月14日：聯合國大會召開緊急會議，要求俄軍撤出阿富汗。

1月22日：俄國人權鬥士沙卡洛夫被拘捕後放逐高爾基市。

1月23日：美國總統卡特向國會提出國情咨文，表明五項基本目標，並警告俄國美國在必要時將使用軍力保衛波斯灣，同時要求國會恢復選擇性服役制度以便迅速動員。

2月19日：加拿大自由黨在選舉中獲勝，杜魯道再任總理。

4月7日：美國與伊朗斷交。

伊朗與伊拉克發生邊界衝突。

4月18日：辛巴威獨立。

4月25日：美國宣布在一次秘密營救在伊朗人質的行動失敗（28日國務卿范錫因抗議動用軍事人員營救人質辭職）。

4月29日：美國總統卡特提名參議員穆士基為國務卿(5月7日參議院同意任命)。

4月30日：荷蘭女王朱麗安娜遜位，長女碧翠絲繼位。

5月4日：中華民國與諾魯建交。

南斯拉夫總統狄托逝世。

5月16日：日本眾議院通過對首相大平正芳不信任案，大平決定解散國會。

5月17日：南韓宣布戒嚴。

5月18日：南韓光州暴亂。金大中等二十六人被捕。

5月27日：韓軍突襲收復光州。

6月5日：南韓組成常務委員會，由軍政領袖三十一人組成，全斗煥為委員長。

6月12日：日本首相大平正芳逝世。

6月22日：七國經濟高峰會議在威尼斯召開。

6月23日：日本選舉，自民黨獲勝。

7月1日：科威特等六國提高油價為每桶三十二美元，沙烏地阿拉伯仍維持原價二十八美元。

7月7日：法國總統季斯卡訪問西德，與西德總理施密特會談。

7月14日：美國共和黨在底德律舉行全國代表大會。

7月16日：美國共和黨提名雷根為總統候選人，雷根提名布希為副總統候選人。

7月17日：日本國會選鈴木善幸為首相（自民黨於15日選其為第十任總裁，並提名為首相候選人）。

7月27日：前伊朗國王巴勒維在埃及逝世。

7月30日：聯合國大會決議促以色列自佔領區撤軍，以便建立巴勒斯坦國；以國會通過《耶路撒冷法案》，重申擁有耶城主權，並拒絕聯合國要求。

8月7日：沙烏地阿拉伯等十個阿拉伯國家堅決反對以併東耶路撒冷，並宣布將與任何支持以國國家斷絕政經關係。

8月11日：美國民主黨全國代表大會在紐約揭幕，否決《自由投票案》，愛德華・甘迺迪宣布退出競選（14日卡特再度被提名為民主黨總統候選人）。

8月16日：南韓總統崔圭夏辭職，由總理朴忠勳代行職務。

8月20日：波蘭工潮擴大。

8月27日：南韓軍事強人全斗煥當選總統。

8月31日：波蘭共黨政府同意工人組織自由工會。

9月10日：敘利亞與利比亞宣布合組聯邦。

9月12日：土耳其發生政變。

9月17日：沙烏地阿拉伯與石油輸出國組織協議油價每桶提高二美元，其他會員國油價凍結至12月。

南韓軍事法庭判金大中死刑。

9月25日：沙烏地阿拉伯等七國宣布支持伊拉克對伊朗作戰。

10月5日：西德選舉，聯合政府勝，施密特繼續擔任總理。

10月6日：伊拉克取消停火，全面進攻伊朗。

10月27日：韓國全斗煥總統頒布新《憲法》，解散國會及政黨。

10月28日：美國兩位總統候選人卡特及雷根舉行辯論。

11月4日：美國總統選舉，共和黨雷根獲勝。

12月2日：俄關閉波蘭及東德邊界。

12月9日：俄國在波蘭邊界布署八十萬大軍，完成入侵準備。

12月16日：雷根提名海格為國務卿。

石油輸出國組織宣布每桶油價提高二～四美元，約為9%。

1981年

1月18日：伊朗宣布就美國人質問題達成協議，由阿爾及利亞派機赴伊接運人質，美國同意解凍伊朗九十億美元資產。

1月20日：美國第四十任總統雷根就職。

1月21日：美國參議院同意海格出任國務卿。

2月10日：波蘭工運昇高，國防部長賈魯塞斯基出任總理。

2月23日：俄共第二十六屆大會開幕。

2月25日：南韓由全斗煥當選下任總統。

3月30日：美國總統雷根在華府希爾頓飯店前遭槍擊，經手術後康復情況良好。

4月12日：美國太空梭「哥倫比亞號」發射升空（15日降落加州愛德華空軍基地）。

4月14日：英首相柴契爾夫人訪印度，與印度總理甘地夫人商討經濟合作問題。

4月19日：英國首相柴契爾夫人自印度抵沙烏地阿拉伯訪問三天。

4月26日：法國總統選舉，第一回合投票結果，季斯卡與密特朗領先。

5月10日：密特朗當選法國總統。

5月13日：教宗若望保祿二世遇刺受傷。

5月21日：西德總理施密特在美與雷根會談。

5月25日：沙烏地阿拉伯、科威特、阿拉伯聯合大公國、卡達、阿曼和巴林六國合組波斯灣合作理事會。

石油輸出國組織在日內瓦開會，決定油價凍結至年底。

5月30日：孟加拉總統吉亞遭叛軍殺害。

6月4日：以總理比金與埃總統沙達特在西奈會商黎巴嫩飛彈危機（敘利亞於5月5日開始在黎邊境布署者），和以、敘爭端問題。

6月7日：以色列空襲伊拉克，破壞巴格達附近核子反應爐。

6月9日：黎、敘、沙、科四國會商以敘飛彈危機。

6月10日：美國務卿海格啟程來亞洲訪問（14日抵中國大陸訪問三天）。

6月24日：法國內閣改組，有四名共黨入閣。

7月9日：以色列大選結束，比金的自由黨獲勝。

7月19日：七國高峰會議在加拿大召開。

7月29日：英王儲查理大婚。

8月4日：敘利亞政變，總統賈西亞被黜。

8月8日：美國總統雷根決定製造中子彈頭。

8月15日：中華民國與聖文生建交。

8月19日：美國海軍飛機在南地中海上空遭利比亞俄製戰鬥機攻擊，美機擊落利機兩架，雙方提出抗議。

8月26日：美國「旅行家二號」準確掠過土星。

9月15日：埃及與俄國關係惡化，埃及驅逐涉及政變陰謀的俄大使鮑利亞柯夫等出境，並廢除武官辦公處。

9月21日：英屬貝里斯獨立。

10月2日：美國總統雷根宣布增強軍力計畫，更新核子武力，部署MX飛彈，建造B–1轟炸機。

10月4日：伊朗回教共和黨領袖哈米尼當選總統。

10月6日：埃及總統沙達特在開羅閱兵時遇刺逝世(7日副總統穆巴拉克被國會提名為總統候選人)。

10月13日：穆巴拉克在大選中當選埃及總統。

10月18日：希臘大選，巴本德里歐的社會黨獲勝。

10月28日：石油輸出國組織就統一油價達成協議，每桶售價三十四美元，至明年底為止。

10月31日：俄國就潛艇闖入瑞典海域事向瑞典道歉。

11月1日：東加勒比海安地瓜與巴布達獨立。

11月3日：利比亞開始撤出在查德部隊。

11月12日：美國「哥倫比亞」號太空梭再度昇空。

11月18日：美國總統雷根演說表示，如俄國拆除其SS–20及SS–4和SS–5型飛彈，美國願取消潘興2型和地面發射的巡弋飛彈。

11月30日：美、俄在日內瓦進行限制戰略武器談判，商討削減歐洲核飛彈問題。

12月4日：美國參議院通過《國防撥款法案》，總額達二千零八十七億美元。

12月11日：石油輸出國組織宣布降低石油差價。

12月13～14日：波蘭共黨佔領團結工聯華沙總部，宣布進入緊急狀態，禁止罷工及公開集會，工人大舉示威抗議壓制自由。

12月14日：美國總統雷根宣布中止波蘭信用貸款。

12月15日：以色列國會通過兼併格蘭高地。

美國參議院決議，如俄國出兵波蘭，美國即對之全面禁運。

12月17日：聯合國安理會決議以併格蘭高地為無效。

12月18日：美國總統雷根決定暫時停止與以色列《戰略武器合作條約》，以抗議以併格蘭高地。

1982年

1月20日：以、埃兩國就以色列歸還西奈半島問題簽署協議。

1月24日：美國總統雷根向美洲國家組織發表演說，提出「軍經援助加勒比海盆地計畫」。

2月6日：沙烏地阿拉伯宣布油產日減一百萬桶。

2月7日：瓜地馬拉選舉，賈瓦拉將軍獲勝。

3月20日：石油輸出國組織宣布自4月1日起減產，但維持現行油價結構。

3月22日：美「哥倫比亞」號升空從事第三次飛行（30日返回地球）。

3月24日：孟加拉政變。

4月1日：阿根廷武力佔領南大西洋英屬福克蘭群島（3日英國派出艦隊前往福克蘭群島，並宣布與阿根廷斷絕外交關係及凍結阿在英財產）。

4月7日：美國派國務卿海格調解英、阿糾紛。

4月20日：英國拒絕阿根廷所提和平條件。

4月25日：英軍在福克蘭南喬治亞島登陸。

以色列將西奈半島正式歸還埃及。

4月27日：中國大陸公布《新憲法草案》。

5月28日：教宗若望保祿二世首次訪問英國。

6月5日：七國經濟高峰會議在巴黎舉行。

6月6日：以色列派軍二萬進入黎巴嫩

攻擊巴游基地。

6月13日：沙烏地阿拉伯國王哈立德病逝，王儲法德登基。

6月14日：黎境戰況激烈，以軍包圍黎總統府及巴游基地。

6月15日：英國首相柴契爾夫人宣布阿軍投降，福克蘭戰爭結束。

6月22日：阿根廷陸軍接管政府，退休將軍畢儂出任總統。

6月25日：美國總統雷根宣布國務卿海格辭職，提名前財長舒茲繼任（15日美參議院同意任命）。

7月14日：兩伊戰爭再度昇高，伊朗攻入伊拉克，猛攻巴斯拉港。

7月20日：日本自民黨國際經濟對策特別調查會代表團由江崎真澄率抵臺北，就改善雙方貿易不平衡問題會商。

8月3日：以色列與巴游在南貝魯特郊區激戰，第九次停火遭破壞（21日首批巴游開始撤退貝魯特）。

8月23日：黎巴嫩長槍黨領袖賈梅耶當選總統。

8月25日：法、德違反美對俄天然氣禁運。

8月31日：波蘭人民再度示威。

9月1日：巴游完成撤退。

美國總統雷根提出「中東新和平計畫」，要求以色列將約旦河西岸歸約旦，以拒絕（5日以總理比金正式拒絕，並在西岸建新墾屯區）。

9月6日：阿拉伯國家在摩洛哥舉行高峰會議，討論中東形勢（9日發表宣言，建議與以和談）。

9月8日：以色列空軍摧毀黎境敘利亞防空飛彈。

9月17日：西德聯合政府垮臺。

9月18日：基督教民兵屠殺貝魯特近郊兩難民營難民千餘人。

9月22日：英首相柴契爾夫人訪中國大陸，商談香港問題。

9月29日：以軍開始撤出貝魯特，法、義部隊陸續抵貝魯特，美軍亦至貝魯特執行第二次和平任務。

10月1日：西德國會舉行不信任投票，施密特內閣下臺，柯爾繼任（4日組成新閣）。

10月3日：伊拉克與伊朗再度爆發激戰。

10月11日：波蘭工人工潮。

10月12日：日本首相鈴木善幸宣布不競選自民黨總裁。

10月21日：法、德高峰會議。

10月28日：西班牙大選，社會黨岡薩雷茲當選總理。

11月3日：美國期中選舉，共和黨在參院仍佔多數，民主黨則在眾院及州長人數方面有增加，雙方皆不認輸。

11月13日：美國宣布解除對俄天然瓦

斯管線禁運。

11 月 22 日：美國總統雷根發表國防政策演說，宣布美國布署 MX 飛彈，將在懷俄明州布署百枚。

11 月 24 日：日本自民黨中曾根康弘當選總裁（26 日就任首相）。

11 月 30 日：美國總統雷根啟程訪問中南美四國。

12 月 8 日：美國眾院拒絕通過「MX 飛彈計畫」用款（16 日參院通過 MX 經費，但在核准布署計畫之前不准動用）。

12 月 19 日：石油輸出國組織在維也納集會，決定明年原油總產量不得超過每日一千八百五十萬桶，並同意無限期凍結油價。

美參眾兩院協調會拒絕批准 MX 飛彈經費。

1983 年

1 月 17 日：日本首相中曾根康弘訪美四天，與雷根會談國防及貿易問題。

1 月 20 日：美國總統雷根就任兩週年談話，強調決按計畫年底在歐洲布署核子飛彈。

1 月 27 日：美、俄在日內瓦恢復會談武器管制問題。

1 月 29 日：美國副總統布希啟程訪問西歐七國。國務卿舒茲啟程訪問亞洲，首抵日本。

2 月 2 日：舒茲抵中國大陸訪問。

2 月 6 日：舒茲抵南韓訪問。

2 月 10 日：以色列國防部長為貝魯特屠殺案辭職。

2 月 18 日：英國與挪威將北海石油每桶減價三美元，奈及利亞亦宣布每桶下跌五點五美元。

2 月 27 日：英國女王伊莉沙白二世訪美。

2 月 28 日：石油輸出國組織在巴黎緊急磋商油價。

3 月 2 日：教宗若望保祿二世啟程訪問中南美八國。

3 月 5 日：澳洲大選揭曉，工黨獲勝，霍克任總理。

3 月 6 日：西德大選，基民黨獲勝，柯爾繼續擔任總理。

法國全國地方選舉，左派慘敗。

3 月 14 日：石油輸出國組織宣布油價每桶降低五美元，基價為二十九美元，並限每日為一千七百五十萬桶。

3 月 21 日：歐市就貨幣匯率達成臨時協議，包括馬克升值，法郎及里拉貶值。

3 月 25 日：中華民國與所羅門群島建交。

3 月 30 日：美國總統雷根宣布「零選擇方案折衷計畫」，希望美、俄互減歐洲中程飛彈。

英國將北海石油每桶售價再

降美元五角。

4月3日：泰、棉邊境戰爭升高，泰軍與入侵越軍激戰。

4月5日：美國自「挑戰者」號太空梭發射通訊衛星。

4月7日：中國大陸為報復美國給予網球選手胡娜政治庇護（4日），宣布中止與美文化交流。

4月15日：西德總理柯爾訪美會商美在歐新飛彈計畫。

4月16日：中國大陸炮轟越南。

4月24日：美國國務卿舒茲啟程赴中東，為和平計畫展開穿梭外交。

4月27日：美國總統雷根向國會聯席會議演說，促請給予薩爾瓦多軍事援助。

5月3日：俄國領袖安德洛波夫建議將其對西歐飛彈數目減至英、法兩國總和，且核子彈頭與飛彈數目一併計算。

5月10日：中華民國與多明尼克建交。

5月14日：中華民國與賴索托斷交。

5月17日：美、俄在日內瓦就安德洛波夫建議會商。

以、黎簽署《撤軍協定》。

5月24日：美眾院通過六億二千五百萬美元作為MX飛彈發展經費。

5月28日：七國高峰會議在美國威廉斯堡揭幕。

6月8日：美、俄恢復限武談判，美國總統雷根提出新的建議，主張洲際戰略武器的計算著重彈頭的數量，而非以飛彈本身為計數單位。

6月9日：英國大選（10日揭曉，保守黨柴契爾政府獲勝，繼續執政）。

6月13日：美國太空船「先驅十號」離開太陽系，飛越海王星。

6月16日：教宗若望保祿二世訪問波蘭（23日與被禁的團結工聯領袖華勒沙會面）。

俄共安德洛波夫當選最高蘇維埃主席團主席。

6月19日：美國「挑戰者」號太空梭升空。

美副總統布希啟程訪問歐洲八國。

美國務卿舒茲啟程訪問亞洲。

美國最高法院裁定，立法部門不得以否決方式阻礙行政部門的決定。

6月27日：日本參院選舉，自民黨勝。

7月5日：西德總理柯爾與俄主席安德洛波夫在莫斯科就歐洲飛彈布署問題會談，雙方歧見仍大。

7月12日：中國大陸與英國就香港前途舉行第二回合談判。

7月16日：「康塔多拉集團」（墨西哥、委內瑞拉、巴拿馬、哥倫比亞）舉行高峰會議，呼籲美國與古巴協同防止戰爭。

7月19日：美國總統雷根宣布成立一個由季辛吉等人組成的兩黨委員會以協助擬定「中美洲和平計畫」。

7月21日：波蘭宣布解除戒嚴令，但其國會通過嚴厲的《特別條例》以延續戒嚴令的各項限制。

7月22日：美中東特使哈比辭職，麥法蘭繼任。

7月26日：美艦抵達中美洲外海，展開大規模軍事演習。

7月28日：中南美九國外長在巴拿馬集會，斡旋宏都拉斯與尼加拉瓜爭端。

7月30日：斯里蘭卡發生暴亂，實施戒嚴並逮捕左派分子。

7月31日：利比亞支持下的叛軍入侵查德北部重鎮法雅拉格(8日攻擊猛烈)。

8月8日：瓜地馬拉發生軍事政變。

8月21日：中華民國在美分別贏得世界青棒及青少棒冠軍。

8月30日：美太空梭「挑戰者」號升空。

9月1日：韓航客機自紐約飛漢城途中在庫頁島附近上空為俄戰機擊落，乘客二百六十九人罹難(6日日本公布俄機對話錄音證明為俄暴行)。

9月15日：以色列總理比金辭職。

9月19日：黎巴嫩境內戰事升高，美艦砲擊敘利亞布署之火箭基地，黎軍堅守艾佳布城。

加勒比海聖克里斯多夫獨立。

9月21日：菲律賓發生示威暴動。

9月22日：中國大陸與英國在北京就香港前途舉行第二階段第四回合談判。

9月24日：港幣幣值連續大幅下降。

9月25日：美國防部長溫伯格訪北京。

9月26日：美、沙促成《停火協議》，黎巴嫩內戰中止。

9月28日：英首相柴契爾夫人抵美訪問。

10月5日：波蘭勞工領袖華勒沙獲1983年諾貝爾和平獎。

10月9日：中華民國與聖克里斯多夫建交。

緬甸仰光忠烈祠發生爆炸，抵緬訪問的南韓官員十七人喪生，總統全斗煥無恙，當即中止行程返韓(8日全斗煥率二十二名官員啟程訪問亞澳六國)。

10月12日：東京地方法院判處前首相田中角榮徒刑四年(因洛克希德公司售機賄賂案)。

10月20日：格瑞納達發生政變。

10月25日：美國及加勒比海六國聯軍登陸格瑞納達。

10月30日：土耳其發生強烈地震，死傷超過一千人。

阿根廷民權同盟黨艾芳新當選總統。

10 月 31 日：南非修憲案投票。

11 月 1 日：黎巴嫩各交戰派系展開和談。

11 月 2 日：格瑞納達與俄國及利比亞斷交。

11 月 3 日：美國總統雷根宣布美軍在格瑞納達已完成任務，日內撤軍。

南非通過容許亞洲人與混血種參與白人政府。

11 月 8 日：美國總統雷根啟程訪問日本及南韓（14 日返美）。

11 月 15 日：塞普洛斯土裔人口宣布獨立，成立北塞普洛斯土耳其共和國。

11 月 22 日：西德國會通過布署新型飛彈。

11 月 23 日：俄宣布中止與美限制歐洲核武談判。

11 月 27 日：以色列總理謝米爾抵美訪問。

11 月 28 日：美「哥倫比亞」號太空梭升空。

12 月 3 日：臺灣地區增額立委選舉。

12 月 4 日：美國總統雷根批准對黎境內敘利亞基地採取報復性攻擊行動。

12 月 8 日：俄宣布無限期中止與美戰略武器限制談判。

12 月 16 日：美宣布加緊對紡織品及成衣進口管制。

12 月 18 日：日本大選（19 日揭曉，自民黨僅獲二百五十席，賴獨立派十一席合作，得保多數）。

12 月 20 日：巴解主席阿拉法特與四千名游擊隊撤離的港。

12 月 26 日：日本首相中曾根康弘獲參、眾兩院票選連任。

12 月 28 日：俄最高蘇維埃揭幕，安德洛波夫因病未能出席。

1984 年

1 月 1 日：汶萊獨立。

1 月 17 日：歐洲安全會議在瑞典揭幕。

1 月 23 日：日本發射首枚電視廣播衛星。

1 月 25 日：美國總統雷根宣布美國將在十年內建立永久性載人太空站。

1 月 30 日：美國總統雷根宣布競選連任。

2 月 7 日：黎巴嫩回教叛軍奪據西貝魯特，美國總統雷根宣布支持黎總統賈梅耶並下令駐黎部隊撤至戰艦重新部署。

2 月 9 日：俄主席安德洛波夫病逝。

2 月 13 日：俄共特別會議選出契爾年柯為總書記。

2 月 18 日：敘利亞強烈反對「沙八點和平計畫」，並提出四點要求。

2 月 29 日：加拿大總理杜魯道宣布退休。

3 月 12 日：黎巴嫩各敵對派系在瑞士和談。

3 月 14 日：阿拉伯聯盟外長會議公開譴

責伊朗，決結束中立，支持伊拉克。

3 月 25 日：薩爾瓦多大選。

3 月 31 日：美國總統雷根正式宣布結束參與黎多國和平部隊任務。

4 月 6 日：美「挑戰者」號太空梭第五度升空（10 日首次成功地捕捉一枚在軌道上運行的人造衛星）。

4 月 11 日：契爾年柯出任最高蘇維埃主席及國防委員會主席。

4 月 17 日：利比亞駐倫敦大使館內槍手射擊館外反格達費示威群眾（18 日英、利互相包圍對方大使館，22 日英國與利斷交）。

4 月 22 日：美國總統雷根啟程訪問中國大陸（5 月 1 日返美）。

5 月 2 日：教宗若望保祿二世展開亞太之行（6 日在漢城遭人行刺，未受傷）。

5 月 6 日：薩爾瓦多、巴拿馬、厄瓜多大選。

5 月 8 日：中華民國與聖露西亞建交。

5 月 14 日：菲律賓國會選舉。

6 月 3 日：伊拉克在波斯灣攻擊兩艘土耳其油輪，美艦展開護航行動。

6 月 7 日：伊朗在荷姆茲海峽設限制區，檢查商漁船。

6 月 14 日：荷蘭國會通過布署北約巡弋飛彈。

7 月 12 日：美國民主黨總統候選人孟岱爾提名女眾議員佛娜蘿為其副總統候選人。

7 月 14 日：紐西蘭國會選舉，工黨領袖蘭基獲勝。

7 月 19 日：美前副總統孟岱爾贏得民主黨總統候選人提名。

9 月 3 日：南非《憲法》生效。

9 月 5 日：南非總理波達當選總統。

加拿大選舉，保守黨大勝，穆隆尼當選總理。

9 月 26 日：英國在北京與中國大陸草簽《香港前途協議》。

10 月 2 日：俄開始在東歐布署 SS–22 型中程核子飛彈。

10 月 7 日：美國兩黨總統候選人展開第一場電視辯論。

10 月 12 日：英國保守黨在布萊頓召開大會，遭愛爾蘭共和軍炸彈攻擊。

10 月 13 日：俄宣布在戰略轟炸機及潛艇上布置長程巡弋飛彈。

10 月 21 日：美國兩黨總統候選人二度電視辯論。

10 月 23 日：石油輸出國組織協議以減產維持油價（30 日決定每日減產一百五十萬桶）。

10 月 31 日：印度總理甘地夫人遇刺身亡，伊長子拉吉夫・甘地繼任總理。

日本首相中曾根康弘組成新閣。

11 月 6 日：美國總統選舉，共和黨勝，雷根及布希分別當選總統及副總統。

11月24日：美國宣布與伊拉克復交。

12月1日：澳洲大選，工黨繼續執政。

12月3日：印度波帕耳農藥廠毒氣外洩，一萬多人中毒，二千五百人喪生。

12月19日：英國首相柴契爾夫人與中國大陸總理趙紫陽在北京簽署《香港前途協議》。

12月20日：美國宣布退出聯合國教科文組織。

石油輸出國組織為保持石油官價，產限一千六百萬桶。

12月22日：新加坡大選，李光耀再獲大勝。

12月24日：印度大選開始投票(29日拉吉夫・甘地的國大黨獲勝)。

1985年

2月5日：紐西蘭拒美核武艦艇進入其港口，美國宣布退出下月舉行之美澳紐同盟海軍演習。

西班牙開放直布羅陀邊界，結束十五年的封鎖。

2月19日：英首相柴契爾夫人訪美。

3月11日：俄主席契爾年柯病逝，俄共政治局委員戈巴契夫繼任總書記。

3月12日：美、俄限武談判在日內瓦展開。

3月23日：南非發生種族暴亂，造成政治危機。

3月28日：美眾院再度通過撥款增購MX飛彈。

4月6日：蘇丹發生軍事政變。

4月30日：美國總統雷根啟程訪歐十天。

5月2日：七國高峰會議在波昂揭幕。

6月6日：美參院通過撥款支援尼加拉瓜反抗軍。

6月10日：以色列完成自黎巴嫩撤軍。

6月12日：印度總理拉吉夫・甘地訪美。

6月13日：美眾院通過援助尼加拉瓜反抗軍。

6月25日：義大利基民黨柯塞加當選義總統。

7月2日：俄最高蘇維埃選外長葛羅米柯為主席，謝瓦納茲繼任外長。

7月21日：南非因暴亂事件，宣布三十六市鎮進入緊急狀態。

9月12日：南非允許黑人進入白人區。

9月19日：墨西哥發生強烈地震，逾七千人喪生。

11月13日：哥倫比亞火山爆發，兩萬五千人喪生。

11月19日：美、俄高峰會議揭幕(21日結束)。

1986年

1月1日：西、葡正式加入歐市。

1月7日：美國宣布對利比亞經濟制裁(8日凍結利在美資產)。

1月13日：南葉門政變。

1月16日：俄外長謝瓦納茲抵日本訪問四天。

俄向美建議在西元 2000 年前消除所有核子武器。

1 月 19 日：俄、日恢復和約談判。

1 月 20 日：賴索托政變。

1 月 28 日：美「挑戰者」號太空梭升空後爆炸，七名機員喪生。

1 月 29 日：國際現貨石油十天內跌七美元。

2 月 7 日：菲律賓總統選舉。

2 月 25 日：艾奎諾夫人與馬可仕皆宣布就任菲律賓總統（馬可仕偕家人赴美）。

2 月 28 日：瑞典總理巴默遇刺身亡。

3 月 6 日：俄共大會結束。

3 月 17 日：法國選舉揭曉，溫和右派聯盟贏得國會多數席位。

3 月 20 日：戴高樂派共和聯盟領袖席哈克出任法國總理，法國左右「共治」。

3 月 24 日：利比亞以飛彈攻擊美艦隊，美機亦採報復性攻擊行動。

4 月 13 日：日本首相中曾根康弘訪美。

4 月 15 日：美國為報復西柏林爆炸恐怖事件，出動六十六架軍機轟炸利比亞。

4 月 28 日：俄烏克蘭車諾比核電廠發生意外，造成嚴重污染。

5 月 4 日：七國高峰會議在東京揭幕。

6 月 2 日：日本解散眾院，7 月 6 日與參議院同時改選。

6 月 8 日：華德翰當選奧地利總統。

6 月 12 日：南非全國進入緊急狀態。

6 月 23 日：西班牙國會選舉，社會黨再獲勝利。

7 月 4 日：美國自由女神像落成一百週年，美總統雷根與法總統密特朗在紐約共同主持慶祝儀式。

7 月 7 日：日本國會選舉，自民黨大勝。

7 月 28 日：泰國選舉揭曉，民主黨領先，將與其他政黨組聯合政府（8 月 4 日四政黨組聯合政府）。

8 月 4 日：馬來西亞選舉，總理馬哈地的民族陣線聯盟獲壓倒性勝利。

8 月 11 日：美國中止《美澳紐公約》對紐防禦承諾，該公約正式解體。

8 月 17 日：中華民國青少棒隊在美奪得世界青少棒冠軍（24 日少棒亦在美奪魁）。

9 月 4 日：日本各界在東京舉行「蔣公遺德顯彰會」。

9 月 9 日：日本正式宣布參加「星戰計畫」。

10 月 11 日：美國總統雷根與俄領袖戈巴契夫在冰島舉行高峰會議。

10 月 17 日：美參院通過空前政府經費案，總額達五千七百六十億美元。

夏米爾接任以色列總理。

11 月 4 日：美國期中選舉，民主黨領先。

11 月 25 日：美司法部查獲美售伊朗武器之得款移轉給尼加拉瓜反抗軍。

12 月 20 日：石油輸出國組織協議減產，將油價訂為每桶十八美元。

12月23日：俄人權鬥士沙卡洛夫返莫斯科。

1987年

1月10日：美國發表雷根總統簽署《軍售伊朗密令》，備忘錄說明係為營救人質(3月4日雷根公開承認錯誤)。

1月16日：中共總書記胡耀邦下臺，趙紫陽代理。

3月1日：美國務卿舒茲抵北京訪問五天。

3月26日：葡萄牙與中國大陸就澳門前途簽署《聯合聲明》，葡將於1999年12月20日退出澳門。

5月14日：中國大陸與印度在印藏邊界爆發戰鬥。
斐濟政變。

5月28日：一西德青年駕小型飛機穿過俄防空系統，降落莫斯科紅場。

6月12日：英國大選，保守黨柴契爾勝。

7月10日：韓總統全斗煥辭執政的民主正義黨總裁(8月5日盧泰愚繼任)。

7月17日：法國與伊朗斷交。

7月20日：美通知伊朗及伊拉克在波斯灣為科威特油輪護航。

9月5日：伊朗以飛彈攻擊科威特。

9月7日：東德共黨頭子何內克訪西德五天，斷然排除德國統一的可能性。

9月18日：美、俄就《裁減中程核子飛彈條約》達成協議。

10月1日：西藏拉薩爆發反共暴亂。

11月6日：竹下登任日本首相。

12月8日：美、俄領袖在美舉行高峰會議，簽署《中程核武條約》。

12月17日：盧泰愚當選南韓總統。

1988年

1月12日：日本首相竹下登訪美。

1月13日：蔣經國逝世，李登輝繼任中華民國總統。

1月22日：西德總理柯爾抵法訪問。

3月5日：西藏拉薩再爆發反共示威。

4月14日：美、俄、巴基斯坦外長在日內瓦簽署協定，結束阿富汗戰爭，俄軍五萬將於三個月內撤離。

4月24日：法國總統選舉(5月8日第二次投票，社會黨密特朗當選連任)。

5月29日：美、俄領袖在莫斯科舉行高峰會議。

6月28日：俄共特別會議揭幕，戈巴契夫抨擊保守分子阻撓改革。

6月30日：越南開始自高棉撤軍。

7月7日：中國國民黨第十三次全國代表大會開幕。

7月12日：美國民主黨總統候選人杜凱吉斯宣布提名德州參議員班森為競選夥伴。

7月18日：伊朗接受聯合國決議案，同意結束兩伊戰爭。

7月22日：美國民主黨正式通過提名杜凱吉斯為總統候選人。

7月23日：緬甸社會計畫黨主席辭職，緬甸宣布放棄社會主義的經濟制度。

8月4日：泰國副總理察柴被任命為總理。

8月17日：美共和黨總統候選人布希提名印地安那州參議員奎爾為競選夥伴。

8月20日：伊拉克與伊朗《停火協定》正式生效。

8月21日：印度與尼泊爾邊界喜馬拉雅山區發生強烈地震，千餘人喪生。

8月23日：美國總統雷根簽署《綜合貿易法案》。

8月28日：中華少棒隊在美奪得冠軍。

9月3日：新加坡大選，人民行動黨勝。

9月18日：緬甸發生軍事政變，參謀總長邵蒙接掌政權。

9月22日：日本政府宣布日皇裕仁病重，太子明仁代行國事。

10月1日：蘇聯國會舉行特別會議，推選戈巴契夫為最高蘇維埃主席。

10月17日：南韓總統盧泰愚啟程訪美。

11月8日：美國總統大選，共和黨布希獲勝。

11月9日：美國總統當選人布希提名貝克為國務卿。

11月16日：巴基斯坦大選，人民黨碧娜芝・布托獲勝。

11月22日：加拿大選舉揭曉，保守黨穆隆尼再勝。

11月23日：南韓總統全斗煥就第五共和非法事件公開發表道歉文，隨即下鄉隱居。

12月1日：蘇聯最高蘇維埃通過選舉和修憲兩法案。

12月7日：蘇聯總統戈巴契夫抵紐約，在聯大演講。

1989年

1月7日：日皇裕仁逝世。

1月8日：日太子明仁繼位，改年號為「平成」。

1月28日：西藏班禪喇嘛逝世。

2月15日：俄軍最後一批撤出阿富汗。

2月22日：美國總統布希啟程訪問亞洲（22日在北京訪問）。

3月6日：北約組織與華沙公約組織在維也納展開裁軍談判。

3月7日：俄宣布自蒙古（外蒙）撤軍。

4月17日：北京數以萬計的大學生以悼念15日逝世的胡耀邦為名，展開爭民主、要人權運動，在天安門示威遊行（此後不斷昇高）。

4月25日：日本首相竹下登因瑞克魯特股市醜聞案宣布在國會通過1989年會計年度預算後辭

職。

俄開始在東歐撤軍。

5月4日：亞洲開發銀行第二十二屆年會在北京舉行，中華民國代表團參加。

5月7日：巴拿馬大選。

5月13日：北京學生在戈巴契夫抵達前夕為爭自由民主進行絕食抗議（19日共軍進入北京，宣布戒嚴）。

6月4日：北京天安門廣場發生「六四事件」。

伊朗精神領袖何梅尼病逝。

波蘭國會大選，團結工聯獲勝。

6月5日：美國總統布希宣布停止對中國大陸軍售。

6月7日：中共總書記趙紫陽被黜，由喬石接任。

6月24日：美國總統布希宣布暫停與中國大陸高階人員互訪。

7月4日：波蘭國會在四十多年來第一次有反對黨議員參加情形下開議。

7月14日：法國大革命二百週年紀念，巴黎盛大慶祝。

7月17日：美新型B–2隱形機試飛成功。

7月19日：波共領袖賈魯塞斯基當選波蘭總統。

7月20日：中華民國與格瑞納達建交。

7月24日：日首相宇野宗祐辭職。

8月8日：海部俊樹當選日本自民黨總裁。

8月14日：南非總統波塔辭職（15日戴克拉克就任代理總統）。

8月17日：波蘭組成以團結工聯為主導的聯合政府。

8月24日：波蘭國會通過馬佐維奇為總理，馬氏為第二次大戰後東歐第一位非共總理。

9月26日：越軍全部撤出高棉。

9月28日：菲律賓前總統馬可仕病逝夏威夷。

10月2日：中華民國與賴比瑞亞恢復外交關係。

10月5日：西藏精神領袖達賴喇嘛獲1989年諾貝爾和平獎。

10月8日：匈牙利共黨大會決議解散共黨，另組社會主義政黨。

10月18日：東德共黨總書記何內克下臺，由政治局委員克倫茲繼任。

10月23日：匈牙利更名為匈牙利共和國。

10月24日：俄常設最高蘇維埃通過憲法修正案，取消共黨在人民代表大會中的保障名額。

11月4日：東德發生空前大規模示威，百萬民眾遊行要求民主，東德當局被迫取消人民投奔西德限制。

11月7日：東德共黨政府總辭。

11月9日：柏林圍牆被推倒。

11月26日：匈牙利舉行首次自由全民

投票。

11月29日：印度拉吉夫．甘地未能在選舉中獲勝而辭職（12月1日印度反對黨領袖辛哈受命組閣）。

12月2日：美、俄領袖在馬爾他舉行高峰會議。

12月10日：捷克成立非共政府。

12月14日：俄人權鬥士沙卡洛夫病逝。

12月18日：羅馬尼亞民眾大規模示威，遭軍事鎮壓，有兩千餘人喪生（20日獨裁者西奧塞古被推翻）。

12月20日：美國總統布希下令攻擊巴拿馬以逮捕軍事強人諾瑞加（諾瑞加於25日向教廷駐巴使館要求庇護後走出使館為美軍所捕）。

12月23日：羅馬尼亞宣布明年4月自由選舉，放棄社會主義。

12月29日：捷克選出哲學家海威爾為戰後首位非共總統，政府宣布放棄馬列主義。

1990年

2月2日：南非總統戴克拉克宣布解除對非洲民族議會等政治團體之禁令，並無條件開釋黑人領袖曼德拉。

2月25日：尼加拉瓜舉行總統選舉，反對派聯盟的查慕洛夫人當選。

3月15日：蘇聯人民代表大會宣布戈巴契夫當選蘇聯第一任總統，戈氏隨即宣誓就職。

4月5日：中華民國與賴索托復交。

5月5日：東德及西德外長與英、法、美、蘇四國外長舉行會談，討論德國統一問題。

5月24日：南韓總統盧泰愚訪問日本。

6月21日：伊朗北部發生強烈地震，逾五萬人喪生。

6月28日：國是會議在臺北揭幕，會期六天。

7月1日：東、西德採行共同貨幣，經濟聯盟生效。

7月22日：沙烏地阿拉伯與中國大陸建交。

8月2日：伊拉克軍隊入侵科威特，控制首都及全境，科威特國王賈比爾出亡沙烏地阿拉伯。

8月31日：東德與西德簽訂《德國統一條約》。

9月5日：南韓總理姜英勳與北韓總理延亨默在漢城舉行會談。

9月22日：第十一屆亞洲運動會在北京揭幕。

10月3日：德國統一。
新加坡與中國大陸建交。

10月15日：蘇聯總統戈巴契夫獲1990年諾貝爾和平獎。

11月6日：中華民國與尼加拉瓜恢復外交關係。

11月12日：日皇明仁舉行登基大典，正

式即位。

11月19日：歐洲安全與合作會議在巴黎召開。

11月22日：英國首相柴契爾夫人宣布辭職。

11月27日：梅傑當選英國保守黨黨魁並就任英國首相。

12月2日：德國大選，柯爾出任全德總理。

12月5日：華勒沙當選波蘭總統。

阿爾巴尼亞宣布准許成立獨立政黨。

1991年

1月12日：美國參眾兩院分別以多數通過決議，授權美國總統布希對伊拉克動武。

1月15日：聯合國安理會所定伊拉克自科威特撤軍期限屆滿，伊拉克仍拒絕撤軍。

1月17日：美國及多國部隊空軍於拂曉展開對伊拉克的攻擊。

1月25日：伊拉克為防多國部隊登陸，傾倒數以百萬計的科威特原油於波斯灣中，造成三十哩水域的嚴重污染。

2月8日：美國國防部長錢尼及參謀長聯席會議主席鮑威爾抵沙烏地阿拉伯研商對伊拉克地面作戰問題。

2月18日：俄（蘇聯）提「中東八點和平計畫」（翌日為美國所拒絕）。

2月23日：美國總統布希宣布波斯灣地面戰爭已展開。

2月28日：美國總統布希宣布多國部隊對伊拉克暫停攻擊，如伊拉克不遵守聯合國十二項決議，將恢復軍事行動。波斯灣戰爭結束。

3月17日：俄國就蘇聯存廢問題舉行公民投票。

5月1日：孟加拉遭颶風侵襲，傷亡達十萬人。

印度前總理拉吉夫・甘地從事競選活動時，在納杜省被炸身亡。

6月11日：菲律賓皮納土波火山連續爆發。

6月24日：高棉宣布內戰停火。

7月10日：葉爾欽經直接民選後就任俄羅斯總統。

7月30日：布希與戈巴契夫在莫斯科舉行高峰會議。

7月31日：美國及蘇聯簽訂《裁減戰略武器條約》，雙方宣布冷戰結束。

8月19日：蘇聯共黨保守分子發動政變，推翻戈巴契夫，成立「國家緊急狀態委員會」。

8月20日：俄羅斯總統葉爾欽號召群眾反抗政變。

8月21日：蘇聯奪權政變失敗，戈巴契夫復位。

8 月 24 日：戈巴契夫辭去共黨總書記職務，並解散蘇共中央委員會。

9 月 6 日：蘇聯總統戈巴契夫與俄羅斯總統葉爾欽接受美國廣播公司電視網訪問，二人均認為共產主義在蘇聯已告失敗。

9 月 17 日：聯合國第四十六屆大會揭幕，通過南、北韓等七國加入聯合國。

9 月 28 日：美國總統布希宣布大規模裁減核子武器，將廢除地面戰術核武，並撤除潛艇及艦上短程核武。

10 月 4 日：日本首相海部俊樹宣布放棄競選連任自民黨總裁。

10 月 23 日：高棉各交戰派系與十八國在巴黎簽訂和約，結束內戰。

10 月 30 日：中東和會在馬德里召開。

11 月 5 日：日本選出宮澤喜一為首相。

11 月 12 日：第三屆亞太經濟合作會議在漢城揭幕，中華民國亦出席會議。

11 月 26 日：美國撤離菲律賓克拉克空軍基地。

12 月 1 日：烏克蘭公民投票決定獨立。

12 月 8 日：俄羅斯、烏克蘭及白俄羅斯宣布成立斯拉夫國協或獨立國家國協（21 日除喬治亞以外的前蘇聯十一個共和國在哈薩克首都阿拉木圖集會，皆同意加入國協）。

12 月 11 日：南北韓在漢城舉行第五屆總理會議（翌日雙方簽署《和諧、互不侵犯及交流合作協定》協議書）。

12 月 16 日：中國大陸設立「海峽兩岸關係協會」。

12 月 21 日：中華民國第二屆國民大會代表選舉舉行投票，中國國民黨大勝。

12 月 25 日：蘇聯總統戈巴契夫辭職，蘇聯解體。

12 月 30 日：獨立國協十一個共和國領袖在明斯克舉行高峰會議。

12 月 31 日：美國總統布希抵達澳洲，展開在澳洲、新加坡、南韓與日本的十天訪問，目標在開拓美國市場。

1992 年

1 月 1 日：埃及人蓋里就任聯合國秘書長。

1 月 13 日：日本為二戰期間強徵韓國女人為慰安婦道歉。

2 月 7 日：《歐洲聯盟條約》簽訂，隔年生效。

3 月 9 日：中國批准《核不擴散條約》。

4 月 5 日：波斯尼亞與赫最哥維那宣布脫離南斯拉夫獨立。

6 月 22 日：在葉克特林堡 (Yekaterinburg) 發現兩具骸骨經證實為俄皇尼古拉二世夫婦。

7 月 25 日～8 月 9 日：1992 年夏季奧運會在西班牙巴塞隆那舉辦。

7月31日：喬治亞成為聯合國第一百七十九個會員國。

11月3日：克林頓當選美國第四十二任總統。

11月11日：英格蘭教會通過婦女擔任教士。

1993年

1月1日：捷克、斯洛伐克分家。
歐洲廢除貿易障礙，成為單一市場。

1月3日：美國總統小布希與俄羅斯總統葉爾辛在莫斯科簽署《第二期戰略武器縮減條約》。

1月19日：《禁用化學武器公約》(*CWC: Chemical Weapons Convention*) 簽約。

1月20日：克林頓就任美國第四十二任總統。

4月8日：馬其頓加入聯合國。

4月22日：華府猶太人大屠殺紀念館揭幕。

5月24日：厄立特利亞 (Eritrea) 脫離衣索比亞獨立。

5月28日：厄立特利亞與摩納哥加入聯合國。

8月30日：俄羅斯完成立陶宛撤軍。

9月13日：巴解領袖阿拉法特與以色列總理拉賓在華府簽訂和平協定後握手言歡。

9月17日：俄軍撤出波蘭。

9月24日：高棉恢復君主制度，施亞努為國王。

9月30日：印度吉蘭大地震死亡逾萬。

10月5日：中國核試。

11月1日：歐盟正式成立。

12月8日：美國總統克林頓簽署《北美自由貿易協定》。

12月15日：《關稅暨貿易總協定》烏拉圭回合談判成功結束。

12月20日：聯合國大會一致通過任命高級人權專員。

12月30日：以色列與梵諦岡建立外交關係。

1994年

1月1日：《北美自由貿易協定》生效。

1月14日：美國總統克林頓與俄羅斯總統葉爾欽簽《克里姆林宮協議》，停止以核子飛彈瞄準對方，並解除烏克蘭核武器。

3月15日：美國自索馬利亞撤軍。

4月7日：盧安達奇格裡 (Kigali) 展開種族屠殺。

4月27日：南非舉行第一次多種族選舉，種族隔離終結。

5月6日：英法海峽隧道竣工。

5月10日：曼德拉就任南非首位黑人總統。

6月1日：南非在歷經首次民主選舉後再次加入國協。

6月15日：以色列與梵諦岡建立全面外交關係。

7月25日：以色列與約旦簽訂和約，終

止自1948年以來戰爭情況。

8月31日：俄軍撤出愛沙尼亞。

9月3日：中俄同意不以核武瞄準對方。

9月17日：美軍進入海地以恢復民選總統亞里斯提德 (Aristide) 的地位，亞氏10月15日返國結束三年美國流亡生活。

11月13日：瑞典經公投後決定加入歐盟。

11月28日：挪威經公投後決定加入歐盟。

12月11日：俄總統葉爾欽下令俄軍進入車臣。

1995年

1月1日：世界貿易組織 (WTO) 成立，取代《關稅暨貿易總協定》。

奧地利、芬蘭、瑞典加入歐盟。

1月17日：日本神戶附近發生6.8級地震，六千四百三十四人喪生。

1月31日：美國總統克林頓批准貸款二百億美元予墨西哥，防止其財產崩潰。

2月26日：英國最古老投資銀行百靈銀行 (Barings Bank) 因證券掮客李松 (Nick Leeson) 挪款在東京證券市場投機虧空十四億美元而倒閉。

3月3日：聯合國結束在索馬利亞維和行動。

3月16日：密西西比州批准美國《憲法》第十三修正條款禁奴，成為美國禁奴的最後一州，該條款早在1865年在全美生效。

5月1日：席哈克當選法國總統。

5月11日：一百七十國同意無限制和無條件接受《核不擴散條約》。

5月28日：俄羅斯奈特哥斯科 (Neftegorsk) 發生7.6級地震，至少二千人死亡。

6月13日：法國總統席哈克宣布在法屬波里尼西亞恢復核試。

6月15日：希臘艾哥 (Aigo) 發生6.2級地震。

6月16日：奧委會宣布鹽湖城承辦2002年冬奧。

7月10日：緬甸異議分子翁山蘇姬軟禁獲釋。

7月21～26日：第三次臺海危機，中共發射飛彈至臺灣北部海面。

8月16日：百慕達公投拒獨立。

9月4日：eBay成立。

第四屆世界婦女會議在北京召開。

10月24日：伊朗、印度、泰國及東南亞發生日全蝕。

10月30日：魁北克獨立公投未通過。

11月4日：以色列總理拉賓遇刺。

1996年

1月9～20日：俄軍與車臣反抗軍發生激烈戰鬥。

1月29日：法總統席哈克宣布停止核試。

2月25日：兩枚自殺炸彈在以色列爆炸，死亡二十五人、傷八十人。

3月26日：國際貨幣基金會貸款一百零二億美元予俄以助其經濟改革。

4月24日：在阿拉法特力促下，巴基斯坦解放組織放棄以色列遷移的要求，以色列則報以承認巴勒斯坦的存在。

4月28日：「上海五國」簽訂區域性安全條約。

7月3日：葉爾欽再度當選俄總統。

7月19日：1996年夏奧會在美國亞特蘭大城揭幕。

11月5日：美國民主黨克林頓贏得第二任期。

12月11日：董建華被任命為香港特首（1997香港將回歸中國）。

12月13日：聯合國安理會選出安南為下屆聯合國秘書長。

1997年

1月20日：美總統克林頓就任第二任。

1月22日：阿布萊特成為美國第一位女性國務卿。

2月27日：愛爾蘭離婚合法化。

3月4日：美國總統克林頓禁用聯邦資源研究人類複製。

4月29日：中國湖南兩列火車相撞一百二十六人死亡。

5月2日：英國大選工黨十八年來首次得勝，布萊爾擔任首相。

5月10日：伊朗阿底庫 (Ardekul) 發生強震，至少二千四百人死亡。

5月12日：俄羅斯與車臣簽訂和約。

7月1日：英國將香港主權交還中國。

9月8日：北約邀請捷克共和國、匈牙利及波蘭加入。

12月3日：一百二十一國在渥太華簽約禁用地雷，美國、中國及俄羅斯未加入。

1998年

1月2日：俄國發行新盧布。

1月12日：十九個歐洲國家禁止複製人類。

2月4日：阿富汗東北部發生6.1級地震，死亡逾五千人。

2月7～22日：1998年冬奧在日本長野舉行。

2月16日：華航桃園機場空難，二百零二人死亡。

4月6日：巴基斯坦試驗中程飛彈可擊中印度。

5月11日：印度舉行地下核試。

5月21日：印尼總統蘇哈脫在位三十年後辭職。

5月28日：巴基斯坦舉行核試。

5月30日：阿富汗北部發生6.6級地震，死亡五千人左右。

7月17日：一百二十國在羅馬投票贊成

設立國際刑事法庭。

巴布亞・新幾內亞發生海嘯，一千五百人死。

12月29日：赤柬領袖為1970年代滅種屠殺逾百萬人道歉。

1999年

1月1日：歐盟發行歐元 (EURO)。

1月21日：美國海岸守衛隊破獲美國歷史上最大的販毒案之一，超過九千五百磅（四・三噸）古柯鹼運往德休士頓。

1月25日：哥倫比亞西部發生6.1級地震，至少一千人死亡。

3月12日：匈牙利、波蘭及捷克共和國正式加入北約。

3月24日：北約空襲南斯拉夫聯邦共和國，為首次進攻主權國家。

3月29日：道瓊指數首次躍過萬點（10,006.78點，5月3日達11,014.79點）。

4月8日：比爾蓋茲因微軟股漲，個人財產破千億美元。

5月7日：克索沃戰爭中，北約誤炸貝爾格萊德中國大使館，三人死、二十人傷。

5月27日：海牙國際刑事法庭以戰爭罪及違反人道罪起訴米洛賽維奇及另外四人在克索沃的行為。

5月28日：達文奇的《最後晚餐》經二十二年修復後重新在米蘭展出。

6月6日：巴西普提 (Putim) 監獄三百四十五名囚犯自正門逃出。

6月9日：北約與南斯拉夫聯邦共和國簽訂和約。

6月19日：義大利杜林被核准承辦2006年冬奧。

8月11日：在歐洲和亞洲可見日全蝕。

8月30日：東帝汶公投決定自印尼獨立。

9月7日：雅典發生5.9級地震，死一百四十三人，傷逾二千人。

9月14日：吉里巴地、諾魯、東加參加聯合國。

9月21日：臺灣發生7.6級大地震，死亡約二千四百人。

10月1日：上海浦東國際機場開幕。

10月12日：聯合國定今日世界人口至六十億。

10月31日：羅馬教會與路德教會簽訂《得救論聯合宣言》(*Joint Declaration on the Doctrine of Justification*)，結束長期以來雙方在信仰與得救性質的爭論。

11月12日：土可可發生7.2級地震，死八百四十五人，傷四千九百四十八人。

11月20日：中國發射神舟一號。

12月20日：葡萄牙將澳門主權移交中國。

12月31日：美國將巴拿馬運河全部管

理權交付巴拿馬。

俄總統葉爾欽辭職，普金擔任代理總統。

2000年

1月14日：道瓊指數飆至11,722點。

2月21日：UNESCO慶祝首屆國際母語日 (International Mother Language Day)。

3月21日：教宗若望保祿二世為首位訪以色列教宗。

3月26日：普金當選俄國總統。

5月11日：印度人口到達十億。

5月20日：臺灣陳水扁宣布「四不一沒有」。

5月13日：南韓金大中訪北韓。

9月6～8日：世界各國領袖在聯合國參加千禧年峰會。

9月8日：聯合國《千禧年宣言》發表於紐約。

10月1日：2000年夏奧會在雪梨閉幕。

11月16日：克林頓以首位在任美國總統訪越南。

下冊圖片出處：132左：©Bettmann/CORBIS; 142: ©shutterstock; 237、255、346: ©Hulton–Deutsch Collection/CORBIS; 437中：Digital Image © 2003 The Museum of Modern Art, New York/Scala, Florence/© 2004 Artists Rights Society (ARS), New York.

頁77、84、87、101、142、196、219、247、261、311圖片為本次改版修訂。

◆以色列史——改變西亞局勢的國家（增訂二版）

猶太民族歷經了兩千多年的漫長流散，終於在1948年宣布建立自己的國家以色列。為什麼猶太人會將巴勒斯坦視為記憶中永存的歷史家園？以色列與阿拉伯諸國的關係又是如何受到美國、蘇聯等強權的翻弄干預？以色列人與原本住在巴勒斯坦的阿拉伯人，究竟有無可能達成真正的和解共生？

◆南非史——彩虹之國

南非經歷了長久的帝國殖民與種族隔離後，終於在1990年代終結不平等制度，完成民主轉型。雖然南非一路走來如同好望角的舊稱「風暴角」般充滿狂風暴雨，但南非人期待雨後天晴的日子到來，用自由平等照耀出曼德拉、屠圖等人所祈願的一個「彩虹之國」。

◆南斯拉夫史——巴爾幹國家的合與分（三版）

已然解體的南斯拉夫，如同徘徊遊蕩的魅影，糾纏著巴爾幹半島的局勢發展；先後獨立的七個國家，至今仍相互牽絆、命運緊緊相繫。這個被稱為「火藥庫」的歐洲南方之境，能否在解體後獲得喘息？南斯拉夫的過往值得我們細數，從歷史中找尋通往未來的答案。

◆埃及史——神祕與驚奇的古國（二版）

蜿蜒的尼羅河流過黃沙漫漫的埃及，滋潤出壯麗的古文明，希臘人、羅馬人、阿拉伯人、法國人和英國人都曾在這裡停留，埃及人找回自己的國家後，這個擁有輝煌過去的神祕古國仍然在努力地走出屬於她的光輝。

◆秘魯史——太陽的子民（增訂二版）

荒野中謎樣的納斯卡線、坐落在安地斯山中的馬丘比丘、傳說中的黃金國印加帝國……，豐富的神話傳說讓世人對秘魯充滿著浪漫與好奇的想像，但真實的秘魯卻長年處於一個內政、外交紛擾不休的危機時刻。告別了輝煌印加、擺脫了殖民枷鎖，今日秘魯何去何從？本書帶您深入南美，一探究竟。

◆美國史——移民之邦的夢想與現實（二版）

「五月花號」迎風揚帆，帶來了追求自由的移民，獨立戰爭的槍響，締造了美利堅合眾國。西進運動、大陸領土擴張、南北戰爭，乃至進步主義與新政改革，一幕幕扣人心弦的歷史大戲在北美廣袤的大地上競相演出。